KB125718

譯註
禮記淺見錄

7

奔喪·問喪·服問·間傳·三年問·深衣·投壺·儒行·大學·
冠義·昏義·鄕飮酒義·射義·燕義·聘義·喪服四制

譯註
禮記淺見錄

⑦

奔喪·問喪·服問·間傳·三年問·深衣·投壺·儒行·大學·
冠義·昏義·鄕飮酒義·射義·燕義·聘義·喪服四制

권 근權近 저
정병섭鄭秉燮 역

본 역서는 고려말 조선초기 학자인 양촌 권근의 『예기천견록(禮記淺見錄)』을 번역한 것이다. 권근은 매우 유명한 인물이며, 관련 연구도 많이 되어 있기 때문에 별도로 덧붙일 말은 없다. 역자가 『예기천견록』을 번역하게 된 것은 우연하고도 사소한 이유 때문이다. 『예기보주』를 완역하고 난 뒤에 무료함을 달래기 위해 무엇을 할까 고민하다가 책장 한켠에 놓여 있던 『한국경학자료집성』이 눈에 들어왔다. 이 책은 모교의 대동문화연구원에서 발간한 것인데, 대학원 박사과정 때 우연한 기회로 오경(五經) 전권을 얻게 되었다. 그러나 당시에는 딱히 참고할 일이 없어 한쪽 구석에 먼지와 함께 쌓여 있었고, 몇번의 이사를 거치면서 책장을 정리할 때마다 늘 구석에서도 가장 후미진 곳을 차지하게 되었다. 그러던 중 조선 유학자인 김재로의 『예기보주』를 번역하게 되었고, 번역 과정에서 조선 유학자들의 『예기』에 대한 주석은 어떠한 성향을 보일까 궁금증이 들었다. 그래서 오경 중 『예기』 파트만 별도로 추려내서 가장 잘 보이는 곳에 두었는데, 첫번째로 수록된 책이 바로 『예기천견록』이었고, 무심코 자판을 두드리다보니 이렇게 책을 출판하게 되었다. 이것이 이 책을 번역하게 된 이유이다. 조선유학의 본원을 탐구하거나 양촌 권근의 사상적 특징을 밝히려는 거창한 계획은 애당초 없었고, 나는 그런 뜻을 품을 만한 재목도 되지 못한다.

『예기천견록』은 진호(陳澔)의 『예기집설(禮記集說)』을 그대로 차용하고 있다. 즉 『예기』의 경문과 진호의 『집설』 주를 거의 가감없이 그대로 수록하고 있으며, 덧붙여 설명할 부분에서만 자신의 견해를 그 뒤에 간략히 수록하고 있다. 물론 진호의 주석에 이견을 보인 부분에서는 나름의 근거를 제시하며 반박하는 기록들도 종종 등장하지만, 대부분 진호의 견해를 그대로 따르고 있다. 따라서『예기천견록』은『예기』에 대한 새로운 해석을 제시하는 주석서라기보다는『예기집설』을 조선에 소개하며, 미진했던 부분을 보완하는 성격이 강하다.

그렇다고 해서 전혀 의미없는 책은 아니다. 이 책의 가장 큰 특징은 경문의 순서를 자신의 견해에 따라 새롭게 배열했다는 점이다.『예기』자체가 단편적 기록들의 묶음이다보니, 경문 배열에 대한 문제는 정현(鄭玄) 이전부터 제기되어 왔다. 정현도 주를 작성하며 문장의 순서를 일부 바꾼 부분이 있지만, 매우 제한된 경우에 한한다. 이후 여러 학자들도 배열이 잘못되었거나 내용이 뒤죽박죽이라는 것을 알고 있었지만, 대부분 기존의 체제를 그대로 따랐다. 그런데 권근의 경우에는 각 편의 내용들을 일별하여, 동일한 주제에 따라 문장의 순서를 뒤바꾸고, 앞뒤의 내용이 연결되도록 문단을 재구성하였다. 또『대학장구』에 착안하여,『예기』의 일부 편들을 경문과 전문으로 구분하기도 했다. 이것이 이 책이 가진 가장 큰 특징이다.

나는 타고난 재질도 보잘것없고 게으른 성격 탓에 노력이란 것에 있어서도 그다지 밀도가 높지 않다. 따라서 이 책을 출간한다는 것이 부끄럽고 도움이 될 수 있을런지도 모르겠다. 무료함을 달래기 위해 지극히도 사소한 이유에서 시작된 역서이지만, 이 책을 발판으로 더 좋은 번역이 나왔으면 하는 바람이다. 끝으로『예기천견록』을 출판할 수 있도록 허락해주신 학고방의 하운근 사장님께도 감사를 전한다.

- 본 책은 역주서(譯註書)로써, 『예기천견록(禮記淺見錄)』을 완역하고, 자세한 주석을 첨부했다.

- 『예기천견록』은 진호(陳澔)의 『예기집설(禮記集說)』에 대한 주석서로, 『예기』의 경문(經文)과 진호의 『집설』을 수록하고 자신의 견해를 덧붙이고 있다.

- 『예기천견록』의 가장 큰 특징은 경문 배열을 수정한 것이다. 일부 편들은 기존 『예기집설』의 문장 순서를 그대로 따르고 있지만, 특정 편들은 경문(經文)과 전문(傳文)으로 구분하여 새롭게 구성한 것들도 있고, 각 문장들을 주제별로 묶어서 순서를 바꾼 것이 많다. 이러한 점들을 나타내기 위해, 각 편의 첫 부분에는 『예기집설』의 문장순서와 『예기천견록』의 문장순서를 비교하여 도표로 제시하였고, 각 경문 기록 뒤에는 〈001〉·〈002〉·〈003〉 등으로 표시하여, 이 문장이 『예기집설』에서는 몇 번째 문장에 해당하는지 나타내었다.

- 『예기』 경문 해석은 진호의 『집설』에 따랐다. 권근이 진호의 해석에 대해 이견을 나타낸 것이 여러 차례 보이는데, 특별한 경우를 제외하면 주석을 통해 권근의 경문 해석을 확인할 수 있으므로, 권근의 주석에 따른 새로운 경문 해석은 별도로 제시하지 않았다.

- 본 역서의 『예기천견록(禮記淺見錄)』 원문과 표점은 한국유경편찬센터(http://ygc.skku.edu)의 자료를 사용하였다.

- 『예기천견록』의 주석 대상이 되는 『예기집설』의 저본은 다음과 같다. 『禮記』, 서울 : 保景文化社, 초판 1984 (5판 1995)

- **經文** 으로 표시된 것은 『예기』의 경문 기록이다.

- **集說** 로 표시된 것은 진호의 『집설』 기록이다.

- **淺見** 으로 표시된 것은 권근의 주석이다.

禮記淺見錄卷第二十四 『예기천견록』 24권

禮記淺見錄 人名 및 用語 辭典

禮記淺見錄卷第二十四

『예기천견록』 24권

「분상(奔喪)」

近按: 此篇文簡, 而事備節次甚明. 問喪·服問·間傳·三年問等篇, 皆不錯亂.

내가 살펴보니, 이 편의 문장은 간략하지만 사안에 있어 절차가 구비되어 있음이 매우 분명하다. 「문상」·「복문」·「삼년문」 등의 편들도 모두 뒤섞여 있지 않다.

「분상」편 문장 순서 비교

『예기집설』	『예기천견록』	
	구분	문장
001		001
002		002
003		003
004		004
005		005
006		006
007		007
008		008
009		009
010		010
011		011
012	무분류	012
013		013
014		014
015		015
016		016
017		017
018		018
019		019
020		020
021		021
022		022

무분류

奔喪之禮: 始聞親喪, 以哭答使者盡哀. 問故, 又哭盡哀. 遂行, 日行百里, 不以夜行. 唯父母之喪, 見星而行, 見星而舍. 若未得行, 則成服而后行. 過國至竟[境], 哭盡哀而止. 哭辟[避]市朝, 望其國竟哭.〈001〉

분상의 예법에서는 처음 친족의 상 소식을 접하면 곡을 하여 소식을 전해온 사자에게 답례를 하며 슬픔을 다한다. 그런 뒤 돌아가신 연유를 묻고 재차 곡을 하여 슬픔을 다한다. 마침내 길을 떠나게 되면 낮에는 100리를 가고, 밤에는 길을 가지 않는다. 오직 부모의 상에서만 새벽에 별을 보고 길을 떠나며, 밤에 별을 보고서야 숙소에 머문다. 만약 일을 끝내지 못하여 아직 길을 떠나지 못했다면, 성복을 한 이후에 길을 떠난다. 그 나라를 지나 자신의 본국 국경에['竟'자의 음은 '境(경)'이다.] 당도하게 되면 곡을 하여 슬픔을 다하고서야 그친다. 곡을 할 때에는 시장이나 조정을 피하고['辟'자의 음은 '避(피)'이다.] 본국의 국경 쪽을 바라보며 곡을 한다.

始聞親喪, 摠言五服之親也. 不以夜行, 避患害也. 未得行, 若奉君命而使事未竟也. 辟市朝, 爲驚衆也.

"처음 친족의 상 소식을 들었다."는 말은 오복에 속한 친족을 총괄해서 말한 것이다. "밤에는 길을 떠나지 않는다."는 말은 재앙과 해악을 피하기 위해서이다. "아직 떠나지 못했다."는 말은 예를 들어 군주의 명령을 받들어서 사신으로 간 일이 아직 끝나지 않은 경우와 같다. "시장과 조정을 피한다."는 말은 여러 사람들을 놀라게 만들기 때문이다.

至於家, 入門左, 升自西階, 殯東. 西面坐, 哭盡哀, 括髮袒. 降
堂東卽位, 西鄉[去聲]哭, 成踊. 襲絰于序東, 絞帶反位, 拜賓成
踊, 送賓反位.〈002〉

상사가 발생한 집에 당도하게 되면 문의 좌측으로 들어가고, 당상에 올
라갈 때에는 서쪽 계단을 이용하여, 빈소의 동쪽에서 서쪽을 바라보며
앉고, 곡을 해서 슬픔을 다하고, 머리를 묶고서 단을 한다. 당하로 내려
와서 동쪽으로 나아가 자신의 자리로 가고, 서쪽을 향해서['鄕'자는 거성으
로 읽는다.] 곡을 하며, 용의 절차를 마무리한다. 서의 동쪽에서 습을 하
고 요질을 차며, 교대를 하고서 자신의 자리로 되돌아오고, 빈객에게 절
을 하여 용의 절차를 마무리하고, 빈객을 전송한 뒤에 자신의 자리로
되돌아온다.

此言奔父喪之禮. 爲人子者, 升降不由阼階. 今父新死, 未忍異於生,
故入自門左, 升自西階也. 在家而親死則笄纚, 小斂畢乃括髮, 此自
外而至, 故卽括髮而袒衣也. 鄭云已殯者位在下, 此奔喪在殯後, 故
自西階降而卽其堂下東之位也. 襲絰者, 掩其袒而加要絰也. 序東
者, 在堂下而當堂上序牆之東也. 不散麻者, 亦異於在家之節也. 此
絞帶卽襲絰之絰, 非象革帶之絞帶也. 絰重, 象革帶之絞帶輕. 反位,
復先所卽之位也. 凡拜賓, 皆就賓之位而拜之, 拜竟, 卽反己之位而
哭踊也. 成踊, 說見前.

이 문장은 부친의 상에 분상하는 예법을 뜻한다. 자식은 오르고 내릴
때 동쪽 계단을 이용하지 않는다. 현재 부친이 이제 막 돌아가셔서 차마
살아계셨을 때와 차이를 둘 수 없기 때문에, 들어갈 때에는 문의 좌측을
이용하며, 올라갈 때에는 서쪽 계단을 이용하는 것이다. 집에 머물러 있
을 때 부모가 돌아가신다면 비녀를 꼽고 머리싸개를 하며, 소렴을 끝냈

다면 머리를 묶는데, 이곳에서 말하는 상황은 외지에서 집으로 온 경우이다. 그렇기 때문에 곧바로 머리를 묶고 옷을 단한다. 정현은 이미 빈소를 마련했다면 그 자리는 당하에 있게 된다고 했으니, 이곳에서 분상을 한 시기는 빈소를 차린 이후가 된다. 그렇기 때문에 서쪽 계단을 통해 당하로 내려가서, 곧 당하의 동쪽에 있는 자리로 나아가는 것이다. '습질(襲絰)'은 단한 것을 가리고 요질을 찬다는 뜻이다. '서동(序東)'은 당하에서도 당상의 서쪽 담장 동쪽에 해당하는 장소이다. 마질(麻絰)의 끝을 흩트리지 않는 것은 또한 집에 머물러 있을 때의 절차와 차이를 두기 때문이다. '교대(絞帶)'는 곧 습을 하고 요질을 찬다고 했을 때의 요질에 해당하니, 혁대의 교대(絞帶)를 나타내는 것이 아니다. 요질은 중대한 복식이니, 혁대의 교대가 상대적으로 덜 중요함을 나타낸다. '반위(反位)'는 앞서 나아갔던 자리로 가는 것이다. 무릇 빈객에게 절을 할 때에는 모두 빈객의 자리로 나아가서 절을 하고, 절이 끝나면 자신의 자리로 되돌아와서 곡을 하고 용을 한다. '성용(成踊)'에 대해서는 앞에 그 설명이 나온다.

經文

有賓後至者, 則拜之成踊, 送賓皆如初. 衆主人兄弟皆出門, 出門哭止, 闔門, 相[去聲]者告就次. 於又哭, 括髮袒成踊. 於三哭, 猶括髮袒成踊. 三日成服, 拜賓送賓皆如初.〈003〉

뒤늦게 도착한 빈객이 있다면, 그에게 절을 하고 용의 절차를 마무리하며 빈객을 전송하는 일들을 모두 앞서 했던 것처럼 한다. 나머지 형제들과 친족형제들은 모두 문밖으로 나오고, 문을 나서면 곡하는 것을 그치며, 문을 닫게 되면 의례 진행을 돕는 자는['相'자는 거성으로 읽는다.] 임시숙소에 나아가도록 알린다. 다음날 두 번째 곡을 할 때에는 머리를 묶고 단을 하며 용의 절차를 마무리한다. 그 다음날 세 번째 곡을 할 때에는 역시 머리를 묶고 단을 하며 용의 절차를 마무리한다. 그 다음 날 삼일 째가 되면 성복을 하고, 빈객에게 절하고 빈객을 전송하는데, 모두 앞서 했던 것처럼 한다.

集說

皆如初者, 如先次之拜賓成踊, 與送賓反位也. 次, 倚廬也, 在中門外. 又哭, 明日之朝也. 三哭, 又其明日之朝也. 皆升堂而括髮且袒, 如始至時. 三日, 三哭之明日也.

"모두 처음처럼 한다."는 말은 앞서 빈객에게 절을 하고 용의 절차를 마무리하는 것과 빈객을 전송하고 자신의 자리로 되돌아오는 것처럼 한다는 뜻이다. '차(次)'는 의려(倚廬)이니, 중문(中門) 밖에 위치한다. '우곡(又哭)'은 다음날 아침에 곡하는 때를 뜻한다. '삼곡(三哭)'은 또 그 다음 날 아침에 곡하는 때를 뜻한다. 모두 당상에 올라가서 머리를 묶고 단을 하니, 처음 도착했을 때처럼 한다. '삼일(三日)'은 세 차례 곡을 한 다음 날을 뜻한다.

經文

奔喪者非主人, 則主人爲之拜賓送賓. 奔喪者自齊衰以下, 入門左, 中庭北面, 哭盡哀. 免[問]麻于序東, 卽位袒, 與主人哭成踊. 於又哭‧三哭皆免袒. 有賓, 則主人拜賓送賓. 丈夫婦人之待之也, 皆如朝夕哭, 位無變也.(004)

분상을 하는 자가 주인이 아니라면, 주인은 그를 위해서 빈객에게 절을 하고 빈객을 전송한다. 분상을 하는 자가 자최복으로부터 그 이하의 상복을 착용하는 자라면, 문의 좌측으로 들어가고, 마당에서 북쪽을 바라보며 곡을 하여 슬픔을 다하고, 서의 동쪽에서 문을('免'자의 음은 '問(문)'

이다.] 하고 마(麻)로 된 질(絰)을 차면, 자신의 자리로 나아가서 단을 하고, 주인과 함께 곡을 하고 용의 절차를 마무리한다. 두 번째 곡을 하고 세 번째 곡을 할 때에도 모두 문을 하고 단을 한다. 빈객이 있게 되면, 주인은 빈객에게 절을 하고 빈객을 전송한다. 남자와 여자가 분상하는 자를 기다림에, 모두 아침저녁으로 곡하던 것과 같이하며, 자리를 바꾸지 않는다.

集說

非主人, 其餘或親或疎之屬也. 故下云齊衰以下, 亦入自門之左, 而不升階, 但於中庭北面而哭也. 免麻, 謂加免于首, 加絰于要也. 上文言襲絰于序東, 此言免麻于序東, 輕重雖殊, 皆是堂下序牆之東, 凡祖與襲不同位也. 待之, 謂待此奔喪者, 以其非賓客, 故不變所哭之位也.

주인이 아니라면, 그 나머지 친족 중 친근한 관계이거나 소원한 관계에 있는 자들을 뜻한다. 그렇기 때문에 아래문장에서 "자최복으로부터 그 이하의 상복을 착용하는 자는 또한 문의 좌측을 통해 들어가고, 계단에 오르지 않고 단지 마당에서 북쪽을 바라보며 곡을 한다."라고 말한 것이다. '문마(免麻)'는 머리에 문을 하고, 허리에 질을 두른다는 뜻이다. 앞 문장에서는 서의 동쪽에서 습을 하고 질을 두른다고 했고, 이곳에서는 서의 동쪽에서 문마를 한다고 했는데, 경중의 차이는 있지만, 모두 당하의 서 담장 동쪽에서 하는 것이며, 무릇 단과 습을 할 때에는 자리를 동일하게 하지 않는다. 기다린다는 것은 분상을 하는 자를 기다린다는 뜻이니, 그는 빈객이 아니기 때문에, 곡하는 자리를 바꾸지 않는 것이다.

經文

奔母之喪, 西面哭, 盡哀, 括髮袒, 降堂東卽位, 西鄕哭成踊,
襲免経于序東. 拜賓送賓, 皆如奔父之禮. 於又哭不括髮.〈005〉

모친의 상에 분상을 하게 되면, 서쪽을 바라보며 곡을 하여 슬픔을 다
하고, 머리를 묶고서 단을 하며, 당하로 내려와서 동쪽으로 이동하여 자
신의 자리로 나아가고, 서쪽을 바라보며 곡을 하고 용의 절차를 마무리
하며, 서의 동쪽에서 습·문·질을 한다. 빈객에게 절을 하고 빈객을
전송하는 일은 모두 부친의 상에 분상했을 때의 예법과 동일하게 따른
다. 두 번째 곡을 할 때에는 머리를 묶지 않는다.

集說

父喪襲経于序東, 此言襲免経于序東, 卽加免, 輕於父也.

부친의 상에서는 서의 동쪽에서 습과 질을 두르는데, 이곳에서는 서의
동쪽에서 습을 하고 문을 하며 질을 두른다고 했으니, 문이 추가된 것으
로, 부친의 상보다 낮추기 때문이다.

疏曰: 此謂適子, 故云拜賓送賓, 皆如奔父之禮也.

소에서 말하길, 이 내용은 적자에 대한 것이다. 그렇기 때문에 빈객에게
절을 하고 빈객을 전송하는 것을 모두 부친의 상에 분상하는 예법과 동
일하게 한다고 했다.

經文

婦人奔喪, 升自東階, 殯東, 西面坐, 哭盡哀. 東髻[側瓜反]卽位,
與主人拾[其劫反]踊.〈006〉

부인이 분상을 하게 되면, 올라갈 때 동쪽을 향해 있는 측면의 계단을 이용하며, 빈소의 동쪽에서 서쪽을 바라보며 앉고, 곡을 하여 슬픔을 다 한다. 동쪽의 서에서 좌의['髽'자는 '側(측)'자와 '瓜(과)'자의 반절음이다.] 방식 으로 머리를 틀며 자신의 자리로 나아가서 주인과 함께 번갈아가며['拾' 자는 '其(기)'자와 '劫(겁)'자의 반절음이다.] 용을 한다.

婦人, 謂姑姊妹女子子. 東階, 東面階, 非阼階也. 婦人入者由闈門, 闈門, 是東過之門. 東階, 卽雜記所謂側階也. 髽, 說見小記. 東髽, 髽於東序, 不髽於房, 變於在室者也. 拾, 更也, 主人與之更踊, 賓客 之也.

'부인(婦人)'은 고모·자매·딸자식을 뜻한다. '동계(東階)'는 동쪽을 바 라보는 계단이니, 동쪽 계단이 아니다. 부인이 들어갈 때에는 위문을 이 용하는데, '위문(闈門)'은 동쪽 측면에 있는 문이다. '동계(東階)'는 『예 기』「잡기(雜記)」편에서 말한 측면의 계단을 뜻한다. '좌(髽)'에 대해서 는 그 설명이 『예기』「상복소기(喪服小記)」편에 나온다. '동좌(東髽)'는 동쪽 서에서 좌의 방식으로 머리를 튼다는 뜻이니, 방에서 좌의 방식으 로 머리를 틀지 않는 것은 집에 머물러 있던 자들과 차이를 두기 때문이 다. '겹(拾)'자는 번갈아 한다는 뜻으로, 주인은 그녀와 함께 번갈아가며 용을 하니, 빈객으로 대우하기 때문이다.

奔喪者不及殯, 先之墓. 北面坐, 哭盡哀. 主人之待之也, 卽位 於墓左, 婦人墓右. 成踊, 盡哀, 括髮. 東卽主人位, 経絞帶哭 成踊. 拜賓, 反位成踊. 相者告事畢.〈007〉

적장자가 분상을 함에 영구가 빈소에 머물러 있는 시기까지도 당도하지 못했다면, 우선적으로 장례를 치른 묘로 가게 된다. 묘에서 북쪽을 바라보며 앉아서 곡을 하여 슬픔을 다한다. 적장자를 제외한 나머지 형제들은 그를 기다리고, 그가 도착하면 묘의 좌측에 있는 자신들의 자리로 나아가고, 부인들은 우측에 있는 자리로 나아간다. 용의 절차를 마무리하고 슬픔을 다하며 머리를 묶는다. 동쪽으로 가서 주인의 자리로 나아가 질을 하고 교대를 하며 곡을 하고 용의 절차를 마무리한다. 빈객에게 절을 하고 자신의 자리로 되돌아와서 용의 절차를 마무리한다. 의례의 진행을 돕는 자는 그 사안이 모두 끝났다고 아뢴다.

集説

不及殯, 葬後乃至也. 尸柩旣不在家, 則當先哭墓. 此奔喪者是適子, 故其衆主人之待之者, 與婦人皆往墓所, 就墓所分左右之位. 奔者括髮, 而於東偏卽其主人之位. 禮畢, 則相者以畢事告.

"빈소에 미치지 못했다."는 말은 장례를 치른 이후에야 도착했다는 뜻이다. 시신을 실은 영구가 이미 그 집에 있지 않다면, 우선적으로 묘에서 곡을 해야만 한다. 여기에서 분상을 한다고 한 자는 적자에 해당한다. 그렇기 때문에 그의 여러 형제들이 그를 기다리고, 부인들과 함께 모두 묘소로 가게 되며, 묘소에서는 좌우로 나뉜 자리로 나아가게 된다. 분상을 하는 자는 머리를 묶는데, 동쪽에서 하는 것은 곧 주인의 자리가 되기 때문이다. 의례 절차가 끝나게 되면, 의례 진행을 돕는 자가 그 사안이 끝났다고 아뢴다.

遂冠[平聲]歸, 入門左, 北面哭盡哀. 括髮袒成踊. 東卽位, 拜賓
成踊. 賓出, 主人拜送. 有賓後至者, 則拜之成踊, 送賓如初.
衆主人兄弟皆出門, 出門哭止, 相者告就次. 於又哭括髮成踊,
於三哭猶括髮成踊. 三日成服. 於五哭, 相者告事畢.〈008〉

묘소에서 일이 끝나면 관을 착용하고[冠'자는 평성으로 읽는다.] 되돌아오
며, 문의 좌측으로 들어가고, 북쪽을 바라보며 곡을 하여 슬픔을 다하
고, 머리를 묶고 단을 하며 용의 절차를 마무리한다. 동쪽으로 가서 자
신의 자리로 나아가고, 빈객에게 절을 하여 용의 절차를 마무리한다.
빈객이 나가면, 주인은 절을 하며 그를 전송한다. 뒤늦게 도착한 빈객
이 있다면, 그에게 절을 하여 용의 절차를 마무리하고, 빈객을 전송하는
일은 앞서 했던 것처럼 한다. 나머지 형제들과 친족형제들은 모두 문밖
으로 나오고, 문을 나서면 곡하는 것을 그치며, 의례 진행을 돕는 자는
임시숙소에 나아가도록 알린다. 두 번째 곡을 할 때에는 머리를 묶고
용의 절차를 마무리한다. 세 번째 곡을 할 때에도 여전히 머리를 묶고
용의 절차를 마무리한다. 삼일 째가 되면 성복을 한다. 다섯 번째 곡을
하면 의례 진행을 돕는 자는 일이 모두 끝났음을 아뢴다.

集說

遂冠而歸者, 不可以括髮行於道路也. 冠, 謂素委貌. 入門出門, 皆
謂殯宮門也. 五哭者, 初至象始死爲一哭, 明日象小斂爲二哭, 又明
日象大斂爲三哭, 又明日成服之日爲四哭, 又明日爲五哭. 皆數朝
哭, 不數夕哭. 鄭云: "旣期而至者則然, 故相者告事畢. 若未期, 則
猶朝夕哭, 不五哭而畢也." 哭雖五, 而括髮成踊則止於三. 下文免成
踊亦同.

"마침내 관을 쓰고 되돌아간다."라고 했는데, 머리만 묶은 상태로는 도
로에서 이동할 수 없기 때문이다. '관(冠)'은 흰색의 위모(委貌)를 뜻한

다. 문으로 들어서고 나간다고 한 것은 모두 빈소의 문을 뜻한다. '오곡(五哭)'이라는 것은 처음 도착했을 때 이제 막 돌아가셨을 때를 대신하여 첫 번째 곡을 하고, 그 다음날에는 소렴을 대신하여 두 번째 곡을 하며, 또 그 다음날에는 대렴을 대신하여 세 번째 곡을 하고, 또 그 다음날에는 성복하는 날이 되어 네 번째 곡을 하고, 또 그 다음날에는 다섯 번째 곡을 하는 것을 뜻한다. 이 모두는 아침에 곡하는 것만 셈한 것이니, 저녁에 곡하는 것은 셈하지 않는다. 정현은 "이미 기한을 넘긴 상태에서 도착했다면 이처럼 한다. 그렇기 때문에 의례 진행을 돕는 자가 일이 끝났음을 아뢴다. 만약 아직 기한을 넘기지 않은 상태라면, 여전히 아침과 저녁마다 곡을 하여 다섯 번째 곡을 하고 마치지 않는다."라고 했다. 곡을 비록 다섯 번째까지 하더라도, 머리를 묶고 용의 절차를 마무리한다면, 세 번째에서 그친다. 아래문장에서 문을 하고 용의 절차를 마무리한다는 것 또한 이와 같다.

經文

爲[去聲]母所以異於父者, 壹括髮, 其餘免[問]以終事, 他如奔父之禮.〈009〉

모친의 상에 분상을 할 때['爲'자는 거성으로 읽는다.] 부친의 상에 분상하는 것과 차이가 나는 것은 한 차례 머리를 묶고, 나머지 절차에서는 문을['免'자의 음은 '問(문)'이다.] 하고서 일을 끝내니, 나머지 절차는 부친의 상에 분상하는 예법과 동일하다.

集說

疏曰: 一括髮, 謂歸入門哭時也. 及殯一括髮, 不及殯亦一括髮.

소에서 말하길, 한 차례 머리를 묶는다는 것은 되돌아와 문으로 들어가서 곡을 할 때를 뜻한다. 빈소를 마련할 때 도착했다면 한 차례 머리를 묶고, 빈소를 마련할 때 도착하지 못했더라도 또한 한 차례 머리를 묶는다.

經文

> 齊衰以下不及殯, 先之墓. 西面哭盡哀. 免麻于東方, 即位與主人哭成踊, 襲. 有賓, 則主人拜賓送賓. 賓有後至者, 拜之如初. 相者告事畢. 遂冠歸, 入門左, 北面哭盡哀, 免袒成踊. 東即位, 拜賓成踊. 賓出, 主人拜送. 於又哭, 免袒[袒衍文]成踊. 於三哭, 猶免袒[袒衍文]成踊. 三日成服, 於五哭, 相者告事畢.〈010〉

자최복 이하의 상복을 착용하는 자가 영구가 빈소에 머물러 있을 시기까지도 당도하지 못했다면, 우선적으로 장례를 치른 묘로 가게 된다. 묘에서 서쪽을 바라보며 곡을 하여 슬픔을 다한다. 동쪽에서 문을 하고 마를 차며, 자신의 자리로 나아가 주인과 함께 곡을 하고 용의 절차를 마무리하고 습을 한다. 빈객이 있다면 주인은 빈객에게 절을 하고 빈객을 전송한다. 빈객 중 뒤늦게 도착한 자가 있다면, 그에게 절을 하며 앞서 했던 것처럼 한다. 의례의 진행을 돕는 자는 일이 모두 끝났음을 아뢴다. 묘소에서 일이 끝나면 관을 착용하고 되돌아오며, 문의 좌측으로 들어가고 북쪽을 바라보며 곡을 하여 슬픔을 다하고, 문을 하고 단을 하며 용의 절차를 마무리한다. 동쪽으로 가서 자신의 자리로 나아가고 주인이 빈객에게 절을 하면 자신은 용의 절차를 마무리한다. 빈객이 나가면, 주인은 절을 하며 그를 전송한다. 두 번째 곡을 할 때에는 문을 하고('袒'자는 연문이다.] 용의 절차를 마무리한다. 세 번째 곡을 할 때에도 여전히 문을 하고('袒'자는 연문이다.] 용(踊)의 절차를 마무리한다. 삼일째가 되면 성복을 한다. 다섯 번째 곡을 하면 의례 진행을 돕는 자는 일이 모두 끝났음을 아뢴다.

集說

疏曰: 齊衰以下, 有大功小功緦麻, 月日多少不同. 若奔在葬後, 而
三月之外, 大功以上, 則有免麻東方, 三日成服. 若小功緦麻, 則不
得有三日成服. 小功以下不稅, 無追服之理. 若葬後通葬前未滿五
月, 小功則亦三日成服. 其緦麻者, 止臨喪節而來, 亦得三日成服也.
東卽位拜賓成踊者, 東卽位, 謂奔喪者於東方就哭位; 拜賓, 則是主
人代之拜. 此奔喪者當主人代拜賓時, 己則成踊也. 又曰: 經直言免
麻于東方卽位, 不稱祖, 而下云成踊襲. 襲則有祖理, 經若言祖, 恐
齊衰以下皆祖, 故不得摠言祖而稱襲者, 容齊衰重得爲之襲也. 又
按上文爲父不及殯, 於又哭括髮成踊, 不言祖, 今齊衰以下之喪, 經
文於又哭三哭乃更言祖, 故知二祖字衍文也.

소에서 말하길, 자최복 이하의 상복 중에는 대공복·소공복·시마복이
있어서 착용하는 기간에 차이가 난다. 만약 분상을 한 시점이 장례를
치른 이후가 되어 3개월이 넘었다면, 대공복 이상의 경우에는 동쪽에서
문과 마를 차게 되며, 3일째에 성복을 한다. 만약 소공복이나 시마복인
경우라면 3일째에 성복을 할 수 없는 경우도 있다. 소공복 이하는 태
(稅)[1]를 하지 않으니, 기간을 미루어 복상하는 이치가 없다. 만약 장례
를 치른 이후가 장례를 치르기 이전까지 합하여 5개월을 채우지 않았다
면, 소공복을 착용하는 경우에도 3일째에 성복을 한다. 시마복의 경우
단지 상을 치르는 절차에만 임하고 돌아오니, 또한 3일째에 성복을 할
수 있다. 동쪽으로 가서 자신의 자리로 나아가 빈객에게 절을 하고 용의
절차를 마무리한다고 했는데, 동쪽으로 가서 자신의 자리로 나아간다는
것은 분상을 하는 자가 동쪽에서 곡을 하는 자리로 나아가는 것을 뜻하

---

1) 태(稅)는 시간이 이미 경과를 하였는데, 비로소 그의 죽음에 대한 소식을 접하게
   되어, 그 기간을 미루어서 그를 위해 상복(喪服)을 착용하는 것을 뜻한다.

며, 빈객에게 절을 한다면, 이것은 주인이 그를 대신해서 절을 하는 것을 뜻한다. 여기에서 말한 분상하는 자는 주인이 대신하여 빈객에게 절을 할 때 본인은 용의 절차를 마무리하게 된다. 또 말하길, 경문에서는 단지 동쪽에서 문과 마를 하고 자리로 나아간다고 했으며, 단이라고 하지 않았고, 아래문장에서는 용의 절차를 마무리하고 습을 한다고 했다. 습을 한다면 단을 하는 이치가 포함되는데, 경문에서 만약 단이라고 언급했다면, 아마도 자최복 이하의 경우에는 모두 단을 하게 된다고 오해할 수 있다. 그렇기 때문에 총괄적으로 단이라고 말할 수 없어서 습이라고 말한 것이니, 자최복처럼 비교적 수위가 높은 상복을 착용하는 경우에도 습을 할 수 있다는 뜻도 나타내는 것이다. 또 앞 문장을 살펴보니, 부친의 상에 분상을 하며 빈소가 마련된 시점까지 도착하지 못했을 때, 두 번째 곡을 할 때 머리를 묶고 용의 절차를 마무리한다고 했고, 단을 언급하지 않았다. 그런데 이곳에서 자최복 이하의 상을 언급하며, 경문에서는 두 번째 곡을 하고 세 번째 곡을 한다는 기록에 대해 재차 단을 언급했다. 그렇기 때문에 여기에 기록된 2개의 '단(袒)'자가 연문에 해당한다는 사실을 알 수 있다.

經文

聞喪不得奔喪, 哭盡哀. 問故, 又哭盡哀. 乃爲位, 括髮袒成踊. 襲絰絞帶卽位, 拜賓反位成踊. 賓出, 主人拜送于門外, 反位. 若有賓後至者, 拜之成踊送賓如初. 於又哭, 括髮袒成踊. 於三哭, 猶括髮袒成踊. 三日成服. 於五哭, 拜賓送賓如初.〈011〉

상의 소식을 접했지만 곧바로 분상을 하지 못한다면, 곡을 하여 슬픔을 다한다. 그런 뒤 돌아가신 연유를 묻고 재차 곡을 하여 슬픔을 다한다. 그리고 곧 자리를 마련하여 머리를 묶고 단을 하며 용의 절차를 마무리한다. 습을 하고 질을 하며 교대를 하고서 자리로 나아가고, 빈객에게 절을 하며 자리로 되돌아와서 용의 절차를 마무리한다. 빈객이 밖으로 나가면, 주인은 문밖에서 절을 하며 전송하고, 자신의 자리로 되돌아온다. 만약 뒤늦게 도착한 빈객이 있다면, 그에게 절을 하고 용의 절차를 마무리하며 빈객을 전송하는데, 앞서 했던 것처럼 한다. 두 번째 곡을 할 때에는 머리를 묶고 단을 하며 용의 절차를 마무리한다. 세 번째 곡을 할 때에는 여전히 머리를 묶고 단을 하며 용의 절차를 마무리한다. 삼일 째가 되면 성복을 한다. 다섯 번째 곡을 할 때에는 빈객에게 절을 하고 빈객을 전송하는데, 앞서 했던 것처럼 한다.

篇首言若未得行, 則成服而后行, 此乃詳言其節次, 餘見前章.

「분상」편 첫 부분에서 "만약 일을 끝내지 못하여 아직 길을 떠나지 못했다면, 성복을 한 이후에 길을 떠난다."고 했는데, 이곳에서는 그 절차를 상세하게 설명한 것이니, 나머지 설명은 앞에 나온다.

經文

若除喪而後歸, 則之墓哭成踊. 東括髮袒絰, 拜賓成踊. 送賓反位, 又哭盡哀, 遂除[句]. 於家不哭. 主人之待之也, 無變於服, 與之哭, 不踊.〈012〉

만약 적장자가 상을 끝낸 뒤에 되돌아왔다면, 묘로 가서 곡을 하고 용의 절차를 마무리한다. 동쪽으로 가서 머리를 묶고 단을 하며 질을 두르고, 빈객에게 절을 하며 용의 절차를 마무리한다. 빈객을 전송하고 자신의 자리로 되돌아와서 재차 곡을 하여 슬픔을 다하고, 마침내 묘소에서 상복을 제거한다.['除'자에서 구문을 끊는다.] 집에서는 곡을 하지 않는다. 적장자를 제외한 나머지 형제들은 그를 기다리는데, 복장은 다시 상복으로 갈아입지 않고, 그와 함께 곡을 하지만 용은 하지 않는다.

集說

祖経者, 袒而襲, 襲而加絰也. 遂除, 卽於墓除之也. 主人無變於服, 謂在家者但著平常吉服也. 雖與之哭於墓而不爲踊, 以服除哀殺也, 故云與之哭不踊.

'단질(袒絰)'은 단을 하고 습을 하며, 습을 하고서 질을 두른다는 뜻이다. '수제(遂除)'는 묘에 가서 상복을 제거한다는 뜻이다. 주인은 복장에 변화를 주지 않는다는 말은 집에 머물러 있는 자들은 단지 평상시의 길한 복장을 착용하고 있다는 뜻이다. 비록 그와 함께 묘에서 곡을 하지만 용은 하지 않으니, 상복을 제거하여 애통함이 줄어들었기 때문에 "그와 함께 곡을 하지만 용은 하지 않는다."라고 말한 것이다.

經文

自齊衰以下, 所以異者免麻.〈013〉

자최복 이하의 자가 분상을 했는데, 상이 끝난 뒤에 도착한 경우, 차이를 보이는 것은 문을 하고 허리에 마로 만든 질을 두르는 것이다.

集說

齊衰·大功·小功·緦之服, 其奔喪在除服之後者, 惟首免要麻絰, 於墓所哭罷卽除, 無括髮等禮也. 故云所異者免麻.

자최복·대공복·소공복·시마복에 있어서, 그가 분상을 했는데 상복을 제거한 이후에 당도하게 되면, 오직 머리에만 문을 하고 허리에는 마로 만든 질을 차며, 묘소에서 곡하는 일이 끝나면 곧바로 제거하니, 머리를 묶는 등의 예법이 없다. 그렇기 때문에 "차이를 보이는 것은 문과 마를 하는 것이다."라고 했다.

凡爲位, 非親喪, 齊衰以下皆卽位哭盡哀, 而東免絰卽位, 袒成踊. 襲, 拜賓反位, 哭成踊. 送賓反位, 相者告就次. 三日五哭卒, 主人出送賓. 衆主人兄弟皆出門, 哭止. 相者告事畢, 成服拜賓. 若所爲位家遠, 則成服而往.〈014〉

무릇 곡하는 자리를 마련할 때, 부모의 상이 아니라면 자최복 이하의 상에서는 모두 마련한 자리로 나아가서 곡을 하여 슬픔을 다하고, 동쪽으로 가서 문과 질을 하고 자신의 자리로 나아가고, 단을 하고 용의 절차를 마무리한다. 습을 하고 빈객에게 절을 하며 자신의 자리로 되돌아와서 곡을 하고 용의 절차를 마무리한다. 빈객을 전송하고 자신의 자리로 되돌아오면 의례 진행을 돕는 자는 임시숙소에 나아가도록 알린다. 3일째에 다섯 번째 곡하는 일을 마치면, 주인은 밖으로 나와서 빈객을 전송한다. 나머지 형제들과 친족형제들은 모두 문밖으로 나오면 곡하는 것을 그치고, 의례 진행을 돕는 자는 일이 모두 끝났음을 아뢰며, 성복을 하고서 빈객에게 절을 한다. 만약 자리를 마련한 집이 거리가 멀다면, 성복을 하고서 찾아간다.

人臣奉君命以出, 而聞父母之喪, 則固爲位而哭, 其餘不得爲位也. 此言非親喪, 而自齊衰以下亦得爲位者, 必非奉君命以出, 而爲私事未奔者也. 此以上言五哭者四, 前三節言五哭, 皆止計朝哭, 故五日乃畢. 獨此所言三日五哭卒者, 謂初聞喪一哭, 明日朝夕二哭, 又明日朝夕二哭. 并計夕哭者, 以私事可以早畢, 而亟謀奔喪故也. 曰主人出送賓者, 謂旣奔喪至家, 則喪家之主人爲之出送賓也. 所謂奔喪者非主人, 則主人爲之出送賓是也. 衆主人兄弟, 亦謂在喪家者. 成服拜賓者, 謂三日五哭卒之明日爲成服, 其後有賓, 亦與之哭而拜之也. 前兩節五哭後不言拜賓者, 省文耳. 若所爲位者之家道遠, 則成服而后往亦可, 蓋外喪緩, 可容辦集而行也.

신하가 군주의 명령을 받들어 외지에 나가 있다가 부모의 상 소식을 접하게 된다면, 진실로 자리를 마련하여 곡을 하는데, 나머지 경우에는 자리를 마련할 수 없다. 이곳에서 부모의 상이 아니라면 자최복 이하의 상에서는 또한 자리를 마련할 수 있다고 했는데, 이것은 분명 군주의 명령을 받들고 외지로 나가지 않은 것이며, 개인적인 일로 인해 아직 분상을 하지 못한 경우이다. 이곳 구문까지 '오곡(五哭)'이라고 말한 것은 네 번인데, 앞의 세 문단에서 '오곡(五哭)'을 말한 것은 모두 아침에 곡하는 것만 계산한 것이다. 그렇기 때문에 5일째가 되면 모두 마치게 된다. 그런데 이곳에서만 유독 3일째에 다섯 번째 곡하는 일을 끝낸다고 했으니, 최초 상의 소식을 접했을 때 첫 번째 곡을 하고, 그 다음날 아침과 저녁에 두 차례 곡을 하며, 또 그 다음날 아침과 저녁에 두 차례 곡을 한다는 뜻이다. 즉 저녁에 곡하는 것까지 함께 합산을 하니, 사적인 일로 인해 조기에 마칠 수 있고, 하루라도 빨리 분상을 하고자 계획하기 때문이다. "주인이 밖으로 나와서 빈객을 전송한다."라고 했으니, 곧바로 분상을 하여 집에 도착하면, 상가의 주인은 그를 위해 밖으로 나와서 빈객을 전송한다는 뜻이다. 즉 분상을 하는 자가 주인이 아니라면, 주인이 그를 위해 밖으로 나와서 빈객을 전송한다는 뜻이다. 나머지 형제들과 친족 형제들은 또한 상가에 남아있던 자들을 뜻한다. 성복을 하고 빈객에게 절을 한다는 말은 3일째 다섯 번째 곡을 하는 일이 끝난 다음날 성복을 하고, 그 이후에 빈객이 찾아오면 또한 그와 함께 곡을 하고 그에게 절을 한다는 뜻이다. 앞의 두 문단은 다섯 번째 곡을 한 이후에 빈객에게 절을 한다고 말하지 않았는데, 문장을 생략해서 기록했기 때문이다. 만약 자리를 마련한 집이 거리가 멀다면, 성복을 한 이후에 찾아가는 것 또한 괜찮으니, 외상(外喪)에 대해서는 다소 느슨하게 해서, 복장을 갖춰서 길을 떠나는 것도 수용할 수 있다.

經文

齊衰望鄕而哭, 大功望門而哭, 小功至門而哭, 緦麻卽位而哭.〈015〉

자최복의 상에서는 상을 당한 자의 고향을 바라보며 곡을 하고, 대공복의 상에서는 상을 당한 자의 집 문을 바라보며 곡을 하며, 소공복의 상에서는 상을 당한 자의 문까지 당도하여 곡을 하고, 시마복의 상에서는 상을 당한 자의 집에 마련된 자리로 나아가서 곡을 한다.

集說

雜記云大功望鄕而哭者, 謂本是齊衰, 降而服大功也, 故與此不同.

『예기』「잡기(雜記)」편에서 "대공복을 착용하는 자는 상을 당한 자의 고향을 바라보며 곡을 한다."고 했는데, 이것은 본래는 자최복에 해당하지만 강복(降服)을 하여 대공복을 착용하는 경우를 뜻한다. 그렇기 때문에 이곳의 내용과 차이를 보인다.

經文

哭, 父之黨於廟, 母妻之黨於寢, 師於廟門外, 朋友於寢門外, 所識於野張帷. 凡爲位不奠.〈016〉

곡을 할 때 부친의 친족에 대해서는 묘에서 하고, 모친과 처의 친족에 대해서는 침에서 하며, 스승에 대해서는 묘문 밖에서 하고, 벗에 대해서는 침문 밖에서 하며, 서로 알고 있는 자에 대해서는 들판에서 하는데 장막을 치고 한다. 무릇 자리를 마련하게 되면 전제사를 지내지 않는다.

集說

檀弓云: "師吾哭諸寢." 又云: "有殯聞遠兄弟之喪, 哭於側室, 若無殯則在寢矣." 舊說異代之禮, 所以不同, 不然, 記者所聞或誤歟.

『예기』「단궁(檀弓)」편에서는 "스승에 대해서라면, 나는 침에서 곡을 해야 한다."라 했고, 또 "집에 빈소가 차려져 있을 때, 멀리 떨어져 살고 있는 형제에 대한 상 소식을 접하게 된다면, 측실에서 곡을 한다. 만약 측실이 없는 경우라면 대문 안에서도 오른쪽에서 곡을 한다."라 했다. 옛 학설에서는 다른 왕조 때의 예법이기 때문에 차이를 보인다고 했는데, 그것이 아니라면 『예기』를 기록한 자가 들었던 내용에 간혹 착오가 있었던 것이다.

鄭氏曰: 不奠, 以其精神不存乎是也.

정현이 말하길, 전제사를 지내지 않는 것은 정령이 그곳에 있지 않기 때문이다.

經文

哭, 天子九, 諸侯七, 卿·大夫五, 士三. 大夫哭諸侯, 不敢拜賓. 諸臣在他國, 爲位而哭, 不敢拜賓. 與諸侯爲兄弟, 亦爲位而哭. 凡爲位者壹袒.〈017〉

곡을 할 때 천자에 대해서는 9일 동안 9번 하고, 제후에 대해서는 7일 동안 7번 하며, 경과 대부에 대해서는 5일 동안 5번 하고, 사에 대해서는 3일 동안 3번 한다. 대부가 옛 군주를 위해 곡을 할 때에는 감히 빈객에게 절을 하지 않는다. 신하들 중 명령에 따라 다른 나라에 나가 있는 자들은 자신의 군주를 위해 자리를 마련하여 곡을 하지만, 감히 빈객에게 절을 하지 않는다. 제후와 형제가 되는데 다른 나라에 거주하는 자들 또한 자리를 마련하여 제후에 대해 곡을 한다. 무릇 자리를 마련하는 경우에는 한 차례 단을 한다.

九, 九哭也. 七, 七哭也. 九哭者九日, 七哭者七日, 餘倣此. 此以尊卑爲日數之差也. 大夫哭諸侯, 哭其舊君也. 不敢拜賓, 避爲主也. 在他國, 爲使而出也. 與諸侯爲兄弟, 亦謂在異國者, 壹袒, 謂爲位之日也, 明日以往不袒矣. 若父母之喪則必三袒.

'구(九)'는 9번 곡을 한다는 뜻이다. '칠(七)'은 7번 곡을 한다는 뜻이다. 9번 곡을 하는 것은 9일 동안 하는 것이며, 7번 곡을 하는 것은 7일 동안 하는 것이다. 나머지 경우도 이와 같다. 이것은 신분의 차이에 따라 날수에 차등을 정한 것이다. 대부가 제후에게 곡을 한다는 말은 옛 군주에게 곡을 한다는 뜻이다. 감히 빈객에게 절을 하지 않는 것은 상주의 예법을 피하기 때문이다. 다른 나라에 있다면 사신의 임무를 받아 국경을 벗어나 있는 것이다. 제후와 형제가 된다는 말 또한 다른 나라에 거주하는 자를 뜻한다. 한 차례 단을 한다는 말은 곡하는 자리를 마련하는 당일을 뜻하니, 그 다음날 이후로는 단을 하지 않는다. 만약 부모의 상이라면 반드시 세 차례 단을 한다.

經文

所識者弔, 先哭于家而後之墓, 皆爲之成踊, 從主人, 北面而
踊.〈018〉

알고 지내던 자가 죽어서 그에게 조문을 하려고 하는데, 그 시기가 이
미 장례를 치른 이후라면, 먼저 그의 집에 찾아가서 곡을 하고, 그 이후
에 묘로 찾아가니, 집과 묘에서 모두 그를 위해 용의 절차를 마무리하
는데, 주인을 뒤따라 용을 하고, 묘에서는 북쪽을 바라보며 용을 한다.

集說

己所知識之人死, 而往弔之時, 已在葬後矣. 必先哭于其家者, 情雖
由於死者, 而禮則施於生者故也. 主人墓左西向, 賓北面向墓而踊,
固賓主拾之, 然必主人先而賓從之, 故曰從主人也. 言皆者, 必于家
于墓皆踊也.

본인이 알고 지내던 자가 죽어서, 찾아가 조문을 하려고 할 때, 그 시기
가 이미 장례를 치른 이후의 경우이다. 반드시 그의 집에서 먼저 곡을
하는 것은 정감이 비록 죽은 자에 대해서 나온 것이지만, 예법은 살아
있는 자에게 시행해야 하기 때문이다. 주인은 묘의 좌측에서 서쪽을 바
라보고 빈객은 북쪽을 바라보며 묘를 향한 상태에서 용을 하는데, 빈객
과 주인이 교대로 하게 되지만, 반드시 주인이 먼저하고 빈객이 뒤따라
하기 때문에 "주인을 따른다."라고 했다. '개(皆)'라고 말한 것은 집과 묘
에서 모두 용을 하기 때문이다.

經文

凡喪: 父在, 父爲主. 父沒, 兄弟同居, 各主其喪. 親同, 長者主
之; 不同, 親者主之.〈019〉

무릇 상이 발생했을 때, 부친이 생존해 계시다면 부친이 주관한다. 부친이 돌아가셨고 형제가 같은 집에 거주한다면, 형제들은 각각 자신에게 발생한 상을 주관한다. 부모가 같을 경우, 부모의 상을 치를 때에는 장자가 주관한다. 부모가 다르고 그 상을 주관할 자식이 없다면, 죽은 자와 관계가 가까운 자가 주관한다.

此言父在而子有妻子之喪, 則父主之, 統於尊也. 父沒之後, 兄弟雖同居, 各主妻子之喪矣. 同宮猶然, 則異宮從可知也. 親同長者主之, 謂父母之喪, 長子爲主; 其同父母之兄弟死, 亦推長者爲主也. 不同親者主之, 謂從父兄弟之喪, 則彼親者爲之主也.

이 내용은 부친이 생존해 계실 때 자식에게 처나 자식의 상이 발생한다면 부친이 주관하니, 존귀한 자에게 통솔되기 때문이다. 부친이 돌아가신 이후 형제가 비록 같은 집에 거주하고 있더라도, 각각 자신들의 처나 자식의 상을 주관한다. 같은 집에 거주하는 자가 오히려 이처럼 한다면, 다른 건물에 거주하는 경우도 이를 통해 알 수 있다. 부모가 같다면 장자가 주관을 한다고 했는데, 부모의 상에서는 장자가 상주가 된다는 뜻이며, 부모가 같은 형제가 죽었다면 또한 가장 연장자를 추대하여 상주로 삼는다는 뜻이다. 부모가 같지 않은 자가 주관한다는 것은 종부의 형제 상에서, 그와 관계가 가까운 자가 그 상의 상주가 된다는 뜻이다.

聞遠兄弟之喪, 旣除喪而后聞喪, 免袒成踊, 拜賓則尙左手.〈020〉

소공복이나 시마복에 해당하는 관계가 먼 형제의 상 소식을 접했는데,

그 시기가 이미 그에 대한 복상기간을 넘긴 이후라면, 문을 하고 단을 하며 용하는 절차를 마무리하고, 빈객에게 절을 한다면 좌측 손이 위로 가도록 한다.

集說

此言小功緦麻之兄弟死, 而聞訃在本服月日之外, 雖不稅, 而初聞之, 亦必免袒而成其踊者, 以倫屬之親, 不可不爲之變也. 但拜賓則從吉拜, 而左手在上耳.

이 내용은 소공복과 시마복에 해당하는 형제가 죽었을 때, 부고를 알려와 그 소식을 접한 것이 본래 착용해야 하는 상복기간을 벗어난 시점이 된 경우이니, 비록 태를 하지 않지만, 최초 상의 소식을 접하게 되면 또한 반드시 문과 단을 하고 용하는 절차를 마무리한다. 이것은 혈연관계에 있는 친족에 대해서 변례를 적용하지 않을 수 없기 때문이다. 다만 빈객에게 절을 한다면 길한 시기의 절하는 방식을 따라서 좌측 손을 위로 가게 할 따름이다.

經文

無服而爲位者, 唯嫂叔. 及婦人降而無服者麻.〈021〉

상복관계가 없지만 그 대상에 대해 곡하는 자리를 마련하는 경우는 오직 형수의 상이다. 여자에게 있어서 그녀에 대해 강복을 하여 상복관계가 없어지는 경우에는 조복(弔服)에 시마복의 환질을 두른다.

集說

檀弓云: "子思之哭嫂也爲位." 婦人降而無服, 謂姑姊妹在室者緦麻,嫁則降在無服也. 哭之亦爲位. 麻者, 弔服而加緦之環経也.

『예기』「단궁(檀弓)」편에서는 "자사가 형수를 위해 곡을 했을 때에는 곡하는 자리를 정했다."라고 했다. 부인에 대해 강복을 하여 상복관계가 없어지게 되었다는 말은 고모와 자매들 중 아직 시집을 가지 않은 자는 시마복을 착용하는데, 그녀들이 시집을 가게 된다면 강복을 하여 상복관계가 없어지게 된다는 뜻이다. 그녀를 위해 곡을 할 때에도 자리를 마련한다. 마(麻)는 조복을 착용하고 시마복에 착용하는 환질(環経)을 두른다는 뜻이다.

鄭氏曰: 正言嫂叔, 尊嫂也. 兄公於弟之妻則不能也.

정현이 말하길, 경문에서 '수숙(嫂叔)'이라고 한 말은 형수를 높여서 부르는 말이다. 형이 동생의 처에 대해서라면 할 수 없다.

疏曰: 旣云無服, 又云麻, 故知弔服加麻也.

소에서 말하길, 이미 "상복관계가 없다."라고 했는데, 재차 '마(麻)'라고 했다. 그렇기 때문에 조복(弔服)을 착용하고 마(麻)로 된 질(経)을 두르게 된다는 사실을 알 수 있다.

經文

凡奔喪, 有大夫至, 袒, 拜之, 成踊而后襲. 於士, 襲而后拜之.〈022〉

무릇 분상을 함에 있어서, 상주가 분상을 하여 집에 도착했는데, 조문객 중 대부가 찾아왔다면, 단을 하고 그에게 절을 하며, 용의 절차를 마무리한 뒤에 습을 한다. 조문객이 사라면, 습을 한 이후에 그에게 절을 한다.

此言大夫士來弔此奔喪之人也, 尊卑禮異.

이 내용은 대부와 사가 찾아와서 분상을 한 사람에게 조문을 하는데, 신분에 따라 예법에 차이가 있음을 뜻한다.

「문상(問喪)」

「문상」편 문장 순서 비교

『예기집설』	『예기천견록』	
	구분	문장
001		001
002		002
003		003
004		004
005	무분류	005
006		006
007		007
008		008
009		009

무분류

親始死, 雞[笄]斯[色買反]徒跣, 扱[挿]上衽, 交手哭. 惻怛之心, 痛
疾之意, 傷腎·乾[干]肝·焦肺, 水漿不入口. 三日不擧火, 故
隣里爲之糜粥以飮[去聲]食[嗣]之. 夫悲哀在中, 故形變於外也.
痛疾在心, 故口不甘味, 身不安美也.〈001〉

부모님이 이제 막 돌아가시게 되면, 자식은 관을 제거하고 비녀와['雞'자
의 음은 '笄(계)'이다.] 머리싸개만['斯'자는 '色(색)'자와 '買(매)'자의 반절음이다.]
남기며 신발을 벗어 맨발을 만들며, 심의의 앞섶을 허리띠에 꽂고['扱'자
의 음은 '挿(삽)'이다.] 두 손을 교차하여 가슴을 두들기며 곡을 한다. 슬픈
마음과 애통한 생각은 콩팥을 상하게 하고 간을 마르게['乾'자의 음은 '干
(간)'이다.] 하며 폐를 태우니, 물이나 음료도 마실 수 없다. 3일 동안 밥
짓는 불을 때지 않기 때문에 이웃 사람들이 그를 위해 된죽과 묽은 죽
을 만들어서 그에게 마시고['飮'자는 거성으로 읽는다.] 먹게끔['食'자의 음은
'嗣(사)'이다.] 한다. 슬픔이 마음에 있기 때문에 모습이 겉으로 드러남에
초췌하게 변한다. 애통함이 마음에 있기 때문에 입은 맛을 느끼지 못하
고, 몸은 좋은 것을 편안히 여기지 못한다.

雞斯, 讀爲笄纚. 笄, 骨笄也. 纚, 韜髮之繒也. 親始死, 孝子先去冠,
惟留笄纚也. 徒, 空也. 徒跣, 無屨而空跣也. 上衽, 深衣前襟也, 以
號踊履踐爲妨, 故扱之於帶也. 交手哭, 謂兩手交以拊心而哭也. 糜
厚而粥薄, 薄者以飮之, 厚者以食之也.

'계사(雞斯)'는 계리(笄纚)로 풀이한다. '계(笄)'는 골계(骨笄)[1]이다. '이
(纚)'는 머리카락을 감싸는 비단이다. 부모가 이제 막 돌아가셨을 때, 자

식은 우선 쓰고 있던 관을 제거하는데, 오직 비녀와 머리싸개만 남겨둔다. '도(徒)'자는 "비다."는 뜻이다. '도선(徒跣)'은 신발이 없어서 맨발로 있다는 뜻이다. '상임(上衽)'은 심의(深衣)의 앞섶이니, 울부짖으며 발을 구르는데 방해가 되기 때문에 대(帶)에 꼽게 된다. 손을 교차하여 곡한다는 말은 두 손을 교차하여 가슴을 두들기며 곡을 한다는 뜻이다. 미(糜)는 된죽이고 죽(粥)는 묽은 죽인데, 묽은 죽은 마시고 된죽은 먹는다.

經文

三日而斂, 在牀曰尸, 在棺曰柩. 動尸擧柩, 哭踊無數. 惻怛之心, 痛疾之意, 悲哀志懣[謨本反]氣盛, 故袒而踊之, 所以動體安心下氣也.〈002〉

3일째에는 대렴을 하는데, 시신이 침상 위에 있으면 '시(尸)'라 부르고, 관에 안치되면 '구(柩)'라 부른다. 시신을 이동하고 영구를 들 때에는 곡과 용을 함에 정해진 수치가 없다. 슬픈 마음과 애통한 생각으로 인해, 비통하고 애통하여 생각은 번민으로[懣'자는 '謨(모)'자와 '本(본)'자의 반절음이다.] 가득차고 슬픈 기운이 가득 차게 된다. 그렇기 때문에 단을 하고 용을 해서, 몸을 움직이게 만들고 마음을 안정시키며 기운을 낮추는 것이다.

集說

哭踊本有數, 此言無數者, 又在常節之外也. 懣, 煩也.

---

1) 골계(骨筓)는 짐승의 뼈로 만든 비녀이다.

곡하고 용을 함에는 본래 정해진 수치가 있는데, 이곳에서 수치가 없다고 말한 것은 또한 일상적인 절차의 예외사항에 해당하기 때문이다. '문(懣)'자는 "번민하다."는 뜻이다.

經文

婦人不宜袒, 故發胷‧擊心‧爵踊, 殷殷[上聲]田田, 如壞[怪]牆然, 悲哀痛疾之至也. 故曰: "辟[婢尺反]踊哭泣, 哀以送之", 送形而往, 迎精而反也.〈003〉

부인은 단을 하기가 마땅하지 않기 때문에, 앞쪽의 옷을 젖히고 가슴을 두드리며 작용을 하니, 가슴을 치는 소리가 나서['殷'자는 상성으로 읽는다.] 마치 무너진['壞'자의 음은 '怪(괴)'이다.] 담장과 같이 되어, 슬픔과 애통함이 극심한 것이다. 그렇기 때문에 "가슴을 치고['辟'자는 '婢(비)'자와 '尺(척)'자의 반절음이다.] 용을 하며 곡을 하고 눈물을 흘려서 슬픔으로 전송한다."라고 한 것이니, 시신을 전송하여 장지로 가고, 혼령의 정기를 맞이하여 집으로 되돌아온다.

集說

發, 開也. 爵踊, 似爵之跳, 足不離地也. 殷殷田田, 擊之聲也. 辟, 拊心也.

'발(發)'자는 "열다."는 뜻이다. '작용(爵踊)'은 참새가 뛰는 것처럼 하니, 발이 지면에서 떨어지지 않는 것이다. '은은(殷殷)'과 '전전(田田)'은 가슴을 치는 소리이다. '벽(辟)'자는 가슴을 친다는 뜻이다.

其往送也, 望望然, 汲汲然, 如有追而弗及也. 其反哭也, 皇皇
然, 若有求而弗得也. 故其往送也如慕, 其反也如疑. 求而無
所得之也, 入門而弗見也, 上[上聲]堂又弗見也, 入室又弗見也,
亡矣, 喪[去聲]矣, 不可復[扶又反]見已矣. 故哭泣辟踊, 盡哀而止
矣.〈004〉

장지로 가며 전송할 때에는 아득하고 다급하여 마치 쫓지만 미치지 못
하는 것과 같다. 되돌아와 곡을 할 때에는 방황을 하여 마치 찾으려고
하나 찾지 못하는 것과 같다. 그렇기 때문에 장지로 가서 전송할 때에
는 그리워하는 것 같고, 되돌아올 때에는 의문을 품은 것 같다. 찾아도
찾을 수 있는 곳이 없으니, 문으로 들어왔으나 그 모습을 볼 수 없고,
당상으로 올라갔으나['上'자는 상성으로 읽는다.] 또한 볼 수 없으며, 실로
들어갔으나 또한 볼 수 없으니, 없어졌고 잃어서['喪'자는 거성으로 읽는다.]
다시는['復'자는 '扶(부)'자와 '又(우)'자의 반절음이다.] 볼 수 없을 따름이다.
그렇기 때문에 곡을 하고 눈물을 흘리며 가슴을 치고 용을 하여, 슬픔
을 다하고서야 그친다.

望望, 瞻望之意也. 汲汲, 促急之情也. 皇皇, 猶彷徨之意. 盡哀而止
者, 他無所寓其情也.

'망망(望望)'은 아득하게 바라본다는 뜻이다. '급급(汲汲)'은 몹시 다급한
정감을 뜻한다. '황황(皇皇)'은 방황한다는 뜻이다. "슬픔을 다하고서 그
친다."는 말은 다른 곳에 그 정감을 내려둘 곳이 없다는 뜻이다.

心恨焉愴焉, 惚焉愾[苦代反]焉, 心絶志悲而已矣. 祭之宗廟, 以鬼享之, 徼幸復反也. 成壙[上聲]而歸, 不敢入處室, 居於倚廬, 哀親之在外也. 寢苫枕[去聲]塊, 哀親之在土也. 故哭泣無時, 服勤三年, 思慕之心, 孝子之志也, 人情之實也.〈005〉

마음은 원망스럽게 슬프며, 아른아른하고 한탄스러우니['愾'자는 '苦(고)'자와 '代(대)'자의 반절음이다.] 마음이 찢어지고 생각은 비통해질 따름이다. 종묘에서 부모에게 제사를 지내는 것은 귀신에 대한 예법으로 흠향을 시키는 것이니, 요행히도 다시 되돌아오기를 바라는 것이다. 무덤을['壙'자는 상성으로 읽는다.] 만들고 되돌아왔으니, 감히 자신이 머물던 방으로 들어갈 수 없어서, 의려에 머무니, 부모가 외지에 있는 것을 슬퍼하기 때문이다. 또 거적을 깔고 흙덩이를 베개로['枕'자는 거성으로 읽는다.] 삼으니, 부모의 시신이 땅속에 있는 것을 슬퍼하기 때문이다. 그래서 곡을 하고 눈물을 흘림에 정해진 때가 없고, 삼년상을 치르니, 그리워하는 마음이며, 자식의 뜻이고, 인간의 정감에 나타나는 실정이다.

此言反哭至終喪之情. 惚, 猶恍惚也. 愾, 猶歎恨也. 勤, 謂憂苦.

이 내용은 반곡으로부터 상을 마칠 때까지의 정감을 설명하고 있다. '홀(惚)'자는 눈앞에 아른아른한다는 뜻이다. '개(愾)'자는 탄식한다는 뜻이다. '근(勤)'자는 근심스럽고 괴롭다는 뜻이다.

或問曰: "死三日而后斂者, 何也?" 曰: "孝子親死, 悲哀志懣,
故匍匐而哭之, 若將復生然, 安可得奪而斂之也? 故曰三日而
后斂者, 以俟其生也. 三日而不生, 亦不生矣, 孝子之心, 亦益
衰矣. 家室之計, 衣服之具, 亦可以成矣. 親戚之遠者, 亦可以
至矣. 是故聖人爲之斷[丁亂反]決以三日, 爲之禮制也." ⟨006⟩

어떤 이가 묻기를 "부모가 돌아가신 후 3일이 지난 후에 염을 하는 것은
어째서입니까?"라고 하자, 답하길 "자식은 부모가 돌아가셨을 때 비통
하고 애통하여 생각은 번민으로 가득 찬다. 그렇기 때문에 엎드려서 곡
을 하니, 마치 다시 살아날 것처럼 기대하는데, 어떻게 빼앗아서라도 염
을 하지 않을 수 있겠는가? 그러므로 3일이 지난 후에 염을 한다는 것
은 살아나기를 기다리는 것이다. 3일이 지난 후에도 살아나지 않는다면
이것은 또한 다시는 살아날 수 없는 것이니, 자식의 마음 또한 더더욱
쇠하게 된다. 그러므로 그 기간 동안 집에서 준비해야 하는 상사의 비
용과 의복 등의 기구들도 갖출 수 있다. 그리고 멀리 떨어져 살고 있는
친척 또한 찾아올 수 있다. 이러한 까닭으로 성인은 이러한 사정으로
인해 3일로 판결하여['斷'자는 '丁(정)'자와 '亂(란)'자의 반절음이다.] 예법을 만
든 것이다."라고 했다.

此記者設問, 以明三日而斂之義.

이것은 『예기』를 기록한 자가 문답형식을 통해 3일이 지난 뒤에 염을
하는 뜻을 나타낸 것이다.

或問曰: "冠者不肉袒, 何也?" 曰: "冠至尊也, 不居肉袒之體也,
故爲之免[問]以代之也. 然則禿者不免, 傴[於縷反]者不袒, 跛[補
火反]者不踊. 非不悲也, 身有錮疾, 不可以備禮也. 故曰喪禮唯
哀爲主矣. 女子哭泣悲哀, 擊胷傷心; 男子哭泣悲哀, 稽顙觸
地無容. 哀之至也."〈007〉

어떤 이가 묻기를 "관을 쓰게 되면 팔을 걷어 신체를 드러내지 않는 것
은 어째서입니까?"라고 하자, 답하길 "관은 지극히 존귀한 복식이니, 관
을 쓰게 되면 팔을 걷어 신체를 드러내지 않는다. 그렇기 때문에 문을
['免'자의 음은 '問(문)'이다.] 시행하여 대신한다. 그렇다면 대머리는 문을
하지 않고, 곱사등이는['傴'자는 '於(어)'자와 '縷(루)'자의 반절음이다.] 단을 하
지 않으며, 절름발이는['跛'자는 '補(보)'자와 '火(화)'자와 반절음이다.] 용을 하
지 않는다. 이것은 슬퍼하지 않아서가 아니며, 몸에 고질적인 병이 있
어서, 예법을 모두 갖출 수 없기 때문이다. 그래서 상례에서는 오직 슬
픔만을 위주로 한다고 말한 것이다. 여자는 곡을 하며 눈물을 흘려 비
통하고 애통함을 드러내어 가슴을 치고 상심하며, 남자는 곡을 하며 눈
물을 흘려 비통하고 애통함을 드러내어 이마를 땅에 닿도록 엎드려서
용모를 꾸밈이 없으니, 애통함이 지극하기 때문이다."라고 했다.

免而袒, 袒而踊, 先後之次也. 有一疾則廢一禮. 女子不踊, 則惟擊
胷; 男子不踊, 則惟稽顙觸地, 皆可以爲哀之至也.

문을 하고 단을 하며, 단을 하고 용을 하는 것은 선후의 차례이다. 해당
하는 질병이 있다면 관련된 예법을 제외한다. 여자가 용을 하지 않는다면
오직 가슴만 치게 되고, 남자가 용을 하지 않는다면 오직 이마를 숙여 땅
에 닿도록 하니, 이 모두는 애통함을 지극히 나타낸 것이라 할 수 있다.

或問曰: "免者以何爲也?" 曰: "不冠者之所服也. 禮曰: '童子不
緦, 唯當室緦.' 緦者其免也, 當室則免而杖矣."〈008〉

어떤 이가 묻기를 "문이라는 것은 어떤 용도로 사용하는 것입니까?"라
고 하자, 답하길 "관을 쓰지 않을 때 착용하는 복식이다. 『예』에서는
'어린아이는 시마복을 착용하지 않는데, 오직 당실만이 상복을 착용한
다.'라고 했는데, 시마복을 착용하는 것은 문을 하기 때문이니, 당실의
경우라면 문을 하고 지팡이를 잡는다."라고 했다.

集說

劉氏曰: 已冠者爲喪變而去冠, 則必著免. 蓋雖去冠, 猶嫌於不冠,
故加免也. 童子初未冠, 則雖爲喪亦不免, 以其未冠, 故不嫌於不冠
也. 若爲孤子而當室, 則雖童子亦免, 以其爲喪主而當成人之禮也.
如童子不杖, 以其不能病也, 而當室則杖. 童子不緦, 幼不能知疏遠
之哀也, 而當室則緦. 緦者, 以其當室而爲成人之免且杖, 則亦可爲
成人之緦矣. 故曰緦者以其免也.

유씨가 말하길, 이미 관례를 치른 자가 상으로 인해 복식의 변화를 주어
관을 제거한다면 반드시 문을 한다. 비록 관을 제거하더라도 여전히 관
을 쓰지 않는다는 것에 혐의를 두기 때문에 문을 한다. 어린아이가 아직
관례를 치르지 않았다면, 비록 상을 치르더라도 또한 문을 하지 않으니,
아직 관례를 치르지 않았기 때문이다. 그래서 관을 쓰지 않는다는 혐의
를 받지 않는다. 만약 부모를 잃어 고아가 된 상태이고 당실의 입장이라
면, 비록 어린아이라도 또한 문을 하니, 상주를 맡게 되어 성인이 따라
야 하는 예법을 치러야 하기 때문이다. 어린아이가 지팡이를 잡지 않는
것은 상례의 절차를 모두 치르지 않아서 피로해질 수 없기 때문이지만,
당실의 경우라면 지팡이를 잡는다. 어린아이는 시마복을 착용하지 않는
데, 어려서 소원한 관계의 친족에 대해 슬픔을 느낄 수 없기 때문이지

만, 당실이라면 시마복을 착용한다. 시마복을 착용하는 것은 당실의 입장이므로 성인이 해야 하는 문과 지팡이를 잡는다고 했으니, 이 또한 성인이 착용하는 시마복을 입을 수 있다는 뜻이다. 그렇기 때문에 "시마복을 착용하는 것은 문을 하기 때문이다."라고 했다.

經文

或問曰: "杖者何也?" 曰: "竹桐一也. 故爲[去聲]父苴[七須反]杖, 苴杖, 竹也. 爲母削杖, 削杖, 桐也." 或問曰: "杖者以何爲也?" 曰: "孝子喪親, 哭泣無數, 服勤三年, 身病體羸[力垂反], 以杖扶病也. 則父在不敢杖矣, 尊者在故也. 堂上不杖, 辟[避]尊者之處[去聲]也. 堂上不趨, 示不遽[其慮反]也. 此孝子之志也, 人情之實也, 禮義之經也. 非從天降也, 非從地出也, 人情而已矣." 〈009〉

어떤 이가 묻기를 "지팡이를 잡는 것은 어째서입니까?"라고 하자, 답하길 "대나무 지팡이나 오동나무 지팡이나 동일한 이치이다. 그러므로 부친의 상을 치를 때에는['爲'자는 거성으로 읽는다.] 저장을['苴'자는 '七(칠)'자와 '須(수)'자의 반절음이다.] 잡으니, 저장은 대나무 지팡이이다. 모친의 상을 치를 때에는 삭장을 잡으니, 삭장은 오동나무 지팡이이다."라고 했다. 어떤 이가 묻기를 "지팡이는 어떤 용도로 사용하는 것입니까?"라고 하자, 답하길 "자식이 부모의 상을 치를 때, 곡을 하며 눈물을 흘리는 것이 수도 없고, 삼년상을 치르니, 몸이 병약해지고 쇠약해져서['羸'자는 '力(력)'자와 '垂(수)'자의 반절음이다.] 지팡이로 병약해진 몸을 지탱하는 것이다. 그러나 부친이 생존해 계실 때에는 감히 지팡이를 잡지 않으니, 존귀한 자가 생존해 계시기 때문이다. 또 당상에서는 지팡이를 잡지 않으니, 존귀하신 부친이 머무는['處'자는 거성으로 읽는다.] 곳에서 휘방을 놓지 않기['辟'자의 음은 '避(피)'이다.] 위해서이다. 또 당상에서는 빠른 걸음으로 걷지 않으니 다급하게['遽'자는 '其(기)'자와 '慮(려)'자의 반절음이다.] 하지 않음을 드러내기 위해서이다. 이것은 자식의 뜻이고, 인간의 정감에 나타나는 실정이며, 예의에 따른 법도이다. 이것은 하늘로부터 내려온 것이 아니고 또 땅으로부터 솟아난 것도 아니며, 인간의 정감에 따른 것일 뿐이다."라고 했다.

集說

苴杖圓而象天, 削杖方以象地. 又以桐爲同之義, 言哀戚同於喪父也. 堂上不趨, 亦謂父在時也. 急遽則或動父之情, 故示以寬暇.

저장(苴杖)은 둥글어서 하늘을 상징하고, 삭장(削杖)은 네모져서 땅을 상징한다, 또 오동나무는 "같다."는 의미로 여기니, 애통함과 슬픔이 부친의 상을 치르는 경우와 동일하다는 뜻이다. 당상에서 빠른 걸음으로 걷지 않는다는 말은 또한 부친이 생존해 계실 때를 뜻한다. 다급하게 한다면 혹여 부친의 정감을 뒤흔들기도 한다. 그렇기 때문에 이로써 천천히 한다는 뜻을 드러낸다.

「복문(服問)」

「복문」편 문장 순서 비교

『예기집설』	『예기천견록』	
	구분	문장
001		001
002		002
003		003
004		004
005		005
006		006
007		007
008		008
009	무분류	009
010		010
011		011
012		012
013		013
014		014
015		015
016		016
017		017
018		018

무분류

傳[去聲]曰: "有從輕而重", 公子之妻爲其皇姑.〈001〉

전문에서는['傳'자는 거성으로 읽는다.] "수위가 낮은 상복을 입는 자를 따라서 상복을 착용하지만, 수위가 높은 상복을 착용하는 경우가 있다."라고 했는데, 제후 첩 자식의 부인이 남편의 모친을 위해 상복을 착용하는 경우이다.

集說

有屬從, 有徒從, 故皆以從言.

속종(屬從)1)이 있고 도종(徒從)이 있기 때문에 모두 '종(從)'자를 붙여서 말했다.

疏曰: 公子, 諸侯之妾子也. 皇姑, 卽公子之母也. 諸侯在尊厭妾子, 使爲母練冠. 諸侯沒, 妾子得爲母大功, 而妾子之妻, 則不論諸侯存沒, 爲夫之母期也. 其夫練冠是輕也, 而妻爲之期是重, 故云有從輕而重也. 皇, 君也. 此妾旣賤, 若惟云姑, 則有嫡女君之嫌; 今加皇字, 明非女君, 而此婦尊之與女君同, 故云皇姑也.

---

1) 속종(屬從)은 친속 관계에 따라 상복을 착용한다는 뜻이다. '속(屬)'자는 친속을 뜻한다. 자식은 모친을 따라서 모친의 친족을 위해서 상복을 착용하고, 처는 남편을 따라서 남편의 친족을 위해서 상복을 착용하며, 남편은 처를 따라서 처의 친족을 위해서 상복을 착용하는 경우가 '속종(屬從)'에 해당한다. 이 세 가지 경우에는 따르는 자가 비록 죽었더라도, 여전히 죽은 자를 따라서 그의 친족을 위해 상복을 착용한다.

소에서 말하길, '공자(公子)'는 제후 첩의 자식을 뜻한다. '황고(皇姑)'는 공자의 모친을 뜻한다. 제후가 생존해 있을 때, 그는 존귀한 신분이므로 첩의 자식에 대해서는 염강(厭降)을 시켜 모친의 상을 치르며 연관(練冠)을 착용하도록 만든다. 제후가 죽은 상태라면 첩의 자식은 자신의 모친에 대해서 대공복(大功服)을 착용할 수 있고, 첩 자식의 처는 제후가 생존해 있거나 이미 죽은 경우를 따지지 않고 남편의 모친을 위해서 기년상(期年喪)을 치른다. 남편은 연관을 착용했으니, 이것은 수위가 낮은 경우에 해당한다. 그런데 그의 처는 기년상을 치르니, 이것은 수위가 높은 경우에 해당한다. 그렇기 때문에 "가벼운 것을 따라서 무겁게 하는 경우가 있다."라고 했다. '황(皇)'자는 군(君)을 뜻한다. 첩은 미천한 신분이지만, 만약 '시어미'라고만 부른다면 정실인 여군(女君)을 뜻한다는 혐의를 받게 된다. 따라서 '황(皇)'자를 덧붙여서 여군이 아니라는 사실을 드러냈고, 첩 자식의 부인이 시어미를 존귀하게 높이는 것은 여군에 대한 경우와 동일하기 때문에, '황고(皇姑)'라고 했다.

經文

"有從重而輕", 爲妻之父母.⟨002⟩

전문에서는 "수위가 높은 상복을 입는 자를 따라서 상복을 착용하지만, 수위가 낮은 상복을 착용하는 경우가 있다."라고 했는데, 처의 부모를 위해 상복을 착용하는 경우이다.

集說

妻爲其父母齊衰, 是重也. 夫從妻而服之乃緦麻, 是從重而輕也.

처는 자기 부모에 대해서 자최복(齊衰服)을 입으니, 이것은 수위가 높은 것이다. 남편이 처를 따라서 그녀의 부모에 대해 상복을 착용하면 시마복(緦麻服)을 입으니, 이것은 수위가 높은 상복을 착용하는 자에 따르지만 수위가 낮은 상복을 착용하는 경우이다.

經文

"有從無服而有服", 公子之妻, 爲公子之外兄弟.〈003〉

전문에서는 "상복을 착용하지 않아야 하는 자를 따라서 상복을 착용하지 않지만 실제로 상복을 착용하는 경우가 있다."라고 했는데, 제후 첩 자식의 부인이 남편의 외조부모 및 종모를 위해 상복을 착용하는 경우이다.

集說

疏曰: 公子被厭不服己母之外家, 是無服也. 妻猶從公子而服公子外祖父母從母緦麻, 是從無服而有服也. 經惟云公子外兄弟, 而知其非公子姑之子者, 以喪服小記云, 夫之所爲兄弟服, 妻皆降一等; 夫爲姑之子緦麻, 妻則無服. 今公子之妻爲之有服, 故知其爲公子外祖父母從母也. 此等皆小功之服, 凡小功者謂爲兄弟, 若同宗直稱兄弟, 以外族故稱外兄弟也.

소에서 말하길, 제후의 첩 자식이 염강(厭降)을 하게 되어 자신의 모친 외가 친족에 대해 상복을 착용하지 못하는 것이 상복이 없는 경우이다. 첩 자식의 처는 오히려 그녀의 남편을 따라서 남편 외조부모나 종모에 대해 시마복(緦麻服)을 착용하니, 이것이 상복이 없는 것을 따르는데 상복이 있는 경우이다. 경문에서는 단지 '공자의 외형제'라고만 했는데, 남편의 고모 자식에게는 해당하지 않는다는 사실을 알 수 있는 이유는 『예기』「상복소기(喪服小記)」편에서 남편이 형제를 위해 상복을 착용하는 경우, 처는 모두 1등급을 낮춘다고 했고, 남편은 고모의 자식에 대해 시마복을 착용하여 처는 상복이 없게 되기 때문이다. 현재 제후 첩 자식의 처는 그 대상을 위해 상복을 착용한다고 했다. 그렇기 때문에 그 대상이 남편의 외조부모 및 종모가 됨을 알 수 있다. 이러한 자들은 모두 소공복(小功服)을 착용하는 자들인데, 소공복을 착용하는 자들을 형제라고 말하지만, 같은 종가에 대해서라면 '형제(兄弟)'라고만 부르므로, 외가 친족이기 때문에 '외형제(外兄弟)'라고 말한 것이다.

"有從有服而無服", 公子爲其妻之父母.(004)

전문에서는 "상복을 착용해야 하는 자를 따라서 상복을 착용해야 하지만 실제로 상복을 착용하지 않는 경우가 있다."라고 했는데, 제후 첩의 자식이 자신의 처 부모를 위한 경우이다.

鄭氏曰: 凡公子厭於君, 降其私親, 女君之子不降.

정현이 말하길, 무릇 제후 첩의 자식은 제후로 인해 염강(厭降)을 하게 되어, 개인의 친족에 대해서는 낮춘다. 여군(女君)의 자식은 낮추지 않는다.

疏曰: 雖爲公子之妻, 猶爲父母期, 是有服也. 公子被厭, 不從妻而服之, 是從有服而無服也.

소에서 말하길, 비록 제후 첩 자식의 부인은 여전히 자신의 부모를 위해서 기년복(期年服)을 착용하는데, 이것은 상복이 있는 경우이다. 제후 첩의 자식은 염강(厭降)을 하게 되어, 자신의 처를 따라서 상복을 착용하지 않으니, 이것은 상복이 있는 것을 따르는데 상복이 없는 경우이다.

傳曰: “母出則爲繼母之黨服, 母死則爲其母之黨服”, 爲其母
之黨服, 則不爲繼母之黨服.〈005〉

전문에서는 “모친이 쫓겨난 경우라면 계모의 친족을 위해서 상복을 착
용하고, 계모가 돌아가셨다면 쫓겨난 모친의 친족을 위해서 상복을 착
용한다.”라고 했으니, 쫓겨난 모친의 친족을 위해 상복을 착용한다면,
계모의 친족을 위해서는 상복을 착용하지 않는다.

集說

母死, 謂繼母死也. 其母, 謂出母也.

모친이 돌아가셨다는 말은 계모가 돌아가셨다는 뜻이다. '기모(其母)'는
출모(出母)를 뜻한다.

鄭氏曰: 雖外親亦無二統.

정현이 말하길, 비록 외가 친족이라 하더라도 또한 통솔되는 자가 둘일
수 없다.

經文

三年之喪旣練矣, 有期之喪旣葬矣, 則帶其故葛帶, 絰期之絰,
服其功衰.〈006〉

부친의 삼년상에서 연제를 마쳤는데, 모친의 기년상에서 장례를 마쳤다
면, 부친의 상에서 차고 있던 갈포로 만든 허리띠를 두르고, 기년상에서
차는 질을 두르며, 공최를 착용한다.

疏曰: 謂三年之喪練祭之後, 又當期喪既葬之節也. 故葛帶, 謂三年
喪之練葛帶也. 今期喪既葬, 男子則應著葛帶, 此葛帶與三年之葛
帶麤細正同, 而以父葛爲重, 故帶其故葛帶也. 経期之経者, 謂三年
之喪練後, 首経既除, 故経期之葛経也. 若婦人練後, 麻帶除矣, 則
経其故葛経, 帶期之麻帶, 以婦人不葛帶故也. 功衰者, 父喪練後之
衰也. 雜記疏云: 三年喪練後之衰, 升數與大功同, 故云功衰也.

소에서 말하길, 삼년상에서 이미 연제(練祭)를 치른 이후인데, 재차 기
년상에서 장례를 마친 이후의 절차에 해당한 경우를 뜻한다. '고갈대(故
葛帶)'는 삼년상에서 연제 때 착용하는 갈포로 만든 허리띠를 뜻한다.
현재 기년상에서 장례를 마쳤으므로, 남자라면 마땅히 갈대를 착용해야
하니, 갈대는 삼년상에서 착용하는 갈대와 거친 정도가 동일하고, 부친
의 상을 치르며 착용하는 갈대를 중요하게 여기기 때문에 이전의 갈대
를 착용한다. 기년상의 질(経)을 착용한다고 했는데, 삼년상에서 연제를
치른 이후에는 수질(首経)의 경우 이미 제거를 했기 때문에, 기년상에
착용하는 갈포로 만든 질(経)을 착용한다. 부인의 경우 연제를 끝낸 이
후 마로 만든 허리띠를 제거하면, 이전의 갈포로 만든 질(経)을 차고,
기년상의 마로 만든 허리띠를 차니, 부인은 갈대를 차지 않기 때문이다.
'공최(功衰)'는 부친의 상에서 연제를 치른 이후에 착용하는 상복을 뜻한
다. 『예기』「잡기(雜記)」편의 소에서 말하길, 삼년상에서 연제를 치른
이후의 상복은 승(升)의 수가 대공복(大功服)과 같다. 그렇기 때문에 '공
최(功衰)'라고 부른다.

有大功之喪, 亦如之, 小功無變也. 〈007〉

삼년상에서 연제를 마쳤는데, 대공복의 상이 발생하여 그 상에서 장례

를 마쳤다면 또한 이전의 갈포로 만든 허리띠를 두르고, 기년상에서 차는 질을 두른다. 소공복의 상이 뒤늦게 발생한 경우에는 상복에 변화가 없다.

集說

疏曰: 三年喪練後, 有大功喪亦旣葬, 亦帶其故葛帶而経期之葛絰也, 故云亦如之. 小功無變者, 言先有大功以上喪服, 今遭小功之喪, 無變於前服, 不以輕服減累於重也.

소에서 말하길, 삼년상에서 연제(練祭)를 치른 이후 대공복(大功服)을 착용해야 하는 상이 발생했고 또 그 상에서 장례를 마쳤다면, 앞서와 같이 이전의 갈포로 만든 허리띠를 차고, 기년상의 갈포로 만든 질(絰)을 찬다. 그렇기 때문에 "또한 이와 같다."라고 했다. 소공복(小功服)의 상에는 변화가 없다고 했는데, 앞서 대공복 이상의 상복을 착용하고 있는데, 재차 소공의 상을 당하게 되면, 이전에 착용했던 상복에서 변화를 주지 않으니, 수위가 낮은 상복으로 인해 수위가 높은 상복을 경감시키거나 겹칠 수 없기 때문이다.

經文

麻之有本者, 變三年之葛.(008)

대공복 이상의 경우 마로 만든 질에는 뿌리부분도 함께 포함되는데, 상이 겹쳤을 때 삼년상에서 착용하는 갈포로 만든 질을 이것으로 바꿀 수 있다.

集說

疏曰: 大功以上爲帶者, 麻之根本并留之, 合紏爲帶, 如此者得變三年之練葛. 小功以下, 其経澡麻斷本, 不得變三年之葛也. 言變三年之葛, 舉其重者. 其實期之葛有本者, 亦得變之.

소에서 말하길, 대공복(大功服) 이상의 상복에서 허리띠를 차는 경우, 마(麻)의 뿌리도 함께 남겨두어, 이것을 함께 꼬아서 허리띠를 만드니, 이와 같은 경우 삼년상에서 연제(練祭)를 치른 이후의 갈포로 만든 허리띠를 이것으로 바꿀 수 있다. 소공복(小功服) 이하 상복에서의 질(絰)은 마(麻)를 깨끗하게 만들고 뿌리를 잘라내니, 삼년상에서 착용하는 갈포로 만든 질(絰)을 이것으로 바꿀 수 없다. 즉 삼년상에서 착용하는 갈포로 만든 질(絰)을 바꾼다고 한 말은 수위가 높은 것을 기준으로 했다는 뜻이다. 실제로 기년상(期年喪)에 착용하는 갈포로 마든 질(絰)에도 뿌리가 포함되므로, 또한 이것으로 바꿀 수 있다.

經文

旣練, 遇麻斷[短]本者, 於免絰之. 旣免去絰, 每可以絰必絰, 旣絰則去之.〈009〉

삼년상에서 연제를 치른 이후 마의 뿌리를 잘라서['斷'자의 음은 '短(단)'이다.] 질을 만들게 되는 소공복 이하의 상을 당했다면, 문을 할 때에 그에 대한 질을 찬다. 문을 한 이후에는 질을 제거하고, 매번 질을 차야만 하는 시기라면 반드시 질을 차며, 질을 차는 일이 끝났다면, 제거하고 연제 이후의 복장으로 갈아입는다.

集說

疏曰: 斬衰旣練之後, 遭小功之喪, 雖不變服, 得爲之加絰也. 於免絰之者, 以練無首絰, 於此小功喪有事於免之時, 則爲之加小功之絰也. 旣免之後, 則脫去其絰, 每可以絰之時, 必爲之加絰. 旣絰則去之, 自練服也.

소에서 말하길, 참최복(斬衰服)의 상에서 연제(練祭)를 치른 이후 소공복(小功服)의 상을 당하면, 비록 복장을 바꿀 수 없지만, 그를 위해서 질(絰)은 착용할 수 있다. 문(免)에서 질(絰)을 한다는 말은 연제를 치른 이후에는 수질(首絰)이 없어지니, 소공복의 상에서 문에 대해 시행할 일이 있다면, 그를 위해 소공복의 질(絰)을 착용할 수 있다는 뜻이다. 이미 문을 한 이후라면 질을 제거하며, 매번 질을 차야 하는 때라면 반드시 그를 위해 질을 찬다. 질 차는 일이 끝났다면 제거하고 연제 이후의 복장으로 갈아입는다.

經文

小功不易喪之練冠, 如免, 則絰其緦·小功之絰, 因其初葛帶. 緦之麻不變小功之葛, 小功之麻不變大功之葛, 以有本爲稅 [吐外反]. 〈010〉

상을 치르고 있는데 뒤늦게 소공복 이하의 상이 발생했을 때에는 이전 상에서 착용했던 연관을 바꾸지 않으며, 만약 문을 하게 된다면, 수질은 시마복이나 소공복에 차는 질을 두르며, 허리띠는 이전 상에 차고 있던 갈포로 만든 허리띠를 찬다. 시마복에 차는 마로 만든 질로는 소공복에 착용하는 갈포로 만든 질을 바꾸지 않고, 소공복에 차는 마로 만든 질로는 대공복에 차는 갈포로 만든 질을 바꾸지 않으니, 뿌리가 있는 마로 만든 질을 바꾸는['稅'자는 '吐(토)'자와 '外(외)'자의 반절음이다.] 기준으로 삼기 때문이다.

集說

疏曰: 言小功以下之喪, 不合變易三年喪之練冠, 其期之練冠, 亦不得變也. 如當緦小功著免之節, 則首絰其緦與小功之絰, 所以爲後喪緦絰者, 以前喪練冠首絰已除故也. 要中所著, 仍因其初喪練之葛帶; 輕喪之麻, 本服旣輕, 雖初喪之麻, 不變前重喪之葛也. 稅, 謂變易也. 緦與小功麻絰旣無本, 不合稅變前喪; 惟大功以上麻絰有本者, 得稅變前喪也.

소에서 말하길, 소공복(小功服) 이하의 상에서는 삼년상에서 착용하고 있던 연관(練冠)을 바꾸지 않으니, 기년상의 연관 또한 바꿀 수 없다. 만약 시마복(緦麻服)과 소공복의 상에서 문(免)을 착용해야 하는 절차에 해당한다면, 수질(首絰)로는 시마복과 소공복의 질(絰)을 차니, 뒤에 발생한 시마복의 질(絰)을 차는 이유는 이전 상에서 연관을 하여 수질을 이미 제거한 상태이기 때문이다. 허리에 착용하는 것은 곧 초상에서 연제(練祭)를 치른 이후에 착용하는 갈포로 만든 허리띠를 차는데, 수위가 낮은 상에 차는 마(麻)로 만든 허리띠의 경우, 본래의 상복이 이미 수위가 낮으니, 비록 초상에서 착용하는 마(麻)로 만든 허리띠라 하더라도 이전에 발생한 수위가 높은 상의 갈포로 만든 허리띠를 바꾸지 않는다. '태(稅)'자는 바꾼다는 뜻이다. 시마복과 소공복의 마(麻)로 만든 질(絰)은 뿌리가 없는 것이니, 이전 상에 착용했던 것을 바꾸기에 마땅하지 않으며, 오직 대공복(大功服) 이상의 상에서 착용하는 뿌리가 있는 마(麻)의 질(絰)만이 이전 상의 것을 바꿀 수 있다.

經文

殤長中, 變三年之葛, 終殤之月, 筭而反三年之葛. 是非重麻, 爲其無卒哭之稅. 下殤則否.〈011〉

대공복의 관계에 있는 자가 장상이나 중상을 하게 되면 삼년상에서 차고 있던 갈포로 만든 질을 그의 상에서 쓰는 것으로 바꿀 수 있고, 요절한 자에 대한 복상기간을 끝내면 다시 삼년상에서 차는 갈포로 만든 질로 바꾼다. 이것은 마로 만든 질을 중시해서가 아니며, 요절한 자에 대해서는 졸곡 때 복장을 바꾸는 예법이 없기 때문에 특별히 허용하는 것이다. 하상을 한 경우라면 이처럼 하지 않는다.

集說

疏曰: 殤長中者, 謂本服大功, 今乃降在長中殤. 男子則爲之小功, 婦人爲長殤小功, 中殤則緦麻, 如此者得變三年之葛. 著此殤服之麻, 終竟此殤月數. 如小功則五月, 緦則三月, 還反服其三年之葛也. 旣服麻不改, 又變三年之葛, 不是重此麻也. 以殤服質略, 自初死服麻以後, 無卒哭時稅麻服葛之禮也. 下殤則否者, 以大功以下之殤, 男子婦人俱爲之緦麻, 其情輕, 不得變三年之葛也. 按上文麻有本者得變三年之葛, 則齊衰下殤雖是小功, 亦是麻之有本者. 故喪服小記云: "下殤小功帶澡麻不絶本." 然齊衰下殤, 乃變三年之葛. 今大功長殤麻旣無本, 得變三年之葛者, 以無虞卒哭之稅, 故特得變之. 若成人小功緦麻, 麻旣無本, 故不得變也.

소에서 말하길, '상장중(殤長中)'은 본래의 상복관계는 대공복(大功服)에 해당하지만, 현재 장상(長殤)과 중상(中殤)에 해당하여 수위를 낮췄다는 뜻이다. 남자의 경우 그를 위해 소공복(小功服)을 착용하고, 여자는 장상한 자를 위해 소공복을 착용하며, 중상의 경우라면 시마복(緦麻服)을 착용한다. 이와 같은 경우에는 삼년상에서 차고 있던 갈(葛)로 만든 질(絰)을 바꿀 수 있다. 요절한 자를 위한 상복의 마(麻)로 만든 질을 차고 있다면, 요절한 자에 대해 복상기간을 끝내게 된다. 만약 소공복에 해당한다면 5개월 동안 착용하고, 시마복에 해당한다면 3개월 동안 착용하며, 그 기간이 끝나면 삼년상에서 착용하고 있던 갈포로 만든 질을 다시 찬다. 이미 마(麻)로 된 질을 착용한 것을 바꾸지 않고 또 삼년상의 갈포로 만든 질을 바꾸는 것은 마(麻)로 된 질을 중시해서가 아니다. 요절한 자에 대해 복상하는 것은 본래부터 간략하니, 처음 죽었을 때 마로 된 질을 착용한 이후에는 졸곡(卒哭)을 할 때 마로 된 질을 바꿔서 갈포로 된 질을 차는 예법이 없다. 하상(下殤)이라면 그렇지 않다고 했는데, 대공복 이하의 관계에 있는 자가 요절을 하면 남자와 여자는 모두 그를 위해 시마복을 착용하는데, 그에 대한 정감은 낮아서 삼년상에서 차고 있던 갈포로 만든 질을 바꿀 수 없다. 앞 문장을 살펴보면 뿌리가 있는 마로 만든 질로는 삼년상에서 차고 있던 갈포로 만든 질을 바꿀 수 있다고 했으니, 자최복(齊衰服) 이하의 관계에 있는 자가 요절을 하면 비록 소공복에 해당하지만, 또한 뿌리가 있는 마로 만든 질을 착용하게 된다. 그렇기 때문에 『예기』「상복소기(喪服小記)」편에서는 "하상을 하여 단계를 낮춰 소공복을 착용할 때에는 마를 깨끗하게 하여 허리띠를 만들되 뿌리부분은 끊지 않는다."라고 했다. 그러므로 자최복의 관계에 있는 자가 하상을 하게 되면, 삼년상에서 차고 있던 갈포로 만든 질을 바꾼다. 현재 대공복의 관계에 있는 자가 장상을 하였으니, 마로 만든 질에도 본래 뿌리가 없다. 그런데도 삼년상에서 차고 있던 갈포로 만든 질을 바꿀 수 있는 것은 우제(虞祭)와 졸곡(卒哭)에서 바꾸는 예법이 없기 때문에, 특별히 복장을 바꿀 수 있는 것이다. 만약 성인이 된 상태에서 죽은 자가 소공복이나 시마복의 관계에 해당한다면, 마로 만든 질에는 본래부터 뿌리가 없기 때문에 바꿀 수 없다.

經文

君爲天子三年, 夫人如外宗之爲君也. 世子不爲天子服.〈012〉

제후는 천자를 위해서 참최복으로 삼년상을 치르고, 제후의 부인은 제후의 외종이 제후를 위해 기년상을 치르는 것과 동일하게, 천자를 위해서 기년상을 치른다. 세자는 혐의를 멀리하기 위해 천자를 위해서 상복을 착용하지 않는다.

諸侯爲天子服斬衰三年. 外宗, 見前篇. 諸侯外宗之婦爲君期, 夫人
爲天子亦期, 故云夫人如外宗之爲君也. 世子有繼世之道, 不爲天
子服者, 遠嫌也.

제후는 천자를 위해서 참최복(斬衰服)을 3년 동안 착용한다. '외종(外
宗)'에 대한 설명은 앞에 나온다. 제후의 외종에 속하는 부인들은 제후
를 위해서 기년복(期年服)을 착용하는데, 제후의 부인은 천자를 위해서
또한 기년복을 착용한다. 그렇기 때문에 "제후의 부인은 제후의 외종이
제후를 위해 상을 치르는 것처럼 한다."라고 했다. 세자에게는 세대를
계승하는 도리가 포함되는데, 천자를 위해서 상복을 착용하지 않는 이
유는 혐의를 멀리하기 위해서이다.

君所主, 夫人妻, 太子, 適婦.〈013〉

군주가 주관하는 상은 자기 부인, 태자, 태자의 정부인 상이다.

夫人者, 君之適妻, 故云夫人妻. 太子, 適子也. 其妻爲適婦. 三者皆
正, 故君主其喪.

'부인(夫人)'은 군주의 정부인이다. 그렇기 때문에 '부인처(夫人妻)'라고
말했다. '태자(太子)'는 적장자를 뜻한다. 그의 처는 '적부(適婦)'가 된다.
세 대상은 모두 정통이 된다. 그렇기 때문에 군주가 그들의 상을 주관한
다.

大夫之適子, 爲君 · 夫人 · 太子, 如士服.〈014〉

대부의 적장자는 제후 · 제후의 부인 · 제후의 태자를 위해서 상복을 착용하는데, 사가 착용하는 상복과 동일하게 한다.

集說

鄭氏曰: 士爲國君斬, 小君期, 太子君服斬, 臣從服期.

정현이 말하길, 사는 제후를 위해서 참최복(斬衰服)을 착용하고, 소군(小君)을 위해서는 기년복(期年服)을 착용한다. 태자를 위해 제후는 참최복을 착용하고, 신하는 종복(從服)을 하여 기년복을 착용한다.

疏曰: 大夫無繼世之道, 其子無嫌, 故得爲君與夫人及君之太子, 著服如士服也.

소에서 말하길, 대부에게는 세대를 계승하는 도가 없으니, 그 자식이 상복을 착용하더라도 혐의를 받지 않는다. 그렇기 때문에 제후 · 제후의 부인 및 제후의 태자에 대해서 상복을 착용할 수 있는데, 사가 상복을 착용하는 것처럼 한다.

經文

君之母非夫人, 則群臣無服. 唯近臣及僕驂乘從服, 唯君所服服也.〈015〉

제후의 모친이 이전 제후의 정부인이 아니라면, 신하들은 상복을 착용하지 않는다. 오직 근신이나 수레를 모는 자 및 수레에 함께 타는 호위무사만이 종복을 하는데, 군주가 착용하는 상복을 따라서 착용한다.

疏曰: 君母是適夫人, 則群臣服期; 非夫人則君服緦, 故群臣無服也.
近臣, 閣寺之屬. 僕, 御車者. 驂乘, 車右也. 唯君所服服者, 君緦,
則此等人亦緦也.

소에서 말하길, 제후의 모친이 이전 제후의 정부인이라면, 뭇 신하들은
그녀를 위해 기년복(期年服)을 착용한다. 그러나 이전 제후의 정부인이
아니라면, 제후는 시마복(緦麻服)을 착용하기 때문에 뭇 신하들은 상복
을 착용하지 않는다. '근신(近臣)'은 궁내에서 문을 지키거나 궁내 사람
들을 담당하는 혼인(閣人)이나 시인(寺人) 등의 부류이다. '복(僕)'은 수
레를 모는 자이다. '참승(驂乘)'은 수레에 함께 타는 호위무사이다. 오직
제후가 착용하는 상복을 입는다는 말은 제후가 시마복을 입는다면 이러
한 자들 또한 시마복을 착용한다는 뜻이다.

公爲卿大夫錫衰以居, 出亦如之, 當事則弁絰. 大夫相爲亦然.
爲其妻, 往則服之, 出則否.〈016〉

제후가 경이나 대부를 위해 상복을 착용할 때에는 석최를 착용하여 기
거하고, 출타를 할 때에도 또한 그 복장을 착용하며, 상에 대해 해당 절
차를 시행하는 때라면 머리에는 변질을 쓴다. 대부가 서로에 대해 상복
을 착용할 때에도 이처럼 한다. 그들의 처에 대해서 상복을 착용할 때
에는 그 집에 찾아간다면 이러한 복장을 착용하지만, 다른 일로 출타할
때에는 착용하지 않는다.

疏曰: 君爲卿大夫之喪, 成服之後, 著錫衰以居也. 出, 謂以他事而

出, 非至喪所. 亦著錫衰, 首則皮弁也. 當事, 若大斂及殯, 幷將葬啓殯等事, 則首著弁絰, 身衣錫衰; 若於士, 則首服皮弁也. 大夫相爲亦然者, 亦如君於卿大夫也. 若君於卿大夫之妻, 及卿大夫相爲其妻, 而往臨其喪, 亦服錫衰, 但不常著之以居. 或以他事出, 則不服也.

소에서 말하길, 제후가 경과 대부의 상을 치를 때 성복(成服)을 한 이후라면 석최(錫衰)를 착용하여 기거한다. '출(出)'자는 다른 일로 인해 출타를 한다는 뜻으로, 상을 치르는 장소로 간다는 의미가 아니다. 또한 석최를 착용하는데 머리에는 피변(皮弁)을 착용한다. '당사(當事)'는 대렴(大斂)이나 빈소를 마련하는 경우 및 장례를 치르기 위해 계빈(啓殯)을 하는 경우 등인데, 이러한 일을 하게 되면 머리에는 변질(弁絰)을 착용하고, 몸에는 석최를 걸치며, 사에 대한 경우라면 머리에는 피변을 착용한다. 대부가 서로를 위해 상복을 착용할 때에도 이처럼 한다고 했는데, 제후가 경이나 대부의 상복을 착용하는 경우와 동일하게 한다는 뜻이다. 만약 군주가 경이나 대부의 처에 대해서 상복을 착용하고, 경과 대부가 서로에 대해 그들의 처를 위해 상복을 착용하는 경우, 그 상에 찾아가서 임하게 되면 또한 석최를 착용하지만 항상 이 복장을 착용하며 기거하는 것은 아니다. 간혹 다른 사안으로 출타하게 된다면 착용하지 않는다.

錫衰之布以緦布而加灰治, 弁絰制如爵弁, 素爲之, 加環絰其上.

석최(錫衰)를 만드는 포는 시마복(緦麻服)을 만드는데 사용하는 포를 이용하고 잿빛으로 물들이는 공정을 더하며, 변질(弁絰)을 만드는 제도는 작변(爵弁)을 만드는 것과 동일한데 흰색으로 만들고 그 위에 환질(環絰)을 두르는 것이다.

凡見人無免[如字]絰, 雖朝於君無免絰, 唯公門有稅[脫]齊衰. 傳
曰: "君子不奪人之喪, 亦不可奪喪也."〈017〉

무릇 찾아가서 남을 만나볼 때에는 질을 벗는['免'자는 글자대로 읽는다.] 경
우가 없으니, 비록 군주에게 조회를 하더라도 질을 벗지 않으며, 오직
지팡이를 잡지 않는 자최복의 상에서 공문으로 들어갈 때 자최복을 벗
게['稅'자의 음은 '脫(탈)'이다.] 된다. 전문에서는 "군자는 남의 상을 빼앗지
않고, 상 치르는 것을 빼앗겨서도 안 된다."라고 했다.

見人, 往見於人也. 経重, 故不可釋免. 入公門雖稅齊衰, 亦不稅絰
也, 此謂不杖齊衰. 若杖齊衰及斬衰, 雖入公門亦不稅.

남을 본다는 말은 찾아가서 남을 만나본다는 뜻이다. 질(経)은 중대한
복식이다. 그렇기 때문에 질을 벗을 수 없다. 공문(公門)으로 들어가게
되면 비록 자최복(齊衰服)을 벗지만 또한 질은 벗지 않으니, 이것은 지
팡이를 잡지 않는 자최복의 상을 뜻한다. 만약 지팡이를 잡게 되는 자최
복의 상이나 참최복(斬衰服)의 상이라면 비록 공문으로 들어가게 되더
라도 또한 상복을 벗지 않는다.

傳曰: "辠多而刑五, 喪多而服五. 上附下附, 列[如字]也."〈018〉

전문에서는 "죄의 항목이 많다고 하지만 형벌은 다섯 종류이며, 상의 종
류가 많다고 하지만 상복은 다섯 종류이다. 각각에 대해서는 위로 붙이
고 아래로 붙이기도 하니, 각각의 등렬에['列'자는 글자대로 읽는다.] 따른

다."라고 했다.

罪重者附於上刑, 罪輕者附於下刑, 此五刑之上附下附也. 大功以上附於親, 小功以下附於疏, 此五服之上附下附也. 等列相似, 故云列也.

죄질이 무거운 것은 상위의 형벌을 적용하고, 죄질이 가벼운 것은 하위의 형벌을 적용하니, 이것은 오형(五刑)에 나타나는 위로 붙고 아래로 붙는다는 말이다. 대공복(大功服) 이상의 상은 친근한 관계로 적용하고, 소공복(小功服) 이하의 상은 소원한 관계로 적용하니, 이것은 오복(五服)에 나타나는 위로 붙고 아래로 붙는다는 말이다. 등차가 서로 유사하기 때문에 "등렬에 따른다."라고 했다.

「간전(間傳)」

集說

鄭氏曰: 名間傳者, 以其記喪服之間輕重所宜.

정현이 말하길, 편명을 '간전(間傳)'으로 정한 것은 상복 중 경중의 차이에 따른 마땅함을 기록하고 있기 때문이다.

「간전」편 문장 순서 비교

『예기집설』	『예기천견록』	
	구분	문장
001		001
002		002
003		003
004		004
005		005
006		006
007		007
008	무분류	008
009		009
010		010
011		011
012		012
013		013
014		014
015		015

무분류

斬衰何以服苴? 苴, 惡貌也, 所以首其內而見[現]諸外也. 斬衰
貌若苴, 齊衰貌若枲, 大功貌若止, 小功 · 緦麻容貌可也. 此
哀之發於容體者也.〈001〉

참최복은 어찌하여 암컷 마를 이용해서 만드는가? 암컷 마는 추한 모습
을 하고 있기 때문이니, 내면에 있는 슬픔을 겉으로 드러내기['見'자의 음
은 '現(현)'이다.] 위해서이다. 참최복의 모습은 암컷 마처럼 생겨서 검게
그을린 것처럼 보이고, 자최복의 모습은 수컷 마처럼 생겨서 초췌하면
서도 어두워 보이며, 대공복의 모습은 억누르고 그치는 것이 있는 것처
럼 보이고, 소공복과 시마복을 착용했을 때에는 평상시의 모습처럼 보
여도 괜찮다. 이것은 애통함이 용모를 통해 드러나는 것이다.

斬衰服苴, 苴経與苴杖也. 麻之有子者, 以爲苴経. 竹杖亦曰苴杖.
惡貌者, 疏云: "苴是黎黑色." 又小記疏云: "至痛內結, 必形色外章,
所以衰裳経杖, 俱備苴色也." 首者, 標表之義, 蓋顯示其內心之哀痛
於外也. 枲, 牡麻也, 枯黯之色似之. 大功之喪, 雖不如齊斬之痛, 然
其容貌, 亦若有所拘止而不得肆者, 蓋亦變其常度也.

참최복(斬衰服)은 암컷 마라는 풀을 이용해서 만들고 저질(苴経)[1]과 저
장(苴杖)[2]을 사용한다. 마(麻) 중에서도 씨가 있는 것으로 저질을 만든

---

1) 저질(苴経)은 상(喪)을 치를 때 차는 것으로, 암삼[苴麻]으로 만든 수질(首経)과
   요대(要帶)를 뜻한다. 대(帶)와 함께 기록될 때에는 수질만 뜻하기도 한다.
2) 저장(苴杖)은 부친의 상(喪)을 치를 때 사용하는 지팡이로, 대나무로 만든 지팡이

다. 대나무로 만든 지팡이를 또한 '저장(苴杖)'이라고 부른다. '추한 모습'이라고 했는데, 소에서는 "저(苴)는 검게 그을린 색깔이다."라고 했다. 또 『예기』「상복소기(喪服小記)」편에 대한 소에서는 "지극한 아픔이 내적으로 뭉쳐지면, 반드시 형색을 통해 겉으로 나타나니, 상복·질·지팡이를 모두 검푸른 색으로 갖추는 이유이다."라고 했다. '수(首)'는 상징한다는 뜻으로, 내면의 마음에 나타난 애통함을 겉으로 드러내는 것이다. '시(枲)'는 수컷 마를 뜻하니, 초췌하면서도 어두워 보이는 색깔이 그와 유사하다. 대공복(大功服)의 상에서는 비록 자최복(齊衰服)의 상만큼 애통한 것은 아니지만, 그 모습에 있어서는 또한 마치 억누르고 그쳐서 제멋대로 할 수 없는 것과 같으니, 이 또한 일반적인 기준에서 변형을 주는 것이다.

經文

斬衰之哭, 若往而不反. 齊衰之哭, 若往而反. 大功之喪, 三曲而偯[於豈反]. 小功緦麻, 哀容可也. 此哀之發於聲音者也.〈002〉

참최복의 상에서 곡을 할 때에는 마치 가서 되돌아오지 않는 것처럼 한 차례 소리를 지름에 다시는 소리를 내지 못할 것처럼 한다. 자최복의 상에서 곡을 할 때에는 마치 가서 되돌아오는 것처럼 한 차례 소리를 지르지만 참최복의 상만큼 간절하지 않다. 대공복의 상에서 곡을 할 때에는 한 차례 소리를 지르며 세 마디를 꺾어 미미한 소리가 계속 맴돌게['偯'자는 '於(어)'자와 '豈(기)'자의 반절음이다.] 한다. 소공복과 시마복의 상에서 곡을 할 때에는 침착하게 애통한 소리만 내도 괜찮다. 이것은 애통함이 소리를 통해 드러나는 것이다.

를 뜻한다.

若, 如也. 往而不反, 一擧而至氣絶, 似不回聲也. 三曲, 一擧聲而三
折也. 偯, 餘聲之委曲也. 小功緦麻情輕, 雖哀聲之從容亦可也.

'약(若)'자는 "~와 같다."는 뜻이다. "가서 돌아오지 않는다."는 말은 한
번 소리를 지름에 숨이 끊어질 정도로 하여 다시 소리를 내지 못하는
것과 유사하다. '삼곡(三曲)'은 한 번 소리를 지름에 세 마디를 꺾는다는
뜻이다. '의(偯)'는 미미한 소리가 계속 남아있다는 뜻이다. 소공복(小功
服)과 시마복(緦麻服)의 관계에서는 상대에 대한 정감이 가볍기 때문에,
비록 침착하게 애통한 소리만 내도 괜찮다.

斬衰唯[上聲]而不對, 齊衰對而不言, 大功言而不議, 小功緦麻
議而不及樂. 此哀之發於言語者也.〈003〉

참최복의 상을 치를 때에는 응답만['唯'자는 상성으로 읽는다.] 하고 구체적
인 말로 대답하지는 않고, 자최복의 상을 치를 때에는 대답은 하지만
먼저 말을 꺼내지 않으며, 대공복의 상을 치를 때에는 먼저 말을 꺼내
더라도 다른 사안에 대해서 의논하지 않고, 소공복과 시마복의 상을 치
를 때에는 다른 사안에 대해서 의논은 하지만 즐거운 일에 대해서는 의
논하지 않는다. 이것은 애통함이 말을 통해 드러나는 것이다.

唯, 應辭也. 不對, 不答人以言也. 不言, 不先發言於人也. 不議, 不
泛論他事也.

'유(唯)'자는 응답하는 말을 뜻한다. '부대(不對)'는 다른 사람에게 구체

적인 말로 대답하지 않는다는 뜻이다. '불언(不言)'은 다른 사람에게 먼저 말을 꺼내지 않는다는 뜻이다. '불의(不議)'는 다른 사안들에 대해서 폭넓게 의논하지 않는다는 뜻이다.

經文

斬衰三日不食, 齊衰二日不食. 大功三不食, 小功緦麻再不食, 士與[去聲]斂焉則壹不食, 故父母之喪, 旣殯食粥, 朝一溢米, 莫一溢米. 齊衰之喪, 疏食[嗣]水飮, 不食菜果. 大功之喪, 不食醯醬. 小功緦麻, 不飮醴酒. 此哀之發於飮食者也.〈004〉

참최복의 상을 치를 때에는 3일 동안 밥을 먹지 않고, 자최복의 상을 치를 때에는 2일 동안 밥을 먹지 않으며, 대공복의 상을 치를 때에는 3끼를 먹지 않고, 소공복과 시마복의 상을 치를 때에는 2끼를 먹지 않으며, 사가 염에 참여하게['與'자는 거성으로 읽는다.] 되면 1끼를 먹지 않는다. 그렇기 때문에 부모의 상을 치를 때에는 빈소 마련하는 일이 끝나야 죽을 먹는데, 아침에는 1일만큼의 쌀을 사용하고, 저녁에도 1일만큼의 쌀을 사용한다. 자최복의 상을 치를 때에는 거친 밥을['食'자의 음은 '嗣(사)'이다.] 먹고 물을 마시지만 채소와 과일은 먹지 않는다. 대공복의 상에서는 식초나 장을 먹지 않는다. 소공복과 시마복의 상에서는 단술을 마시지 않는다. 이것은 애통함이 음식을 통해 드러나는 것이다.

集說

一溢, 二十四分升之一也. 疏食, 粗飯也.

1일(溢)은 24분의 1승(升)이다. 소사(疏食)는 거친 밥을 뜻한다.

父母之喪, 旣虞卒哭, 疏食水飲, 不食菜果. 期而小祥, 食菜果.
又期而大祥, 有醯醬. 中[如字]月而禫, 禫而飲醴酒. 始飲酒者,
先飲醴酒. 始食肉者, 先食乾肉.〈005〉

부모의 상을 치를 때 우제와 졸곡을 끝내면 거친 밥을 먹고 물을 마시
되 채소와 과일은 먹지 않는다. 1년이 지나서 소상을 치르면 채소와 과
일을 먹는다. 다시 1년이 지나서 대상을 치르면 밥상에 식초와 장을 함
께 차린다. 1개월의 간격을['中'자는 글자대로 읽는다.] 두어 담제를 치르는
데, 담제를 치르게 되면 단술을 마신다. 처음 술을 마실 때에는 우선적
으로 단술을 마신다. 또 처음 고기를 먹을 때에는 우선적으로 말린 고
기를 먹는다.

中月, 間一月也. 前篇中一以上亦訓爲間. 二十五月大祥, 二十七月
而禫也.

'중월(中月)'은 1달의 간격을 둔다는 뜻이다. 앞에서는 1세대를 걸러서
그 이상의 대상이라고 했을 때에도 '중(中)'자를 간(間)자의 뜻으로 풀
이했다. 25개월째에 대상(大祥)을 치르고, 27개월째에 담제(禫祭)를 치
른다.

疏曰: 孝子不忍發初御醇厚之味, 故飲醴酒, 食乾肉.

소에서 말하길, 자식은 처음부터 깊고 진한 맛을 차마 추구할 수 없기
때문에 단술을 마시고 말린 고기를 먹는다.

父母之喪, 居倚廬, 寢苫枕塊, 不稅[脫]絰帶. 齊衰之喪, 居堊
室, 苄[下]翦不納. 大功之喪, 寢有席. 小功緦麻, 牀可也. 此哀
之發於居處者也.〈006〉

부모의 상을 치를 때에는 의려에 거처하고, 거적을 깔고 자며 흙덩이를
베개로 삼으며, 질과 대를 풀지['稅'자의 음은 '脫(탈)'이다.] 않는다. 자최복
의 상을 치를 때에는 악실에 거처하고, 하로['苄'자의 음은 '下(하)'이다.] 짠
자리를 깔고 자는데 그 끝을 잘라서 가지런하게만 하고 안으로 집어넣
지 않는다. 대공복의 상을 치를 때에는 침소에 자리를 깐다. 소공복과
시마복의 상을 치를 때에는 침상에서 자더라도 괜찮다. 이것은 애통함
이 거처를 통해 드러나는 것이다.

倚廬, 堊室, 見喪大記. 苄, 蒲之可爲席者, 但翦之使齊, 不編納其頭
而藏於內也.

의려(倚廬)와 악실(堊室)에 대한 설명은 『예기』 「상대기(喪大記)」편에
나온다. '하(苄)'는 부들 중에서 자리로 짤 수 있는 것을 뜻하는데, 단지
끝부분을 잘라서 가지런하게만 하며, 끝을 엮어서 안으로 집어넣지 않
는다.

父母之喪, 旣虞卒哭, 柱[主]楣翦屏. 苄翦不納. 期而小祥, 居堊
室, 寢有席. 又期而大祥, 居復寢. 中月而禪, 禪而牀.〈007〉

부모의 상을 치를 때 우제와 졸곡을 마치면 의려의 기둥을 세워['柱'자의

음은 '主(주)'이다.] 햇빛이 안으로 들어오게 만들고 양쪽으로 두르고 있는 풀들을 잘라서 다듬으며, 하로 짠 자리를 깔고 자는데 그 끝을 잘라서 가지런하게만 하고 안으로 집어넣지 않는다. 1년이 지나서 소상을 치르면 악실에 머물며 침소에 자리를 깐다. 다시 1년이 지나서 대상을 치르면 거처를 함에 자신이 쓰던 침소로 되돌아간다. 1개월의 간격을 두어 담제를 치르는데, 담제를 치르게 되면 침상에서 잔다.

集說

柱楣, 謂擧倚廬之木柱之於楣, 使稍寬明也. 翦屛者, 翦去戶旁兩廂屛之餘草也. 自上章唯而不對以下至此, 有與雜記·喪大記·喪服小記之文不同者, 記者所聞之異, 亦或各有義歟.

'주미(柱楣)'는 의려(倚廬)를 만들기 위해 기대어 두었던 나무를 세워서 처마를 받치게 하여, 이전보다 햇빛이 더 잘 들어오도록 한다는 뜻이다. '전병(翦屛)'은 임시숙소의 방문에서 양쪽으로 두르고 있는 풀들 중 튀어나온 것들을 자른다는 뜻이다. 앞에서 "응답만 하고 대답은 하지 않는다."라는 구문부터 이곳 기록까지 그 내용에 있어서 『예기』「잡기(雜記)」·「상대기(喪大記)」·「상복소기(喪服小記)」편의 기록과 차이를 보이는 부분이 있는데, 이것은 『예기』를 기록한 자가 달리 들었던 내용을 기술한 것이거나 혹은 각각에 별도의 의미가 있는 것이다.

經文

斬衰三升, 齊衰四升·五升·六升, 大功七升·八升·九升, 小功十升·十一升·十二升, 緦麻十五升去其半. 有事其縷, 無事其布, 曰緦. 此哀之發於衣服者也.〈008〉

참최복의 경우 정복은 3승의 포로 만들고 의복은 3.5승의 포로 만든다.

자최복의 경우 강복은 4승의 포로 만들고 정복은 5승의 포로 만들며 의복은 6승의 포로 만든다. 대공복의 경우 강복은 7승의 포로 만들고 정복은 8승의 포로 만들며 의복은 9승의 포로 만든다. 소공복의 경우 강복은 10승의 포로 만들고 정복은 11승의 포로 만들며 의복은 12승의 포로 만든다. 시마복의 경우 15승에서 그 반을 줄인 포로 만든다. 실에는 가공을 하지만 그것으로 짜낸 포에 가공을 하지 않기 때문에 시마복을 '시(緦)'라고 부른다. 이것은 애통함이 의복을 통해 드러나는 것이다.

每一升凡八十縷. 斬衰正服三升, 義服三升半. 齊衰降服四升, 正服五升, 義服六升. 大功降服七升, 正服八升, 義服九升. 小功降服十升, 正服十一升, 義服十二升. 緦麻降正義同用十五升布, 去其七升半之縷. 蓋十五者, 朝服之布其幅之經一千二百縷也. 今緦布用其半, 六百縷爲經, 是去其半也. 有事其縷者, 事謂煮治其紗縷而後織也. 無事其布者, 及織成則不洗治其布, 而卽以製緦服也. 若用爲錫衰, 則加灰以洗治之, 故前經云加灰錫也. 然則緦服是熟縷生布, 其小功以上, 皆生縷以織矣.

매 1승(升)은 총 80가닥으로 되어 있다. 참최복(斬衰服)의 경우 정복은 3승으로 만들고, 의복(義服)은 3.5승으로 만든다. 자최복(齊衰服)의 경우 강복(降服)은 4승으로 만들고, 정복은 5승으로 만들며, 의복은 6승으로 만든다. 대공복(大功服)의 경우 강복은 7승으로 만들고, 정복은 8승으로 만들며, 의복은 9승으로 만든다. 소공복(小功服)의 경우 강복은 10승으로 만들고, 정규 복장은 11승으로 만들며, 의복은 12승으로 만든다. 시마복(緦麻服)의 경우 강복·정복·의복 모두 동일하게 15승의 포를 사용하는데, 그 중 7.5승의 가닥을 제거한다. 15승은 조복(朝服)을 만들 때 사용하는 포이니, 그 폭에 날실로 들어간 것은 1,200가닥이다. 현재 시마복을 만드는 포는 그 절반만 사용한다고 했으니, 600가닥이 날실이 되며, 이것이 반을 제거한다는 뜻이다. "가닥에 사(事)함이 있다."라고 했는데, '사(事)'자는 실을 삶고 가공한 이후에 짠다는 뜻이다. "포에 사(事)함이 없다."라고 했는데, 실을 짜서 포를 만들게 되면 포를 씻거나 가공하지 않고, 곧바로 시마복으로 만든다는 뜻이다. 만약 이것을 이용해서 석최(錫衰)를 만들게 된다면, 잿물에 담가서 세척하고 가공한다. 그렇기 때문에 앞의 경문에서는 "잿물에 담그는 공정을 가미하면 석최가 된다."고 한 것이다. 그렇다면 시마복은 실을 삶아서 짜낸 생포이고, 소공복 이상은 모두 생실로 짜게 된다.

經文

斬衰三升, 旣虞卒哭, 受以成布六升, 冠七升. 爲母疏衰四升, 受以成布七升, 冠八升. 去麻服葛, 葛帶三重. 期而小祥, 練冠縓[七春反]緣[去聲], 要[平聲]絰不除.〈009〉

참최복은 3승의 포로 만드는데, 우제와 졸곡을 마치면 성포인 6승의 포로 만든 상복을 받으며, 관은 7승의 포로 만든다. 모친을 위해 소최를 착용할 때에는 4승의 포로 만든 것을 착용하는데, 우제와 졸곡을 마치면 성포인 7승의 포로 만든 상복을 받으며, 관은 8승의 포로 만든다. 장례를 치른 이후 마로 된 질을 제거하고 갈포로 만든 질을 착용하는데, 남자의 경우 갈포로 만든 대는 3중으로 만든다. 1년이 지나서 소상을 치르면 연관을 착용하고 중의에는 옷깃과 가선을['緣'자는 거성으로 읽는다.] 분홍색으로['縓'자는 '七(칠)'자와 '春(춘)'자의 반절음이다.] 만들며, 요질은 ['要'자는 평성으로 읽는다.] 제거하지 않는다.

集說

五服惟斬衰·齊衰·大功有受者, 葬後以冠之布升數爲衰服. 如斬衰冠六升, 則葬後以六升布爲衰. 齊衰冠七升, 則葬後以七升布爲衰也. 謂之成布者, 三升以下之布, 麤疏之甚, 若未成然. 六升以下, 則漸精細, 與吉服之布相近, 故稱成也. 去麻服葛者, 葬後男子去要之麻絰而繫葛絰, 婦人去首之麻絰而著葛絰也. 葛帶三重, 謂男子也. 葬後以葛絰易要之麻絰, 差小於前, 四股紏之, 積而相重, 則三重也. 蓋單紏爲一重, 兩股合爲一繩是二重, 二繩又合爲一繩是三重也.

오복(五服) 중 오직 참최복(斬衰服)·자최복(齊衰服)·대공복(大功服)만이 다른 상복을 받게 되는데, 장례를 치른 이후 관에 사용된 포(布)의 승(升)수에 따라서 상복을 만들기 때문이다. 예를 들어 참최복의 관은 6승으로 만드니, 장례를 치른 뒤에는 6승의 포로 상복을 만든다. 또 자최복의 관은 7승으로 만드니, 장례를 치른 뒤에는 7승의 포로 상복을 만든다. 이것을 '성포(成布)'라고 부르는 것은 3승 이하의 포는 거칠고 성근 정도가 심하여 아직 완성되지 않은 것처럼 보인다. 6승 이하의 경우라면 보다 정밀하고 가늘어서 길한 복장에 사용되는 포와 흡사하다. 그렇기 때문에 '성(成)'자를 붙여서 부른다. "마(麻)를 제거하고 갈(葛)을 착용한다."는 말은 장례를 치른 이후 남자는 허리에 차고 있던 마(麻)로 만든 질(絰)을 제거하고 갈포로 만든 질(絰)을 착용하며, 부인은 머리에 쓰고 있던 마로 만든 질을 제거하고 갈포로 만든 질을 착용한다. "갈포로 만든 대(帶)는 3중이다."라고 했는데, 남자의 경우를 뜻한다. 장례를 치른 이후 갈포로 만든 질로 허리에 차고 있던 마로 만든 질을 바꾸는데, 이전의 것보다 조금 작게 만들며 네 가닥으로 꼬아서 만드는데 겹겹이 겹친다면 3중이 된다. 한 가닥을 꼬아서 만들면 1중이 되고, 두 가닥을 꼬아서 하나의 새끼줄로 만들면 2중이 되며, 두 개의 새끼줄을 재차 합쳐서 하나의 새끼줄을 만드는 것이 바로 3중이다.

疏曰: 至小祥, 又以卒哭後冠受其衰, 而用練易其冠. 又以練爲中衣, 以緣爲領緣也. 要絰, 葛絰也. 緣緣, 見檀弓.

소에서는 소상(小祥)에 이르면 또한 졸곡(卒哭)을 한 이후의 관에 따라 새로운 상복을 받고, 누인 천으로 만든 관으로 이전의 관을 바꾼다. 또 누인 천으로 중의(中衣)를 만드는데, 분홍색 천으로 옷깃과 가선을 댄다. 요질(要絰)은 갈포로 만든 질을 뜻한다. '전연(縓緣)'에 대한 설명은 『예기』「단궁(檀弓)」편에 나온다.

經文

> 男子除乎首, 婦人除乎帶. 男子何爲除乎首也? 婦人何爲除乎帶也? 男子重首, 婦人重帶, 除服者先重者, 易服者易輕者.
> 〈010〉

남자는 수질을 제거하고 부인은 요대를 제거한다. 남자는 어찌하여 수질을 제거하고 부인은 어찌하여 요대를 제거하는가? 남자는 머리에 차고 있는 것을 중시하고 부인은 허리에 차고 있는 것을 중시하기 때문이니, 상복을 제거하는 경우에는 중시 여기는 것을 먼저 제거하고, 상복을 바꾸는 경우에는 상대적으로 덜 중요하게 여기는 것을 먼저 바꾼다.

集說

小祥, 男子除首絰, 婦人除要帶, 此除先重也. 居重喪而遭輕喪, 男子則易要絰, 婦人則易首絰, 此易輕者也.

소상(小祥)을 치르게 되면, 남자는 수질(首絰)을 제거하고 부인은 요대(要帶)를 제거하는데, 이것은 제거할 때 중요하게 여기는 것을 먼저 한다는 뜻이다. 수위가 무거운 상을 치르고 있는데 수위가 낮은 상을 당한 경우, 남자는 요대를 바꾸고 부인은 수질을 바꾸니, 이것은 상대적으로 덜 중요하게 여기는 것을 바꾸는 것이다.

又期而大祥, 素縞麻衣. 中月而禫, 禫而纖, 無所不佩.〈011〉

다시 1년이 지나서 대상을 치르면 호관에 소비를 단 것을 쓰고 마로 만든 심의를 착용한다. 1개월을 간격을 두어 담제를 치르는데, 담제를 치르게 되면 섬관을 착용하니, 복장에 패용하지 못하는 것이 없다.

集說

疏曰: 二十五月大祥祭, 此日除脫, 則首服素冠, 以縞紕之, 身著朝服而祭. 祭畢而哀情未除, 更反服微凶之服, 首著縞冠, 以素紕之, 身著十五升麻深衣, 未有采緣, 故云素縞麻衣也. 大祥之後, 更間一月而爲禫祭, 禫祭之時, 玄冠朝服. 祭訖, 則首著纖冠, 身著素端黃裳. 以至吉祭, 平常所服之物, 無不佩也. 黑經白緯曰纖.

소에서 말하길, 25개월째에 대상(大祥)의 제사를 지내서 그 날에 상복을 제거하게 된다면, 머리에는 흰색의 관을 쓰고 흰색의 명주로 가선을 대며, 몸에는 조복(朝服)을 착용하고서 제사를 지낸다. 제사를 끝내더라도 애통한 정감이 아직 사라지지 않아서, 다시 미미하게 흉사를 나타내는 복장으로 갈아입으니, 머리에는 호관(縞冠)을 쓰고 흰색의 천으로 가선을 두르며 몸에는 15승의 마(麻)로 만든 심의(深衣)를 착용하는데, 아직까지 채색된 가선을 두르지 않는다. 그렇기 때문에 "소호에 마의를 착용한다."라고 했다. 대상을 치른 이후 다시 1개월의 간격을 두면 담제(禫祭)를 치르는데, 담제를 치르는 시기에는 현관에 조복을 착용한다. 제사가 끝나면 머리에는 섬관(纖冠)을 착용하고 몸에는 소단(素端)[3]에 황색

---

3) 소단(素端)은 소복(素服)과 같은 말이다. 흰색으로 만든 상의와 하의를 뜻하며, 상(裳)자와 함께 기록될 때에는 흰색의 상의만을 뜻하기도 한다. 고대에 제후・대부・사가 착용했던 일종의 제복(祭服)이다. 기근이나 재앙이 들었을 때 기원을 하기 위해 착용하는 복장이다.

의 하의를 착용한다. 길제(吉祭)를 치러야 할 때가 되면 평상시에 착용하는 사물에 대해서도 패용하지 못하는 것이 없게 된다. 흑색의 날실과 백색의 씨실로 짠 것을 '섬(纖)'이라고 부른다.

經文

易服者, 何爲易輕者也? 斬衰之喪, 旣虞卒哭, 遭齊衰之喪, 輕者包, 重者特.〈012〉

상복을 바꾸는 경우, 어찌하여 상대적으로 덜 중요하게 여기는 것을 바꾸는가? 참최복의 상에서 우제와 졸곡을 마쳤는데, 재차 자최복의 상을 당하게 된다면, 상대적으로 덜 중요하게 여기는 것은 겹치고, 중요하게 여기는 것은 그것 하나로만 한다.

集說

鄭氏曰: 卑可以兩施, 而尊者不可貳.

정현이 말하길, 미천하게 여기는 것에 대해서는 두 가지를 겹칠 수 있지만, 존귀하게 여기는 것에 대해서는 두 가지를 겹칠 수 없다.

疏曰: 斬衰受服之時, 而遭齊衰初喪. 男子所輕要者, 得著齊衰要帶, 而兼包斬衰之帶. 婦人輕首, 得著齊衰首経, 而包斬衰之経, 故云輕者包也. 男子重首, 特留斬衰之経; 婦人重要, 特留斬衰要帶, 是重者特也.

소에서 말하길, 참최복(斬衰服)의 상에서 새로운 상복을 받을 때, 이제 막 발생한 자최복(齊衰服)의 상을 당한 것이다. 남자는 허리에 차는 것을 상대적으로 덜 중요하게 여기니 자최복에 차는 요대(要帶)를 차서, 참최복에 차는 요대를 겹칠 수 있다. 부인은 머리에 차는 것을 상대적으로 덜 중요하게 여기니, 자최복에 차는 수질(首絰)을 차서 참최복에 차는 수질을 겹칠 수 있다. 그렇기 때문에 "상대적으로 덜 중요하게 여기는 것은 겹친다."라고 했다. 남자는 머리에 차는 것을 중요하게 여겨서 단지 참최복에 차는 수질만 남겨두고, 부인은 허리에 차는 것을 중요하게 여겨서 단지 참최복에 차는 요대만을 남겨두니, 이것은 중요하게 여기는 것은 그것 하나로만 한다는 뜻이다.

陳氏曰: 特者, 單獨而無所兼之義, 非謂特留也.

진호가 말하길, '특(特)'이라는 말은 그것 하나만 하고 겹치는 것이 없다는 뜻으로, 하나만 남겨둔다는 뜻이 아니다.

經文

旣練, 遭大功之喪, 麻葛重.〈013〉

참최복의 상을 치르며 연제를 마쳤는데, 대공복의 상을 당하게 된다면 마와 갈포로 만든 질을 거듭 찬다.

集說

疏曰: 斬衰旣練, 男子惟有要帶, 婦人惟有首絰, 是單也. 今遭大功之喪, 男子首空著大功麻絰, 又以大功麻帶易練之葛帶; 婦人要空著大功麻帶, 又以大功麻絰易練之葛絰, 是重麻也. 至大功旣虞卒哭, 男子帶以練之故葛帶, 首著期之葛絰; 婦人絰其練之故葛絰, 著期之葛帶, 是重葛也.

소에서 말하길, 참최복(斬衰服)의 상에서 연제(練祭)를 마치면, 남자는 오직 요대(要帶)만 차고 부인은 오직 수질(首絰)만 차니 이것은 하나만 차는 것이다. 현재 대공복(大功服)의 상을 당했는데, 남자는 머리에 차

고 있는 것이 없어서 대공복에 차는 마(麻)로 만든 수질을 차고, 또 대
공복에 차는 마로 만든 요대로 연제를 치른 이후에 차는 갈포로 만든
요대를 바꾸며, 부인은 허리에 차고 있는 것이 없어서 대공복에 차는 마
로 만든 요대를 차고, 또 대공복에 차는 마로 만든 수질로 연제를 치른
이후에 차는 갈포로 만든 수질을 바꾸니, 이것은 마로 만든 질(経)을 거
듭 차는 것이다. 대공복의 상에서 우제(虞祭)와 졸곡(卒哭)을 마치게 되
면, 남자는 연제를 치른 이후에 찼던 이전의 갈포로 만든 요대를 차고,
머리에는 기년상(期年喪)에 차는 갈포로 만든 수질을 차며, 부인은 연제
를 치른 이후에 찼던 이전의 갈포로 만든 수질을 차고, 기년상에 차는
갈포로 만든 요대를 차니, 이것은 갈포로 만든 질을 거듭 차는 것이다.

疏言期之葛経, 期之葛帶, 謂麤細與期同, 其實是大功葛経葛帶也.

소에서는 기년상(期年喪)의 갈포로 만든 수질(首経)과 기년상의 갈포로
만든 요대(要帶)를 찬다고 했는데, 이것은 거칠고 고운 정도가 기년상에
착용하는 것과 동일하다는 뜻으로, 실제로는 대공복(大功服)에 차는 갈
포로 만든 수질과 요대를 차는 것이다.

又按: 檀弓云"婦人不葛帶"者, 謂斬衰齊衰服也. 喪服大功章, 男女
竝陳, 有卽葛九月之文, 是大功婦人亦受葛也. 又士虞禮餕尸章註
云: "婦人大功小功者葛帶."

또 살펴보니, 『예기』「단궁(檀弓)」편에서는 "부인은 갈포로 만든 요대
(要帶)를 차지 않는다."라고 했는데, 이것은 참최복(斬衰服)과 자최복
(齊衰服)을 착용하는 경우이다. 『의례』「상복(喪服)」편의 '대공장(大功
章)'에서는 남자와 여자에 대해 모두 진술하며, 곧 갈포로 된 것을 차며
9개월까지 치른다고 한 문장이 기록되어 있으니,4) 이것은 대공복(大功

---

4) 『의례』「상복(喪服)」 : 大功布衰裳, 牡麻経纓, 布帶, 三月受以小功衰, 卽葛, 九
月者, 傳曰, 大功布九升, 小功布十一升.

服)을 착용하는 부인 또한 갈포로 만든 것을 받게 됨을 나타낸다. 또
『의례』「사우례(士虞禮)」편의 '시장(尸章)'에 대한 주에서는 "부인 중 대
공복과 소공복을 착용하는 자는 갈포로 만든 요대를 찬다."[5]라고 했다.

經文

齊衰之喪, 旣虞卒哭, 遭大功之喪, 麻葛兼服之.〈014〉

자최복의 상에서 우제와 졸곡을 마쳤는데, 대공복의 상을 당한다면 마
와 갈포로 만든 질을 함께 찬다.

集說

此據男子言之, 以大功麻帶易齊衰之葛帶, 而首猶服齊衰葛絰. 首
有葛, 要有麻, 是麻葛兼服之也.

이것은 남자에 대한 내용을 중심으로 말한 것이니, 대공복(大功服)에서
차는 마(麻)로 만든 요대(要帶)로 자최복(齊衰服)의 상에서 차고 있던
갈포로 만든 요대를 바꾸고, 머리에는 여전히 자최복의 상에서 차는 갈
포로 만든 수질(首絰)을 찬다. 머리에는 갈포로 만든 수질을 차고 허리
에는 마로 만든 요대를 차니, 이것은 마와 갈포로 만든 질을 함께 착용
한다는 뜻이다.

---

5) 이 문장은 『의례』「사우례(士虞禮)」편의 "婦人說首絰, 不說帶."라는 기록에 대
한 정현의 주이다.

斬衰之葛, 與齊衰之麻同. 齊衰之葛, 與大功之麻同. 大功之葛, 與小功之麻同. 小功之葛, 與緦之麻同. 麻同則兼服之, 兼服之服重者則易輕者也.〈015〉

참최복의 상에 차는 갈포로 만든 질은 거칠고 고운 정도가 자최복의 상에서 차는 마로 만든 질과 동일하다. 자최복의 상에서 차는 갈포로 만든 질은 거칠고 고운 정도가 대공복의 상에서 차는 마로 만든 질과 동일하다. 대공복의 상에서 차는 갈포로 만든 질은 거칠고 고운 정도가 소공복의 상에서 차는 마로 만든 질과 동일하다. 소공복의 상에서 차는 갈포로 만든 질은 거칠고 고운 정도가 시마복의 상에서 차는 마로 만든 질과 동일하다. 마로 만든 질의 거칠고 고운 정도가 동일하다면 함께 착용하고, 함께 착용할 때 중요하게 여기는 것을 착용한다면, 상대적으로 덜 중요하게 여기는 것을 바꾼다.

集說

同者, 前喪旣葬之葛, 與後喪初死之麻, 麤細無異也. 兼服者, 服後麻, 兼服前葛也. 服重者, 卽上章重者特之說也. 易輕者, 卽輕者包是也. 服問篇云: "緦之麻, 不變小功之葛. 小功之麻, 不變大功之葛", 言成人之喪也. 此言大功以下同則兼服者, 是據大功之長殤·中殤也.

'동(同)'이라는 것은 이전 상에서 장례를 치른 뒤에 차는 갈포로 만든 질(絰)이 이후의 상에서 초상 때 차는 마(麻)로 만든 질과 거칠고 고운 정도에 차이가 없다는 뜻이다. "함께 착용한다."라는 말은 이후에 발생한 상의 마로 된 질을 착용하고, 이전에 발생한 상의 갈포로 만든 질도 함께 착용한다는 뜻이다. "중요하게 여기는 것을 착용한다."라는 말은 앞에서 "중요하게 여기는 것은 그것 하나로만 한다."라는 말에 해당한다. "상대적으로 덜 중요하게 여기는 것을 바꾼다."라는 말은 "상대적으로 덜 중요하게 여기는 것은 겹친다."는 뜻에 해당한다. 『예기』「복문(服問)」 편에서는 "시마복(緦麻服)에 차는 마(麻)로 만든 질로는 소공복(小功服)에 착용하는 갈포로 만든 질을 바꾸지 않고, 소공복에 차는 마로 만든 질로는 대공복(大功服)에 차는 갈포로 만든 질을 바꾸지 않는다."라고 했는데, 이것은 성인이 된 이후에 죽은 자의 상을 뜻한다. 이곳에서는 대공복 이하의 상에서 동일하다면 함께 착용한다고 했는데, 이것은 대공복을 착용해야 하는 친족이 장상(長殤)이나 중상(中殤)을 한 경우를 기준으로 말한 것이다.

疏曰: 兼服之, 但施於男子, 不包婦人. 今言易輕者, 則是男子易於要, 婦人易於首也.

소에서 말하길, 함께 착용한다는 것은 단지 남자에게만 적용되며, 여자의 경우는 포함하지 않는다. 이곳에서는 상대적으로 덜 중요하게 여기는 것을 바꾼다고 했으니, 남자의 경우에는 허리에 차고 있는 것을 바꾸고, 부인의 경우에는 머리에 차고 있는 것을 바꾼다.

「삼년문(三年問)」

「삼년문」편 문장 순서 비교

『예기집설』	『예기천견록』	
	구분	문장
001		001
002		002
003		003
004	무분류	004
005		005
006		006
007		007

무분류

三年之喪, 何也? 曰: "稱[去聲]情而立文, 因以飾群, 別親疏貴
賤之節, 而弗可損益也. 故曰: '無易之道也.' 創[平聲]鉅者其日
久, 痛甚者其愈遲. 三年者, 稱情而立文, 所以爲至痛極也. 斬
衰, 苴杖, 居倚廬, 食粥, 寢苫, 枕塊, 所以爲至痛飾也. 三年之
喪, 二十五月而畢, 哀痛未盡, 思慕未忘, 然而服以是斷[丁亂反]
之者, 豈不送死有已·復生有節也哉?"〈001〉

삼년상이란 무엇인가? 대답해보자면, "정감에 따라['稱'자는 거성으로 읽는
다.] 격식을 정하고, 그에 따라서 군중을 수식하여, 친소관계와 귀천의
등급을 구별하니, 더하거나 보탤 수 없다. 그렇기 때문에 '바꿀 수 없는
도이다.'라고 했다. 상처가['創'자는 평성으로 읽는다.] 큰 자는 고통의 기간
이 오래가고 아픔이 심한 자는 낫는 것이 더디다. 삼년이라는 것은 정
감에 따라서 격식을 정한 것이니, 지극한 아픔을 극진히 나타내기 위해
서이다. 참최복을 착용하고, 저장을 하며, 의려에 거처하고, 죽을 먹으
며, 거적을 깔고 자고, 흙덩이를 베개로 삼으니, 지극한 아픔을 수식하
기 위해서이다. 삼년상은 25개월이 지나서 끝나는데, 애통한 마음이 모
두 없어지지 않았고 부모를 그리워하는 마음도 잊을 수 없지만, 복상기
간을 이로써 제한한['斷'자는 '丁(정)'자와 '亂(란)'자의 반절음이다.] 것은 죽은
자를 전송하는 일에 끝이 있고, 일상사로 되돌아옴에 절차가 있도록 한
것이 아니겠는가?"라고 했다.

人不能無群, 群不可無別. 立文以節之, 則親疏貴賤之等明矣. 弗可
損益者, 中制不可不及, 亦不可過, 是所謂無易之道也. 治親疏貴賤

之節者, 惟喪服足以盡其詳, 服莫重於斬衰, 時莫久於三年, 故此篇列言五服之輕重, 而自重者始.

사람은 무리를 이루지 않을 수 없고 무리를 이루면 구별하지 않을 수 없다. 격식을 세워서 수식을 한다면, 친소관계와 귀천의 등급이 명확해진다. "덜고 보탤 수 없다."라는 말은 중도에 따른 제도는 미치지 못할 수도 없고 또 지나칠 수도 없으니, 이것이 바로 "바꿀 수 없는 도이다."는 뜻이다. 친소관계와 귀천의 등급에 따른 절도를 다스리는 것은 상복의 제도만이 그 상세한 부분까지 다할 수 있고, 상복 중에는 참최복(斬衰服)보다 중요한 것이 없으며, 그 기간도 삼년보다 긴 것이 없다. 그렇기 때문에 「삼년문」편에서는 오복(五服)의 경중을 차례대로 열거하면서 가장 수위가 높은 것부터 언급하였다.

石梁王氏曰: 二十四月再期, 其月餘日不數, 爲二十五月. 中月而禫, 註謂間一月, 則所間之月是空一月, 爲二十六月. 出月禫祭, 爲二十七月, 徙月則樂矣.

석량왕씨가 말하길, 24개월째가 되면 2주기가 되는데, 그 달의 남은 일수를 셈하지 않아서 25개월이 된다. "한 달을 중(中)하여 담제(禫祭)를 치른다."라고 했는데, 정현의 주에서는 "한 달의 간격을 둔다."라고 했으니, 간격을 두는 한 달이라는 것은 곧 1개월을 건너뛰어서 26개월이 된다. 그 달을 넘겨서 담제를 치르게 되면 27개월이 되며, 그 달을 넘기게 되면 음악을 연주하게 된다.

浅見

近按: 復生有節, 謂哀毀過, 則傷生滅性, 故聖人爲中制, 使之復生也.

내가 살펴보니, '부생유절(復生有節)'이라는 것은 몹시 슬퍼하여 야위게 되는 것이 지나치다면 생명에 해를 끼쳐 없어지도록 한다. 그렇기 때문에 성인은 중도에 따른 제도를 만들어서 그로 하여금 다시 살아가게끔 했던 것이다.

"凡生天地之間者, 有血氣之屬必有知, 有知之屬莫不知愛其類. 今是大鳥獸, 則失喪[去聲]其群匹, 越月踰時焉, 則必反巡. 過其故鄉, 翔回焉, 鳴號[平聲]焉, 蹢[直亦反]躅[直六反]焉, 踟[馳]躕[廚]焉, 然後乃能去之. 小者至於燕雀, 猶有啁[周]噍[啾]之頃焉, 然後乃能去之. 故有血氣之屬者莫知[去聲]於人, 故人於其親也, 至死不窮."〈002〉

계속하여 대답하길, "무릇 천지 사이에 살아가는 생명체들 중에서 혈기를 갖춘 것들은 반드시 지각이 있고, 지각이 있는 것들 중에는 자신의 부류를 친애해야 할 줄 모르는 것이 없다. 이제 저 큰 조수의 경우를 예시로 든다면, 자신의 무리 중 누군가를 잃게['喪'자는 거성으로 읽는다.] 되면 그 달과 계절을 넘기고서는 반드시 되돌아와 그곳을 배회한다. 옛 고향을 지날 때에는 그곳을 선회하고, 울부짖으며['號'자는 평성으로 읽는다.] 머뭇거리고['蹢'자는 '直(직)'자와 '亦(역)'자의 반절음이다. '躅'자는 '直(직)'자와 '六(륙)'자의 반절음이다.] 배회하니['踟'자의 음은 '馳(치)'이다. '躕'자의 음은 '廚(주)'이다.] 그런 뒤에야 떠나가게 된다. 작은 것들 중 참새나 제비에 있어서도 오히려 잠시나마 지저귀는['啁'자의 음은 '周(주)'이다. '噍'자의 음은 '啾(추)'이다.] 시간을 가지고, 그런 뒤에야 떠나가게 된다. 그러므로 혈기를 가지고 있는 것들 중에는 사람보다 지각이['知'자는 거성으로 읽는다.] 뛰어난 것이 없다. 따라서 사람은 자신의 부모에 대해서 죽을 때까지 슬픈 정감을 다하지 못한다."라고 했다.

鳥獸知愛其類, 而不如人之能充其類, 此所以天地之性人爲貴也.

조수들도 자기 부류를 친애할 줄 알지만, 사람처럼 그 부류를 충만하게 친애하는 것만 못하니, 이것이 천지의 생명체들 중에서 사람이 가장 존

귀한 이유이다.[1]

淺見

近按: 至死不窮, 卽終身慕父母之意.

내가 살펴보니, '지사불궁(至死不窮)'은 종신토록 부모를 사모한다는 뜻
에 해당한다.

---

1) 『효경』「성치장(聖治章)」: 曾子曰, 敢問聖人之德無以加於孝乎. 子曰, <u>天地之</u>
<u>性人爲貴</u>. 人之行莫大於孝, 孝莫大於嚴父. 嚴父莫大於配天, 則周公其人也.

經文

“將由夫患邪淫之人與? 則彼朝死而夕忘之, 然而從之, 則是曾鳥獸之不若也, 夫焉能相與群居而不亂乎?”〈003〉

계속하여 대답하길, “장차 저 음란하고 간사하여 본성을 해치는 사람처럼 따르려 하는가? 저들은 아침에 부모가 돌아가셔도 저녁이면 잊어버리는 자들이니, 그런데도 그들을 따른다면 이것은 새나 짐승만도 못한 것인데, 어찌 서로 더불어 무리를 지어 살면서 혼란스럽게 되지 않겠는가?”라고 했다.

集說

患, 猶害也. 邪淫之害性, 如疾痛之害身, 故云患邪淫也, 不如鳥獸, 爲無禮也. 無禮則亂矣.

‘환(患)’자는 “해친다.”는 뜻이다. 간사함과 음란함이 본성을 해치는 것은 마치 질병과 고통이 몸을 해치는 것과 같다. 그렇기 때문에 “간사함과 음란함으로 해친다.”라고 했다. 새나 짐승만 못하다는 것은 예법이 없기 때문이다. 예법이 없다면 혼란스럽게 된다.

經文

“將由夫脩飾之君子與? 則三年之喪, 二十五月而畢, 若駟之過隙, 然而遂之, 則是無窮也. 故先王焉爲之立中制節, 一使足以成文理, 則釋之矣.”〈004〉

계속하여 대답하길, “장차 저 문식을 지극히 꾸민 군자를 따르려 하는가? 삼년상은 25개월이 되면 끝나는데, 이것은 마치 네 마리의 말이 끄는 수레가 좁은 틈새를 지나가는 것처럼 빠르지만, 그런데도 그들을 따른다면 이것은 끝이 없게 되는 것이다. 그렇기 때문에 선왕은 그를 위해서 알맞은 제도를 세우고 절도를 제정하여 모두가 예법에 따른 격식과 이치를 이루면 상복을 벗게 했던 것이다."라고 했다.

集說

先王制禮, 蓋欲使過之者俯而就之, 則送死有已, 復生有節. 不至者跂而及之, 則不至於鳥獸之不若矣. 一使足以成文理, 謂無分君子小人, 皆使之遵行禮節, 以成其飾群之文理, 則先王憂世立敎之心遂矣, 故曰釋之矣.

선왕이 예법을 제정한 것은 지나친 것으로 하여금 굽혀서 알맞음으로 나아가도록 하기 위해서이니, 죽은 자를 전송함에 그침이 있고 일상생활로 돌아옴에 절도가 있는 것이다. 또 미치지 못한 것으로 하여금 도약하여 이르도록 하기 위해서이니, 새나 짐승만도 못한 지경에 이르지 않도록 한 것이다. 한결같이 모두로 하여금 격식과 이치를 이루도록 한다는 것은 군주나 소인의 구분을 두지 않고, 모두가 예법과 규범을 준수하도록 하여 이를 통해 군중을 수식하는 격식과 이치를 이루도록 하였으니, 선왕이 세상을 근심하고 교화를 세웠던 마음을 이루게 된다. 그렇기 때문에 "상복을 벗게 했다."라고 했다.

淺見

近按: 此言人子哀痛之心無窮, 而喪制有限, 是雖不得遂其無窮之心, 然盡三年之制, 足以成其飾群之文理, 則孝子哀痛之心, 庶可以小釋之矣.

내가 살펴보니, 이것은 자식의 애통한 마음에는 다함이 없지만 상사의 제도에는 제한이 있다는 뜻으로, 비록 다함이 없는 마음은 이룰 수는 없지만, 삼년이라는 제도를 다하게 되면 군중을 수식하는 격식과 이치를 완성할 수 있어서, 자식의 애통한 마음도 조금은 해소할 수 있게 된다.

然則何以至期也? 曰: "至親以期斷." 是何也? 曰: "天地則已易
矣, 四時則已變矣, 其在天地之中者, 莫不更始焉, 以是象之
也."〈005〉

그렇다면 어찌하여 1주기에 이르러 복식을 제거하는가? 대답해보자면,
"지극히 친근한 자에 대해서는 1주기로 제한을 한다."라고 했다. 이것은
어떤 뜻인가? 대답해보자면, "1주기가 되면 천지도 이미 바뀌었고, 사계
절도 이미 변화했으니, 천지 사이에 있는 것들은 다시 시작하지 않는
것이 없어서, 이로써 드러낸 것이다."라고 했다.

集說

疏曰: 父母本三年, 何以至期? 是問其一期應除之義. 故答云至親以
期斷, 是明一期可除之節. 故期而練, 男子除絰, 婦人除帶. 下文云
加隆, 故至三年.

소에서 말하길, 부모에 대해서는 본래 삼년상을 치르는데, "어찌하여 1
년에 이르는가?"라고 말한 것은 1주기가 되어서 마땅히 제거해야 하는
뜻을 질문한 것이다. 그렇기 때문에 "지극히 친근한 자에 대해서는 1년
을 기준으로 제한한다."라고 대답한 것이니, 이것은 1주기가 되어 제거
할 수 있는 절차를 드러낸 것이다. 그래서 1주기가 되면 연제(練祭)를
치르고, 남자는 수질(首絰)을 제거하고 부인은 요대(要帶)를 제거한다.
아래문장에서 "융성함을 더한다."라고 했기 때문에 삼년상에 이르는 것
이다.

然則何以三年也? 曰: "加隆焉爾也, 焉使倍之, 故再期也." 〈006〉

그렇다면 어찌하여 삼년상으로 하는가? 대답해보자면, "자식이 부모에 대해 융성함을 더하기 때문이니, 배로 하기 때문에 2주기에 이른다."라고 했다.

集說

又問旣是以期斷矣, 何以三年也? 答謂孝子加隆厚於親, 故如此也. 焉, 語辭, 猶云所以也.

이미 1년으로 제한을 한다고 했는데 어찌하여 삼년으로 하느냐고 재차 질문한 것이다. 답변은 자식은 부모에 대해서 융성함과 두터움을 더하기 때문에 이처럼 한다고 했다. '언(焉)'자는 어조사이니 '소이(所以)'라는 말과 같다.

經文

由九月以下, 何也? 曰: "焉使弗及也. 故三年以爲隆, 緦小功以爲殺[色介反], 期九月以爲間[平聲]. 上取象於天, 下取法於地, 中取則於人, 人之所以群居和壹之理盡矣. 故三年之喪, 人道之至文者也. 夫是之謂至隆, 是百王之所同, 古今之所壹也, 未有知其所由來者也. 孔子曰: '子生三年, 然後免於父母之懷. 夫三年之喪, 天下之達喪也.'" 〈007〉

9개월 이하의 상은 어떠한 뜻인가? 대답해보자면, "은정이 미치지 않기 때문이다. 그러므로 삼년상은 융성한 것이라 여기고, 시마복과 소공복의 상은 낮춘['殺'자는 '色(색)'자와 '介(개)'자의 반절음이다.] 것이라고 여기며,

기년상과 9개월 상은 중간으로[間'자는 평성으로 읽는다.] 여긴다. 위로는 하늘에서 형상을 취하고, 아래로는 땅에서 법도를 취하며, 중간으로는 사람에게서 법칙을 취하니, 사람들이 함께 모여 살면서도 화락하고 한결같은 이치를 다하게 되는 이유이다. 그러므로 삼년상은 인도 중에서도 지극히 격식을 갖춘 것이다. 무릇 이것을 지극히 융성한 것이라 부르는데, 이것은 모든 제왕들이 동일하게 따르던 것이며 고금에 상관없이 한결같이 따르던 것인데, 그것의 유래에 대해서 아는 자가 없다. 공자는 '자식이 태어나면 3년이 지나서야 부모의 품에서 벗어나기 때문이다. 삼년상은 천하의 통용되는 상례이다.'"라고 했다.

集說

弗及, 恩之殺也. 三月不及五月, 五月不及九月, 九月不及期也. 期與大功在隆殺之間, 故云期九月以爲間也. 取象於天地者, 三年象閏, 期象一歲, 九月象物之三時而成, 五月象五行, 三月象一時也. 取則於人者, 始生三月而翦髮, 三年而免父母之懷也. 和而情言, 謂情無不睦也. 一以禮言, 謂禮無不至也. 人之所以相與群居, 而情和禮一者, 其理於喪服盡之矣. 父母之喪無貴賤, 故曰天下之達喪也. 達, 論語作通.

'불급(弗及)'은 은정이 줄어든다는 뜻이다. 3개월 상에 대한 은정은 5개월 상에 대한 은정에 미치지 못하고, 5개월 상에 대한 은정은 9개월 상에 대한 은정에 미치지 못하며, 9개월 상에 대한 은정은 1년 상에 대한 은정에 미치지 못한다. 기년상(期年喪)과 대공복(大功服)의 상은 높이고 낮추는 중간에 있다. 그렇기 때문에 "기년상과 9개월 상을 중간으로 여긴다."라고 했다. 천지에서 상을 취한다는 것은 삼년상은 윤달을 상징하고, 기년상은 1년을 상징하며, 9개월 상은 사물이 세 계절을 거쳐 완성되는 것을 상징하고, 5개월 상은 오행(五行)을 상징하며, 3개월 상은 한 계절을 상징한다는 뜻이다. 사람에게서 법칙을 취한다는 것은 처음 태어났을 때 3개월이 지나서야 머리카락을 자르고, 3년이 지나서야 부모의 품에서 벗어난다는 뜻이다. 조화로움은 정감을 기준으로 한 말이니, 정감에 화목하지 않은 것이 없다는 의미이다. 한결같음은 예를 기준으로 한 말이니, 예법에 지극하지 않은 것이 없다는 뜻이다. 사람이 서로 더불어 모여 살면서도 정감이 화락하고 예법이 한결같은 것은 그 이치가 상복의 제도에 모두 다 드러나기 때문이다. 부모의 상에 대해서는 귀천의 구분이 없다. 그렇기 때문에 "천하의 통용되는 상례이다."라고 했다. '달(達)'자를 『논어』에서는 통(通)자로 기록했다.[1]

---

1) 『논어』「양화(陽貨)」: 子曰, "予之不仁也! 子生三年, 然後免於父母之懷. 夫三年之喪, 天下之通喪也, 予也有三年之愛於其父母乎!"

「심의(深衣)」

「심의」편 문장 순서 비교

『예기집설』	『예기천견록』	
	구분	문장
001		001
002		002
003	무분류	003
004		004
005		005

무분류

經文

古者深衣, 蓋有制度, 以應規·矩·繩·權·衡. 短毋見[現]膚,
長毋被土. 續衽, 鉤邊, 要[平聲]縫[去聲]半下. 〈001〉

고대의 심의는 일정한 제도가 정해져 있어서, 둥근 자·곱자·먹줄·저
울추·저울대 등의 도량형에 맞았다. 따라서 옷의 길이가 짧더라도 피
부를 드러내는['見'자의 음은 '現(현)'이다.] 일이 없었고 길더라도 땅에 닿는
일이 없었다. 하의의 옷자락을 봉합하고, 봉합된 부분을 덮어서 재차
봉합하였으며, 허리부분을['要'자는 평성으로 읽는다.] 봉합한['縫'자는 거성으
로 읽는다.] 것은 하단의 끝부분 길이의 절반이 된다.

集說

朝服·祭服·喪服, 皆衣與裳殊, 惟深衣不殊, 則其被於體也. 深邃,
故名深衣. 制同而名異者有四焉: 純之以采曰深衣, 純之以素曰長
衣, 純之以布曰麻衣, 著在朝服祭服之內曰中衣. 但大夫以上助祭
用冕服, 自祭用爵弁服, 則以素爲中衣. 士祭用朝服, 則以布爲中衣
也. 皆謂天子之大夫與士也. 喪服亦有中衣. 檀弓云: "練衣, 黃裏縓
緣", 是也, 但不得繼揜尺耳.

조복·제복·상복은 모두 상의와 하의가 달랐는데, 오직 심의만은 차이
가 없었으니, 몸을 가리는 것이다. 조금의 틈도 없이 깊이 감싸기 때문
에 '심의(深衣)'라고 부른다. 옷을 만드는 방법은 동일하지만 명칭이 다
른 것은 네 가지이다. 채색된 천으로 가선을 달면 '심의(深衣)'라 부르
며, 흰색의 천으로 가선을 달면 '장의(長衣)'라 부르고, 포로 가선을 달면
'마의(麻衣)'라 부르며, 조복이나 제복 안에 착용하게 되면 '중의(中衣)'
라 부른다. 다만 대부 이상의 계급이 제사를 돕게 되면 면복(冕服)을 착

용하고, 자신이 제사를 지내게 되면 작변복(爵弁服)을 착용하니, 흰색의 천으로 중의를 만들게 된다. 사는 제사를 지낼 때 조복을 착용하니, 포로 중의를 만들게 된다. 이 모두는 천자에게 소속된 대부와 사를 뜻한다. 상복에도 중의를 착용한다. 『예기』「단궁(檀弓)」편에서 "연의(練衣)를 착용하니, 연의는 황색의 옷감으로 중의의 속단을 대고, 옅은 홍색의 옷감으로 옷깃과 소매의 끝단을 댄 것이다."라고 한 말이 이러한 사실을 나타내지만, 소매를 덧대어 1척을 가리지는 않을 따름이다.

楊氏曰: 深衣制度, 惟續衽鉤邊一節難考, 鄭註續衽二字文義甚明, 特疏家亂之耳. 鄭註云: "續, 猶屬也. 衽, 在裳旁者也, 屬連之不殊裳前後也." 鄭意蓋言凡裳前三幅, 後四幅, 旣分前後, 則其旁兩幅分開而不相屬; 惟深衣裳十二幅, 交裂裁之, 皆名爲衽. 所謂續衽者, 指在裳旁兩幅言之, 謂屬連裳旁兩幅, 不殊裳之前後也. 又衣圖云: "旣合縫了, 又再覆縫, 方便於著, 以合縫者爲續衽, 覆縫爲鉤邊."

양씨[1]가 말하길, 심의(深衣)를 만드는 제도에서 '속임구변(續衽鉤邊)'에 대해서는 고찰하기 어려운데, 정현의 주에서는 '속임(續衽)'이라는 두 글자에 대해서 그 뜻을 매우 분명하게 풀이했지만, 주소학의 학자들이 혼란스럽게 만들었을 따름이다. 정현의 주에서는 "'속(續)'자는 연결하다는 뜻이다. '임(衽)'은 하의의 측면 자락을 뜻하니, 연결해 붙여서 하의의 전면과 후면에 차이가 생기지 않도록 했다."라고 했다. 정현의 의도는 아마도 일반적은 하의는 전면은 3폭이고 후면은 4폭이니, 전면과 후면이 구분되므로, 측면의 양폭이 갈라져서 서로 연결되어 있지 않다. 오직 심의의 하의만 12폭으로 만들며 벌려진 것을 교차하여 만들기 때문에 이 모두를 '임(衽)'이라 부른다고 한 것이다. 이른바 '속임(續衽)'이라는

---

1) 양시(楊時, A.D.1053~A.D.1135) : =구산양씨(龜山楊氏)・양씨(楊氏)・양중립(楊中立). 북송(北宋) 때의 학자이다. 자(字)는 중립(中立)이고, 호(號)는 구산(龜山)이다. 저서로는 『구산집(龜山集)』・『구산어록(龜山語錄)』・『이정수언(二程粹言)』 등이 있다.

것은 하의의 측면 양폭에 있는 것을 가리켜서 말한 것이니, 하의의 측면에 양폭을 붙여서, 하의의 전면과 후면에 차이가 생기지 않게끔 한 것을 뜻한다. 또『의도』에서는 "두 자락을 봉합하고 그것이 끝나면 재차 덮어서 봉합을 하니, 입을 때 편리하게 만들기 위해서이며, 두 자락을 봉합하는 것을 속임(續袵)이라 하며, 덮어서 봉합하는 것을 구변(鉤邊)이라 한다."라고 했다.

要縫七尺二寸, 是比下齊之一丈四尺四寸爲半之也. 玉藻云: "縫齊倍要", 是也.

허리부분을 봉합한 것은 7척 2촌인데, 이것은 하의의 끝부분의 길이인 1장 4척 4촌과 비교를 해보면 절반이 된다. 『예기』「옥조(玉藻)」편에서 "끝부분을 재봉한 것은 허리부분의 너비보다 2배로 한다."라고 한 말이 이러한 사실을 나타낸다.

經文

袼[각]之高下可以運肘, 袂之長短反詘[굴]之及肘. 帶, 下毋厭[於甲反]髀[비], 上毋厭脅, 當無骨者.〈002〉

소매 중 겨드랑이와 닿는 부분은['袼'자의 음은 '各(각)'이다.] 그 폭이 팔꿈치를 돌릴 수 있을 정도여야 하며, 소매의 길이는 반대로 접어서['詘'자의 음은 '屈(굴)'이다.] 팔꿈치까지 와야 한다. 허리띠는 밑으로는 넓적다리뼈에['髀'자의 음은 '俾(비)'이다.] 닿을['厭'자는 '於(어)'자와 '甲(갑)'자의 반절음이다.] 수 없고, 위로는 겨드랑이 뼈에 닿을 수 없으니, 뼈가 잡히지 않는 부분에 와야 한다.

集說

劉氏曰: 袼, 袖與衣接, 當腋下縫合處也. 運, 回轉也. 玉藻云: "袂可

以回肘", 是也. 肘, 臂中曲節. 袂, 袖也. 袼之高下與衣身齊二尺二
寸, 古者布幅亦二尺二寸. 而深衣裁身用布八尺八寸, 中屈而四疊
之, 則正方. 袖本齊之, 而漸圓殺以至袪, 則廣一尺二寸, 故下文云
袂圓應規也. 衣四幅而要縫七尺二寸, 又除負繩之縫, 與領旁之屈
積各寸, 則兩腋之餘, 前後各三寸許, 續以二尺二寸幅之袖, 則二尺
有五寸也. 然周尺二尺五寸, 不滿今舊尺二尺, 僅足齊手, 無餘可反
屈也. 曰反屈及肘, 則接袖初不以一幅爲拘矣. 凡經言短毋見膚, 長
毋被土, 及袼可運肘, 袂反及肘, 皆以人身爲度, 而不言尺寸者, 良
以尺度布幅有古今之異, 而人身亦有大小長短之殊故也. 朱子云:
"度用指尺, 中指中節爲寸, 則各自與身相稱矣." 玉藻"朝祭服之帶,
三分帶下, 紳居二焉." 而紳長制, 士三尺, 則帶下四尺五寸矣. 深衣
之帶, 下不可厭髀骨, 上不可當脅骨, 惟當其間無骨之處, 則少近下
也. 然此不言帶之制. 玉藻云"士練帶率下辟"等, 皆言朝祭服之帶
也. 朱子深衣帶, 蓋亦髣髴玉藻之文, 但褌複異耳.

유씨가 말하길, '각(袼)'은 소매가 상의와 연결되는 부분으로, 겨드랑이
밑의 봉합된 부분에 해당한다. '운(運)'자는 돌린다는 뜻이다. 『예기』
「옥조(玉藻)」편에서 "소매부분은 팔을 그 안에서 돌릴 수 있도록 넓게
만든다."라고 한 말이 이것을 가리킨다. '주(肘)'자는 팔 중 굽힐 수 있는
관절을 뜻한다. '몌(袂)'자는 소매를 뜻한다. 각(袼)의 폭은 상의와 맞춰
서 2척 2촌으로 하는데, 고대에 사용되었던 포의 폭 또한 2척 2촌이었
다. 심의 자체를 마름질할 때 8척 8촌의 포를 사용하는데, 가운데를 접
고 네 번 겹치면 정사각형이 된다. 소매는 본래 그것과 맞추는데 점진적
으로 원형으로 만들며 좁게 해서 소매의 입구 쪽에 이르게 되면 그 너비
는 1척 2촌이 된다. 그렇기 때문에 아래문장에서 "소매의 원형은 둥근
자에 맞는다."라고 했다. 상의는 4폭인데 허리의 봉합된 부분은 7척 2촌
이고, 또 등 쪽의 중심선을 봉합한 것을 제외하고, 옷깃 측면의 접은 부
분과 각각 1촌이 되니, 양쪽 겨드랑이 부분에는 앞뒤로 각각 3촌 정도가
되며, 2척 2촌의 폭을 가진 소매를 연결한다면, 2척 5촌이 된다. 그러나
주나라 때의 척도로 2척 5촌은 오늘날 구척으로 사용하는 2척을 채우지

못하여, 겨우 손의 길이에만 맞출 수 있으며, 반대로 접을 수 있는 남은 부분이 없게 된다. "반대로 접어서 팔꿈치에 이른다."라고 했으니, 소매를 붙일 때 애초부터 1폭을 접을 수 없다. 경문에서는 "옷의 길이가 짧더라도 피부를 드러내는 일이 없었고 길더라도 땅에 닿는 일이 없었다."라고 했고, "각(袼)은 팔꿈치를 돌릴 수 있고, 몌(袂)는 반대로 접어서 팔꿈치에 이른다."라고 했는데, 이 모두는 사람의 몸을 기준으로 치수를 정한 것이며, 구체적인 치수를 언급하지 않았다. 그 이유는 척도와 포의 폭에는 고금의 차이가 있고, 사람의 신체에도 크고 작음 또 길고 짧은 차이가 있기 때문이다. 주자는 "치수는 손가락을 기준으로 하니, 중지의 가운데 마디가 1촌이 되므로, 각각 그 몸과 서로 맞게 된다."라고 했다. 「옥조」편에서는 "조복과 제복의 허리띠는 그 아래의 길이를 3등분하면, 신(紳)은 그 중에서도 2만큼의 길이를 차지한다."라고 했는데, 허리띠의 늘어트리는 부분인 신(紳)의 길이에 대한 제도는 사는 3척이니, 허리띠의 아래 길이는 4척 5촌이 된다. 심의에 차는 허리띠는 아래로 넓적다리뼈에 닿을 수 없고 위로는 겨드랑이의 뼈에 닿을 수 없으니, 오직 뼈가 만져지지 않는 그 사이에 와야 해서, 조금 밑으로 내려가게 된다. 그러나 이것은 대(帶)의 제도를 언급한 것이 아니다. 「옥조」편에서 "사의 허리띠는 명주를 이용해서 만드는데, 홑겹으로 만들어서 양쪽 끝부분을 꿰매며, 늘어뜨리는 끈에만 가선을 두른다."라고 한 말 등은 모두 조복과 제복에 차는 허리띠를 뜻한다. 주자는 심의에 착용하는 대(帶)가 「옥조」편의 기록과 같았을 것이며, 단지 홑겹이냐 겹으로 하느냐의 차이가 있을 따름이라고 했다.

經文

制十有二幅, 以應十有二月. 袂圜以應規, 曲袼[겁]如矩以應方, 負繩及踝[胡瓦反]以應直, 下齊[즙]如權衡以應平.〈003〉

12폭의 천을 재단하여 12개월에 맞추고, 소매는 둥글게 하여 둥근 자에 맞추며, 굽어 있는 옷깃은['袷'자의 음은 '劫(겁)'이다.] 곱자처럼 되어 사각형에 맞추고, 등 쪽의 봉합된 부분은 발꿈치까지['踝'자는 '胡(호)'자와 '瓦(와)'자의 반절음이다.] 직선으로 이어져 먹줄과 같은 직선에 맞추며, 하단부의 봉합된 부분은['齊'자의 음은 '咨(자)'이다.] 저울추와 저울대처럼 하여 평형에 맞춘다.

袷, 交領也. 衣領旣交, 自有如矩之象. 踝, 足跟也. 衣之背縫, 及裳之中縫, 上下相接如繩之直, 故云負繩也. 下齊, 裳未緝處也, 欲其齊如衡之平.

'겁(袷)'자는 교차하는 옷깃을 뜻한다. 상의의 옷깃이 이미 교차하고 있으니, 그 자체에 곱자와 같은 형상이 있다. '과(踝)'자는 발꿈치를 뜻한다. 상의의 등 쪽에 있는 봉합부분이 하의의 가운데 있는 봉합부분에 이르기까지 위아래가 서로 붙어서 먹줄의 곧음과 같다. 그렇기 때문에 '부승(負繩)'이라고 했다. '하자(下齊)'는 하의의 끝부분을 꿰맨 곳이니, 저울대가 평형을 이루는 것처럼 가지런히 만들고자 한 것이다.

故規者, 行擧手以爲容. 負繩抱方者, 以直其政, 方其義也. 故易曰: "坤六二之動, 直以方也." 下齊如權衡者, 以安志而平心也. 五法已施, 故聖人服之. 故規矩取其無私, 繩取其直, 權衡取其平, 故先王貴之. 故可以爲文, 可以爲武, 可以擯相, 可以治軍旅, 完且弗費, 善衣之次也. 〈004〉

그러므로 둥근 자에 맞춘 것은 행동을 할 때 손을 들어서 예법에 따른 행동거지를 나타내게끔 한 것이다. 부승과 곱자에 맞춘 옷깃은 이를 통해 정치를 곧게 하고 의리를 반듯하게 하고자 해서이다. 그래서 『역』에서는 "곤괘 육이의 움직임은 곧아서 방정하다."[2]라고 했다. 하단의 봉합된 부분을 저울추와 저울대에 맞추는 것은 이를 통해 마음을 편안하게 하고 뜻을 고르게 하기 위해서이다. 다섯 가지 법도가 이미 적용되었기 때문에 성인이 이 복장을 착용하는 것이다. 그래서 둥근 자와 곱자에 맞추는 것은 삿됨이 없다는 뜻을 취한 것이고, 먹줄에 맞추는 것은 곧다는 뜻을 취한 것이며, 저울추와 저울대에 맞추는 것은 평평하다는 뜻을 취한 것이다. 그렇기 때문에 선왕이 이 복장을 귀하게 여겼다. 그러므로 이 복장은 문이 될 수 있고 무도 될 수 있어서, 예법의 진행을 도울 수 있고 군대를 다스릴 수 있으니, 완비되었으며 또 낭비를 하지 않아서, 조복과 제복 다음으로 중요한 복장으로 여겼다.

集說

疏曰: 所以袂圜中規者, 欲使行者擧手揖讓以爲容儀也. 抱方, 領之方也. 以直其政, 解負繩, 以方其義, 解抱方也.

소에서 말하길, 소매를 둥글게 하여 둥근 자에 맞추는 것은 행동함에 손을 들어 읍과 겸양을 해서 예법에 따른 행동거지를 시행하게끔 하고자 해서이다. "사각형을 품다."라는 말은 옷깃이 사각형인 것을 뜻한다. "이로써 정치를 곧게 한다."라는 말은 부승(負繩)을 풀이한 것이고, "이로써 의리를 반듯하게 한다."는 말은 포방(抱方)을 풀이한 것이다.

呂氏曰: 深衣之用, 上下不嫌同名, 吉凶不嫌同制, 男女不嫌同服. 諸侯朝朝服, 夕深衣; 大夫士朝玄端, 夕深衣; 庶人吉服, 深衣而已. 此上下同也. 有虞氏深衣而養老, 將軍文子除喪受弔, 練冠深衣, 親

---

2) 『역』 「곤괘(坤卦)」 : 象曰, 六二之動, 直以方也, "不習无不利", 地道光也.

迎女在塗, 而壻之父母死, 深衣縞總以趨喪, 此吉凶男女之同也. 蓋簡便之服, 非朝祭皆可服之也.

여씨가 말하길, 심의(深衣)를 활용함에 있어서, 상하계층이 같은 명칭을 사용한다는 것에 혐의를 두지 않고, 길례나 흉례에서도 같은 방법으로 만드는 것에 혐의를 두지 않으며, 남자와 여자가 사용할 때 복식을 같게 함에 혐의를 두지 않는다. 제후는 아침식사를 할 때 조복(朝服)을 착용하고 저녁식사를 할 때 심의를 착용하며, 대부와 사는 아침식사를 할 때 현단(玄端)을 착용하고 저녁식사를 할 때 심의를 착용하며, 서인의 길복은 심의만 착용할 따름이다. 이것은 상하계층이 동일하게 심의를 착용함을 나타낸다. 유우씨 때에는 심의를 착용하고서 노인을 봉양했고, 장군인 문자의 상에 상복을 제거했는데 그 이후에 조문을 받게 되어, 연관(練冠)과 심의를 착용하였으며, 친영(親迎)을 하여 부인을 데리고 오는데 여정 중에 남편의 부모가 돌아가시게 되면 심의로 갈아입고, 하얀 명주실로 머리를 묶고서 상을 치르기 위해 분주히 달려간다고 했으니, 이것은 길례와 흉례 및 남자와 여자 모두 동일하게 심의를 착용한다는 사실을 나타낸다. 이것은 간편한 복장으로, 조례나 제사가 아니라면 모두 착용할 수 있다.

方氏曰: 十二幅應十二月者, 仰觀於天也. 直其政方其義者, 俯察於地也. 袼之高下可以運肘者, 近取諸身也. 應規矩繩權衡者, 遠取諸物也. 其制度固已深矣, 然端冕則有敬色, 所以爲文. 介冑則有不可辱之色, 所以爲武. 端冕不可以爲武, 介冑不可以爲文, 兼之者惟深衣而已. 玉藻曰夕深衣. 深衣, 燕居之服也. 端冕雖所以修禮容, 亦有時, 而燕處, 則深衣可以爲文矣. 介冑雖所以臨戎事, 亦有時, 而燕處, 則深衣可以爲武矣. 雖可爲文, 非若端冕可以視朝臨祭, 特可贊禮而爲擯相而已. 雖可爲武, 非若介冑可以臨衝, 特可運籌以治軍旅而已. 制有五法, 故曰完. 其質則布, 其色則白, 故曰弗費. 吉服, 以朝祭爲上, 燕衣則居其次焉, 故曰善衣之次也.

방씨가 말하길, 12폭으로 해서 12개월에 맞추는 것은 우러러 하늘에서 관찰하는 것이다. 정치를 곧게 하고 의리를 반듯하게 하는 것은 굽어 땅에서 살피는 것이다. 소매 중 겨드랑이와 닿는 부분은 그 폭이 팔꿈치를 돌릴 수 있을 정도로 하는 것은 가까이 자신의 몸에서 법도를 취한 것이다. 둥근 자·곱자·먹줄·저울추·저울대 등의 도량형에 맞게 한다는 것은 멀리 여러 사물에게서 법도를 취한 것이다. 그 제도가 이미 이처럼 심오한데, 단면(端冕)을 착용하게 되면 공경스러운 기색이 나타나니 문(文)이 되는 이유이다. 갑옷을 착용하게 되면 감히 욕보일 수 없는 기색이 나타나니 무(武)가 되는 이유이다. 단면은 무(武)가 될 수 없고, 갑옷은 문(文)이 될 수 없는데, 둘을 겸할 수 있는 것은 오직 심의(深衣) 밖에 없다. 『예기』「옥조(玉藻)」편에서는 "저녁식사를 할 때에는 심의를 입는다."라고 했는데, 심의는 한가롭게 거처할 때 착용하는 복장이다. 단면은 비록 예법에 따른 용모를 꾸미는 복장이지만, 또한 정해진 때가 있고, 한가롭게 거처할 때라면 심의를 착용하니, 심의는 문(文)이 될 수 있는 있다. 갑옷은 비록 전쟁에 임하는 복장이지만 또한 정해진 때가 있고, 한가롭게 거처할 때라면 심의를 착용하니, 심의는 무(武)가 될 수 있다. 비록 문(文)이 될 수 있지만 단면처럼 조정에 참관하고 제사에 임할 수 있는 것만 못하며, 단지 예법의 시행을 도와서 보조만 할 수 있을 뿐이다. 또 비록 무(武)가 될 수 있지만 갑옷처럼 군대에 임할 수 있는 것만 못하며, 단지 계획을 세워서 군대를 다스릴 수만 있을 뿐이다. 제도에 다섯 가지 법도가 있다. 그렇기 때문에 "완비되었다."라고 했다. 기본 재질은 포가 되고 그 색깔은 백색이기 때문에 "낭비를 하지 않는다."라고 했다. 길복(吉服)에 있어서는 조복(朝服)과 제복(祭服)을 가장 상등으로 치는데, 연의(燕衣)는 그 다음 등급이 된다. 그렇기 때문에 "가장 좋은 옷 그 다음이다."라고 했다.

具父母・大[泰]父母. 衣純[準]以繢[會]. 具父母衣純以青. 如孤
子, 衣純以素. 純袂緣[去聲]・純邊, 廣[去聲]各寸半.〈005〉

부모와 조부모가['大'자의 음은 '泰(태)'이다.] 모두 생존해 계시다면 옷에 무
늬를['繢'자의 음은 '會(회)'이다.] 그린 것으로 가선을['純'자의 음은 '準(준)'이
다.] 댄다. 부모만 생존해 계시다면 옷에 청색으로 가선을 댄다. 부친이
이미 돌아가신 자라면 옷에 흰색으로 가선을 댄다. 소매의 입구에['緣'자
는 거성으로 읽는다.] 가선을 두르고 앞자락의 측면과 밑에 가선을 두르는
데, 그 너비는['廣'자는 거성으로 읽는다.] 각각 1.5촌으로 한다.

繢, 畫文也. 純, 衣之緣也. 袂緣, 緣袖口也. 純邊, 緣襟旁及下也,
各廣一寸半, 袷則廣一寸也.

'회(繢)'는 무늬를 그린 것이다. '준(純)'자는 옷의 가선을 뜻한다. '몌연
(袂緣)'은 소매의 입구에 가선을 댄 것이고, '순변(純邊)'은 앞자락의 측
면과 밑에 가선을 댄 것인데, 각각 그 너비는 1.5촌으로 하며, 옷깃에
대는 가선이라면 그 너비는 2촌이다.

呂氏曰: 三十以下無父者, 可以稱孤. 若三十之上有爲人父之道, 不
言孤也. 純袂, 緣, 純邊, 三事也. 謂袂口・裳下・衣裳邊皆純也. 亦
見既夕禮.

여씨가 말하길, 30세 이하의 사람 중 부친이 없는 자는 고아라고 부를
수 있다. 만약 30세 이상이라면 부친이 되는 도리를 포함하고 있으니,
고아라고 부를 수 없다. '준몌(純袂)'・'연(緣)'・'순변(純邊)'은 세 가지
사안을 뜻한다. 즉 소매의 입구, 하의의 아래, 상하의의 측면에는 모두
가선을 댄다. 이러한 사실은 『의례』「기석례(既夕禮)」편에도 나온다.

禮記淺見錄卷第二十五

『예기천견록』 25권

「투호(投壺)」

「투호」편 문장 순서 비교

『예기집설』	『예기천견록』	
	구분	문장
001		001
002		002
003		003
004		004
005		005
006		006
007	무분류	007
008		008
009		009
010		010
011		011
012		012
013		013

무분류

投壺之禮: 主人奉[上聲]矢, 司射奉中, 使人執壺. 主人請曰: "某有枉矢哨[七笑反]壺, 請以樂賓." 賓曰: "子有旨酒嘉肴, 某旣賜矣, 又重以樂[岳], 敢辭." 主人: "曰枉矢哨壺, 不足辭也. 敢固以請." 賓曰: "某旣賜矣, 又重以樂, 敢固辭." 主人曰: "枉矢哨壺, 不足辭也, 敢固以請." 賓曰: "某固辭不得命, 敢不敬從?"〈001〉

투호의 예법에서는 주인이 화살을 들고['奉'자는 상성으로 읽는다.] 본래 활쏘기의 진행을 돕는 사사가 채점 기구를 들며, 사람을 시켜서 병을 잡게 한다. 주인이 빈객에게 청하며, "저에게 구부러진 나무로 만든 볼품없는 화살과 주둥이가 휘어진['哨'자는 '七(칠)'자와 '笑(소)'자의 반절음이다.] 볼품없는 병이 있는데, 청컨대 이것으로 그대를 즐겁게 해드리고자 합니다."라고 말한다. 빈객은 "그대께서는 맛있는 술과 안주를 차려주셔서 제가 이미 대접을 받았는데 재차 즐겁게도['樂'자의 음은 '岳(악)'이다.] 해주신다고 하니, 감히 사양하고자 합니다."라고 한다. 그러면 주인은 "볼품없는 화살과 병이라 사양할 것이 못되니, 감히 간곡히 청하고자 합니다."라고 말한다. 빈객은 "저는 이미 대접을 받았는데 재차 즐겁게도 해주신다고 하니, 감히 간곡히 사양하고자 합니다."라고 한다. 그러면 주인은 "볼품없는 화살과 병이라 사양할 것이 못되니, 감히 간곡히 청하고자 합니다."라고 한다. 빈객은 "제가 간곡히 사양을 했음에도 허락을 해주시지 않으니, 감히 공경스럽게 그대의 청을 따르지 않을 수 있겠습니까?"라고 한다.

中者, 盛筭之器, 或如鹿, 或如兕, 或如虎, 或如閭; 閭, 如驢形, 一角

而跂蹄. 或如皮樹, 皮樹亦獸名, 其狀未聞. 皆刻木爲之, 上有圓圈
以盛筭. 枉, 材不直也. 哨, 口不正也. 此篇投壺是大夫士之禮, 左傳
晉侯與齊侯燕投壺, 則諸侯亦有之也.

'중(中)'은 점수를 계산하는 기물이니, 사슴 모양처럼 된 것도 있고, 외뿔
소 모양처럼 된 것도 있으며, 호랑이 모양처럼 된 것도 있고, 여(閭) 모
양처럼 된 것도 있는데, '여(閭)'라는 것은 당나귀처럼 생겼고 뿔이 하나
이며 소와 같은 발굽을 가지고 있다. 또 피수(皮樹) 모양처럼 된 것도
있는데, '피수(皮樹)' 또한 짐승의 이름이지만 그 모습에 대해서는 들어
보지 못했다. 이 모두는 나무를 조각해서 만드는데, 윗면에 원형으로 구
멍이 뚫려 있어서 이를 통해 점수를 계산하는 산가지를 꼽게 된다. '왕
(枉)'자는 재목이 곧게 뻗어 있지 않은 것을 뜻한다. '초(哨)'자는 주둥이
가 바르지 않은 것을 뜻한다. 「투호」편에서 말하는 투호의 예법은 대부
와 사가 시행하는 의례인데, 『좌전』에도 진나라 후작이 제나라 후작과
연회를 하며 투호를 했다고 하니,[1] 제후에게도 이러한 예법이 있었다.

經文

賓再拜受, 主人般[盤]還[旋]曰: "辟[避]." 主人阼階上拜送, 賓般
旋曰: "辟."〈002〉

빈객이 두 번 절하고 화살을 받으려고 하면, 주인은 몸을 뒤로 물리고
['般'자의 음은 '盤(반)'이다.] 옆으로 돌려서['還'자의 음은 '旋(선)'이다.] "그러한
예우를 피하고자 합니다.['辟'자의 음은 '避(피)'이다.]"라고 말한다. 주인이
동쪽 계단 위에서 절하여 화살을 전하려고 하면, 빈객은 몸을 뒤로 물
리고 옆으로 돌려서, "그러한 예우를 피하고자 합니다."라고 말한다.

---

1) 『춘추좌씨전』「소공(昭公) 12년」: 晉侯以齊侯宴, 中行穆子相. 投壺, 晉侯先.

方氏曰: 般旋, 言不敢直前, 則辟之容也. 曰辟, 則告之使知其不敢
當也.

방씨가 말하길, '반선(般還)'은 감히 직접 그 앞에 있을 수 없음을 뜻하
니, 피하는 모습에 해당한다. "피하고자 합니다."라고 말한다면, 그 사실
을 알려서 상대로 하여금 이러한 예우를 감당할 수 없음을 알게끔 하는
것이다.

己拜受矢, 進卽兩楹間. 退反位, 揖賓就筵.〈003〉

주인이 빈객에게 절하여 화살 전하는 일이 끝나서 의례의 진행을 돕는
자로부터 화살을 받으면, 양쪽 기둥 사이로 나아가 투호하는 장소를 살
핀다. 그런 뒤에 뒤로 물러나 자신의 자리로 되돌아오고, 빈객에게 읍
을 하고 투호하는 자리로 나아간다.

主人拜送矢之後, 主人之贊者持矢授主人, 主人於阼階上受之, 而進
就楹間, 視投壺之處所, 復退反阼階之位, 西向揖賓以就投壺之席
也. 賓主之席皆南向.

주인이 절을 하고 화살을 전한 이후, 주인의 의례를 돕는 자는 화살을
가지고 주인에게 건네며, 주인은 동쪽 계단 위에서 그것을 받고 기둥 사
이로 나아가며, 투호하는 장소를 살피고, 다시 물러나 동쪽 계단 위의
자리로 되돌아가고, 서쪽을 바라보며 빈객에게 읍을 하고 투호하는 자
리로 나아간다. 빈객과 주인의 자리는 모두 남쪽을 향하도록 설치한다.

司射進度[徒洛反]壺[句], 間以二矢半, 反位設中, 東面執八筭興.
〈004〉

사사가 나아가 병 놓을 장소를 살피고['度'자는 '徒(도)'자와 '洛(락)'자의 반절
음이다. '壺'자에서 구문을 끊는다.] 빈객과 주인이 투호를 하기 위해 마련한
자리의 남쪽에 두는데, 둘 간의 사이는 화살이 2.5개 들어갈 정도로 벌
리며, 서쪽 계단 위에 있는 자리로 되돌아와서 중을 가져다가 설치하며,
동쪽을 바라보고 산가지 8개를 잡고서 일어난다.

疏曰: 司射於西階上, 於執壺之人處受壺. 來賓主筵前, 量度而置壺
於賓主筵之南. 間以二矢半者, 投壺有三處, 室中堂上及庭中也. 日
中則於室, 日晚則於堂, 大晚則於庭中, 各隨光明故也. 矢有長短,
亦隨地之廣挾. 室中狹, 矢長五扶; 堂上稍廣, 矢長七扶; 庭中大廣,
矢長九扶. 四指曰扶, 扶廣四寸. 五扶者, 二尺也. 七扶者, 二尺八寸
也. 九扶者, 三尺六寸也. 矢雖有長短, 而度壺則皆使去賓主之席各
二矢半也. 是室中去席五尺, 堂上去席七尺, 庭中則去席九尺也. 度
壺畢, 仍還西階上之位, 而取中以進而設之. 既設中, 乃於中之西而
東面手執八筭而起.

소에서 말하길, 사사(司射)는 서쪽 계단 위에서 병을 들고 있는 사람이
있는 곳에서 병을 받는다. 빈객과 주인이 투호를 하기 위해 설치한 자리
앞으로 와서 치수를 헤아리고 빈객과 주인의 자리 남쪽에 병을 놓아둔
다. 사이는 화살이 2.5개 정도 들어갈 정도로 벌리는데, 투호를 하는 장
소는 세 군데이니, 방안과 당상에서 하거나 마당에서 하는 경우이다. 한
낮이라면 방안에서 하고, 해가 기울면 당상에서 하며, 너무 늦은 때라면
마당에서 하는데, 각각 그 시기에 빛이 있는 곳에서 하기 때문이다. 화
살에도 길이의 차이가 있으니, 이것은 또한 시행하는 장소의 크기에 따

른다. 방안은 협소하므로 화살의 길이는 5부(扶)이며, 당상은 보다 넓기 때문에 화살의 길이는 7부이고, 마당은 매우 넓기 때문에 화살의 길이는 9부가 된다. 4개의 손가락을 나란히 한 길이를 1부(扶)라고 부르는데, 1부(扶)의 너비는 4촌(寸)이다. 따라서 5부(扶)는 2척(尺)의 길이가 된다. 7부는 2척 8촌의 길이가 된다. 9부는 3척 6촌의 길이가 된다. 화살에는 비록 길고 짧은 차이가 있지만, 병을 두는 자리를 살피게 된다면 모두 빈객과 주인의 자리에서 각각 2.5개의 화살이 들어갈 자리만큼 거리를 벌린다. 이것은 방안에서는 자리에서 5척을 벌리고, 당상에서는 자리에서 7척을 벌리며, 마당에서라면 자리에서 9척을 벌린다는 뜻이다. 병 놓을 자리를 헤아리는 일이 끝나면 다시 서쪽 계단 위의 자리로 되돌아와서 중(中)을 가지고 나아가 설치한다. 중 설치하는 일이 끝나면 중의 서쪽에서 동쪽을 바라보며 손으로 8개의 산가지를 들고서 일어난다.

經文

請賓曰: "順投爲入, 比[毗志反]投不釋, 勝飮[去聲]不勝者, 正爵旣行, 請爲勝者立馬. 一馬從二馬, 三馬旣立, 請慶多馬." 請主人亦如之.〈005〉

사사는 빈객에게 청하며, "화살을 던져 화살의 대가 들어간 것만을 점수로 계산하고, 연속해서['比'자는 '毗(비)'자와 '志(지)'자의 반절음이다.] 던지면 화살이 들어가더라도 점수로 계산하지 않으며, 승리한 자는 승리를 하지 못한 자에게 술을 권하여 마시도록['飮'자는 거성으로 읽는다.] 해야 합니다. 승리를 하지 못한 자에게 술 권하는 일이 끝나면 승리한 자를 위해 마를 세우기를 청합니다. 1개의 마를 세운 자는 2개의 마를 세운 자에게 자신이 세운 마를 건네고, 3개의 마가 서게 되었으니, 마를 많이 세운 자에게 축하주 권하기를 청합니다."라고 한다. 주인에게 청할 때에도 이처럼 한다.

疏曰: 司射執八筭起而告于賓曰: 投矢於壺, 以矢本入者乃名爲入,
則爲之釋筭. 若以末入, 則不名爲入, 亦不爲之釋筭也. 比, 頻也. 賓
主要更遞而投, 不得以前旣入而喜, 不待後人投之而已頻投. 頻投
雖入, 亦不爲之釋筭也. 若投之勝者, 則酌酒以飮不勝者. 正爵, 卽
此勝飮不勝之爵也. 以其正禮, 故謂之正爵. 旣行, 行爵竟也. 爲勝
者立馬者, 謂取筭以爲馬, 表其勝之數也. 謂筭爲馬者, 馬是威武之
用, 投壺及射, 亦是習武, 故云馬也. 一馬從二馬者, 每一勝輒立一
馬, 禮以三馬爲成, 若專三馬則爲一成. 但勝偶未必專頻得三, 若勝
偶得二, 劣偶得一, 一旣劣於二, 故徹取劣偶之一, 以足勝偶之二爲
三, 故云一馬從二馬. 若頻得三成, 或取彼足爲三馬, 是其勝已成,
又酌酒以慶賀多馬之人也. 此告賓之辭, 其告主人亦此辭也, 故曰
請主人亦如之.

소에서 말하길, 사사(司射)가 8개의 산가지를 잡고 일어나서 빈객에게
아뢰며, "병 안으로 화살을 던지십시오."라고 말하는 것인데, 화살의 대
가 병 안으로 들어간 것은 곧 '입(入)'이라 부르니, 이것을 위해 산가지
로 점수를 매기는 것이다. 만약 화살의 끝부분만 살짝 들어간 경우라면
'입(入)'이라 부를 수 없으니, 이것은 또한 점수로 계산하지 않는다. '비
(比)'자는 빈번하다는 뜻이다. 빈객과 주인은 번갈아가며 화살을 던져야
하니, 앞서 던진 화살이 들어갔는데 그것을 기뻐하며 다음 사람이 던질
때까지 기다리지 않고, 본인이 다시 던져서는 안 된다. 연속해서 던지면
비록 들어갔더라도 이것은 또한 점수로 계산하지 않는다. 만약 투호를
하여 승리한 자라면, 술을 따라서 승리하지 못한 자에게 마시도록 한다.
'정작(正爵)'은 곧 승리한 자가 승리를 하지 못한 자에게 술을 마시도록
하는 술잔을 뜻한다. 그것이 예법을 올바르게 하기 때문에 '정작(正爵)'
이라고 부른다. '기행(旣行)'은 술잔 권하는 일이 끝났다는 뜻이다. 승리
한 자를 위해서 마(馬)를 세운다고 했는데, 산가지를 세우는 것을 마
(馬)라고 한다는 뜻이니, 그것으로 승리한 수치를 나타낸다. 산가지를

마(馬)라고 부르는 이유는 마(馬)는 위엄을 갖추고 무용을 드러내는 일에 사용되는 동물이고, 투호와 활쏘기 또한 무예를 익히는 일의 일종이다. 그렇기 때문에 '마(馬)'라고 부르는 것이다. 1개의 마(馬)는 2개의 마(馬)를 따른다고 했는데, 매번 한 차례 승리를 할 때마다 1개의 마(馬)를 세우는데, 예법에 따르면 3개의 마(馬)를 세우는 것을 완성된 것으로 여기니, 만약 자기만의 힘으로 3개의 마(馬)를 세우면 1성(成)이 된다. 다만 승리한 사람이 연속해서 3개의 마(馬)를 반드시 자기만의 힘으로 세울 수 없기도 한데, 만약 승리한 사람이 2개의 마(馬)를 세웠고, 승리를 하지 못한 사람이 1개의 마(馬)를 세웠다면, 1개는 이미 2개보다 낮기 때문에 승리를 하지 못한 자가 세운 1개의 마(馬)를 거둬가서 승리한 자가 세운 2개의 마(馬)에 보태어 3개의 마(馬)로 만든다. 그렇기 때문에 "1개의 마(馬)는 2개의 마(馬)를 따른다."라고 했다. 연속해서 3성(成)을 하는 경우도 있지만 혹은 상대의 마(馬)를 취해서 3개의 마(馬)를 세우는 경우도 있는데, 이것은 이미 승리가 완성된 것이므로, 또한 술을 따라서 많은 마(馬)를 세운 자를 축하한다. 이것은 빈객에게 아뢰는 말인데, 주인에게 아뢸 때에도 이러한 말을 한다. 그렇기 때문에 "주인에게 청할 때에도 이와 같다."라고 했다.

淺見

近按: 比投, 疏以比訓頻, 愚謂比投對順投而言, 則比恐當作北, 背也. 以本入者爲順, 則以末入者爲背矣. 若以爲頻投, 亦是前矢不入, 故欲後矢之入而頻投也. 疏以爲前矢旣入而喜, 故不待後人而頻投, 恐亦誤也.

내가 살펴보니, '비투(比投)'에 대해서, 소에서는 '비(比)'자를 빈번하다는 뜻으로 풀이했다. 내가 생각하기에 '비투(比投)'라는 말은 '순투(順投)'와 대비해서 말한 것이니, '비(比)'자는 아마도 북(北)자로 기록해야 하며 배(背)자의 뜻이다. 화살의 대가 들어간 것을 순(順)으로 삼는다면, 끝이 들어간 것을 배(背)로 삼은 것이다. 만약 빈번하게 던지는 것으로 여긴다면, 이것은 앞서 던진 화살이 들어가지 않았기 때문에 뒤의 화살을 집어넣고자 해서 빈번하게 던지는 것이 된다. 소에서는 앞서 던진 화살이 이미 들어가서 기쁘기 때문에 뒤의 사람이 던질 때까지 기다리지 않고 뒤이어 던진다고 여겼는데, 아마도 이 또한 잘못된 해석인 것 같다.

命弦者曰: "請奏貍首, 間[去聲]若一." 大師曰 "諾."〈006〉

사사는 악기를 연주하는 자에게 명령을 전하며, "이수라는 시가를 연주
하며, 간격을['間'자는 거성으로 읽는다.] 일정하게 하기를 청합니다."라고
하면, 악관의 수장인 태사는 "알았습니다."라고 말한다.

集說

司射命樂工奏詩章以爲投壺之節. 貍首, 詩篇名也, 今亡. 間若一者,
詩樂作止, 所間疏數之節, 均平如一也. 大師, 樂官之長也.

사사(司射)는 악공에게 명령을 하여 『시』의 악장을 연주해서 투호를 시
행하는 절차로 삼도록 한다. '이수(貍首)'는 『시』의 편명인데, 현재는 망
실되어 전해지지 않는다. '간약일(間若一)'이라는 말은 『시』에 따라 음
악을 연주하고 그침에 있어, 사이마다 드문드문하거나 자주하는 절차
를 균평하게 해서 한결같이 한다는 뜻이다. '태사(太師)'는 악관의 수장
이다.

經文

左右告矢具, 請拾[其刼反]投. 有入者, 則司射坐而釋一筭焉. 賓
黨於右, 主黨於左.〈007〉

사사가 좌우에 있는 주인과 빈객에게 화살이 모두 갖춰졌다고 아뢰고,
재차 번갈아가며['拾'자는 '其(기)'자와 '刼(겁)'자의 반절음이다.] 화살을 던지
라고 청한다. 화살을 던져서 병 안으로 들어간 것이 있다면 사사는 자
리에 앉아서 산가지 하나를 바닥에 내려놓는다. 빈객의 무리들은 사사
의 우측인 남쪽에 정렬해 있고, 주인에게 속한 자들은 사사의 좌측인

북쪽에 정렬해 있다.

集說

主賓席皆南向, 則主居左, 賓居右. 司射告主賓以矢具, 又請更迭而
投, 於是乃投壺也. 若矢入壺者, 則司射乃坐而釋一筭於地. 司射東
面而立, 釋筭則坐也. 賓黨於右者, 在司射之前稍南; 主黨於左者,
在司射之前稍北. 蓋司射東面, 則南爲右, 北爲左矣.

주인과 빈객의 자리는 모두 남쪽을 향해 있으니, 주인은 좌측에 위치하
고 빈객은 우측에 위치한다. 사사(司射)가 빈객과 주인에게 화살이 모두
갖춰졌다고 아뢰고, 재차 번갈아 화살을 던지라고 청하니, 이 시기가 되
어야만 투호를 한다. 만약 병 안으로 화살이 들어간 것이 있다면, 사사
가 앉아서 땅바닥에 산가지 하나를 놓아둔다. 사사는 동쪽을 향해 서
있는데, 산가지를 내려놓게 되면 자리에 앉는다. "빈객의 무리들은 우측
에 있다."는 말은 사사의 앞쪽에서 조금 남쪽으로 치우친 자리에 있다는
뜻이며, "주인에게 속한 자들은 좌측에 있다."는 말은 사사의 앞쪽에서
조금 북쪽으로 치우친 자리에 있다는 뜻이다. 아마도 사사가 동쪽을 바
라보고 있으므로, 남쪽이 우측이 되고 북쪽이 좌측이 될 것이다.

經文

卒投, 司射執筭曰: "左右卒投, 請數[上聲]." 二筭爲純[全], 一純
以取, 一筭爲奇[居衣反]. 遂以奇筭告曰: "某賢於某若干純." 奇
則曰: "奇", 鈞則曰: "左右鈞."〈008〉

투호가 끝나면, 사사는 산가지를 잡고서 "좌측과 우측이 투호를 끝내셨
으니, 점수를 셈하길['數'자는 상성으로 읽는다.] 청합니다."라고 말한다. 2
개의 산가지는 1전이['純'자의 음은 '全(전)'이다.] 되니, 1전씩 짝을 지어 취

하고, 1개의 산가지만 남는 것은 기라고['奇'자는 '居(거)'자와 '衣(의)'자의 반
절음이다.] 한다. 점수 계산을 끝내면 1개의 산가지를 잡고 아뢰며, "아무
개께서 아무개보다 약간의 전이 많습니다."라고 말한다. 두 사람이 낸
산가지 점수 중 동일한 것을 제외하고 남은 것을 합산하여, 남은 것이
짝이 맞지 않으면 "~기입니다."라 말하고, 두 사람의 점수가 동일하다
면, "좌측과 우측의 점수가 같습니다."라고 말한다.

集說

疏曰: 純, 全也, 二筭合爲一全. 地上取筭之時, 一純則別而取之. 一
筭, 謂不滿純者. 奇, 隻也, 故云一筭爲奇. 以奇筭告者, 奇, 餘也.
左右數鈞等之餘筭, 手執之而告曰: 某賢於某若干純. 賢, 謂勝也.
勝者若有雙數, 則云若干純. 假令十筭, 則云五純也. 奇則曰奇者,
假令九筭, 則曰九奇也. 鈞則曰左右鈞者, 鈞, 猶等也, 等則左右各
執一筭以告.

소에서 말하길, '전(純)'자는 "온전하다."는 뜻이니, 2개의 산가지를 합하
여 1전(全)으로 삼는다. 땅 위에 놓인 산가지를 취할 때 1준이 된다면
개별적으로 취한다. 1개의 산가지는 준을 채우지 못한 것을 뜻한다. '기
(奇)'자는 외짝이라는 뜻이다. 그렇기 때문에 "1개의 산가지를 기(奇)라
고 한다."라고 했다. 기(奇)인 산가지를 가지고 아뢴다고 했는데, '기
(奇)'는 나머지를 뜻한다. 좌우의 점수를 계산하여 같은 점수를 낸 것을
제외한 나머지 산가지를 손으로 들고서 아뢰길, "아무개가 아무개보다
얼마 정도의 준이 많습니다."라고 말한다. '현(賢)'자는 "승리하다."는 뜻
이다. 즉 승리한 자의 점수가 만약 짝수의 산가지 점수를 냈다면, "얼마
정도의 준입니다."라고 말한다. 가령 10개의 산가지 점수를 냈다면, "5
준입니다."라고 말한다. 기(奇)라면 "기(奇)입니다."라고 말한다고 했는
데, 가령 9개의 산가지 점수를 냈다면 "9기입니다."라고 말한다. "균등하
다면 좌우가 균등하다고 말한다."고 했는데, '균(鈞)'자는 "같다."는 뜻이
니, 점수가 같다면 좌우로 각각 1개의 산가지를 잡고서 아뢴다.

命酌曰: "請行觴." 酌者曰: "諾." 當飮[去聲]者皆跪奉觴曰: "賜
灌." 勝者跪曰: "敬養[去聲]."〈009〉

사사는 술을 따라주는 자에게 명령하여, "벌주 따른 잔을 돌리길 청합니
다."라고 하면, 술을 따라주는 자는 "알았습니다."라고 말한다. 술을 마
셔야[飮'자는 거성으로 읽는다.] 하는 자는 모두 무릎을 꿇고서 술이 따라진
잔을 받들고, "하사에 힘입어 술을 마시게 되었습니다."라고 말한다. 승
리한 자도 무릎을 꿇고서, "공경스럽게 이 잔을 봉양의['養'자는 거성으로
읽는다.] 뜻으로 삼기 바랍니다."라고 말한다.

司射命酌酒者行罰爵, 酌者, 勝黨之弟子也. 旣諾, 乃於西階上南面
設豊洗觶升酌, 坐而奠於豊之上. 其當飮者, 跪取豊上之酒手捧之.
而言賜灌, 灌, 猶飮也. 謂蒙賜之飮也, 服善而爲尊敬之辭也. 其勝
者, 則跪而言敬以此觴爲奉養也, 雖行罰爵, 猶爲尊敬之辭, 以答賜
灌之辭也.

사사(司射)는 술을 따르는 자에게 명령하여 벌주 따른 잔을 돌리라고 하
니, 술을 따르는 자는 승리를 한 무리의 제자들이다. 이미 응낙을 했다
면, 서쪽 계단 위에서 남쪽을 바라보고 풍(豊)을 설치하고 치(觶)를 씻
고 올라가서 술을 따르고, 앉아서 풍(豊) 위에 술잔을 놓아둔다. 술을
마셔야 하는 자는 무릎을 꿇고서 풍(豊) 위에 놓인 술잔을 가져다가 손
으로 받든다. 그런데 '사관(賜灌)'이라고 말하는 것은 '관(灌)'자는 "마시
다."는 뜻이다. 하사에 힘입어 술을 마시게 되었다는 뜻이니, 선함에 감
복하여 존경을 표하는 말이다. 승리한 자는 무릎을 꿇고 공경스럽게 이
러한 술잔을 봉양의 뜻으로 삼기 바란다고 말한다. 비록 벌주 따른 잔을
돌린 것이지만, 여전히 존경을 표하는 말을 하여, 사관(賜灌)이라고 한
말에 대답하는 것이다.

正爵旣行, 請立馬. 馬各直其筭, 一馬從二馬, 以慶. 慶禮曰:
"三馬旣備, 請慶多馬." 賓主皆曰: "諾." 正爵旣行, 請徹馬.〈010〉

벌주 돌리는 일이 끝났다면, 사사는 마를 세우고자 청한다. 마 세우는
것은 각각에 대해 최초 산가지를 땅위에 내려둔 곳 앞에 두고, 1개의
마를 세운 것은 승리를 한 자가 세운 2개의 마 세운 곳에 합하며, 이를
통해 축하한다. 축하하는 예법에서는 사사가 "3개의 마가 이미 갖춰졌
으니, 많은 마를 세운 자에게 축하주 권하기를 청합니다."라고 한다. 빈
객과 주인이 모두 "알았다."라고 말한다. 축하주 돌리는 일이 끝나면,
사사는 마를 치우고자 청한다.

正禮罰酒之爵旣行, 飮畢, 司射乃告賓主, 請爲勝者樹立其馬. 直,
當也. 所立之馬, 各當其初釋筭之前. 投壺與射禮, 皆三番而止, 每
番勝則立一馬. 假令賓黨三番俱勝則立三馬, 或兩勝而立二馬; 其
主黨但一勝立一馬, 卽擧主之一馬, 益賓之二馬, 所以助勝者爲樂
也. 以慶, 謂以此慶賀多馬也. 飮正禮慶爵之後, 司射卽請徹去其馬,
以投壺禮畢也. 禮畢則行無筭爵.

올바른 예법에 따라 벌주를 따른 술잔이 이미 권해지고, 벌주 마시는 일
이 끝나면, 사사(司射)는 빈객과 주인에게 아뢰고, 승자를 위해서 그의
마(馬)를 세우겠다고 청한다. '직(直)'자는 "~에 해당하다."는 뜻이다. 마
(馬)를 세운 것은 각각 최초 산가지를 내려둔 곳 앞에 둔다. 투호와 활
쏘는 예법에 있어서는 세 번씩 교대로 하게 되면 그치고, 매 차례 승리
를 하게 되면 1개의 마(馬)를 세운다. 가령 빈객의 무리가 세 차례 활을
쏘았는데 모두 승리를 했다면 3개의 마(馬)를 세우고, 또는 두 차례만
승리했다면 2개의 마(馬)만 세우고, 주인의 무리들은 단지 한 차례만 승
리하여 1개의 마(馬)를 세울 수 있는데, 이처럼 된다면 주인의 무리가

세운 1개의 마(馬)를 가져다가 빈객이 세운 2개의 마(馬)에 보태니, 승리한 자가 즐거워하도록 돕기 위해서이다. '이경(以慶)'은 이로써 마(馬)를 많이 세운 자를 축하한다는 뜻이다. 올바른 예법에 따라 축하주를 마신 뒤라면, 사사는 곧 마(馬) 치우기를 청하니, 투호의 의례가 끝났기 때문이다. 투호의 의례가 끝나면 무산작(無筭爵)을 시행한다.

鄭氏曰: 飮慶爵者, 偶親酌, 不使弟子無豊.

정현이 말하길, 축하주를 마시게끔 할 때에는 승리한 자의 짝이 직접 술을 따르는 것이며, 제자를 시키지 않고 풍(豊)도 설치하지 않는다.

疏曰: 請立馬者, 是司射請辭. 馬各直其筭, 一馬從二馬以慶, 是禮家陳事之言. 慶禮曰: 三馬旣備, 請慶多馬者, 此還是司射請辭.

소에서 말하길, "마(馬)를 세우고자 청합니다."라고 했는데, 이것은 사사(司射)가 청할 때 쓰는 말이다. "마(馬)는 각각 그 산가지에 해당하며, 1개의 마(馬)는 2개의 마(馬)를 따라서 이로써 축하한다."라고 했는데, 이것은 예학자들이 그 사안에 대해 진술한 말에 해당한다. 축하하는 예법에서는 "3개의 마(馬)가 이미 갖춰졌으니, 많은 마(馬)를 세운 자에게 축하주 권하기를 청합니다."라고 했는데, 이것은 다시 사사가 청할 때 쓰는 말이다.

經文

筭多少, 視其坐. 筭, 室中五扶[膚], 堂上七扶, 庭中九扶. 筭長[去聲]尺二寸. 壺頸脩七寸, 腹脩五寸, 口徑二寸半, 容斗五升. 壺中實小豆焉, 爲其矢之躍而出也. 壺去席二矢半. 矢以柘若棘, 毋去[上聲]其皮.〈011〉

산가지의 수량은 자리에 앉아 있는 사람의 수에 견주어 준비한다. 화살

의 경우 방안에서 투호를 한다면 5부의['扶'자의 음은 '膚(부)'이다.] 길이로
하고, 당상에서 한다면 7부의 길이로 하며, 마당에서 한다면 9부의 길
이로 한다. 산가지의 길이는['長'자는 거성으로 읽는다.] 1척 2촌이다. 병의
목 부분 길이는 7촌이고, 배 부분 길이는 5촌이며, 입구의 지름은 2.5촌
이고, 용적은 1두 5승이다. 병 안에는 작은 콩을 채우니, 화살을 던졌을
때 튀어 올라 밖으로 나오기 때문이다. 병은 자리와 화살이 2.5개 들어
갈 정도로 벌린다. 화살은 산뽕나무나 가시나무로 만들며 껍질은 제거
하지['去'자는 상성으로 읽는다.] 않는다.

集說

籌之多少, 視坐上人之數每人四矢, 亦四籌也. 籌, 矢也. 扶, 與膚
同. 室中五扶以下三句, 說見上章.

산가지의 수량은 앉는 자리의 인원수에 견주니, 매 사람마다 4대의 화
살을 사용하므로 또한 4개의 산가지를 둔다. '주(籌)'자는 화살을 뜻한
다. '부(扶)'자는 부(膚)[1]와 같다. "방안에서는 5부로 한다."라고 한 구문
으로부터 뒤의 세 구문에 대해서는 그 설명이 앞에 나온다.

呂氏曰: 棘柘之心實, 其材堅且重也. 毋去其皮, 質而已矣.

여씨가 말하길, 가시나무와 산뽕나무는 목심이 채워져 있어서 그 재질
이 견고하고 무겁다. 껍질을 벗기지 않는 것은 예법이 질박하기 때문이
다.

---

1) 부(膚)는 부(扶)와 같다. 고대에 길이를 재는 단위이다. 4개의 손가락 나란히 한
   길이를 뜻한다.

經文

魯令弟子辭曰: "毋憮[呼], 毋教[傲], 毋偝立, 毋踰言. 偝立·踰言有常爵." 薛令弟子辭曰: "毋憮, 毋教, 毋偝立, 毋踰言. 若是者浮." 司射·庭長及冠[去聲]士立者, 皆屬賓黨. 樂人及使[如字]者·童子, 皆屬主黨.〈012〉

노나라에는 투호에 참가한 무리들 중 나이가 어린 제자들에 대해서 주의를 주는 말이 있으니, "업신여기지['憮'자의 음은 '呼(호)'이다.] 말아야 하고, 오만하게['敖'자의 음은 '傲(오)'이다.] 굴지 말아야 하며, 등지고 서 있지 말아야 하고, 잡담을 하지 말아야 한다. 등지고 서 있거나 잡담을 하게 되면 일상적인 경우에 따라 벌주를 받게 될 것이다."라고 했다. 또 설나라에는 투호에 참가한 무리들 중 나이가 어린 제자들에 대해서 주의를 주는 말이 있으니, "업신여기지 말아야 하고, 오만하게 굴지 말아야 하며, 등지고 서 있지 말아야 하고, 잡담을 하지 말아야 한다. 이처럼 하게 되면 벌주를 받게 될 것이다."라고 했다. 투호를 할 때 사사·정장 및 관사들['冠'자는 거성으로 읽는다.] 중 서 있는 자들은 모두 빈객 무리에 속하게 된다. 악인·사자['使'자는 글자대로 읽는다.]·동자는 모두 주인 무리에 속하게 된다.

集說

石梁王氏曰: "司射至主黨二十四字, 與上文薛令弟子若是者浮相屬", 今從之.

석량왕씨는 "'사사(司射)'라는 말로부터 '주당(主黨)'까지의 24글자는 '설령제자(薛令弟子)'로부터 '약시자부(若是者浮)'라고 한 기록 뒤에 연결되어야 한다."라고 했는데, 이곳에서는 그 주장에 따른다.[2]

---

2) 『십삼경주소(十三經注疏)』 북경대 출판본에서는 경문을 "魯令弟子辭曰: '毋憮,

弟子, 賓黨主黨之年穉者, 投壺時立於堂下, 以其或相褻狎, 故戒令
之. 魯薛之辭, 意同而文小異, 故記者竝列之. 憮, 亦敖也. 偝立, 不
正所向也. 踰言, 遠談他事也. 有常爵, 謂有常例罰爵也.

'제자(弟子)'는 빈객 무리와 주인 무리들 중 나이가 어린 자를 뜻하니,
투호를 할 때 당하에 서 있게 되는데, 간혹 서로 너무 무례하게 굴게
되므로 경계를 시킨 것이다. 노나라와 설나라에서 경계시키는 말은 의
미는 같지만 문장에 있어서는 작은 차이가 있다. 그렇기 때문에『예기』
를 기록한 자가 함께 나열해둔 것이다. '호(憮)'자 또한 오만하다는 뜻이
다. "등지고 서 있다."라는 말은 향한 곳이 바른 방향이 아니라는 뜻이
다. '유언(踰言)'은 멀리 떨어져서 다른 이에 대해 잡담을 한다는 뜻이
다. "상작(常爵)이 있다."는 말은 일상적인 경우에 따라 벌주를 받게 된
다는 뜻이다.

疏曰: 浮, 亦罰也. 一說, 謂罰爵之盈滿而浮泛也. 庭長, 卽司正也.
冠士, 外人來觀投壺成人加冠之士也. 樂人, 國子之能爲樂者, 非作
樂之瞽人也. 使者, 主人所使薦羞者也.

소에서 말하길, '부(浮)'자는 또한 벌주를 뜻한다. 일설에서는 벌주를 가
득 채워서 넘치도록 한다는 뜻이라고도 한다. '정장(庭長)'은 사정(司
正)[3]을 뜻한다. '관사(冠士)'는 외지에서 찾아와 투호를 살펴보는 자이
거나 관례를 치른 사 계층을 뜻한다. '악인(樂人)'은 국자(國子)들 중 음

毋敖, 毋偝立, 毋踰言. 偝立·踰言有常爵.' 薛令弟子辭曰: '毋憮, 毋敖, 毋偝
立, 毋踰言. 若是者浮.' 鼓: ○○○○□□○□○○○. 半, ○□○□○○○□□
○○○. 魯鼓, ○○○○○□□○○○○□○○○○○□○半, ○□○○○
□○. 薛鼓, 取半以下爲投壺禮, 盡用之爲射禮. 司射·庭長及冠士立者皆屬
賓黨, 樂人及使者·童子皆屬主黨. 魯鼓: ○○○○□□○○. 半, ○○○○
○○○○○□○. 薛鼓: ○○○○○○○○○○□○○○.
半, ○○○□○○○○□○."이라고 기록했다.

3) 사정(司正)은 향음주례(鄕飮酒禮)나 빈객(賓客)들을 대접하는 연회를 시행할
때, 의례절차 등을 총감독하는 사람이다.

악을 잘하는 자들이니, 음악을 연주하는 맹인 악사를 뜻하지 않는다. '사자(使者)'는 주인이 명령을 내려 음식을 바치도록 한 자이다.

淺見

近按: 舊註踰言遠談他事也. 愚謂毋得踰越尊長及司射以先議勝負也.

내가 살펴보니, 옛 주에서는 '유언(踰言)'에 대해 멀리서 다른 사안에 대해 잡담을 한다는 뜻이라고 했다. 내가 생각하기에 존장자나 사사를 뛰어넘어 먼저 승부에 대해 의론하지 말라는 뜻인 것 같다.

經文

鼓, ○□○○□□○□○○□. 半, ○□○□○○○□□○□○. 魯
鼓, ○□○○○□□□○○○□□○○□□○. 半, ○□○○○□
□○. 薛鼓. 取半以下爲投壺禮, 盡用之爲射禮. 魯鼓, ○□○○○□
□○○. 半, ○□○○□○○○○□○□○. 薛鼓, ○□○○○○□○
□○□○○○□○□○○□○. 半, ○□○□○○○○□○.〈013〉

북은 ○□○○□□○□○○□으로 친다. 반절은 ○□○□○○○□□
□○으로 친다. 노나라의 북은 ○□○○○□□□○○○□□○○○
□○으로 친다. 반절은 ○□○○○□□○으로 친다. 설나라의 북도 이
처럼 친다. 반절 이하의 것을 취하여 투호의 의례를 시행할 때 절도를
맞추고, 온전히 치는 것으로는 활쏘기의 절도를 맞춘다. 노나라의 북은
○□○○□□○○으로 친다. 반절은 ○□○○□○○○○□○□○으로
친다. 설나라의 북은 ○□○○○○□○□○□○○○□○□○○□○으
로 친다. 반절은 ○□○□○○○○□○으로 친다.

集說

鄭氏曰: 圓者擊鼙, 方者擊鼓.

정현이 말하길, ○은 비(鼙)를 두들기는 것이고, □은 북을 두들기는 것
이다.

疏曰: 記者因魯薛擊鼓之異, 圖而記之. 但年代久遠, 無以知其得失.
用半鼓節爲投壺用, 全鼓節爲射禮.

소에서 말하길, 『예기』를 기록한 자는 노나라와 설나라에서 북을 치는
방법에 차이가 있어서, 이것을 도식화해서 기록한 것이다. 다만 연대가
이미 오래되어서 옳고 그름에 대해서는 알 수 없다. 반절의 북 마디를
사용하여 투호를 시행하고 전체의 북 마디를 사용하여 사례를 시행한다.

「유행(儒行)」

淺見

近按: 此篇之言率多浮夸而不切, 皆是後人之所托.

내가 살펴보니, 이 편의 말들은 대체로 허황되고 절실하지 않은 것들이 많으니, 이 모두는 후인들이 가탁해서 기록한 것이다.

「유행」편 문장 순서 비교

『예기집설』	『예기천견록』	
	구분	문장
001		001
002		002
003		003
004		004
005		005
006		006
007		007
008		008
009		009
010	무분류	010
011		011
012		012
013		013
014		014
015		015
016		016
017		017
018		018

무분류

魯哀公問於孔子曰: "夫子之服, 其儒服與?" 孔子對曰: "丘少居魯, 衣[去聲]逢掖之衣. 長居宋, 冠[去聲]章甫之冠. 丘聞之也, 君子之學也博, 其服也鄕, 丘不知儒服."〈001〉

노나라 애공이 공자에게 묻기를 "선생께서 착용한 복장은 유자의 복장입니까?"라고 하자, 공자는 대답을 하며 "저는 젊어서는 노나라에 살았으므로 소매가 넓은 홑옷을 착용했습니다.['衣'자는 거성으로 읽는다.] 장성해서는 송나라에 살았으므로 장보의 관을 썼습니다.['冠'자는 거성으로 읽는다.] 제가 듣기로 군자의 학문이 넓어진다 하더라도 그가 착용하는 복장은 살고 있는 마을의 것이라고 했으나 저는 유자의 복장에 대해서는 모르겠습니다."라고 했다.

鄭氏曰: 逢, 猶大也, 大掖之衣.

정현이 말하길, '봉(逢)'자는 "크다."는 뜻이니, 소매가 넓은 옷을 뜻한다.

疏曰: 謂肘掖之所寬大, 故鄭云大袂襌衣也.

소에서 말하길, 팔꿈치와 겨드랑이 부분이 넓고 큰 것을 뜻한다. 그렇기 때문에 정현은 소매가 큰 홑옷이라고 했다.

應氏曰: 儒之名始見於周官, 曰儒以道得民, 末世不充其道, 而徒於其服. 哀公覘孔子之被服儒雅, 而威儀進趨, 皆有與俗不同者, 怪而問之. 孔子不敢以儒自居也, 故言不知儒服.

응씨가 말하길, '유(儒)'라는 명칭은 처음으로 『주례』에 나오며, "유(儒)

는 도로써 백성들을 얻는다."[1]라고 했는데, 말세에는 그 도를 확충하지 못하고 단지 그 복장만 착용하는 무리들이 생겨났다. 애공은 공자가 의복을 착용한 것이 단아하고 의젓하며 위엄과 격식을 갖춰 행동하여 모든 면에서 세속과는 다른 점이 있는 것을 보고, 그것을 괴이하게 여겨 질문한 것이다. 공자는 감히 유자로 자처할 수 없었기 때문에, 유자의 복장에 대해서는 모른다고 대답했다.

郊特牲云: "章甫, 殷道也." 蓋緇布冠, 殷世則名章甫. 章, 明也. 所以表明丈夫, 故謂之章甫耳.

『예기』「교특생(郊特牲)」편에서는 "장보(章甫)를 쓰는 것은 은나라 때의 도이다."라고 했다. 치포관(緇布冠)을 은나라 때에는 '장보(章甫)'라고 불렀을 것이다. '장(章)'자는 "밝힌다."는 뜻이다. 즉 장부임을 드러내는 도구이기 때문에, '장보(章甫)'라고 부르는 것일 뿐이다.

經文

哀公曰: "敢問儒行." 孔子對曰: "遽數之, 不能終其物. 悉數之, 乃留, 更僕未可終也." 哀公命席, 孔子侍曰: "儒有席上之珍以待聘, 夙夜强[上聲]學以待問, 懷忠信以待擧, 力行以待取. 其自立有如此者."〈002〉

애공이 말하길 "감히 유자의 행실에 대해서 묻겠습니다."라고 하자, 공자는 대답하길 "급작스럽게 몇 가지만 열거한다면 그 내용을 모두 설명할 수 없습니다. 그렇다고 모두 열거를 하자면 오래 머물러 계셔야 하

---

1) 『주례』「천관(天官)·대재(大宰)」: 以九兩繫邦國之名: 一曰牧, 以地得民; 二曰長, 以貴得民; 三曰師, 以賢得民; 四曰儒, 以道得民; 五曰宗, 以族得民; 六曰主, 以利得民; 七曰吏, 以治得民; 八曰友, 以任得民; 九曰藪, 以富得民.

니, 부관을 교대시키더라도 끝마칠 수 없을 정도입니다."라고 했다. 애공은 자리를 깔도록 명령하여 공자를 앉도록 하니, 공자는 애공을 모시며 말하길, "유자에게는 자리 위에 보배가 있으면 보배를 사줄 자가 찾아오기를 기다리고, 밤낮으로 학문에 힘써['强'자는 상성으로 읽는다.] 자문해오길 기다리며, 충심과 신의를 품어서 천거되기를 기다리고, 힘써 실천하여 선택되기를 기다림이 있습니다. 유자는 스스로 확립함에 이와 같은 점이 있는 자들입니다."라고 했다.

集說

卒遽而數之, 則不能終言其事; 詳悉數之, 非久留不可. 僕, 臣之擯相者. 久則疲倦, 雖更代其僕, 亦未可得盡言之也. 公於是命設席, 使孔子坐侍而言之.

갑작스럽게 열거한다면 그 사안에 대해서 끝까지 말할 수 없고, 자세히 열거하자면 오랜 시간 머물러 있지 않으면 설명할 수 없다는 뜻이다. '복(僕)'자는 신하 중 의례의 진행을 돕는 자들을 뜻한다. 오랜 시간이 경과하면 피로하게 되니, 비록 부관들을 교대시키더라도 또한 다 말할 수 없다는 뜻이다. 애공은 이에 명령하여 자리를 설치하도록 하고, 공자로 하여금 자리에 앉아 자신을 모시며 설명하도록 했다.

呂氏曰: "席上之珍, 自貴而待價者也. 儒者講學於閒燕, 從容乎席上, 而知所以自貴以待天下之用. 强學以待問, 懷忠信以待擧, 力行以待取, 皆我自立而有待也. 德之可貴者人必禮之, 學之博者人必問之, 忠信可任者人必擧之, 力行可使者人必取之. 故君子之用於天下, 有所待而不求焉.

여씨가 말하길, 자리 위의 보배는 그 자체로 귀하지만 사줄 자를 기다리는 것이다. 유자는 한가롭게 머물 때에는 강학을 하며, 자리 위에서는 침착하게 행동하니, 스스로를 존귀하게 여겨서 천하에 사용될 때를 기다릴 줄 알았던 것이다. 힘써 학문을 하여 자문을 기다리고, 충심과 신의를 품어서 천거되길 기다리며, 힘써 실천하여 선택되기를 기다리는 것들은 모두 스스로 확립하고서 기다리는 것이다. 존귀하게 여길만한 덕을 갖춘 자에 대해서는 사람들이 반드시 그를 예우하게 되고, 널리 배운 자에 대해서는 사람들이 반드시 그에게 자문하게 되고, 임무를 맡길 정도의 충심과 신의를 갖춘 자에 대해서는 사람들이 반드시 그를 천거하게 되며, 심부름을 시킬 정도로 힘써 실천한 자에 대해서는 사람들이 반드시 그를 쓰게 된다. 그렇기 때문에 군자는 천하에 사용됨에 있어서 기다림은 있어도 직접적으로 찾아 나서지는 않는다.

經文

"儒有衣冠中, 動作愼. 其大讓如慢, 小讓如僞, 大則如威, 小則如愧. 其難進而易退也, 粥粥[燭]若無能也. 其容貌有如此者."〈003〉

공자가 계속하여 말하길, "유자는 의관을 바르게 하고 행동을 신중히 함이 있습니다. 그래서 크게 사양할 때에는 남들이 보기에 마치 거만한 것처럼 보이지만 실제로는 여유롭기 때문이고, 작게 사양할 때에는 남들이 보기에 거짓된 것처럼 보이지만 실제로는 다급하지 않기 때문이며, 크게 나타나는 것에 있어서는 남들이 범할 수 없는 위엄이 있는 것처럼 보이고, 작게 나타나는 것에 있어서는 감히 어찌할 수 없어 부끄러워하는 것처럼 보입니다. 유자는 나아갈 때 신중을 기하여 어렵게 하고, 물러날 때에는 곧바로 하니 쉽게 하며, 유약하여['粥'자의 음은 '燭(촉)'이다.] 남들이 보기에는 마치 무능한 것처럼 보입니다. 유자는 행동거지에 이와 같은 점이 있는 자들입니다."라고 했다.

中, 猶正也. 論語曰: "君子正其衣冠."

'중(中)'자는 "바르다[正]."는 뜻이다. 『논어』에서는 "군자는 의관을 바르
게 한다."[2]라고 했다.

方氏曰: 衣冠中者, 言衣之在身, 冠之在首, 皆中於禮也. 動作愼者,
言心之所動, 事之所作, 皆愼其德也. 大讓, 所以自抗, 故如慢而不
敬; 小讓, 所以致曲, 故如僞而不誠. 方其容貌之大也, 則有所不可
犯, 故如威. 及其容貌之小也, 則有所不敢爲, 故如愧. 三揖而後進,
故曰難進. 一辭而遂退, 故曰易退. 粥粥者, 柔弱之狀, 故若無能也.
是皆禮之所脩, 道之所與也.

방씨가 말하길, "의관이 중(中)하다."는 말은 의복은 몸에 착용하고 관은
머리에 쓰는데, 둘 모두 예법에 맞다는 뜻이다. "동작이 신(愼)하다."는
말은 마음이 움직인 것과 사안으로 나타난 것들이 모두 그 덕을 신중히
나타냈다는 뜻이다. 크게 사양함은 스스로를 높이는 것이기 때문에 마
치 거만하여 공경하지 않는 것처럼 보이며, 작게 사양함은 세세한 것까
지 다하는 것이기 때문에 마치 거짓되어 진실되지 않은 것처럼 보인다.
그 용모의 큰 것을 본받게 된다면, 남이 범할 수 없는 점이 생긴다. 그
렇기 때문에 위엄이 있는 것처럼 보인다. 용모의 작은 것에 있어서는
감히 할 수 없는 점이 생기기 때문에 마치 부끄러워하는 것처럼 보인다.
세 차례 읍을 한 이후에 나아가기 때문에 "나아가기를 어렵게 한다."라
고 했다. 한 차례 사양을 하고 곧바로 물러나기 때문에 "물러나길 쉽게

---

2) 『논어』「요왈(堯曰)」: 子張問於孔子曰, "何如斯可以從政矣?" 子曰, "尊五美,
屛四惡, 斯可以從政矣." 子張曰, "何謂五美?" 子曰, "君子惠而不費, 勞而不怨,
欲而不貪, 泰而不驕, 威而不猛." 子張曰, "何謂惠而不費?" 子曰, "因民之所利
而利之, 斯不亦惠而不費乎? 擇可勞而勞之, 又誰怨? 欲仁而得仁, 又焉貪? 君
子無衆寡, 無小大, 無敢慢, 斯不亦泰而不驕乎? 君子正其衣冠, 尊其瞻視, 儼
然人望而畏之, 斯不亦威而不猛乎?"

한다."라고 했다. '죽죽(粥粥)'은 유약한 모습을 뜻한다. 그렇기 때문에
마치 무능한 것처럼 보인다. 이것들은 모두 예법에 따라 수양하고 도가
부여된 것이다.

經文

"儒有居處齊[齋]難[去聲]. 其坐起恭敬, 言必先信, 行[去聲]必中
正, 道塗不爭險易之利, 冬夏不爭陰陽之和. 愛其死以有待也,
養其身以有爲也. 其備豫有如此者."〈004〉

공자가 계속하여 말하길, "유자는 거처함에 가지런함과['齊'자의 음은 '齋
(재)'이다.] 장엄함이['難'자는 거성으로 읽는다.] 있습니다. 앉거나 일어남에
는 공경스럽고, 말을 할 때에는 반드시 신의가 앞서며, 행동을['行'자는
거성으로 읽는다.] 할 때에는 반드시 올바름에 맞고, 도로에서는 험하거나
평이한 이로움을 다투지 않으며, 겨울과 여름에는 따뜻하거나 시원한
곳을 다투지 않습니다. 자신의 생명을 소중히 여겨서 등용되기를 기다
림이 있고, 자신을 잘 길러서 앞으로 시행할 것들을 갖춥니다. 유자는
미리 대비함에 이와 같은 점이 있는 자들입니다."라고 했다.

集說

鄭氏曰: 齊難, 齊莊可畏難也.

정현이 말하길, '재난(齊難)'은 가지런하고 장엄하여 두려워하고 어려워
할만 하다는 뜻이다.

呂氏曰: 事豫則立, 不豫則廢, 儒者之學皆豫也. 擬之而後言, 議之而
後動. 故學有豫則義精, 義精則用不匱. 若其始也, 不敬則身不立, 不
立則道不充. 仲弓問仁, 子曰: "出門如見大賓, 使民如承大祭; 己所

不欲, 勿施於人." 居處齊難, 坐起恭敬, 言必先信, 行必中正. 所謂如
見大賓, 如承大祭, 敬也. 道塗不爭險易之利, 冬夏不爭陰陽之和, 所
謂己所不欲, 勿施於人, 恕也. 惟敬與恕, 則忿懲欲窒, 身立德充, 可
以當天下之變而不避, 任天下之重而不辭, 備豫之至有如此者也.

여씨가 말하길, 일은 미리 대비하면 성립되지만 미리 대비하지 못하면
실패하니,3) 유자의 학문은 모두 미리 대비하는 것에 해당한다. 견준 뒤
에 말하고 의논한 뒤에 행동하기 때문에4) 학문에 미리 대비함이 있다면
뜻이 정밀해지고, 뜻이 정밀해지면 사용함에 다함이 없게 된다. 만약 시
작함에 있어서 공경스럽지 못하다면 자신이 확립되지 못하고, 자신이
확립되지 못한다면 도가 확충되지 못한다. 중궁이 인(仁)에 대해서 묻
자, 공자는 "대문을 나서게 되면 큰 빈객을 뵌 것처럼 행동하고, 백성들
을 부릴 때에는 큰 제사를 받드는 것처럼 해야 하며, 자신이 하고 싶지
않은 것을 남에게 시행해서는 안 된다."라고 했다.5) 거처를 가지런히 하
여 남들이 어렵게 여길만하게 하며, 앉거나 일어날 때 공경스럽고, 말을
할 때 반드시 신의가 앞서며, 행동을 할 때 반드시 올바름에 합당하다는
것은 이른바 큰 빈객을 뵙는 것처럼 하고 큰 제사를 받드는 것처럼 한다
는 뜻으로 공경함에 해당한다. 도로를 갈 때 험하거나 평이하다는 이로
움을 다투지 않고, 겨울과 여름에는 음양이 조화로운 곳을 다투지 않는
다는 것은 이른바 자신이 하고 싶지 않은 것을 남에게 시행하지 않는다
는 뜻으로 서에 해당한다. 경과 서를 갖춘다면, 분노가 그치고 욕심이
막히며 자신이 확립되고 덕이 확충되어, 천하의 온갖 변화에 대해서도
피하지 않고 천하의 중책을 맡더라도 사양하지 않을 수 있으니, 미리 대
비함을 지극히 함에 이와 같은 점이 있는 자이다.

---

3) 『중용』 「20장」: 凡事豫則立, 不豫則廢. 言前定則不跲, 事前定則不困, 行前定
則不疚, 道前定則不窮.

4) 『역』 「계사상(繫辭上)」: 擬之而後言, 議之而後動, 擬議以成其變化.

5) 『논어』 「안연(顔淵)」: 仲弓問仁. 子曰, "出門如見大賓, 使民如承大祭. 己所不
欲, 勿施於人. 在邦無怨, 在家無怨." 仲弓曰, "雍雖不敏, 請事斯語矣."

劉氏曰: 不爭, 非特恕也, 亦以愛死養身以有待有爲. 不爭小者近者, 以害大者遠者也.

유씨가 말하길, 다투지 않는다는 말은 단지 서(恕)에만 해당하는 것이 아니며, 이를 통해 생명을 소중히 여기고 자신을 잘 길러서 기다림과 시행함을 갖추는 것이다. 즉 작고 가까이 있는 것을 다투어 크고 멀리 있는 것을 해치지 않는 자이다.

"儒有不寶金玉, 而忠信以爲寶; 不祈土地, 立義以爲土地; 不祈多積[玆四反], 多文以爲富. 難得而易祿也, 易祿而難畜[許六反]也. 非時不見[現], 不亦難得乎? 非義不合, 不亦難畜乎? 先勞而後祿, 不亦易祿乎? 其近人有如此者."〈005〉

공자가 계속하여 말하길, "유자는 금이나 옥을 보배로 여기지 않고 충심과 신의를 갖춰서 이것을 보배로 여기며, 토지를 받고자 기원하지 않고 의를 확립하여 이것을 토지로 삼으며, 많이 축적하기를['積'자는 '玆(자)'자와 '四(사)'자의 반절음이다.] 기원하지 않고 많은 문채를 갖추는 것을 부유함으로 여깁니다. 얻는 것을 어렵게 여겨서 녹봉을 쉽게 받으며, 녹봉을 쉽게 받지만 축적하기를['畜'자는 '許(허)'자와 '六(륙)'자의 반절음이다.] 어렵게 여깁니다. 때가 아니면 나타나지['見'자의 음은 '現(현)'이다.] 않으니, 또한 얻기가 어렵지 않겠습니까? 의롭지 않다면 합하지 않으니, 또한 축적하기 어렵지 않겠습니까? 먼저 수고롭게 일한 뒤에야 녹봉을 받으니, 또한 녹봉을 쉽게 받지 않겠습니까? 유자는 사람과 가까이 함에 이와 같은 점이 있는 자들입니다."라고 했다.

呂氏曰: 儒者之於天下, 所以自爲者德而已, 所以應世者義而已. 趙
孟之所貴, 趙孟能賤之; 我之所可貴, 人不得而奪也. 此金玉土地多
積, 不如信義多文之貴也. 難得難畜, 主於義而所以自貴也. 雖曰自
貴, 時而行, 義而合, 勞而食, 未始遠於人而自異也.

여씨가 말하길, 유자는 천하에 대해 스스로 행위하는 것은 덕에 따른 것
일 뿐이며, 세상에 호응하는 것은 의에 따른 것일 뿐이다. 조맹이 귀하
게 해준 것은 또한 조맹이 천하게도 할 수 있지만,6) 내가 귀하게 여기는
것을 남은 빼앗을 수 없다. 이것은 금・옥・토지나 많이 축적하는 것은
신의・의로움이나 많은 문채를 갖추는 것의 존귀함만 못하다는 뜻이다.
얻기를 어렵게 여기고 축적하기를 어렵게 여기는 것은 의로움을 위주로
하여 스스로를 존귀하게 하는 것이다. 비록 스스로 존귀하게 여긴다고
하지만, 때를 기다려서 시행하고 의로움에 맞아야 화합하며 수고롭게
일한 뒤에 식록을 받으니, 애초부터 사람과 동떨어져서 스스로 차이를
두지 않았던 것이다.

"儒有委之以貨財, 淹之以樂[五敎反]好, 見利不虧其義, 劫之以
衆, 沮之以兵, 見死不更其守. 鷙蟲攫搏不程勇者, 引重鼎不
程其力, 往者不悔, 來者不豫. 過言不再, 流言不極. 不斷[短]其
威, 不習其謀. 其特立有如此者."(006)

공자가 계속하여 말하길, "유자는 재화를 맡기고 좋아하는['樂'자는 '五
(오)'자와 '敎(교)'자의 반절음이다.] 것으로 그를 빠져들게 하더라도, 이로움

---

6) 『맹자』「고자상(告子上)」: 人之所貴者, 非良貴也. 趙孟之所貴, 趙孟能賤之.

을 보더라도 의로움을 훼손시키지 않고, 많은 무리로 겁을 주고 병사로 겁박을 주더라도, 죽음이 다가오더라도 지키는 것을 바꾸지 않습니다. 사나운 맹수가 공격을 한다고 하더라도 용맹한 정도를 헤아리지 않고, 무거운 솥을 끌더라도 힘을 헤아리지 않으니, 가는 것에 대해서는 후회하지 않고 올 것에 대해서는 미리 짐작하지 않습니다. 잘못된 말은 반복하지 않고 떠도는 소문에 대해서는 끝까지 추궁하지 않습니다. 그 위엄스러운 태도는 끊을['斷'자의 음은 '短(단)'이다.] 수가 없고, 그가 모의한 것은 연습하지 않아도 됩니다. 유자는 우뚝 섬에 이와 같은 점이 있는 자들입니다."라고 했다.

集說

過言, 出於己之失, 知過則改, 故不再. 流言, 出於人之毀, 禮義不譽, 故不極. 極, 猶終也, 言不終爲所毀也. 不斷其威者, 言其威容不可得而挫折也. 不習其謀者, 言其謀必可成, 不待嘗試而後見於用也.

잘못된 말은 자신의 과실에서 나온 것이어서, 잘못을 안다면 고치기 때문에 반복하지 않는다. 떠도는 말은 남의 비방에서 나온 것이지만 예의에는 허물이 되지 않기 때문에 추궁하지 않는다. '극(極)'자는 "끝까지 다하다."는 뜻이니, 헐뜯는 것에 대해 끝까지 추궁하지 않는다는 의미이다. "그 위엄을 끊지 못한다."는 말은 위엄을 갖춘 행동거지를 좌절시킬 수 없다는 뜻이다. "그 모의한 것은 연습하지 않는다."는 말은 그가 모의한 것은 반드시 완성되므로, 시험을 한 뒤에야 활용함에 그 성과가 드러날 때까지 기다리지 않는다는 뜻이다.

鄭氏曰: 淹, 謂浸漬之. 劫, 脅也. 沮, 恐怖之也. 鷙蟲, 猛鳥獸也.

정현이 말하길, '엄(淹)'자는 침잠하여 젖어든다는 뜻이다. '겁(劫)'자는 "위협하다."는 뜻이다. '저(沮)'자는 두렵게 한다는 뜻이다. '지충(鷙蟲)'은 사나운 조류와 짐승을 뜻한다.

方氏曰: 鷙猛之蟲, 當攫搏之, 不程量其勇而後往, 此況儒者勇足以犯難而無顧也. 引重鼎不程其力, 又以況儒者材足以任事而有所勝也. 往者不悔, 非有所吝而不改也, 爲其動則當理而未嘗至於悔. 來者不豫, 非有所忽而不防也. 爲其機足以應變而不必豫耳. 過言則失其正, 流言則失其原, 過言不免乎出, 然一之爲甚也, 矧可再而二乎? 流言不免乎聞, 必止之以智也, 詎可極而窮乎?

방씨가 말하길, 사납고 난폭한 짐승이 공격하게 되는데도 자신의 용맹함을 헤아린 뒤에야 가지 않는데, 하물며 유자의 재목이 그 임무를 맡기에 충분하여 돌아봄이 없는 경우에는 어떻겠는가. 무거운 솥을 끌 때에도 자신의 힘을 헤아리지 않는데, 또한 하물며 유자의 재목이 그 임무를 맡기에 충분하여 충분히 해낼 수 있는 경우에는 어떻겠는가. 가는 것을 후회하지 않는 것은 인색한 점에 대해서 고치지 않는 것이 없기 때문이니, 행동을 하게 되면 도리에 합당하게 해서 일찍이 후회하는 지경에 이른 적이 없다. 오는 것을 미리 예상하지 않는 것은 소홀한 점에 대해 방비하지 않은 것이 없기 때문이니, 그 재치가 변화에 호응하기에 충분하여 미리 대비할 필요가 없을 따름이다. 잘못된 말은 바름을 잃어버린 것이고, 떠도는 말은 본래의 의미를 잃은 것인데, 잘못된 말은 내뱉지 않을 수 없지만 한 번이면 족하다고 여기니, 하물며 재차 반복하겠는가? 떠도는 말은 듣지 않을 수 없지만 반드시 지혜로움을 발휘하여 그치게 하니, 어찌 끝까지 추궁하여 따질 수 있겠는가?

淺見

近按: 鷙蟲攫搏不程勇者, 暴虎之尤也. 引重鼎不程力者, 負且乘之甚者也. 往者不悔, 非見其過而內自訟之意也, 來者不豫, 非凡事豫則立之意, 皆非孔子之言也.

내가 살펴보니, 사나운 맹수가 공격을 하더라도 용맹의 정도를 헤아리지 않는 것은 맨손으로 호랑이를 때려잡는 것보다 심한 것이다. 무거운 솥을 끌더라도 힘을 헤아리지 않는 것은 재주에 걸맞지 않게 높은 지위에 있는 것보다 심한 것이다. 가는 것에 대해 후회하지 않는 것은 과실을 보고서 속으로 자책한다는 뜻이 아니며, 올 것에 대해 미리 짐작하지 않는 것은 모든 일을 미리 정하면 성립된다는 뜻이 아니니, 이 모두는 공자의 말이 아니다.

經文

“儒有可親而不可劫也, 可近而不可迫也, 可殺而不可辱也. 其居處不淫, 其飲食不溽, 其過失可微辨而不可面數也. 其剛毅有如此者.”〈007〉

공자가 계속하여 말하길, “유자는 친하게 대하는 것은 괜찮지만 위협해서는 안 되고, 가까이 하는 것은 괜찮지만 다그쳐서는 안 되며, 죽이는 것은 괜찮지만 욕보이게 해서는 안 되는 점이 있습니다. 그의 거처는 사치를 부리지 않고 음식에 있어서도 맛좋은 것만 추구하지 않으며, 잘못을 저질렀을 때에는 은미하게 따지는 것은 괜찮지만 면전에서 하나하나 따져서는 안 됩니다. 유자는 강직하여 굴하지 않음에 이와 같은 점이 있는 자들입니다.”라고 했다.

集說

呂氏曰: 儒者之立, 立於義理而已. 剛毅而不可奪, 以義理存焉. 以義交者, 雖疏遠必親. 非義加之, 雖强禦不畏. 故有可親可近可殺之理, 而不可劫迫辱也. 淫, 侈溢也. 溽, 濃厚也. 侈其居處, 厚其飲食, 欲勝之也, 欲勝則義不得立; 不淫不溽, 所以立義也. 其過失可微辨而不可面數, 此一句尙氣好勝之言, 於義理未合. 所貴於儒者, 以見義必爲, 聞過而改者也, 何謂可微辨不可面數? 待人可矣, 自待則不可也. 子路聞過則喜, 孔子幸人之知過, 成湯改過不吝. 推是心也,苟有過失, 雖怨詈且將受之, 況面數乎?

여씨가 말하길, 유자가 스스로를 확립함에는 의리에서 확립할 따름이다. 강직하여 굴하지 않아서 빼앗을 수 없으니, 의리를 보존하고 있기 때문이다. 의(義)로써 사귀는 경우 비록 소원한 관계라도 반드시 친하게 된다. 의(義)가 아닌 것으로 상대에게 시행하면 비록 억지로 강요하더라도 외경하지 않는다. 그렇기 때문에 친근히 할 수 있고 가까이 할 수 있으며 죽일 수 있는 이치는 있지만, 위협하거나 다그치거나 욕보일 수는 없다. '음(淫)'자는 사치를 부리고 과도하게 한다는 뜻이다. '욕(溽)'자는 짙고 진하게 한다는 뜻이다. 거처에 대해 사치를 부리고 음식을 맛좋은 것으로만 하는 것은 욕심이 이기는 것이니, 욕심이 이기게 된다면 의(義)가 확립될 수 없다. 따라서 사치를 부리지 않고 음식을 맛좋은 것으로만 하지 않는 것은 의(義)를 확립하는 방법이다. 과실에 대해서는 은미하게 변별할 수 있지만 면전에서 하나하나 따질 수는 없는데, 이 구문은 혈기를 높이고 이기는 것만 좋아하는 말은 의리에 합치되지 않는다는 뜻이다. 유자에 대해 존귀하게 여기는 것은 의(義)를 보면 반드시 시행하고 잘못을 듣게 되면 고치는 것인데, 어찌 은미하게 변별하는 것은 괜찮다고 하며 면전에서 하나하나 따질 수는 없다고 하는가? 이것은 상대를 대할 때에는 괜찮은 말이지, 스스로에게 적용하는 경우라면 불가하다. 자로는 잘못에 대해 듣게 되면 기뻐하였고,[1] 공자는 남이 자신의 잘못을 알아차리는 것을 다행으로 여겼으며,[2] 탕임금은 잘못을 고치는 데 인색하지 않았다.[3] 이러한 마음을 미루어보면, 과실이 있어서 비록

---

[1] 『논어』「공야장(公冶長)」: 子曰, "道不行, 乘桴浮于海. 從我者其由與?" 子路聞之喜. 子曰, "由也好勇過我, 無所取材."

[2] 『논어』「술이(述而)」: 陳司敗問昭公知禮乎, 孔子曰, "知禮." 孔子退, 揖巫馬期而進之, 曰, "吾聞君子不黨, 君子亦黨乎? 君取於吳爲同姓, 謂之吳孟子. 君而知禮, 孰不知禮?" 巫馬期以告. 子曰, "丘也幸, 苟有過, 人必知之."

[3] 『서』「상서(商書)·중훼지고(仲虺之誥)」: 惟王不邇聲色, 不殖貨利. 德懋懋官, 功懋懋賞, 用人惟己, 改過不吝, 克寬克仁, 彰信兆民.

책망을 하더라도 받아들이는데, 하물며 면전에서 하나하나 따지는 경우라면 어떻겠는가?

"儒有忠信以爲甲胄, 禮義以爲干櫓, 戴仁而行, 抱義而處. 雖有暴政, 不更其所. 其自立有如此者."〈008〉

공자가 계속하여 말하길, "유자는 충심과 신의를 지켜서 이를 갑옷과 투구로 삼고, 예와 의를 따라서 이를 방패로 삼으며, 인을 얹어 행동하고 의를 품어 처신합니다. 비록 폭정이 가해지더라도 지키는 것을 바꾸지 않습니다. 유자는 스스로 확립함에 이와 같은 점이 있는 자들입니다."라고 했다.

集說

鄭氏曰: 甲, 鎧; 胄, 兜鍪也. 干櫓, 小楯大楯也.

정현이 말하길, '갑(甲)'자는 갑옷을 뜻하며, '주(胄)'자는 투구를 뜻한다. '간로(干櫓)'는 작은 방패와 큰 방패를 뜻한다.

呂氏曰: 忠信則不欺, 不欺者, 人亦莫之欺也. 禮者敬人, 敬人者, 人亦莫之侮也. 忠信禮義, 所以禦人之欺侮, 猶甲胄干櫓可以捍患也. 行則尊仁, 居則守義, 所以自信者篤, 雖暴政加之, 有所不變也. 自立之至者也. 首章言自立, 論其所信所守, 足以更天下之變而不易. 二者皆自立也, 有本末先後之差焉.

여씨가 말하길, 충심과 신의를 갖췄다면 속이지 않고, 속이지 않는 자에 대해서는 남들 또한 그를 속이지 않는다. 예(禮)는 남을 공경하는 것이니, 남을 공경하는 자에 대해서는 남들 또한 그를 업신여기지 않는다.

충심과 신의, 예와 의는 남이 속이거나 업신여기는 것을 막는 방법이니, 마치 갑옷과 방패가 우환을 막을 수 있는 것과 같다. 행동하게 되면 인(仁)을 존숭하고 머물 때에는 의(義)를 지키는 것은 스스로 신의를 지키는 것이 독실한 것으로, 비록 폭정을 그에게 가하더라도 변치 않는 점이 있다. 이것은 스스로 확립함이 지극한 자에 해당한다. 첫 장에서는 스스로 확립하는 것을 말했는데, 이곳에서는 신의를 지키고 고수하는 것을 논의하여, 이로써 천하의 변화를 고치며 자신은 바꾸지 않을 수 있다고 했다. 두 가지는 모두 스스로 확립하는 것에 해당하는데, 본말과 선후의 차이가 있다.

經文

> "儒有一畝之宮, 環堵之室, 篳門圭窬[豆], 蓬戶甕牖, 易衣而出, 幷日而食. 上答之不敢以疑, 上不答不敢以諂. 其仕有如此者."〈009〉

공자가 계속하여 말하길, "유자는 1무의 담장이 있고 1도로 둘러싼 집에 가시나무나 대나무로 엮은 대문을 내고 담장을 뚫어 작은 문을['窬'자의 음은 '豆(두)'이다.] 내며, 풀을 엮은 방문과 옹기처럼 둥글게 뚫은 창문을 낸 집에 살며, 공용의 외출복을 갈아입고 출타하며, 2~3일에 하루치의 음식을 먹는 일이 있습니다. 그렇더라도 윗사람이 자신의 도의에 합치되면 감히 의심하지 않고, 윗사람이 자신의 도의에 합치되지 않더라도 감히 아첨하지 않습니다. 유자는 벼슬살이함에 이와 같은 점이 있는 자들입니다."라고 했다.

集說

疏曰: 一畝, 謂徑一步長百步也. 折而方之, 則東西南北各十步. 宮,牆垣也, 牆方六丈. 環, 周廻也. 方丈爲堵, 東西南北各一堵. 篳門, 以荊竹織門也. 圭窬, 穿牆爲之, 門旁小戶也, 上銳下方, 狀如圭. 蓬戶, 編蓬爲戶也. 甕牖者, 牕牖圓如甕口也. 又云以敗甕口爲牖. 易衣而出者, 合家其一衣, 出則更著之也. 并日而食者, 謂不日日得食, 或三日二日, 并得一日之食也.

소에서 말하길, '일무(一畝)'는 직경 1보(步)[4]로 길이가 100보(步)인 것을 뜻한다. 그것을 쪼개어 사각형으로 만들면, 동서의 길이와 남북의 길이가 각각 10보(步)가 된다. '궁(宮)'자는 담장을 뜻하니, 담장은 사방 6장(丈)의 길이이다. '환(環)'자는 두른다는 뜻이다. 사방 1장(丈)의 크기가 1도(堵)[5]가 되니, 동서의 길이와 남북의 길이가 각각 1도(堵)이다. '필문(篳門)'은 가사나무와 대나무를 엮어서 만든 문이다. '규두(圭窬)'는 담장을 뚫어서 만드니, 대문의 측면에 낸 작은 문으로, 위로는 뾰족하게 되고 아래로는 사각형이 되어 그 모습이 규(圭)와 비슷하다. '봉호(蓬戶)'는 봉(蓬)이라는 풀을 엮어서 만든 방문이다. '옹유(甕牖)'는 창문을 원형으로 만들어서 항아리의 주둥이처럼 만드는 것이다. 또는 깨진 항아리의 주둥이로 창문대신 단다고도 말한다. "옷을 바꿔 입고서 나간다."는 말은 같은 집에 사는 사람들이 모두 하나의 외출복을 공용으로 사용하고 있어서, 어떤 자가 나가게 되면 그 옷으로 갈아입는다는 뜻이다. "날을 합쳐서 먹는다."는 말은 날마다 음식을 먹는 것이 아니며, 3일이나 2일마다 하루치의 음식을 한꺼번에 먹는다는 뜻이다.

上答之不敢以疑者, 道合則就, 卽信之而不疑, 無患失之心也. 上不

---

4) 보(步)는 길이를 재는 단위이다. 5척(尺)을 1보(步)로 삼기도 했고, 주(周)나라 때에는 8척을 1보로 삼기도 했으며, 진(秦)나라 때에는 6척을 1보로 삼기도 하여, 단위가 일정하지 않았다.

5) 도(堵)는 성곽이나 담장 등을 측량할 때 사용하는 단위이다. 고대에는 판축법을 사용하여 흙을 쌓아 담을 올렸는데, 1개의 판(版) 길이에 5개 판의 높이가 1도(堵)가 된다.

答不敢以諂者, 不合則去, 卽安之而不諂, 無患得之心也.

"윗사람이 응답하더라도 감히 의심하지 않는다."는 말은 도리가 합하여 관직에 나아갔다면 믿고 의심하지 않으며, 잃을까 근심하는 마음이 없다는 뜻이다. "윗사람이 응답하지 않더라도 감히 아첨하지 않는다."는 말은 도리가 합치되지 않으면 떠나며, 곧 그것에 안주하여 아첨하지 않으니, 얻으려고 근심하는 마음이 없다는 뜻이다.

"儒有今人與居, 古人與稽, 今世行之, 後世以爲楷. 適弗逢世, 上弗援, 下弗推, 讒諂之民有比黨而危之者, 身可危也, 而志不可奪也. 雖危起居, 竟信[申]其志, 猶將不忘百姓之病也. 其憂思[去聲]有如此者."〈010〉

공자가 계속하여 말하길, "유자는 오늘날의 사람들과 살면서도 옛 사람들과 도를 상고하여, 현세에 고대의 도리를 시행하고 후세에 법도로 삼도록 합니다. 나아감에 알맞은 시대를 만나지 못하고, 위로는 당겨주는 이가 없으며, 아래로는 올려주는 이가 없는데, 헐뜯고 아첨하는 백성들이 무리를 지어 위협하면, 몸을 위태롭게 할 수 있을지라도 뜻은 빼앗을 수 없습니다. 비록 행동하고 머무는데 위협을 가하더라도 결국 자신의 뜻을 믿으며['信'자의 음은 '申(신)'이다.] 오히려 백성들이 근심하는 일에 대해서는 하루라도 잊은 적이 없습니다. 유자는 근심하고 생각함에['思'자는 거성으로 읽는다.] 이와 같은 점이 있는 자들입니다."라고 했다.

楷, 法式也. 上弗援, 在上者, 不引我以升也; 下不推, 在下者, 不舉我以進也. 危起居, 謂因事中傷之也. 信其志, 謂志不可奪也. 時有否泰, 道有通塞, 然其憂思, 則未嘗一日而忘生民之患也.

'해(楷)'자는 법도를 뜻한다. '상불원(上弗援)'은 위에 있는 사람이 자신을 이끌어서 위로 올려주지 않는다는 뜻이며, '하불추(下弗推)'는 아래에 있는 사람이 자신을 천거하여 등용시키지 않는다는 뜻이다. "행동하거나 머무는 것을 위태롭게 한다."는 말은 사안에 따라서 해를 입힌다는 뜻이다. "뜻을 믿는다."는 말은 뜻을 빼앗을 수 없다는 뜻이다. 때에는 막히는 경우가 있고 통하는 경우도 있으며, 도에도 통하는 경우가 있고 막히는 경우도 있는데, 근심하고 생각함에 있어서는 하루라도 백성들의 걱정을 잊은 적이 없다.

經文

> "儒有博學而不窮, 篤行而不倦, 幽居而不淫, 上通而不困. 禮
> 之以和爲貴, 忠信之美, 優游之法. 慕賢而容衆, 毀方而瓦合.
> 其寬裕有如此者."〈011〉

공자가 계속하여 말하길, "유자는 널리 배우되 중단하지 않고, 독실하게 실천하되 게으름을 피우지 않으며, 쓸쓸하고 궁벽한 곳에 있더라도 음란하게 행동하지 않고, 위로 통달하되 곤궁하지 않음이 있습니다. 예를 본체로 삼지만 활용에 있어서는 조화로움을 존귀하게 여기고, 충심과 신의를 아름다움으로 삼으며, 관대함을 법도로 삼습니다. 현명한 자를 사모하고 대중들을 포용하며, 헐어서 모나게 만들고 합하여 원형으로 만듭니다. 유자는 관대하게 포용함에 이와 같은 점이 있는 자들입니다." 라고 했다.

集說

博學不窮, 溫故知新之益也. 篤行不倦, 賢人可求之德也. 幽居不淫,

窮不失義也. 上通不困, 達不離道也. 禮之體嚴, 而用貴於和. 忠信, 禮之質也, 故以忠信爲美. 優游, 用之和也, 故以優游爲法. 賢雖在所當慕, 衆亦不可不容. 汎愛衆而親仁, 亦是意也. 毀方而瓦合者, 陶瓦之事, 其初則圓, 剖而爲四, 其形則方. 毀其圓以爲方, 合其方而復圓, 蓋於涵容之中, 未嘗無分卞之意也. 故曰其寬裕有如此者.

"널리 배우되 중단하지 않는다."는 말은 옛 것을 익숙히 하고 새로운 것을 아는 것6)이 확장된 것이다. "독실하게 실천하되 게으름을 피우지 않는다."는 말은 현명한 자 중에서도 오래 지속할 수 있는 덕을 갖춘 것이다.7) "쓸쓸하고 궁벽한 곳에 있더라도 음란하게 하지 않는다."는 말은 곤궁하더라도 의(義)를 잃지 않는 것이다.8) "위로 통달하되 곤궁하지 않다."는 말은 영달하게 되어도 도에서 떨어지지 않는다는 것이다.9) 예(禮)의 본체는 엄중한데 활용에 있어서는 조화로움을 존귀하게 여긴다. 충심과 신의는 예의 본질이다. 그렇기 때문에 충심과 신의를 아름다움으로 삼는다. 여유로운 것은 활용의 조화로움이다. 그렇기 때문에 여유로움을 법도로 삼는다. 현명한 자에 대해서는 비록 마땅히 사모해야 할 대상이지만, 대중들 또한 포용하지 않을 수 없다. "널리 대중들을 사랑하되 인(仁)한 자를 친근히 대한다."10)는 말 또한 이러한 의미에 해당한다. "헐어서 모나게 만들고 조각조각 합한다."는 말은 질그릇 및 기와

---

6) 『논어』「위정(爲政)」: 子曰, "溫故而知新, 可以爲師矣." / 『중용』「27장」: 故君子尊德性而道問學, 致廣大而盡精微, 極高明而道中庸, 溫故而知新, 敦厚以崇禮.

7) 『역』「계사상(繫辭上)」: 易則易知, 簡則易從, 易知則有親, 易從則有功, 有親則可久, 有功則可大, 可久則賢人之德, 可大則賢人之業.

8) 『맹자』「진심상(盡心上)」: 尊德樂義, 則可以囂囂矣. 故士窮不失義, 達不離道. 窮不夫義, 故士得己焉, 達不離道, 故民不失望焉.

9) 『맹자』「진심상(盡心上)」: 尊德樂義, 則可以囂囂矣. 故士窮不失義, 達不離道. 窮不夫義, 故士得己焉, 達不離道, 故民不失望焉.

10) 『논어』「학이(學而)」: 子曰, "弟子, 入則孝, 出則悌, 謹而信, 汎愛衆, 而親仁. 行有餘力, 則以學文."

등을 만들 때, 처음에는 원형으로 만들고 그것을 쪼개어 4조각으로 만드는데, 그 형태는 사각형이 된다. 원형이었던 것을 헐어서 사각형으로 만들고, 사각형인 것을 합하여 다시 원형으로 만드는 것이니, 관대하게 포용하는 가운데에서도 일찍이 분별의 뜻이 없었던 적이 없다는 의미이다. 그렇기 때문에 "그 관대함에 이와 같은 점이 있다."라고 했다.

經文

"儒有內稱不辟[避]親, 外擧不辟怨. 程功積事, 推賢而進達之[句], 不望其報. 君得其志, 苟利國家, 不求富貴. 其擧賢援[平聲]能有如此者." 〈012〉

공자가 계속하여 말하길, "유자는 친족 내부에서 천거하더라도 친하다는 이유로 천거를 피하지['辟'자의 음은 '避(피)'이다.] 않고, 외적으로 원한이 있는 자를 천거하더라도 원한이 있다는 이유로 천거를 피하지 않습니다. 공적을 헤아리고 실적을 취합하여, 현명한 자를 추대하고 나아가 달통하게 하되['之'자에서 구문을 끊는다.] 보답을 바라지 않습니다. 군주가 뜻을 실현하여 만약 국가가 이롭게 되더라도 부귀함을 바라지 않습니다. 유자는 현명한 자를 천거하고 유능한 자를 발굴함에['援'자는 평성으로 읽는다.] 이와 같은 점이 있는 자들입니다."라고 했다.

集說

疏曰: 君得其志, 謂此賢者輔助其君, 使君得遂其志也.

소에서 말하길, "군주가 그 뜻을 얻었다."는 말은 현명한 자가 군주를 보필하여 군주로 하여금 그 뜻을 실현할 수 있도록 만든다는 의미이다.

應氏曰: 程筭其功, 積累其事, 不輕薦也. 下不求報於人, 上不求報於國.

응씨가 말하길, 그 공적을 헤아리고 일의 실적을 쌓으며, 경솔하게 천거하지 않는다. 밑으로 남에게서 보답을 구하지 않고, 위로 나라에 대해 보답을 구하지 않는다.

經文

"儒有聞善以相告也, 見善以相示也, 爵位相先也, 患難[去聲]相死也, 久相待也, 遠相致也. 其任擧有如此者."〈013〉

공자가 계속하여 말하길, "유자는 선함을 들으면 서로에게 알려주고, 선함을 보게 되면 서로에게 보여주며, 작위에 대해서는 서로에게 먼저 하라고 양보하고, 환란에['難'자는 거성으로 읽는다.] 대해서는 서로 목숨을 던지며, 오래된 관계에서도 서로를 대우하고, 소원한 관계에서도 서로를 이루어줌이 있습니다. 유자는 벗에게 임무를 맡기거나 천거함에 이와 같은 점이 있는 자들입니다."라고 했다.

集說

呂氏曰: 擧賢授能, 儒者所以待天下之士也, 任擧者, 所以待其朋友而已, 必同其好惡也. 故聞善相告, 見善相示, 必同其憂樂也. 故爵位相先, 患難相死. 彼雖居下, 不待之同升則不升; 彼雖疎遠, 不致之同進則不進. 此任擧朋友加重於天下之士者, 義有厚薄故也.

여씨가 말하길, 현명한 자와 유능한 자를 천거하고 발탁하는 것은 유자가 천하의 사들을 대우하는 것이며, 맡기고 천거하는 것은 벗을 대우하는 것일 따름인데, 반드시 좋아함과 싫어함을 동일하게 해야 한다. 그렇기 때문에 선함을 들으면 서로 알려주고, 선함을 보게 되면 서로 보여준다. 또 반드시 근심과 즐거움을 함께 해야 한다. 그렇기 때문에 작위에 대해서는 서로 먼저 하라고 양보하며, 환란에 대해서는 서로 목숨을 바친다. 상대가 비록 낮은 자리에 있더라도 함께 오르도록 대우하지 않는다면 오르지 않고, 상대가 비록 소원한 관계에 있더라도 함께 나아가도록 하지 않는다면 나아가지 않는다. 이것은 벗에게 임무를 맡기거나 등용할 때 천하의 사보다 비중을 더 두는 것이니, 의(義)에는 두텁고 엷은 차이가 있기 때문이다.

經文

"儒有澡[早]身而浴德, 陳言而伏, 靜而正之, 上弗知也. 麤而翹之, 又不急爲也. 不臨深而爲高, 不加少而爲多. 世治不輕, 世亂不沮. 同弗與, 異弗非也. 其特立獨行有如此者."〈014〉

공자가 계속하여 말하길, "유자는 몸을 정결히['澡'자의 음은 '부(조)'이다.] 하고 덕으로 목욕하며, 간언을 올리되 순종하며 따르고, 고요하게 있는 것 같지만 바르게 만드니, 윗사람이 그의 사람됨을 몰라보는 경우도 있습니다. 거칠게 잘못을 지적하는 것 같지만 또한 다급하게 하지 않습니다. 깊은 곳에 임하지 않고도 높아지며, 작은 것들을 더하지 않고도 많아집니다. 세상이 다스려질 때에도 경솔하게 나아가지 않고, 세상이 혼란스러울 때에도 물러나 숨지 않습니다. 자신과 같은 자만을 함께 하지 않고, 자신과 다르다고 하여 비난하지 않습니다. 유자는 홀로 우뚝 서고 홀로 시행함에 이와 같은 점이 있는 자들입니다."라고 했다.

集說

翹, 與招其君之過招字同, 擧也, 擧其過而諫之也.

'교(翹)'자는 "군주의 과실을 지적한다."라고 했을 때의 '초(招)'자와 같으니, "낱낱이 드러낸다."는 뜻으로, 과실을 드러내어 간언을 한다는 의미이다.

呂氏曰: 惟大人能格君心之非, 在我者未正, 未有能正人者也, 故澡身浴德者, 所以正己也. 陳言而伏者, 入告嘉謀而順之于外也. 靜而正之者, 將順其美, 匡救其惡, 常在於未形也. 故曰上弗知也.

여씨가 말하길, 오직 대인만이 군주의 잘못된 마음을 바로잡을 수 있는데, 본인에게 있어서 아직 바르지 않음이 있다면, 남에 대해서도 바르게할 수 없다. 그렇기 때문에 몸을 씻고 덕으로 목욕한다는 것은 자신을바르게 하는 것이다. "말을 진술하되 엎드린다."는 말은 입조하여 좋은계획을 아뢰고 밖으로 나가서는 그것을 가르친다는 뜻이다.[11] "고요하면서도 바르게 한다."는 말은 군주의 아름다운 미덕은 순종하여 따르고잘못된 점은 바로잡아 그만두게 한다는 뜻인데,[12] 항상 드러나지 않기때문에 "윗사람이 모른다."라고 했다.

方氏曰: 靜而正之者, 隱進之也. 麤而翹之者, 明告之也. 靜而正之, 旣不見知, 然後麤而翹之. 然亦緩而不失節, 故曰不急爲也. 其行之高, 皆自然而已, 不必臨深以相形, 然後顯其爲高. 其文之多, 皆素有而已, 不必加少以相益, 然後成其爲多. 世治而德常見重, 故曰不輕. 世亂而志常自若, 故曰不沮. 與其所可與, 不必同乎己也. 非其所可非, 不必異乎己也.

방씨가 말하길, "고요하면서도 바르게 한다."는 말은 은밀하게 간언을올린다는 뜻이다. "거칠게 지적한다."는 말은 분명하게 아뢴다는 뜻이다. 고요하면서도 바르게 하는 것은 이미 그 지혜를 드러내지 않은 것인

---

11) 『서』「주서(周書)·군진(君陳)」: 爾有嘉謀嘉猷, 則入告爾后于內, 爾乃順之于外, 曰, 斯謀斯猷, 惟我后之德. 嗚呼. 臣人咸若時, 惟良顯哉.
12) 『효경』「사군장(事君章)」: 子曰, 君子之事上也. 進思盡忠. 退思補過. 將順其美, 匡救其惡. 故上不能相親也.

데, 그런 뒤에는 거칠게 지적을 한다. 그러나 이 또한 느긋하며 절도를 잃지 않는다. 그렇기 때문에 "다급하게 시행하지 않는다."라고 했다. 그 행실이 고원한 것은 모두 자연의 이치에 따른 것일 뿐이니, 반드시 깊은 곳에 임하여 형상화한 뒤에야 높음을 드러낼 필요가 없다. 그 문채가 많은 것은 모두 본래부터 가지고 있던 것일 따름이니, 반드시 적은 것을 더하여 서로 늘린 뒤에야 많게 할 필요가 없다. 세상이 다스려지면 덕은 항상 중시되기 때문에 "경솔하지 않다."라고 했다. 세상이 혼란스러우면 뜻은 항상 태연하기 때문에 "꺾이지 않는다."라고 했다. 함께 할 수 있는 자와 함께 하니, 반드시 나와 같은 자만 고집할 필요가 없다. 비난할 만한 자를 비난하니, 반드시 자신과 다른 자를 비난할 필요가 없다.

應氏曰: 治不輕進, 若伯夷不仕於武王, 亂不退沮, 若孔子歷聘於諸國. 非但處而特立於一身, 亦出而獨行於一世.

응씨가 말하길, 제대로 다스려지는 세상에서도 경솔하게 나아가지 않는 것은 백이가 무왕의 조정에서 벼슬하지 않은 것과 같고, 세상이 혼란스러울 때 물러나 숨지 않는 것은 공자가 여러 제후국들을 두루 방문했던 것과 같다. 이것은 단지 은둔하며 자신만 확립하는 것이 아니라 또한 출사하여 세상에 대해 홀로 시행하는 것이다.

經文

"儒有上不臣天子, 下不事諸侯, 愼靜而尙寬, 强毅以與人, 博學以知服, 近文章, 砥厲廉隅. 雖分國如錙銖, 不臣不仕. 其規爲有如此者."〈015〉

공자가 계속하여 말하길, "유자는 바르지 않다면 위로 천자의 신하가 되지 않고, 아래로 제후의 신하가 되지 않으며, 신중하고 고요하여 관대함을 숭상하고, 강직하고 굳세어 남과 함께 하며, 널리 배워서 요점을 알고, 문채를 가까이 하며, 염치와 절개를 연마함이 있습니다. 비록 그에게 나라를 나누어 주더라도 바르지 않다면 미물처럼 여겨서 신하가 되지 않고 벼슬에 오르지 않습니다. 유자는 법도에 맞게 헤아리고 실천함에 이와 같은 점이 있는 자들입니다."라고 했다.

愼靜者, 謹飭而不妄動, 守身之道也. 尙寬者, 寬裕以有容, 待人之道也. 强毅以與人, 不苟詭隨於人也. 知服, 知力行之要也. 博學知服, 卽博文約禮之謂也. 遠於文, 則質勝而野. 近文章, 則亦不使文揜其質也. 砥厲廉隅者, 求切磋琢磨之益, 不刓方以爲圓也. 筭法十黍爲絫, 十絫爲銖, 二十四銖爲兩, 八兩爲錙. 言人君好賢, 雖分其國以祿賢者, 視之如錙銖之輕, 猶不臣不仕也. 其所謀度, 其所作爲, 有如此者.

'신정(愼靜)'은 조심하여 망령되게 행동하지 않는다는 뜻으로, 자신을 지키는 도에 해당한다. '상관(尙寬)'은 관대하고 여유로워서 포용함이 있다는 뜻으로, 남을 대하는 도에 해당한다. 강직하고 굳세게 하여 남과 함께 하는 것은 구차하게 스스로를 속이며 남을 따르지 않는다는 뜻이다. '지복(知服)'은 힘써 시행해야 할 요점을 안다는 뜻이다. 널리 배우고 요점을 안다는 것은 널리 학문을 익혀서 예법에 따라 요약한다는 뜻이다. 문채와 멀어진다면 질박함이 너무 앞서 고루하게 된다. 문채와 가까이 하는 경우에는 또한 화려함이 질박함을 가리지 않도록 해야 한다. "염치와 절개를 연마한다."는 말은 절차탁마의 노력을 더한다는 뜻으로, 모난 것을 깎아서 둥글게 만든다는 뜻이 아니다. 계산법에 따른다면 10서(黍)는 1유(絫)가 되며, 10유(絫)는 1수(銖)가 되고, 24수(銖)는 1양(兩)이 되며, 8양(兩)은 1치(錙)가 된다. 즉 군주가 현명한 자를 좋아하여, 비록 나라를 나눠서 현명한 자에게 녹봉으로 하사하더라도 치(錙)나 수(銖)처럼 가벼운 것으로 간주하니, 신하가 되지 않고 벼슬을 하지 않는다는 뜻이다. 그 헤아림과 시행하는 것에 이와 같은 점이 있는 자들이다.

經文

"儒有合志同方, 營道同術. 竝立則樂, 相下不厭. 久不相見, 聞流言不信[句]. 其行[去聲]本方立義, 同而進, 不同而退. 其交友有如此者."〈016〉

공자가 계속하여 말하길, "유자는 뜻을 합치시키고 방도를 동일하게 따르며, 도를 영위하고 방법을 동일하게 따름이 있습니다. 뜻을 함께 하는 자와 나란히 동등한 작위에 오르면 기뻐하고, 상대에 비해 자신이 아랫자리에 있더라도 싫어하지 않습니다. 오래도록 만나보지 못했지만 떠도는 악한 소문을 듣더라도 믿지 않습니다.['信'자에서 구문을 끊는다.] 그의 행실은['行'자는 거성으로 읽는다.] 방정함에 근본을 두고 의에서 확립하여, 의가 같다면 나아가지만 다르다면 물러납니다. 유자는 벗을 사귐에 이와 같은 점이 있는 자들입니다."라고 했다.

集說

合志, 以所向言; 營道, 以所習言. 方, 卽術也. 竝立, 爵位相等也. 相下, 以尊位相讓而己處其下也. 流言, 惡聲之傳播也. 聞之不信, 不以爲實也. 其行本方立義, 謂所本者必方正, 所立者必得其宜也. 同於爲義則進而從之, 不同則退而避之, 故曰同而進, 不同而退.

"뜻이 합치된다."는 말은 지향하는 것을 기준으로 말한 것이며, "도를 영위한다."는 말은 익힌 것을 기준으로 말한 것이다. '방(方)'자는 방법을 뜻한다. '병립(竝立)'은 작위가 서로 대등하다는 뜻이다. '상하(相下)'는 존귀한 자리를 상대에게 양보하여 자신은 아랫자리에 처한다는 뜻이다. '유언(流言)'은 나쁜 소문이 전파된 것을 뜻한다. 그것을 듣고도 믿지 않는 것은 사실로 여기지 않기 때문이다. 그 행실이 방정함에 근본을 두고 의(義)에 확립한다는 말은 근본으로 삼은 것은 반드시 방정하며, 확립한 것도 반드시 마땅함을 얻는다는 뜻이다. 의(義)로 삼은 것이 동일하다면 나아가 그를 따르지만, 동일하지 않다면 물러나서 피한다. 그렇기 때문에 "같다면 나아가지만 다르다면 물러난다."라고 했다.

經文

"溫良者, 仁之本也. 敬愼者, 仁之地也. 寬裕者, 仁之作也. 孫
[去聲]接者, 仁之能也. 禮節者, 仁之貌也. 言談者, 仁之文也.
歌樂者, 仁之和也. 分散者, 仁之施也. 儒皆兼此而有之, 猶且
不敢言仁也. 其尊讓有如此者."〈017〉

공자가 계속하여 말하길, "온순하고 어짊은 인의 근본입니다. 공경하고
신중함은 인의 실천입니다. 관대하고 여유로움은 인의 진작시킴입니다.
겸손하게['孫'자는 거성으로 읽는다.] 상대를 대함은 인을 잘 실천하는 것입
니다. 예절은 인의 모습입니다. 말은 인의 무늬입니다. 노래하고 음악
을 연주하는 것은 인의 조화로움입니다. 나누어 베푸는 것은 인을 베푸
는 것입니다. 유자는 모두 이러한 것들을 겸하고 있지만 오히려 감히
자신이 인을 실천한다고 말하지 않습니다. 유자는 인한 자를 존귀하게
높이고 선한 자에게 사양함에 이와 같은 점이 있는 자들입니다."라고
했다.

集說

仁之本, 謂根本於仁也. 地, 猶踐履也. 作, 充廣也. 能, 能事也. 八
者皆仁之發見, 哀公問儒行, 夫子旣歷數以告之矣. 仁包四德百行
之原, 故於其終也以仁爲說焉. 兼有此仁之行而不敢自以爲仁, 是
尊仁而讓善也. 故曰尊讓有如此者.

'인지본(仁之本)'은 인(仁)에 근본을 둔다는 뜻이다. '지(地)'자는 실천한
다는 뜻이다. '작(作)'자는 확충한다는 뜻이다. '능(能)'자는 뛰어난 것을
뜻한다. 여덟 가지는 모두 인(仁)이 드러난 것인데, 애공이 유자의 행실

에 대해 질문하여, 앞서서 공자는 차례대로 알려주었다. 인(仁)은 사덕(四德)과 모든 행실의 근원을 포함하고 있기 때문에, 그 말미에서는 인(仁)에 대해 설명한 것이다. 이러한 인(仁)에 따른 행실을 모두 가지고 있으면서도 스스로 인(仁)이라고 여기지 않는 것은 인(仁)한 자를 존귀하게 높이고 선한 자에게 사양하는 것이다. 그렇기 때문에 "존귀하게 높이고 사양함에 이와 같은 점이 있다."라고 했다.

經文

"儒有不隕穫[屈]於貧賤, 不充詘[屈]於富貴, 不慁[胡困反]君王, 不累[去聲]長上, 不閔有司, 故曰儒. 今衆人之命儒也妄[如字句絶], 常以儒相詬[呼構反]病." 孔子至舍, 哀公館之, 聞此言也, 言加信, 行加義: "終沒吾世, 不敢以儒爲戲."〈018〉

공자가 계속하여 말하길, "유자는 가난과 미천함으로 인해 실추되거나 상처를 입지 않고, 부유함과 존귀함으로 인해 교만하거나 인색하지['詘'자의 음은 '屈(굴)'이다.] 않으며, 군주를 욕보이지['慁'자는 '胡(호)'자와 '困(곤)'자의 반절음이다.] 않고, 윗사람을 얽어매지['累'자는 거성으로 읽는다.] 않으며, 유사를 근심하게 만들지 않습니다. 그러므로 유자라고 부르는 것입니다. 그런데 현재의 대중들은 스스로를 유자라고 부르니 망령된 짓이며['妄'자는 글자대로 읽으며, 여기에서 구문을 끊는다.] 항상 유자라는 말로 서로를 업신여기고['詬'자는 '呼(호)'자와 '構(구)'자의 반절음이다.] 욕보이고 있습니다."라고 했다. 공자가 숙소에 도착하자 애공은 그가 잘 머물 수 있도록 배려를 해주었고, 이러한 말을 듣고서 말에 신의가 생겼고 행실의 의가 생겨서, "내 일생토록 감히 유자를 희롱거리로 삼지 않으리라."라고 했다.

隕者, 如有所墜失. 穫者, 如有所割刈. 充者, 驕氣之盈. 詘者, 吝氣
之歉.

'운(隕)'은 마치 실추됨이 있는 것과 같다는 뜻이다. '확(穫)'은 마치 베이
는 것이 있는 것과 같다는 뜻이다. '충(充)'은 가득 찬 교만한 기운을 뜻
한다. '굴(詘)'자는 차지 않은 인색한 기운을 뜻한다.

鄭氏曰: 隕穫, 困迫失志之貌. 充詘, 喜失節之貌. 慁, 猶辱也. 累,
猶係也. 閔, 病也. 言不爲天子諸侯卿大夫群吏所困迫而達道, 孔子
自謂也.

정현이 말하길, '운확(隕穫)'은 곤궁하고 궁핍하여 뜻을 잃는 모습을 뜻
한다. '충굴(充詘)'은 기쁨이 절도를 잃은 모습을 뜻한다. '흔(慁)'자는
"욕보이다."는 뜻이다. '누(累)'자는 "얽어매다."는 뜻이다. '민(閔)'자는
"괴로워한다."는 뜻이다. 즉 천자·제후·경·대부·뭇 하급 관리로 인
해 곤궁하고 궁핍하게 되더라도 도를 어기지 않는다는 뜻이니, 공자가
본인을 가리켜서 한 말이다.

方氏曰: 無儒者之行而爲儒者之服, 無儒者之實而盜儒者之名, 故曰
今衆人之命儒也妄. 以其妄, 故常爲人所詬病. 旣至舍矣, 又曰館之
者, 具食以致其養, 具官以治其事也. 言加信, 則不以儒相詬矣. 行
加義, 則不以儒相病矣.

방씨가 말하길, 유자의 행실이 없는 자가 유자의 복장을 착용하고, 유자
의 실질이 없는 자가 유자의 명칭을 훔쳐서 사용한다. 그렇기 때문에
"현재 대중들이 자신을 유자라고 부르는 것은 망령된 것이다."라고 했
다. 망령되기 때문에 항상 남에게 업신여김과 욕됨을 당하게 된다. 이미
숙소에 이르렀는데도 재차 "숙소를 마련해주다."라고 말한 것은 음식을
갖춰서 봉양하도록 만들고, 관리들을 마련하여 잡무를 맡아보도록 했다
는 뜻이다. 말에 신의를 더한다면, 유자라는 말로 서로 업신여기지 않는

다. 행실에 의(義)를 더한다면, 유자라는 말로 서로 욕보이지 않는다.

李氏曰: 儒行, 非孔子之言也, 蓋戰國時豪士所以高世之節耳. 其條
十有五, 然旨意重複. 要其歸, 不過三數途而已. 一篇之內, 雖有與
聖人合, 而稱說多過. 或曰哀公輕儒, 孔子有爲而言, 故多自夸大以
搖其君, 此豈所謂孔子者哉?

이씨13)가 말하길, 「유행」편은 공자의 말이 아니니, 전국시대 호걸들이
세상에서 높였던 절개일 따름이다. 그 조목에는 15가지가 있지만, 그 뜻
에 있어서는 중복이 된다. 요점을 간추리면 3가지 방도에 지나지 않을
따름이다. 「유행」편의 내용은 간혹 성인의 행실과 부합되는 점이 있지
만, 설명한 것들은 대부분 지나치다. 혹자는 애공이 유자들을 경시하여,
공자가 이로 인해 설명했기 때문에 대부분 스스로를 과시하고 과장하여
군주의 생각을 바꿀려고 했다고 주장하는데, 이것이 어찌 공자라 할 수
있겠는가?

---

13) 이씨(李氏, ?~?) : 자세한 이력이 남아 있지 않다.

「대학(大學)」-朱子章句

淺見

近按: 學者問曰: "先賢董公, 嘗以大學經中, 自知止而后有定, 至則近道矣兩節, 爲格物致知之傳, 黃氏亦取之矣. 是果能得朱子之所未得者歟?" 曰: "愚嘗觀此, 服其用意之深而所見之卓, 服膺不忘, 蓋亦有年, 以今考之, 有未安者. 夫所謂知止者, 物格知至以後之效, 而格物致知者, 大學最初用力之地也. 諸傳自誠意章而下, 皆以工夫而言, 不應於此遽先以效言之也. 所謂能得者, 明明德新民, 皆得所止之事, 不應遽及於致知之傳也. 且以此節爲致知之傳, 則聽訟章, 又無所著落矣. 朱子於此, 豈不處之審哉? 但所謂格物, 爲窮理之事, 而非杆格外物者, 則不必證以他書, 而於此節文勢, 可尋而知之矣. 旣曰物有本末, 事有終始, 知所先後, 則近道矣. 又曰致知在格物, 則物非外物, 格非杆格, 而與致知非爲兩事者, 意甚明白. 其傳雖闕, 而於經文自有上文語緒之可尋者矣."

내가 살펴보니, 학자가 질문하길, "선현들 중 동공은 일찍이 『대학』의 경문 중 '지지이후유정(知止而后有定)'부터 '즉근도의(則近道矣)'까지의 2개 절을 격물치지(格物致知)에 대한 전문으로 여겼고, 황씨 또한 그에 따랐다. 그렇다면 이것이 과연 주자가 미처 터득하지 못한 것을 터득한 것이라 할 수 있는가?"라고 했다. 답하길, "나는 일찍이 이것을 보았을 때, 용의의 심오함과 식견의 탁월함에 탄복하여, 마음에 새겨 잊지 않고자 했는데, 또한 몇 년이 흘러 지금에 와서 이를 살펴보니, 편안치 못한 점이 있다. 이른바 지지(知止)라고 하는 것은 물격(物格)과 지지(知至) 이후에 오는 효과인데, 격물치지(格物致知)라는 것은 『대학』에서 최초로 힘을 써야 하는 대상이 된다. 그리고 여러 전문들 중 성의장(誠意章)

으로부터 그 이하는 모두 공부로 말을 했으니, 여기에서 갑작스럽게 효과를 먼저 언급하는 것은 타당하지 않다. 이른바 능득(能得)이라는 것은 명명덕(明明德)과 신민(新民)이 모두 그칠 바를 얻는 일에 해당하니, 갑작스럽게 치지(致知)에 대한 전문에 대해 언급하는 것은 타당하지 않다. 또 이 절을 치지(致知)의 전문으로 삼는다면, 청송장(聽訟章)은 귀착될 곳이 없게 된다. 주자가 이러한 것에 대해 어찌 깊이 살피지 않고 처리하였겠는가? 다만 이른바 격물(格物)은 이치를 궁구히 하는 사안이 되며, 외물을 막는 것이 아니라면, 다른 책을 통해서 증명할 필요가 없고, 이 절의 문세를 통해서 이를 탐구하여 알 수 있다. 이미 '물건에는 본말이 있고, 일에는 종시가 있으니, 먼저 하고 뒤에 할 것을 알면 도에 가까울 것이다.'라고 했다. 또 '치지(致知)는 격물(格物)함에 있다.'고 했으니, 물은 외물이 아니며, 격은 막는 것이 아니니, 치지(致知)와 함께 두 가지 사안이 될 수 없다는 것은 그 뜻이 매우 명백하다. 그에 대한 전문이 비록 누락되었지만, 경문에서 살펴보면, 앞 문장에 나오는 말의 단서를 찾을 수 있다."라고 했다.

曰: "子以知止爲物格, 知至以後之效, 不應先言於用力之初者, 似矣. 然以傳之結語考之, 則曰此謂知之至也, 則其上闕文, 必以知至之效言者也. 此節於經, 亦在八目工夫之前, 其序不亦舛乎?" 曰: "傳之結語, 以效而言, 則其上闕文, 必是知至之效. 然必先言其功, 而後及其效, 有如補傳之意矣. 不應不言其功, 而遽及其效, 故雖將此節爲傳, 知止之上, 又當別有闕文也. 此節於經, 雖在八目之前, 是乃承章首綱領之工夫, 而言知止之效, 以言明明德新民, 得止於至善也, 故經一章以工夫功效相間言之, 三綱領以功言, 而此節以效言, 物有本末一節, 兼功效而結之, 八目前一節以功言, 而後一節以效言, 自天子一節以功結之, 而本亂一節以效而反結之, 以是而觀, 則知止一節, 雖在八目工夫之前, 其立言自有序矣. 且三綱領, 明德雖重, 而止至善, 亦其體要也. 八目釋明德新民, 而無此一節, 則至善, 雖兼二者, 無所不在, 亦不容無一言以釋之也. 若循綱領三言之序,置釋至善之語於八目之後, 則是止至善若在平天下之後, 而別爲一事也, 故宜繼綱領而言之於八目之前. 夫言其功, 則先分本末而後及其體要, 言其效, 則專提體要而兼統其本末, 其立言, 亦可謂有法矣."

질문하길, "그대는 지지(知止)를 물격(物格)으로 여겨서 지지(知至) 이후의 효과로 보아 힘을 쓰는 초기보다 앞서 언급해서는 안 된다고 했는데, 이 말은 옳은 듯 보인다. 그런데 전문의 결어로 살펴보면, '이것을 일러 지가 지극하다고 한다.'고 했으니, 그 앞에 누락된 문장은 분명 지지(知至)의 효과로 말한 것이다. 이 절은 경문에 있어 또한 팔조목의 공부 앞에 있으니, 그 순서가 또한 어긋난 것이 아닌가?"라고 했다. 답하길, "전문의 결어는 효과로 언급을 했으니, 그 앞에 누락된 문장은 분명 지지(知至)의 효과에 해당할 것이다. 그런데 기어코 그 공을 먼저 언급하고, 그 이후에 효과에 대해 언급한 것에는 주자의 보전의 뜻과 같은 점이 있는 것이다. 따라서 그 공을 말하지 않고 갑작스럽게 그 효과를 언급하는 것은 타당하지 않다. 그렇기 때문에 비록 이 절을 전문으로 여기더라도 지지(知止) 앞에는 또한 별도의 누락된 문장이 있을 것이다. 이 절이 경문에 있어 비록 팔조목 앞에 있지만, 이것은 곧 장 앞에 있는 강령의 공부를 이어서 지지(知止)의 효과를 언급한 것이며, 이를 통해 명명덕(明明德)과 신민(新民)이 지어지선(止於至善)을 얻은 것을 말한 것이다. 그렇기 때문에 경문의 1장은 공부와 공효를 서로 사이에 두어 말한 것이니, 삼강령은 공으로 말한 것이고, 이 절은 효과로 말한 것이며, 물유본말(物有本末)의 한 절은 공과 효과를 겸해서 결론을 맺은 것이고, 팔조목 앞의 한 절은 공으로 말한 것이며, 그 뒤의 한 절은 효과로 말한 것이고, 자천자(自天子)의 한 절은 공으로 결론을 맺은 것이며, 본란(本亂)의 한 절은 효과로 돌이켜 결론을 맺은 것이니, 이로써 살펴본다면 지지(知止)의 한 절은 비록 팔조목 공부 앞에 있지만, 입언함에 있어서는 그 자체로 순서가 있는 것이다. 또 삼경령에 있어서 명덕(明德)이 비록 중요하더라도, 지지선(止至善) 또한 그 요체가 된다. 팔조목이 명덕(明德)과 신민(新民)을 풀이하면서 이 한 절이 없다면, 지선(至善)이 비록 두 가지를 겸하여 있지 않은 바가 없더라도, 한 마디 말도 이를 풀이하는 것이 없어서는 안 된다. 만약 강령의 세 말의 순서에 따라서 지선(至善)을 풀이한 말을 팔조목 뒤에 둔다면, 지지선(止至善)이 마치 평천하(平天下) 뒤로 와서 별도의 한 일이 되어 버린다. 그렇기 때문에 마땅히 강령을 이어서 팔조목 앞에 언급해야 한다. 그 공을 언급한다면, 우선적으로 본말을 나누고, 그 뒤에 요체를 언급해야 하고, 그 효과를 언급한다면, 오로지 요체를 들어 본말을 겸하고 통괄해야 하니, 이처럼 입언을 해야만 또한 법도가 있다고 할 수 있다.”라고 했다.

大學立傳變文, 以分知行·本末·厚薄三節辨議.

『대학』에서 전문을 세우고 문장을 바꿔서 지행·본말·후박 3절을 나 눈 것에 대한 변의.

誠意章獨作一傳.

성의장(誠意章)은 홀로 하나의 전문이 된다.

上不連致知者, 所以分知行, 下不接正心者, 以其自修之首, 其功不止於正 心, 先賢已有明辨矣.

위로 치지(致知)에 연결시키지 않은 것은 지와 행을 나누었기 때문이고, 아래로 정심(正心)에 접하지 않는 것은 자수(自修)의 첫 부분에 있어 그

공은 정심(正心)에만 그치지 않기 때문이니, 선현들이 이미 명확하게 분별한 것이 있다.

修身齊家章之結語, 不曰: "齊其家, 在修其身", 而變文曰: "身不修, 不可以齊其家."

수신제가장(修身齊家章)의 결어에서는 "그 집안을 가지런히 하는 것은 그 몸을 닦는데 달려 있다."라 말하지 않고, 문장을 바꿔서 "몸이 닦아지지 않으면 그 집안을 가지런히 할 수 없다."라고 했다.

近按: 此承經文結語, 而分本末也. 經曰: "自天子以至於庶人, 壹是皆以修身爲本, 其本亂而末治者否矣", 故傳承之曰: "此謂身不修, 不可以齊其家."

내가 살펴보니, 이것은 경문의 결어를 이어서 본말을 나눈 것이다. 경문에서는 "천자로부터 서인에 이르기까지 일체 모두가 수신을 근본으로 삼는다. 그 근본이 어지럽고서 끝이 다스려지는 자는 없다."고 했다. 그렇기 때문에 전문에서는 이것을 이어서 "이것을 일러 몸이 닦아지지 않으면 그 집안을 가지런히 할 수 없다."고 한 것이다.

齊家治國章之發端, 不曰: "治國, 在齊其家", 而變文曰: "治國, 必先齊其家者, 其家不可敎, 而能敎人者無之."

제가치국장(齊家治國章)의 발단에 "나라를 다스리는 것은 그 집안을 가지런히 하는데 달려 있다."라 말하지 않고, 문장을 바꿔서 "나라를 다스림이 반드시 먼저 그 집안을 가지런히 함에 있다는 것은 그 집안을 가르치지 못하고 남을 가르칠 수 있는 자는 없다."라고 했다.

淺見

近按: 此亦承經文結語, 而分厚薄也. 經曰: "其所厚者薄, 而所薄者厚, 未之有也", 故傳承之曰: "所謂治國, 必先齊其家者, 其家不可教, 而能教人者無之." 此兩節, 必承經文結語而觀之, 則傳者立文之意, 可見矣.

내가 살펴보니, 이 또한 경문의 결어를 이어서 후박을 나눈 것이다. 경문에서는 "후히 할 것에 박하게 하고서 박하게 할 것에 후히 하는 자가 있지 않다."라 했다. 그렇기 때문에 전문에서는 이것을 이어서 "이른바 나라를 다스림이 반드시 먼저 그 집안을 가지런히 함에 있다는 것은 그 집안을 가르치지 못하고 남을 가르칠 수 있는 자는 없다."고 한 것이다. 이 두 절에 대해서는 반드시 경문의 결어를 이은 것으로 보아야만 전문을 기록한 자가 입언한 뜻을 확인할 수 있다.

學者問曰: "子引經文, 以證傳八九章變文之意, 以爲分本末厚薄者, 似矣. 然卽本傳觀之, 則八章上文, 旣言親愛等之僻, 又引諺莫知子惡之言, 故其結語曰: '此謂身不修, 不可以齊其家'者, 是承其傳上文語緒而然, 不必遠承經文, 以爲傳之結語也. 九章發端之言, 亦承八章結語, 亦不是遠承經文也. 今子之言, 無乃附會之甚邪?" 曰: "子卽本傳文勢而言者, 可謂切矣. 然第七章言正心修身, 亦言忿懥等之不得其正及心不在焉之病, 而其結語不曰: '心不正, 不可以修其身', 直曰: '修身在正其心.' 蓋此二章立文命意, 大抵相似, 而獨其結語不同, 豈無意乎? 夫經旣陳八目, 而又提身與家以結之者, 身爲明德之極, 而天下之本, 家爲新民之始, 而天下之則故也. 傳者於此, 豈不致意哉?"

학자가 질문하길, "그대가 경문을 끌어다가 전문의 8장과 9장에서 문장을 바꿔 쓴 의미를 증명하여, 본말과 후박을 나눈 것이라 여긴 것은 옳은 듯 보인다. 그런데 본래의 전문에 따라 살펴보면, 8장 앞의 문장에서는 이미 친애 등의 편벽됨을 언급하였고, 또 속담에서 자식의 악함을 알지 못한다고 한 말을 인용하였다. 그렇기 때문에 결어에서 '이것을 일러 몸이 닦아지지 않으면 그 집안을 가지런히 할 수 없다.'고 했는데, 이것은 전문 앞 문장에서 한 말의 실마리를 이어서 그처럼 말한 것이니, 멀리 경문의 뜻을 이어서 전문의 결어로 여길 필요는 없다. 9장 발단의 말 또한 8장의 결어를 이은 것이니, 이 또한 멀리 경문의 뜻을 이은 것이 아니다. 그렇다면 지금 그대의 말은 견강부회가 심한 것이 아닌가?"라고 했다. 답하길, "그대가 본래 전문의 문세에 따라서 말한 것은 절실하다고 평할 수 있다. 그러나 제 7장에서는 정심(正心)과 수신(修身)을 언급하였는데, 또한 분치(忿懥) 등의 바름을 얻지 못한 것과 마음이 있지 않은 병폐를 언급하였고, 그 결어에 있어서도 '마음이 바르지 못하면 몸을 닦을 수 없다.'고 말하지 않고, 단지 '몸을 닦음이 그 마음을 바르게 하는데 있다.'고 했다. 이 두 장의 문장과 의미가 대체로 비슷한데, 유독 그 결어만 다르니, 어찌 아무런 뜻이 없겠는가? 경문에서 이미 팔조목을 진술하고, 또 몸과 집안을 제시해서 결론을 맺은 것은 몸은 명덕(明德)의 지극함이고 천하의 근본이며, 집안은 신민(新民)의 시작이고 천하의 법칙이기 때문이다. 전문을 기록한 자가 이에 대해 어찌 그 의미를 지극히 나타내지 않았겠는가?"라고 했다.

曰: "誠意章自作一傳, 以分知行, 其於本末·厚薄, 不別爲傳, 而變文見意, 何也?" 曰: "知行二者, 如車兩輪, 學者所當交致其力, 而竝進者也, 分明是兩件工夫也. 若夫本末, 雖有體用之殊, 而擧而措之, 實一物也. 厚薄, 雖有親踈之別, 而推以及之, 實一事也."

질문하길, "성의장(誠意章)은 그 자체로 하나의 전문이 되어 지와 행을 나누고 있는데, 본말과 후박에 있어서는 별도로 전문으로 나누지 않고 문장을 바꿔서 그 의미를 드러낸 것은 어째서인가?"라고 했다. 답하길, "지와 행 두 가지는 수레의 두 바퀴와 같아서 학자는 마땅히 서로 그 힘을 지극히 하여 병진해야 할 것이니, 분명히 이것은 두 공부가 된다. 본말과 같은 경우 비록 체와 용의 차이가 있지만, 이를 들어 실행하면 실제로는 하나의 사물이다. 후박에도 비록 친소의 구별이 있지만 미루어 이르게 되면 실제로는 하나의 사물이다."라고 했다.

曰: "齊家治國章言孝弟慈, 而其下引康誥之文, 但以慈幼而結之, 何也?" 曰: "此以最切而要者言之也. 以家言之, 則孝悌或有不謹, 而慈幼之心無不切, 先賢已嘗言之矣. 以國言之, 則事君事長, 皆知所謹, 而使衆之道多所忽, 苟能以慈幼之心而觸孝弟, 則孝弟無不至矣. 以慈幼之心而推使衆, 則使衆知所謹矣."

질문하길, "제가치국장(齊家治國章)에서는 효·제·자를 언급하였는데, 그 뒤에서는 「강고」편의 문장을 인용하며, 단지 어린아이에게 자애롭게 하는 것으로만 결론을 맺은 것은 어째서인가?"라고 했다. 답하길, "이것은 가장 간절하고 핵심적인 것을 기준으로 말했기 때문이다. 집안을 기준으로 말한다면, 효·제에는 간혹 삼가지 못하는 경우는 있어도 어린아이에게 자애롭게 대하는 마음에는 간절하지 않은 경우가 없으니, 선현들이 이미 일찍이 이에 대해서 언급하였다. 나라를 기준으로 말한다면, 군주를 섬기고 어른을 섬기는 일에 대해서는 모두가 삼가야 함을 알지만, 백성들을 부리는 도에 있어서는 대부분 소홀하게 되니, 만약 어린아이를 자애롭게 대하는 마음으로 효와 제에 미치게 된다면, 효와 제는 이르지 않음이 없게 될 것이다. 또 어린아이를 자애롭게 대하는 마음으로 백성들을 부리는 것에 미루어 간다면, 백성들을 부림에 있어서도 삼가야 함을 알게 된다."라고 했다.

曰: "此書之作, 朱子於序, 以爲孔子誦而傳之, 曾子作爲傳義, 於經之後, 言蓋, 不敢質爲夫子之言, 其傳則曾子之意, 而門人記之, 其言先後不同, 何也?" 曰: "朱子以經之言, 非聖人不能及, 故以爲夫子之言. 又無左驗, 或意古昔先民之言, 故疑之而不敢質. 愚則妄謂夫子傷時之歎, 屢稱古以言之, 如曰古之學者爲己, 古之愚也直, 古者言之不出之類, 是也. 此經亦曰古之欲明明德於天下, 言古以歎今之不然. 夫子之前, 未有聖人不得位者, 則言古歎今, 正吾夫子之事, 是足爲證以爲孔子之言也. 其傳十章所引詩書之文, 及立傳釋經之意, 皆曾子平日嘗以語門人之言. 但其傳文有稱曾子曰者, 則非曾子之手筆也, 故以爲門人記之. 雖門人記之, 非其自言, 則是猶曾子作之也. 諸傳旣皆曾子之言, 獨於十目一節, 特加曾子曰者, 諸傳皆是直釋經文而已, 唯此一節曾子因愼獨之言, 而特發本章言外之意, 以警門人, 故門人亦特稱曾子曰以表之, 以爲千萬世學者之警策. 至今讀之, 竦然自有惶愧處, 其與中庸莫現莫顯之意, 互相發明. 此乃子思有得於曾子者, 學者所當體念, 而深省者也."

질문하길, "이 책의 저작에 대해 주자는 「서」에서 공자가 암송하여 전하였고, 증자가 전의를 지었다고 여겼는데, 경문의 뒤에서는 개(蓋)자를 언급하여 공자의 말이라고 감히 단정하지 않았고, 전문에 대해서는 증자의 뜻을 문인들이 기록한 것이라고 하여, 그 말의 선후가 다른 것은 어째서인가?"라고 했다. 답하길, "주자는 경문의 말이 성인이 아니라면 언급할 수 없는 것이라고 생각했기 때문에 공자의 말이라고 여겼던 것이다. 또 확실하게 증명할 만한 것이 없어 혹여 옛 선민들의 말일 수도 있다는 생각을 했다. 그렇기 때문에 의심을 품고 감히 단정하지 않았던 것이다. 내가 망령스럽게 생각해보자면, 공자가 세상을 근심하며 했던 탄식에는 자주 옛 것을 지칭해서 언급을 했으니, 예를 들어 '옛날에 배우는 자는 자신을 위한 학문을 했다.'는 말이나 '옛날의 어리석은 사람은 정직했다.'는 말이나 '옛날에는 말을 함부로 내뱉지 않았다.'는 부류가 여기에 해당한다. 이곳 경문에서도 '옛날에 명덕을 천하에 밝히고자 한다.'고 하여 옛 것을 지칭해서 오늘날 그렇지 않음을 탄식하고 있다. 공자 이전에는 성인이면서 제왕의 자리에 오르지 못했던 자가 없었으니, 옛 것을 언급하여 오늘날을 탄식하는 것은 바로 우리 공자의 일에 해당하니, 이것은 충분히 증거가 되어 공자의 말이라 여길 수 있다. 그리고 전 10개 장에서 인용하고 있는『시』나『서』의 문장들과 전문을 세워 경문을 해석했던 뜻은 모두 증자가 평상시 일찍이 문인들에게 했던 말들이다. 다만 전문들 중에 '증자왈(曾子曰)'이라고 지칭한 것들은 증자가 손으로 쓴 글이 아니다. 그렇기 때문에 문인들이 기록한 것이라 여겼던 것이다. 비록 문인들이 기록했다고 하지만 문인 본인이 한 말이 아니니, 이것은 증자가 지은 것과 같다. 여러 전문들은 이미 모두가 증자의 말에 해당하지만, 유독 10목에 대한 1절에서만 특별히 '증자왈(曾子曰)'이라는 말을 추가하고 있는데, 여러 전문들은 모두 직접적으로 경문을 해석한 것일 따름이지만, 오직 이 한 절만은 증자가 신독(愼獨)이라는 말로 인하여 특별히 본장의 말 외의 뜻을 밝혀서 문인들을 경계한 것이다. 그렇기 때문에 문인들이 또한 특별히 '증자왈(曾子曰)'이라고 지칭해서 표시를 하고, 이를 후세의 학자들이 따라야 할 경책으로 삼은 것이다. 지금에 와서 이 글을 읽어보면 두려워 제 스스로 황송하고 부끄러운 바가 생기니,『중용』에서 드러남이 없고 나타남이 없다고 한 뜻과 상호 그 뜻을 드러내고 있다. 이것은 곧 자사가 증자에게서 터득한 것으로, 학자가 마땅히 체득하고 유념하며 깊이 성찰해야 할 바이다."라고 했다.

「관의(冠義)」

集説

疏曰: 冠禮起早晚, 書傳無正文. 世本云, 黃帝造旒冕, 是冕起於黃帝也. 黃帝以前, 以羽皮爲冠, 以後乃用布帛. 其冠之年, 天子·諸侯皆十二.

소에서 말하길, 관례(冠禮)가 기원하게 된 시점에 대해서, 『서전』에는 관련 기록이 남아 있지 않다. 『세본』1)에서는 황제가 전면(旒冕)을 만들었다고 했으니, 이것은 면류관이 황제 때부터 기원했음을 뜻한다. 황제이전에는 깃털과 가죽을 이용해서 관을 만들었는데, 그 이후에는 포와 비단을 이용하게 되었다. 관을 쓰는 나이에 있어서, 천자와 제후의 경우에는 모두 12세 때 쓴다.

呂氏曰: 冠昏射鄕燕聘, 天下之達禮也. 儀禮所載謂之禮者, 禮之經也. 禮記所載謂之義者, 皆擧其經之節文, 以述其制作之義也.

여씨가 말하길, 관례(冠禮)·혼례(昏禮)·사례(射禮)·향음주례(鄕飮酒禮)·연례(燕禮)·빙례(聘禮)는 천하의 사람들이 모두 시행하는 공통된

---

1) 『세본(世本)』은 『세(世)』·『세계(世系)』등으로 일컬어지기도 한다. 선진시대 (先秦時代) 때의 사관(史官)이 기록한 문헌이라고 전해지지만, 진위여부를 확인할 수 없다. 『세본』은 고대의 제왕(帝王), 제후(諸侯) 및 경대부(卿大夫)들의 세계도(世系圖)를 기록한 서적이다. 일실되어 현존하지 않지만, 후대 학자들이 다른 문헌 속에 남아 있는 기록들을 수집하여, 일집본(佚輯本)을 남겼다. 이러한 일집본에는 여덟 종류의 주요 판본이 있는데, 각 판본마다 내용상의 차이를 보이고 있다. 1959년에는 상무인서관(商務印書館)에서 이러한 여덟 종류의 판본을 모아서 『세본팔종(世本八種)』을 출판하였다.

예법이다. 『의례』에 수록된 기록에 대해서는 편명에 '예(禮)'자를 붙여서 불렀는데, 그 이유는 예(禮) 중에서도 기준이 되는 경문이기 때문이다. 『예기』에 수록하고 있는 기록에 대해서는 편명에 '의(義)'자를 붙여서 불렀는데, 이 기록들은 모두 경문 규정에 따른 세부 절차에 기준을 두어, 그것들이 만들어진 의미를 조술하였기 때문이다.

浅見

近按: 此篇以下文, 皆不差. 但射義自引孔子射於矍相以下, 至不得爲諸侯者, 其間似亦有浮夸之失.

내가 살펴보니, 이 편으로부터 그 이하의 문장들은 모두 어긋나지 않았다. 다만 『예기』「사의(射義)」편에서 공자가 확상 땅에서 사례를 실시한 것을 인용한 것으로부터 그 이하로 제후가 될 수 없다고 한 기록에 있어서 그 사이에는 아마도 또한 허황되게 떠벌리는 잘못이 있는 것 같다.

「관의」편 문장 순서 비교

『예기집설』	『예기천견록』	
	구분	문장
001		001
002		002
003	무분류	003
004		004
005		005

무분류

凡人之所以爲人者, 禮義也. 禮義之始, 在於正容體, 齊顏色, 順辭令. 容體正, 顏色齊, 辭令順, 而后禮義備, 以正君臣, 親父子, 和長幼. 君臣正, 父子親, 長幼和, 而后禮義立. 故冠而後服備, 服備而后容體正, 顏色齊, 辭令順. 故曰: "冠者禮之始也." 是故古者聖王重冠.〈001〉

무릇 사람이 사람답게 되는 이유는 예의에 있다. 예의의 시작은 행동거지를 바르게 하고, 안색을 가지런히 하며, 말들을 순하게 하는데 달려 있다. 행동거지가 바르게 되고, 안색이 가지런히 되며, 말들이 순하게 된 이후에야 예의가 갖춰지니, 이를 통해서 군신관계를 올바르게 하고, 부자관계를 친근하게 하며, 장유관계를 조화롭게 한다. 군신관계가 올바르게 되고, 부자관계가 친근하게 되며, 장유관계가 조화롭게 된 이후에야 예의가 성립된다. 그렇기 때문에 관이 있고 난 뒤에야 복식이 갖춰지고, 복식이 갖춰진 이후에야 행동거지가 바르게 되며, 안색이 가지런하게 되고, 말들이 순하게 된다. 그래서 "관례라는 것은 예의 시작이다."라고 말한 것이다. 그리고 이러한 까닭으로 고대에 성왕들은 관례를 중시했던 것이다.

方氏曰: 容體欲其可度, 故曰正; 顏色欲其可觀, 故曰齊; 辭令欲其可從, 故曰順.

방씨가 말하길, 행동거지는 법도로 삼을 수 있게끔 하고자 하기 때문에, "바르게 한다."라 말한 것이고, 안색은 남들이 살펴볼 수 있게끔 하고자 했기 때문에, "가지런히 하다."라 말한 것이며, 말들은 따를 수 있게끔 하고자 했기 때문에, "순하게 하다."라고 말한 것이다.

經文

古者冠禮: 筮日筮賓, 所以敬冠事. 敬冠事所以重禮, 重禮所
以爲國本也.〈002〉

고대의 관례를 설명하자면, 관례를 치르는 날짜에 대해 시초점을 쳤고,
초빙한 손님에 대해서도 시초점을 쳤으니, 이처럼 했던 것은 관례의 사
안을 공경스럽게 대했기 때문이다. 관례의 사안을 공경스럽게 대하는
것은 예를 중시하기 때문이며, 예를 중시하는 것은 나라의 근본이 되기
때문이다.

集說

呂氏曰: 禮重則人道立, 此國之所以爲國也, 故曰爲國本.

여씨가 말하길, 예가 중시된다면 사람의 도가 확립된 것이니, 이것은 나
라에 있어서 국가답게 되는 이유이다. 그렇기 때문에 "나라의 근본이 된
다."라고 말한 것이다.

方氏曰: 筮日, 所以求夫天之吉; 筮賓, 所以擇夫人之賢. 然筮而不
卜, 何哉? 蓋古者大事用卜, 小事用筮. 天下之事, 始爲小, 終爲大.
冠爲禮之始, 聖王之所重者, 重其始而已, 非大事也, 故止用筮焉.
至於喪祭之愼終, 則所謂大事也, 故於是乎用卜.

방씨가 말하길, "날짜를 점친다."는 것은 하늘의 운행 중 길일(吉日)을
택하기 위해서이며, "손님을 점친다."는 것은 사람들 중 현명한 자를 선
별하기 위해서이다. 그런데 시초점을 치고 거북점을 치지 않는 것은 어
째서인가? 무릇 고대에는 중대한 사안에 대해서는 거북점을 쳤고, 소소

한 일에 대해서는 시초점을 쳤기 때문이다. 천하의 모든 일들에 있어서, 시작이 되는 것은 작고 마침이 되는 것은 크다. 관례는 예의 시작이 되는데, 성왕이 중시했던 것은 그 사작을 중시한 것일 따름이니, 중대한 일이기 때문에 중시했던 것은 아니다. 그렇기 때문에 단지 시초점을 사용하는데 그쳤다. 상례나 제례와 같이 끝마침을 신중히 해야 하는 경우라면, 이른바 중대한 일이 된다. 그렇기 때문에 이때에는 거북점을 사용하는 것이다.

故冠於阼, 以著代也. 醮於客位, 三加彌尊, 加有成也. 已冠而字之, 成人之道也. 〈003〉

그렇기 때문에 적자의 경우에는 동쪽 계단 쪽에서 관례를 치러서, 이를 통해서 대를 계승한다는 사실을 드러낸다. 빈객의 위치에서 초를 하고, 세 차례 관을 씌워주어, 점진적으로 존귀하게 되니, 이처럼 세 차례 관을 더해주는 것에는 성인이 되어, 더욱 공경스럽게 대한다는 뜻이 포함된 것이다. 관례를 치른 뒤에는 그에게 자를 지어주니, 성인의 도리에 해당한다.

集說

呂氏曰: 主人升立于序端西面, 贊者筵于東序少北西面, 將冠者卽筵而冠, 是位與主人同在阼也. 父老則傳之子, 所以著其傳付之意也. 酌而無酬酢曰醮, 醮于戶西南面, 賓位也. 以禮賓之禮禮其子, 所以爲成人敬也. 始加緇布冠, 再加皮弁, 次加爵弁, 三加而服彌尊, 亦所以爲成人敬也. 冠於阼, 醮於客位者, 適子也, 若庶子則冠子房外南面, 遂醮焉. 所以異者, 不著代也. 古者童子雖貴, 名之而已. 冠而後賓字之以成人之道, 故敬其名也.

여씨가 말하길, 주인은 당상에 올라가 서단(序端)에서 서서 서쪽을 바라보고, 의례를 돕는 자는 동서(東序)에 자리를 깔고 북쪽으로 조금 물러서서 서쪽을 바라보며, 관례를 받게 되는 자는 자리에 나아가 관례를 치르게 되는데, 이때의 위치는 주인과 함께 동쪽 계단 쪽에 있게 된다. 부친이 연로하게 되면 자식에게 가사를 전수하니, 가계를 전수하여 세대가 교체되는 뜻을 드러내는 것이다. 술을 따라주지만 서로에게 술을 따라주는 절차가 없는 것을 '초(醮)'라고 부르며, 호(戶)의 서쪽 중 남쪽을 바라보는 곳에서 초(醮)를 하는데, 이것은 빈객의 위치가 된다. 빈객을 예우하는 예법으로 자식을 예우하는 것은 성인(成人)이 됨을 공경스럽게 대하기 위해서이다. 처음에는 치포관(緇布冠)을 씌워주고 두 번째는 피변(皮弁)을 씌워주며 그 다음으로 작변(爵弁)을 씌워주니, 세 차례 관(冠)을 씌워주어서 복식이 점차 존귀하게 되므로, 이 또한 성인이 됨을 공경스럽게 대하기 위해서이다. 동쪽 계단에서 관례를 치르고 빈객의 위치에서 초(醮)를 하는 것은 관례를 받는 자가 적자인 경우이며, 만약 서자인 경우라면 방(房) 밖의 남쪽을 바라보는 곳에서 관례를 치르고, 그 일이 끝나면 초(醮)를 하게 된다. 이러한 차이점을 두는 이유는 세대를 계승한다는 사실을 드러내지 않기 위해서이다. 고대에는 어린아이가 비록 존귀한 신분이라 하더라도, 그를 이름으로 불렀을 따름이다. 관례를 치른 뒤에야 빈객이 그에게 성인을 대하는 도리에 따라 자(字)를 지어준다. 그렇기 때문에 그 뒤로는 그의 이름을 공경스럽게 대하는 것이다.

經文

見於母, 母拜之, 見於兄弟, 兄弟拜之, 成人而與爲禮也. 玄冠玄端, 奠摯於君, 遂以摯見於鄕大夫 · 鄕先生, 以成人見也.〈004〉

관례를 치른 자가 모친을 찾아뵙게 되면 모친은 그에게 절을 하고, 형제를 찾아뵙게 되면 형제들은 그에게 절을 하니, 그가 이제 성인이 되었으므로 그와 함께 예를 시행하는 것이다. 현관과 현단복을 착용하고 군주 앞에 선물로 가져간 꿩을 내려놓으며, 끝으로 이러한 선물을 가지고 향대부 및 향선생을 찾아뵙는 것은 성인의 자격으로 찾아뵙는 것이다.

集說

母之拜子, 先儒疑焉. 疏以爲脯自廟中來, 故拜受, 非拜子也. 呂氏以爲母有從子之義, 故屈其庸敬以伸斯須之敬. 方氏從疏義, 皆非也. 此因成人而與爲禮一句, 似乎凡冠者皆然, 故啓讀者之疑. 惟石梁王氏云: "記者不知此禮爲適長子代父承祖者, 與祖爲正體, 故禮之異於衆子也." 斯言盡之矣. 玄冠, 齊冠也. 玄端服, 天子燕居之服, 諸侯及卿大夫士之齊服也. 摯用雉. 鄕先生, 鄕之年德俱高者, 或致仕之人也.

모친이 자식에게 절을 하는 것에 대해서 선대 학자들은 의심했다. 소에서는 포(脯)가 묘 안에서 이곳으로 왔기 때문에 절을 하며 받는 것이니, 자식에게 절을 하는 것이 아니라고 여겼다. 여씨는 모친에게는 남편이 죽었을 때 자식을 따르게 되는 도의가 포함되어 있기 때문에, 평상시 자신의 공경스러움을 낮춰서 잠시 자식에 대한 공경함을 펼친다고 여겼다. 방씨도 소의 주장에 따랐는데 이 모두는 잘못된 주장이다. 이러한 주장들은 "성인이 되어서 그와 더불어 예를 시행한다."라는 한 구문에서 연유한 것으로, 아마도 모든 관례를 치른 자들에 대해서는 모두 이처럼 했던 것으로 해석될 수 있다. 그렇기 때문에 이 구문을 풀이하는 자들로 하여금 의문이 들도록 했던 것이다. 다만 석량왕씨만은 "『예기』를 기록한 자는 여기에서 말하는 예법이 적장자가 부친을 대신하여 조부의 뒤를 계승하는 경우 조부와 한 몸이 되므로, 예법에 따라서 나머지 아들들과는 달리한다는 점을 알지 못했기 때문이다."라고 했는데, 이 말이 그 뜻을 모두 나타낸 것이다. '현관(玄冠)'은 재계를 할 때 쓰는 관이다. 현단복(玄端服)은 천자가 편안하게 거처할 때 착용하는 복장이며, 제후 및 경·대부·사에게 있어서는 재계를 할 때 착용하는 복장이다. 선물에는 꿩을 사용한다. '향선생(鄕先生)'은 그 마을에서 나이와 덕이 모두 높은 자를 뜻하며, 혹은 관직에서 퇴임한 자를 가리키기도 한다.

經文

成人之者, 將責成人禮焉也. 責成人禮焉者, 將責爲人子·爲人弟·爲人臣·爲人少者之禮行[去聲]焉. 將責四者之行於人, 其禮可不重與! 故孝弟忠順之行立, 而后可以爲人; 可以爲人, 而后可以治人也. 故聖王重禮. 故曰: "冠者禮之始也, 嘉事之重者也." 是故古者重冠, 重冠故行之於廟; 行之於廟者, 所以尊重事; 尊重事, 而不敢擅重事; 不敢擅重事, 所以自卑而尊先祖也.〈005〉

성인이 된 자에게는 장차 성인으로서 시행해야 할 예를 요구하게 된다. 장차 성인으로서 시행해야 할 예를 요구하는 것은 장차 자식된 자로서 따라야 하는 예, 동생이 된 자로서 따라야 하는 예, 신하된 자로서 따라야 하는 예, 젊은이가 된 자로서 따라야 하는 예를 시행하도록['行'자는 거성으로 읽는다.] 요구하는 것이다. 그 사람에 대해서 이러한 네 가지 예의 시행을 요구하게 된다면, 관례에 대해서 중시하지 않을 수 있겠는가! 그렇기 때문에 효·제·충·순의 행실이 확립된 이후에야 사람답게 될 수 있는 것이고, 사람답게 될 수 있은 이후에야 다른 사람을 다스릴 수 있는 것이다. 그러므로 성왕은 예를 중시했던 것이다. 또 이러한 이유 때문에 "관례라는 것은 예의 시작이자 경사스러운 일 중에서도 중대사에 해당한다."라고 말한 것이다. 그리고 이러한 까닭으로 고대에는 관례를 중시했으니, 관례 자체를 중시했기 때문에 묘에서 시행했던 것이고, 묘에서 관례를 시행했던 것은 중대한 사안에 대해서 존귀하게 여기는 방법이 되며, 중대한 일을 존귀하게 여기면서도 감히 제멋대로 처리하지 않았고, 감히 중대사에 대해 제멋대로 처리하지 않았던 것은 스스로를 낮추며 선조를 높이는 방법이다.

呂氏曰: 所謂成人者, 非謂四體膚革異於童稚也, 必知人倫之備焉. 親親·貴貴·長長, 不失其序之謂備, 此所以爲人子·爲人弟·爲人臣·爲人少者之禮行, 孝弟忠順之行立也. 有諸己, 然後可以責諸人, 故成人然後可以治人也. 古者重事必行之廟中, 昏禮納采至親迎, 皆主人筵几於廟. 聘禮, 君親拜迎于大門之外而廟受. 爵有德, 祿有功, 君親策命于廟. 喪禮, 旣啓則朝廟, 皆所以示有所尊而不敢專也. 冠禮者, 人道之始, 所不可後也. 孝子之事親也, 有大事, 必告而後行, 沒則行諸廟, 猶是義也. 故大孝終身慕父母者, 非終父母之身, 終其身之謂也.

여씨가 말하길, 이른바 '성인(成人)'이라는 것은 사지나 피부가 어린아이와 다르다는 것을 뜻함이 아니니, 인륜(人倫)을 갖춰야 함을 분명히 아는 것이다. 친근한 자를 친근하게 대하고, 존귀한 자를 존귀하게 대하며, 연장자를 연장자로 우대하여, 그 질서를 잃지 않는 것을 "갖췄다."라고 말하는 것이며, 이것은 자식된 자로서의 입장, 동생이 된 자로서의 입장, 신하가 된 자로서의 입장, 젊은이가 된 자로서의 입장에 따른 예를 시행하여, 효(孝)·제(弟)·충(忠)·순(順)의 행실을 확립하는 방법이 된다. 자신에게 갖춰진 이후에야 남에 대해서도 책망할 수 있다. 그렇기 때문에 성인이 된 이후에야 다른 사람들을 다스릴 수 있다. 고대에는 중대한 사안에 대해서 반드시 묘(廟) 안에서 시행했으니, 혼례(昏禮)에 있어서 납채(納采)로부터 친영(親迎)에 이르기까지, 모든 절차에 있어서 주인은 묘에 대자리와 안석을 설치하게 된다. 또한 빙례(聘禮)에 있어서도 군주는 직접 대문 밖에서 빈객을 맞이하며 절을 하고 묘에서 빙문을 받는다. 작위를 가진 자는 그에 걸맞은 덕이 있는 것이며, 녹봉을 받는 자는 그에 걸맞은 공적이 있는 것이니, 군주는 직접 묘에서 그에게 관직과 작위를 수여하게 된다. 상례(喪禮)에 있어서도 가매장했던 빈소를 열었다면, 조묘(朝廟)를 했으니, 이 모두는 존귀하게 여겨야 할 대상이 있어서 감히 제 마음대로 할 수 없다는 뜻을 드러내는 방법이다. '관례(冠禮)'라는 것은 인도(人道)의 시작이 되니 뒤로 미룰 수 없다. 자식이 부모를 섬기는 일에 있어서, 중대한 일이 있다면 반드시 아뢴 이후에야 시행하고, 부모가 돌아가셨을 때에는 묘에서 아뢰는 절차를 시행하니, 여전히 이러한 도의가 포함된 것이다. 그렇기 때문에 큰 효도라는 것은 종신토록 부모를 그리워하는 것이니,[2] 이 말은 부모가 돌아가셨을 때를 뜻하는 말이 아니라 본인이 죽을 때까지를 뜻한다.

---

2) 『맹자』「만장상(萬章上)」: 人少, 則慕父母, 知好色, 則慕少艾, 有妻子, 則慕妻子, 仕則慕君, 不得於君則熱中. <u>大孝終身慕父母</u>. 五十而慕者, 予於大舜見之矣.

「혼의(昏義)」

疏曰: 謂之昏者, 娶妻之禮, 以昏爲期, 因名焉. 必以昏者, 取陽往陰來之義.

소에서 말하길, '혼(昏)'자를 붙여서 부르는 이유는 아내를 맞이하는 예가 저녁을 기점으로 삼기 때문에 그에 따라 명칭을 정한 것이다. 반드시 저녁을 기점으로 삼는 이유는 양(陽)이 가고 음(陰)이 찾아온다는 뜻에서 취한 것이다.

呂氏曰: 物不可以苟合而已, 故受之以賁, 天下之情, 不合則不成, 而其所以合也敬則克終, 苟則易離, 必受之以致飾者, 所以敬而不苟也. 昏禮者, 其受賁之義乎?

여씨가 말하길, 사물은 구차하게 합치될 수 없을 따름이다. 그렇기 때문에 비괘(賁卦䷕)로써 받는 것이고,[1] 천하의 모든 실정상 합치되지 않는다면 완성을 이루지 못하니, 합치하는 것이 공경스러우면 끝맺음을 잘할 수 있고, 구차하다면 쉽게 떨어지니, 반드시 지극한 문식으로써 받는 것이 바로 공경스러우면서도 구차하지 않는 방법이다. 이것이 '혼례(昏禮)'라는 것을 비괘로 받은 뜻이 아니겠는가?

---

1) 『역』「서괘전(序卦傳)」: <u>物不可以苟合而已, 故受之以賁</u>, 賁者飾也.

「혼의」편 문장 순서 비교

『예기집설』	『예기천견록』	
	구분	문장
001		001
002		002
003		003
004		004
005	무분류	005
006		006
007		007
008		008
009		009

무분류

經文

昏禮者, 將合二姓之好, 上以事宗廟, 而下以繼後世也, 故君
子重之. 是以昏禮納采 · 問名 · 納吉 · 納徵 · 請期, 皆主人筵
几於廟, 而拜迎於門外, 入, 揖讓而升, 聽命於廟, 所以敬慎重
正昏禮也. 〈001〉

혼례라는 것은 장차 성이 다른 두 집안의 우호를 결합하는 것으로, 위
로는 이를 통해 종묘에 안치된 조상을 섬기고, 아래로는 이를 통해 후
손을 잇는다. 그렇기 때문에 군자가 그 예를 중시했던 것이다. 그리고
이러한 까닭으로 혼례에서는 납채 · 문명 · 납길 · 납징 · 청기를 하게 되
니, 이 모든 절차에 있어서 주인은 종묘에 대자리와 안석을 설치하고,
문밖에서 절을 하며 맞이하고, 안으로 들어와서는 읍과 사양을 하여 당
에 오르고, 종묘에서 명을 받들게 되니, 혼례에 대해서 공경하고 신중히
하며 중시하고 바르게 하는 것이다.

集說

方氏曰: 納采者, 納焉以爲采擇之禮也. 問名者, 問女生之母名氏也.
納吉者, 得吉卜而納之也. 納徵者, 納幣以爲昏姻之證也. 請期者,
請昏姻之期日也. 夫采擇自我, 而名氏在彼, 故首之以納采, 而次之
以問名, 此資人謀以達之也. 謀旣達矣, 則宜貴鬼謀以決之, 故又次
之以納吉焉. 人謀鬼謀皆恊從矣, 然後納幣以徵之, 請日以期之, 故
其序如此.

방씨가 말하길, '납채(納采)'라는 것은 기러기를 예물로 보내어서 아내
될 여자를 선택하는 예로 삼는 것이다. '문명(問名)'[1]이라는 것은 아내
될 여자를 낳은 모친의 이름과 씨(氏)를 묻는 것이다. '납길(納吉)'[2]은

길한 점괘를 얻어서 알리는 것이다. '납징(納徵)'은 폐백을 보내서 혼인의 증표로 삼는 것이다. '청기(請期)'3)는 혼인할 시일을 청해서 묻는 것이다. 무릇 채택하는 것은 나로부터 비롯되지만, 이름과 씨(氏)가 어떻다는 것은 상대방에게 달려 있다. 그렇기 때문에 먼저 납채를 하고 그다음에야 문명을 하니, 이것은 사람이 수립한 계획에 바탕을 두고 전달하는 것이다. 계획이 전달되었다면, 마땅히 귀신이 세운 계획을 존귀하게 받들어서 결정해야 한다. 그렇기 때문에 또한 그 다음으로 납길을 하는 것이다. 사람의 계획과 귀신의 계획이 모두 맞아서 따르게 된 이후에는 납폐를 하여 징험을 해야 하고, 날짜를 청해 물어서 시일을 정한다. 그렇기 때문에 그 순서가 이와 같은 것이다.

經文

父親醮子而命之迎[去聲], 男先[去聲]於女也. 子承命以迎, 主人筵几於廟, 而拜迎于門外. 壻執鴈入, 揖讓升堂, 再拜奠鴈, 蓋親受之於父母也. 降, 出御婦車, 而壻授綏, 御輪三周, 先俟于門外. 婦至, 壻揖婦以入. 共牢而食, 合졸[謹]而酳[以刃反], 所以合體同尊卑以親之也.〈002〉

----

1) 문명(問名)은 혼례와 관련된 육례(六禮) 중 하나이다. 여자의 이름 및 출생일 등에 대해서 묻는 절차를 뜻한다.

2) 납길(納吉)은 혼인과 관련된 육례(六禮) 중 하나이다. 납징(納徵)을 하기 이전에 남자 집안에서는 이번 혼인이 어떠한가를 종묘(宗廟)에서 점을 치게 되고, 길(吉)한 징조를 얻게 되면, 혼인을 최종적으로 결정하여, 여자 집안에 알리게 된다. 혼인은 이 시기부터 확정이 된다. 『의례』「사혼례(士昏禮)」편에는 "納吉用鴈, 如納采禮."라는 기록이 있는데, 이에 대한 정현의 주에서는 "歸卜於廟, 得吉兆, 復使使者往告, 婚姻之事於是定."이라고 풀이했다.

3) 청기(請期)는 혼례 절차 중 하나이다. 남자 집안에서 여자 집안에 예물을 보낸 뒤에, 혼인하기에 좋은 길일(吉日)을 점치게 된다. 길(吉)한 날을 잡게 되면, 여자 집안에 통보를 하며 가부(可否)를 묻게 되는데, 이 절차가 바로 '청기'이다.

부친은 직접 자식에게 술을 따라주며, 그에게 명령하여 부인을 맞이하도록['迎'자는 거성으로 읽는다.] 하니, 남자는 부인보다 먼저['先'자는 거성으로 읽는다.] 하는 것이다. 자식은 부친의 명을 받들어서 부인을 맞이하며, 주인은 묘에 자리와 안석을 설치하고, 문밖에서 절을 하며 맞이한다. 사위가 될 자는 기러기를 들고 들어가고, 읍과 사양을 하여 당상에 오르며, 올라가서는 재배를 하고 가져갔던 기러기를 내려놓으니, 신부의 부모에게서 아내를 직접 건네받기 때문이다. 당하로 내려가게 되면 밖으로 나와서 부인이 타게 될 수레를 몰게 되는데, 남편은 아내에게 수레에 오를 때 잡는 끈을 건네고, 수레를 직접 몰아서 수레바퀴가 3바퀴 굴러가도록 하고, 그런 뒤에는 먼저 문밖에서 아내를 기다린다. 아내가 도착하면 남편은 아내에게 읍을 하고 들어간다. 남편과 아내는 같은 희생물의 고기를 먹고, 한 쌍의 표주박으로 만든 바가지로['巹'자의 음은 '謹(근)'이다.] 술을 따라 마셔서 입가심을['酳'자는 '以(이)'자와 '刃(인)'자의 반절음이다.] 하니, 몸을 합하고 신분을 동일하게 하여 친근하게 대하는 방법이다.

疏曰: 共牢而食者, 同食一牲, 不異牲也. 合巹而酳者, 以一瓠分爲兩瓢, 謂之巹, 壻與婦各執一片以酳. 酳, 演也, 謂食畢飲酒, 演安其氣也.

소에서 말하길, '공뢰이식(共牢而食)'이라는 말은 함께 한 마리의 희생물에서 나온 고기를 먹으며, 먹게 되는 희생물을 달리하지 않는다는 뜻이다. '합근이인(合巹而酳)'이라고 했는데, 하나의 표주박을 두 개의 바가지로 만든 것을 '근(巹)'이라 부르며, 남편과 부인은 각각 하나의 바가지를 들고서 입가심을 한다. '인(酳)'자는 "통하게 하다."는 뜻이니, 음식을 다 먹으면 술을 마셔서, 그 기운을 소통시키고 편안하게 만든다는 의미이다.

程子曰: 奠鴈, 取其不再偶.

정자가 말하길, 기러기를 놓아두는 것은 재차 다른 짝을 취하지 않는다는 뜻을 취한 것이다.

朱子曰: 取其順陰陽往來之義也.

주자가 말하길, 음양에 따라 왕래한다는 뜻을 취한 것이다.

方氏曰: 筵几於廟者, 交神以筵之, 奉神以安之也. 父必親醮, 非重子也, 重禮而已. 御其婦車, 所以尊之也. 授之綏, 所以安之也. 以輪三周爲節者, 取陰陽奇偶之數成也. 旣三周, 則御者代之矣. 共牢, 則不異牲. 合巹, 則不異爵. 合巹有合體之義, 其牢有同尊卑之義. 體合則尊卑同; 同尊卑, 則相親而不相離矣.

방씨가 말하길, "묘(廟)에 자리와 안석을 설치한다."라고 했는데, 신과 교섭하며 자리를 만들고 신을 받들어서 편안하게 모시는 것이다. "부친이 직접 자식에게 술을 따라준다."는 것은 자식을 중시해서가 아니며 그 예법을 중시하는 것일 따름이다. "부인의 수레를 몬다."는 것은 그녀를 존중하는 방법이다. "오를 때 잡는 수(綏)를 그녀에게 건넨다."는 것은 그녀를 편안하게 해주는 방법이다. 수레바퀴가 3바퀴 굴러가는 것을 하나의 절도로 삼는 것은 음양의 홀수와 짝수가 완성되는 뜻에 따른 것이다. 이미 3바퀴가 굴러갔다면, 수레를 모는 자가 남편을 대신해서 몰게 된다. "희생물을 함께 한다."라고 했으니, 먹게 되는 희생물을 달리 하지 않는 것이다. "표주박을 합친다."라고 했으니, 술잔을 달리하지 않는 것이다. 각각 한 쪽씩의 표주박을 합치는 것에는 몸을 합친다는 뜻이 포함되어 있고, 희생물을 함께 한다는 것에는 신분의 등급을 동일하게 한다는 뜻이 포함되어 있다. 몸을 합친다면 신분의 차이가 동일한 것이며, 신분의 차이가 동일하다면 서로 친근하게 대하여 떨어지지 않는 것이다.

敬愼重正而后親之, 禮之大體, 而所以成男女之別, 而立夫婦
之義也. 男女有別, 而后夫婦有義; 夫婦有義, 而后父子有親;
父子有親, 而后君臣有正. 故曰: "昏禮者, 禮之本也." 夫禮始
於冠, 本於昏, 重於喪祭, 尊於朝聘, 和於射鄕, 此禮之大體
也.〈003〉

공경하며 신중히 하고 중시하고 올바르게 한 이후에야 친근하게 되니,
예의 대체이고, 남녀의 유별함을 이루고 부부 사이의 도의를 이루는 방
법이다. 남녀사이에 유별함이 있은 뒤에라야 부부사이에 도의가 생기
고, 부부사이에 도의가 생긴 이후에야 부자관계에 친근함이 생기며, 부
자관계에 친근함이 생긴 이후에야 군신관계에 올바름이 생긴다. 그렇기
때문에 "혼례라는 것은 예의 근본이다."라고 말한 것이다. 무릇 예라는
것은 관례에서 시작하고, 혼례에 근본을 두며, 상례와 제례를 중시하고,
조빙을 존엄하게 여기며, 사례와 향음주례를 화목하게 만드니, 이것이
바로 예의 대체이다.

集說

父子親而后君臣正者, 資於事父以事君而敬同也.

"부자관계에서 친근하게 된 이후에야 군신관계가 바르게 된다."는 것은
부친을 섬기는 것에 바탕을 두고, 이를 통해 군주를 섬기니, 그 공경함
은 동일한 것이다.

夙興, 婦沐浴以俟見[現]. 質明, 贊見婦於舅姑, 婦執笲[煩]棗栗段[丁亂反]脩以見. 贊醴婦. 婦祭脯醢, 祭醴, 成婦禮也. 舅姑入室, 婦以特豚饋, 明婦順也. ⟨004⟩

아침 일찍 일어나서 부인은 목욕을 하고 시부모를 뵐['見'자의 음은 '現(현)'이다.] 때까지 기다린다. 날이 밝으면 의례의 진행을 돕는 자는 시부모에게 며느리를 보이고, 며느리는 대추·밤·조미육포['段'자는 '丁(정)'자와 '亂(란)'자의 반절음이다.] 등을 담은 번을['笲'자의 음은 '煩(번)'이다.] 들고서 시부모를 찾아뵙는다. 의례의 진행을 돕는 자가 며느리에게 단술을 따라주면, 며느리는 포와 젓갈로 제사를 지내고 단술로 제사를 지내니, 이것은 정식 부인이 되는 예를 완성하는 절차이다. 그리고 시부모가 방으로 들어가면, 부인은 한 마리의 돼지고기를 잡아서 음식으로 바치니, 이것은 며느리의 효성과 순종함을 드러낸다.

質明, 昏禮之次日正明之時也. 贊, 相禮之人也. 笲之爲器似筥, 以竹或葦爲之, 衣以青繒, 以盛此棗栗段脩之贄. 脩, 脯也, 加姜桂治之曰段脩. 贊醴婦者, 婦席于戶牖間, 贊者酌醴置席前, 婦於席西東面拜受, 贊者西階上北面拜送. 又拜薦脯醢, 婦升席, 左執觶, 右祭脯醢訖, 以栖祭醴三. 是祭脯醢祭醴者, 所以成其爲婦之禮也. 舅姑入于室, 婦盥饋特豚, 合升而分載之, 左胖載之舅俎, 右胖載之姑俎. 無魚腊, 無稷, 舅姑竝席于奧東面南上. 饌亦如之, 此明其爲婦之孝順也.

'질명(質明)'은 혼례를 치른 다음날 날이 밝을 때를 뜻한다. '찬(贊)'은 의례의 진행을 돕는 사람이다. '번(笲)'이라는 기물은 거(筥)와 유사한데, 대나무 또는 갈대를 엮어서 만들고 청색의 비단으로 감싸며, 대추·밤·조미육포 등의 폐백을 담는다. '수(脩)'자는 포(脯)를 뜻하니, 생강과 계피를 첨가한 것을 '단수(腶脩)'라고 부른다. "의례의 진행을 돕는 자가 부인에게 예(醴)를 한다."는 말은 부인은 방문과 들창 사이에 자리를 잡고, 의례의 진행을 돕는 자가 단술을 따라서 자리 앞에 놓아두면, 부인은 자리의 서쪽에서 동쪽을 바라보고 절을 하며 받고, 의례의 진행을 돕는 자는 서쪽 계단 위에서 북쪽을 바라보며 절을 하며 전한다. 또 절을 하며 포와 젓갈을 바치면, 부인은 자리에 올라가서 좌측 손으로 치(觶)를 잡고, 우측 손으로 포와 젓갈을 가지고 제사를 지내고, 그것이 끝나면 숟가락을 이용하여 단술에 대해 제사지내길 세 차례 한다. 이것은 포와 젓갈로 제사지내고 단술에 대해 제사지내는 것으로, 이를 통해 정식 부인이 되는 예법을 완성하는 것이다. 시부모가 방으로 들어가면 부인은 손을 씻고 한 마리의 돼지로 음식을 만들어 바치는데, 한꺼번에 가지고 올라가서 나누어 담아두니, 희생물의 좌측 부위는 시아비가 받는 도마에 올려두고, 우측 부위는 시어미가 받는 도마에 올려둔다. 말린 물고기는 포함되지 않고 기장밥도 없는데, 시부모는 모두 아랫목에 자리를 잡고 동쪽을 바라보며 남쪽 끝에서부터 위치한다. 음식들에 대해서도 이처럼 하니, 이것은 며느리로서 따르는 효순(孝順)을 드러내는 것이다.

經文

厥明, 舅姑共饗婦, 以一獻之禮奠酬. 舅姑先降自西階, 婦降自阼階, 以著代也.〈005〉

며느리가 시부모를 찾아뵌 그 다음날, 시부모는 함께 며느리에게 잔치를 베풀어주니, 일헌의 예로써 전수를 한다. 시부모는 먼저 서쪽 계단을 통해서 내려가고, 며느리는 동쪽 계단을 통해서 내려가니, 이를 통해서 세대가 교체됨을 나타낸다.

厥明, 昏禮之又明日也. 昏禮註云: "舅姑共饗婦者, 舅獻爵, 姑薦脯
醢." 又云: "舅洗于南洗, 洗爵以獻婦也. 姑洗于北洗, 洗爵以酬婦
也." 賈疏云: "舅獻姑酬, 共成一獻, 仍無妨姑薦脯醢", 此說是也. 但
婦酢舅, 更爵自薦. 又云奠酬酬酢, 皆不言處所, 以例推之, 舅姑之
位, 當如婦見, 舅席于阼, 姑席于房外, 而婦行更爵自薦, 及奠獻之
禮歟.

'궐명(厥明)'은 혼례를 치른 뒤 시부모를 뵌 그 다음날을 뜻한다. 『의례』
「사혼례(土昏禮)」편에 대한 정현의 주에서는 "시부모가 함께 며느리에
게 향연을 베푼다는 것은 시아비가 며느리에게 술을 따라주고, 시어미
가 포와 젓갈을 올리는 것이다."라 했고, 또 "시아비는 남쪽 세(洗)에서
술잔을 닦고 술잔을 닦아서 며느리에게 술을 따라준다. 북쪽 세에서 술
잔을 닦고 술잔을 닦아서 며느리에게 술을 권한다."라 했으며, 가공언의
소에서는 "시아비가 술을 따라주고 시어미가 술을 권하여, 함께 일헌(一
獻)의 절차를 완성하면, 시어미가 포와 젓갈을 주어도 무방하다."고 했
는데, 이 주장은 옳다. 다만 며느리가 시아비에게 술을 따라주고, 잔을
바꿔서 스스로 음식을 바치게 된다. 또 전수(奠酬)[4]와 수초(酬酢)[5]를
언급하며, 모두 장소에 대해서는 기록하지 않았는데, 용례에 따라 추론
해보면, 시부모의 위치는 마땅히 며느리가 찾아뵙는 예법을 시행할 때
와 같아서, 시아비는 동쪽 계단에 자리를 마련하고, 시어미는 방밖에 자
리를 마련하며, 며느리는 이동하여 술잔을 바꿔 직접 음식을 올리고, 전

---

4) 전수(奠酬)는 술을 마실 때 시행되는 의례 절차이다. 주인(主人)이 공경스러운
   태도로 술을 따라주면, 빈객(賓客)은 받은 술잔을 내려놓고 들지 않는데, 이것을
   '전수'라고 부른다.
5) 수초(酬酢)는 술을 마실 때 시행되는 의례 절차이다. 주인(主人)과 빈객(賓客)이
   상호 공경스러운 태도로 술을 따라줄 때, 주인이 빈객에게 공경스러운 태도로
   술을 따라주는 것을 '수(酬)'라고 부르며, 빈객이 재차 공경스러운 태도로 주인에
   게 술을 따라주는 것을 '초(酢)'라고 부른다.

헌(奠獻)의 예를 시행했을 것이다.

疏曰: 舅酌酒于阼階獻婦, 婦西階上拜受, 卽席祭薦, 祭酒畢, 於西階上北面卒爵. 婦酢舅, 舅於阼階上受酢, 飮畢乃酬. 婦更爵先自飮畢, 更酌酒以酬姑, 姑受爵奠於薦左, 不擧爵, 正禮畢也. 降階, 各還燕寢也.

소에서 말하길, 시아비는 동쪽 계단에서 술을 따라서 며느리에게 주고, 며느리는 서쪽 계단 위에서 절을 하며 받고, 자리에 나아가서 제사를 지내고, 술에 대한 제사가 끝나면 서쪽 계단 위에서 북쪽을 바라보며 잔을 비운다. 며느리가 시아비에게 술을 권하게 되면, 시아비는 동쪽 계단 위에서 따라준 술잔을 받고, 그것을 마시면 다시 술을 권한다. 며느리는 술잔을 바꾸고 먼저 마시며 그것이 끝나면 다시 술을 따라서 시어미에게 술을 권하고, 시어미는 술잔을 받아서 음식이 차려진 곳 좌측에 놓아두고 잔을 들지 않으니, 이것은 정식 의례절차를 끝맺는 것이다. 계단을 내려가서 각각 연침(燕寢)으로 되돌아간다.

方氏曰: 阼者, 主人之階. 子之代父, 將以爲主於外. 婦之代姑, 將以爲主於內. 故此與冠禮竝言著代也.

방씨가 말하길, 동쪽 계단은 주인이 이용하는 계단이다. 자식이 부친을 대신하게 되는 것은 장차 바깥일을 주관하는 것이다. 며느리가 시어미를 대신하는 것은 장차 집안일을 주관하는 것이다. 그렇기 때문에 혼례와 관례에서는 모두 세대를 계승하게 됨을 나타낸다고 말한 것이다.

石梁王氏曰: "此皆謂冢婦也." 今按此一節難曉, 儀禮圖亦不詳明, 闕之以俟知者.

석량왕씨가 말하길, "이 내용은 모두 적장자에게 시집 온 며느리에 대한 내용이다."라고 했다. 내가 살펴보니, 이곳 한 문단은 해석하기 어렵고, 『의례도』에도 자세히 나와 있지 않으니, 자세한 해설을 생략하고, 지혜로운 자가 고쳐주기를 기다린다.

經文

成婦禮, 明婦順, 又申之以著代, 所以重責婦順焉也. 婦順者,
順於舅姑, 和於室人而後當[去聲]於夫, 以成絲麻布帛之事, 以
審守委[去聲]積[恣]蓋藏[去聲]. 是故婦順備而后內和理, 內和理
而后家可長久也. 故聖王重之.〈006〉

정식 며느리가 되는 예를 이루고, 며느리의 순종함을 드러내며, 또한 세
대를 교체한다는 사실로 거듭 밝힌 것은 며느리의 순종이라는 덕목을
중대하게 책무지우기 위해서이다. 며느리가 순종한다는 것은 시부모에
대해서 순종하는 것이고, 집안사람들과 화목하게 된 이후에야 남편에게
합당하게['當'자는 거성으로 읽는다.] 대하며, 이를 통해 견직물 짜는 일을
이루며, 양식 등을 비축하는['委'자는 거성으로 읽는다. '積'자의 음은 '恣(자)'이
다. '藏'자는 거성으로 읽는다.] 일을 자세히 살피고 지킬 수 있다. 이러한
까닭으로 며느리가 순종하게 된 이후에야 집안이 화목하게 다스려지고,
집안이 화목하게 다스려진 이후에야 그 집안이 오래도록 유지될 수 있
다. 그렇기 때문에 성왕은 혼례를 중시했던 것이다.

集說

方氏曰: 於舅姑言順, 於室人言和者, 蓋上下相從謂之順, 順則不逆;
可否相濟謂之和, 和則不同. 舅姑之禮至隆也, 故可順而不可逆. 室
人之禮相敵也, 故雖和而不必同. 玆其別歟.

방씨가 말하길, 시부모에 대해 '순(順)'이라 말하고 집안사람들에 대해
'화(和)'라고 말한 이유는 상하 계층이 서로 따르는 것을 '순(順)'이라 부
르니 순종하게 되면 거역하지 않고, 옳거나 그렇지 않은 것을 서로 가지

런히 만드는 것을 '화(和)'라고 부르니 화목하게 되면 부화뇌동하지 않는다. 시부모에 대한 예는 지극히 융성하다. 그렇기 때문에 순종할 수 있지만 거역할 수는 없다. 집안사람들에 대한 예는 서로 대등한 예법이다. 그렇기 때문에 비록 화목하지만 반드시 같을 필요는 없다. 이것이 바로 둘의 구분일 것이다.

是以古者婦人先[去聲]嫁三月, 祖廟未毀, 教于公宮. 祖廟旣毀, 教于宗室. 教以婦德·婦言·婦容·婦功. 教成祭之, 牲用魚, 芼[冒]之以蘋藻, 所以成婦順也.〈007〉

이러한 까닭으로 고대에는 딸아이가 시집가기 3개월 전에['先'자는 거성으로 읽는다.] 조묘가 아직 훼철되지 않아서 군주와 사이가 가까운 친족이라면, 공궁에서 그녀에 대한 교육을 실시한다. 조묘가 이미 훼철되어서 군주와 사이가 소원해진 친족이라면, 종실에서 그녀에 대한 교육을 실시한다. 그녀에게 교육을 할 때에는 아내이자 며느리로서 갖춰야 하는 덕, 해야 할 말, 갖춰야 하는 행동거지, 해야 할 일 등을 가르친다. 가르침이 완성되면 자신이 파생하게 된 조상에 대해 제사를 지내는데, 희생물은 물고기를 사용하고, 빈조라는 풀로 국을['芼'자의 음은 '冒(모)'이다.] 끓이니, 아내이자 며느리로서 갖춰야 하는 순종의 덕목을 이루었기 때문이다.

祖廟未毀者, 言此女猶於此祖有服也, 則於君爲親, 故使女師教之于公宮. 公宮, 祖廟也. 旣毀, 謂無服也, 則於君爲疏, 故教之于宗子之家. 德, 貞順也. 言, 辭令也. 容則婉娩, 功則絲麻. 祭之者, 祭所出之祖也. 魚與蘋藻. 皆水物, 陰類也, 芼之, 爲羹也.

"조묘(祖廟)가 아직 훼철되지 않았다."는 말은 여기에서 말하는 시집 갈 여자가 여전히 조상에 대해 상복관계에 있다는 뜻이니, 군주에 대해서는 사이가 가까운 친족이 된다. 그렇기 때문에 여사(女師)를 시켜서 공궁(公宮)에서 그녀를 교육시키는 것이다. '공궁(公宮)'은 조묘(祖廟)를 뜻한다. "이미 훼철되었다."는 말은 상복관계가 끝났다는 뜻이니, 군주에 대해서는 소원해진 친족이 된다. 그렇기 때문에 그녀에 대해서 종자(宗子)의 집에서 교육을 시키는 것이다. '덕(德)'은 지조가 굳고 순종함을 뜻한다. '언(言)'은 대답하는 말 등을 뜻한다. '용(容)'은 유순한 모습을 뜻하고, '공(功)'은 견직물 만드는 것을 뜻한다. "제사를 지낸다."는 것은 자신이 파생된 조상에 대해서 제사를 지낸다는 뜻이다. 물고기와 빈조라는 식물은 모두 수중에서 나오는 산물이니, 음(陰)의 부류에 해당하고, "모(芼)로 한다."는 말은 국을 만든다는 뜻이다.

經文

古者天子后立六宮·三夫人·九嬪·二十七世婦·八十一御妻, 以聽天下之內治, 以明章婦順, 故天下內和而家理. 天子立六官·三公·九卿·二十七大夫·八十一元士, 以聽天下之外治, 以明章天下之男敎, 故外和而國治. 故曰: "天子聽男敎, 后聽女順; 天子理陽道, 后治陰德; 天子聽外治, 后聽內職. 敎順成俗, 外內和順, 國家理治", 此之謂盛德.⟨008⟩

고대에 천자의 부인인 왕후는 6궁·3부인·9빈·27세부·81어처를 세워서, 이를 통해 천하의 내치를 듣고, 이를 통해 부녀자가 따르는 순종의 덕목을 드러내었다. 그렇기 때문에 천하가 안으로 화목하고 가정이 다스려졌던 것이다. 천자는 6관·3공·9경·27대부·81원사를 세워서, 이를 통해 천하의 외치를 듣고, 이를 통해 천하에서 남자들이 따라야 하는 교화를 드러냈다. 그렇기 때문에 천하가 외적으로 화목하고 국가가 다스려졌던 것이다. 그래서 "천자는 남자가 따라야 하는 교화를 듣고 왕후는 여자가 따라야 하는 순종의 덕목을 들으며, 천자는 양의 도리를 다스리고 왕후는 음의 덕을 다스리며, 천자는 외적인 다스림을 듣고 왕후는 내적인 직무를 듣는다. 순종의 미덕을 가르치고 풍속을 완성하며 내외적으로 화목하고 순종하여 국가가 다스려진다."라고 말한 것이니, 이것은 곧 '성덕(盛德)'을 뜻한다.

集說

方氏曰: 六官, 天地四時之官也. 有六卿而又有九卿者, 兼三公數之, 則謂之九卿. 由公至士, 其數三而倍之, 止於九者, 陽成於三而窮於九, 以其理陽道, 故其數如此. 后治陰德, 而其數亦如之者, 婦人從夫故也. 六宮, 謂大寢一, 小寢五也. 先言六宮而后言六官者, 欲治其國, 先齊其家之意也.

방씨가 말하길, '육관(六官)'은 천관(天官)·지관(地官)·춘관(春官)·하관(夏官)·추관(秋官)·동관(冬官)의 관부를 뜻한다. 육경(六卿)이라는 말이 있고 또 구경(九卿)이라는 말이 있는데, 육경에 삼공(三公)을 함께 셈하면, 이를 '구경(九卿)'이라 부른다. 공(公)으로부터 사(士)에 이르기까지 그 수는 3배수로 하는데, 9에서 끝나는 것은 양(陽)은 3에서 이루어져서 9에서 다하니, 양(陽)의 도를 다스리기 때문에 그 수 또한 이와 같은 것이다. 왕후는 음(陰)의 덕을 다스리는데 그 수가 천자와 같은 것은 부인은 남편을 따르기 때문이다. '육궁(六宮)'은 대침(大寢)이 1개이고 소침(小寢)이 5개인 것을 뜻한다. 앞서 '육궁(六宮)'이라 말하고 그 이후에 '육관(六官)'을 언급한 것은 그 나라를 다스리고자 할 때에는 그보다 앞서서 그 집안을 다스려야 한다는 뜻 때문이다.

是故男敎不脩, 陽事不得, 適[責]見[現]於天, 日爲[去聲]之食. 婦
順不脩, 陰事不得, 適見於天, 月爲之食. 是故日食, 則天子素
服而脩六官之職, 蕩天下之陽事. 月食, 則后素服而脩六宮之
職, 蕩天下之陰事. 故天子之與后, 猶日之與月, 陰之與陽, 相
須而后成者也. 天子脩男敎, 父道也; 后脩女順, 母道也. 故曰:
"天子之與后, 猶父之與母也." 故爲天王服斬衰, 服父之義也;
爲后服齊衰, 服母之義也. 〈009〉

이러한 까닭으로 남자들에 대한 교화를 다스리지 않으면, 양과 관련된
사안을 얻을 수 없어서 그 징조가['適'자의 음은 '責(책)'이다.] 하늘에 드러
나니['見'자의 음은 '現(현)'이다.] 일식이 발생하는 것이다.['爲'자는 거성으로
읽는다.] 아녀자가 따르는 순종의 미덕을 다스리지 않으면, 음과 관련된
사안을 얻을 수 없어서 그 징조가 하늘에 드러나니 월식이 발생하는 것
이다. 이러한 까닭으로 일식이 발생하면, 천자는 소복을 착용하고 육관
의 직무를 다스려서 천하의 잘못된 양에 대한 일들을 씻어낸다. 또한
월식이 발생하면, 왕후는 소복을 착용하고 육궁의 직무를 다스려서 천
하의 잘못된 음에 대한 일들을 씻어낸다. 그래서 천자와 왕후의 관계는
해와 달의 관계와 같고 음과 양의 관계와 같으니, 서로를 기다린 뒤에
야 완성되는 것이다. 천자가 남자에 대한 교화를 다스리는 것은 부친의
도리에 해당하고, 왕후가 여자의 순종을 다스리는 것은 모친의 도리에
해당한다. 그렇기 때문에 "천자와 왕후의 관계는 부친과 모친의 관계와
같다."라고 말하는 것이다. 그래서 천자가 죽었을 때, 천하의 모든 자들
은 천자를 위해서 참최복을 착용하는데, 이것은 부친을 위해서 참최복
을 착용하는 도리에 해당하고, 왕후를 위해서는 자최복을 착용하는데,
이것은 모친을 위해서 자최복을 착용하는 도리에 해당한다.

集說

鄭氏曰: 適之言責也. 蕩, 蕩滌其穢惡也.

정현이 말하길, '적(適)'자는 책망이라는 뜻이다. '탕(蕩)'자는 더럽고 악한 것을 씻어낸다는 뜻이다.

朱子曰: 王者脩德行政, 用賢去姦, 能使陽盛足以勝陰, 陰衰不能侵陽, 則日月之行, 雖或當食, 不食也. 若國無政, 臣子背君父, 妾婦乘其夫, 小人陵君子, 夷狄侵中國, 則陰盛陽微, 當食必食. 雖曰行有常度, 實爲非常之變矣.

주자가 말하길, 천자가 덕을 닦고 정사를 시행할 때에는 현명한 자를 등용하고 간사한 자를 제거하여, 양(陽)을 융성하게 만들어서 음(陰)을 이길 수 있도록 하고, 음이 쇠약해져서 양을 침범하지 못하게 한다면, 해와 달의 운행이 간혹 일식이나 월식의 주기에 해당한다 하더라도 그 현상이 나타나지 않는다. 만약 나라에 올바른 정사가 없고 신하와 자식이 군주와 부친을 배반하며 처와 첩이 그 남편에 올라타고 소인이 군자를 업신여기며 오랑캐가 중국을 침범한다면, 음이 융성해지고 양이 미약해져서 일식이나 월식의 주기에 해당하면 반드시 그 현상이 나타난다. 비록 "해와 달의 운행에는 일정한 주기가 있다."라고 하지만, 실제로는 일상적이지 않은 변고가 된다.

葉氏曰: 日月之食, 理所常有也. 反之陰陽之事者, 躬自厚之道也. 天子以男敎勉天下之爲子者, 其道猶父也, 故其卒也, 天下爲之服斬衰. 后以女順化天下之爲婦者, 其道猶母也, 故其亡也, 天下爲之服齊衰. 父母爲之服者, 報其恩也. 王與后爲之服者, 報其義也.

섭씨가 말하길, 일식이나 월식은 이치상 일정하게 발생하는 것이다. 음양(陰陽)의 일들을 돌이켜보는 것은 제 자신을 두텁게 하는 도리이다. 천자는 남자에 대한 교화를 통해 천하의 자식된 자들을 힘쓰게 하니, 그 도리는 부친과 유사하다. 그렇기 때문에 천자가 죽었을 때 천하의 모든 자들은 천자를 위해서 참최복(斬衰服)을 착용하는 것이다. 왕후(王后)는 여자가 따르는 순종의 미덕으로 천하의 아녀자들을 교화하니, 그 도리는 모친과 유사하다. 그렇기 때문에 왕후가 죽었을 때 천하의 모든 자들은 그녀를 위해서 자최복(齊衰服)을 착용하는 것이다. 부모가 돌아가셨을 때 그들을 위해 상복을 착용하는 것은 그들이 베풀어준 은정에 보답하기 위해서이다. 천자와 왕후가 죽었을 때 그들을 위해 상복을 착용하는 것은 도의에 보답하기 위해서이다.

「향음주의(鄕飮酒義)」

集說

呂氏曰: 鄕飮酒者, 鄕人以時會聚飮酒之禮也. 因飮酒而射, 則謂之
鄕射. 鄭氏謂三年大比, 興賢者能者, 鄕老及鄕大夫率其吏, 與其衆
以禮賓之, 則是禮也, 三年乃一行. 諸侯之卿大夫, 貢士於其君, 蓋
亦如此. 黨正每歲國索鬼神而祭祀, 則以禮屬民而飮酒于序, 但此
禮略而不載, 則黨正因蜡飮酒, 亦此禮也. 先儒謂鄕飮有四, 一則三
年賓賢能, 二則鄕大夫飮國中賢者, 三則州長習射, 四則黨正蜡祭.
然鄕人凡有會聚, 當行此禮, 恐不特四事也. 論語"鄕人飮酒, 杖者出
斯出矣", 亦指鄕人而言之.

여씨가 말하길, '향음주(鄕飮酒)'라는 것은 마을 사람들이 시기마다 모여
서 음주하던 예법을 뜻한다. 음주하는 일에 연유하여 활을 쏘면 그것을
'향사(鄕射)'라고 부른다. 정현은 3년마다 한 차례 큰 시험을 쳐서 현명
한 자와 능력이 있는 자들을 선발하고, 마을의 노인 및 경과 대부들이
아전들을 이끌고서 그 무리들에게 예법에 따라 대우하는 것이 바로 그
의례에 해당한다고 했으니, 그 해석에 따르면 3년마다 한 차례 시행하
는 것이 된다. 제후에게 소속된 경과 대부가 그들의 군주에게 사를 선발
하여 천거하게 되면, 아마도 이처럼 했을 것이다. 당정(黨正)[1]이 매년
귀신들을 찾아다니며 제사를 지내게 되면, 예법에 따라 백성들을 모으

---

1) 당정(黨正)은 주(周)나라 때의 지방 행정구역을 담당했던 수장을 뜻한다. 500가
(家)의 규모가 1당(黨)이 되며, 수장을 뜻하는 '정(正)'자를 붙여서, 그곳의 수장을
'당정'이라고 부르는 것이다. 『주례』 「지관(地官)·당정(黨正)」편에는 "黨正, 各
掌其黨之政令敎治."라는 기록이 있는데, 이에 대한 정현의 주에서는 정사농(鄭
司農)의 주장을 인용하여, 五百家爲黨."이라고 풀이했다.

고 서(序)에서 음주를 했는데,[2] 다만 이러한 예법이 간략하여 수록하지 않았다면, 당정은 사(蜡)를 지내는 것에 연유하여 음주를 했던 것 또한 이 의례에 해당한다. 선대 학자들은 향음주에 4종류가 있다고 했으니, 첫 번째는 3년마다 현명한 자와 능력이 출중한 자들을 빈객으로 예우하던 것이고, 두 번째는 경과 대부가 나라 안에 있는 현명한 자들에게 술을 대접하던 것이며, 세 번째는 주장(州長)[3]이 활쏘기를 연습하던 것이며,[4] 네 번째는 당정이 사제사를 지내던 것이다. 그러나 마을 사람들이 모임을 갖게 되면 마땅히 이러한 의례를 시행했던 것이니, 아마도 이러한 네 종류에만 국한되지는 않았을 것이다. 『논어』에서 "마을 사람들과 술을 마실 때에는 지팡이를 잡은 노인이 먼저 나간 뒤에야 나갔다."[5]라고 한 말 또한 바로 마을 사람들과 음주를 했던 '향음주'에 기준을 두고 언급한 말이다.

---

2) 『주례』「지관(地官)·당정(黨正)」: 國索鬼神而祭祀, 則以禮屬民, 而飮酒于序以正齒位: 壹命齒于鄕里, 再命齒于父族, 三命而不齒.

3) 주장(州長)은 주(周)나라 때의 관직으로, 1개 주(州)의 수장을 뜻한다. 중대부(中大夫) 1명이 담당을 했으며, 그 주에서 시행하는 교화와 정령을 담당했다. 『주례』「지관(地官)·사도(司徒)」편에는 "州長, 每州中大夫一人."이라는 기록이 있고, 『주례』「지관·주장(州長)」편에는 "各掌其州之敎治政令之法."이라는 기록이 있다.

4) 『주례』「지관(地官)·주장(州長)」: 若以歲時祭祀州社, 則屬其民而讀法, 亦如之. 春秋以禮會民而射于州序.

5) 『논어』「향당(鄕黨)」: 席不正, 不坐. <u>鄕人飮酒, 杖者出, 斯出矣.</u>

「향음주의」편 문장 순서 비교

『예기집설』	『예기천견록』	
	구분	문장
001		001
002		002
003		003
004		004
005		005
006		006
007		007
008		008
009	무분류	009
010		010
011		011
012		012
013		013
014		014
015		015
016		016
017		017
018		018

무분류

經文

鄕飮酒之義: 主人拜迎賓于庠門之外, 入, 三揖而后至階, 三
讓而后升, 所以致尊讓也. 盥洗揚觶[志], 所以致絜也. 拜至·
拜洗·拜受·拜送·拜旣, 所以致敬也. 尊讓·絜·敬也者,
君子之所以相接也. 君子尊讓則不爭, 絜·敬則不慢; 不慢不
爭, 則遠[去聲]於鬪辨矣. 不鬪辨, 則無暴亂之禍矣. 斯君子所
以免於人禍也. 〈001〉

향음주례의 의미를 설명해보자면, 주인은 향의 학교인 상의 문밖에서
빈객에게 절을 하며 맞이하고, 안으로 들어와서는 세 차례 읍을 한 이
후에 계단에 도달하며, 세 차례 사양을 한 이후에 당상에 오르니, 존귀
하게 대하며 겸양하는 도의를 다하는 방법이다. 손과 술잔을 물로 닦고
서 치를['觶'자의 음은 '志(지)'이다.] 드는 것은 청결함을 다하는 방법이다.
배지·배세·배수·배송·배기를 하는 것은 공경함을 다하는 방법이다.
존귀하게 대하고 겸양을 하며, 청결하게 하고, 공경하는 것은 군자가 서
로를 대접하는 방법이다. 군자가 존귀하게 대하며 겸양을 한다면 다투
지 않게 되고, 청결하게 하고 공경한다면 태만해지지 않으며, 태만하지
않고 다투지 않는다면 싸움과 멀어진다.['遠'자는 거성으로 읽는다.] 싸우지
않는다면 난폭하게 되고 혼란스럽게 되는 화근이 없게 된다. 이것이 군
자가 인위적인 재앙에서 벗어날 수 있는 이유이다.

集說

鄭氏曰: 庠, 鄕學也, 州黨曰序. 楊, 擧也.

정현이 말하길, '상(庠)'은 향(鄕)에 있는 학교의 명칭이며, 주(州)와 당
(黨)에 있는 학교는 '서(序)'라고 부른다. '양(揚)'자는 "든다."는 뜻이다.

疏曰: 此謂鄉大夫, 故迎賓于庠門外, 若州長黨正, 則於序門外也. 盥洗揚觶者, 主人將獻賓, 以水盥手而洗爵揚觶也. 拜至者, 賓主升堂, 主人於阼階上北面再拜也. 拜洗者, 主人拜至訖, 洗爵而升, 賓於西階上北面再拜, 拜主人之洗也. 拜受者, 賓於西階上拜受爵也. 拜送者, 主人於阼階上拜送爵也. 拜既者, 既, 盡也, 賓飲酒既盡而拜也.

소에서 말하길, 여기에서 말하는 대상은 경과 대부이다. 그렇기 때문에 상문(庠門) 밖에서 빈객을 맞이하는 것이니, 만약 주장(州長)이나 당정(黨正)인 경우라면 서문(序門) 밖에서 맞이한다. "손과 잔을 씻고 치(觶)를 든다."는 말은 주인이 빈객에게 술을 따라주려고 할 때, 물을 이용해서 손을 씻고 잔을 씻어서 술잔인 치를 든다는 뜻이다. '배지(拜至)'라는 것은 빈객과 주인이 당상에 오를 때, 주인은 동쪽 계단 위에서 북쪽을 바라보며 재배를 한다는 뜻이다. '배세(拜洗)'라는 것은 주인이 배지하는 절차를 끝내면, 술잔을 씻어서 당상으로 올라가고, 빈객은 서쪽 계단 위에서 북쪽을 바라보며 재배를 하는데, 이것은 주인이 술잔을 씻은 것에 대해 절을 하는 것이다. '배수(拜受)'라는 것은 빈객이 서쪽 계단 위에서 절을 하며 잔을 받는다는 뜻이다. '배송(拜送)'이라는 것은 주인이 동쪽 계단 위에서 절을 하며 빈객에게 잔을 건넨다는 뜻이다. '배기(拜既)'라고 했는데, '기(既)'자는 "다하다."는 뜻이니, 빈객이 술을 모두 마시고서 절을 한다는 의미이다.

經文

故聖人制之以道, 鄉人·士·君子尊於房戶之間, 賓主共之也. 尊有玄酒, 貴其質也. 羞出自東房, 主人共[恭]之也. 洗當東榮, 主人之所以自絜而以事賓也.〈002〉

그렇기 때문에 성인은 도를 통해서 이러한 예법을 제작하였으니, 향대부 · 주장 · 당정 · 경 · 대부가 방과 호 사이에 술동이를 두는 것은 빈객과 주인이 함께 사용한다는 뜻을 나타내는 것이다. 술동이에는 현주가 포함되어 있으니, 질박함을 귀하게 여기기 때문이다. 음식들은 동쪽 방으로부터 내오니, 주인이 이를 통해 빈객에게 이바지하기['共'자의 음은 '恭(공)'이다.] 때문이다. 씻는 장소는 동쪽 처마 부근이 되니, 주인이 제 스스로 청결하게 하여, 이를 통해 빈객을 섬기는 방법이 되기 때문이다.

集說

疏曰: 鄉人, 謂鄉大夫也. 士, 謂州長黨正也. 君子, 謂卿大夫也. 尊於房戶之間賓主共之者, 設酒尊於東房之西, 室戶之東, 在賓主之間. 酒雖主人之設, 而賓亦以之酢主人, 故云賓主其之也. 北面設尊, 玄酒在左, 是在酒尊之西也. 地道尊右, 設玄酒在西者, 貴其質素故也. 共之者, 供於賓也. 榮, 屋翼也, 設洗於庭, 當屋之翼. 必在東者, 示主人以此自絜而事賓也. 從冠義以來, 皆記者疊出儀禮經文於上, 而陳其義於下以釋之, 他皆倣此.

소에서 말하길, '향인(鄉人)'은 향대부(鄉大夫)를 뜻한다. '사(士)'는 주장(州長)과 당정(黨正)을 뜻한다. '군자(君子)'는 경(卿)과 대부(大夫)를 뜻한다. "방(房)과 호(戶) 사이에 술동이를 놓아두는 것은 빈객과 주인이 함께 하는 것이다."라는 말은 동쪽 방의 서쪽과 실(室)의 호 동쪽에 설치하는데, 이곳은 빈객과 주인의 중간이 된다. 술은 비록 주인이 설치하지만, 빈객 또한 이것을 이용해서 주인에게 술을 따라준다. 그렇기 때문에 "빈객과 주인이 함께 한다."라고 말한 것이다. 북쪽을 바라보도록 술동이를 설치하고, 현주(玄酒)는 좌측에 놓아두니, 이 자리는 술을 담은 술동이가 놓인 서쪽에 해당한다. 땅의 도리에서는 우측을 높이고 현주를 설치할 때 좌측에 두는 것은 질박함과 소박함을 귀하게 여기기 때문이다. "공(共)한다."는 말은 빈객에게 이바지한다는 뜻이다. '영(榮)'자는 새의 날개처럼 펼쳐진 처마이니, 마당에 세(洗)를 설치할 때에는 그 위치가 지붕의 처마 부근이 된다. 반드시 동쪽에 두는 것은 주인이 이것을 통해 제 스스로 청결하게 하여 빈객을 섬긴다는 뜻을 보이기 위해서이다. 『예기』「관의(冠義)」편으로부터 그 이하의 편들은 모두 『예기』를 기록한 자가 그 앞에 『의례』의 경문을 거듭 제시하고, 그 뒤에 그 의미를 진술하여 풀이한 것이니, 다른 편들도 모두 이에 따르고 있다.

經文

賓主, 象天地也. 介僎[遵], 象陰陽也. 三賓, 象三光也.〈003〉

빈객과 주인을 두는 것은 천지를 본뜬 것이다. 보좌관인 개와 준을['僎'자의 음은 '遵(준)'이다.] 두는 것은 음양을 본뜬 것이다. 삼빈을 두는 것은 삼광을 본뜬 것이다.

集說

贊皇浩齋曰: 立賓以象天, 所以尊之也. 立主以象地, 所以養之也. 介以輔賓, 僎以輔主人, 象陰陽之輔天地也. 三賓, 衆賓之長也. 其以輔賓, 猶三光之輔于天也. 三光, 星之大者有三, 其名不可得而考, 先儒謂三大辰, 心爲大辰, 伐爲大辰, 北辰亦爲大辰, 理或然也.

찬황호재가 말하길, 빈객을 세워서 하늘을 본뜨는 것은 존귀하게 받들기 위해서이다. 주인을 세워서 땅을 본뜨는 것은 길러주기 위해서이다. 개(介)를 두어서 빈객을 보좌하고 준(僎)을 두어서 주인을 보좌하는 것은 음양(陰陽)이 천지를 보좌하는 것을 본뜬 것이다. '삼빈(三賓)'은 빈객 무리들의 수장을 뜻한다. 그를 두어서 빈객을 보좌하는 것은 삼광(三光)이 하늘을 보좌하는 것과 같다. '삼광(三光)'은 별 중에서도 거대한 세 가지 별이니, 그 별의 이름에 대해서는 고찰할 수 없는데, 선대 유학자들은 3개의 대진(大辰)이라고 하여, 심수(心宿)가 대진(大辰)이 되고, 벌성(伐星)이 대진이 되며, 북진(北辰) 또한 대진이 된다고 했는데,[1] 이치상 혹여 그러하기도 할 것 같다.

讓之三也, 象月之三日而成魄也.⟨004⟩

양보하길 세 차례 하는 것은 달이 3일이 되어 백이 드러나게 되는 것을
본뜬 것이다.

集說

劉氏曰: 以月魄思之, 望後爲生魄. 然人未嘗見其魄, 蓋以明盛則魄
不可見. 月魄之可見, 惟晦前三日之朝, 月自東出, 明將滅而魄可見.
朔後三日之夕, 月自西將墮, 明始生而魄可見. 過此則明漸盛, 而魄
不復可見矣. 蓋明讓魄則魄現, 明不讓魄則魄隱. 魄陰象賓, 明陽象
主. 主人讓賓至于三, 象明之讓魄在前後三日, 故曰讓之三也, 象月
之三日而成魄也.

유씨가 말하길, 월백(月魄)을 기준으로 생각해보면 보름 이후에 백(魄)
이 생겨난다. 그러나 사람들은 일찍이 그 백(魄)을 본적이 없으니, 아마
도 밝음이 가득하면 백(魄)을 볼 수 없기 때문일 것이다. 월백(月魄)을
볼 수 있는 것은 오직 그믐 3일 이전 아침에 달이 동쪽으로부터 나타났
을 때이니, 밝음이 사라지게 되어 백(魄)을 볼 수 있게 된다. 초하루 이
후 3일이 지난 저녁에 달은 서쪽으로부터 밑으로 떨어지니, 밝음이 생
겨나기 시작하여 백(魄)을 볼 수 있게 된다. 이 시기를 지나게 되면 밝
음이 점차 왕성해져서 백(魄)을 재차 볼 수 없게 된다. 밝음이 백(魄)에
게 양보하게 되면 백(魄)은 드러나게 되고, 밝음이 백(魄)에게 양보하지

----

1) 『춘추공양전』「소공(昭公) 17년」: 大火爲大辰, 伐爲大辰. 北辰亦爲大辰.

않으면 백(魄)은 숨게 된다. 백(魄)은 음(陰)에 해당하며 빈객을 상징하고, 밝음은 양(陽)에 해당하며 주인을 상징한다. 주인이 빈객에게 양보하길 세 차례 하게 되는 것은 밝음이 백(魄)에게 앞뒤로 3일 동안 양보하는 것을 본뜬 것이다. 그렇기 때문에 "양보하길 세 차례 하는 것은 달이 3일이 되어 백(魄)을 이루는 것을 본뜬 것이다."라고 말한 것이다.

經文

四面之坐, 象四時也.〈005〉

네 방면에 둘러앉는 것은 사계절을 본뜬 것이다.

集說

浩齋曰: 謂賓主介僎之坐. 象春夏秋冬也. 或曰: 介有剛辨之義, 僎有巽入之義, 各從其類, 理或然歟.

호재가 말하길, 빈객과 주인 및 개(介)와 준(僎)이 앉는 자리는 춘·하·추·동을 본떴다는 뜻이다. 어떤 자들은 개(介)에게는 강변(剛辨)의 뜻이 포함되어 있고, 준(僎)에게는 손입(巽入)의 뜻이 포함되어 있어서, 각각 그 부류에 따른 것이라고 했는데, 이치상 혹여 그러하기도 할 것 같다.

經文

天地嚴凝之氣, 始於西南而盛於西北, 此天地之尊嚴氣也, 此天地之義氣也. 天地溫厚之氣, 始於東北而盛於東南, 此天地之盛德氣也, 此天地之仁氣也. 主人者尊賓, 故坐賓於西北, 而

坐介於西南以輔賓. 賓者, 接人以義者也, 故坐於西北. 主人
者, 接人以仁, 以德厚者也. 故坐於東南, 而坐僕於東北以輔
主人也. 仁義接, 賓主有事, 俎豆有數, 曰聖, 聖立而將之以敬,
曰禮, 禮以體長幼, 曰德. 德也者, 得於身也, 故曰: "古之學術
道者, 將以得身也", 是故聖人務焉.〈006〉

천지의 엄준하고 차가운 기운은 서남쪽에서 발원하여 서북쪽에서 융성
해지니, 이것은 천지의 존엄한 기운에 해당하며, 또한 천지의 의로운 기
운에 해당한다. 천지의 온화하고 후덕한 기운은 동북쪽에서 발원하여
동남쪽에서 융성해지니, 이것은 천지의 융성한 덕의 기운이고, 또한 천
지의 인자한 기운이다. 주인의 역할을 맡은 자는 빈객을 존귀하게 받든
다. 그렇기 때문에 서북쪽에 빈객을 앉히고 서남쪽에 개를 앉혀서 빈객
을 보필하게 하는 것이다. 빈객이 된 자는 의로움을 통해 상대방과 교
우하는 자이다. 그렇기 때문에 서북쪽에 앉는 것이다. 또한 주인이 된
자는 인자함과 후덕함으로써 상대방과 교우하는 자이다. 그렇기 때문에
동남쪽에 앉고 동북쪽에 준을 앉혀서 주인을 보필하게 하는 것이다. 인
과 의를 통해 서로 교우하고, 빈객과 주인에게는 각각 시행하는 일이
있으며, 도마와 두와 같은 하찮은 기물에 있어서도 합당하게 정해진 수
치가 있으니, 이처럼 모든 것에 두루 소통된 것을 '성(聖)'이라 부르고,
성스러움이 성립되고 공경함으로써 이끈다면 이것을 '예(禮)'라고 부르
며, 예를 실천하여 장유유서와 같은 인륜의 질서를 체득한 것을 '덕(德)'
이라고 부른다. 덕은 제 자신이 터득한 것이다. 그렇기 때문에 "고대의
학문·술책·도라는 것은 장차 이를 통해서 제 자신을 터득시키는 것이
다."라고 말한 것이다. 그래서 성인은 이러한 분야에 대해 노력했던 것
이다.

主人者厚其飮食之禮, 仁之道也. 爲賓者謹其進退之節, 義之道也. 求諸天地之氣, 以定其主賓之位, 至於俎豆, 亦莫不有當然之數焉. 聖, 通明也, 謂禮意所在通貫而顯明也. 敬其天理之節, 體夫人倫之序, 所得者皆吾身之實理也. 孔子觀於鄕而知王道之易易, 謂其足以正身而安國也. 聖人務焉, 豈無意哉?

주인이 된 자는 음식을 대접하는 예를 후하게 베푸니, 인(仁)의 도에 해당한다. 빈객이 된 자는 나아가고 물러나는 예절을 조심스럽게 실천하니, 의(義)의 도에 해당한다. 천지의 기운에서 찾아서 이를 통해 주인과 빈객의 자리를 정립하고, 도마와 두에 있어서도 타당한 수치가 있지 않은 것이 없다. '성(聖)'자는 두루 통하여 밝다는 뜻이니, 예의에 대해 통괄하여 밝게 드러냈다는 뜻이다. 천리의 절문을 공경스럽게 대하며 인륜의 질서를 체득하는데, 터득하는 것은 모두 내 자신의 실리이다. 공자는 향음주례를 관찰하고서 왕도가 다스려지고 있음을 알았다고 했는데, 자신을 올바르게 하여 나라를 편안케 하기에 충분하다는 뜻이다. "성인(聖人)이 힘썼다."라고 했는데, 어찌 이것 이외의 다른 뜻이 있겠는가?

浩齋曰: 天下之禮義無所不通, 而器數皆有合於自然者, 聖之謂也. 無所不通, 無所不敬, 禮之所由制也. 禮之行不在乎他, 在吾長幼之分而已. 性之德也, 禮得於身之謂德, 由學而後得於身, 則與先得於人心之同然者亦無異矣. 故曰古之學術道者, 將以得身也.

호재가 말하길, 천하의 예의에 소통되지 않는 것이 없고, 기물의 수에 있어서도 모두 자연의 이치에 부합되는 것을 '성(聖)'이라고 부른다. 소통되지 않는 것이 없고 공경하지 않는 것이 없으니, 예(禮)가 이를 통해서 제작된다. 예의 시행은 다른 곳에 있지 않고 내 자신이 장유유서 등의 본분을 실천하는데 달려 있을 따름이다. 성(性)의 덕(德)에 있어서, 예를 내 자신이 터득한 것을 '덕(德)'이라 부르는 것이고, 학문을 배운 이후에야 내 자신이 얻을 수 있다면, 앞서 다른 사람의 마음에서도 동일하게 여기는 것을 터득한 것 또한 차이가 없다. 그렇기 때문에 "고대의 학문과 술책과 도는 장차 이를 통해서 제 자신을 터득시키는 것이다."라고 말한 것이다.

經文

祭薦·祭酒, 敬禮也. 嚌[才乂反]肺, 嘗禮也. 啐[取內反]酒, 成禮也. 於席末, 言是席之正, 非專爲[去聲]飮食也, 爲行禮也. 此所以貴禮而賤財也. 卒觶, 致實於西階上, 言是席之上, 非專爲飮食也, 此先禮而後財之義也. 先禮而後財, 則民作敬讓而不爭矣. 〈007〉

주인이 차려준 음식과 술로 빈객이 제사를 지내는 것은 주인이 시행하는 예를 공경하는 것이다. 빈객이 도마 위에 차려진 희생물의 폐를 가져다가 입으로 씹어서 맛을 보는 것은['嚌'자는 '取(취)'자와 '乂(예)'자의 반절음이다.] 주인이 차려준 예를 맛보는 것이다. 빈객이 술을 입에 대어 조금 마시는 것은['啐'자는 '取(취)'자와 '內(내)'자의 반절음이다.] 주인이 시행하는 예를 완성하는 것이다. 술을 조금 마실 때에는 자리의 끝단에서 하니, 이것은 자리의 올바름을 뜻하는 것으로, 전적으로 음식을 위해서가['爲'자는 거성으로 읽는다.] 아니며, 예를 시행하기 위해서이다. 따라서 이것은 예를 존귀하게 여기며 재물을 천시하는 방법이다. 서쪽 계단 위에서는 잔을 한꺼번에 비우고, 잔 안에 있는 술을 모두 마셔버리는데, 이것은 자리의 상단을 뜻하는 것이며, 전적으로 음식을 위해서가 아니다. 따라서 이것은 예를 앞세우고 재물을 뒤로 하는 도의에 해당한다. 예를 앞세우고 재물을 뒤로 한다면, 백성들은 공경함과 겸양의 미덕을 진작시켜서 다투지 않게 된다.

疏曰: 祭薦者, 主人獻賓, 賓卽席祭所薦脯醢也. 祭酒者, 賓旣祭薦,
又祭酒也, 此是賓敬重主人之禮也. 賓旣祭酒之後, 興取俎上之肺
嚌齒之, 所以嘗主人之禮也. 啐, 謂飮主人酒而入口, 所以成主人之
禮也. 席末, 席西頭也. 按儀禮, 祭薦祭酒嚌肺, 皆在席之中, 惟啐酒
在席末. 又嚌肺在前, 祭酒在後. 此先云祭酒者, 嚌是嘗嚌之名, 祭
酒是未飮之稱, 故祭酒與祭薦相連, 表其敬禮之事, 敬主人之物, 故
祭薦祭酒嚌肺皆在席中. 啐酒入於己, 故在席末. 於席上者, 是貴禮;
於席末啐酒, 是賤財也. 啐纔始入口, 猶在席末, 卒觶則盡爵, 故遠
在西階上. 云卒觶者, 論其將欲卒觶之事. 致實, 則論其盡酒之體.
酒爲觴中之實, 今致盡此實也.

소에서 말하길, '제천(祭薦)'은 주인이 빈객에게 술을 따라주면, 빈객은
자리에 나아가서 차려진 포와 젓갈로 제사를 지낸다는 뜻이다. '제주(祭
酒)'는 빈객이 차려진 음식으로 제사를 지내고 나면, 재차 술로 제사를
지낸다는 뜻이니, 이것은 빈객이 주인이 시행하는 예를 공경하고 중시
하는 것이다. 빈객이 술로 제사를 지낸 이후, 일어나서 도마 위에 차려
진 희생물의 폐(肺)를 가져다가 이빨로 씹으니, 주인이 차려준 예를 맛
보기 위해서이다. '쵀(啐)'자는 주인이 따라준 술을 마셔서 입에 넣는다
는 뜻이니, 주인이 차려준 예를 완성시키기 위해서이다. '석말(席末)'은
자리의 서쪽 끝을 뜻한다. 『의례』를 살펴보면, 차려진 음식으로 제사를
지내고 술로 제사를 지내며 폐를 맛보는 것은 모두 자리의 중앙에서 시
행하는데, 오직 술을 마시는 것만은 석말(席末)에서 시행한다. 또 폐를
씹어서 맛보는 절차가 그 앞에 놓이고, 술로 제사를 지내는 절차가 그
뒤에 놓인다. 그런데 이곳에서는 먼저 술로 제사를 지낸다고 말했다. 그
이유는 '제(嚌)'자는 맛을 본다는 뜻의 명칭이고, 술로 제사를 지낸다는
것은 아직 술을 마시지 않았을 때 쓰는 명칭이다. 그렇기 때문에 술로
제사를 지내는 것과 차려진 음식으로 제사를 지낸다는 것을 서로 연이
어 기록해서, 예를 공경하는 사안을 드러낸 것이며, 주인이 차려준 사물
을 공경스럽게 대하기 때문에, 차려진 음식으로 제사를 지내고 술로 제

사를 지내며 폐를 씹어서 맛보는 절차를 모두 자리의 중앙에서 시행하는 것이다. 술을 마시는 것은 자신에게 술이 들어가는 것이기 때문에 석말(席末)에서 하는 것이다. 석상(席上)에서 한다는 것은 예를 존귀하게 대하는 것이며, 석말(席末)에서 술을 마시는 것은 재물을 천시하는 것이다. 술을 입에 대어 적은 양을 처음으로 입에 넣을 때에는 여전히 석말(席末)에 위치하는 것이고, 치(觶)를 비우게 되면, 술잔의 술을 모두 마시기 때문에 멀리 떨어진 서쪽 계단 위에 있게 된다. '졸치(卒觶)'라고 말한 것은 장차 치(觶)를 비우려고 하는 사안을 논의한 것이다. '치실(致實)'이라고 말했으니, 술을 다 비우는 체(體)를 논의한 것이다. 술은 잔 안에 채우는 것이며, 현재 그 채운 것을 모두 비운 것이다.

呂氏曰: 敬, 禮也; 食, 財也. 人之所以爭者, 無禮而志於財也. 如知貴禮而賤財, 先禮而後財之義, 則敬讓行矣.

여씨가 말하길, 공경함은 예가 되고 음식은 재물이 된다. 사람들이 다투는 것은 예가 없고 재물에만 뜻을 두기 때문이다. 만약 예를 존귀하게 여기며 재물을 천시하고, 예를 앞세우고 재물을 뒤로 하는 도의를 알게 된다면, 공경함과 겸양의 미덕이 시행된다.

經文

鄕飮酒之禮: 六十者坐, 五十者立侍以聽政役, 所以明尊長也. 六十者三豆, 七十者四豆, 八十者五豆, 九十者六豆, 所以明養老也. 民知尊長養老, 而后乃能入孝弟. 民入孝弟, 出尊長養老, 而后成敎, 成敎而后國可安也. 君子之所謂孝[當作敎]者, 非家至而日見之也. 合諸鄕射, 敎之鄕飮酒之禮, 而孝弟之行立矣.〈008〉

향음주례에서는 나이가 60세인 자들은 당상에 앉고, 50세인 자들은 당하에 서서 시중을 들며 심부름을 하니, 연장자를 존귀하게 대함을 나타내는 방법이다. 60세인 자에게는 음식을 대접하며 3개의 두를 내놓고, 70세인 자들에게는 4개의 두를 내놓으며, 80세인 자들에게는 5개의 두를 내놓고, 90세인 자들에게는 6개의 두를 내놓으니, 노인을 봉양함을 나타내는 방법이다. 백성들이 연장자를 존귀하게 대하며 노인을 봉양해야 함을 안 이후에야 집에 들어가서 효제의 덕목을 실천할 수 있고, 백성들이 집에 들어가서 효제를 실천하고 나와서 연장자를 존귀하게 대하며 노인을 봉양한 이후에야 교화가 완성되며, 교화가 완성된 이후에야 나라를 편안하게 만들 수 있다. 군자가 말하는 가르침은['孝'자는 마땅히 '敎(교)'자로 기록해야 한다.] 집집마다 들어가서 날마다 그 덕목을 드러내는 것이 아니다. 여러 향사례 등과 합하여 향음주례를 가르침으로써 효제의 덕행이 성립되는 것이다.

集說

坐者, 坐于堂上. 立者, 立于堂下. 豆當從偶數, 此但十年而加一豆, 非正禮也. 舊說此是黨正屬民飲酒正齒位之禮, 非賓興賢能之飲也.

'좌(坐)'라는 것은 당상에 앉는다는 뜻이다. '입(立)'이라는 것은 당하에 서 있다는 뜻이다. 두(豆)는 마땅히 짝수로 맞춰야 하는데, 이곳 기록에서는 단지 10년 단위로 1개의 두를 추가한다고 했으니 정식 예법이 아니다. 옛 학설에서는 이 기록은 당정(黨正)이 백성들을 불러 모아서 음주를 베풀며, 나이에 따라 서열을 올바르게 하는 예를 뜻하는 것이지, 현명한 자와 능력이 있는 자를 빈객으로 대접하는 예는 아니라고 주장한다.

經文

孔子曰: "吾觀於鄉, 而知王道之易易也." 主人親速賓及介, 而衆賓自從之, 至于門外, 主人拜賓及介, 而衆賓自入, 貴賤之義別矣. 三揖至于階, 三讓以賓升, 拜至獻酬辭讓之節繁, 及介省[眚]矣, 至于衆賓升受坐祭立飮, 不酢而降, 隆殺之義辨矣. 〈009〉

공자가 말하길, "나는 향음주례를 관찰하고서 왕도가 잘 다스려지고 있음을 알았다."라고 했다. 주인이 직접 빈객과 개를 초빙하고, 빈객 무리들은 직접 따라오며, 문밖에 당도하게 되면, 주인은 빈객과 개에게 절을 하고, 빈객 무리들은 직접 들어오니, 이러한 차별을 통해 신분의 차이에 따른 도의가 구별된다. 세 차례 읍을 하여 계단에 당도하고, 세 차례 사양을 하여 빈객이 당에 오르며, 빈객이 당도한 것에 대해 절을 하고 술을 건네 권하며 사양을 하게 되어 그 절차가 복잡한데 개에 대해서는 생략하고['省'자의 음은 '眚(생)'이다.] 빈객 무리들에게 있어서는 직접 올라와서 잔을 받고 앉아서 제사를 지내며 서서 술을 마시고, 주인에게 술을 따라주지 않고 내려가니, 이러한 차별을 통해 예법을 융성하게 하느냐 또는 낮춰서 하느냐의 도의가 분별된다.

集說

疏曰: 主人旣拜其來至, 又酌酒獻賓, 賓酢主人, 主人又酌而自飮以酬賓, 介酢主人則止. 主人不酢介, 是及介省矣. 主人獻衆賓于西階上, 受爵坐祭立飮, 不酢主人而降, 於賓禮隆, 衆賓禮殺, 是隆殺之義別矣.

소에서 말하길, 주인은 이미 빈객이 찾아와 당도한 것에 대해 절을 했는데, 재차 술을 따라 빈객에게 주며, 빈객은 주인에게 술을 권하고, 주인은 또한 술을 따라 제 스스로 마셔 빈객에게 술을 권하고, 개가 주인에게 술을 따라주면 그치게 된다. 주인이 개에게 술을 따라주지 않는 것이 바로 개에 대해서는 생략한다는 뜻이다. 주인이 서쪽 계단 위에서 빈객 무리에게 술을 바치고, 술잔을 받고 자리에 앉아서 제사를 지내며 서서 마시는데, 주인에게 술을 따라주지 않고 내려가니, 빈객에 대해서는 예법을 융성하게 시행하고 빈객 무리들에 대해서는 예법을 낮추기 때문이다. 이것은 융성하게 하며 낮추는 도의가 구별된다는 뜻이다.

方氏曰: 主酌賓爲獻, 賓答主, 主又答賓爲酬, 是禮也. 三賓則備之. 至於介則省酬焉, 至於衆賓則又省酢矣. 升受坐祭立飮者, 其升而受爵者, 惟祭酒得坐, 飮酒則立也. 蓋飮酒所以養老, 以其卑, 不敢坐而當其養故也. 此所以殺於三賓.

방씨가 말하길, 주인이 빈객에게 술을 따라주는 것은 '헌(獻)'이 되고, 빈객이 주인에게 답례하고, 주인이 재차 빈객에게 답례를 하는 것은 '수(酬)'가 되니, 이것은 정규 예법이다. 삼빈(三賓)에 대해서는 이러한 절차들을 갖춘다. 개(介)에 대해서는 수(酬)를 생략하고, 빈객 무리들에 대해서는 또한 초(酢)도 생략한다. 올라가서 술잔을 받고 자리에 앉아서 제사를 지내며 서서 마시는 것은 올라가서 잔을 받는 자는 단지 술에 대한 제사를 지낼 때에만 앉고, 술을 마실 때에는 서 있게 된다는 의미이다. 무릇 술을 마시는 것은 노인을 봉양하기 위한 것인데, 자신의 신분이 낮아서 감히 앉아서 봉양의 예법을 감당할 수 없기 때문이다. 이것은 삼빈보다 낮추는 방법이다.

經文

工入升歌三終, 主人獻之. 笙入三終, 主人獻之. 間[去聲]歌三終, 合樂三終. 工告樂備遂出[句]. 一人揚觶, 乃立司正焉. 知其能和樂[洛]而不流也.〈010〉

악공이 들어와 당상으로 올라가서 세 차례 노래 부르면, 주인은 술을 따라서 그에게 건넨다. 생황을 연주하는 자가 들어와 당하에서 세 차례 연주하면, 주인은 술을 따라서 그에게 건넨다. 당상과 당하에 있는 악공들이 번갈아가며['間'자는 거성으로 읽는다.] 연주와 노래를 세 차례 끝마치고, 또 합주를 세 차례 끝마치게 된다. 이러한 절차가 끝나면 악공은 악정에게 음악을 모두 연주했다고 아뢰고, 악정은 다시 빈객에게 아뢴 뒤에 나간다.['出'자에서 구문을 끊는다.] 주인에게 소속된 관리 1명이 치를 들어 올리면, 주인은 곧 의례를 돕던 자 1명을 사정으로 삼아서, 음주를 하며 실수하지 못하도록 감독을 시킨다. 따라서 이처럼 시행하면, 화락하면서도['樂'자의 음은 '洛(락)'이다.] 방탕하게 되지 않을 수 있다는 사실을 알 수 있다.

集說

工入而升堂, 歌鹿鳴・四牡・皇皇者華, 每一篇而一終, 三篇終, 則主人酌以獻工焉. 吹笙者入於堂下, 奏南陔・白華・華黍, 亦每一篇而一終, 三篇終, 則主人亦酌以獻之也. 間者, 代也. 笙與歌皆畢, 則堂上與堂下更代而作, 堂上先歌魚麗, 則堂下笙由庚, 此爲一終. 次則堂上歌南有嘉魚, 則堂下笙崇丘, 此爲二終. 又其次堂上歌南山有臺, 則堂下笙由儀, 爲三終也. 合樂三終者, 謂堂上下歌瑟及笙竝作也. 工歌關雎, 則笙吹鵲巢合之. 工歌葛覃, 則笙吹采蘩合之. 工歌卷耳, 則笙吹采蘋合之. 如此皆竟, 工以樂備告樂正, 樂正告于賓而遂出. 蓋樂正自此不復升堂矣, 故云遂出也. 一人者, 主人之吏也. 此人擧觶之後, 主人使相禮者一人爲司正, 恐旅酬時有懈惰失節者以董正之也. 如此, 則雖和樂而不至於流放矣.

악공(樂工)이 들어와 당상에 올라가서 '녹명(鹿鳴)'・'사모(四牡)'・'황황자화(皇皇者華)'를 노래하는데, 각 한 편마다 하나의 종(終)이 되고, 세 편을 모두 마치면 주인은 술을 따라서 악공에게 건넨다. 생(笙)을 부는 자는 당하에 자리하여 '남해(南陔)'・'백화(白華)'・'화서(華黍)'를 연주하는데, 또한 각 한 편마다 하나의 종(終)이 되고, 세 편을 모두 마치면 주인은 또한 술을 따라서 그에게 건넨다. '간(間)'은 "교대하다."는 뜻이다. 생황을 연주하고 노래를 부르는 일이 모두 끝나면, 당상과 당하에 있는 악공들이 번갈아가며 연주와 노래를 하니, 당상에 있는 자들이 먼저 '어려(魚麗)'편을 노래하면, 당하에 있는 자들은 '유경(由庚)'편을 생황으로 연주하니, 이것이 첫 번째 종(終)이다. 그 다음으로 당상에 있는 자들이 '남유가어(南有嘉魚)'편을 노래하면, 당하에 있는 자들은 '숭구(崇丘)'편을 생황으로 연주하니, 이것이 두 번째 종(終)이다. 또 그 다음으로 당상에 있는 자들이 '남산유대(南山有臺)'편을 노래하면, 당하에 있는 자들은 '유의(由儀)'편을 생황으로 연주하니, 이것이 세 번째 종(終)이다. '합악삼종(合樂三終)'이라는 말은 당상과 당하에 있는 자들이 노래하고 슬(瑟)과 생황을 함께 연주한다는 뜻이다. 악공이 '관저(關雎)'편을 노래하면 생황으로는 '작소(鵲巢)'편을 불어서 합주한다. 또 악공이 '갈담(葛覃)'편을 노래하면 생황으로는 '채번(采蘩)'편을 불어서 합주한다. 또 악공이 '권이(卷耳)'편을 노래하면 생황으로는 '채빈(采蘋)'편을 불어서 합주한다. 이처럼 하길 모두 끝마치면, 악공은 음악에 대한 연주가 모두 갖춰졌음을 악정(樂正)에게 아뢰고, 악정은 빈객에게 아뢴 뒤에 결국 밖으로 나가게 된다. 악정은 이 시점부터 재차 당상에 오르지 않기 때문에, '수출(遂出)'이라고 부른 것이다. '일인(一人)'이라는 사람은 주인이 부리는 관리이다. 이 사람이 치(觶)를 든 이후에 주인은 의례의 진행을 돕는 자 1명을 시켜서 사정(司正)으로 삼으니, 서로 술을 권하게 될 때 풀어지고 태만하게 되어 절도를 잃는 자가 발생할 것을 염려하여 감독해서 바로잡고자 했기 때문이다. 이처럼 한다면 비록 화락하더라도 방탕한 곳으로 흐르지 않게 된다.

賓酬主人, 主人酬介, 介酬衆賓, 少長以齒, 終於沃洗者焉. 知
其能弟長而無遺矣.〈011〉

빈객은 주인에게 술잔을 돌리고, 주인은 개에게 술잔을 돌리며, 개는 빈
객 무리에게 술잔을 돌리니, 나이가 어린 자나 많은 자는 나이에 따라
서열을 정해서 술잔을 돌리며, 씻을 물을 따라주는 자에게까지 술잔이
돌아가면 끝낸다. 이를 통해서 나이가 어린 자와 많은 자가 서로 우애
롭게 지내면서도 빠트리는 자가 없다는 사실을 알 수 있다.

集說

浩齋曰: 前言介之無酬, 衆賓之無酢者, 蓋未歌之時也. 此言賓酬主
人, 主人酬介, 介酬衆賓者, 旣歌之後, 行旅酬之時也. 沃洗者, 滌濯
之人也. 雖至賤, 旅酬之際, 猶以齒焉, 則貴者可知矣. 自貴及賤無
不序齒, 此所以知其能弟長而無遺矣.

호재가 말하길, 앞에서는 개가 술잔을 돌리거나 빈객 무리가 술을 따라
주는 일이 없다고 했는데, 아마도 아직 노래를 부르지 않았을 때의 상황
인 것 같다. 이곳에서 빈객이 주인에게 술잔을 돌리고, 주인이 개에게
술잔을 돌리며, 개가 빈객 무리에게 술잔을 돌린다고 한 것은 노래가 끝
난 이후 여수(旅酬)를 시행하는 때에 해당한다. '옥세자(沃洗者)'는 씻는
일을 담당하는 사람이다. 비록 지극히 미천한 자라 하더라도, 서로 술을
권할 때에는 오히려 나이순으로 한다고 했다면, 존귀한 자에 대한 경우
또한 이처럼 한다는 사실을 알 수 있다. 존귀한 자로부터 미천한 자에
이르기까지, 나이에 따라 서열을 정하지 않는 일이 없으니, 이것은 나이
가 어린 자와 많은 자가 서로 우애롭게 지내면서도 빠트리는 자가 없음
을 알게 되는 이유이다.

降, 說[脫]屨升坐, 脩爵無數. 飲酒之節, 朝不廢朝, 莫不廢夕. 賓出, 主人拜送, 節文終遂焉. 知其能安燕而不亂也.〈012〉

내려와서 신발을 벗고['說'자의 음은 '脫(탈)'이다.] 다시 자리에 올라가서 앉으며, 잔을 들 때에는 정해진 수치 없이 마신다. 술을 마시는 절도에 있어서, 아침에는 조회를 폐지하지 않고 그 이후에 시행하며, 연회를 마친 저녁에도 자신이 처리해야 할 일을 폐지하지 않는다. 빈객이 밖으로 나가면 주인은 절을 하며 전송하니, 예의 절차들을 마칠 때까지 시행한다. 따라서 편안하게 연회를 즐기면서도 문란하지 않게 됨을 알 수 있다.

집說

浩齋曰: 前此皆立而行禮, 未徹俎, 故未說屨. 至此徹俎之後, 乃說屨升坐而坐燕也. 脩, 擧也. 脩爵無數, 無筭爵是也. 凡治事者, 朝以聽政, 而鄉飲聽政罷方行, 是朝不廢朝也. 夕以脩令, 而鄉飲禮畢, 猶可以治私事, 是莫不廢夕也. 若黨正飲酒, 一國若狂則無不醉矣. 節文終遂者, 終, 竟也. 遂, 猶申也. 言雖禮畢, 主人猶拜以送賓, 節文之禮終申遂而無所缺, 則知其安於燕樂而不至於亂矣.

호재가 말하길, 앞에서 언급한 사안들은 모두 서서 의례를 시행하며, 아직 도마를 치우지 않은 것이다. 그렇기 때문에 아직까지 신발을 벗지 않았다. 이 시점에 이르러 도마를 치운 이후가 되면 곧 신발을 벗고 자리에 올라가서 앉으며, 앉아서 연회를 즐긴다. '수(脩)'자는 "든다."는 뜻이다. '수작무수(脩爵無數)'는 무산작(無筭爵)을 가리킨다. 무릇 정사를 다스리는 자는 아침에 정무를 듣고, 향음주례(鄉飲酒禮)는 정무 듣는 것을 끝낸 이후에 시행하니, 이것이 아침에 조회를 폐지하지 않는다는 뜻이다. 저녁에는 지시할 일들을 확정하고, 향음주례가 끝나더라도 사적인 일들을 처리할 수 있으니, 이것이 저녁에도 처리할 일을 폐하지 않는다는 뜻이다. 만약 당정(黨正)이 음주를 하게 되면, 한 나라 전체가 들떠서 마치 광분한 것처럼 되니, 취하지 않은 자가 없게 된다. '절문종수(節文終遂)'라고 했는데, '종(終)'자는 "끝내다."는 뜻이다. '수(遂)'자는 "거듭하다."는 뜻이다. 즉 비록 정규 의례는 끝났지만, 주인은 여전히 전송을 하며 빈객에게 절을 하니, 예법 절차를 마무리하면서도 거듭 펼쳐서 누락되는 것이 없도록 하니, 안락한 연회에 편안함을 느끼게 되면서도 문란한 지경에 이르지 않는다는 사실을 알 수 있다.

.

經文

貴賤明, 隆殺辨, 和樂而不流, 弟長而無遺, 安燕而不亂, 此五行[去聲]者, 足以正身安國矣. 彼國安而天下安, 故曰: "吾觀於鄕, 而知王道之易易也." 〈013〉

신분의 등급을 나타내며, 융성하게 하며 감쇄시키는 것을 변별하고, 화락하지만 지나친 곳으로 빠지지 않고, 나이가 어린 자와 많은 자가 서로 우애롭게 되면서도 제외시키는 자가 없으며, 안락하지만 문란하지 않으니, 이러한 다섯 가지가 시행된다면['行'자는 거성으로 읽는다.] 제 자신을 바르게 하며 나라를 편안하게 할 수 있다. 그 나라가 편안하게 되고 천하가 편안해지기 때문에, "나는 향음주례를 관찰하고 왕도가 잘 다스려지고 있음을 알았다."라고 말한 것이다.

集說

摠結上文五事之目.

앞 문장에서 열거한 다섯 가지 절목에 대해 총괄적으로 결론을 내린 것이다.

鄕飮酒之義: 立賓以象天, 立主以象地, 設介僎以象日月, 立
三賓以象三光. 古之制禮也, 經之以天地, 紀之以日月, 參之
以三光, 政敎之本也.〈014〉

향음주례의 의미에 대해 말해보자면, 빈객을 세워서 하늘을 본뜨고, 주인
을 세워서 땅을 본뜨며, 개와 준을 두어서 해와 달을 본뜨고, 삼빈을 세
워서 삼광을 본뜬다. 고대에 예를 제작했을 때, 천지를 경으로 삼고 일월
을 기로 삼으며 삼광을 참으로 삼았으니, 정치와 교화의 근본이 된다.

集說

浩齋曰: 飮酒之禮, 莫先於賓主. 立賓象天, 立主象地, 禮之經也. 其
次立介僎以輔之者, 紀也. 其次立三賓以陪之者, 參也. 政敎之立,
必有經有紀有參, 然後可行. 故飮酒之禮, 必有賓主介僎三賓, 然後
可行. 故曰政敎之本也. 前言介僎陰陽, 此言象日月者, 前章言氣,
故以陰陽象之; 此章言體, 故以日月象之也. 僎在東北, 象日出也;
介在西南, 象月出也. 以三光爲三大辰, 正義按昭公十七年有星孛
于大辰, 公羊曰: "大辰者, 大火也. 伐爲大辰, 北辰亦爲大辰." 爾雅:
"房心尾大火, 謂之大辰. 北極, 謂之北辰." 大火與伐, 天所以示民時
早晩, 天下之所取正, 是亦政敎所出也.

호재가 말하길, 술을 마시는 예법에서 빈객과 주인보다 앞서는 것은 없
다. 빈객을 세워서 하늘을 본뜨고 주인을 세워서 땅을 본뜨니, 예의 경
(經)에 해당한다. 그 다음으로 개(介)와 준(僎)을 세워서 보필하도록 하
니, 예의 기(紀)에 해당한다. 그 다음으로 삼빈(三賓)을 세워서 돕도록
하는 것은 예의 참(參)에 해당한다. 정치와 교화를 세울 때에는 반드시
경(經)도 있어야 하고 기(紀)도 있어야 하며 참(參)도 있어야 하니, 그렇
게 된 이후에야 시행될 수 있다. 그렇기 때문에 음주를 하는 예법에서는
반드시 빈객·주인·개·준·삼빈을 둔 이후에야 시행할 수 있는 것이

다. 그래서 "정치와 교화의 근본이다."라고 말한 것이다. 앞에서는 개와 준은 음양(陰陽)을 본뜬 것이라고 했고, 이곳에서는 해와 달을 본뜬 것이라고 했는데, 앞에서는 기(氣)를 언급했기 때문에 음양으로써 본뜬 것이고, 이곳에서는 체(體)를 언급했기 때문에 해와 달로써 본뜬 것이다. 준이 동북쪽에 있는 것은 해가 떠오름을 본뜬 것이고, 개가 서남쪽에 있는 것은 달이 떠오름을 본뜬 것이다. '삼광(三光)'은 삼대진(三大辰)으로 여기는데, 『정의』에서는 소공(昭公) 17년에 대한 기록을 살펴보면, "혜성이 대진(大辰)에서 출현했다."[2]는 기록이 있고, 『공양전』에서는 "'대진(大辰)'이라는 것은 대화(大火)를 뜻한다. '벌(伐)'도 대진(大辰)이 되고, 북진(北辰) 또한 대진(大辰)이 된다."[3]라고 했고, 『이아』에서는 "방(房)·심(心)·미(尾)·대화(大火)를 '대진(大辰)'이라고 부른다. '북극(北極)'을 '북진(北辰)'이라고 부른다."[4]라고 했다. 대화(大火)와 벌(伐)은 하늘이 백성들에게 시기의 늦고 빠름을 보여주어서, 천하의 사람들이 올바름으로 삼는 것이다. 이것이 또한 정치와 교화가 도출되는 이유이다.

經文

> 烹狗於東方, 祖陽氣之發於東方也. 洗之在阼, 其水在洗東, 祖天地之左海也.〈015〉

동쪽에서 희생물로 사용할 개를 삶는 것은 양기가 동쪽에서 발생하는

---

2) 『춘추』「소공(昭公) 17년」: 冬, 有星孛于大辰, 西及漢.

3) 『춘추공양전』「소공(昭公) 17년」: 冬, 有星孛于大辰, 孛者何? 彗星也. 其言于大辰何? 在大辰也. 大辰者何? 大火也. 大火爲大辰, 伐爲大辰, 北辰亦爲大辰. 何以書, 記異也.

4) 『이아』「석천(釋天)」: 天駟, 房也. 大辰, 房·心·尾也. 大火謂之大辰.

것을 본받은 것이다. 세를 동쪽 계단에 놓고, 그곳에 채울 물을 세 동쪽에 놓아두는 것은 천지가 바다를 좌측으로 두고 있음을 본받은 것이다.

方氏曰 海有四, 正言東者, 取夫水之所歸也. 水位居坎, 而其流歸東者, 由其生於天一, 行於地中故也. 天傾西北而不足, 故水之源自此而生; 地缺東南而不滿, 故水之流順此而行. 天之所傾, 地之所缺, 則其形下矣. 而善下者, 水之性也, 故其理如此. 然則水位居北者, 本天位也. 其流歸東者, 因地勢也. 南與北合, 水位居北而流不歸南者, 蓋東方之德木, 木則水之所生; 南方之德火, 火則水之所勝; 生之爲利, 勝之爲害, 而善利者水之德也, 故趨其所生焉.

방씨가 말하길, 바다는 사면에 포진되어 있는데 동쪽에 있는 것만 언급한 것은 물이 귀의하는 곳에 따라 그 의미를 취했기 때문이다. 수(水)의 자리는 감괘(坎卦☵)에 위치하는데 그 물의 흐름이 동쪽으로 귀의하는 것은 천(天)의 1에서 생겨나서 지(地) 안에서 행동함에 말미암기 때문이다. 천은 서북쪽으로 기울어서 부족하게 된다. 그렇기 때문에 수의 근원이 이곳으로부터 생겨나는 것이다. 지는 동남쪽으로 틈이 생겨서 가득차지 못하게 된다. 그렇기 때문에 수의 흐름은 그 방향에 따라 흐르는 것이다. 천이 기울어진 것이고 지가 틈이 생긴 것이니, 그 형상은 아래로 내려간다. 그리고 밑으로 잘 내려가는 것은 수의 성질이 된다. 그렇기 때문에 그 이치가 이와 같다. 그렇다면 수의 자리가 북쪽에 있는 것은 천의 자리에 근본을 둔 것이다. 그 흐름이 동쪽으로 귀의하는 것은 지의 형세에 따른 것이다. 남쪽과 북쪽은 합치되는데 수의 자리가 북쪽에 머물지만 그 흐름이 남쪽으로 귀의하지 않는 것은 동쪽의 덕은 목(木)에 해당하고, 목은 수에서 생겨나는 것이며, 남쪽의 덕은 화(火)에 해당하고, 화는 수가 이기는 대상인데, 낮게 하는 것은 이로움이 되고 지는 것은 해로움이 되며, 좋고 이롭게 하는 것은 수의 덕이다. 그렇기 때문에 생겨나는 것을 쫓는 것이다.

浩齋曰: 烹狗以養賓, 陽氣以養萬物, 故祖而法之, 烹于東方焉. 海, 水之委也. 天地之間, 海居于東, 東則左也, 故洗之在阼. 其水在洗東, 有左海之義焉.

호재가 말하길, 개를 삶아서 빈객에게 대접하고 양기(陽氣)는 만물을 길러주기 때문에, 본받아 법도로 삼아서 동쪽에서 삶는 것이다. 바다는 수(水)가 모인 것이다. 천지 사이에 바다는 동쪽에 위치하고 동쪽은 좌측이 된다. 그렇기 때문에 세(洗)는 동쪽 계단에 두는 것이다. 그리고 그것에 담는 물을 세의 동쪽에 놓아두는 것에는 바다를 좌측으로 두는 뜻이 포함되어 있다.

天地之位, 南前而北後, 故以東爲左.

천지의 위치는 남쪽을 앞으로 하고 북쪽을 뒤로 한다. 그렇기 때문에 동쪽을 뒤로 하여 좌측으로 삼는 것이다.

經文

尊有玄酒, 教民不忘本也.〈016〉

술동이에 현주를 두는 것은 백성들에게 근본을 잊지 않는다는 뜻을 가르치는 것이다.

集說

玄古之世無酒, 以水行禮, 故後世因謂水爲玄酒. 不忘本者, 思禮之所由起者.

먼 옛날 술이 없었을 때에는 물을 이용해서 의례를 시행했다. 그렇기 때문에 후세에서는 그에 따라 물을 '현주(玄酒)'라고 불렀다. "근본을 잊지 않는다."는 것은 예가 기원하게 된 바를 생각한다는 뜻이다.

賓必南鄉, 東方者春, 春之爲言蠢也, 産萬物者聖也. 南方者
夏, 夏之爲言假也, 養之長之, 假之仁也. 西方者秋, 秋之爲言
愁[揫]也, 愁之以時察, 守義者也. 北方者冬, 冬之爲言中也, 中
者藏也. 是以天子之立也左聖鄉仁, 右義偝藏也.〈017〉

빈객은 반드시 남쪽을 향해서 위치하니, 동쪽은 봄에 해당하며 '춘(春)'
이라는 말은 생동함을 뜻하는 말이고 만물을 낳는 것은 성에 해당한다.
남쪽은 여름에 해당하며 '하(夏)'라는 말은 크다는 뜻이고 길러주고 장
성하게 하며 크게 만드는 것은 인에 해당한다. 서쪽은 가을에 해당하며
'추(秋)'라는 말은 수렴한다는['愁'자의 음은 '揫(추)'이다.] 뜻이고 가을의 엄
숙한 기운에 따라 거둬들이는 것은 의를 지키는 것이다. 북쪽은 겨울에
해당하며 '동(冬)'이라는 말은 중이라는 뜻이고 중이라는 것은 보관한다
는 뜻이다. 이러한 까닭으로 천자가 위치할 때에는 성을 좌측에 두고
인을 향하며 의를 우측에 두고 장을 등진다.

集說

蠢者, 物生動之貌. 天地大德曰生, 聖人德合天地, 故曰産萬物者聖
也. 假, 大也. 揫, 斂縮之貌. 察, 猶察察嚴肅之意. 揫之以時察, 言
揫斂之以秋時嚴肅之氣也. 物之藏必自外而入內, 故曰中者藏也.
天子南面而立, 則左東右西, 南前北後也.

'준(蠢)'이라는 것은 만물이 생동하는 모습을 뜻한다. 천지의 큰 덕을 '생
(生)'이라 부르며,[5] 성인의 덕은 천지에 합하게 된다. 그렇기 때문에 "만
물을 낳는 자는 성(聖)이다."라고 말한 것이다. '가(假)'자는 "크다."는 뜻

---

5) 『역』「계사하(繫辭下)」: 天地之大德曰生, 聖人之大寶曰位. 何以守位? 曰仁.
何以聚人? 曰財. 理財正辭禁民爲非曰義.

이다. '추(揫)'자는 거둬들이는 모습을 뜻한다. '찰(察)'자는 상세하고 엄숙하다는 뜻이다. '추지이시찰(揫之以時察)'이라는 말은 거둬들일 때에는 가을의 엄숙한 기운에 따라서 한다는 뜻이다. 만물이 보관될 때에는 반드시 밖으로부터 안으로 들어오게 된다. 그렇기 때문에 "중(中)이라는 것은 보관한다는 뜻이다."라고 말한 것이다. 천자는 남쪽을 바라보며 서 있으니, 좌측은 동쪽이 되고 우측은 서쪽이 되며, 남쪽은 앞이 되고 북쪽은 뒤가 된다.

經文

介必東鄉, 介賓主也. 主人必居東方, 東方者春, 春之爲言蠢也, 産萬物者也. 主人者造之, 産萬物者也. 月者, 三日則成魄, 三月則成時. 是以禮有三讓, 建國必立三卿, 三賓者, 政教之本, 禮之大參也.〈018〉

개는 반드시 동쪽을 향해서 위치하니, 빈객과 주인의 사이에 위치하는 것이다. 주인은 반드시 동쪽에 머물게 되니, 동쪽은 봄에 해당하고 춘은 곧 준의 뜻이 되니 만물을 낳는 것이다. 주인은 술과 음식 등을 준비하니, 만물을 낳는 자에 해당한다. 달은 3일이 되면 백이 이루어지고 3개월이 되면 한 계절을 이룬다. 이러한 까닭으로 예에는 세 차례 사양하는 예법이 있는 것이고, 나라를 세울 때에도 반드시 삼경을 두는 것이니, 삼빈이라는 것은 정치와 교화의 근본이 되며, 예 중에서도 대참이된다.

集說

張子曰: 坐有四位者, 禮不主於敬主, 欲以尊賢. 若賓主相對, 則是禮主於敬主矣. 故其位賓主不相對, 坐介僕於其間, 以見賓賢之義.

因而說四時之坐皆有義, 其實欲明其尊賢.

장자가 말하길, 앉는 자리에는 네 가지 위치가 있는데, 예에서는 주인
공경하는 것을 위주로 하지 않고, 빈객을 존경하고자 한다. 만약 빈객과
주인이 서로 대등한 관계라면, 이러한 경우의 예에서는 주인 공경하는
것을 위주로 한다. 그렇기 때문에 빈객과 주인의 위치를 서로 대등하게
놓지 않는 것이며, 그 사이에 개(介)와 준(僎)을 앉혀서, 현명한 자를 빈
객으로 대접한다는 뜻을 나타내는 것이다. 이러한 연유에 따라서 사계
절에 따라 앉는 자리에는 모두 해당하는 의미가 있음을 설명한 것인데,
실제로는 현명한 자를 존경함을 나타내고자 한 것이다.

呂氏曰: 天子南面而立, 而坐賓亦南鄕者, 尊賓之至也. 介, 間也. 坐
賓主之間, 所以間之也.

여씨가 말하길, 천자가 남쪽을 바라보며 서 있고 빈객을 앉히며 또한 남
쪽을 향하게 하는 것은 빈객을 존경하는 것이 지극한 것이다. '개(介)'자
는 "틈을 벌리다."는 뜻이다. 빈객과 주인의 사이에 앉히는 것은 둘 사
이를 벌리기 위해서이다.

方氏曰: 飮食之養, 則主人之所造也, 而有産萬物之象, 所以居東.

방씨가 말하길, 술을 마시고 음식을 먹으며 대접을 하는 것은 주인이 준
비하는 것이고, 만물을 길러주는 형상이 있는 있어서 동쪽에 위치하는
것이다.

禮記淺見錄卷第二十六

『예기천견록』 26권

「사의(射義)」

疏曰: 繫辭云: "弦木爲弧, 剡木爲矢." 又世本云: "揮作弓, 夷牟作矢." 註云: "二人黃帝臣." 書云: "侯以明之." 夏殷無文, 周則具矣.

소에서 말하길, 『역』「계사전(繫辭傳)」편에서는 "나무에 시위를 걸어서 활을 만들고, 나무를 깎아서 화살을 만든다."[1]라고 했고, 또 『세본』에서는 "휘(揮)가 활을 만들고, 이모(夷牟)가 화살을 만들었다."라고 했으며, 주에서는 "두 사람은 황제(黃帝)의 신하이다."라고 했다. 『서』에서는 "과녁으로써 밝힌다."[2]라고 했다. 하나라와 은나라에는 관련 기록이 남아 있지 않고, 주나라의 경우에는 구체적으로 갖춰져 있었다.

---

1) 『역』「계사하(繫辭下)」: 弦木爲弧, 剡木爲矢, 弧矢之利, 以威天下, 蓋取諸睽.
2) 『서』「우서(虞書)·익직(益稷)」: 庶頑讒說, 若不在時, 侯以明之, 撻以記之, 書用識哉.

『예기천견록』 26권

「사의」편 문장 순서 비교

『예기집설』	『예기천견록』	
	구분	문장
001		001
002		002
003		003
004		004
005		005
006		006
007		007
008	무분류	008
009		009
010		010
011		011
012		012
013		013
014		014
015		015

무분류

經文

古者諸侯之射也, 必先行燕禮. 卿·大夫·士之射也, 必先行
鄕飮酒之禮. 故燕禮者, 所以明君臣之義也. 鄕飮酒之禮者,
所以明長幼之序也.〈001〉

고대에 제후들이 사례를 실시할 때에는 반드시 그보다 앞서서 연례를
시행했다. 경·대부·사가 사례를 실시할 때에는 반드시 그보다 앞서서
향음주례를 시행했다. 그러므로 연례라는 것은 군신관계에서의 도의를
밝히는 방법이다. 또한 향음주례라는 것은 장유관계에서의 질서를 밝히
는 방법이다.

集說

呂氏曰: 諸侯之射, 大射也. 卿·大夫·士之射, 鄕射也. 射者, 男子
之事. 必飾之以禮樂者, 所以養人之德, 使之周旋中禮也. 蓋燕與鄕
飮, 因燕以娛賓, 不可以無禮, 故有大射鄕射之禮. 禮不可以無義,
故明君臣之義與長幼之序焉.

여씨가 말하길, '제후지사(諸侯之射)'는 대사례(大射禮)를 뜻한다. '경대
부사지사(卿大夫士之射)'는 향사례(鄕射禮)를 뜻한다. 활쏘기는 남자들
이 하는 일이다. 반드시 예악으로 문식을 더하는 것은 사람의 덕을 배
양하여, 그로 하여금 행동을 할 때 예에 맞추게끔 하기 위해서이다. 연
례(燕禮)와 향음주례(鄕飮酒禮)는 연회를 통해서 빈객을 즐겁게 해주
는 것인데 예가 없어서는 안 된다. 그렇기 때문에 대사례와 향사례를
두는 것이다. 예에는 의(義)가 없어서는 안 된다. 그렇기 때문에 군신
관계에서 지켜야 하는 도의와 장유관계에서 지켜야 하는 질서를 밝히
는 것이다.

故射者進退周還必中禮, 內志正, 外體直, 然後持弓矢審固,
持弓矢審固, 然後可以言中[去聲]. 此可以觀德行矣.〈002〉

그러므로 활쏘기를 할 때에는 나아가고 물러나며 행동하는 모든 것들이
예에 맞고 내적으로는 뜻이 올바르며 외적으로는 몸이 강직한 뒤에라야
활과 화살을 잡은 것이 모두 확고하게 되고, 활과 화살을 잡은 것이 모
두 확고하게 된 뒤에라야 적중에['中'자는 거성으로 읽는다.] 대해 말할 수
있다. 따라서 이를 통해 그의 덕행을 관찰할 수 있다.

集說

呂氏曰: 禮射者, 必先比耦, 故一耦皆有上耦下耦, 皆執弓而挾矢.
其進也, 當階及階, 當物及物, 皆揖, 其退也亦如之. 其行有左右, 其
升降有先後. 其射皆拾發, 其取矢于福也. 始進揖, 當福揖, 取矢揖,
旣搢挾揖, 退與將進者揖. 其取矢也, 有橫弓郤手兼弣順羽拾取之
節焉. 卒射而飮, 勝者袒決遂執張弓, 不勝者襲說決拾加弛弓升飮,
相揖如初, 則進退周旋必中禮可見矣. 夫先王制禮, 豈苟爲繁文末
節, 使人難行哉? 亦曰以善養人而已. 蓋君子之於天下, 必無所不中
節, 然後成德. 必力行而後有功. 其四肢欲安佚也, 苟恭敬之心不勝,
則怠惰傲慢之氣生, 動容周旋不能中乎節, 體雖佚而心亦爲之不安;
安其所不安, 則手足不知其所措, 故放辟邪侈, 踰分犯上, 將無所不
至, 天下之亂自此始矣. 聖人憂之, 故常謹於繁文末節, 以養人於無
所事之時, 使其習之而不憚煩, 則不遜之行, 亦無自而作. 至於久而
安之, 則非禮不行, 無所往而非義矣. 君子敬而直內, 義以方外, 所
存乎內者敬, 則所以形乎外者莊矣. 內外交修, 則發乎事者中矣. 射,
一藝也, 容比於禮, 節比於樂, 發而不失正鵠, 是必有樂於義理. 久
於敬恭, 用志不分之心, 然後可以得之, 則其所以得之者, 其爲德可
知矣.

여씨가 말하길, 예법에 따라 활을 쏠 때에는 반드시 그보다 앞서서 두 사람이 짝을 이루게 된다. 그렇기 때문에 두 사람이 이룬 하나의 조에는 모두 상우(上耦)와 하우(下耦)가 있게 되는데, 이들은 모두 활을 잡고 화살을 끼우게 된다. 그들이 나아갈 때에는 계단에 이르러 계단에 오르거나 사대에 이르러 사대에 오를 때에는 모두 읍을 하고, 물러나게 될 때에도 이처럼 한다. 그들이 행동할 때에는 좌우의 순서가 있고, 그들이 오르거나 내려갈 때에도 선후의 순서가 있다. 활을 쏠 때에는 모두 번갈아가며 쏘고 화살통에서 화살을 뽑게 된다. 처음 나아갈 때 읍을 하고 화살통에 이르러서 읍을 하며 화살을 뽑고서 읍을 하고 화살을 끼우고서 읍을 하며 물러가거나 나아가려고 할 때에도 읍을 한다. 화살을 뽑을 때에는 활을 횡으로 눕히고 손을 떼어 활의 중앙 부위를 잡고 화살의 깃털을 정리하는 것이 화살을 번갈아가며 쏘며 화살을 뽑는 절차이다. 활쏘기를 끝내고 술을 마시게 되면, 승자는 단(袒)을 하고 결(決)과 수(遂)를 하고서 활시위를 걸어둔 활을 잡고, 패자는 습(襲)을 하고 결(決)과 습(拾)을 벗고 활시위를 풀어둔 활을 잡고 올라가서 술을 마시는데, 서로 읍을 하며 최초 했던 것처럼 하게 되니, 나아가고 물러나며 움직이는 것들이 반드시 예에 맞게 됨을 확인할 수 있다. 선왕이 예를 제정한 것이 어찌 형식이 번잡한 소소한 예절이 되어 사람들로 하여금 시행하기 어렵도록 만들었겠는가? 그러므로 또한 "선으로써 사람들을 길러준다."[1]라고 했을 따름이다. 군자는 천하를 대함에 반드시 예법 절차에 맞지 않는 바가 없으니, 그런 뒤에라야 덕을 완성할 수 있다. 그리고 반드시 힘써 시행한 이후에야 공적이 생긴다. 자신의 몸이 안락하고자 하는데, 만약 공경하는 마음이 이기지 못한다면 게으르고 오만한 기운이 생겨나서 행동하는 것들을 예법 절차에 맞출 수 없어서, 자신의 몸이 비록 편안하다 하더라도 마음은 또한 불안하게 된다. 그리고 불안한 것에 대해 편안하게 여기게 된다면 손발을 둘 곳조차 모르게 된다. 그렇기 때문

---

1) 『맹자』「이루하(離婁下)」: 孟子曰, "以善服人者, 未有能服人者也, <u>以善養人</u>, 然後能服天下. 天下不心服而王者, 未之有也."

에 간특하게 되고 신분을 벗어나 윗사람을 침범하게 되어 이르지 못할 데가 없게 될 것이니, 천하의 혼란은 이것으로부터 시작된다. 성인은 이러한 점을 걱정하였기 때문에, 형식이 번잡한 소소한 예절이라 하더라도 항상 이러한 점들을 신중히 대했고, 특별히 일삼을 것이 없는 때에는 이를 통해 사람들을 길러주어, 그들로 하여금 이러한 절차를 익히도록 하여 번잡하다고 느끼거나 꺼리지 않게끔 하였으니, 불손한 행동 또한 생겨날 곳이 없게 되었다. 이처럼 행동하는 것을 오래도록 지속하여 편안하게 여기는 경지에 도달하게 된다면, 예법에 맞지 않는 것은 시행되지 않고, 가는 곳마다 의롭지 못한 것도 없게 된다. 군자는 경(敬)으로 내면을 바르게 하고 의(義)로 외면을 바르게 하였으니,[2] 내면에 보존된 것이 경이라면 겉으로 드러나는 것은 장엄하게 된다. 또 내면과 외면이 서로 배양해주면 사안을 통해 나타나는 것이 합당하게 된다. 활쏘기라는 것은 육예(六藝) 중 하나이지만, 행동거지는 예(禮)에 맞추고 절도는 악(樂)에 맞추어, 활을 쏘아서 정곡을 놓치지 않게 되면, 이것은 반드시 의리(義理)에 대해 즐거워하는 점이 있는 것이다. 공경함을 오래도록 실천하고 자신의 뜻에 따르며 분산되지 않는 마음을 갖춘 뒤에라야 이러한 것들을 터득할 수 있으니, 이처럼 할 수 있는 것이 바로 덕이 된다는 사실을 알 수 있다.

經文

其節: 天子以騶虞爲節, 諸侯以貍首爲節, 卿大夫以采蘋爲節, 士以采蘩爲節. 騶虞者, 樂官備也; 貍首者, 樂會時也; 采蘋者, 樂循法也; 采蘩者, 樂不失職也. 是故天子以備官爲節, 諸侯以時會天子爲節, 卿大夫以循法爲節, 士以不失職爲節. 故明

---

2) 『역』「곤괘(坤卦)·문언전(文言傳)」: "直"其正也, "方"其義也. 君子敬以直內, 義以方外. 敬義立而德不孤. "直方大, 不習无不利", 則不疑其所行也.

乎其節之志以不失其事, 則功成而德行立; 德行立, 則無暴亂之禍矣. 功成則國安, 故曰: "射者, 所以觀盛德也."〈003〉

절도에 대해서 설명해보자면, 천자는 추우라는 악곡으로 절도를 삼고, 제후는 이수라는 악곡으로 절도를 삼으며, 경과 대부는 채빈이라는 악곡으로 절도를 삼고, 사는 채번이라는 악곡으로 절도를 삼는다. '추우(騶虞)'라는 것은 관리가 모두 갖춰진 사실에 대해 기뻐한다는 뜻이고, '이수(貍首)'는 때에 따라 조회를 하는 것에 대해 기뻐한다는 뜻이며, '채빈(采蘋)'은 법에 따르는 것에 대해 기뻐한다는 뜻이고, '채번(采蘩)'은 직무를 잃지 않는 것에 대해 기뻐한다는 뜻이다. 이러한 까닭으로 천자는 관리를 모두 갖춘다는 뜻을 절도로 삼는 것이고, 제후는 때에 따라 천자에게 조회하는 뜻을 절도로 삼는 것이며, 경과 대부는 법에 따른다는 뜻을 절도로 삼는 것이고, 사는 직무를 잃지 않는다는 뜻을 절도로 삼는 것이다. 그래서 절도의 뜻에 해박하여 그 사안을 놓치지 않는다면 공적이 완성되고 덕행이 성립되며, 덕행이 성립되면 난폭하고 혼란스러운 재앙이 없게 된다. 공적이 완성되면 나라가 편안해진다. 그렇기 때문에 "활쏘기는 융성한 덕을 관찰하는 방법이다."라고 말한 것이다.

集說

節者, 歌詩以爲發矢之節度也, 一終爲一節. 周禮射人云: 騶虞九節, 貍首七節, 采蘋采蘩皆五節. 尊卑之節, 雖多少不同, 而四節以盡乘矢則同. 如騶虞九節, 則先歌五節以聽, 餘四節則發四矢也. 七節者, 三節先以聽; 五節者, 一節先以聽也. 四詩惟貍首亡. 騶, 廐官; 虞, 山澤之官. 此二職皆不乏人, 則官備可知.

'절(節)'이라는 것은 시를 노래하여 화살을 쏠 때의 절도로 삼는 것이니, 한 악곡을 끝내는 것을 하나의 절도로 삼는다. 『주례』「사인(射人)」편에서는 추우(騶虞)라는 악곡은 9절(節)이고, 이수(貍首)는 7절이며, 채빈(采蘋)과 채번(采蘩)은 모두 5절이라고 했다.[3] 신분의 등급에 따른 절에 비록 많고 적은 차이가 있지만, 4절(節)로 모두 올라가서 활을 쏜다는 측면에서는 동일하다. 예를 들어 추우라는 악곡은 9절로 되어 있으니, 앞서 5절을 노래할 때에는 듣기만 하고, 나머지 4절을 노래할 때면 4개의 화살을 쏘게 된다. 그리고 7절로 되어 있는 경우에는 앞의 3절은 듣기만 하고, 5절로 되어 있는 경우에는 앞의 1절은 듣기만 한다. 4개의 시 중 오직 이수(貍首)만이 망실되어 남아있지 않다. '추(騶)'자는 마구간을 담당하는 관리를 뜻하며, '우(虞)'자는 산림과 하천을 담당하는 관리를 뜻한다. 이처럼 하찮은 두 관리의 직무에 대해서도 모두 인원이 부족하지 않다면, 모든 관직이 갖춰져 있다는 사실을 알 수 있다.

呂氏曰: 彼茁者葭, 則草木遂其生矣. 一發五豝, 則鳥獸蕃殖矣. 吁嗟乎騶虞者, 所以歸功於二官也. 天子之射以是爲節者, 言天子繼天, 當推天地好生之德以育萬物. 此所以樂官備也. 貍首詩亡, 記有原壤所歌, 及此篇所引曾孫侯氏, 疑皆貍首詩也. 貍首, 田之所獲, 物之至薄者也. 君子相會, 不以微薄廢禮, 諸侯以燕射會其士大夫, 物薄誠至, 君臣相與習禮而結歡, 奉天子而修朝事, 故諸侯之射以是爲節, 所以樂會時也. 采蘋之詩, 言大夫之妻, 能循在家母敎之法度, 乃可承先祖共祭祀. 猶卿大夫已命, 能徇其未仕所學先王之法, 乃可以與國政矣. 故卿大夫之射以是爲節, 所以樂循法也. 采蘩之詩, 言夫人不失職, 蓋夫人無外事, 祭祀乃其職也, 惟敬以從事, 是爲不失職. 士之事君, 何以異此? 故士之射以此爲節者, 所以樂不失職也.

---

3) 『주례』「하관(夏官)・사인(射人)」: 以射法治射儀. 王以六耦射三侯, 三獲三容, 樂以<u>騶虞, 九節</u>五正; 諸侯以四耦射二侯, 二獲二容, 樂以<u>貍首, 七節</u>三正; 孤卿大夫以三耦射一侯, 一獲一容, 樂以<u>采蘋, 五節</u>二正; 士以三耦射豻侯, 一獲一容, 樂以<u>采蘩, 五節</u>二正.

여씨가 말하길, "저 무성한 갈대여"라고 했으니, 초목은 생겨남에 따르게 된다. "한 번 화살을 쏘아서 다섯 마리의 암퇘지를 잡노라."라고 했으니, 조수가 번식했던 것이다. "오호라! 이것이 추우로구나."라고 한 말은 두 관리에게 공적을 돌리는 것이다.[4] 천자가 활쏘기를 할 때 이 악곡을 절도로 삼는다는 것은 천자는 하늘을 계승하였으니 마땅히 천지가 생명을 번식시키는 덕을 미루어서 만물을 양육해야 한다는 뜻이다. 이것이 바로 관리가 모두 갖춰진 것을 기뻐하는 이유이다. 이수(貍首)라는 시는 망실되어 남아있지 않은데, 『예기』에는 원양(原壤)이라는 자가 노래를 부르는 말 속에 '이수(貍首)'가 나오며, 이곳 「사의」편에서 인용하고 있는 '증손후씨(曾孫侯氏)'에 대한 노랫말은 아마도 모두 이수라는 시에 해당하는 것 같다. '이수(貍首)'라는 동물은 경작지에서 포획되는 것으로 매우 천한 동물에 해당한다. 군자가 서로 만나볼 때에는 미미하고 천한 것으로 예를 그르쳐서는 안 되는데, 제후가 연사례(燕射禮)를 하며 사와 대부를 불러 모을 때에는 사물을 적게 쓰고 정성을 지극히 하며, 군주와 신하가 서로 예를 익히고 우호를 나누며, 천자를 받들어서 조회의 일을 시행한다. 그렇기 때문에 제후들이 시행하는 활쏘기에서 이 악곡을 절도로 삼는 것은 때에 따라 만나보는 것을 즐거워하는 것이다. '채빈(采蘋)'이라는 시의 내용은 대부의 처가 한 집안의 모친이 되어 해당하는 법도를 따를 수 있다면, 곧 선조를 받들어서 제사에 이바지할 수 있다는 뜻이다. 이것은 마치 경과 대부가 명(命)의 등급을 받게 되었다면, 아직 관직에 나아가지 않았을 때 배웠던 선왕의 법도에 따를 수 있어서, 곧 국가의 정사에 참여할 수 있다는 의미와 같다. 그렇기 때문에 경과 대부가 활쏘기를 할 때 이 악곡을 절도로 삼는 것은 곧 법도에 따르는 것을 즐거워하는 것이다. '채번(采蘩)'이라는 시의 내용은 부인들이 자신의 직무를 잃지 않는다는 뜻이니, 부인들에게는 바깥일이라는 것이 없고 제사가 곧 그녀들의 직무가 되니, 오직 공경스러운 태도로 종사하는 것만이 직무를 잃지 않는 것이다. 사가 군주를 섬기는 것이 어찌

---

4) 『시』「소남(召南)·추우(騶虞)」: 彼茁者葭. 壹發五豝, 于嗟乎騶虞.

이것과 다르겠는가? 그렇기 때문에 사가 활쏘기를 할 때 이 악곡을 절도로 삼는 것은 직무를 잃지 않은 것을 기뻐하는 것이다.

經文

是故古者天子以射選諸侯・卿・大夫・士. 射者, 男子之事也, 因而飾之以禮樂也. 故事之盡禮樂而可數[朔]爲以立德行者莫若射, 故聖王務焉.〈004〉

이러한 까닭으로 고대에 천자는 사례를 통해서 제후・경・대부・사를 선발했다. 활쏘기는 남자들이 하는 일이니, 이러한 이유로 인하여 예악으로 활쏘기에 문식을 더했다. 그래서 어떤 사안의 예악을 다하고 자주['數'자의 음은 '朔(삭)'이다.] 시행하여 덕행을 수립할 수 있는 것 중에는 활쏘기만한 것이 없다. 그렇기 때문에 성왕이 활쏘기에 힘썼던 것이다.

集說

疏曰: 諸侯雖繼世而立, 卿大夫有功乃升, 非專以射而選也. 但旣爲諸侯卿大夫, 又考其德行, 更以射辨其材藝之高下, 非謂直以射選補始用之也. 射者男子之事, 謂生有懸弧之義也.

소에서 말하길, 제후는 비록 세대를 이어서 제위에 오르고, 경과 대부들은 공적을 세우면 곧 지위가 올라가게 되니, 전적으로 사례(射禮)만을 통해서 선발하는 것은 아니다. 다만 이미 제후・경・대부가 된 자들에 대해서는 또한 그들의 덕행을 살피고 다시금 사례를 통해서 그들이 가진 재능과 재주의 차등을 가려내게 되니, 단지 사례를 통해서 등용하고 이를 통해 비로소 그들을 부린다는 뜻이 아니다. "활쏘기는 남자들의 일이다."라고 한 말은 사내아이가 태어났을 때 집 앞에 활을 걸어두는 뜻이 포함된다는 의미이다.

是故古者天子之制: 諸侯歲獻貢士於天子, 天子試之於射宮,
其容體比於禮, 其節比於樂, 而中多者得與於祭. 其容體不比
於禮, 其節不比於樂, 而中少者不得與於祭. 數與於祭而君有
慶, 數不與於祭而君有讓. 數有慶而益地, 數有讓則削地. 故
曰: "射者, 射爲諸侯也." 是以諸侯君臣盡志於射, 以習禮樂.
夫君臣習禮樂而以流亡者, 未之有也.〈005〉

이러한 까닭으로 고대에 제정된 천자의 제도에서는 제후는 해마다 사를
선발해서 천자에게 바치고, 천자는 그들을 사궁에서 시험하는데, 그 용
모와 행동거지가 예에 따르고 그 절도가 악에 따라서 명중시킨 것이 많
은 자는 제사에 참여할 수 있었다. 반면 그 용모와 행동거지가 예에 따
르지 못하고 그 절도가 악에 따르지 못하여 명중시킨 것이 적은 자는
제사에 참여할 수 없었다. 자주 제사에 참여하게 되면 군주는 은덕을
받게 되고, 자주 제사에 참여하지 못하게 되면 군주는 책망을 받게 된
다. 자주 은덕을 받게 되면 결국 그를 천거했던 제후에 대해 땅을 늘려
주게 되고, 자주 책망을 받게 되면 제후의 땅이 삭감된다. 그렇기 때문
에 "활쏘기라는 것은 활을 쏘아서 제후를 위하는 것이다."라고 말한 것
이다. 이러한 까닭으로 제후국에 소속된 군주와 신하는 모두 사례에 대
해서 그 뜻을 다하여 예악을 익혔던 것이다. 무릇 군주와 신하들 중 예
악을 익히고도 그 땅을 잃고 떠도는 자는 없었다.

集說

鄭氏曰: 三歲而貢士. 舊說大國三人, 次國二人, 小國一人.

정현이 말하길, 3년마다 사를 선발해서 바친다. 옛 학설에 따르면 제후
국 중 대국에서는 3명을 바치고, 차국에서는 2명을 바치며, 소국에서는
1명을 바친다고 했다.

疏曰: 書傳云: "古者諸侯之於天子也, 三年一貢士, 一適謂之好德, 再適謂之賢賢, 三適謂之有功. 一不適謂之過, 再不適謂之傲, 三不適謂之誣."

소에서 말하길, 『서전』에서는 "고대에 제후는 천자에 대해서 3년마다 한 차례 사를 선발해서 바치는데, 한 차례 천거하는 것을 '호덕(好德)'이라 부르며, 두 차례 천거하는 것을 '현현(賢賢)'이라 부르고, 세 차례 천거하는 것을 '유공(有功)'이라 부른다. 한 차례 천거하지 못하는 것을 '과(過)'라 부르며, 두 차례 천거하지 못하는 것을 '오(傲)'라 부르고, 세 차례 천거하지 못하는 것을 '무(誣)'라 부른다."라고 했다.

經文

故詩曰: "曾孫侯氏, 四正具擧. 大夫君子, 凡以庶士. 小大莫處, 御于君所. 以燕以射, 則燕則譽." 言君臣相與, 盡志於射以習禮樂, 則安則譽也. 是以天子制之, 而諸侯務焉. 此天子之所以養諸侯而兵不用, 諸侯自爲正之具也.〈006〉

이러한 까닭으로 『시』에서는 "증손후씨여, 사정을 모두 거행하는구나. 대부인 군자여, 모든 서사들까지 참여하여, 대소 관료를 막론하고 자신의 직무에 매달리지 않고 군주가 계신 곳에서 군주를 모시는구나. 연례를 시행한 뒤에 사례를 실시하니, 편안하고 영예롭게 된다."라고 했다. 즉 이 말은 군주와 신하가 서로 참여하여 활쏘기에서 그 뜻을 다하여 예악을 익히게 된다면, 모두가 편안하게 되고 영예를 얻게 된다는 뜻이다. 이러한 까닭으로 천자는 이러한 예법을 제정한 것이고 제후는 힘써 실천했던 것이다. 이것이 바로 천자가 제후를 보살피면서 병장기를 사용하지 않았던 이유이며, 또한 제후들이 제 스스로 올바르게 되었던 도구이기도 하다.

曾孫侯氏者, 諸侯推本始封之君, 故以曾孫言, 如左傳曾孫蒯瞶之類
是也. 四正, 謂擧正爵以獻賓, 獻君, 獻卿, 獻大夫, 凡四也. 具, 皆
也. 此四獻皆畢然後射, 此時大夫君子下及衆士, 無問大小之官, 無
有處其職司而不來者, 皆御侍于君所也. 以燕以射, 言先行燕禮而
後射也. 則燕則譽者, 燕, 安也, 言君臣上下以射而習禮樂, 則安樂
而有名譽也. 天子養諸侯以禮樂, 則無所事征討矣. 而此藝者, 又諸
侯所以自爲正身安國之具也. 舊說曾孫侯氏以下八句, 貍首篇文.

'증손후씨(曾孫侯氏)'라는 말은 제후가 처음 분봉을 받은 군주에 대해서
반추를 하였기 때문에, '증손(曾孫)'이라는 말을 붙인 것이니, 『좌전』에
서 '증손(曾孫)인 괴외(蒯瞶)'5)라고 한 부류가 이러한 경우에 해당한다.
'사정(四正)'은 정식 행사에 사용하는 술잔을 들어서 빈객에게 따라주고
군주에게 따라주며 경에게 따라주고 대부에게 따라주는데, 이처럼 모두
4번의 술잔을 따라준다는 뜻이다. '구(具)'자는 모두라는 뜻이다. 이처럼
4차례 술을 따라주는 일이 모두 끝난 뒤에 활쏘기를 하는데, 이 시기에
대부인 군자들로부터 그 이하로 여러 사 무리들에 이르기까지, 대소 관
직을 따지지 않고 자신의 직무에 처하여 참여하지 않는 자가 없으니, 모
두들 군주가 머무는 장소에서 군주를 모시게 된다. '이연이사(以燕以射)'
라는 말은 먼저 연례(燕禮)를 시행한 이후에 사례(射禮)를 실시한다는
뜻이다. '즉연즉예(則燕則譽)'라고 했는데, 이때의 '연(燕)'자는 "편안하
다."는 뜻이니, 군주와 신하 및 상하의 모든 계층이 활쏘기를 통해서 예
악을 익히게 된다면, 안락하게 되고 명예를 갖게 된다는 뜻이다. 천자가
제후들을 보살펴줄 때 예악으로 한다면 토벌을 시행할 일이 없게 된다.
그리고 이러한 기예는 또한 제후들이 제 스스로 자신을 올바르게 하고

---

5) 『춘추좌씨전』 「애공(哀公) 2년」: 衛大子禱曰, "曾孫蒯瞶敢昭告皇祖文王・烈
祖康叔・文祖襄公, 鄭勝亂從, 晉午在難, 不能治亂, 使鞅討之. 蒯瞶不敢自佚,
備持矛焉. 敢告無絶筋, 無折骨, 無面傷, 以集大事, 無作三祖羞. 大命不敢請,
佩玉不敢愛."

나라를 안정시키는 도구가 된다. 옛 학설에서는 '증손후씨(曾孫侯氏)'로부터 그 아래 8개 구문을 '이수(貍首)'라는 시편의 문장으로 여겼다.

孔子射於矍[攫]相[去聲]之圃, 蓋觀者如堵牆. 射至于司馬, 使子路執弓矢出延射曰: "賁[奮]軍之將, 亡國之大夫, 與[去聲]爲人後者不入, 其餘皆入." 蓋去者半, 入者半.〈007〉

공자가 확상이라는[攫'자의 음은 '攫(확)'이다. '相'자는 거성으로 읽는다.] 땅의 들에서 사례를 실시했는데, 지켜보는 자가 많아서 마치 담장처럼 그 주변을 둘러쌌다. 향음주례를 끝내고 사례를 실시하게 되어, 사정을 재차 사마로 정하는 단계까지 진행되었는데, 공자는 자로를 시켜서 활과 화살을 들고 나가 활쏘기에 참여하려는 자들을 불러오도록 하며, "군대를 패망시킨[賁'자의 음은 '奮(분)'이다.] 장수, 나라를 망친 대부, 자신의 부모도 잊고 남의 후사가 되기로 자청한[與'자는 거성으로 읽는다.] 자들은 들어오지 못하니, 나머지 사람들은 모두 들어오도록 하시오."라고 했다. 그러자 그 자리를 떠나는 자가 반이었고 참여한 자가 반이었다.

矍相, 地名. 如堵墙, 言圍繞而觀者衆也. 鄕飮之禮, 將旅酬, 使相者一人爲司正. 至將射, 則轉司正爲司馬, 故云射至於司馬也. 延, 進也, 誓衆選賢, 而進其來觀欲射之人也. 賁, 與僨同, 覆敗也. 亡國, 亡其君之國也. 與爲人後, 言人有死而無子者, 則宗族旣爲之立後矣, 此人復求爲之後也. 賁軍之將無勇, 亡國之臣不忠, 求爲人後者忘親而貪利, 此三等人皆在所當棄, 故不使之入, 其餘則皆可與之進也.

'확상(矍相)'은 지명이다. "마치 담장과 같았다."는 말은 둘러싸서 살펴보는 자가 많았다는 뜻이다. 향음주례(鄕飮酒禮)에서 여수(旅酬)를 시행하려고 하면, 의식을 돕는 자 1명으로 하여금 사정(司正)의 직책을 수행하도록 한다. 활쏘기를 시행하게 되면, 사정을 다시 사마(司馬)로 삼는다. 그렇기 때문에 "활쏘기가 사마(司馬)에 이르렀다."라고 말한 것이다. '연(延)'자는 "나아가다."는 뜻이니, 뭇 대중들에게 명세하고 현명한 자를 선발하여, 가까이 와서 활쏘기를 관찰하고자 하는 자들을 나오게끔 한 것이다. '분(賁)'자는 분(僨)자와 동일하니 패망했다는 뜻이다. '망국(亡國)'은 자신의 군주가 다스리는 나라를 망쳤다는 뜻이다. '여위인후(與爲人後)'는 어떤 자가 죽었는데 대를 이을 자식이 없다면, 종족은 그를 위해 후손을 대신 세워주는데, 여기에서 말하는 자는 재차 자신이 요구하여 그 사람의 후손이 된 자를 뜻한다. 군대를 패망하게 만든 장수는 용맹이 없고, 나라를 망친 신하는 충성스럽지 못하며, 자신이 요구하여 타인의 후손이 된 자는 자신의 부모를 잊고 이로움을 탐한 것이니, 이러한 세 부류의 사람들은 모두 내쳐야만 하는 대상이다. 그렇기 때문에 그들로 하여금 들어오지 못하도록 했으니, 그 나머지 사람들의 경우에는 모두 참여하여 들어올 수 있었던 것이다.

又使公罔之裘・序點揚觶而語. 公罔之裘揚觶而語曰: "幼壯孝弟, 耆耋好禮, 不從流俗, 脩身以俟死者[句], 不[否句]? 在此位也." 蓋去者半, 處者半.〈008〉

또한 공자는 공망구와 서점을 시켜서 치를 들고 사람들에게 술을 권하며 옛 선왕이 만든 예악을 칭술하도록 시켰다. 공망구가 치를 들고 사람들에게 술을 권하고 어를 하며, "나이가 어리거나 장성한 자들은 효제에 따르고, 늙은이들은 예를 좋아하며, 세속의 잘못된 예법에 휩쓸리지 않고, 자신을 수양하여 죽을 때까지 고수하는 자이어야 하는데[‘者’자에서 구문을 끊는다.] 그렇지 않은가?[‘不’자의 음은 ‘否(부)’이고, 여기에서 구문을 끊는다.] 그런 자는 이 자리에 있으시오.”라고 했다. 그러자 그 자리를 떠나는 자가 반이었고 참여한 자가 반이었다.

集說

公罔, 姓; 裘, 名. 之, 語助也. 序, 姓; 點, 名也. 揚, 擧也. 射畢, 則使主人之贊者二人, 擧觶于賓與大夫. 儀禮云古者於旅也語. 故裘擧觶曰: 幼壯而盡孝弟之道, 老耄而守好禮之心, 不與流俗同其頹靡, 而守死善道者. 不, 言今此衆人之中有如此樣人否? 當在此賓位也. 於是先時之入者又半去矣.

‘공망(公罔)’은 성(姓)에 해당하고 ‘구(裘)’는 이름에 해당한다. ‘지(之)’자는 어조사이다. ‘서(序)’는 성(姓)에 해당하고 ‘점(點)’은 이름에 해당한다. ‘양(揚)’자는 “들다.”는 뜻이다. 활쏘기가 끝나면 주인을 도왔던 자 2명을 시켜서 빈객 및 대부들에게 치(觶)를 들어서 술을 권한다. 『의례』에서는 “고대에는 여수(旅酬)를 할 때 선왕의 예악을 칭술하는 어(語)를 했다.”[6]라고 했다. 그렇기 때문에 구가 치를 들어 올려서 술을 권하며, “나이가 어리거나 장성한 자이면서 효제의 도리를 다하고, 노년이 되어서 예를 좋아하는 마음을 지키며, 세속에 휩쓸려서 쇠퇴함에 따르지 않으며 죽을 때까지 좋은 도리를 지키는 자이다.”라고 말한 것이다. ‘불(不)’자는 “현재 이곳에 모인 많은 사람들 중에 이와 같이 본보기를 보인 자가 있는가? 없는가?”라는 뜻이다. 본보기를 보인 자는 마땅히 이곳에 마련된 빈객의 자리에 머물게 된다. 이때 앞서 들어왔던 자들 중 또한 그 반절이 떠나갔다.

---

6) 『의례』「향사례(鄕射禮)」: <u>古者於旅也語</u>. 凡旅不洗. 不洗者不祭.

序點又揚觶而語曰: "好學不倦, 好禮不變, 旄[耄]期稱道不亂
者[句], 不[句]? 在此位也." 蓋廑[僅]有存者.〈009〉

서점은 또한 치를 들고 사람들에게 술을 권하고 어를 하며, "학문을 좋
아하되 게으름을 피우지 않고, 예를 좋아하되 변치 않으며, 나이가 아무
리 많더라도['旄'자의 음은 '耄(모)'이다.] 도를 말함에 어긋남이 없어야 하는
데['者'자에서 구문을 끊는다.] 그렇지 않은가?['不'자에서 구문을 끊는다.] 그런
자는 이 자리에 있으시오."라고 했다. 그 말을 듣자 남아있는 자가 소수
에['廑'자의 음은 '僅(근)'이다.] 불과했다.

八十九十曰旄, 百年曰期. 年雖高而言道無所違誤, 故云稱道不亂
也. 廑有存者, 蓋去者多而留者寡矣. 子路之延射, 直指惡者而斥之,
則無此惡者自入. 裘・點之揚觶, 但舉善者而留之, 則非其人者自
退. 裘之言尙疏, 點之言則愈密矣.

80세나 90세가 된 자를 '모(旄)'라 부르고, 100세가 된 자를 '기(期)'라
부른다. 나이가 비록 많지만 도를 말함에 어긋나거나 잘못된 점이 없다.
그렇기 때문에 "도(道)를 일컬으며 혼란스럽지 않다."라고 말한 것이다.
'근유존자(廑有存者)'라는 말은 떠나간 자는 많고 남아 있는 자는 적다
는 뜻이다. 자로가 활 쏠 자들을 나오게 할 때에는 단지 나쁜 점만을
지적하여 배척했으니, 자로가 지적한 악함이 없는 자들만이 스스로 들
어온 것이다. 구와 점이 치(觶)를 들어 올렸을 때에는 단지 선한 덕목을
가리켜서 그러한 자들만 남아 있게 했으니, 선한 덕목을 갖추지 못한 자
들은 제 스스로 물러간 것이다. 구의 말은 오히려 범범했지만 점의 말은
더욱 자세했다.

射之爲言者繹也, 或曰舍[去聲]也. 繹者, 各繹己之志也. 故心平體正, 持弓矢審固, 持弓矢審固, 則射中矣. 故曰爲人父者以爲父鵠[工毒反], 爲人子者以爲子鵠, 爲人君者以爲君鵠, 爲人臣者以爲臣鵠. 故射者各射己之鵠. 故天子之大射謂之射侯. 射侯者, 射爲諸侯也. 射中則得爲諸侯, 射不中則不得爲諸侯.〈010〉

'사(射)'라는 말은 찾는다는 뜻이며, 또한 머무른다는['舍'자는 거성으로 읽는다.] 뜻으로 말하기도 한다. '역(繹)'이라는 것은 각각 자신의 뜻에 대해 탐구하는 것이다. 그렇기 때문에 마음이 편안하고 몸이 바르며 활과 화살을 잡은 것이 모두 확고하니, 활과 화살을 잡은 것이 모두 확고하다면 활을 쏘아서 적중시킨다. 그렇기 때문에 부친이 된 자는 이것을 부곡으로['鵠'자는 '工(공)'자와 '毒(독)'자의 반절음이다.] 삼고, 자식이 된 자는 이것을 자곡으로 삼으며, 군주가 된 자는 이것을 군곡으로 삼고, 신하가 된 자는 이것을 신곡으로 삼는다. 그래서 활쏘기는 각각 자신의 곡에 활을 쏘는 것이다. 그렇기 때문에 천자가 제정한 대사례에 대해서는 이 것을 사후라고 부르니, '사후(射侯)'라는 것은 활을 쏘아서 제후가 된 다는 뜻이다. 활을 쏘아서 적중을 시킨 자는 제후가 될 수 있고, 활을 쏘아서 적중을 시키지 못한 자는 제후가 될 수 없다.

繹己之志者, 各尋其理之所在也. 射己之鵠者, 各中其道之當然也. 舍, 止也. 道之所止, 如君止於仁, 父止於慈之類.

"자신의 뜻을 찾는다."는 말은 각각 그 이치가 있는 곳을 탐구한다는 뜻이다. "자신의 곡(鵠)에 활을 쏜다."는 말은 각각 그 도의 당연한 바에 맞춘다는 뜻이다. '사(舍)'자는 "머무르다."는 뜻이다. 도가 머물러 있다

는 의미이니, 예를 들어 군주가 인자함에 머물고 부친이 자애로움에 머
문다는 부류와 같다.[7]

鄭氏曰: 得爲諸侯, 謂有慶也. 不得爲諸侯, 謂有讓也. 又司裘註云:
侯者, 其所射也. 以虎熊豹糜之皮飾其側. 又方制之以爲準, 謂之鵠,
著于侯中. 謂之鵠者, 取名於鳱鵠. 鳱鵠小鳥, 難中, 是以中之爲雋.

정현이 말하길, "제후가 될 수 있다."는 말은 은덕을 받는다는 뜻이다.
"제후가 될 수 없다."는 말은 책망을 받는다는 뜻이다. 또 『주례』「사구
(司裘)」편에 대한 정현의 주에서 말하길, '후(侯)'라는 것은 활을 쏘는
과녁이다. 호랑이·곰·표범·사슴의 가죽으로 그 가장자리를 장식한
다. 또한 균등하게 제작하여 판을 만드니, 이것을 '곡(鵠)'이라 부르고,
이것을 후(侯) 중앙에 붙인다. 이것을 '곡(鵠)'이라 부르는 이유는 간곡
(鳱鵠)이라는 새에서 그 명칭을 취한 것이다. '간곡(鳱鵠)'은 작은 새이
기 때문에 맞추기가 어렵다. 이러한 까닭으로 그 새를 맞춘 것을 '준
(雋)'이라고 한다.[8]

呂氏曰: 張皮侯而棲鵠, 方制之, 置侯之中以爲的者也.

여씨가 말하길, 가죽으로 된 과녁을 펼쳐서 '곡(鵠)'을 붙이는데, 균등하
게 제작하여 과녁 가운데 이것을 붙여 적(的)으로 삼는 것이다.

---

7) 『대학』「전(傳) 3장」: <u>爲人君, 止於仁</u>, 爲人臣, 止於敬. 爲人子, 止於孝. <u>爲人
父, 止於慈</u>. 與國人交, 止於信.

8) 이 문장은 『주례』「천관(天官)·사구(司裘)」편의 "王大射, 則共虎侯·熊侯·豹
侯, 設其鵠. 諸侯則共熊侯·豹侯, 卿大夫則共糜侯, 皆設其鵠."이라는 기록에
대한 정현의 주이다.

天子將祭, 必先習射於澤. 澤者, 所以擇士也. 已射於澤而后
射於射宮. 射中者得與於祭, 不中者不得與於祭. 不得與於
祭者有讓, 削以地. 得與於祭者有慶, 益以地. 進爵絀地是
也.〈011〉

천자가 제사를 지내려고 할 때에는 반드시 그보다 앞서서 택에서 활쏘
기를 연습한다. 택에서 활쏘기를 하는 것은 사를 선발하기 위해서이다.
택에서 활쏘기 연습을 끝낸 이후에는 사궁에서 활쏘기를 한다. 활쏘기
를 하여 적중을 시킨 자는 제사에 참여할 수 있고, 적중시키지 못한 자
는 제사에 참여할 수 없다. 제사에 참여할 수 없는 자의 경우 책망을
받고 땅을 줄이게 된다. 제사에 참여할 수 있는 자의 경우 은덕을 받고
땅을 늘려주게 된다. 작위를 올려주고 땅을 삭감한다는 것이 바로 이것
을 가리킨다.

澤, 宮名, 其所在未詳. 疏云: "於寬閑之處, 近水澤而爲之. 射宮, 卽
學宮也." 進爵絀地者, 疏云: "進則爵輕於地, 故先進爵而後益以地
也. 退則地輕於爵, 故先削地而後絀爵也."

'택(澤)'은 건물의 이름으로, 그 건물이 위치했던 장소에 대해서는 자세
히 알 수 없다. 소에서는 "넓고 조용한 장소로, 연못과 가까운 곳에 만든
다. '사궁(射宮)'은 곧 학궁(學宮)에 해당한다."라고 했다. "작위를 올려
주고 땅을 줄인다."는 말에 대해서, 소에서는 "올려주는 경우 작위는 땅
보다 중요하지 않은 대상이다. 그렇기 때문에 먼저 작위를 올려주고 그
런 이후에 땅을 늘려주는 것이다. 물리는 경우 땅은 작위보다 중요하지
않은 대상이다. 그렇기 때문에 먼저 땅을 삭감하고 그런 이후에 작위를
낮추는 것이다."라고 했다.

故男子生, 桑弧蓬矢六, 以射[石]天地四方. 天地四方者, 男子
之所有事也. 故必先有志於其所有事, 然後敢用穀也, 飯[上聲]
食[嗣]之謂也.〈012〉

그렇기 때문에 사내아이가 태어나면, 뽕나무로 만든 활과 쑥대로 만든
화살 6대를 가지고, 천지와 사방에 각각 한 발씩 쏜다.['射'자의 음은 '石
(석)'이다.] 천지와 사방은 남자가 일삼는 대상이 존재하는 장소이다. 그
렇기 때문에 반드시 가장 먼저 일삼는 대상이 존재하는 곳에 뜻을 두게
되고, 그런 이후에야 감히 모유를 먹게 하니, 이것을 반사라고['飯'자는
상성으로 읽는다. '食'자의 음은 '嗣(사)'이다.] 부른다.

集說

宇宙內事, 皆已分內事, 此男子志也. 人臣所以先盡職事, 而後敢食
君之祿者, 正以始生之時, 先射天地四方, 而後使其母食之也, 故曰
飯食之謂也. 飯食, 食子也.

우주 안에서 일어나는 일들은 모두 이미 내사(內事)로 구분되는데, 이
것은 남자가 뜻을 두는 대상이다. 신하된 자가 먼저 자신의 직무를 다
하고, 그런 이후에 감히 군주의 식록을 먹는 것은 바로 처음 태어났을
때, 우선 천지(天地)와 사방(四方)에 활을 쏘고, 그런 이후에 그 어미로
하여금 모유를 먹이도록 한 것에 해당한다. 그렇기 때문에 "반사(飯食)
를 뜻한다."라고 말한 것이다. '반사(飯食)'라는 말은 자식을 먹인다는
뜻이다.

射者仁之道也. 求正諸己, 己正而后發; 發而不中, 則不怨勝
己者, 反求諸己而已矣.〈013〉

활쏘기는 인을 시행하는 도리이다. 자신에게서 올바름을 찾고, 자신이
올바르게 된 이후에야 활을 쏘며, 활을 쏘아서 적중시키지 못한다면, 자
신을 이긴 자에 대해서 원망하지 않고, 돌이켜보아서 자신에게서 원인
을 찾을 따름이다.

爲仁由己, 射之中否亦由己, 非他人所能與也, 故不怨勝己者, 而惟
反求諸其身.

인(仁)을 시행하는 것은 자신에게서 비롯되니,9) 활을 쏘아서 적중을 시
키느냐 시키지 못하느냐는 문제 또한 자신에게서 비롯되는 것이고, 타
인이 관여할 수 있는 것이 아니다. 그렇기 때문에 자신을 이긴 자에 대
해서 원망하지 않고, 오직 돌이켜보아 자신에게서 그 문제를 찾을 따름
이다.

孔子曰: "君子無所爭, 必也射乎! 揖讓而升, 下而飮, 其爭也君
子."〈014〉

---

9) 『논어』「안연(顔淵)」: 顔淵問仁. 子曰, "克己復禮爲仁. 一日克己復禮, 天下歸
仁焉. 爲仁由己, 而由人乎哉?" 顔淵曰, "請問其目." 子曰, "非禮勿視, 非禮勿
聽, 非禮勿言, 非禮勿動." 顔淵曰, "回雖不敏, 請事斯語矣."

공자가 말하길, "군자는 다투는 일이 없지만, 다툼이 있다면 그것은 반드시 활쏘기일 것이다! 활쏘기를 할 때에는 읍을 하고 사양을 한 뒤에야 당에 오르고, 내려온 뒤 패자가 다시 올라가 술을 마시니, 그 다툼이야말로 군자다운 것이다."라고 했다.

集說

朱子曰: 揖讓而升者, 大射之禮, 耦進三揖而後升堂也. 下而飮, 謂射畢揖降, 以俟衆耦皆降. 勝者乃揖不勝者升, 取觶立飮也. 言君子恭遜不與人爭, 惟於射而後有爭. 然其爭也雍容揖遜乃如此, 則其爭也君子, 而非若小人之爭矣.

주자가 말하길, "읍하고 사양을 하고 오른다."는 말은 대사례(大射禮)에서 짝을 이룬 자들이 나아가며 세 차례 읍을 한 이후에야 당에 오른다는 뜻이다. "내려가서 마신다."는 말은 활쏘기를 끝내고 읍을 하고 내려와서, 짝을 이루었던 자들이 모두 내려오기를 기다린다. 승자는 곧 읍을 하고 패자는 올라가서 치(觶)를 가져다가 서서 벌주를 마신다는 뜻이다. 즉 이 말은 군자는 공손하게 행동하여 다른 사람과 다투지 않는데, 오직 활쏘기에서만 다툼이 있게 된다는 뜻이다. 그런데 그 다툼이라는 것은 온화하고 예법에 맞는 행동거지를 하며 읍을 하고 사양을 함이 곧 이와 같으니, 그 다툼이라는 것은 군자다운 것이고 소인들의 다툼과는 다른 것이다.

陳氏曰: 揖讓而升, 未射時也. 下而復升以飮, 則射畢矣. 揖讓而升下五字, 當依鄭註爲句.

진호가 말하길, "읍을 하고 사양을 하여 당에 오른다."는 말은 아직 활을 쏘기 이전의 시기를 뜻한다. 내려와서 재차 당에 올라서 술을 마신다면, 활쏘기가 끝난 것이다. 따라서 "읍을 하고 사양을 하며 올라가갔다가 내려온다."는 다섯 글자는 마땅히 정현의 주에 근거해서 구문을 끊어야 한다.

孔子曰: "射者何以射? 何以聽? 循聲而發, 發而不失正鵠者,
其唯賢者乎! 若夫不肖之人, 則彼將安能以中?" 詩云: "發彼有
的, 以祈爾爵." 祈, 求也. 求中以辭爵也. 酒者, 所以養老也,
所以養病也. 求中以辭爵者, 辭養也.〈015〉

공자가 말하길, "활을 쏘는 자는 어떻게 그리 잘 쏘며, 또 어떻게 그리
음악의 악절에 맞추는가? 음악에 맞춰서 화살을 쏘고, 화살을 쏜 것이
정곡을 놓치지 않는 자는 오직 현명한 자일뿐이다! 불초한 자라면 그
자가 어떻게 적중을 시킬 수 있겠는가?"라고 했다. 『시』에서는 "저 과녁
에 활을 쏘아서, 네 술잔을 찾는구나."라고 했다. '기(祈)'자는 구한다는
뜻이니, 적중하기를 요구하여 벌주로 내린 잔을 사양하는 것이다. 술이
라는 것은 노인을 봉양하는 도구이자 병든 몸을 보살피는 도구이다. 적
중하길 요구하여 벌주로 내린 잔을 사양하는 것은 봉양의 예법을 받는
것을 사양하는 것이다.

集說

郊特牲, 孔子曰: "射之以樂也, 何以聽? 何以射?" 謂射者何以能不失
射之容節, 而又能聽樂之音節乎? 何以能聽樂之音節, 而使射之容
與樂之節相應乎? 言其難而美之也. 循聲而發, 謂射者依循樂聲而
發矢也. 畫布曰正, 棲皮曰鵠. 賢者持弓矢審固, 故能中的, 不肖者
不能也. 詩, 小雅·賓之初筵. 發, 猶射也. 爵, 謂罰酒之爵. 中則免
於罰, 故云求中以辭爵也. 酒所以養老病, 今未免於爵者, 以己非老
者病者, 不敢當其養禮耳. 此讓道也.

『예기』「교특생(郊特牲)」편에서 공자는 "활을 쏠 때에는 음악을 함께 연
주하니, 어떻게 그처럼 음악을 들으면서 활 쏘는 예절을 흐트러트리지
않는가? 또 어떻게 그처럼 활을 쏘면서 음악의 악절과 호응이 되도록
하는가?"라고 했는데, 이 말은 "활 쏘는 자는 어떻게 활을 쏠 때의 용모

와 절도를 잃지 않으면서도, 또한 음악의 악절을 잘 들을 수 있는가? 어떻게 음악의 악절을 잘 들을 수 있으면서도 활을 쏠 때의 태도와 음악의 악절을 서로 대응시킬 수 있는가?"라는 뜻이다. 즉 이것은 어려운 일을 해내는 것에 대해 찬미한 말이다. "소리에 따라서 쏜다."는 말은 활을 쏘는 자가 음악의 소리에 따라서 화살을 쏜다는 뜻이다. 포에 그림을 그린 것을 '정(正)'이라 부르며, 가죽을 댄 것을 '곡(鵠)'이라 부른다. 현명한 자가 활과 화살을 잡음에 확고하기 때문에, 과녁에 적중시킬 수 있는 것인데, 불초한 자는 그럴 수 없다. 여기에서 말한 시(詩)는『시』「소아(小雅)·빈지초연(賓之初筵)」편이다. '발(發)'자는 "쏜다."는 뜻이다. '작(爵)'은 벌주로 내리는 술잔을 뜻한다. 적중을 시킨 자는 벌주를 면하게 된다. 그렇기 때문에 "적중하기를 구하여 벌주로 내린 잔을 사양한다."라고 말한 것이다. 술은 노인과 쇠약해진 몸을 보필하는 도구인데, 현재 벌주로 내린 잔을 피하고자 하는 것은 자신은 노인이나 쇠약해진 자가 아니므로, 봉양의 예법을 감당할 수 없기 때문이다. 이것은 바로 사양의 도리에 해당한다.

「연의(燕義)」

此明君臣燕飮之義.

「연의」편은 군신사이에서 연례(燕禮)를 하며 음주를 하는 의미를 밝히고 있다.

「연의」편 문장 순서 비교

『예기집설』	『예기천견록』	
	구분	문장
001		002
002		003
003	무분류	004
004		005
005		001

무분류

經文

諸侯燕禮之義: 君立阼階之東南, 南鄕爾鄕[句]. 大夫皆少進
[句], 定位也. 君席阼階之上, 居主位也. 君獨升立席上, 西面特
立, 莫敢適[敵]之義也.〈002〉

제후가 연례를 하는 의미에 있어서, 군주는 동쪽 계단의 동남쪽에 서서,
남쪽을 향하여 경을 가까이 오도록 한다.['鄕'자에서 구문을 끊는다.] 대부들
은 모두 조금 앞으로 나아가고['進'자에서 구문을 끊는다.] 여러 신하들의 자
리를 정하게 된다. 군주가 동쪽 계단 위에 자리를 잡는 것은 주인의 위
치에 있는 것이다. 군주가 홀로 자리에 올라가서 자리 위에 서서 남쪽
을 바라보며 홀로 서 있는 것은 감히 대적할['適'자의 음은 '敵(적)'이다.] 수
있는 자가 없다는 뜻을 보이기 위함이다.

集說

爾, 與邇同. 南鄕爾鄕句絕. 大夫皆少進句絕. 少進, 稍前也. 定位
者, 定諸臣之位也. 適, 讀爲敵. 自此以下, 皆記者擧儀禮正文而釋
其義也.

'이(爾)'자는 "가깝게 하다."는 뜻의 이(邇)자와 같다. "남쪽을 향하여 경
을 가깝게 한다."라는 곳에서 구문을 끊는다. "대부들은 모두 조금 앞으
로 나아간다."라는 곳에서 구문을 끊는다. '소진(少進)'은 조금 앞으로
나아간다는 뜻이다. '정위(定位)'라는 것은 여러 신하들의 자리를 정한다
는 뜻이다. '적(適)'자는 대적으로 해석한다. 이곳 문장부터 그 이하의
문장들은 모두 『예기』를 기록한 자가 『의례』의 경문에 근거해서, 그 의
미를 풀이한 기록이다.

設賓主, 飮酒之禮也. 使宰夫爲獻主, 臣莫敢與君亢禮也. 不
以公卿爲賓, 而以大夫爲賓, 爲疑也, 明嫌之義也. 賓入中庭,
君降一等而揖之, 禮之也.〈003〉

연회를 할 때 빈객과 주인의 자리를 마련하는 것은 술을 마시는 예법이
되기 때문이다. 재부를 헌주로 삼는 것은 신하는 감히 군주와 함께 대
등한 예법을 시행할 수 없기 때문이다. 그런데 공이나 경을 빈객으로
삼지 않고, 대부를 빈객으로 삼는 것은 공이나 경을 빈객으로 삼게 되
면, 의심을 사는 일이 되기 때문이니, 이처럼 하는 것은 혐의를 밝히는
도리에 해당한다. 빈객이 마당으로 들어서면, 군주는 당 위에서 계단
한 칸을 내려간 뒤 그에게 읍을 하니, 이것은 상대방을 예우하기 때문
이다.

獻主, 代主人擧爵獻賓也. 君尊, 臣不敢抗行賓主之禮. 宰夫, 主膳
食之官也. 卑, 故抗禮無嫌. 記曰: "與卿燕, 則大夫爲賓." 謂與本國
之臣燕則然, 若鄰國之臣, 則以上介爲賓也. 公, 孤也. 上公之國, 得
置孤一人. 公卿之尊次於君, 復以之爲賓, 則疑於尊卑無辨, 且嫌於
偪上也. 大夫位卑, 雖暫尊之爲賓, 無所嫌疑也.

'헌주(獻主)'는 주인을 대신해서 술잔을 들어 빈객에게 바치는 자이다.
군주는 존귀하므로, 신하는 감히 신분이 대등할 때 따르는 빈객과 주인
사이의 예법을 시행할 수 없다. '재부(宰夫)'는 음식을 담당하는 관리이
다. 신분이 낮기 때문에, 대등한 예법에 따르더라도 무람되다는 혐의를
받지 않는다. 『의례』의 기문에서는 "경과 함께 연회를 하게 된다면, 대
부가 빈객이 된다."[1]라고 했으니, 이 말은 곧 자기 나라의 신하들과 연

---

1) 『의례』「연례(燕禮)」: 與卿燕, 則大夫爲賓. 與大夫燕, 亦大夫爲賓.

회를 하게 된다면 이처럼 한다는 뜻이니, 만약 이웃 나라의 신하와 연회를 하게 된다면, 상개(上介)를 빈객으로 삼게 된다. 여기에서 말하는 '공(公)'은 고(孤)를 뜻한다. 상공(上公)이 통치하는 제후국에서는 한 명의 고(孤)를 둘 수 있다. 공과 경의 존귀함은 군주 다음이므로, 재차 이들을 빈객으로 삼게 된다면, 신분의 등급에 따른 구분이 없다는 의심을 사게 되고, 또한 윗사람을 핍박한다는 혐의를 받게 된다. 대부의 지위는 상대적으로 미천하므로, 비록 잠시 그를 존귀하게 높여서 빈객으로 삼게 되더라도, 혐의와 의심을 받는 일이 없게 된다.

方氏曰: 旣曰爲疑而又曰明嫌者, 蓋疑未至於嫌, 特明嫌之義而已.

방씨가 말하길, 이미 "의심스러운 일이 된다."라고 말하고, 또한 "혐의를 밝힌다."라고 했는데, 의심스러운 것이 아직 혐의를 받는 지경에는 이르지 않았지만, 특별히 이를 염려해서 혐의가 될 일을 밝힌다고 했던 뜻일 뿐이다.

經文

君擧旅於賓, 及君所賜爵, 皆降, 再拜稽首, 升成拜, 明臣禮也. 君答拜之, 禮無不答, 明君上之禮也. 臣下竭力盡能以立功於國, 君必報之以爵祿, 故臣下皆務竭力盡能以立功, 是以國安而君寧. 禮無不答, 言上之不虛取於下也. 上必明正道以道民, 民道之而有功, 然後取其什一, 故上用足而下不匱也. 是以上下和親而不相怨也. 和寧, 禮之用也, 此君臣上下之大義也. 故曰: "燕禮者, 所以明君臣之義也." 〈004〉

군주가 빈객에게 여를 들고, 군주가 특별히 하사한 술잔을 받은 자는 모두 내려와서 재배를 하고 머리를 조아리며, 재차 당에 올라가서 절하는 절차를 마무리하게 되니, 이것은 신하의 예법을 나타낸다. 군주는 답배를 하니, 예에서는 답배를 하지 않는 경우가 없기 때문으로, 이것은 군주의 예법을 나타낸다. 신하는 힘을 다하고 자신의 능력을 다하여 나라에 공을 세우고, 군주는 그런 자에 대해서 반드시 작위와 녹봉으로 보답을 하게 된다. 그렇기 때문에 신하들은 모두 힘을 다하고 자신의 능력을 다하여 나라에 공을 세우는 일에 힘쓰게 되고, 이러한 까닭으로 그 나라와 군주는 편안하게 되는 것이다. 예에는 답배를 하지 않는 경우가 없으니, 이것은 윗사람이 헛되이 아랫사람에게서 취하지 않는다는 사실을 뜻한다. 윗사람은 반드시 정도를 밝혀서 백성들을 인도해야 하고, 백성들은 그의 인도에 따라 공을 세우게 되니, 그렇게 된 이후에야 그들이 세운 공적 중 10분의 1을 취하는 것이다. 그래서 윗사람은 재물을 사용하는데 풍족하게 되고, 아랫사람도 궁핍하지 않게 된다. 이러한 까닭으로 상하 모든 계층이 화목하게 되고, 서로를 원망하지 않게 된다. 화목하고 편안하게 되는 것은 예의 쓰임이니, 이것은 군신 및 상하 관계에서 따르는 큰 도의에 해당한다. 그래서 "연례라는 것은 군주와 신하 사이에서 지켜야 하는 도의를 드러내는 방법이다."라고 말한 것이다.

集說

先是宰夫代主人行爵, 酬賓之後, 君命下大夫二人媵爵. 公取此媵爵以酬賓, 賓以旅酬於西階上. 旅, 序也, 以次序勸卿大夫飮酒也. 此之謂君擧旅於賓也. 君所賜爵, 則特賜臣下之爵也. 此二者, 賓皆降西階下再拜稽首, 公命小臣辭, 則賓升而成拜, 謂復再拜稽首也. 先時以君辭之, 於禮未成, 故云成拜也.

앞서 재부(宰夫)를 시켜 주인 대신 술을 따르도록 했는데, 빈객에게 술잔을 돌린 이후, 군주는 하대부(下大夫) 2명에게 명령하여 잉작(媵爵)[2]

---

2) 잉작(媵爵)은 술을 따라주는 예법 절차 중 하나이다. 연례(燕禮)를 실시할 때, 술을 따라주는 절차가 끝나면, 재차 명령을 하여, 군주에게 술을 따르도록 시키는

을 시킨다. 군주가 잉작(媵爵)을 받아서 빈객에게 술을 권하면, 빈객은 서쪽 계단 위에서 차례대로 술을 따라준다. '여(旅)'자는 차례라는 뜻이니, 차례에 따라 경과 대부에게 술을 마시도록 권하는 것이다. 이러한 절차를 "군주가 빈에게 여를 든다."라고 말한다. 군주가 하사한 술잔이라는 말은 특별히 신하에게 하사한 술잔을 뜻한다. 이러한 두 절차에 있어서, 빈객은 모두 서쪽 계단으로 내려와 재배를 하고 머리를 조아리게 되는데, 군주가 소신에게 명령하여 사양하면, 빈객은 다시 당으로 올라와서 절하는 절차를 마무리하니, 재차 재배를 하여 머리를 조아린다는 뜻이다. 이전에 절을 할 때에는 군주가 사양을 했으므로, 예법의 절차가 아직 완성되지 않은 것이다. 그렇기 때문에 이 시점에 대해서 "절하는 절차를 완성했다."고 말한 것이다.

楊氏曰: "按公取媵爵以酬賓, 此別是一禮, 與尋常酬賓不同, 此所謂公爲賓擧旅也. 燕禮, 君使宰夫爲獻主, 以臣莫敢與君抗禮也. 今君擧觶於西階之上以酬賓, 可乎? 蓋君臣之際, 其分甚嚴, 其情甚親, 使宰夫爲獻主, 所以嚴君臣之分. 今擧觶以酬賓, 賓西階下拜, 小臣辭, 升成拜; 公奠觶, 答再拜; 公卒觶, 賓下拜, 公答再拜. 略去勢分, 極其謙卑, 所以通君臣之情也." 註云: "不言君酬賓於西階上, 及君反位, 尊君, 空其文也. 此又所以嚴君臣之分也."

양복[3]이 말하길, "살펴보니, 군주가 잉작(媵爵)을 가져다가 빈객에게 술을 권하는 것은 별도의 한 예법 절차가 되므로, 일반적으로 빈객에게 술을 따라서 권하는 것과는 다르니, 이것은 이른바 군주가 빈객을 위해서

데, 이것을 '잉작'이라고 부른다. 또한 '잉작'의 시점을 서로 술을 따라서 주고받는 절차의 시작으로 삼기도 한다. 『의례』「연례(燕禮)」편에는 "小臣自阼階下, 請媵爵者, 公命長."이라는 기록이 있고, 호배휘(胡培翬)의 『정의(正義)』에서는 "李氏如圭云: 媵爵者, 獻酬禮成, 更擧酒於公, 以爲旅酬之始"라고 풀이했다.

3) 양복(楊復, ?~?) : 남송(南宋) 때의 학자이다. 주희(朱熹)의 제자이다. 『상제도(喪祭圖)』·『의례도(儀禮圖)』 등의 저서를 남겼다.

여(旅)를 든다는 것에 해당한다. 연례(燕禮)에서 군주는 재부(宰夫)를 시켜 헌주(獻主)로 삼으니, 신하는 감히 군주와 함께 대등한 예법을 시행할 수 없기 때문이다. 그런데 현재 군주가 치(觶)라는 술잔을 들어서 서쪽 계단 위에서 빈객에게 술을 권한다면, 가능한 일이겠는가? 무릇 군주와 신하의 관계에서는 그 구분이 매우 엄격하고, 그 정감은 매우 친밀하니, 재부를 시켜서 헌주로 삼는 것은 군주와 신하 사이의 구분을 엄격하게 하는 방법이다. 현재의 상황은 치(觶)라는 술잔을 들어서 빈객에게 술을 권하고, 빈객이 서쪽 계단 아래에서 절을 하며, 소신(小臣)이 사양을 하면, 다시 올라가서 절하는 절차를 완성하고, 군주가 치(觶)를 내려놓고, 재배에 답배를 하며, 군주가 치(觶)를 들어서 마시면, 빈객이 내려가서 절을 하고, 군주는 재배에 답배를 한다. 이것은 세력과 지위에 따른 구분을 물리고 자신을 매우 낮춘 것이니, 군주와 신하의 정감을 소통시키는 방법이 된다."라고 했다. 정현의 주에서는 "군주가 서쪽 계단에서 술을 권한다는 말과 군주가 자신의 자리로 되돌아오며, 군주를 존귀하게 받든다는 내용을 언급하지 않은 것은 문장을 간략히 기록했기 때문이다. 이 내용 또한 군주와 신하의 구분을 엄격히 하는 방법이다."라고 했다.

經文

席, 小卿次上卿, 大夫次小卿, 士·庶子以次就位於下. 獻君, 君擧旅行酬. 而后獻卿, 卿擧旅行酬. 而后獻大夫, 大夫擧旅行酬. 而后獻士, 士擧旅行酬. 而后獻庶子. 俎豆·牲體·薦羞, 皆有等差. 所以明貴賤也. 〈005〉

자리를 설치함에 있어서, 소경은 상경 다음에 위치하고, 대부는 소경 다음에 위치하며, 사와 서자는 그 다음 서열에 따라 계단 밑에서 각자 자신의 자리에 나아가게 된다. 군주에게 술을 따라주면, 군주는 여수의 절차를 시행한다. 그런 이후 경에게 술을 따라주면, 경은 여수의 절차를 시행한다. 그런 이후 대부에게 술을 따라주면, 대부는 여수의 절차를 시행한다. 그런 이후 사에게 술을 따라주면, 사는 여수의 절차를 시행한다. 그런 이후 서자에게 술을 따라준다. 각 계급에 있어서, 그 앞에 놓아두는 도마 및 두의 수, 희생물의 몸체 수, 올리는 찬의 수에 있어서도 모두 차등이 존재하니, 이것은 귀천의 신분 등급을 나타내는 방법이다.

集說

設席之位, 上卿在賓席之東, 小卿在賓席之西, 皆是南面東上, 而遙相次, 此所謂小卿次上卿也. 大夫在小卿之西, 是大夫次小卿也. 士受獻于西階之上, 退立于阼階下, 西面北上. 庶子受獻于阼階上, 亦退立于阼階下. 庶子次於士, 是士庶子以次就位于下也. 獻君者, 主人酌以獻也. 公取媵爵以酬賓, 賓以旅酬於西階上, 此所謂獻君, 君擧旅行酬也. 而后獻卿者, 亦主人獻之也. 公又行一爵, 亦媵者之爵也. 若卿若賓, 唯公所酬, 卿亦以旅于西階之上, 禮亦如初, 此亦是君擧旅, 而言卿擧者, 蓋君爲卿擧耳. 下言大夫擧旅, 士擧旅, 其義同. 而後獻大夫, 亦主人之獻也. 公又擧奠觶以賜, 是爲大夫擧旅也. 主人獻士, 公復賜之, 是爲士擧旅也. 公擧旅之禮止於士. 不及庶子矣. 而后獻庶子者, 主人獻之于阼階之上也. 牲, 狗也.

자리를 설치하는 위치에 있어서, 상경은 빈객의 자리 동쪽에 위치하게 되고, 소경은 빈객의 자리 서쪽에 위치하게 되니, 두 부류 모두 남쪽을 향해서 동쪽 끝에서부터 서고, 차례대로 늘어서며 서로 차례를 맞추니, 이것이 바로 "소경이 상경 다음에 위치한다."는 뜻이다. 대부는 소경의 서쪽에 위치하니, 이것이 "대부가 소경 다음에 위치한다."는 뜻이다. 사는 서쪽 계단 위에서 술잔을 받고, 물러나서 동쪽 계단 아래에 서 있게 되며, 서쪽을 바라보고 북쪽 끝에서부터 차례대로 정렬한다. 서자는 동쪽 계단 위에서 술잔을 받고, 또한 물러나서 동쪽 계단 아래에 서 있게 된다. 서자는 사 다음에 위치하니, 이것이 "사와 서자는 그 다음 서열에 따라 아래에서 자신의 자리에 나아간다."는 뜻이다. "군주에게 술을 바친다."는 말은 주인이 술을 따라서 바친다는 뜻이다. 군주는 잉작(媵爵)을 가져다가 빈객에게 술을 권하고, 빈객은 서쪽 계단 위에서 여수(旅酬)를 하게 되니, 이러한 절차를 "군주에게 술을 바치면, 군주는 여(旅)를 들어서 수(酬)를 시행한다."라고 한 것이다. "이후에 경에게 술을 바친다."는 말은 또한 주인이 술을 따라서 바친다는 뜻이다. 군주 또한 한 차례 술을 따르게 되어 있으니, 이 또한 잉작에 해당한다. 경이나 빈객과 같은 경우에는 오직 군주만이 술을 권하게 되고, 경은 또한 서쪽 계단 위에서 여수를 하게 되니, 그 예법은 또한 최초 시행했던 것과 같고, 이것은 또한 군주가 여(旅)를 드는 것에 해당하는데, 경이 든다고 말한 이유는 군주가 경을 위해서 술잔을 들었기 때문이다. 그 뒤의 구문에서는 대부가 여(旅)를 든다고 했고, 사가 여(旅)를 든다고 했는데, 그 의미가 또한 이와 같다. "이후에 대부에게 술을 바친다."는 말 또한 주인이 술을 따라서 바친다는 뜻이다. 군주 또한 앞에 놓인 치(觶)라는 술잔을 들고서 하사를 하게 되는데, 이것이 바로 대부를 위해서 여(旅)를 든다는 뜻이다. 주인이 사에게 술을 따라주고, 군주가 재차 술잔을 하사하는 것이 바로 사를 위해서 여(旅)를 든다는 뜻이다. 군주가 여(旅)를 드는 예는 사 계급에서 끝나고, 서자에는 미치지 않는다. "이후에 서자에게 술을 바친다."는 말은 주인이 동쪽 계단 위에서 술을 준다는 뜻이다. '생(牲)'은 개고기를 뜻한다.

疏曰: 公及卿大夫士等, 牲體薦羞之等差, 燕禮不載.

소에서 말하길, 군주와 경·대부·사 등에 대해서, 희생물의 몸체와 올리는 찬의 수에 있어서 차등이 있는데, 이 내용은 『의례』「연례(燕禮)」편에 수록되어 있지 않다.

古者周天子之官, 有庶子官. 庶子官職諸侯·卿·大夫·士之
庶子之卒[取內反], 掌其戒令, 與其敎治, 別其等, 正其位. 國有
大事, 則率國子而致於太子, 唯所用之. 若有甲兵之事, 則授
之以車甲, 合其卒[子忽反]伍, 置其有司, 以軍法治之. 司馬弗正
[征]. 凡國之政事, 國子存游卒, 使之脩德學道, 春合諸學, 秋合
諸射, 以考其藝而進退之.〈001〉

옛날 주나라 천자의 조정에는 서자라는 관리가 있었다. 서자라는 관리
는 제후·경·대부·사들의 적자인 부친 다음 서열에 있는 자들을['卒'자
는 '取(취)'자와 '內(내)'자의 반절음이다.] 담당하여, 그들에게 내리는 경계지
침 및 임무와 그들을 가르치고 다스리는 일들을 맡아서, 그들을 등급별
로 구분하고, 그들의 자리를 서열에 따라 바르게 정했다. 나라에 중대
한 일이 있다면, 국자들을 통솔하여 태자에게 보냈으니, 이들은 오직 태
자만이 부릴 수 있었다. 만약 군대와 관련된 일이 발생한다면, 그들에
게 수레와 병장기를 지급하였고 그들을 각각의 대오에['卒'자는 '子(자)'자
와 '忽(홀)'자의 반절음이다.] 편입시켰으며, 그 대오를 담당하는 유사를 두
어 군법에 따라 다스렸다. 그러나 사마는 이들을 부리는['正'자의 음은 '征
(정)'이다.] 일을 하지 않았다. 무릇 나라에 중대사가 아닌 일반적인 사안
에 있어서는 국자들 중 아직 등용이 되지 못한 자들을 남겨두어서, 그
들로 하여금 덕을 수양하고 도를 배우도록 하여, 봄에는 태학에 불러
모으고 가을에는 사궁에 불러 모아서, 그들의 재예를 시험하여 등용을
시키거나 내쳤다.

庶子, 卽夏官諸子職也. 下大夫二人, 掌其戒令以下, 皆周禮文. 卒,
讀爲倅, 副貳也, 此官專主諸侯以下衆庶之子副倅於父之事. 戒令,
謂任之征役也. 敎治, 謂修德學道也. 別其等者, 分別其貴賤也. 此

屬皆未命, 以父之爵爲上下也. 正其位者, 朝廷之位尙爵, 學校之位
尙齒也. 大事, 謂大祭祀・大喪紀・大賓客・大燕享之類也. 唯所用
之, 唯太子之所役使也. 百人爲卒, 五人爲伍. 有司, 統領卒伍者也.
司馬不征者, 以其統屬於太子, 故司馬不得而征役之也. 凡國之政
事, 非上文所言大事也. 游卒, 倅之未仕者也. 此旣小事, 乃民庶所
爲, 不使國子之未仕者爲之, 蓋欲存之使修德學道以成其材也. 故
春則合聚之於大學, 秋則合聚之於射宮, 考藝而爲之進退焉.

'서자(庶子)'는 곧 『주례』 「하관(夏官)」에 속해 있는 제자(諸子)라는 직
책에 해당한다. 하대부(下大夫) 2명이 담당하였으며,[4] 경계지침을 담당
한다는 것으로부터 그 이하의 내용은 모두 『주례』에 기록된 문장이다.
'졸(卒)'자는 쉬(倅)자로 읽으니, 다음 서열을 뜻하며, 이 관리는 제후 이
하의 계층에 있는 여러 자제들 중 부친 다음 서열에 있는 자들에 대한
일들을 전적으로 담당하였다. '계령(戒令)'은 세금 및 부역 등의 일을 맡
긴다는 뜻이다. '교치(敎治)'는 덕을 수양하고 도를 배운다는 뜻이다.
"그 등급을 분별한다."는 말은 신분의 등급에 따라 서열을 구분한다는
뜻이다. 이러한 부류에 속한 자들은 모두 명(命)의 등급을 아직 받지 않
은 상태이므로, 그들 부친의 작위에 따라서 신분 계층을 정하게 된다.
"그 위(位)를 바르게 한다."는 말은 조정에서 자리를 정할 때에는 작위
를 숭상하고, 학교에서 자리를 정할 때에는 나이를 숭상한다는 뜻이다.
'대사(大事)'는 큰 제사, 큰 상사(喪事), 빈객을 접대하는 큰 예법, 성대
한 연회 등의 부류를 뜻한다. '유소용지(唯所用之)'라는 말은 오직 태자
만이 부리는 자들이라는 뜻이다. 100명을 1졸(卒)로 삼고, 5명을 1오
(伍)로 삼는다. 여기에서 말하는 유사(有司)는 졸(卒)과 오(伍)로 편성된
자들을 통솔하는 자이다. '사마부정(司馬不征)'이라는 말은 태자에게 통
솔되어 종속되기 때문에 사마(司馬)는 그들을 부릴 수 없다는 뜻이다.

---

4) 『주례』 「하관사마(夏官司馬)」: 諸子, 下大夫二人, 中士四人, 府二人, 史二人,
胥二人, 徒二十人.

凡國之政事, 非上文所言大事也. 游卒, 倅之未仕者也. 此既小事, 乃民庶
所爲, 不使國子之未仕者爲之, 蓋欲存之使修德學道以成其材也. 故春則
合聚之於大學, 秋則合聚之於射宮, 考藝而爲之進退焉.

'범국지정사(凡國之政事)'는 앞서 언급한 중대한 일들이 아닌 경우를 뜻
한다. '유쉬(游卒)'라는 말은 쉬(倅) 중에 아직 등용되지 못한 자들을 뜻
한다. 이러한 일들 자체가 중대한 일이 아니므로 백성들이 떠맡아서 하
게 되고, 국자(國子)들 중 아직 등용되지 못한 자들을 시키지는 않으니,
무릇 그들을 남겨두어서 그들로 하여금 덕을 수양하고 도를 배워서, 그
들의 자질을 완성시키고자 했기 때문이다. 그래서 봄에는 태학에 그들
을 모으고 가을에는 사궁(射宮)5)에 그들을 모아서, 재예를 시험하여 그
들을 등용시켜주거나 내치게 된다.

疏曰: 庶者, 衆也. 適子衆多, 故總謂之庶子, 非適子庶弟而稱庶子
也. 必知適子者, 以其倅, 是副貳於父之言.

소에서 말하길, '서(庶)'는 무리라는 뜻이다. 적자들이 무리를 이루어 있
기 때문에, 그들을 총괄하는 자를 '서자(庶子)'라고 부르는 것이지, 적자
의 나머지 동생들을 뜻할 때 서자(庶子)라고 지칭하는 말을 가리키는 것
이 아니다. 이들이 적자임을 분명히 알 수 있는 이유는 '쉬(倅)'가 부친
에 버금가는 다음 서열을 뜻하는 말이기 때문이다.

呂氏曰: 燕禮有主人升自西階, 獻庶子阼階之上, 又宵則執燭於阼階
上, 故此篇因陳庶子官之所掌, 且明所以建官之義也.

여씨가 말하길, 『의례』 「연례(燕禮)」 편에는 주인이 당상으로 오를 때 서
쪽 계단을 통해서 오르고, 동쪽 계단 위에서 서자(庶子)에게 술을 따라

---

5) 사궁(射宮)은 천자가 대사례(大射禮)를 시행하던 장소이며, 또한 이곳에서 사
(士)들을 시험하기도 했다. 『춘추곡량전』 「소공(昭公) 8년」 편에는 "以習射於射
宮."이라는 기록이 있고, 『예기』 「사의(射義)」 편에는 "諸侯歲獻貢士於天子, 天
子試之於射宮."이라는 기록이 있다.

주며,6) 또 밤이 되면 서자가 동쪽 계단 위에서 횃불을 든다고 했다.7) 그렇기 때문에 이곳에서는 그 내용에 따라 서자라는 관리가 담당하는 일들을 나열하고, 또한 이러한 관직을 세운 의미에 대해서도 나타내고 있다.

淺見

近按: 此舊本爲此篇之首, 今當在篇末所以明貴賤也之下, 蓋因上文 庶子以此就位及獻庶子之言以附而陳之也. 如此然後, 諸侯燕禮之 義, 特爲此篇之首, 而文義甚正矣, 且此章言周而稱古者, 的是漢儒 所記也.

내가 살펴보니, 이 문장은 옛 판본에 이 편의 첫 부분에 수록되어 있었는데, 지금은 마땅히 편의 끝인 "귀천의 신분 등급을 나타내는 방법이다."8)라고 한 문장 뒤에 두어야 한다. 아마도 앞 문장에서 서자가 이를 통해 자리로 나아간다거나 서자에게 술을 따라준다고 한 말로 인해서 덧붙여서 기술한 것 같다. 이와 같이 순서를 고친 뒤에야 '제후연례지의(諸侯燕禮之義)'라는 말이 특별히 이 편의 첫 부분으로 오게 되어 문장과 그 뜻이 매우 정확해진다. 또 이 문장에서는 주나라에 대해 언급하며 '고(古)'라고 지칭했으니, 이것은 한나라 때의 유자들이 기록한 것이 분명하다.

---

6) 『의례』「연례(燕禮)」: 主人洗, 升自西階, 獻庶子于阼階上, 如獻士之禮. 辯, 降洗, 遂獻左右正與內小臣, 皆于阼階上, 如獻庶子之禮.

7) 『의례』「연례(燕禮)」: 宵則庶子執燭於阼階上, 司宮執燭於西階上, 甸人執大 燭於庭, 閽人爲大燭於門外.

8) 『예기』「연의」 005장: 席, 小卿次上卿, 大夫次小卿, 士・庶子以次就位於下. 獻君, 君擧旅行酬. 而后獻卿, 卿擧旅行酬. 而后獻大夫, 大夫擧旅行酬. 而后 獻士, 士擧旅行酬. 而后獻庶子. 俎豆・牲體・薦羞, 皆有等差, 所以明貴賤也.

「빙의(聘義)」

呂氏曰: 天子之與諸侯, 諸侯之與隣國, 皆有朝禮, 有聘禮. 朝則相
見, 聘則相問也. 朝·宗·覲·遇·會·同, 皆朝也. 存·覜·省·
聘·問, 皆聘也. 故聘禮有天子所以撫諸侯者, 大行人歲徧存, 三歲
徧覜, 五歲徧省是也. 有諸侯所以事天子者, 大行人時聘以結諸侯
之好, 殷覜以除邦國之慝是也. 有鄰國交脩其好者, 大行人諸侯之
邦交, 歲相問, 殷相聘是也. 儀禮所載, 隣國交聘之禮也. 聘義者, 釋
聘禮之義.

여씨가 말하길, 천자와 제후의 관계 및 제후와 이웃 제후국의 관계에서
는 모두 조례(朝禮)와 빙례(聘禮)가 시행된다. '조(朝)'라는 것은 서로 만
나보는 것이고, '빙(聘)'이라는 것은 서로 안부를 묻는 것이다. 조(朝)·
종(宗)[1]·근(覲)·우(遇)[2]·회(會)·동(同)은 모두 '조(朝)'에 해당한다.
존(存)·조(覜)·성(省)[3]·빙(聘)·문(問)은 모두 '빙(聘)'에 해당한다.

---

1) 조종(朝宗)은 제후가 봄과 여름에 천자를 조회하는 것을 뜻한다. '조종'의 '조(朝)'
   자는 제후가 봄에 천자를 찾아가 뵙는 것을 뜻하고, '종(宗)'자는 제후가 여름에
   천자를 찾아가 뵙는 것을 뜻한다. 『주례』「춘관(春官)·대종백(大宗伯)」편에는
   "春見曰朝, 夏見曰宗, 秋見曰覲, 冬見曰遇."라는 기록이 있다. 후대에는 신하가
   군주를 찾아가 뵙는 것을 두루 지칭하는 용어로도 사용되었다.
2) 근우(覲遇)는 제후가 가을과 여름에 천자를 조회하는 것을 뜻한다. '근우'의 '근
   (覲)'자는 제후가 가을에 천자를 찾아가 뵙는 것을 뜻하고, '우(遇)'자는 제후가
   겨울에 천자를 찾아가 뵙는 것을 뜻한다. 『주례』「춘관(春官)·대종백(大宗伯)」
   편에는 "春見曰朝, 夏見曰宗, 秋見曰覲, 冬見曰遇."라는 기록이 있다.
3) 존조성(存覜省)은 천자가 신하를 시켜서 제후국을 순시하던 예법이다. 존(存)은
   1년에 한 차례 제후국을 두루 순시했던 예법이며, 조(覜)는 3년에 한 차례 제후국

그렇기 때문에 빙례에는 천자가 제후를 보살펴주는 뜻이 포함되어 있는 것인데, 『주례』「대행인(大行人)」편에서 1년에 한 차례 두루 존(存)을 하고, 3년에 한 차례 두루 조(覜)를 하며, 5년에 한 차례 두루 성(省)을 한다는 것이 바로 이러한 사실을 나타낸다.[4] 그리고 빙례에는 제후가 천자를 섬기는 뜻도 포함되어 있는데, 「대행인」편에서 특별한 일이 있을 때 빙(聘)을 하여 제후들의 우호를 결집하고, 하나의 복(服)에 속한 제후들이 대규모로 조(覜)를 하여, 제후국들의 악함을 제거한다는 것이 바로 이러한 사실을 나타낸다.[5] 그리고 이웃 제후국과 서로 우호를 다지는 것도 포함되어 있는데, 「대행인」편에서 제후국 간에 우호를 다지며, 1년에 서로 문(問)을 하고, 대규모로 조(朝)를 할 때 서로 빙(聘)을 한다는 것이 바로 이러한 사실을 나타낸다.[6] 『의례』에 수록되어 있는 「빙례(聘禮)」편은 제후국 간에 서로 빙(聘)을 하는 예법에 해당한다. 한편 『예기』에 수록된 「빙의(聘義)」편은 빙례의 의미를 풀이한 것이다.

을 두루 순시했던 예법이고, 성(省)은 5년에 한 차례 제후국을 두루 순시했던 예법이다. 이러한 것들을 간문(間問)이라고도 부른다. 『주례』「추관(秋官)·대행인(大行人)」편에는 "王之所以撫邦國諸侯者, 歲遍存, 三歲遍覜, 五歲遍省."이라는 기록이 있는데, 이에 대한 정현의 주에서는 "存·覜·省者, 王使臣於諸侯之禮, 所謂間問也."라고 풀이했으며, 『주례』「추관(秋官)·소행인(小行人)」편에는 "存·覜·省·聘·問, 臣之禮也."라는 기록이 있는데, 이에 대한 가공언(賈公彦)의 소(疏)에서는 "存·覜·省三者, 天子使臣撫邦國之禮."라고 풀이했다.

4) 『주례』「추관(秋官)·대행인(大行人)」: 王之所以撫邦國諸侯者, 歲遍存, 三歲遍覜, 五歲遍省.
5) 『주례』「추관(秋官)·대행인(大行人)」: 時聘以結諸侯之好, 殷覜以除邦國之慝.
6) 『주례』「추관(秋官)·대행인(大行人)」: 凡諸侯之邦交, 歲相問也, 殷相聘也, 世相朝也.

「빙의」편 문장 순서 비교

『예기집설』	『예기천견록』	
	구분	문장
001		001
002		002
003		003
004		004
005	무분류	005
006		006
007		007
008		008
009		009
010		010

무분류

聘禮: 上公七介, 侯伯五介, 子男三介, 所以明貴賤也.〈001〉

빙례의 규정에 따르면, 상공의 사신으로 가는 경은 7명의 개를 두고, 후
작과 백작의 사신으로 가는 경은 5명의 개를 두며, 자작과 남작의 사신
으로 가는 경은 3명의 개를 두니, 이처럼 하는 것은 신분의 귀천을 밝히
는 방법이다.

此言卿出聘之介數. 上公七介者, 上公親行則介九人. 諸侯之卿, 禮
下於君二等, 故七介也. 以下放此.

가 문장은 경이 국경을 벗어나 빙(聘)을 시행할 때 데려가는 개(介)의
수를 언급하고 있다. '상공칠개(上公七介)'라고 했는데, 상공(上公)이 직
접 찾아가게 되면 개(介)는 9명을 둔다. 제후에게 소속된 경(卿)은 자신
의 군주보다 2등급씩 예법을 낮추게 된다. 그렇기 때문에 상공에게 소
속된 경은 7명의 개를 두는 것이다. 그 이하의 경우도 이와 같다.

呂氏曰: 古者賓必有介. 介, 副也, 所以輔行斯事, 致文於斯禮者也.

여씨가 말하길, 고대의 예법에 따르면 빈객은 반드시 개(介)를 두었다.
'개(介)'는 부관을 뜻하니, 이러한 일들을 시행할 때 옆에서 도와 해당하
는 예의 형식을 제대로 갖추도록 하는 자들이다.

介紹而傳命, 君子於其所尊弗敢質, 敬之至也.〈002〉

빈객과 주인은 직접 마주하지 않고, 개가 연이어 늘어서서 명령을 주고
받으니, 군자는 존귀하게 높이는 대상에 대해 감히 마주할 수 없는 것
이며, 이처럼 하는 것은 공경함을 지극히 나타내는 것이다.

集說

紹, 繼也, 其位相承繼也. 先時上擯入受主君之命, 出而傳與承擯, 承
擯傳與末擯, 此是傳而下也. 賓之末介受命於末擯, 而傳與次介, 次
介傳與上介, 上介傳與賓, 是傳而上也. 此所謂介紹而傳命也. 質, 正
也. 於所尊者, 不敢正自相當, 故以介傳命, 敬之至也. 賓在大門外西
北面, 介自南向北爲序. 主君在內迎, 擯者出大門自北向南爲序.

'소(紹)'자는 "잇다."는 뜻이니, 그 자리가 서로 연접해 있다는 의미이다.
앞서 상빈(上擯)이 안으로 들어가서 주군의 명령을 받고, 그 뒤에 밖으
로 나와서 승빈(承擯)[1)]에게 명령을 전달하며, 승빈은 가장 끝에 위치하
는 빈(擯)에게 명령을 전달하니, 이것은 명령이 전달되어 밑으로 내려가
는 과정이다. 빈객의 가장 끝에 있던 개(介)는 가장 끝에 있던 빈(擯)에
게 명령을 전달받고, 그것을 차개(次介)[2)]에게 전달하고, 차개는 상개(上
介)에게 전달하며, 상개는 빈객에게 전달하니, 이것은 명령이 전달되어
위로 올라가는 과정이다. 이러한 과정들을 이른바 "개(介)가 연이어서
명령을 전달한다."라고 하는 것이다. '질(質)'자는 정면이라는 뜻이다.

---

1) 승빈(承擯)은 상빈(上擯)의 부관 역할을 하는 자로써, 상빈을 돕는 빈(擯)을 뜻한
   다. '승(承)'자는 '승(丞)'자와 통용되므로, 승빈(丞擯)이라고도 부른다. 또한 부관
   역할을 한다는 뜻에서, 좌빈(佐儐)이라고도 부른다.
2) 차개(次介)는 빈(擯)들 중 승빈(承擯)과 비슷한 역할을 하는 자로, 상개(上介)를
   돕는 부관이다.

즉 존귀하게 여기는 대상에 대해서는 감히 서로 마주할 수 없다. 그렇기 때문에 개(介)를 시켜서 명령을 전달하니, 공경함을 지극히 나타내는 것이다. 빈객은 대문 밖의 서쪽에서 북쪽을 바라보며 서 있게 되고, 개(介)는 남쪽에서 북쪽 방향으로 차례대로 서 있게 된다. 주군에 해당하는 자는 대문 안에서 빈객을 맞이하고, 빈(擯)들은 대문 밖으로 나와서 북쪽에서 남쪽 방향으로 차례대로 서 있게 된다.

經文

> 三讓而后傳命, 三讓而后入廟門, 三揖而后至階, 三讓而后升,
> 所以致尊讓也.〈003〉

세 차례 사양을 한 이후에야 군주의 명령을 상대방 제후에게 전달하며, 세 차례 사양을 한 이후에야 묘문으로 들어가게 되고, 세 차례 읍을 한 이후에야 계단에 도달하게 되며, 세 차례 사양을 한 이후에야 계단에 오르게 되니, 이처럼 하는 것은 상대방을 존귀하게 높이고 예양하는 행위를 지극히 하는 방법이다.

集說

疏曰: 三讓而后傳命者, 謂賓在大門外, 見主人陳擯, 以大客之禮待己, 己不敢當, 三度辭讓, 主人不許, 乃後傳聘賓之命也. 三讓而后入廟門者, 謂賓既傳命之後, 主君延賓而入, 至廟, 將欲廟受, 賓不敢當之, 故三讓而后入. 主君在東, 賓差退在西, 相向三讓, 乃入廟門也. 三揖而後至階者, 初入廟門, 一揖也; 當階北面又揖, 二揖也; 當碑又揖, 三揖也. 三讓而后升者, 謂主君揖賓至階, 主君讓賓升, 賓讓主君, 如此者三, 主君乃先升, 賓乃升也.

소에서 말하길, "세 차례 사양을 한 이후에 명령을 전달한다."라는 말은 빈객이 대문 밖에 서 있을 때, 주인이 빈(擯)들을 도열시켜서 큰 빈객을 맞이하는 예법으로 자신을 예우하려는 것을 보았고, 본인은 그것을 감당할 수 없으므로 세 차례 사양을 하는데, 주인이 끝까지 사양한 것을 받아들이지 않는다면, 그런 이후에는 곧 빙문(聘問)을 보낸 자신의 군주가 내린 명령을 전달하게 된다는 뜻이다. "세 차례 사양을 한 이후에 묘문으로 들어간다."는 말은 빈객이 이미 명령을 전달했다면, 그런 뒤에 빙문을 받은 군주가 빈객을 맞이하여 안으로 들어가고, 묘에 도달하여 장차 묘로 들이려고 한다면, 빈객은 그러한 예우를 감당할 수 없기 때문에 세 차례 사양을 한 이후에 들어가게 된다는 뜻이다. 빙문을 받은 군주는 동쪽에 위치하고, 빈객은 서쪽에서 그보다 조금 뒤로 물러선 위치에 자리하여, 서로 마주한 뒤 세 차례 사양을 하게 되는데, 그런 뒤에 묘문으로 들어가게 된다. "세 차례 읍을 한 이후에 계단에 이른다."는 말은 최초 묘문으로 들어갔을 때, 첫 번째 읍을 하는 것이며, 계단에 도달하면 북쪽을 바라보며 또한 읍을 하니, 이것이 두 번째 읍을 하는 것이고, 비석이 세워진 곳에 당도하면 재차 읍을 하니, 이것이 세 번째 읍을 하는 것이다. "세 차례 사양을 한 이후에 오른다."는 말은 빙문을 받은 군주가 빈객에게 읍을 하고 계단에 도달하면, 빙문을 받은 군주는 빈객이 먼저 오르도록 사양하고, 빈객은 빙문을 받은 군주에게 사양을 하는데, 이처럼 하길 세 차례 반복하면, 빙문을 받은 군주가 먼저 계단에 오르고, 빈객은 뒤따라 오르게 된다는 뜻이다.

經文

君使士迎于竟[境], 大夫郊勞[去聲]. 君親拜迎于大門之內而廟受, 北面拜貺. 拜君命之辱, 所以致敬也. 敬讓也者, 君子之所以相接也. 故諸侯相接以敬讓, 則不相侵陵.〈004〉

빙문을 받는 제후는 사를 시켜서 국경에서['竟'자의 음은 '境(경)'이다.] 사신을 영접하도록 하고, 대부로 하여금 근교에서 이곳까지 찾아온 노고를 위로하게['勞'자는 거성으로 읽는다.] 한다. 그리고 제후 본인은 직접 대문 안에서 빈객에게 절을 하며 맞이하고, 묘에서 영접을 하며, 북쪽을 바라보고 보내온 선물에 대해서 절을 한다. 군주의 명령이 수고롭게도 이곳까지 당도한 것에 대해서 절을 하는 것이니, 이것은 공경함을 지극히 나타내는 방법이다. 공경하고 사양을 한다는 것은 군자가 서로 영접하는 방법이다. 그렇기 때문에 제후들이 공경함과 사양함으로 서로 영접하게 된다면, 서로 침략하는 일이 없게 된다.

郊勞, 勞之于近郊也. 用束帛北面拜貺, 亦主君之拜也. 其拜於阼階上拜君命之辱者, 釋北面拜貺之義也.

'교로(郊勞)'는 근교(近郊)에서 노고를 위로한다는 뜻이다. 속백(束帛)을 이용해서, 북쪽을 바라보며 선물을 보내온 것에 대해 절을 한다는 것은 또한 빙문을 받은 군주가 절을 한다는 뜻이다. 동쪽 계단 위에서 군주의 명령을 수고롭게 한 것에 대해 절을 하게 되는데, 이것은 북쪽을 바라보며 선물을 보내온 것에 대해 절을 하게 되는 뜻을 풀이한 것이다.

經文

卿爲上擯, 大夫爲承擯, 士爲紹擯. 君親禮賓, 賓私面私覿. 致饗餼[吁旣反]還[旋]圭璋, 賄贈·饗·食[嗣]·燕, 所以明賓客君臣之義也.〈005〉

빙문을 받는 제후국에서는 경을 상빈으로 삼고, 대부를 승빈으로 삼으며, 사를 소빈으로 삼는다. 군주는 직접 빈객을 예우하고, 그 일이 끝나면 빈객은 찾아간 나라의 경이나 대부를 사사롭게 만나보거나 사사롭게 제후를 찾아뵙는다. 빈객이 숙소로 돌아가게 되면, 제후는 숙소로 옹희를['餼'자는 '吁(우)'자와 '旣(기)'자의 반절음이다.] 보내주고 규와 장을 되돌려주며['還'자의 음은 '旋(선)'이다.] 회증을 주고, 향례·사례['食'자의 음은 '嗣(사)'이다.]·연례를 베푸니, 이러한 의례들은 빈객과 주인의 관계 및 군주와 신하의 관계에서 시행되는 도의를 밝히는 방법이다.

卿, 主國之卿也. 承擯者, 承副上擯也. 紹擯者, 繼續承擯也. 賓行聘事畢, 主國君親執禮以禮賓, 是君親禮賓也. 私面, 謂私以己禮物面見主國之卿大夫也. 私覿, 私以己禮物覿見主國之君也. 牲殺者曰饗, 生者曰餼, 致饗餼者, 聘覿皆畢, 賓介就館, 主君使卿致饗餼之禮於賓也. 還圭璋者, 賓來時執以爲信, 主君旣受之矣; 今將去, 君使卿送至賓館以還之也. 還玉畢, 加以賄贈之禮. 經云: "賄用束紡." 紡, 今之絹也. 饗禮食禮皆在朝, 燕禮在寢. 一食再饗, 燕無常數.

'경(卿)'은 빙문(聘問)을 받는 제후국의 경을 뜻한다. '승빈(承擯)'이라는 것은 상빈(上擯)을 보좌하는 자이다. '소빈(紹擯)'이라는 것은 승빈(承擯) 옆에 나열해서 서 있는 자들이다. 빈객이 찾아와서 빙문을 시행하고, 그 일이 모두 끝나면 빙문을 받는 제후국의 군주는 직접 단술을 들고서 빈객을 예우하니, 이것이 바로 군주가 직접 빈객을 예우한다는 뜻이다. '사면(私面)'은 사사로이 자신이 가지고 온 예물을 들고서, 찾아간 제후국의 경이나 대부들을 만나본다는 뜻이다. '사적(私覿)'은 사사로이 자신이 가지고 온 예물을 들고서, 찾아간 제후국의 군주를 만나 뵙는다는 뜻이다. 희생물을 도축한 것을 '옹(饗)'이라 부르며, 살아있는 것을 '희(餼)'라 부르는데, 옹희(饗餼)를 보낸다는 것은 곧 빙례(聘禮)와 사사롭게 만나보는 일들이 모두 끝나면, 빈객과 개(介)는 숙소로 가게 되며, 빙문을 받은 제후는 경을 시켜서, 옹희의 예법 절차를 빈객에게 베풀게 된다. 규(圭)와 장(璋)을 돌려보낸다는 것은 빈객이 찾아왔을 때 이것을 들고서 신표로 삼게 되는데, 빙문을 받은 제후는 그것을 받게 된다. 그런데 현재 그가 떠나가려고 하므로, 빙문을 받은 군주는 경을 시켜서 그 것을 들고 빈객이 머물고 있는 숙소로 가게 해서 되돌려주는 것이다. 옥을 되돌려주는 절차가 끝나면, 선물을 주는 예법 절차를 첨가하게 된 다. 『의례』의 경문에서는 "회(賄)에는 1속(束)의 방(紡)을 사용한다."[3] 라고 했는데, '방(紡)'이라는 것은 오늘날의 명주에 해당한다. '향례(饗禮)'와 '사례(食禮)'는 모두 조정에서 시행하는데, 연례(燕禮)는 침(寢)에 서 시행한다. 한 차례 사례를 하고 두 차례 향례를 하게 되는데, 연례에 는 규정된 횟수가 없다.

呂氏曰: 擯者, 主國之君所使接賓者也. 主之有擯猶賓之有介也. 擯 有三者, 以多爲文也. 大宗伯, 朝覲會同則爲上相. 相, 卽擯也. 入詔 禮曰相, 出接賓曰擯. 宗伯, 卿也, 故曰卿爲上擯. 小行人, 諸侯入王 則爲承而擯. 行人, 大夫也. 故曰大夫爲承擯. 士職卑, 承官之乏以 繼擯之事, 故曰士爲紹擯也. 使臣之義, 則致其君臣之敬於所聘之 君. 主君之義, 則致其賓主之敬於來聘之臣也.

여씨가 말하길, '빈(擯)'은 빙문(聘問)을 받는 제후국의 군주가 빈객을 영접하도록 시키는 자를 뜻한다. 주인이 의례절차를 도와줄 빈(擯)을 두 는 것은 빈객이 부관인 개(介)를 두는 것과 같다. 빈(擯)에는 세 종류가 있는데, 많은 사람을 두는 것을 화려한 형식으로 삼는다. 『주례』「대종 백(大宗伯)」편에서는 조근(朝覲)과 회동(會同)을 하게 되면, 상상(上相) 의 역할을 맡는다고 했다.[4] 여기에서 말하는 상(相)은 곧 빈(擯)에 해당 한다. 들어와서 예법절차에 대해 알려줄 때에는 그를 '상(相)'이라 부르 고, 밖으로 나가서 빈객을 영접하게 될 때에는 그를 '빈(擯)'이라 부른다. 종백(宗伯)은 경의 신분이다. 그렇기 때문에 경을 상빈(上擯)으로 삼는다 고 말한 것이다. 『주례』「소행인(小行人)」편에서는 제후들이 천자에

---

3) 『의례』「빙례(聘禮)」: 賓裼, 迎. 大夫賄用束紡.
4) 『주례』「춘관(春官)‧대종백(大宗伯)」: 朝覲會同, 則爲上相, 大喪亦如之, 王 哭諸侯亦如之.

게 조회를 하기 위해 천자의 수도로 들어오게 되면, 승(承)이 되어 돕는다고 했다.5) 행인(行人)은 대부의 신분이다. 그렇기 때문에 대부를 승빈(承擯)으로 삼는다고 말한 것이다. 사의 직위는 미천하여, 관리 중 부족한 자리를 메워서 빈(擯)의 일들을 돕는다. 그렇기 때문에 사를 소빈(紹擯)으로 삼는다고 말한 것이다. 사신으로 찾아가 빈문객으로 실천하는 도의는 군주와 신하 사이에서 지켜야 하는 공경스러운 태도를 빈문을 받는 상대방 군주에게 지극히 나타내는 것이다. 빈문을 받는 군주가 실천하는 도의는 빈객과 주인 사이에서 지켜야 하는 공경스러운 태도를 빈문으로 찾아온 상대방 나라의 신하에게 지극히 나타내는 것이다.

經文

故天子制諸侯, 比年小聘, 三年大聘, 相屬以禮. 使者聘而誤, 主君弗親饗食也, 所以愧厲之也. 諸侯相屬以禮, 則外不相侵, 內不相陵. 此天子之所以養諸侯, 兵不用, 而諸侯自爲正之具也.〈006〉

그러므로 천자는 이러한 예법을 제정하여 제후들을 따르게 해서, 매년 소빙을 실시하도록 하고, 3년마다 대빙을 실시하도록 하되, 서로 예로써 독려하도록 했다. 사신으로 찾아간 자가 빈문의 의례 절차를 시행하며 잘못을 범하게 된다면, 빈문을 받는 제후는 직접 향례와 사례를 실시하지 않았으니, 이를 통해서 그의 부끄러운 점에 대해 더욱 힘쓰도록 했던 것이다. 제후들이 서로 예에 따라 독려하게 된다면, 외적으로는 서로 침범하지 않게 되고, 내적으로는 서로 넘보지 않게 된다. 이것이

---

5) 『주례』「추관(秋官)·소행인(小行人)」: 凡諸侯入王, 則逆勞于畿. 及郊勞·視館·將幣, 爲承而擯.

바로 천자가 제후들을 보살펴줌에, 병장기를 사용하지 않고도 제후들 스스로가 올바르게 되는 도구이다.

天子制諸侯者, 天子制此禮而使諸侯行之也. 比年, 每歲也. 小聘使大夫, 大聘使卿. 誤, 謂禮節錯誤也.

"천자가 제후를 제(制)한다."는 말은 천자가 이러한 예법을 제정하여, 제후들로 하여금 시행토록 한다는 뜻이다. '비년(比年)'은 매해를 뜻한다. 소빙(小聘) 때에는 대부를 사신으로 보내고, 대빙(大聘) 때에는 경을 사신으로 보낸다. '오(誤)'는 예법 절차를 시행하며 착오를 일으킨다는 뜻이다.

呂氏曰: 上下不交, 則天下無邦, 人道所以不能群也. 故先王之御諸侯, 使之相交以脩其好, 必使之相敬以全其交. 其相交也, 必求乎疏數之中, 故比年小聘, 三年大聘. 其相敬也, 必相厲以禮, 故使者之誤, 主君不親饗食以愧厲之, 然後仁達而禮行. 外則四鄰相親而不相侵, 內則君臣有義而不相陵也. 先王制禮, 善養人於無事之際, 多爲升降之文, 酬酢之節. 賓主有司有不可勝行之憂, 先王未之有改者, 蓋以養其德意, 使之安於是而不憚也. 故不安於偸惰而安於行禮, 不恥於相下而恥於無禮也. 天子以是養諸侯, 諸侯以是養其士大夫. 上下交相養, 此兵所以不用, 天下所以平也. 節文之多, 惟聘射, 養人之至者也. 諸侯自爲正, 於射禮·聘禮二禮之義, 天子養諸侯之意爲深, 故其義皆曰兵不用自爲正之具也.

여씨가 말하길, 상하 계층이 서로 교류하지 않는다면 천하에는 나라가 없게 되고, 사람의 도리 또한 군집될 수 없게 된다. 그렇기 때문에 선왕은 제후들을 다스리며, 그들로 하여금 서로 교류하도록 해서 우호를 다지게 했고, 반드시 그들로 하여금 서로 공경하도록 해서 우호관계를 온전히 보전하도록 했다. 서로 교류를 함에 있어서는 반드시 그 횟수의 알맞음에 따르도록 했다. 그렇기 때문에 매년 소빙(小聘)을 하는 것이고, 3년마다 대빙(大聘)을 하는 것이다. 서로 공경함에 있어서는 반드시 예법으로써 독려하도록 했다. 그렇기 때문에 사신으로 찾아간 자가 잘 못을 범하면 빙문(聘問)을 받는 제후는 직접 향례(饗禮)와 사례(食禮)를 하지 않음으로써, 부끄러운 점에 대해 힘쓰도록 한 것이니, 그런 뒤에라야 인(仁)이 사방에 두루 퍼지고 예(禮)가 시행된다. 외적으로 사방의 이웃 나라가 서로 친근하게 되어 서로를 침범하지 않게 되고, 내적으로 군신 간에 의로움이 갖춰져서 서로 넘보지 않게 된다. 선왕은 예를 제정 하여 특별한 일이 없을 때 선의 도리를 통해 사람들을 잘 보살피도록 했으니, 그 예법이라는 것은 대체적으로 오르고 내리는 형식과 술잔을 주고받는 절차에 해당한다. 빈객과 주인이 두는 유사(有司)에게는 그 행 실을 감당할 수 없는 걱정스러운 점이 있지만, 선왕이 이러한 점을 개정 하지 않았던 것은 아마도 이를 통해서 그 덕과 뜻을 보살펴주어 그들로 하여금 이러한 일들을 편안하게 여기도록 하고 꺼리지 않도록 했기 때 문이다. 그래서 구차하고 게으름을 피우는 일에 대해서는 불안하게 여 기게 되고, 예법을 시행하는 일에 대해서는 편안하게 여기게 되며, 서로 상대방보다 낮추는 것에 대해서는 부끄럽게 여기지 않지만, 무례함에 대해서는 부끄러움을 느끼게 된 것이다. 천자는 이를 통해 제후들을 보 살펴주었고, 제후들은 이를 통해 사와 대부들을 보살펴주었다. 상하 계 층이 서로 교류하며 상대를 보살펴주니, 이것이 바로 병장기를 사용하 지 않아도 천하가 평안하게 되는 이유이다. 예법에 따른 절차와 형식은 매우 다양하지만, 오직 빙례(聘禮)와 사례(射禮)만이 사람을 보살펴주는 예법 절차 중 가장 지극한 것에 해당한다. 제후들이 제 스스로 올바르게 되니, 사례와 빙례라는 두 가지 의례의 의미에 있어서, 천자가 제후들을 보살펴주었던 뜻이 더욱 지극히 나타나게 된다. 그렇기 때문에 그 의미 에 대해서 모두 "병장기를 사용하지 않아도, 제 스스로 올바르게 되는 도구이다."라고 말한 것이다.

以圭璋聘, 重禮也. 已聘而還圭璋, 此輕財而重禮之義也. 諸
侯相厲以輕財重禮, 則民作讓矣.〈007〉

규와 장을 가지고 빙문을 하는 것은 그 예법을 중시하기 때문이다. 빙
문을 끝내고 빙문을 받은 군주가 규와 장을 되돌려주는데, 이것은 재물
을 경시하고 그 예법을 중시한다는 뜻에 해당한다. 제후들이 서로를 독
려함에 제물을 경시하고 예법을 중시한다는 뜻에 따른다면, 백성들은
사양함의 미덕을 진작시키게 된다.

集說

聘使之行禮, 於君則用圭, 於夫人則用璋. 其行享禮於君則束帛加
璧, 於夫人則琮. 享, 猶獻也. 及禮畢則還其圭璋者. 以圭璋是行禮
之器, 故重之而不敢受也. 璧琮與幣, 皆財也, 財在所輕, 故受而不
還. 故曰此輕財而重禮之義也.

빙(聘)을 하는 사신이 해당 예법을 시행할 때, 그 대상이 군주라면 규
(圭)를 사용하고, 군주의 부인이라면 장(璋)을 사용한다. 향례(享禮)를
시행할 때, 그 대상이 군주라면 속백(束帛)에 벽(璧)을 더하고, 군주의
부인이라면 종(琮)을 사용한다. '향(享)'자는 "바친다."는 뜻이다. 의례를
끝내게 되면 규와 장을 되돌려주는데, 그 이유는 규와 장은 해당 의례를
시행하는 기물이기 때문에, 그것을 중시하여 감히 받지 않는 것이다.
벽·종 및 예물은 모두 재물에 해당한다. 재물은 경시하는 대상이다. 그
렇기 때문에 받기만 하고 되돌려주지 않는다. 그래서 "이것은 재물을 경
시하고 예를 중시하는 뜻이다."라고 말한 것이다.

呂氏曰: 諸侯相厲以輕財而重禮, 則遠利而有恥, 所以民作讓.

여씨가 말하길, 제후들이 서로를 독려할 때, 재물을 경시하고 예를 중시
하는 도의에 따른다면, 이로움을 멀리하고 부끄러움을 알게 되니, 이것

은 백성들에게 사양함의 미덕을 흥기시키는 방법이 된다.

經文

主國待客, 出入三積[子賜反]. 饋客於舍, 五牢之具陳於內. 米三
十車, 禾三十車, 芻薪倍禾, 皆陳於外. 乘禽日五雙, 群介皆有
饋牢. 壹食再饗, 燕與時賜無數. 所以厚重禮也. 古之用財者不
能均如此, 然而用財如此其厚者, 言盡之於禮也. 盡之於禮, 則
內君臣不相陵而外不相侵, 故天子制之, 而諸侯務焉爾.〈008〉

빙문을 받는 제후국에서 빈객을 대접할 때에는 빈객이 출입을 함에 모
두 3번의 자를['積'자는 '子(자)'자와 '賜(사)'자의 반절음이다.] 두게 된다. 빈객
이 머무는 숙소에서 빈객에게 음식을 대접할 때, 5뢰를 갖춰서 숙소 안
에 진설하게 된다. 미를 실은 수레는 30대로 하고, 화를 실은 수레는
30대로 하며, 추와 신을 실은 수레는 화의 배가 되어, 각각 60대분의
수레에 담게 되는데, 이것들은 모두 빈객이 머무는 숙소 밖에 놓아두게
된다. 그리고 무리와 짝을 이루어 움직이는 새를 날마다 5쌍씩 대접하
니, 개들도 모두 음식을 대접받게 된다. 한차례 사례를 하고, 두 차례
향례를 하며, 연례와 제철에 맞는 선물을 줄 때에는 특별히 정해진 횟
수가 없다. 이처럼 하는 것들은 중대한 예를 후하게 하는 방법이 된다.
고대에는 재화를 사용할 때 이처럼 균등하게 할 수 없었다. 그러나 빙
례에 재화를 사용할 때에는 이와 같이 풍족하게 했으니, 예에 대해서
극진히 함을 뜻한다. 예에 대해서 극진히 할 수 있다면, 내적으로는 군
신관계에서 서로 업신여기지 않게 되고, 외적으로는 서로 침략하지 않
게 된다. 그렇기 때문에 천자는 이러한 예법을 제정하여 제후들을 제어
했고, 제후들은 그것에 따라 힘써 실천했을 따름이다.

出, 旣行也. 入, 始至也. 積謂饋之牢禮米禾芻薪之屬, 其來與去, 皆
三饋之積, 故云出入三積也. 餼客於舍, 謂致饗餼於賓之館舍也. 三
牲備爲一牢, 五牢之具陳於內, 謂飪一牢在賓館西階, 腥二牢在賓館
東階, 餼二牢在賓館門內之西也. 禾, 稿實幷刈者也. 米車設于門東,
禾車設于門西. 倍禾, 倍其數也. 禮註云: "薪從米, 芻從禾." 疏云:
"薪以炊爨, 故從米. 芻以食馬, 故從禾." 此四物皆在門外. 乘禽, 乘
行群匹之禽, 鴈鶩之屬也. 掌客云: "凡禮賓客, 國新殺禮, 凶荒殺禮,
禮喪殺禮, 禍烖殺禮, 在野在外殺禮." 故曰古之用財者不能均如此,
言不能皆如此豊厚也. 然而於聘禮則用財如此之厚者, 是欲極盡之
於禮也. 用財雖厚, 盡禮而止, 不敢加美以沒禮. 故內不相陵, 外不
相侵, 皆爲有禮以制之故也.

'출(出)'은 이미 행차를 떠났다는 뜻이다. '입(入)'은 비로소 도달했다는
뜻이다. '자(積)'는 음식을 보내주는 뇌례(牢禮) 및 미(米)·화(禾)·추
(芻)·신(薪) 등을 보낸다는 뜻으로, 그들이 찾아오거나 떠나갈 때, 모두
세 차례 자(積)를 보내게 된다. 그렇기 때문에 "출입을 함에 3자(積)를
한다."라고 말한 것이다. "숙소에서 빈객에게 희(餼)를 한다."는 말은 빈
객이 머무는 숙소에서 향례(饗禮)를 베풀며 음식을 대접한다는 뜻이다.
세 종류의 희생물이 갖춰진 것을 1뢰(牢)라고 하는데, "5뢰(牢)가 갖춰
진 것을 그 안쪽에 진열한다."는 말은 임(飪) 1뢰를 빈객이 머무는 숙소
의 서쪽 계단에 놓아두고, 성(腥) 2뢰를 빈객이 머무는 숙소의 동쪽 계
단에 놓아두며, 희(餼) 2뢰를 빈객이 머무는 숙소의 문안 서쪽에 놓아둔
다는 뜻이다. '화(禾)'는 줄기와 알갱이를 함께 자른 볏단이다. 쌀알갱이
를 실은 수레는 문의 동쪽에 놓아두고, 볏단을 실은 수레는 문의 서쪽에
놓아둔다. '배화(倍禾)'라는 말은 그 수의 배로 한다는 뜻이다. 『의례』에
대한 정현의 주에서는 "신(薪)은 미(米)에 따르게 되고, 추(芻)는 화(禾)
에 따르게 된다."6)라 했고, 소에서는 "신(薪)으로는 불을 때기 때문에,
미(米)에 따르는 것이다. 추(芻)로는 말을 먹이기 때문에, 화(禾)에 따르

는 것이다."라 했다. 이러한 네 가지 사물들은 모두 문밖에 놓아두게 된다. '승금(乘禽)'은 이동할 때 무리와 짝을 이루어 움직이는 새 종류로, 기러기나 집오리 등의 부류를 뜻한다. 『주례』「장객(掌客)」편에서는 "빈객을 예우할 때, 새로 건국한 나라의 빈객에 대해서는 그 예법을 낮추고, 국가에 기근이 들었을 때에는 그 예법을 낮추며, 전염병이 돌아서 사상자가 속출할 때에는 그 예법을 낮추고, 병란이나 재앙이 생겼을 때에는 그 예법을 낮추며, 들판이나 외지에서 갑작스럽게 의식을 치를 때에는 그 예법을 낮춘다."[7]라고 했다. 그렇기 때문에 "고대에는 재화를 사용할 때 이처럼 균등하게 할 수 없었다."라고 말한 것이니, 이 말은 곧 모든 경우에 대해서 이처럼 풍족하게 할 수 없었다는 뜻이다. 그러나 빙례(聘禮)에 대해서라면 재화를 사용하는 것이 이처럼 풍족하게 했는데, 이것은 예법에 대해서 극진히 하고자 했기 때문이다. 재화를 사용하는 것이 비록 풍족하다고 하지만, 예법을 다하게 되면 그치니, 감히 그것에 지나친 수식을 더하여 예를 가리게 할 수 없기 때문이다. 그래서 내적으로 서로 업신여기지 않고, 외적으로 서로 침략하지 않는 것들은 모두 예를 두어서 제어를 했기 때문이다.

經文

> 聘射之禮, 至大禮也. 質明而始行事, 日幾中而后禮成, 非强
> 有力者弗能行也. 故强有力者, 將以行禮也, 酒淸, 人渴而不
> 敢飮也; 肉乾, 人飢而不敢食也. 日莫人倦, 齊莊正齊, 而不敢
> 解惰. 以成禮節, 以正君臣, 以親父子, 以和長幼. 此衆人之所

---

6) 이 문장은 『의례』「빙례(聘禮)」편의 "薪芻倍禾."라는 기록에 대한 정현의 주이다.

7) 『주례』「추관(秋官)·장객(掌客)」: 凡禮賓客, 國新殺禮, 凶荒殺禮, 札喪殺禮, 禍災殺禮, 在野在外殺禮.

難, 而君子行之, 故謂之有行. 有行之謂有義, 有義之謂勇敢.
故所貴於勇敢者, 貴其能以立義也; 所貴於立義者, 貴其有行
也; 所貴於有行者, 貴其行禮也. 故所貴於勇敢者, 貴其敢行
禮義也. 故勇敢强有力者, 天下無事, 則用之於禮義; 天下有
事, 則用之於戰勝. 用之於戰勝則無敵, 用之於禮義則順治.
外無敵, 內順治, 此之謂盛德. 故聖王之貴勇敢强有力如此也.
勇敢强有力而不用之於禮義戰勝, 而用之於爭鬪, 則謂之亂
人. 刑罰行於國, 所誅者亂人也. 如此則民順治而國安也.〈009〉

빙례와 사례는 예 중에서도 지극히 성대한 것이다. 날이 밝아올 때 비
로소 해당 사안을 시작하고 한낮이 된 이후에야 의례가 완성되니, 이것
은 굳세고 힘을 갖춘 자가 아니라면 능히 해낼 수 없는 일이다. 그렇기
때문에 굳세고 힘을 갖춘 자가 장차 이러한 의례를 시행하려고 하면,
술이 맑은데 사람들이 목말라도 감히 그 술을 마시지 못하고, 고기가
잘 말라있는데 사람들이 굶주려도 감히 그 고기를 먹지 못한다. 해가
저물어서 사람들이 피로해져도 장엄하고 단정한 자세를 취하여 감히 풀
어진 모습을 보이지 못한다. 이를 통해서 해당하는 예절을 완성하는 것
이며, 또 이를 통해서 군신관계를 바로잡는 것이고, 또 이를 통해서 부
자관계를 친애하게 만들며, 또 이를 통해서 장유관계를 화목하게 만든
다. 이러한 것들은 사람들이 시행하길 어려워하는 점인데 군자는 이러
한 것들을 시행한다. 그렇기 때문에 그를 두고서 시행함이 있다고 평가
하는 것이다. 시행함이 있는 것은 의로움을 갖추고 있다고 부르며, 의
로움을 갖추고 있는 것은 용감하다고 부른다. 그렇기 때문에 용감함에
대해 존귀하게 여기는 것은 그가 의로움을 잘 세울 수 있다는 점을 존
귀하게 여기는 것이고, 의로움을 세우는 것에 대해 존귀하게 여기는 것
은 그가 시행함을 갖추고 있음을 존귀하게 여기는 것이며, 시행함을 갖
추고 있는 것에 대해 존귀하게 여기는 것은 그가 예를 시행하는 것을
존귀하게 여기는 것이다. 그렇기 때문에 용감함에 대해 존귀하게 여기

는 것은 곧 과감하게 예와 의를 시행한다는 점을 존귀하게 여기는 것이다. 또한 그렇기 때문에 용감하며 굳세고 힘을 갖춘 자는 천하에 특별한 일이 없을 때라면 이러한 것들을 예와 의에 사용하고, 천하에 특별한 일이 발생하면 이러한 것들을 전쟁에 사용하게 된다. 이러한 것들을 전쟁에 사용하게 된다면 대적할 자가 없게 되고, 이러한 것들을 예와 의에 사용하게 된다면 모두들 순종하게 되어 나라가 잘 다스려지게 된다. 외적으로 대적할 자가 없고 내적으로 모두들 순종하며 나라가 잘 다스려지게 되는 것을 '성덕(盛德)'이라고 부른다. 그렇기 때문에 성왕은 용감하며 굳세고 힘을 갖춘 자가 이처럼 하는 것을 존귀하게 여긴다. 용감하며 굳세고 힘을 갖추고 있지만 이러한 것들을 예의 및 전쟁에 사용하지 않고 다투는 일에만 사용하게 된다면, 이러한 자를 '난인(亂人)'이라고 부른다. 만약 형벌이 국가에서 시행된다면 주살되는 자는 이러한 난인들이다. 이처럼 된다면 백성들은 순종하며 다스려지게 되고 국가는 편안하게 된다.

集說

呂氏曰: 節文之多, 惟聘射之禮爲然, 故曰至大禮也. 君臣父子長幼之義, 皆形見于節文之中. 人之所難, 我之所安; 人之所懈, 我之所敬; 故能行之者君子也. 君子自養其強力勇敢之氣, 一用之於義禮戰勝, 而敎化行矣. 此國之所以安也. 射禮, 諸侯之射, 必先行燕禮; 卿大夫士之射, 必先行鄕飮酒之禮. 酬獻之節, 極爲繁縟, 故有酒淸肉乾而不敢飮食者. 若聘禮, 則受聘受享請覜, 然後酌醴禮賓, 無酒淸肉乾之事. 特以節文之繁與射禮等, 皆至日幾中而后禮成, 故與射禮兼言之也.

여씨가 말하길, 예(禮)의 형식과 절차는 매우 많지만, 오직 빙례(聘禮)와 사례(射禮)만이 이와 같다. 그렇기 때문에 "지극히 큰 예이다."라고 말한 것이다. 군신·부자·장유관계에서 지켜야 하는 도의는 모두 예의 형식과 절차 속에 드러나게 된다. 남들이 어려워하는 것을 내가 편안하게 여기고, 남들이 게으르게 대하는 것을 내가 공경스럽게 대한다. 그렇기 때문에 이처럼 시행할 수 있는 자가 군자인 것이다. 군자는 제 스스로 자신의 강성함과 용감한 기운을 길러서 한결같이 의(義)·예(禮) 및 전쟁에 사용하고 교화를 시행하게 된다. 이것이 국가가 편안하게 되는 이유이다. 사례(射禮)의 경우, 제후가 사례를 실시할 때에는 그보다 앞서서 연례(燕禮)를 시행해야만 하고, 경·대부·사가 사례를 실시할 때에는 그보다 앞서서 향음주례(鄉飲酒禮)를 시행해야만 한다. 술잔을 주고받는 절차는 지극히 복잡하고 번잡하다. 그렇기 때문에 맑은 술과 마른 고기가 갖춰져 있지만 감히 먹거나 마시지 못하는 것이다. 빙례(聘禮)와 같은 경우라면, 빙문을 받고 예물을 받으며 만나보기를 청한 이후에야 단술을 따라주어 빈객을 예우하니, 맑은 술과 마른 고기를 갖추는 일이 없게 된다. 다만 그 예의 절차와 형식이 복잡하다는 측면에서 사례와 동일하니, 이 모두는 한낮이 된 이후에야 의례가 완성된다. 그렇기 때문에 사례와 함께 언급한 것이다.

經文

子貢問於孔子曰: "敢問君子貴玉而賤碈者何也? 爲玉之寡而碈之多與?" 孔子曰: "非爲碈之多故賤之也, 玉之寡故貴之也. 夫昔者君子比德於玉焉: 溫潤而澤, 仁也; 縝密以栗, 知也; 廉而不劌[姑衛反], 義也; 垂之如隊[墜], 禮也; 叩之其聲淸越以長, 其終詘[屈]然, 樂也; 瑕不揜瑜, 瑜不揜瑕, 忠也; 孚[如字]尹[如字]旁達, 信也; 氣如白虹, 天也; 精神見于山川, 地也; 圭璋特達, 德也; 天下莫不貴者, 道也. 詩云: '言念君子, 溫其如玉.' 故君子貴之也." 〈010〉

자공이 공자에게 묻기를, "감히 묻겠습니다. 군자가 옥을 귀하게 여기고, 옥돌을 천시여기는 것은 어째서입니까? 혹시 옥은 희소하고 옥돌은 흔하기 때문입니까?"라고 했다. 그러자 공자는 "옥돌은 흔하기 때문에 천시하는 것이 아니며, 옥은 희소하기 때문에 귀하게 여기는 것이 아니다. 무릇 예로부터 군자는 옥을 통해서 덕을 비견하였다. 옥이 매끈하면서도 윤택이 나는 것은 인에 해당하고, 조밀하면서도 견고한 것은 지에 해당하며, 모가 났어도 상처를 입히지['劌'자는 '姑(고)'자와 '衛(위)'자의 반절음이다.] 않는 것은 의에 해당하고, 옥 자체가 무거워서 매달게 되면 밑으로 드리우며 마치 떨어질['隊'자의 음은 '墜(추)'이다.] 것 같은 것은 예에 해당하며, 그것을 두드리면 그 소리가 청아하게 일어나며 길게 퍼지고, 소리가 끝날 때에도 확연하게 맺음을 짓는['詘'자의 음은 '屈(굴)'이다.] 것은 악에 해당하고, 옥의 티가 그 아름다움을 가리지 않고 옥의 아름다움도 티를 가리지 않으니 이것은 충에 해당하며, 그 자체에 믿음과['孚'자는 글자대로 읽는다.] 올바름이['尹'자는 글자대로 읽는다.] 있으며 그것이 널리 퍼지는 것은 신에 해당하고, 그 기운이 무지개와 같은 것은 천에 해당하며, 옥이 땅에 묻혀 있어서 그 맑고 밝은 정기가 산천에 드러나는 것은 지에 해당하고, 옥으로 만든 규와 장은 단독으로 전달할 수 있는데 이것은 덕에 해당하며, 천하에 옥을 귀하게 여기지 않는 자가 없는 것은 도에 해당한다. 『시』에서도 '군자를 생각함에 그 온화함이 옥과도 같다.'[8]라고 했다. 그렇기 때문에 군자는 옥을 귀하게 여기는 것이다."라고 대답해주었다.

集說

鄭氏曰: 碈, 石似玉. 縝, 緻也. 栗, 堅貌. 劌, 傷也. 義者, 不苟傷人. 越, 猶揚也. 詘, 絶止貌. 樂記曰: "止如槀木." 瑕, 玉之病也. 瑜, 其中間美者.

8) 『시』「진풍(秦風)·소융(小戎)」: 言念君子, 溫其如玉. 在其板屋, 亂我心曲.

정현이 말하길, 민(碈)은 돌 중에서 옥과 유사한 것이다. '진(縝)'자는 "조밀하다."는 뜻이다. '율(栗)'자는 견고한 모습을 뜻한다. '귀(劌)'자는 "상처를 내다."는 뜻이다. 의(義)는 구차하게 남을 해롭게 하지 않는다. '월(越)'자는 "오르다."는 뜻이다. '굴(詘)'자는 끊어지고 멈춘 모양을 뜻한다. 『예기』「악기(樂記)」편에서는 "멈추기를 말라죽은 나무처럼 한다."라고 했다. '하(瑕)'는 옥에 있는 흠을 뜻한다. '유(瑜)'자는 그 가운데 있는 이름다움을 뜻한다.

陸氏曰: 尹, 正也. 孚尹, 猶言信正.

육덕명이 말하길, '윤(尹)'자는 올바름을 뜻한다. '부윤(孚尹)'은 믿음직하며 올바르다고 말하는 것과 같다.

應氏曰: 尹, 當作允. 孚·允, 皆信也.

응씨가 말하길, '윤(尹)'자는 윤자가 되어야 한다. 부(孚)자와 윤(允)자는 모두 신의를 뜻한다.

疏曰: 圭璋特達, 謂行聘之時, 惟執圭璋, 特得通達, 不如餘幣也.

소에서 말하길, '규장특달(圭璋特達)'이라는 말은 빙례(聘禮)를 시행할 때에는 단지 규(圭)와 장(璋)만을 들게 되며, 이것 단독으로도 전달할 수 있어서 다른 예물을 더하지 않는다는 뜻이다.

馬氏曰: 能柔能剛, 能抑能揚, 能斂能彰, 而能備精粗之美, 以全天人之道者, 玉之爲物也. 能柔則溫潤而澤, 所以爲仁; 能剛則廉而不劌, 所以爲義; 能抑則垂之如隊, 所以爲禮; 能揚則其聲淸越以長, 其終詘然, 所以爲樂; 能斂則縝密以栗, 所以爲智; 能彰則瑕不掩瑜, 瑜不揜瑕, 所以爲忠; 孚允於中, 旁達於外, 所以爲信. 始之以仁, 而成之以信. 凡此皆粗而爲人道也. 至於氣如白虹, 所以爲天; 精神見于山川, 所以爲地; 圭璋特達, 所以爲德; 天下莫不貴之, 所以爲道.

凡此皆精而爲天道也. 七者合而言之, 皆謂之德, 君子所貴以此德
也. 溫者德之始, 言始所以見終. 論語言孔子之五德則始於溫, 夔敎
冑子以四德亦始於溫. 詩亦曰: "溫溫恭人, 惟德之基." 古人用玉, 皆
象其美. 若鎭圭以召諸侯, 以恤凶荒, 用其仁也. 齊有食玉, 用其智
也. 牙璋以起軍旅, 用其義也. 國君相見以瑞, 相享以璧, 用其禮也.
樂有鳴球, 服有佩玉, 用其樂也. 邦國玉節, 用其信也. 琬以結好, 琰
以除慝, 用其忠也. 兩圭祀地, 黃琮禮地, 用其能達於地也. 四圭祀
天, 蒼璧禮天, 用其能達於天也. 圭璋特達, 用其能達於德也. 已聘
而還圭璋, 已朝而還瑞, 此皆古之爲器而用玉之美者也. 古之善比
君子於玉者, 曰言念君子, 溫其如玉, 曰追琢其章, 金玉其相; 曰如
圭如璧; 曰有美玉於斯, 韞匵而藏諸; 曰玉振終條; 曰瑾瑜匿瑕; 曰
如玉如瑩, 爰變丹靑. 此古人比君子於玉者也.

마씨가 말하길, 부드러울 수도 있고 굳셀 수도 있으며, 누를 수도 있고
드날릴 수도 있으며, 거둬들일 수도 있고 밝게 빛낼 수도 있는데, 조밀
한 아름다움까지 갖추어서 하늘과 사람의 도리를 온전히 할 수 있는 것
은 곧 옥(玉)이라는 사물의 성질이다. 옥은 유순하면서도 윤택이 나고
매끈하니 이것이 인(仁)이 되는 이유이며, 강하게 할 수 있다면 곧게 되
는데 해를 끼치지 않으니 이것이 의(義)가 되는 이유이고, 억누를 수 있
다면 늘어트리게 되는데 마치 떨어질 것처럼 숙이게 되니 이것이 예(禮)
가 되는 이유이며, 드러낼 수 있다면 그 소리는 청아하게 울려서 길게
퍼지게 되는데, 그 소리가 마침에 있어서는 깔끔하니 이것이 악(樂)이
되는 이유이고, 거둬들일 수 있다면 조밀하게 되는데 그러면서도 단단
하니 이것이 지(智)가 되는 이유이며, 밝게 드러낼 수 있다면 그 흠이
아름다움을 가리지 않고 아름다움이 흠을 가리지 않으니 이것이 충(忠)
이 되는 이유이고, 그 속에 믿음을 갖추고 있는데 외적으로도 두루 통하
게 되니 이것이 신(信)이 되는 이유이다. 이처럼 인(仁)으로 시작하여
신(信)으로 완성을 이룬다. 무릇 이러한 것들은 모두 다소 거친 것으로
인도(人道)에 해당한다. 그 기운에 있어서는 하얀 무지개와 같으니 이것
이 천(天)이 되는 이유이고, 그 정기는 산천에 드러나니 이것이 지(地)

가 되는 이유이며, 규(圭)와 장(璋)은 그것 자체로 전달할 수 있으니 이것이 덕(德)이 되는 이유이고, 천하에 옥을 귀하게 여기지 않는 자가 없으니 이것이 도(道)가 되는 이유이다. 무릇 이러한 것들은 모두 정밀한 것으로 천도(天道)에 해당한다. 이러한 7가지 덕목을 합하여 말한다면 모두 덕(德)이라 부를 수 있으니, 군자가 귀하게 여기는 것은 이러한 덕 때문이다. 온화하다는 것은 덕의 시초가 되는데, 시초를 언급한 것은 곧 끝을 드러내는 것이다. 『논어』에서는 공자의 다섯 가지 덕을 언급하며 온화함에서 시작하고 있고,[9] 기가 주자(冑子)에게 네 가지 덕을 가르칠 때에도 또한 온화함에서 시작하고 있다.[10] 『시』에서도 "온순하고 온순하며 공손한 사람은 오직 덕의 기반이다."[11]라고 했다. 고대인들이 옥을 사용했던 것은 모두 그 아름다움을 형상화한 것이다. 진규(鎭圭)와 같은 것으로는 제후들을 불러서 그들의 재앙과 기근을 구휼했으니,[12] 그 인(仁)함에 따른 것이다. 재계를 할 때에는 옥의 가루를 먹는다고 했으니,[13] 그 지(智)함에 따른 것이다. 아장(牙璋)을 차고서는 군대를 일으켰으니,[14] 그 의(義)함에 따른 것이다. 제후들끼리 서로 만나볼 때에는 신표를 이용했고, 서로에게 선물을 전달할 때에는 벽(璧)을 이용했으니, 그 예(禮)함에 따른 것이다. 악기 중에는 명구(鳴球)가 있고, 복장을 갖출 때에는 패옥(佩玉)이 있으니, 이것은 그 악(樂)함에 따른 것이다. 나

---

9) 『논어』「학이(學而)」: 子禽問於子貢曰, "夫子至於是邦也, 必聞其政, 求之與? 抑與之與?" 子貢曰, "夫子溫良恭儉讓以得之. 夫子之求之也, 其諸異乎人之求之與?"

10) 『서』「우서(虞書)·순전(舜典)」: 帝曰, 夔, 命汝典樂, 敎冑子, <u>直而溫</u>, 寬而栗, 剛而無虐, 簡而無傲, 詩言志, 歌永言, 聲依永, 律和聲, 八音克諧, 無相奪倫, 神人以和.

11) 『시』「대아(大雅)·억(抑)」: 荏染柔木, 言緡之絲. <u>溫溫恭人, 維德之基</u>. 其維哲人, 告之話言, 順德之行. 其維愚人, 覆謂我僭. 民各有心.

12) 『주례』「춘관(春官)·전서(典瑞)」: 珍圭以徵守, 以恤凶荒.

13) 『주례』「천관(天官)·옥부(玉府)」: 王齊, 則共食玉.

14) 『주례』「춘관(春官)·전서(典瑞)」: 牙璋以起軍旅, 以治兵守.

라에 있어서는 각 지방을 맡은 관리에게 옥을 갈라서 주는 부절이 있으니,15) 그 신(信)함에 따른 것이다. 완(琬)으로는 우호를 다지고 염(琰)으로는 그 간특함을 제거하니,16) 이것은 그 충(忠)함에 따른 것이다. 양규(兩圭)로는 땅에 제사를 지내고,17) 황종(黃琮)으로는 땅을 예우하니, 이것은 옥이 땅과 소통할 수 있음에 따른 것이다. 사규(四圭)로는 하늘에 제사를 지내고,18) 창벽(蒼璧)으로는 하늘을 예우하니,19) 이것은 옥이 하늘과 소통할 수 있음에 따른 것이다. 규(圭)와 장(璋)은 그것 단독으로 전달하니, 이것은 옥이 덕을 소통시킬 수 있음에 따른 것이다. 빙례(聘禮)를 끝내고서 규와 장을 되돌려주고, 조례(朝禮)를 끝내고서 서(瑞)를 나눠주니, 이것들은 모두 고대에 기물을 만들면서 옥의 아름다움을 사용했다는 사실에 해당한다. 고대에 옥에 대해 군자를 잘 비유한 말로는 "군자를 생각함에 그 온화함이 옥과도 같다."라는 말이 있고, "잘 다듬은 그 무늬여 금과 옥이 그 바탕이로구나."20)라는 말이 있으며, "규와 같고 벽과 같구나."21)라는 말이 있고, "여기에 아름다운 옥이 있다면, 함에 넣어서 감춰두어야 합니까?"22)라는 말이 있으며, "옥으로 된 경(磬)을 쳐서 그 소리를 거둬들이는 것은 조리(條理)를 끝내는 것이다."23)라는 말

---

15) 『주례』「지관(地官)・장절(掌節)」: 守邦國者用玉節, 守都鄙者用角節.

16) 『주례』「춘관(春官)・전서(典瑞)」: 琬圭以治德以結好. 琰圭以易行以除慝.

17) 『주례』「춘관(春官)・전서(典瑞)」: 兩圭有邸, 以祀地・旅四望.

18) 『주례』「춘관(春官)・전서(典瑞)」: 四圭有邸以祀天・旅上帝.

19) 『주례』「춘관(春官)・대종백(大宗伯)」: <u>以蒼璧禮天, 以黃琮禮地</u>, 以靑圭禮東方, 以赤璋禮南方, 以白琥禮西方, 以玄璜禮北方.

20) 『시』「대아(大雅)・역복(棫樸)」: <u>追琢其章, 金玉其相</u>. 勉勉我王, 綱紀四方.

21) 『시』「위풍(衛風)・기욱(淇奧)」: 瞻彼淇奧, 綠竹如簀. 有匪君子, 如金如錫, <u>如圭如璧</u>. 寬兮綽兮, 倚重較兮. 善戲謔兮, 不爲虐兮.

22) 『논어』「자한(子罕)」: 子貢曰, "<u>有美玉於斯, 韞匵而藏諸</u>? 求善賈而沽諸?" 子曰, "沽之哉! 沽之哉! 我待賈者也."

23) 『맹자』「만장하(萬章下)」: 孔子之謂集大成. 集大成也者, 金聲而玉振之也. 金聲也者, 始條理也, <u>玉振之也者, 終條理也</u>. 始條理者, 智之事也, 終條理者, 聖之事也.

이 있고, "아름다운 옥은 티를 숨긴다."[24]라는 말이 있으며, "옥과 구슬처럼 밝게 빛나며, 단청(丹靑)으로 바뀐다."[25]라는 말이 있으니, 이러한 것들은 모두 고대인들이 옥을 통해 군자를 비유했던 말들이다.

石梁王氏曰: 因聘禮用玉, 故論玉之德以結此篇.

석량왕씨가 말하길, 빙례(聘禮)에서 옥을 사용한다는 사안에 따랐기 때문에, 옥의 덕을 논의하여 「빙의」편의 내용을 결론 맺은 것이다.

---

24) 『춘추좌씨전』「선공(宣公) 15년」: 川澤納汚, 山藪藏疾, 瑾瑜匿瑕, 國君含垢, 天之道也.

25) 『법언』「오자(吾子)」: 或問, 屈原智乎. 曰, 如玉如瑩, 爰變丹靑. 如其智. 如其智.

「상복사제(喪服四制)」

疏曰: 以其記喪服之制, 取於仁義禮智也.

소에서 말하길, 이 편은 상복(喪服)에 대한 제도가 그 의미를 인(仁)·의(義)·예(禮)·지(智)에서 가져왔다는 사실을 기록하고 있다.

「상복사제」편 문장 순서 비교

『예기집설』	『예기천견록』	
	구분	문장
001		001
002		002
003		003
004		004
005	무분류	005
006		006
007		007
008		008
009		009
010		010

무분류

凡禮之大體, 體天地, 法四時, 則陰陽, 順人情, 故謂之禮. 訾
[紫]之者, 是不知禮之所由生也. 夫禮吉凶異道, 不得相干, 取
之陰陽也. 喪有四制, 變而從宜, 取之四時也. 有恩, 有理, 有
節, 有權, 取之人情也. 恩者仁也, 理者義也, 節者禮也, 權者
知也. 仁義禮知, 人道具矣.〈001〉

무릇 예의 큰 본체는 천지를 본체로 삼고 사시를 본받으며 음양을 본뜨고 인정에 따른 것이다. 그렇기 때문에 그것을 '예(禮)'라고 부른다. 이것을 비방하는['訾'자의 음은 '紫(자)'이다.] 자는 예에 말미암아서 생겨나게 된 점을 알지 못한 것이다. 무릇 예의 길흉은 그 도를 달리하여 서로 간여하지 않으니, 이것은 음양에서 그 의미를 취한 것이다. 또한 상에는 네 가지 제정 법칙이 있는데, 변화하여 그 합당함에 따르니, 이것은 사시에서 그 의미를 취한 것이다. 은정이 있고 이치가 있으며 절도가 있고 권도가 있으니, 이것은 인정에서 그 의미를 취한 것이다. 은정이라는 것은 인에 해당하고, 이치라는 것은 의에 해당하며, 절도라는 것은 예에 해당하고, 권도라는 것은 지에 해당한다. 인·의·예·지는 인도를 모두 갖추고 있다.

體天地以定尊卑, 法四時以爲往來, 則陰陽以殊吉凶, 順人情以爲隆殺. 先王制禮, 皆本於此, 不獨喪禮爲然也, 故曰凡禮之大體. 吉凶異道以下, 始專以喪禮言之. 喪有四制, 謂以恩制, 以義制, 以節制, 以權制也.

천지를 본체로 삼아서 신분의 질서를 정한 것이고, 사시를 본받아서 오고 감을 정한 것이며, 음양을 본떠서 길흉을 달리한 것이고, 인정에 따라서 높이고 낮춤을 정한 것이다. 선왕이 예법을 제정함에 모두 여기에 근본을 두었으니, 유독 상례만 이러한 것은 아니다. 그렇기 때문에 모든 예의 대체라고 말한 것이다. "길흉이 도를 달리한다."는 구문으로부터 그 이하의 구문에서 비로소 상례만을 기준으로 언급하고 있다. "상에 사제(四制)가 있다."는 말은 은(恩)으로써 제정하고 의(義)로써 제정하며 절(節)로써 제정하고 권(權)으로써 제정한다는 뜻이다.

經文

其恩厚者其服重, 故爲父斬衰三年, 以恩制者也.〈002〉

은정이 두터운 자에 대해서는 해당 상복도 수위가 무겁다. 그렇기 때문에 돌아가신 부친을 위해서는 참최복을 입고 3년 동안 복상하는 것이니, 이처럼 하는 것은 은정에 따라 제도를 제정했기 때문이다.

集說

疏曰: 父最恩深, 故特擧父而言之. 其實門內諸親爲之著服, 皆是恩制也.

소에서 말하길, 부친에 대해서는 그 은정이 가장 깊다. 그렇기 때문에 부친에 대한 예시만 제시해서 언급한 것이다. 실제로 같은 대문 안에 살고 있는 친족들에 대해서는 그들이 죽었을 때 상복을 착용하는데, 이러한 것들도 모두 '은제(恩制)'에 해당한다.

門內之治恩揜義, 門外之治義斷恩. 資於事父以事君, 而敬同. 貴貴尊尊, 義之大者也. 故爲君亦斬衰三年, 以義制者也.〈003〉

집안에서의 다스림은 은혜로움으로 의로움을 덮고, 집밖에서의 다스림은 의로움으로 은혜로움을 재단한다. 부친을 섬기는 것에 바탕을 두고 군주를 섬기게 되므로, 둘에 대한 공경함은 동일한 것이다. 존귀한 자를 존귀하게 대하는 것은 의로움 중에서도 가장 큰 것이다. 그렇기 때문에 군주를 위해서도 참최복을 입고 3년 동안 복상하니, 의에 따라 제도를 제정했기 때문이다.

集說

門內主恩, 故常揜蔽公義; 門外主義, 故常斷絶私恩. 父母之喪, 三年不從政, 恩揜義也. 有君喪服於身, 不敢私服, 義斷恩也. 資, 猶取也, 用也, 用事父之道以事君, 故其敬同也. 人臣爲君重服, 乃貴貴尊尊之大義, 故曰以義制者也. 然五服皆有義服, 亦是以義制, 此擧重者言之耳.

집안에서는 은혜로움을 위주로 한다. 그렇기 때문에 항상 공적인 의로움을 덮고 가리는 것이다. 집밖에서는 의로움을 위주로 한다. 그렇기 때문에 항상 사적인 은혜로움을 절제하는 것이다. 부모의 상을 치를 때에는 3년 동안 정사에 복무하지 않으니, 은혜로움으로 의로움을 가린 것이다. 군주의 상이 발생하여 본인이 그에 대한 상복을 착용하고 있을 때에는 감히 개인적인 상복을 착용할 수가 없으니, 의로움으로 은혜로움을 절제하는 것이다. '자(資)'자는 취(取)자와 같으니, "사용한다."는 뜻으로, 부친을 섬기는 도리를 사용하여, 군주를 섬긴다는 의미이다. 그렇기 때문에 공경함이 동일한 것이다. 신하된 자가 군주를 위해서 수위가 높은 상복을 착용한다면, 이것은 존귀한 자를 존귀하게 여기는 큰 도의에 해당한다. 그렇기 때문에 의로움으로 제정한 사안이라고 말한 것이다. 그런데 오복(五服)에는 모두 의복(義服)이 포함되어 있으니 이 또한 의로움으로 제정한 것인데, 이곳에서는 그 중에서도 가장 수위가 높은 것을 제시하여 언급한 것일 따름이다.

三日而食, 三月而沐, 期而練, 毀不滅性, 不以死傷生也. 喪不過三年, 苴衰不補, 墳墓不培, 祥之日鼓素琴, 告民有終也, 以節制者也.〈004〉

상을 치를 때, 돌아가신 후 3일이 지난 뒤에 죽을 마시며, 3개월이 지난 뒤에 목욕을 하고, 1년이 지난 뒤에 연복을 착용하며, 상으로 인해 몸이 수척해지더라도 생명을 해치게 하지 않음은 죽음으로 인해 생명을 해치게 하지 않기 때문이다. 상의 기간은 3년을 넘지 않고, 저최와 같은 상복 부류들은 해지더라도 깁지 않으며, 무덤을 조성한 뒤에는 다시금 보수하지 않고, 대상을 치르는 날에는 소금을 연주하여, 백성들에게 마침이 있음을 알리는 것이니, 절에 따라 제도를 제정했기 때문이다.

三日而食, 始食粥也. 葬而虞祭始沐. 不補, 雖破不補完也. 不培, 一成丘壟之後, 不再加益其土也. 祥日, 大祥之日也. 素琴, 無漆飾也, 與素几素組之素同.

3일이 지난 뒤에 먹는다는 말은 처음으로 죽을 마신다는 뜻이다. 장례를 치르고 우제(虞祭)를 지내게 되면 비로소 목욕을 하게 된다. '불보(不補)'는 비록 해지더라도 깁지 않는다는 뜻이다. '불배(不培)'는 한 번 구릉을 완성한 이후에는 재차 그 위에 흙을 더하여 보완하지 않는다는 뜻이다. '상일(祥日)'은 대상(大祥)을 치르는 날을 뜻한다. '소금(素琴)'에서의 '소(素)'자는 옻칠을 해서 장식을 함이 없다는 뜻이니, 소궤(素几) 및 소조(素俎)라고 했을 때의 소(素)자와 의미가 같다.

資於事父以事母, 而愛同. 天無二日, 土無二王, 國無二君, 家無二尊, 以一治之也. 故父在爲母齊衰期者, 見無二尊也.〈005〉

부친을 섬기는 것에 바탕을 두고 모친을 섬기게 되므로, 둘에 대해 친애함은 동일한 것이다. 하늘에는 두 개의 태양이 없고, 땅에는 두 명의 왕이 없으며, 제후국에는 두 명의 군주가 없고, 집에는 두 명의 존귀한 자가 없으니, 하나로써 다스리는 것이다. 그렇기 때문에 부친이 생존해 계실 때에는 돌아가신 모친을 위해서 자최복을 입고 기년상으로 치르는 것은 집에 두 명의 존귀한 자가 없다는 사실을 드러내는 것이다.

齊衰之服, 期而除之, 以心喪終三年.

자최복(齊衰服)을 입고 치르는 상에서는 1년이 지나면 상복을 제거하고, 심상(心喪)으로 남은 삼년상의 기간을 끝낸다.

杖者, 何也? 爵也. 三日授子杖, 五日授大夫杖, 七日授士杖. 或曰擔[膽]主, 或曰輔病. 婦人·童子不杖, 不能病也. 百官備, 百物具, 不言而事行者, 扶而起. 言而后事行者, 杖而起. 身自執事而后行者, 面垢而已. 禿者不髽, 傴[其縷反]者不袒, 跛者不踊, 老病不止酒肉. 凡此八者, 以權制者也.〈006〉

지팡이를 두는 것은 어째서인가? 작위를 가진 자들을 위해서이다. 상이 발생하면 3일 째에 자식에게 지팡이를 주고, 5일 째에 대부에게 지팡이를 주며, 7일 째에 사에게 지팡이를 준다. 어떤 경우는 상주에게 지팡이를 빌려준다고['擔'자의 음은 '贍(첨)'이다.] 말하고, 또 어떤 경우는 병약해진 몸을 부축하기 위해서라고 말한다. 아직 성인이 되지 못한 여자와 남자들은 지팡이를 잡지 않으니, 병약해질 수 없기 때문이다. 백관이 갖춰져 있고 백물이 갖춰져서, 말을 하지 않아도 일이 시행될 수 있는 경우에는 지팡이가 있지만, 몸이 몹시 수척해지는 것이 허용되므로, 남의 부축을 받아서 일어나게 된다. 이러한 것들이 갖춰지지 않아서, 직접 말을 해야만 일이 시행되는 경우에는 몸을 몹시 수척하게 할 수 없으니, 자신이 직접 지팡이를 잡고 일어나게 된다. 또한 일을 맡아볼 수 있는 자가 전혀 없어서, 제 자신이 직접 상사의 일을 처리해야만 시행되는 경우에는 몸이 수척해지는 것을 허용하지 않으니, 얼굴에 때만 묻히고 직접 일처리를 할 따름이다. 대머리는 북상투를 틀지 않고, 꼽추는['傴'자는 '其(기)'자와 '縷(루)'자의 반절음이다.] 단을 하지 않으며, 절름발이는 용을 하지 않고, 노약하고 병든 자들은 술과 고기를 끊지 않는다. 무릇 이러한 여덟 가지 경우는 권도에 따라 제도를 제정했기 때문이다.

集說

疏曰: 杖之所設, 本爲扶病, 而以爵者有德, 其恩必深, 其病必重, 故杖爲爵者而設, 故云爵也. 遂歷敍有爵之人, 故云三日授子杖, 五日授大夫杖, 七日授士杖. 喪服傳云: "無爵而杖者何? 擔主也." 擔, 假也. 尊其爲主, 假之以杖. 或曰輔病者, 喪服傳云: "非主而杖者何? 輔病也." 謂庶子以下皆杖, 爲輔病故也. 婦人, 未成人之婦人. 童子,

幼少之男子. 百官備, 謂王侯也. 委任百官, 不假自言而事得行, 故
許子病深, 雖有扶病之杖, 亦不能起, 故又須人扶乃起也. 大夫士旣
無百官百物, 須己言而后喪事乃行, 故不許極病, 所以杖而起, 不用
扶也. 庶人卑, 無人可使, 但身自執事, 不可許病, 故有杖不用, 但似
使面有塵垢之容而已. 子於父母, 貴賤情同, 而病不得一, 故爲權制.
禿者無髮, 女禿不髽, 故男子禿亦不免也. 祖者露膊, 傴者可憎, 故
不袒也. 踊是跳躍, 跛人脚蹇, 故不跳躍也. 老及病者, 身已羸瘠, 又
使備禮, 必至滅情, 故酒肉養之. 此八者, 謂應杖不杖, 不應杖而杖,
一也. 扶而起, 二也. 杖而起, 三也. 面垢, 四也. 禿者, 五也. 傴者,
六也. 跛者, 七也. 老病者, 八也. 喪大記 '大夫與士之喪, 皆云三日
授子杖, 謂爲親也. 此云五日七日, 爲君也.

소에서 말하길, 지팡이를 두는 것은 본래 병약해진 자를 부축하기 위해
서인데, 작위를 가지고 있는 자는 덕을 갖추고 있어서, 그의 은정은 반
드시 깊고 그의 병약해짐도 분명 깊게 된다. 그렇기 때문에 지팡이는
작위를 가진 자를 위해서 갖추는 것이다. 그래서 작위를 가진 자 때문이
라고 말했다. 그 결과 작위를 가지고 있는 자들을 차례대로 서술하게
되었다. 그렇기 때문에 3일 째에는 자식에게 지팡이를 주고, 5일 째에는
대부에게 지팡이를 주며, 7일 째에는 사에게 지팡이를 준다고 말한 것
이다. 『의례』「상복(喪服)」편의 전문에서는 "작위가 없는데도 지팡이를
잡는 것은 어째서인가? 담주(擔主)이다."[1]라고 했다. 담(擔)자는 빌려준
다는 뜻이다. 그가 상주의 신분이 되어 존귀하게 여기므로, 그에게 지팡
이를 빌려주는 것이다. 혹은 보병(輔病)이라고 말한다고 했는데, 「상복」
편의 전문에서는 "상주가 아닌데도 지팡이를 잡는 것은 어째서인가? 병
약한 자를 부축하기 위해서이다."라고 했다. 즉 서자(庶子) 이하의 자들
은 모두 지팡이를 잡게 되는데, 그 이유는 병약해진 몸을 부축하기 위해
서라는 뜻이다. 여기에서 말한 '부인(婦人)'은 아직 성인이 되지 못한 여

---

1) 『의례』「상복(喪服)」: 杖者何? 爵也. 無爵而杖者何? 擔主也. 非主而杖者何?
輔病也.

자들이다. '동자(童子)'는 나이가 어린 남자들이다. 백관(百官)이 갖춰졌다는 말은 천자와 제후에 대한 경우를 뜻한다. 백관들에게 위임을 하여 제 스스로 직접 말을 하지 않아도 일을 시행할 수 있다. 그렇기 때문에 자식이 매우 병약해지는 것도 허용하는 것인데, 비록 병약해진 몸을 부축해줄 지팡이를 갖추도록 허용하지만, 또한 제 스스로 일어날 수 없기 때문에 다른 사람이 부축을 해야만 곧 일어나게 된다. 대부와 사들은 이미 백관(百官)과 백물(百物)을 갖출 수 없으니, 제 스스로 말을 한 이후에야 상사가 집행된다. 그렇기 때문에 몸이 극심히 병약해지는 것을 허용하지 않는 것이니, 지팡이를 통해서 일어나므로 부축해주는 것을 필요치 않는 것이다. 서인(庶人)들은 신분이 미천하므로 부릴만한 사람이 없고, 단지 제 스스로 일을 처리해야 한다. 그래서 병약해지는 것을 허용할 수 없다. 그렇기 때문에 지팡이를 두지만 사용하지 않고, 단지 자신의 얼굴에 때를 묻히게끔 할 따름이다. 부모에 대한 자식의 마음은 신분의 차이와 상관없이 모두 동일하지만, 자식의 몸이 병약해지는 수준은 동일하게 할 수 없다. 그렇기 때문에 권도로써 제정한 것이다. 대머리는 묶을 머리가 없고, 여자 중 대머리는 상중에 트는 북상투를 틀 수 없다. 그렇기 때문에 남자 중 대머리들 또한 문(免)을 하지 않는 것이다. 단(袒)이라는 것은 신체 부위를 들춰내는 것인데, 꼽추는 다른 사람들에게 혐오를 불러일으킬 수 있기 때문에 단(袒)을 하지 않는 것이다. 용(踊)은 제자리에서 뛰는 것인데, 절름발이들은 다리를 절기 때문에 제자리에서 뛰지 않는 것이다. 노인과 병약한 자들은 그 몸이 이미 수척해져 있는 상태인데 재차 그들로 하여금 예법대로 갖추게 한다면, 반드시 생명을 잃는 지경에 이르게 될 것이다. 그렇기 때문에 술과 고기를 제공해서 그들을 보살피는 것이다. 여기에서 말한 여덟 가지 조항들은 마땅히 지팡이를 잡아야 하는데 지팡이를 잡지 않는 경우와 지팡이를 잡지 말아야 하는데도 지팡이를 잡는 것이 첫 번째 조항이고, 부축을 해서 일어나는 것이 두 번째 조항이며, 지팡이를 잡고 일어나는 것이 세 번째 조항이고, 얼굴에 때를 묻히는 것이 네 번째 조항이며, 대머리에 대한 것이 다섯 번째 조항이고, 꼽추에 대한 것이 여섯 번째 조항이며,

절름발이에 대한 것이 일곱 번째 조항이고, 병들고 병약해진 자에 대한 것이 여덟 번째 조항이다. 『예기』「상대기(喪大記)」편에서는 대부와 사의 상에서는 모두 3일 째에 자식에게 지팡이를 지급한다고 했으니, 부모를 위해서임을 뜻한다. 그런데 이곳에서는 5일 째와 7일 째를 언급했으니, 이것은 군주를 위해서임을 뜻한다.

經文

始死, 三日不怠, 三月不解, 期悲哀, 三年憂, 恩之殺也. 聖人因殺以制節, 此喪之所以三年, 賢者不得過, 不肖者不得不及. 此喪之中庸也, 王者之所常行也. 書曰: "高宗諒闇, 三年不言." 善之也.〈007〉

어떤 자가 이제 막 죽었을 때, 그의 자식은 3일 동안 게으름을 피우지 않고, 3개월 동안 느슨하게 풀어지지 않으며, 1년 동안 비통하고 애통한 마음이 들고, 3년 동안 근심을 하게 되니, 이것은 그 은정이 점진적으로 줄어듦을 뜻한다. 성인은 줄어듦에 따라서 절도를 제정하였으니, 이것이 바로 상을 3년이라는 기간으로 정하여, 현명한 자는 지나치지 못하게 만들고 불초한 자도 미치지 못하는 일이 없게끔 했던 방법이다. 이것은 또한 상을 치르는 중용의 덕에 해당하며, 천자가 항상 시행하는 도리이다. 『서』에서는 "고종은 햇볕이 들지 않는 임시 막사에서 3년 동은 말을 하지 않았다."[2]라고 했는데, 이것은 그 행위를 칭찬한 기록이다.

----

2) 『서』「주서(周書)·무일(無逸)」: 其在高宗時, 舊勞于外, 爰暨小人, 作其卽位, 乃或亮陰, 三年不言. 其惟不言, 言乃雍, 不敢荒寧, 嘉靖殷邦.

自三日不怠以至三年憂, 其哀漸殺而輕, 故曰恩之殺也.

"3일 동안 게으름을 피우지 않는다."라는 구문으로부터 "3년 동안 근심을 한다."라는 구문까지는 슬퍼하는 감정이 점진적으로 줄어들어서 경감되는 것을 나타낸다. 그렇기 때문에 은정이 줄어든다고 말한 것이다.

鄭氏曰: 諒, 古作梁. 楣謂之梁. 闇, 讀如鶉鷃之鷃. 闇, 謂廬也. 廬有梁者, 所謂柱楣也.

정현이 말하길, '양(諒)'자를 고문에서는 양(梁)자로 기록했다. 햇빛을 가리는 처마를 '양(梁)'이라고 부른다. '암(闇)'자는 순암(鶉鷃)이라고 할 때의 '암(鷃)'자로 읽는다. '암(闇)'은 상중에 머물게 되는 임시 막사이다. 임시 막사 중 햇빛을 가리는 처마가 있는 것을 이른바 '주미(柱楣)'라고 부른다.

王者莫不行此禮, 何以獨善之也? 曰: "高宗者武丁, 武丁者殷之賢王也, 繼世卽位, 而慈良於喪. 當此之時, 殷衰而復興, 禮廢而復起, 故善之. 善之, 故載之書中而高之, 故謂之高宗. 三年之喪, 君不言, 書云: '高宗諒闇, 三年不言', 此之謂也. 然而曰'言不文'者, 謂臣下也."〈008〉

천자 중에는 이러한 예법을 시행하지 않았던 자가 없는데, 어찌하여 유독 고종만 칭찬했는가? 대답해보자면, "고종은 무정으로, 무정은 은나라 때의 현명한 천자였는데, 대를 이어서 지위에 올랐고 상을 치르는 일에 대해서 매우 잘 했다. 당시에 은나라는 쇠약해졌으나 고종으로 인해 재차 부흥하게 되었고, 선왕이 제정한 예법도 쇠락해졌으나 고종으로 인해 재차 시행되었다. 그렇기 때문에 그에 대해서 칭찬했던 것이다. 칭찬을 했기 때문에 『서』에 그 사실을 기록하여 높인 것이다. 그래서 그를 '고종(高宗)'이라고 부른 것이다. 삼년상을 치를 때, 군주의 경우에는 백관과 백물이 갖춰져 있으므로 말을 하지 않는다. 그러므로 『서』에서 '고종이 햇볕이 가려지는 임시 거주지에서 3년 동안 말을 하지 않았다.'라고 한 말이 바로 이러한 사실을 가리킨다. 그러나 '말에 문식을 꾸미지 않았다.'[3]라고 하는 자들은 신하를 뜻한다."라고 했다.

君不言, 謂百官百物不言而事行者也. 臣下不能如此, 必言而後事行, 但不文其言辭耳. 故曰言不文者, 謂臣下也.

"군주가 말하지 않았다."는 말은 백관(百官)과 백물(百物)이 갖춰져 있어서, 말을 하지 않아도 일이 시행된다는 뜻이다. 신하들은 이처럼 할 수 없으니, 반드시 말을 한 이후에야 일이 시행된다. 다만 그 말에 대해서 문식을 꾸미지 않을 따름이다. 그렇기 때문에 "말에 문식을 꾸미지 않는 자는 신하를 뜻한다."라고 말한 것이다.

禮: 斬衰之喪, 唯而不對. 齊衰之喪, 對而不言. 大功之喪, 言而不議. 緦小功之喪, 議而不及樂.〈009〉

예법에 따르면, 참최복을 입고 치르는 상에서는 응답만 하고 구체적인 말로 대답하지 않는다. 자최복을 입고 치르는 상에서는 대답은 하지만

---

3) 『효경』「상친장(喪親章)」: 喪親, 子曰, 孝子之喪親也. 哭不偯. 禮無容. 言不文.

먼저 말을 꺼내지는 않는다. 대공복을 입고 치르는 상에서는 먼저 말을 꺼내더라도 다른 사안에 대해서 의논하지 않는다. 시마복과 소공복을 입고 치르는 상에서는 다른 사안에 대해서 의논은 하지만 즐거운 일에 대해서는 의논하지 않는다.

集說

說見間傳.

자세한 설명은 『예기』「간전(間傳)」편에 나온다.

經文

父母之喪, 衰冠・繩纓・菅屨, 三日而食粥, 三月而沐, 期十三月而練冠, 三年而祥. 比終茲二節者, 仁者可以觀其愛焉, 知者可以觀其理焉, 彊者可以觀其志焉. 禮以治之, 義以正之. 孝子, 弟弟, 貞婦, 皆可得而察焉.〈010〉

부모의 상에 대해서 말해보자면, 상복과 그에 따른 관을 쓰고, 새끼줄을 엮은 끈을 달며, 관구를 신게 되는데, 부모가 돌아가신 후 3일 째에 처음으로 죽을 마시고, 3개월째에 처음으로 목욕을 하며, 1년을 넘겨 13개월째가 되면 소상을 치르며 연관을 쓰고, 3년째가 되면 대상을 치른다. 이러한 세 마디를 끝내는데 미쳐서는 인함은 그 사람의 친애하는 마음을 통해서 관찰할 수 있고, 지함은 그 이치를 통해서 관찰할 수 있으며, 강함은 그 뜻을 통해서 관찰할 수 있다. 예로써 다스리고, 의로써 바르게 한다. 자식은 효자답고, 동생은 동생답고, 부인은 정숙하다는 것은 모두 이를 통해서 확인할 수 있다.

比, 及也. 三月, 一節也. 練, 一節也. 祥, 一節也. 非仁者不足以盡
愛親之道, 故於仁者觀其愛; 非知者不足以究居喪之理, 故於知者觀
其理; 非强者不足以守行禮之志, 故於强者觀其志. 一說, 理, 治也,
謂治斂殯葬祭之事, 惟知者能無悔事也, 故曰觀其理. 篇首言仁義
禮知爲四制之本, 此獨曰禮以治之, 義以正之者, 蓋恩亦兼義, 權非
悖禮也. 孝子, 弟弟, 貞婦, 專言門內之治, 而不及君臣者, 以章首專
言父母之喪, 而恩制爲四制之首故也.

'비(比)'자는 "~에 이르다."는 뜻이다. 3개월째가 한 마디가 된다. 소상
(小祥)을 치르는 것이 한 마디가 된다. 대상(大祥)을 치르는 것이 한 마
디가 된다. 인(仁)한 자가 아니라면 부모를 친애하는 도리를 모두 다 드
러낼 수 없다. 그렇기 때문에 인(仁)한 자에 대해서는 그 친애함을 관찰
한다고 한 것이다. 지(知)한 자가 아니라면 상을 치르는 이치를 탐구할
수 없다. 그렇기 때문에 지(知)한 자에 대해서는 그 이치를 관찰한다고
한 것이다. 강(强)한 자가 아니라면 예법을 시행하려는 뜻을 고수할 수
없다. 그렇기 때문에 강(强)한 자에 대해서는 그 뜻을 관찰한다고 한 것
이다. 일설에서는 '이(理)'자를 "다스린다."는 뜻으로 풀이하니, 즉 염
(斂)을 하고 빈소를 차리며 장례를 치르고 제사를 지내는 일들을 다스리
는 것에 있어서, 오직 지(知)한 자만이 회한을 남기는 일이 없을 수 있
다. 그렇기 때문에 그 다스림을 관찰한다고 말했다고 주장한다. 편의 첫
머리에서는 인(仁)·의(義)·예(禮)·지(知)가 사제(四制)의 근본이 된
다고 했는데, 이곳에서는 유독 "예(禮)로써 다스리고, 의(義)로써 바르게
한다."라고만 말했다. 그 이유는 아마도 은정이라는 것은 또한 의(義)를
겸비하고 있고, 권도는 예(禮)를 어긋나게 하는 것이 아니기 때문이다.
자식은 효자답고, 동생은 동생다우며, 부인은 정숙하다는 것은 집안에
서의 다스림에 대해서만 언급한 것으로 군주와 신하에 대한 사안은 언
급하지 않았는데, 이 장의 앞부분에서도 부모에 대한 상만 언급했으니,
은정에 따른 제도가 사제(四制) 중에서도 으뜸이 되기 때문일 것이다.

近按: 首章言四制之意, 則曰理者義也, 權者知也. 末章結之, 則曰
知者, 可以觀其理也. 以理言知, 而又不及權者, 首章以制禮者言之,
故能制宜而理之者義也, 能知變而權之者知也. 末章以行禮者言之,
故能知其節而自理者, 亦知也, 行禮者, 但當謹守其經而已, 故又不
及言權也.

내가 살펴보니, 첫 장에서는 사제의 뜻을 언급했는데, 리(理)는 의(義)에
해당하고 권(權)은 지(知)에 해당한다고 했다. 마지막 장에서는 결론을
맺었는데, 지(知)에 대해서는 그 리(理)를 살필 수 있다고 했다. 즉 리
(理)로 지(知)를 언급했고, 또한 권(權)에 대해서는 언급하지 않았는데,
첫 장에서는 예법을 제정하는 것을 기준으로 말했기 때문에, 마땅함에
따라 제정하면서도 다스릴 수 있는 것은 의(義)가 되고, 변화됨을 알아
권도를 발휘할 수 있는 것은 지(知)가 된다. 마지막 장에서는 예를 시행
하는 것을 기준으로 말했기 때문에, 그 절도를 알면서도 스스로 다스려
질 수 있는 것은 또한 지(知)가 되고, 예를 시행하는 것은 단지 그 경도
를 삼가 지켜야만 할 따름이므로, 또한 권(權)을 언급하지 않은 것이다.

右禮記諸篇, 文多錯亂, 考亭朱夫子, 謂當釐正而未及下手, 是誠斯
文千載之可歎. 草廬吳氏已嘗類次其篇文矣, 而愚生於海外, 不得
見其書, 是亦可歎也. 然愚嘗觀吳氏大易纂言, 其說猶有所未純者,
愚固已議於易說矣. 然則是書雖得而見之, 恐亦大易之類也. 今愚
不揆僭踰, 敢以淺見類例, 其文往往臆見, 有異於先儒者, 及其訓釋
有未盡者, 各疏其後, 但欲便於自觀, 又以竢後來同志者更加考訂,
以正其失, 姑爲此以發端云爾.

여기까지는 『예기』의 편들인데, 문장들이 대부분 착란되어 있어서 고정
주부자께서도 정리를 해야 하지만 착수하지 못했다고 했으니, 이것은
진실로 우리 사문에게 있어 천추의 한이라 할 것이다. 초려오씨가 일찍
이 그 편들과 문장들을 부류에 따라 순서를 정했다고 하는데, 나는 다른

나라에 태어난지라 그 서적을 볼 수 없었으니, 이 또한 탄식할 만한 일이다. 그러나 나는 일찍이 오씨의 『대역찬언』을 본 적이 있었는데, 그 주장에는 여전히 순일하지 못한 점이 있었는데, 나는 그것에 대해 이미 『역설』에 의론해 두었다. 따라서 이 책을 비록 얻어서 볼 수 있더라도, 이 또한 『대역찬언』과 같은 부류가 아닐까 염려된다. 이에 나는 주제넘고 분수에 넘치는 것임을 헤아리지 못하고, 감히 천박한 견해로 유형별로 나누고 체례를 잡았는데, 그 글들에는 종종 억견이 있고, 선대 학자들과 이견이 있는 것과 훈석에 미진한 점이 있는 것들에 대해서는 각각 그 뒤에 소견을 덧붙였는데, 이것은 단지 내가 살펴보기에 편리하고자 해서이며, 또한 후대에 뜻을 같이 하는 자가 다시 고정해서 잘못을 바로 잡아주기를 기다리기 위함이니, 잠시 이와 같이 기록하여 그 단서를 연다고 할 따름이다.

禮記淺見錄 人名 및
用語 辭典

◎ 가공언(賈公彦, ?~?) : 당(唐)나라 때의 유학자이다. 정현(鄭玄)을 존숭하
였다. 예학(禮學)에 조예가 깊었다. 『주례소(周禮疏)』, 『의례소(儀禮疏)』
등의 저서를 남겼으며, 이 저서들은 『십삼경주소(十三經注疏)』에 포함
되었다.

◎ 가례(嘉禮) : '가례'는 오례(五禮) 중 하나로, 결혼식을 치르거나, 잔치 등
을 베풀 때의 예제(禮制)를 뜻한다. 경사스러운 일이라는 뜻에서 가(嘉)
자를 붙여서 '가례'라고 부르는 것이다.

◎ 가작(加爵) : '가작'은 술을 따라서 권한다는 뜻이다.

◎ 가종인(家宗人) : '가종인'은 가(家)에서 시행되는 제사 등을 담당하는 관
리이다. 『주례』의 체제에 따르면 상사(喪事) 2명이 담당을 했고, 그 휘
하에는 중사(中士) 4명이 배속되어 있었으며, 실무를 맡아보는 자로는
부(府) 2명, 사(史) 4명, 서(胥) 4명, 도(徒) 40명이 배속되어 있었다.

◎ 각(刻) : '각'은 시간의 단위이다. 고대에는 물통에 작은 구멍을 내서, 물이
떨어진 양을 보고 시간을 헤아렸다. 하루를 100'각'으로 나누었는데, 한
(漢)나라 애제(哀帝) 건평(建平) 2년(-5년) 때에는 20'각'을 더해서, 하루
의 길이를 총 120'각'으로 정하였다. 『한서(漢書)』 「애제기(哀帝紀)」 편에
는 "漏刻以百二十爲度."라는 기록이 있는데, 이에 대한 안사고(顔師古)
의 주에서는 "舊漏晝夜共百刻, 今增其二十."이라고 풀이하였다. 그리
고 남북조(南北朝) 시기 양(梁)나라 무제(武帝)는 8'각'을 1진(辰)으로
정하여, 낮과 밤의 길이를 각각 12'진' 96'각'으로 정하였다.

◎ 간색(間色) : '간색'은 정색(正色)과 대비되는 말이다. 순일하지 못한 색깔
을 지칭한다. '정색'은 청색(靑色)·적색(赤色)·황색(黃色)·백색(白色)·
흑색(黑色) 등이 해당한다. 예를 들어 청색의 색깔이 순일한 경우에는
'정색'이라고 부르고, 순일하지 못한 청색 등에 대해서는 '간색'이라고 부
른다.

◎ 간적(簡狄) : '간적'은 전설상의 인물이다. 유융씨(有娀氏)의 딸이며, 제곡
(帝嚳)의 부인이었다고 전해진다. 현조(玄鳥)의 알을 삼키고 잉태를 해

서, 상(商)나라의 시조격인 설(契)을 낳았다. 『초사(楚辭)』「천문(天問)」
편에는 "簡狄在臺嚳何宜. 玄鳥致貽女何喜."라고 기록되어 있고, 『사
기(史記)』「은본기(殷本紀)」편에는 "殷契, 母曰簡狄, 有娀氏之女, 爲
帝嚳次妃. 三人行浴, 見玄鳥墮其卵, 簡狄取呑之, 因孕生契."이라고
기록되어 있다.

◎ 강귀(强鬼) : '강귀'는 강사귀(强死鬼)라고도 부른다. 정상적으로 죽음을
맞이하지 않은 자의 혼령을 뜻한다.

◎ 강릉항씨(江陵項氏, A.D.1129~A.D.1208) : =항씨(項氏)·항안세(項安
世)·항평보(項平父)·항평보(項平甫). 남송(南宋) 때의 학자이다. 자
(字)는 평보(平甫)이다. 세간에서는 평암선생(平菴先生)이라고도 칭해
졌다. 『역(易)』에 조예가 깊었다. 저서로는 『주역완사(周易玩辭)』, 『항씨
가설(項氏家說)』 등이 있다.

◎ 강복(降服) : '강복'은 상(喪)의 수위를 본래의 등급보다 한 등급 낮추는
일에 해당한다. 예를 들어 자식은 부모에 대해 삼년상을 치러야 하지만,
다른 집의 양자로 간 경우라면 자신의 친부모에 대해 삼년상을 치르지
않고, 한 등급 낮춰서 1년만 치르게 된다. 이것은 상(喪)의 기간에만 해
당하는 것이 아니라, 상복(喪服) 및 상(喪)을 치르며 부수적으로 갖추게
되는 기물(器物)들에도 적용된다.

◎ 강원(姜嫄) : '강원'은 강원(姜原)이라고도 부른다. 전설상의 인물이다. 유
태씨(有邰氏)의 딸이자, 주(周)나라의 시조인 후직(后稷)의 어머니이다.
제곡(帝嚳)의 본처이며, 거인의 발자국을 밟고서 잉태를 했고, 이후에 직
(稷)을 낳았다고 전해진다. 『시』「대아(大雅)·생민(生民)」편에는 "厥初生
民, 時惟姜嫄."이라는 기록이 있고, 『사기(史記)』「주본기(周本紀)」편
에는 "周后稷, 名棄. 其母有邰氏女, 曰姜原. 姜原爲帝嚳元妃. 姜原
出野, 見巨人跡, 心忻然說, 欲踐之. 踐之而身動如孕者."라는 기록이
있다.

◎ 강일(剛日) : '강일'은 십간(十干)을 음양(陰陽)으로 구분했을 때, 양(陽)
에 해당하는 날짜를 뜻한다. 십간에 따라 날짜를 구분할 때 갑(甲)·병
(丙)·무(戊)·경(庚)·임(壬)자가 들어가는 날이 '강일'이 된다. '강일'과

반대되는 말은 유일(柔日)이며, 십간 중 을(乙)·정(丁)·기(己)·신(辛)·계(癸)자가 들어가는 날이 '유일'이 된다.

◎ 거우(車右) : '거우'는 수레에 함께 타는 호위무사를 뜻한다. 수레의 우측에 위치하였기 때문에 '거우'라고 부르는 것이다.

◎ 건인(建寅) : '건인'은 북두칠성의 자루부분이 회전하여, 12진(辰) 중 인(寅)의 방위를 향할 때를 뜻한다. 하(夏)나라에서는 이 시기를 정월(正月)로 삼았기 때문에, 하력(夏曆)에서의 정월을 뜻하는 용어로도 사용되었다. 『회남자(淮南子)』「천문훈(天文訓)」편에는 "天一元始, 正月建寅."이라는 기록이 있다.

◎ 견거(遣車) : '견거'는 장례(葬禮)를 치를 때 사용되는 수레이다. 장례 때에는 장지(葬地)에서 제사를 지내기 위해 희생물을 가져가게 된다. '견거'는 바로 희생물의 몸체를 싣고 가는 수레를 뜻한다.

◎ 견전(遣奠) : '견전'은 장차 장례(葬禮)를 치르고자 할 때, 지내게 되는 전제사[奠祭]를 뜻한다.

◎ 결수(決水) : '결수'는 하천 제방이 붕괴되어 터져 들어오는 물을 뜻한다. 또한 물을 터서 잘 흘려보냄을 뜻하기도 한다.

◎ 경사(卿士) : '경사'는 주(周)나라 때 주왕조의 정사(政事)를 총감독했던 직위이다. 육경(六卿)과 별도로 설치되었으며, 육관(六官)의 일들을 총감독했다. 『시』「소아(小雅)·십월지교(十月之交)」편에는 "皇父卿士, 番維司徒."라는 기록이 있는데, 이에 대한 주희(朱熹)의 『집주(集注)』에서는 "卿士, 六卿之外, 更爲都官, 以總六官之事也."라고 풀이하였으며, 『춘추좌씨전』「은공(隱公) 3년」편에는 "鄭武公莊公爲平王卿士."라는 기록이 있는데, 이에 대한 두예(杜預)의 주에서는 "卿士, 王卿之執政者."라고 풀이하였다.

◎ 경사(京師) : '경사'는 그 나라의 수도를 뜻한다. 『시』「대아(大雅)·공유(公劉)」편에는 "京師之野, 于時處處."라는 기록이 있고, 이에 대해 마서신(馬瑞辰)의 『통석(通釋)』에서는 오두남(吳斗南)의 주석을 인용해서, "京者, 地名. 師者, 都邑之稱. 如洛邑, 亦稱洛師之類."라고 풀이했다. 즉 '경(京)'자는 단순한 지명이었고, '사(師)'자가 수도를 뜻하는 단

어였다. 이후에는 '경사'라는 단어를 그 나라의 수도를 가리키는 용어로 사용하였다.

◎ 계빈(啓殯) : '계빈'은 장례(葬禮) 절차 중 하나이다. 장례를 치르기 위하여, 빈소에 임시로 가매장했던 영구를 꺼내는 절차를 뜻한다.

◎ 계칩(啓蟄) : '계칩'은 경칩(驚蟄)이라고도 부른다. 24절기 중 하나이다. 동물 및 곤충들은 겨울 동안 숨죽여 지내거나 겨울잠을 자게 되는데, 봄이 도래하게 되면, 다시 활동을 시작한다. 그렇기 때문에 깨운다는 의미에서 '계(啓)'자나 '경(驚)'자를 붙여서 '계칩' 또는 '경칩'이라고 부르는 것이다. 한편 한(漢)나라 때에는 태초력(太初曆)이 시행되면서, '경칩'을 우수(雨水)라는 절기 뒤에 두어서, 하(夏)나라 때의 역법으로는 2월에 놓이는 절기가 되었지만, 고대의 '경칩'은 우수 전에 위치하여, 하나라 때의 역법으로는 1월에 놓이는 절기였다.

◎ 고(孤) : '고'는 고대의 작위이다. 천자에게 소속된 '고'는 삼공(三公) 밑의 서열에 해당하며, 육경(六卿)보다 높았다. 고대에는 소사(少師)·소부(少傅)·소보(少保)를 삼고(三孤)라고 불렀다.

◎ 고공기(考工記) : 『고공기(考工記)』는 『동관고공기(冬官考工記)』라고도 부른다. 공인(工人)들에 대한 공예기술(工藝技術) 서적이다. 작자는 미상이다. 강영(江永)은 『고공기』의 작자를 제(齊)나라 사람으로 추정하였고, 곽말약(郭沫若)은 춘추시대(春秋時代) 말기에 제나라에서 제작된 관서(官書)와 관련이 깊다고 추정하였다. 『주례(周禮)』는 천관(天官), 지관(地官), 춘관(春官), 하관(夏官), 추관(秋官), 동관(冬官) 등 육관(六官)의 체제로 구성되어 있는데, 그 중 '동관'에 대한 기록이 누락되어 있어서, 한(漢)나라 무제(武帝) 때, 『고공기』를 가지고 누락된 부분을 보충하게 되었다. 그렇기 때문에 『고공기』를 또한 『동관고공기』라고도 부르는 것이다. 각종 공인들의 직책과 직무들이 기록되어 있다.

◎ 고매(高禖) : '고매'는 교매(郊禖)라고도 부른다. 고대에 제왕이 아들을 낳게 해달라고 기원했던 신(神)이다. 또한 그에게 제사지내는 장소를 뜻하기도 한다. '고매'를 '교매'라고 부르는 이유에 대해서, 왕인지(王引之)의 『경의술문(經義述聞)』「예기상(禮記上)」편에서는 "高者, 郊之借字, 古

聲高與郊同, 故借高爲郊."라고 풀이한다. 즉 고(高)자와 교(郊)자는 옛음이 같아서, 가차해서 사용했다. 그리고 아들 낳기를 기원했던 신을 '교매'라고 부르게 된 이유는 그 제사가 교(郊)에서 시행되었기 때문이다. 『시』「대아(大雅)·생민(生民)」편에는 "克禋克祀, 以弗無子."라는 기록이 있고, 이에 대해서 모전(毛傳)에서는 "弗, 去也, 去無子. 求有子, 古者必立郊禖焉. 玄鳥至之日, 以太牢祠于郊禖, 天子親往, 后妃率九嬪御, 乃禮天子所御, 帶以弓韣, 授以弓矢, 于郊禖之前"이라고 풀이하였다.

◎ 고문(庫門) : '고문'에 대해서는 크게 두 가지 해설이 있다. 첫 번째는 치문(雉門)에 대한 해설처럼, 제후의 궁(宮)에 있는 문으로, 천자의 궁에 있는 고문(皐門)에 해당한다고 보는 의견이다. 이것은 치문과 마찬가지로 『예기』「명당위(明堂位)」편의 "大廟, 天子明堂. 庫門, 天子皐門. 雉門, 天子應門."이라는 기록에 근거한 해설이다. 손희단(孫希旦)의 『집해(集解)』에서는 이 문장 및 『시(詩)』, 『서(書)』, 『예(禮)』, 『춘추(春秋)』에 나타난 기록들을 근거로, 천자 및 제후는 실제로 3개의 문(門)만 설치했다고 풀이한다. 그러나 정현은 이 문장에 대해서, "言廟及門如天子之制也. 天子五門, 皐庫雉應路. 魯有庫雉路, 則諸侯三門與."라고 풀이하였다. 즉 종묘(宗廟) 및 문(門)에 대한 제도에서, 천자와 제후 사이에는 차등이 있다. 따라서 천자는 5개의 문을 궁에 설치하는데, 그 문들은 고문(皐門), 고문(庫門), 치문(雉門), 응문(應門), 노문(路門)이다. 제후의 경우에는 천자보다 적은 3개의 문을 궁에 설치하는데, 그 문들은 고문(庫門), 치문(雉門), 노문(路門)이다. 두 번째 설명은 천자의 궁에 설치된 문들 중에서, 치문(雉門) 밖에 설치하는 문으로 해석하는 의견이다. 즉 이때의 고문(庫門)은 치문과 고문(皐門) 사이에 설치하는 문이 된다. 『예기』「교특생(郊特牲)」편에는 "獻命庫門之內, 戒百官也."라는 기록이 있는데, 이에 대한 정현의 주에서는 "庫門, 在雉門之外. 入庫門則至廟門外矣."라고 풀이하고 있다.

◎ 고문(皐門) : '고문'은 천자의 궁(宮)에 설치된 문들 중에서 가장 바깥쪽에 설치하는 문이다. 높다는 의미의 '고(高)'자가 '고(皐)'자와 통용되므로,

붙여진 명칭이다. 『시』「대아(大雅)·면(緜)」편에는 "迺立皐門, 皐門有伉."이라는 용례가 있고, 『예기』「명당위(明堂位)」편의 "大廟, 天子明堂. 庫門, 天子皐門. 雉門, 天子應門."이라는 기록에 대해, 정현의 주에서는 "皐之言高也."라고 풀이했다.

◎ 고사(固辭) : '고사'는 빈객과 주인은 예법에 따라 세 번 사양을 하게 되는데, 처음 사양하는 것을 '예사(禮辭)'라고 부르며, 두 번째 사양하는 것을 '고사'라고 부르고, 세 번째 사양하는 것을 '종사(終辭)'라고 부른다.

◎ 고우(苦雨) : '고우'는 오래도록 내려서 재해를 일으키는 비를 뜻한다. 백성들에게 고통을 주게 되므로, 이러한 명칭이 붙게 되었다. 『춘추좌씨전』「소공(昭公) 4년」편에는 "春無淒風, 秋無苦雨."라는 기록이 있는데, 이에 대한 두예(杜預)의 주에서는 "霖雨爲人所患苦."라고 풀이하여, 장맛비가 오래도록 내려서, 사람들에게 고통을 주는 뜻으로 풀이했다.

◎ 고종(瞽宗) : '고종'은 본래 은(殷)나라 때의 학교 명칭이다. 주(周)나라 때에는 태학의 건물들 중 하나로 여겼다.

◎ 곡(斛) : '곡'은 곡(觳)이라고도 기록한다. '곡'은 곡식의 양을 재는 기구이자, 그 수량을 표시하는 단위였다. 지역 및 각 시대마다 다소 차이를 보이는데, 고대에는 10두(斗)가 1곡이었다. 『의례』「빙례(聘禮)」편에는 "十斗曰斛."이라는 기록이 있다. 한편 1두(斗) 2승(升)을 1곡이라고도 한다.

◎ 곡벽(穀璧) : '곡벽'은 조회 때 천자 및 각 신하들이 잡게 되는 육서(六瑞) 중의 하나이다. 자작이 잡던 벽(璧)이다. 곡식을 무늬로 새겨 넣었기 때문에 '곡(穀)'자를 붙여서 '곡벽'이라고 부르는 것이다. '벽'의 지름은 5촌(寸)이었다.

◎ 곤면(袞冕) : '곤면'은 곤룡포와 면류관을 뜻한다. 본래 천자의 제사복장으로, 비교적 중요한 제사 때 입는다. 윗옷과 아랫도리에 새겨진 무늬 등은 9가지이다. 『주례』「춘관(春官)·사복(司服)」편에는 "享先王則袞冕."이라는 기록이 있다. 이에 대한 정현의 주에서는 "冕服九章, 登龍於山, 登火於宗彝, 尊其神明也. 九章, 初一曰龍, 次二曰山, 次三曰華蟲, 次四曰火, 次五曰宗彝, 皆畵以爲繢. 次六曰藻, 次七曰粉米, 次八曰黼, 次九曰黻, 皆希以爲繡. 則袞之衣五章, 裳四章, 凡九也."라고 풀

이했다. 즉 '곤면'의 윗옷에는 용(龍), 산(山), 화충(華蟲), 화(火), 종이(宗彝) 등 5가지 무늬를 그려놓고, 아랫도리에는 조(藻), 분미(粉米), 보(黼), 불(黻) 등 4가지를 수놓았다.

◎ 골계(骨筓) : '골계'는 짐승의 뼈로 만든 비녀이다.

◎ 공가(公家) : '공가'는 일반적으로 제후의 공실(公室)을 뜻한다. 즉 군주의 집안이라는 뜻이다. 또한 '공가'는 조정(朝廷), 국가(國家) 또는 관부(官府)를 가리키기도 하며, 공경(公卿)들의 집을 뜻하기도 한다. 뿐만 아니라 개인과 구별되는 말로 사용되어, 국가 및 정부라는 의미로 사용되기도 한다.

◎ 공관(公館) : '공관'은 군주가 빈객(賓客)들을 머물게 하기 위해 만든 숙소이다. 군주의 신하들이 가지고 있는 건물은 사관(私館)에 해당하는데, 빈객이 사관에 머물 때, 군주가 명령을 내리게 되면, 그 장소는 '공관'이 되어, 빈객이 필요로 하는 것들을 지급하게 된다. 또한 '공관'은 궁중에 있는 건물을 가리키기도 하며, 궁실의 건물과 떨어져 있는 별도의 건물을 뜻하기도 한다.

◎ 공녜(公禰) : '공녜'는 수레에서 실려서, 군주를 따라다니게 되는 신주(神主)를 뜻한다. 또한 그 수레를 지칭하기도 한다.

◎ 공문(公門) : '공문'은 군주가 사는 궁(宮)의 대문(大門)을 뜻한다. '공(公)' 자는 군주를 뜻하는 글자이다.

◎ 공사(工師) : '공사'는 사공(司空)에게 소속된 관리이며, 백공(百工)들의 우두머리이다. 『순자(荀子)』「왕제(王制)」편에는 "論百工, 審時事, 辨功苦, 尙完利, 便備用, 使雕琢不敢專造於家, 工師之事也."라는 기록이 있고, 『사기(史記)』「오제본기(五帝本紀)」편에는 "驩兜進言共工, 堯曰不可而試之工師, 共工果淫辟."이라는 기록이 있는데, 이에 대한 장수절(張守節)의 정의(正義)에서는 "工師, 若今大匠卿也."라고 풀이하였다.

◎ 공사(公社) : '공사'는 국사(國社)라고도 부른다. '공사'는 고대 관가(官家)에서 토신(土神)에게 제사를 지내던 장소를 뜻한다. 또한 토신에 대한 제사 자체를 가리키기도 한다. 그리고 상공(上公)을 배향하여 제사를 지냈기 때문에, '공사'라는 명칭이 붙게 되었다. 『예기』「월령(月令)」편에는

"天子, 乃祈來年于天宗, 大割, 祠于公社及門閭, 臘先祖·五祀, 勞農以休息之."라는 기록이 있고, 이에 대한 공영달(孔穎達)의 소(疏)에서는 "以上公配祭, 故云公社."라고 풀이했다. 또한 『회남자(淮南子)』 「시칙훈(時則訓)」편에는 "孟冬之月 …… 天子祈來年於天宗, 大禱祭於公社, 畢饗先祖."라는 기록이 있고, 이에 대한 고유(高誘)의 주에서는 "公社, 國社也, 后土之祭也. 生爲上公, 死爲貴神, 故曰公也."라고 풀이했다. 즉 '공사'는 '국사'라는 것으로, 후토(后土)에 대한 제사를 의미한다. 생전에는 상공의 직위를 가졌다가, 죽어서 존귀한 토지신이 되었기 때문에, 공(公)자를 붙이게 되었다는 뜻이다.

◎ 공상(公桑) : '공상'은 천자나 제후가 자신의 영지 안에 설치한 뽕나무밭을 뜻한다. 『예기』「제의(祭義)」편에는 "古者, 天子諸侯必有公桑蠶室, 近川而爲之."라는 기록이 있다. 즉 천자나 제후는 자신의 영지 안에 '공상'과 누에를 치는 작업실인 잠실(蠶室)을 설치하는데, 하천 근처에 그것을 만든다고 설명한다.

◎ 공씨(孔氏) : =공영달(孔穎達)

◎ 공영달(孔穎達, A.D.574~A.D.648) : =공씨(孔氏). 당대(唐代)의 경학자이다. 자(字)는 중달(仲達)이고, 시호(諡號)는 헌공(憲公)이다. 『오경정의(五經正義)』를 찬정(撰定)하는데 중심적인 역할을 했다.

◎ 공족(公族) : '공족'은 제후 및 군왕과 성(姓)이 같은 친족들을 뜻한다. '공족'에서의 '공'자는 본래 제후를 뜻하는 글자이다. 『시』「위풍(魏風)·서리(黍離)」편에는 "殊異乎公族."이라는 기록이 있고, 이에 대한 정현의 전(箋)에서는 "公族, 主君同姓昭穆也."라고 풀이했다.

◎ 공최(功衰) : '공최'는 상복(喪服)의 한 종류이다. 참최복(斬衰服)과 자최복(齊衰服)을 입고 치르는 상(喪)에서, 소상(小祥)을 지낸 이후에 착용하는 상복이다. 상복 재질의 거친 정도가 대공복(大功服)과 같기 때문에, '공최'라고 부르게 되었다.

◎ 관문(關門) : '관문'은 교외(郊外)에 설치된 문을 뜻한다. 원교(遠郊)의 밖에 있는 땅을 교외(郊外)라고 부르는데, '관문'은 바로 이 교외에 설치된 문을 뜻한다.

◎ **괄발(括髮)** : '괄발'은 상(喪)을 치를 때, 관(冠)을 벗고 머리를 마(麻)로 된 천으로 싸매는 것을 뜻한다.

◎ **교묘(郊廟)** : '교묘'는 고대에 천자가 천지(天地) 및 조상에게 제사지내던 제례(祭禮)를 가리키기도 하며, 그러한 제례가 이루어지는 장소 및 그 때 사용되는 음악을 가리키기도 한다. '교묘'에서의 교(郊)자는 천지에 대한 제사를 뜻하는데, 천(天)에 대한 제사는 '남쪽 교외[南郊]'에서 시행되었고, 지(地)에 대한 제사는 '북쪽 교외[北郊]'에서 시행되었다. 그렇기 때문에 '교'자가 천지에 대한 제사를 뜻하게 된 것이다. '묘(廟)'자는 종묘(宗廟)를 뜻하므로, 선조에 대한 제사를 가리킨다. 따라서 '교묘'라고 용어가 천지 및 조상신에 대한 제사를 뜻하게 된다. 『서』「우서(虞書)·순전(舜典)」편에는 "汝作秩宗."이라는 기록이 있는데, 이에 대한 공안국(孔安國)의 전(傳)에서는 "秩, 序. 宗, 尊也. 主郊廟之官."이라고 풀이하였고, 이 문장에 나오는 '교묘'에 대해 공영달(孔穎達)의 소(疏)에서는 "郊謂祭天南郊, 祭地北郊. 廟謂祭先祖, 卽周禮所謂天神人鬼地祇之禮是也."라고 풀이하였다.

◎ **교사(郊社)** : '교사'는 본래 천지(天地)에 대한 제사를 뜻한다. 교(郊)는 천(天)에 대한 제사를 뜻하고, 사(社)는 지(地)에 대한 제사를 뜻한다. '교사(郊祀)'라고도 부르고, '교제(郊祭)'라고도 부른다. 또한 하늘에 대한 제사만을 지칭하기도 한다.

◎ **교야(郊野)** : '교야'는 도성(都城) 밖의 외곽지역을 범범하게 지칭하는 용어이다. 한편 주(周)나라 때에는 왕성(王城)의 경계로부터 사방 100리(里)까지를 '교(郊)'라고 불렀으며, 300리 떨어진 지점까지를 '야(野)'라고 불렀다. 따라서 이 공간 안에 포함된 땅을 통칭하여 '교야'라고 불렀다.

◎ **교제(郊祭)** : '교제'는 '교사(郊祀)'라고도 부른다. 교외(郊外)에서 천지(天地)에 제사를 지냈기 때문에 붙여진 명칭이다. 음양설(陰陽說)이 성행했던 한(漢)나라 때에는 하늘에 대한 제사는 양(陽)의 뜻을 따라 남교(南郊)에서 지냈고, 땅에 대한 제사는 음(陰)의 뜻을 따라 북교(北郊)에서 지냈다. 『한서』「교사지하(郊祀志下)」편에는 "帝王之事莫大乎承天之序, 承天之序莫重於郊祀. …… 祭天於南郊, 就陽之義也. 地於北郊,

卽陰之象也."라는 기록이 있다. 한편 '교사'는 후대에 제사를 범칭하는 용어로도 사용되었다. '교사' 중의 '교(郊)'자는 규모가 큰 제사를 뜻하며, '사(祀)'는 비교적 규모가 작은 제사들을 뜻한다.

◎ 교학(郊學) : '교학'은 주(周)나라 때 원교(遠郊) 지역에 설치된 소학(小學)을 뜻한다. 참고적으로 향학(鄕學)은 근교(近郊) 안에 위치하였다. 또한 동쪽 교외에 있는 동학(東學)을 왕성의 동쪽에 설치한 대학(大學)으로 여기고, 서쪽 교외에 있는 서학(西學)을 왕성의 서쪽에 있는 소학(小學)으로 여겨서, '교학'을 대학과 소학을 모두 지칭하는 용어로도 사용했다.

◎ 구경(九卿) : '구경'은 천자의 조정에 있었던 9명의 고위 관직자들을 뜻한다. 삼고(三孤)와 육경(六卿)을 합하여 '구경'이라고 부른다. '삼고'는 삼공(三公)을 보좌하며, 정책의 큰 방향을 잡는 자들이었고, 육경은 여섯 관부의 일들을 담당하였던 자들이다. 『주례』「동관고공기(冬官考工記)·장인(匠人)」편에는 "外有九室, 九卿居焉."이라는 기록이 있고, 이에 대한 정현의 주에서는 "六卿三孤爲九卿, 三孤佐三公論道, 六卿治六官之屬."라고 풀이했다. 『주례』의 체제에 따르면, '구경'은 소사(少師), 소부(少傅), 소보(少保), 총재(冢宰), 사도(司徒), 종백(宗伯), 사마(司馬), 사구(司寇), 사공(司空)이 된다. 또한 육경(六卿)에 삼공(三公)을 더하여 '구경'이라고도 부른다.

◎ 구룡(句龍) : '구룡'은 공공(共工)의 아들이었다고 전해지며, 치수 사업을 잘했던 인물이다. 후세에는 그를 후토(后土)의 신(神)으로 여겨서, 그에게 제사를 지내기도 했다. 『춘추좌씨전』「소공(昭公) 29년」편에는 "共工氏有子曰句龍, 爲后土."라는 기록이 있다.

◎ 구망(句芒) : '구망'은 오행(五行) 중 목(木)의 기운을 주관하는 천상의 신(神)이다. 목(木)의 기운을 담당했기 때문에, 그 관부의 이름을 따서 목관(木官)이라고도 부르고, 관부의 수장이라는 뜻에서 목정(木正)이라고도 부른다. '구망'은 소호씨(少暤氏)의 아들 또는 후손으로 알려져 있으며, 이름은 중(重)이었다고 전해진다. 생전에 목덕(木德)의 제왕이었던 태호(太暤: =伏羲氏)를 보좌하였고, 죽은 이후에는 목관(木官)의 신이

되었다고도 전해진다. '오행' 중 목(木)의 기운은 각 계절 및 방위와 관련되어, '구망'은 봄과 동쪽에 해당하는 신이라고도 부른다. 다만 목덕(木德)을 주관했던 상위의 신은 '태호'이고, '구망'은 태호를 보좌했던 신이다. 『예기』「월령(月令)」편에는 "其帝, 太皞, 其神, 句芒."이라는 기록이 있는데, 이에 대한 정현의 주에서는 "句芒, 少皞氏之子, 曰重, 爲木官."이라고 풀이했다. 『여씨춘추(呂氏春秋)』「맹춘기(孟春紀)」편에는 "其帝, 太皞, 其神, 句芒."이라는 기록이 있는데, 이에 대한 고유(高誘)의 주에서는 "句芒, 少皞氏之裔子曰重, 佐木德之帝, 死爲木官之神."이라고 풀이했다. 한편 『춘추좌씨전』「소공(昭公) 29년」편에는 "木正曰句芒."이라는 기록이 있다.

◎ 구목(九牧) : '구목'은 구주(九州)의 목(牧)들을 뜻한다. 고대 중국은 천하를 '구주'로 구분하였는데, 각각의 주(州)에는 여러 제후들이 속해 있었다. 그 중에서 가장 뛰어난 자를 그 '주'에 속해있었던 제후들의 수장으로 삼았는데, 그를 '목'이라고 부르는 것이다. 『예기』「곡례하(曲禮下)」편에는 "九州之長, 入天子之國曰牧"이라는 기록이 있는데, 이에 대한 정현의 주에서는 "每一州之中, 天子選諸侯之賢者以爲之牧也."라고 풀이했다.

◎ 구수(九數) : '구수'는 고대의 아홉 가지 계산 방법이다. 방전(方田), 속미(粟米), 차분(差分), 소광(少廣), 상공(商功), 균수(均輸), 방정(方程), 영부족(贏不足), 방요(旁要)를 뜻한다. 『주례』「지관(地官)·보씨(保氏)」편에는 "六曰九數."라는 기록이 있는데, 이에 대한 정현의 주에서는 정중(鄭衆)의 주장을 인용하여, "九數, 方田·粟米·差分·少廣·商功·均輸·方程·贏不足·旁要."라고 풀이했다.

◎ 구위(九圍) : '구위'는 구주(九州)를 뜻한다. 천하를 아홉 권역으로 나눠서 천자의 수도를 둘러싸도록 했기 때문에 구주를 '구위'라고도 부른다.

◎ 구이(九夷) : '구이'는 고대 중국의 동쪽 지역에 거주하던 아홉 종류의 소수 민족을 뜻한다. 또한 그들이 거주하는 지역 전체를 가리키는 용어로도 사용되었다. 아홉 종류의 소수 민족을 견이(畎夷)·우이(于夷)·방이(方夷)·황이(黃夷)·백이(白夷)·적이(赤夷)·현이(玄夷)·풍이(風夷)·

양이(陽夷)라고 정의하기도 한다. 『논어』「자한(子罕)」편에는 "子欲居
九夷."라는 기록이 있고, 이에 대한 하안(何晏)의 『집해(集解)』에서는
마융(馬融)의 주장을 인용하여, "東方之夷有九種."이라고 풀이했으며,
『후한서(後漢書)』「동이전(東夷傳)」편에는 "夷有九種. 曰, 畎夷·于
夷·方夷·黃夷·白夷·赤夷·玄夷·風夷·陽夷."라는 기록이 있다.

◎ 구주(九州) : '구주'는 9개의 주(州)를 뜻한다. 고대 중국에서는 중원 지역
을 9개의 주로 구분하여, 다스렸다. 따라서 '구주'는 오랑캐 지역과 대비
되는 중국 땅을 지칭하는 용어로 사용되었다. '구주'의 포함되는 '주'의 이
름들은 각 기록마다 차이를 보인다. 『서』「우서(虞書)·우공(禹貢)」편에
는 "禹敷土, 隨山刊木, 奠高山大川. 冀州旣載. …… 濟河惟兗州. 九
河旣道. …… 海岱惟靑州. 嵎夷旣略, 濰淄其道. …… 海岱及淮惟
徐州, 淮沂其乂, 蒙羽其藝. …… 淮海惟揚州, 彭蠡其豬, 陽鳥攸居.
…… 荊及衡陽惟荊州. 江漢朝宗于海. …… 荊河惟豫州, 伊洛瀍澗,
旣入于河. …… 華陽黑水惟梁州. 岷嶓旣藝, 沱潛旣道. …… 黑水
西河惟雍州. 弱水旣西."라는 기록이 있다. 즉 『서』에 기록된 '구주'는
기주(冀州)·연주(兗州)·청주(靑州)·서주(徐州)·양주(揚州)·형주
(荊州)·예주(豫州)·양주(梁州)·옹주(雍州)이다. 한편 『이아』「석지
(釋地)」편에는 "兩河間曰冀州. 河南曰豫州. 河西曰雝州. 漢南曰荊
州. 江南曰揚州. 濟河間曰兗州. 濟東曰徐州. 燕曰幽州. 齊曰營州."
라는 기록이 있다. 즉 『이아』에 기록된 '구주'는 『서』의 기록과 달리, '청
주'와 '양주'에 대한 기록이 없고, 대신 유주(幽州)와 영주(營州)가 기록
되어 있다. 또 『주례』「하관(夏官)·직방씨(職方氏)」편에는 "乃辨九州
之國使同貫利. 東南曰揚州. …… 正南曰荊州. …… 河南曰豫州.
…… 正東曰靑州. …… 河東曰兗州. …… 正西曰雍州. …… 東北
曰幽州. …… 河內曰冀州. …… 正北曰幷州."라는 기록이 있다. 즉
『주례』에 기록된 '구주'는 『서』의 기록과 달리, '서주'와 '양주'에 대한 기
록이 없고, 대신 '유주'와 병주(幷州)에 대한 기록이 있다. 이외에도 일부
차이를 보이는 기록들이 있다.

◎ 구주(九疇) : '구주'는 천하를 다스리는 아홉 가지의 큰 규범을 뜻한다. '주

(疇)'자는 부류[類]를 뜻한다. 전설상으로는 천제가 우(禹)임금에게 「낙서(洛書)」를 내려주어 이러한 아홉 가지의 큰 규범을 실천하도록 했다고 전혀진다. 첫 번째는 오행(五行)이고, 두 번째는 공경을 실천함에 오사((五事)를 실천하는 것이며, 세 번째는 농사에 팔정(八政)을 사용하는 것이고, 네 번째는 화합시킴에 오기(五紀)를 사용하는 것이며, 다섯 번째는 세움에 있어 황극(皇極)을 사용하는 것이고, 여섯 번째는 다스림에 삼덕(三德)을 사용하는 것이며, 일곱 번째는 밝힘에 계의(稽疑)를 사용하는 것이고, 여덟 번째는 상고를 할 때 서징(庶徵)을 사용하는 것이며, 아홉 번째는 향함에 오복(五福)을 사용하고, 위엄을 세움에 육극(六極)을 사용하는 것이다. 『서』「주서(周書)·홍범(洪範)」편에는 "初一曰五行, 次二曰敬用五事, 次三曰農用八政, 次四曰協用五紀, 次五曰建用皇極, 次六曰乂用三德, 次七曰明用稽疑, 次八曰念用庶徵, 次九曰嚮用五福威用六極."이라는 기록이 있고, 이에 대한 공안국(孔安國)의 전(傳)에서는 "天與禹, 洛出書, 神龜負文而出, 列於背, 有數至於九. 禹遂因而第之, 以成九類."라고 풀이했다.

◎ 구하(九夏) : '구하'는 고대의 아홉 가지 악곡을 총칭하는 말이다. '하(夏)'자는 성대하다는 뜻에서 붙여진 명칭이다. 아홉 가지 악곡은 왕하(王夏), 사하(肆夏), 소하(昭夏), 납하(納夏), 장하(章夏), 제하(齊夏), 족하(族夏), 개하(祴夏: =陔夏), 오하(驁夏)이다. '구하'의 쓰임은 다양한데, 『주례』에 따르면 '왕하'는 천자가 출입할 때 연주하는 악곡이고, '사하'는 시동이 출입할 때 연주하는 악곡이며, '소하'는 희생물이 출입할 때 연주하는 악곡이고, '납하'는 사방의 빈객들이 찾아왔을 때 연주하는 악곡이며, '장하'는 신하가 공적을 세웠을 때 연주하는 악곡이고, '제하'는 부인이 제사를 지낼 때 연주하는 악곡이며, '족하'는 족인들이 모시고 있을 때 연주하는 악곡이고, '개하'는 빈객이 술을 마시고 밖으로 나갈 때 연주하는 악곡이며, '오하'는 공(公)이 출입할 때 연주하는 악곡이다. 『주례』「춘관(春官)·종사(鍾師)」편에는 "凡樂事, 以鍾鼓奏九夏: 王夏·肆夏·昭夏·納夏·章夏·齊夏·族夏·祴夏·驁夏."라는 기록이 있고, 이에 대한 정현의 주에서는 두자춘(杜子春)의 주를 인용하여, "杜子春云, '內

當爲納, 祴讀爲陔鼓之陔. 王出入奏王夏, 尸出入奏肆夏, 牲出入奏昭夏, 四方賓來奏納夏, 臣有功奏章夏, 夫人祭奏齊夏, 族人侍奏族夏, 客醉而出奏陔夏, 公出入奏驁夏,"라고 풀이했다.

◎ 국로(國老) : '국로'는 노년으로 인해 관직에서 물러난 경(卿)·대부(大夫)·사(士)를 뜻한다. 또한 고위 관직자 중에서도 유덕한 자를 지칭하는 용어로도 사용되며, '국로' 안에서도 삼로(三老)와 오경(五更)으로 분류되는 자들은 더욱 존귀하게 여겨졌다. 후대에는 중신(重臣)들을 지칭하는 용어로도 사용되었다.

◎ 국의(鞠衣) : '국의'는 황색으로 만든 옷이다. 본래 '천자의 부인[王后]'이 입던 '여섯 가지 의복[六服]' 중 하나를 가리키나 구빈(九嬪) 및 세부(世婦)나 어처(御妻)들 또한 이 옷을 입었고, 경(卿)의 부인에게는 가장 격식을 갖춘 예복(禮服)이 된다. 그 색깔은 누런색을 내는데, 뽕나무 잎이 처음 소생할 때의 색깔과 같다. 『주례』「천관(天官)·내사복(內司服)」편에는 "掌王后之六服. 褘衣, 揄狄, 闕狄, 鞠衣, 展衣, 綠衣."라는 기록이 있으며, 이에 대한 정현의 주에서는 "鄭司農云, 鞠衣, 黃衣也. 鞠衣, 黃桑服也. 色如鞠塵, 象桑葉始生."이라고 풀이하였다.

◎ 국자(國子) : '국자'는 천자 및 공(公), 경(卿), 대부(大夫)의 자제들을 말한다. 때론 상황에 따라 천자의 태자(太子) 및 왕자(王子)를 포함시키지 않는 경우도 있다. 『주례』「지관(地官)·사씨(師氏)」편에는 "以三德敎國子"라는 기록이 있고, 이에 대한 정현의 주에서 "國子, 公卿大夫之子弟."라고 풀이한 용례와 『한서(漢書)』「예악지(禮樂志)」편에서 "朝夕習業, 以敎國子. 國子者, 卿大夫之子弟也."라고 풀이한 용례가 바로 여기에 해당한다. 그러나 이것은 천자에 대한 언급을 가급적 회피했기 때문에, 생략하여 기술하지 않은 것이다. 청대(淸代) 유서년(劉書年)의 『유귀양설경잔고(劉貴陽說經殘稿)』「국자증오(國子證誤)」편에서 "國子者, 王大子, 王子, 諸侯公卿大夫士之子弟, 皆是, 亦曰國子弟."라고 풀이하고 있는 것처럼, '국자'에는 천자의 태자와 왕자들까지도 포함된다.

◎ 군례(軍禮) : '군례'는 오례(五禮) 중 하나로, 군대와 관련된 예제(禮制)를 뜻한다. 참고적으로 고대 중국에서는 각 계절마다 군대와 관련된 의식을

시행하였는데, 봄에 하는 것을 진려(振旅)라고 불렀고, 여름에 하는 것을 발사(拔舍)라고 불렀으며, 가을에 하는 것을 치병(治兵)이라고 불렀고, 겨울에 하는 것을 대열(大閱)이라고 불렀다. 이러한 의식들이 모두 '군례'에 포함된다.

◎ 군모(君母) : '군모'는 서자가 부친의 정처를 지칭하는 용어이다.

◎ 궁규(躬圭) : '궁규'는 백작이 들게 되는 규(圭)이다. 사람의 형상을 새겨 넣었기 때문에 '궁규'라고 부르는 것이며, 그 무늬는 신규(信圭)에 비해 거칠다. 신중하게 행동하여 자신의 몸을 잘 보호하고자 이러한 형상을 새겨 넣은 것이다. 그리고 '궁규'의 길이는 7촌(寸)이 된다. 『주례』「춘관(春官)·대종백(大宗伯)」편에는 "侯執信圭. 伯執躬圭."라는 기록이 있고, 이에 대한 정현의 주에서는 "信當爲身, 聲之誤也. 身圭·躬圭, 蓋皆象以人形爲瑑飾, 文有麤縟耳. 欲其愼行以保身. 圭皆長七寸."이라고 풀이했다.

◎ 궁현(宮縣) : '궁현'은 악기를 설치할 때 4방면으로 설치하는 것을 뜻한다. 천자는 4방면에 모두 악기를 설치하는데, 이것을 '궁현'이라고 부른다. 참고적으로 제후가 악기를 설치하는 방식은 헌현(軒縣)이라고 하며, 3면에 악기들을 설치하는 것이고, 경(卿)이나 대부(大夫)가 악기를 설치하는 방식은 판현(判縣)이라고 하며, 2면에 악기들을 설치하는 것이고, 대부(大夫) 또는 사(士)가 악기를 설치하는 방식을 (特縣)이라고 부른다.

◎ 궁형(宮刑) : '궁형'은 궁벽(宮辟)이라고도 부르며, 오형(五刑) 중 하나이다. 남자의 생식기를 자르거나, 여자의 생식 기능을 파괴하는 형벌이다. 일설에는 여자에 대한 '궁형'은 감금을 하여 노비로 전락시키는 것이라고 설명한다. 『서』「주서(周書)·여형(呂刑)」편에는 "宮辟疑赦."라는 기록이 있고, 이에 대한 공안국(孔安國)의 전(傳)에서는 "宮, 淫刑也. 男子割勢, 婦人幽閉, 次死之刑."이라고 풀이했다.

◎ 궐(闕) : '궐'은 관(觀)·상위(象魏) 등으로부터 부른다. 고대에 천자나 제후가 자신의 궁문(宮門) 밖에 세워두었던 큰 건축물을 뜻한다. 이곳에 법령을 게시하여, 사람들이 확인하도록 했다. 『주례』「천관(天官)·대재(大宰)」편에는 "乃縣治象之灋于象魏, 使萬民觀治象, 挾日而斂之."

라는 기록이 있고, 이에 대해 정현의 주에서는 정사농(鄭司農)의 주장을 인용하여, "象魏, 闕也."라고 풀이했다.

◎ 궤숙(饋孰) : '궤숙'은 '궤숙(饋熟)'이라고도 부른다. 제례(祭禮) 의식 중 하나이다. 제사를 시행할 때에는 희생물을 잡아서 생고기를 바치고, 이후에 다시 익힌 고기를 바치는데, '궤숙'은 바로 익힌 음식을 바치는 절차를 뜻한다.

◎ 궤식(饋食) : '궤식'은 음식을 바친다는 뜻이다. 고대에는 천자 및 제후들이 매월 초하루마다 종묘(宗廟)에서 음식을 바치는 의식을 치렀는데, 이것을 '궤식'이라고도 부른다. 『주례』「춘관(春官)·대종백(大宗伯)」편에는 "以饋食享先王."이라는 기록이 있다. 한편 조사(朝事)를 시행할 때, 조천(朝踐)을 끝낸 뒤, 생고기를 삶아서 재차 바치는 의식을 가리키기도 한다.

◎ 궤전(饋奠) : '궤전'은 상중(喪中)에 시행하는 전제사[奠祭]를 가리킨다.

◎ 귀첩(貴妾) : '귀첩'은 처(妻)가 시집을 오면서 함께 데려왔던 일가붙이가 되는 여자와 자식의 첩(妾) 등을 지칭하는 말이다.

◎ 귀호(鬼號) : '귀호'는 조상신을 아름답게 부르는 호칭을 뜻한다. 마치 조상신을 '황조의 맏이이신 아무개[皇祖伯某]'라고 부르는 경우와 같다. 『주례』「춘관(春官)·대축(大祝)」편에는 "辨六號, 一曰神號, 二曰鬼號."라는 기록이 있는데, 이에 대한 정현의 주에서는 "鬼號, 若云皇祖伯某."라고 풀이했다.

◎ 규(圭) : '규'는 규벽(圭璧)이라고 범칭하기도 한다. 조빙(朝聘) 및 제사처럼 중요한 의례 때 손에 들게 되는 물건으로, 옥(玉)으로 만든 기물이다. 명칭과 크기는 작위의 등급에 따라 달랐다. 위쪽은 뾰족하였고, 아래쪽은 네모지게 되어 있다.

◎ 규문(閨門) : '규문'은 내실(內室) 및 궁 안의 동산에 설치된 문을 뜻한다. 그 장소가 안쪽에 위치하였으므로, 부인이 거처하던 장소를 뜻하는 용어로도 사용하였다. 또한 집안을 뜻하는 용어로도 사용하였다.

◎ 규벽(圭璧) : '규벽'은 천자 및 제후가 조빙(朝聘)의 예(禮)를 시행하거나 또는 제사를 시행할 때 사용했던 옥(玉)으로 만든 기물이다. 『시』「대아

(大雅)・운한(雲漢)」편에는 "靡神不擧, 靡愛斯牲. 圭璧旣卒, 寧莫我聽."이라는 기록이 있고, 이에 대한 주희의 『집전(集傳)』에서는 "圭璧, 禮神之玉也."라고 풀이했다. 그리고 그 크기가 5촌(寸)으로 된 '규벽'으로는 해[日], 달[月], 별[星辰]에 대한 제사에서 사용했다는 기록도 있다. 『주례』「동관고공기(冬官考工記)・옥인(玉人)」편에는 "圭璧五寸, 以祀日月星辰."이라는 기록이 있다. 또한 '규벽'은 옥으로 만든 귀중한 기물을 범칭하는 용어로도 사용된다.

◎ 극목(棘木) : '극목'은 외조(外朝)에 심는 나무를 가리킨다. 고대에는 천자 및 제후가 외조에서 신하들과 함께 정사(政事)를 처리했는데, 외조의 좌우에는 각각 9개의 '극목'을 심어서, 신하들의 위치를 표시하였다. 『주례』「추관(秋官)・조사(朝士)」편에는 "掌建邦外朝之法. 左九棘, 孤卿大夫位焉, 群士在其後. 右九棘, 公侯伯子男位焉, 群吏在其後."라는 기록이 있고, 이에 대한 정현의 주에서는 "樹棘以爲立者, 取其赤心而外刺, 象以赤心三刺也."으로 풀이했다. 이후에는 '구극(九棘)'을 구경(九卿)을 가리키는 용어로도 사용했다.

◎ 근교문(近郊門) : '근교문'은 근교(近郊)의 경계에 설치되었던 문이다. 문헌상으로 주대(周代)에는 천자의 수도가 사방(四方) 1000리(里)의 면적을 차지했다고 전해진다. 이때 국성(國城: 都城)은 중앙에 위치하며, 국성의 끝부분에서 100리 떨어진 곳까지가 교(郊)에 속하게 된다. 그리고 '교' 중에서도 국성에서 50리 떨어진 곳까지를 '근교'라고 부른다. '근교문'은 바로 이 경계점에 설치된 문을 뜻한다.

◎ 근우(覲遇) : '근우'는 제후가 가을과 여름에 천자를 조회하는 것을 뜻한다. '근우'의 '근(覲)'자는 제후가 가을에 천자를 찾아가 뵙는 것을 뜻하고, '우(遇)'자는 제후가 겨울에 천자를 찾아가 뵙는 것을 뜻한다. 『주례』「춘관(春官)・대종백(大宗伯)」편에는 "春見曰朝, 夏見曰宗, 秋見曰覲, 冬見曰遇."라는 기록이 있다.

◎ 금로(金路) : '금로'는 금로(金輅)라고도 부른다. 천자가 사용하는 다섯 가지 수레 중 하나이다. 금(金)으로 수레를 치장했기 때문에, '금로'라고 부르게 되었다. 대기(大旂)라는 깃발을 세웠고, 빈객(賓客)을 접대하거나,

동성(同姓)인 자를 분봉할 때 사용하였다. 『주례』「춘관(春官)·건거(巾車)」편에는 "金路, 鉤樊纓九就, 鉤, 樊纓九就, 建大旂, 以賓, 同姓以封."라는 기록이 있고, 이에 대한 정현의 주에서는 "金路, 以金飾諸末." 이라고 풀이했다.

◎ 금장(金璋) : '금장'은 금으로 장식한 장(璋)을 뜻한다. '장'은 본래 옥(玉)으로 된 기물로써, 고대에는 조빙(朝聘)이나 제사(祭祀) 때 사용하던 물건이었다. 규(圭)의 절반이 되는 크기이다. 『서』「주서(周書)·고명(顧命)」편에는 "秉璋以酢."이란 기록이 있는데, 이에 대한 공안국(孔安國)의 전(傳)에서는 "半圭曰璋."이라고 풀이했다.

◎ 금화응씨(金華應氏, ?~?) : =응용(應鏞)·응씨(應氏)·응자화(應子和). 이름은 용(鏞)이다. 자(字)는 자화(子和)이다. 『예기찬의(禮記纂義)』를 지었다.

◎ 기거(奇車) : '기거'는 정식 규격대로 만들어지지 않은 수레를 뜻한다.

◎ 기년복(期年服) : '기년복'은 1년 동안 상복(喪服)을 입는다는 뜻이다. 또는 그 기간 동안 입게 되는 상복을 뜻하기도 하는데, 일반적으로 자최복(齊衰服)을 가리키는 용어로 사용된다. '기년복'이라고 할 때의 '기년(期年)'은 1년을 뜻하는데, '자최복'은 일반적으로 1년 동안 입게 되는 상복이 되기 때문이다.

◎ 기년상(期年喪) : '기년상'은 1년 동안 치르는 상을 뜻한다. 일반적으로 자최복(齊衰服)을 입고 치르는 상을 뜻한다. '기년(期年)'은 1년을 뜻하는데, '자최복'은 일반적으로 1년 동안 입게 되는 상복이기 때문이다.

◎ 기도(祈禱) : '기도'는 주로 산천(山川)의 신(神) 등에게 복(福)을 내려주길 기원하는 제사를 뜻한다. 『후한서(後漢書)』「난파전(欒巴傳)」편에는 "郡土多山川鬼怪, 小人常破貲産以祈禱."라는 기록이 있다.

◎ 기로(耆老) : '기로'에서의 기(耆)자는 60세 이상의 노인을 뜻하고, 노(老)자는 70세 이상의 노인을 뜻한다. 또한 '기로'는 노인들을 일반적으로 지칭하는 용어로도 사용된다.

◎ 기조(肵俎) : '기조'는 제사 때 사용하는 '도마[俎]'로, 시동을 공경하는 뜻에서 설치하였다. '기조'의 '기(肵)'자는 공경한다는 뜻이다. 본래 이 도마

는 희생물의 심장과 혀를 올려두는 용도로 사용되었다. 『의례』「소뢰궤식례(少牢饋食禮)」편에는 "佐食升胏俎, 鼏之, 設于阼階西."라는 기록이 있고, 이에 대한 정현의 주에서는 "胏, 謂心·舌之俎也. 郊特牲曰, '胏之爲言敬也.' 言主人之所以敬尸之俎."라고 풀이했다.

◎ 기호(祇號) : '기호'는 시호(示號)라고도 부른다. 땅의 신들을 아름답게 부르는 호칭을 뜻한다. 마치 후토(后土)나 지기(地祇)와 같은 용어들을 가리킨다. 『주례』「춘관(春官)·대축(大祝)」편에는 "辨六號, 一曰神號, 二曰鬼號, 三曰示號."라는 기록이 있고, 이에 대한 정현의 주에서는 "祇號, 若云后土地祇."라고 풀이했다.

◎ 길관(吉冠) : '길관'은 길복(吉服)을 착용할 때 쓰는 관(冠)이다. '길복'은 제례(祭禮)나 의례(儀禮)를 시행할 때 착용하는 제복(祭服)과 예복(禮服)을 가리킨다. 신분의 등급 및 제사의 종류의 따라서 '길복'이 변화되는데, '길관' 또한 각 길복에 따라 변화된다. 한편 일상적으로 쓰는 '관' 또한 '길관'이라고 부른다. 길흉(吉凶)에 의해 각 시기를 구분하게 되면, 상사(喪事)나 재앙 등을 당했을 때에는 흉(凶)에 해당하고, 그 나머지 시기는 길(吉)한 시기에 해당하기 때문이다.

◎ 길례(吉禮) : '길례'는 오례(五禮) 중 하나로, 제사에 대한 예제(禮制)를 뜻한다. 고대에는 제사 자체를 길(吉)한 일로 여겼기 때문에, 제례(祭禮)를 '길례'로 여겼다.

◎ 길복(吉服) : '길복'에는 세 가지 뜻이 있다. 첫 번째는 제사 때 입는 복장인 제복(祭服)을 뜻한다. 제사(祭祀)는 길례(吉禮)에 해당하므로, 그때 착용하는 복장을 '길복'이라고 부르는 것이다. 두 번째는 예의를 갖출 때 입는 예복(禮服)을 범칭하는 말이다. 세 번째는 흉사나 상사가 없이 일상적인 때 착용하는 복장을 가리키기도 한다.

◎ 길사(吉事) : '길사'는 길하고 상서로운 일을 가리킨다. 고대에는 일반적으로 제사, 관례(冠禮), 혼례(婚禮) 등을 가리켜서 '길사'라고 불렀다. 『예기』「곡례상(曲禮上)」편에는 "喪事先遠日, 吉事先近日."이라는 기록이 있고, 이에 대한 정현의 주에서는 "吉事, 祭祀·冠·取之屬也."라고 풀이했다.

◎ 길제(吉祭) : '길제'는 상례(喪禮)의 단계를 뜻한다. 우제(虞祭)를 지낸 뒤, 졸곡(卒哭)을 하며 제사를 지내게 되는데, 이 단계부터 지내는 제사를 '길제'라고 부른다. 상(喪)은 흉사(凶事)에 해당하는데, 그 이전까지는 슬픔에서 벗어나기 힘들기 때문에 흉제(凶祭) 또는 상제(喪祭)라고 부르며, 이 단계부터는 평상시처럼 길(吉)한 때로 접어들기 때문에 '길제'라고 부른다. 『예기』「단궁하(檀弓下)」편에는 "是月也, 以虞易奠, 卒哭曰成事. 是日也, 以吉祭易喪祭."라는 기록이 있다. 또 삼년상을 마치게 되면 신주(神主)를 종묘(宗廟)에 안치하고 길례(吉禮)에 따라 제사를 지내게 되는데, 이러한 제사를 '길제'라고 부른다. 또한 평상시 정규적으로 지내는 제사를 '길제'라고도 부른다.

◎ 난로(鸞路) : '난로'는 난로(鸞輅)라고도 부른다. 방울 장식인 난(鸞)과 화(和)를 달고 있는 수레를 뜻한다. '난'은 수레의 형(衡)에 매달고, '화'는 수레의 식(軾)에 매달았는데, 동(銅)으로 그것을 만들고서, 금(金)으로 장식을 했다고 한다. 『여씨춘추(呂氏春秋)』「맹춘기(孟春紀)」편에는 "天子居靑陽左个. 乘鸞輅, 駕蒼龍."이라는 기록이 있는데, 이에 대한 고유(高誘)의 주에서는 "輅, 車也. 鸞鳥在衡, 和在軾, 鳴相應和. 後世不能復致, 鑄銅爲之, 飾以金, 謂之鸞輅也."라고 풀이하였다.

◎ 남전여씨(藍田呂氏, A.D.1040~A.D.1092) : =여대림(呂大臨)·여씨(呂氏)·여여숙(呂與叔). 북송(北宋) 때의 학자이다. 이름은 대림(大臨)이고, 자(字)는 여숙(與叔)이며, 호(號)는 남전(藍田)이다. 장재(張載) 및 이정(二程)형제에게서 수학하였다. 저서로는 『남전문집(藍田文集)』 등이 있다.

◎ 납(臘) : '납'은 엽(獵)이라고도 부른다. 짐승을 사냥하여 조상 및 오사(五祀)에게 지내는 제사를 뜻한다. 고대에는 백신(百神)들에 대한 제사를 사(蜡)라고 불렀고, 조상에 대한 제사를 '납'이라고 불렀는데, 진한대(秦

漢代) 이후로는 이 둘을 통칭하여, '납'이라고 불렀다. 『예기』「월령(月令)」편에는 "天子, 乃祈來年于天宗, 大割, 祠于公社及門閭, 臘先祖‧五祀, 勞農以休息之."라는 기록이 있고, 이에 대한 공영달(孔穎達)의 소(疏)에서는 "臘, 獵也. 謂獵取禽獸以祭先祖五祀也."라고 풀이했다. 또한 『춘추좌씨전』「희공(僖公) 5년」편에는 "宮之奇以其族行, 曰虞不臘矣."라는 기록이 있는데, 이에 대한 두예(杜預)의 주에서는 "臘, 歲終祭衆神之名."이라고 풀이했다. 즉 '납'은 한 해가 끝날 무렵 뭇 신들에게 지내는 제사의 명칭이라는 뜻이다.

◎ 납길(納吉) : '납길'은 혼인과 관련된 육례(六禮) 중 하나이다. 납징(納徵)을 하기 이전에 남자 집안에서는 이번 혼인이 어떠한가를 종묘(宗廟)에서 점을 치게 되고, 길(吉)한 징조를 얻게 되면, 혼인을 최종적으로 결정하여, 여자 집안에 알리게 된다. 혼인은 이 시기부터 확정이 된다. 『의례』「사혼례(士昏禮)」편에는 "納吉用鴈, 如納采禮."라는 기록이 있는데, 이에 대한 정현의 주에서는 "歸卜於廟, 得吉兆, 復使使者往告, 婚姻之事於是定."이라고 풀이했다.

◎ 납징(納徵) : '납징'은 납폐(納幣)라고도 부른다. 혼인과 관련된 육례(六禮) 중 하나이다. 혼인 약속을 증명하기 위해, 여자 집안에 폐백을 보내는 일을 뜻한다.

◎ 납채(納采) : '납채'는 혼인과 관련된 육례(六禮) 중 하나이다. 청원을 하며 여자 집안에 예물을 보내는 일을 뜻한다.

◎ 내명부(內命婦) : '내명부'는 천자의 비(妃), 빈(嬪), 세부(世婦), 여어(女御) 등을 지칭하는 말이다. 『예기』「상대기(喪大記)」편에는 "夫人坐于西方, 內命婦姑姊妹子姓, 立于西方."이라는 용례가 있고, 『주례』「천관(天官)‧내재(內宰)」편에는 "佐后使治外內命婦."라는 기록이 있는데, 이에 대한 정현의 주에는 "內命婦, 謂九嬪, 世婦, 女御."라고 풀이하였다.

◎ 내병(內屛) : '내병'은 제후가 문 안에 설치했던 담장을 뜻한다. 문 안쪽에 위치하여 '내(內)'자를 붙인 것이며, 병풍처럼 가려주는 역할을 하므로, '병(屛)'자를 붙여서 '내병'이라고 부른 것이다.

◎ 내사(內事) : '내사'는 외사(外事)와 상대되는 말이다. 본래 교내(郊內)에서 시행하는 모든 일들을 총칭하는 말이지만, 주로 제사를 가리키며, 특히 종묘(宗廟)에서 지내는 제사를 뜻한다. 『예기』「곡례상(曲禮上)」편에는 "外事以剛日, 內事以柔日."이라는 기록이 있는데, 이에 대한 공영달(孔穎達)의 소(疏)에서는 "內事, 郊內之事也. 乙丁己辛癸五偶爲柔也."라고 풀이했고, 손희단(孫希旦)의 『집해(集解)』에서는 "內事, 謂祭內神."이라고 풀이했다.

◎ 내상(內喪) : '내상'은 대문(大門) 안에서 발생한 상(喪)을 뜻한다. 즉 집안에서 발생한 상(喪)을 뜻하며, 외상(外喪)과 반대가 된다.

◎ 내제(內祭) : '내제'는 외제(外祭)와 상대되는 말이다. 선조(先祖)에 대한 종묘(宗廟)의 제사를 뜻한다. 체(禘)제사 및 대상(大嘗) 등이 여기에 포함된다. 종묘에서는 각 시기와 목적에 따라 각종 제사들이 시행되었는데, 이것들을 통칭하여 '내제'라고 부른다. 『예기』「제통(祭統)」편에는 "內祭則大嘗禘是也."라는 기록이 있다.

◎ 내제후(內諸侯) : '내제후'는 천자의 조정에서 일하는 상급신하들을 뜻한다.

◎ 내조(內朝) : '내조'는 천자 및 제후가 정사를 처리하고 휴식을 취하던 장소이다. 외조(外朝)에 상대되는 말이다. '내조'에는 두 종류가 있었는데, 그 중 하나는 노문(路門) 밖에 위치하던 곳으로, 천자 및 제후가 정사를 처리하던 장소이며, 치조(治朝)라고도 불렀다. 다른 하나는 노문 안에 위치하던 곳으로, 천자 및 제후가 정사를 처리한 이후, 휴식을 취하던 장소이며, 연조(燕朝)라고도 불렀다.

◎ 노거(路車) : '노거'는 천자 및 제후 등이 타는 수레이다. 후대에는 귀족들이 타는 수레까지도 지칭하는 용어로 사용되었다. '노거'의 '노(路)'자는 그 뜻이 크다[大]는 의미이다. 따라서 군주가 이용하거나 머무는 장소에 '노'자를 붙여서 부르게 된 것이다. 『춘추좌씨전』「환공(桓公) 2년」편에는 "大路越席."이라는 기록이 있는데, 이에 대한 공영달(孔穎達)의 소(疏)에서는 "路, 訓大也. 君之所在以大爲號, 門曰路門, 寢曰路寢, 車曰路車, 故人君之車, 通以路爲名也."라고 풀이했다.

◎ 노론(魯論) : '노론'은 『노논어(魯論語)』를 가리킨다. 『노논어』는 본래 『논어』에 대한 판본 중 하나인데, 현행본 『논어』의 근간이 되었으므로, 『논어』를 지칭하는 용어로도 사용된다. 『논어』의 판본으로는 대표적으로 세 가지가 있었다. 세 가지 판본은 『노논어』, 『제논어(齊論語)』, 『고문논어(古文論語)』이다. 육덕명(陸德明)의 『경전석문(經典釋文)』에는 "漢興, 傳者則有三家, 魯論語者, 魯人所傳, 卽今所行篇次是也."라는 기록이 있다. 즉 한(漢)나라 때 유학이 부흥하게 되었는데, 『논어』를 전수한 학파는 세 종류가 있었다. 그 중에 『노논어』라는 것은 노(魯)나라에서 전수되던 것으로, 오늘날 전해지는 『논어』의 편차는 이 판본을 근간으로 정한 것이다.

◎ 노마(路馬) : '노마'는 군주의 수레에 메는 말이다. 군주가 타던 수레를 노거(路車)라고 불렀기 때문에, '노마'라는 용어가 생긴 것이다.

◎ 노문(路門) : '노문'은 고대 궁실(宮室) 건축물 중에서도 가장 안쪽에 있었던 정문이다. 여러 문들 중에서 노침(路寢)에 가장 가까운 위치에 있었기 때문에, '노문'이라는 명칭이 붙게 되었다. 『주례』「동관고공기(冬官考工記) · 장인(匠人)」편에는 "路門不容乘車之五个."라는 기록이 있는데, 이에 대한 정현의 주에서는 "路門者, 大寢之門."라고 풀이하였고, 가공언(賈公彦)의 소(疏)에서는 "路門以近路寢, 故特小爲之."라고 풀이하였다.

◎ 노식(盧植, A.D.159?~A.D.192) : =노씨(盧氏). 후한(後漢) 때의 유학자이다. 자(字)는 자간(子幹)이다. 어려서 마융(馬融)을 스승으로 섬겼다. 영제(靈帝)의 건녕(建寧) 연간(A.D.168~A.D.172)에 박사(博士)가 되었다. 채옹(蔡邕) 등과 함께 동관(東觀)에서 오경(五經)을 교정했다. 후에 동탁(董卓)이 소제(少帝)를 폐위시키자, 은거하며 『상서장구(尙書章句)』, 『삼례해고(三禮解詁)』를 저술했지만, 남아 있지 않다.

◎ 노침(路寢) : '노침'은 천자나 제후가 정무를 처리하던 정전(正殿)이다. 『시』「노송(魯頌) · 민궁(悶宮)」편에는 "松桷有舃, 路寢孔碩."이라는 기록이 있는데, 이에 대한 모전(毛傳)에서는 "路寢, 正寢也."라고 풀이했고, 『문선(文選)』에 수록된 장형(張衡)의 '서경부(西京賦)'에는 "正殿路

寢, 用朝群辟."이라는 기록이 있는데, 이에 대한 설종(薛綜)의 주에서는 "周曰路寢, 漢曰正殿."이라고 하여, 주(周)나라에서는 '정전'을 '노침'으로 불렀다고 풀이했다.

◎ 뇌(誄) : '뇌'는 죽은 자의 행적들을 열거하여, 그 기록들을 읽으며, 시호(諡號)를 짓는 것을 뜻한다. '뇌'자는 "묶는다[累]."는 뜻이다. 즉 죽은 자의 행적을 하나로 엮는다는 의미이다.

◎ 뇌례(牢禮) : '뇌례'는 소[牛], 양[羊], 돼지[猪] 등의 세 가지 희생물을 써서, 빈객(賓客)을 대접하는 예(禮)를 말한다. 『주례』「천관(天官)·재부(宰夫)」편에는 "凡朝覲會同賓客, 以牢禮之法, 掌其牢禮委積膳獻飮食賓賜之飧牽, 與其陳數."라는 기록이 있고, 이에 대한 정현의 주에서는 "牢禮之法, 多少之差及其時也. 三牲牛羊豕具爲一牢."라고 풀이하였다. 또 『주례』「지관(地官)·우인(牛人)」편에는 "凡賓客之事, 共其牢禮積膳之牛."라는 기록이 있고, 이에 대한 정현의 주에서는 "牢禮, 飧饗也."라고 풀이하였다.

◎ 단(袒) : '단'은 상의 중 좌측 어깨 쪽을 드러내는 방법이다. 일반적으로 상중(喪中)에 남자들이 취하는 복장 방식을 뜻한다. 한편 일반적인 의례 절차에서도 단(袒)의 복장 방식을 취하는 경우가 있다.

◎ 단면(端冕) : '단면'은 검은색의 옷과 면류관을 뜻한다. 즉 현면(玄冕)을 의미한다. '단(端)'자는 검은색의 옷을 뜻하는데, 면복(冕服)에 대해서, '단'자로 지칭하는 것은 면복 자체가 정폭(正幅)으로 제작되기 때문에, '단'자를 붙여서 부르는 것이다. 『예기』「악기(樂記)」편에서는 "吾端冕而聽古樂, 則唯恐臥; 聽鄭衛之音, 則不知倦."이라는 기록이 있는데, 이에 대한 정현의 주에서는 "端, 玄衣也."라고 풀이했고, 공영달(孔穎達)의 소(疏)에서는 "云'端, 玄衣也'者, 謂玄冕也. 凡冕服, 皆其制正幅, 袂二尺二寸, 袪尺二寸, 故稱端也."라고 풀이했다.

◎ 단문(袒免) : '단문'은 상의의 한쪽을 벗어 좌측 어깨를 드러내고, 관(冠)을 벗고 머리끈으로 머리를 묶는다는 뜻이다. 먼 친척이 죽었을 때, 해당하는 상복(喪服)이 없다면, 이처럼 '단문'을 해서 애도하는 마음을 표현하게 된다.

◎ 단의(緣衣) : '단의'는 흑색의 천으로 상의와 하의를 만들고, 붉은색으로 가장자리에 단을 댄 옷이다. 『의례』「사상례(士喪禮)」편에는 '단의'가 기록되어 있는데, 이에 대한 정현의 주에서는 "黑衣裳赤緣謂之緣."이라고 풀이했다.

◎ 단증(丹甑) : '단증'은 붉은색으로 된 솥이다. 고대인들은 풍년이 들 때 이러한 솥이 출현한다고 여겼다.

◎ 담제(禫祭) : '담제'는 상복(喪服)을 벗을 때 지내는 제사이다.

◎ 당실(當室) : '당실'은 부친을 대신하여, 가사(家事)일을 돌본다는 뜻이다. 고대에는 대부분 장자(長子)가 이 일을 담당해서, 적장자(嫡長子)를 가리키기는 용어로도 사용하였다.

◎ 당우(唐虞) : '당우'는 당요(唐堯)와 우순(虞舜)을 병칭하는 용어이다. 요순(堯舜)시대를 가리키며, 의미상으로는 태평성세(太平盛世)를 뜻한다. 『논어』「태백(泰伯)」편에는 "唐虞之際, 於斯爲盛."이라는 용례가 있다.

◎ 당정(黨正) : '당정'은 주(周)나라 때의 지방 행정구역을 담당했던 수장을 뜻한다. 500가(家)의 규모가 1당(黨)이 되며, 수장을 뜻하는 '정(正)'자를 붙여서, 그곳의 수장을 '당정'이라고 부르는 것이다. 『주례』「지관(地官)·당정(黨正)」편에는 "黨正, 各掌其黨之政令敎治."라는 기록이 있는데, 이에 대한 정현의 주에서는 정사농(鄭司農)의 주장을 인용하여, 五百家爲黨."이라고 풀이했다.

◎ 대갱(大羹) : '대갱'은 조미료를 첨가하지 않은 고깃국이다. 『예기』「악기(樂記)」편에는 大饗之禮, 尙玄酒而俎腥魚, 大羹不和, 有遺味者矣."라는 기록이 있고, 이에 대한 정현의 주에서는 "大羹, 肉湆, 不調以鹽菜."라고 풀이했다.

◎ 대공복(大功服) : '대공복'은 상복(喪服) 중 하나로, 오복(五服)에 속한다. 조밀한 삼베를 사용해서 만들지만, 소공복(小功服)에 비해서는 삼베의

재질이 거칠기 때문에, '대공복'이라고 부른다. 이 복장을 입게 되는 기간
은 상황에 따라 차이가 생기지만, 일반적으로 9개월이다. 당형제(堂兄
弟) 및 미혼인 당자매(堂姊妹), 또는 혼인을 한 자매(姊妹) 등을 위해서
입는다.

◎ 대구(大裘) : '대구'는 천자가 제천(祭天) 의식을 시행할 때 입었던 복장이
다. 『주례』「천관(天官) · 사구(司裘)」편에는 "司裘掌爲大裘, 以共王祀
天之服."이라는 기록이 있다. 즉 사구(司裘)는 '대구' 만드는 일을 담당
하여, 천자가 하늘에 제사를 지낼 때 입는 의복으로 제공한다. 또한 이
기록에 대해 정현의 주에서는 정사농(鄭司農)의 주장을 인용하여, "大
裘, 黑羔裘, 服以祀天, 示質."이라고 풀이했다. 즉 '대구'라는 의복은 검
은 양의 가죽으로 만든 옷이며, 이것을 입고 하늘에 제사를 지내는 것은
질박함을 보이기 위함이다.

◎ 대규(大圭) : '대규'는 허리에 차는 옥(玉)으로 정(丁)자 형태로 만들었다.
천자는 '대규'를 허리춤에 꼽고서 조일(朝日)을 하였다. '대규'의 길이는
3척(尺)이고, '정(珽)'이라고도 불렀다. 『주례』「춘관(春官) · 전서(典瑞)」
편에는 "王晉大圭, 執鎭圭, 繅藉五釆五就, 以朝日."이라는 기록이 있
고, 『주례』「동관고공기(冬官考工記) · 옥인(玉人)」편에는 "大圭長三尺,
杼上終葵首, 天子服之."라는 기록이 있으며, 이에 대한 정현의 주에서
는 "王所搢大圭也, 或謂之珽."이라고 풀이했다.

◎ 대려(大旅) : '대려'는 제천(祭天) 의식 중 하나이다. 원구(圓丘)에서 하늘
에 대한 제사를 지내는 것을 뜻한다. 국가의 변고가 발생했을 때 제사를
지냈기 때문에 '려(旅)'자를 붙여서 부르는 것이다. '려'자는 제사를 지내
게 된 원인을 진술한다는 뜻이다. 『주례』「천관(天官) · 장차(掌次)」편에
는 "至大旅上帝, 則張氊案 · 設皇邸."라는 기록이 있고, 이에 대한 정
현의 주에서는 "大旅上帝, 祭天於圓丘. 國有故而祭亦曰旅."라고 풀이
했다.

◎ 대렴(大斂) : '대렴'은 상례(喪禮) 절차 중 하나이다. 소렴(小斂)을 끝낸
뒤, 의복과 이불 등으로 재차 시신을 감싸 관에 안치하는 절차이다.

◎ 대로(大路) : '대로'는 대로(大輅)라고도 부른다. 본래 천자가 타던 옥로

(玉路: =玉輅)를 가리킨다. '대로'라는 말은 수레들 중에 가장 크다는 뜻에서 붙여진 명칭이다. 고대에는 천자가 타던 수레에 5종류가 있었다. 옥로(玉輅)·금로(金輅)·상로(象輅)·혁로(革輅)·목로(木輅)가 바로 천자가 타던 5종류의 수레인데, '옥로'가 수레들 중 가장 컸기 때문에, '대로'라고도 불렸던 것이다. 『서』「주서(周書)·고명(顧命)」편에는 "大輅在賓階面."이라는 기록이 있는데, 이에 대한 공안국(孔安國)의 전(傳)에서는 "大輅, 玉."이라고 풀이했고, 공영달(孔穎達)의 소(疏)에서는 "周禮巾車掌王之五輅, 玉輅·金輅·象輅·革輅·木輅, 是爲五輅也. ……大輅, 輅之最大, 故知大輅玉輅也."라고 풀이했다. 한편 '옥로'는 옥(玉)으로 치장을 했기 때문에, '옥로'라는 명칭이 생기게 된 것인데, '옥로'에는 대상(大常)이라는 깃발을 세웠고, 깃발에는 12개의 치술을 달았으며, 주로 제사 때 사용하였다. 『주례』「춘관(春官)·건거(巾車)」편에는 "王之五路, 一曰玉路, 錫, 樊纓, 十有再就, 建大常, 十有二斿, 以祀."라는 기록이 있고, 이에 대한 정현의 주에서는 "玉路, 以玉飾諸末."이라고 풀이했다.

◎ 대릉(大陵) : '대릉'은 태릉(太陵)이라고도 부른다. 총 8개의 별로 이루어진 별자리로, 28수(宿) 중 하나인 위수(胃宿)에 소속되어 있고, 사상(死喪)의 일을 주관하는 별자리이다. 『진서(晉書)』「천문지(天文志)」편에는 "太陵八星在胃北, 亦曰積京, 主大喪也."라는 기록이 있다.

◎ 대명(大明) : '대명'은 태양[日]을 가리킨다. 태양은 밝음[明] 중에서도 가장 큰 밝음에 해당함으로, '대명'이라고 부르게 되었다. 『역』「건괘(乾卦)」편에는 "雲行雨施, 品物流行, 大明終始, 六位時成."이라는 기록이 있는데, 이에 대한 이정조(李鼎祚)의 『집해(集解)』에서는 후과(侯果)의 설을 인용하여, "大明, 日也."라고 풀이했다. 한편 '대명'은 달[月]을 가리키기도 하고, 해와 달을 모두 가리키기도 한다. 또한 태양을 군주에 비유했으므로, '대명'은 군주를 지칭하는 용어로도 사용되었다.

◎ 대무(大武) : '대무'는 주(周)나라 때의 악무(樂舞) 중 하나로, 무왕(武王)에 대한 악무이다. 『주례』「춘관(春官)·대사악(大司樂)」편에는 '대무'에 대한 용례가 나오고, 이에 대한 정현의 주에서는 "大武, 武王樂也."라고

풀이하였다.

◎ 대백(大白) : '대백'은 대적(大赤)과 비슷한 것으로, 구기(九旗) 중 순색의
비단을 이용하여 만든 깃발인 전(旝)에 해당한다. 다만 백색의 비단을 사
용하였기 때문에, '대백'이라고 부른다. 은(殷)나라 때 사용하던 깃발이
다. 정색(正色)을 사용해서 만들었다. 주(周)나라는 하(夏)나라 때의 역
법을 기준으로 한다면 11월을 정월로 삼았는데, 그 시기에는 만물의 맹
아들이 붉은색을 나타내기 때문에, 주나라에서는 '대적'이라는 깃발을 사
용했던 것이다. 한편 은(殷)나라는 12월을 정월로 삼았는데, 그 시기에는
만물의 맹아들이 흰색을 나타내기 때문에, 은나라에서는 '대백'이라는 깃
발을 사용했던 것이다. 『주례』「춘관(春官)·건거(巾車)」편에는 "革路,
龍勒, 條纓五就, 建大白."이라는 기록이 있는데, 이에 대한 정현의 주
에서는 "大白, 殷之旗."라고 풀이했고, 가공언(賈公彦)의 소(疏)에서는
"明堂位云, 殷之大白, 周之大赤. 相對而言, 故云猶周大赤. 周以十
一月爲正, 物萌色赤. 殷以十二月爲正, 物牙色白. 是象正色. 無正
文, 故云蓋."라고 풀이했다. 한편 『예기』「명당위(明堂位)」편에서는 "殷
之大白, 周之大赤."이라는 기록이 있는데, 이에 대한 공영달(孔穎達)의
소(疏)에서는 "殷之大白, 謂白色旗."라고 풀이했다.

◎ 대벽(大辟) : '대벽'은 사형(死刑)을 뜻한다. 오형(五刑) 중 하나이다. '벽
(辟)'자는 '죄(罪)'자와 통용되므로, '대벽'은 죄 중에서도 가장 큰 죄를 뜻
한다. 따라서 '사형'에 해당한다. 『서』「주서(周書)·여형(呂刑)」편에는
"大辟疑赦, 其罰千鍰."이라는 기록이 있고, 이에 대한 공안국(孔安國)
의 전(傳)에서는 "死刑也."라고 풀이했으며, 공영달(孔穎達)의 소(疏)에
서는 "釋詁云, 辟, 罪也. 死是罪之大者, 故謂死刑爲大辟."이라고 풀
이했다.

◎ 대비(大比) : '대비'는 주대(周代) 때 3년마다 향(鄕)과 수(遂)의 관리들이
백성들 중의 인재를 대상으로 시행한 시험이다. 『주례』「지관(地官)·향
대부(鄕大夫)」편에는 "三年則大比. 考其德行, 道藝, 而興賢者能者."라
는 기록이 있고, 이에 대한 정현의 주에서는 정사농(鄭司農)의 주장을 인
용하여, "興賢者謂若今擧孝廉, 興能者謂若今擧茂才."라고 풀이했다.

◎ 대빙(大聘) : '대빙'은 본래 제후가 경(卿)을 시켜서 매해 천자를 찾아뵙는 것을 뜻한다. 제후는 천자에 대해서, 매년 소빙(小聘)을 하고, 3년에 1번 '대빙(大聘)'을 하며, 5년에 1번 조(朝)를 한다. 소빙을 할 때에는 대부(大夫)를 시키고, 조를 할 때에는 제후가 직접 찾아간다. 『예기』「왕제(王制)」편에는 "諸侯之於天子也, 比年一小聘, 三年一大聘, 五年一朝."라는 기록이 있고, 이에 대한 정현의 주에서는 "比年, 每歲也. 小聘使大夫, 大聘使卿, 朝則君自行."이라고 했다.

◎ 대사(臺榭) : '대사'는 대(臺)와 사(榭)를 합해 부르는 말이다. 흙을 쌓아 올려서 관망대로 쓰는 것이 '대'이고, '대' 위에 가옥이 있는 경우 그것을 '사'라고 부른다. 후대에는 이러한 건축물들을 범칭하여 '대사'라고 불렀다. 『서』「주서(周書)·태서상(泰誓上)」편에는 "惟宮室臺榭, 陂池侈服, 以殘害于爾萬姓."이라는 기록이 있는데, 이에 대한 공영달(孔穎達)의 소(疏)에서는 이순(李巡)의 말을 인용하여, "臺, 積土爲之, 所以觀望也. 臺上有屋謂之榭."라고 풀이하였다.

◎ 대사례(大射禮) : '대사례'는 제사를 지낼 때, 제사를 돕는 자들을 채택하기 위해 시행하는 활쏘기 대회이다. 천자의 경우에는 '교외 및 종묘[郊廟]'에서 제사를 지낼 때, 제후 및 군신(群臣)들과 미리 활쏘기를 하여, 적중함이 많은 자를 채택하고, 채택된 자로 하여금 천자가 주관하는 제사에 참여하도록 하는 의례(儀禮)이다. 『주례』「천관(天官)·사구(司裘)」편에는 "王大射, 則共虎侯, 熊侯, 豹侯, 設其鵠."이라는 기록이 있는데, 이에 대한 정현의 주에서는 "大射者, 爲祭祀射. 王將有郊廟之事, 以射擇諸侯及群臣與邦國所貢之士可以與祭者. …… 而中多者得與於祭."라고 풀이하였다. 한편 각 계급에 따라 '대사례'의 예법에는 차등이 있었는데, 예를 들어 천자가 시행하는 '대사례'에서는 표적으로 호후(虎侯), 웅후(熊侯), 표후(豹侯)가 사용되었고, 표적지에는 곡(鵠)을 설치했다. 그리고 제후가 시행하는 '대사례'에서는 웅후(熊侯), 표후(豹侯)가 사용되었고, 표적지에 곡(鵠)을 설치했다. 경(卿)과 대부(大夫)의 경우에는 미후(麋侯)를 사용하였고, 표적지에 곡(鵠)을 설치했다.

◎ 대상(大祥) : '대상'은 부모의 상(喪) 및 삼년상 등을 치를 때 그 대상이

죽은 후 만 2년 만에 탈상을 하며 지내는 제사이다.

◎ 대서(大胥) : '대서'는 악관(樂官)에 소속된 하위관리이다. 학사(學士)들의 호적 기록부를 담당하였고, 봄에는 태학(太學)에 들어가서 학사들에게 춤을 가르쳤고, 가을에는 분반을 편성하여, 노래를 가르치는 일 등을 담당했다. 『주례』「춘관(春官)·대서(大胥)」편에는 "大胥, 掌學士之版以待致諸子. 春入學舍采合舞. 秋頒學合聲. 以六樂之會正舞位."라는 기록이 있다.

◎ 대수(大綏) : '대수'는 천자가 사냥할 때 세워두었던 큰 깃발을 뜻한다.

◎ 대신기(大神示) : '대신기'는 대신(大神)인 천(天)과 대기(大示: =大祇)인 지(地)를 뜻한다. 즉 천지의 신을 의미한다.

◎ 대악정(大樂正) : '대악정'은 악관(樂官)의 수장으로, 악정(樂正)이라고 부르기도 한다. 『주례』의 체제에서는 대사악(大司樂)이 된다. 『주례』의 기록에 따르면, 대사악은 중대부(中大夫) 2명이 담당하였다. 대사악에게 소속된 직속 관부에는 악사(樂師)가 있었는데, 이 관부는 하대부(下大夫) 4명이 담당하였으며, 그 휘하에는 상사(上士) 8명, 하사(下士) 16명이 있었고, 잡무를 보는 부(府) 4명, 사(史) 8명, 서(胥) 8명, 도(徒) 80명이 있었다. 이때의 서(胥)는 잡무를 처리하는 말단 관리이며, 대서(大胥) 및 소서(小胥)와는 다른 것이다. 대서와 소서는 악관에 소속된 관리이지만, 대서에게 소속된 관리 명단에는 잡무를 보는 서(府)와 사(史) 등이 열거되어 있다. 이것을 통해서 대서와 소서는 대사악에게 소속된 관부이긴 하지만, 대서를 필두로 한 별개의 부서였던 것으로 추정된다. 참고로 대서는 중사(中士) 4명이 맡았으며, 직속된 관리로는 소서인 하사 8명, 부(府) 2명, 사(史) 4명, 도(徒) 40명이 있었다. 『주례』「춘관종백(春官宗伯)」편에는 "大司樂, 中大夫二人, 樂師, 下大夫四人, 上士八人, 下士十有六人, 府四人, 史八人, 胥八人, 徒八十人. 大胥中士四人, 小胥下士八人, 府二人, 史四人, 徒四十人."이라는 기록이 있다.

◎ 대열(大閱) : '대열'은 군대에 대한 검열을 대대적으로 실시하는 것을 가리킨다.

◎ 대적(大赤) : '대적'은 군주가 사용하는 깃발 중 하나이다. 구기(九旗) 중

순색의 비단을 이용하여 만든 깃발인 전(旜)에 해당한다. 천자가 사용하던 것이었으므로, 크다는 의미에서 '대(大)'자를 붙인 것이며, 붉은색의 비단을 사용하였기 때문에 '적(赤)'자를 붙여서, '대적'이라고 부른 것이다. 『주례』「춘관(春官)·건거(巾車)」편에는 "象路, 朱, 樊纓七就, 建大赤以朝."라는 기록이 있는데, 이에 대한 정현의 주에서는 "大赤, 九旗之通帛."이라고 풀이했다. 한편 『예기』「명당위(明堂位)」편에는 "殷之大白, 周之大赤."이라는 기록이 있는데, 이에 대한 공영달(孔穎達)의 소(疏)에서는 "殷之大白, 謂白色旗; 周之大赤者, 赤色旗."라고 풀이했다.

◎ 대제(大祭): '대제'는 큰 제사라는 뜻이며, 천지(天地)에 대한 제사 및 체협(禘祫) 등을 일컫는다. 『주례』「천관(天官)·주정(酒正)」에 "凡祭祀, 以法共五齊三酒, 以實八尊. 大祭三貳, 中祭再貳, 小祭壹貳, 皆有酌數."라는 기록이 있다. 이에 대한 정현의 주에서는 "大祭, 天地. 中祭, 宗廟. 小祭, 五祀."라고 풀이하여, '대제'는 천지에 대한 제사를 뜻한다고 설명한다. 그리고 『주례』「춘관(春官)·천부(天府)」편에는 "凡國之玉鎭大寶器藏焉, 若有大祭大喪, 則出而陳之, 旣事藏之."라는 기록이 있다. 이에 대한 정현의 주에서는 "禘祫及大喪陳之, 以華國也."라고 풀이하여, '대제'를 '체협'으로 설명한다. 그리고 '체(禘)'제사와 '대제'의 직접적 관계에 대해서는 『이아』「석천(釋天)」편에서 "禘, 大祭也."라고 풀이하고, 이에 대한 곽박(郭璞)의 주에서는 "五年一大祭."라고 풀이하여, '대제'로써의 '체'제사는 5년마다 지내는 제사로 설명한다.

◎ 대종(岱宗): '대종'은 오악(五嶽) 중 동악(東嶽)에 해당하는 태산(泰山)을 가리킨다. 대(岱)자는 태산을 뜻하고, 종(宗)자는 존귀하다는 의미에서 붙여진 것으로 풀이하기도 한다.

◎ 대종(大宗): '대종'은 소종(小宗)과 상대되는 말이다. 소종과 '대종'은 고대 종법제(宗法制)에 따른 구분이다. 적장자(嫡長子)의 한 계통만이 '대종'이 되고, 나머지 아들들은 소종이 된다. 예를 들어 천자의 적장자는 '대종'이 되고, 나머지 아들들은 소종이 된다. 만약 소종인 천자의 나머지 아들들이 제후가 되었다면, 본인의 나라에서는 '대종'이 되지만, 천자에 대해서는 역시 소종이 된다. 제후가 된 자의 적장자는 본인의 나라에서

'대종'이 되고, 나머지 아들들은 소종이 된다.

◎ 대축(大祝) : '대축'은 제사와 관련된 관직이다. 『예기』「곡례하(曲禮下)」 편에는 "天子建天官, 先六大, 曰大宰, 大宗, 大史, 大祝, 大士, 大卜, 典司六典."이라고 하여, 대재(大宰)와 함께 천관(天官)에 소속된 관리로 기술되어 있다. 한편 『주례』「춘관종백(春官宗伯)」 편에는 "大祝, 下大夫二人, 上士四人, 小祝, 中士八人, 下士十有六人, 府二人, 史四人, 胥四人, 徒四十人."이라고 하여, '대축'은 하대부(下大夫) 2명이 담당하고, 그 직속 휘하에는 상사(上士) 4명이 배속되어 있으며, '대축'을 돕는 소축(小祝) 관직에는 중사(中士) 4명이 담당하고, 그 휘하에는 하사(下士) 16명, 부(府) 2명, 사(史) 4명, 서(胥) 4명, 도(徒) 40명이 배속되어 있다고 기록되어 있다. 또 『주례』「춘관(春官) · 대축(大祝)」 편에는 "掌六祝之辭, 以事鬼神示, 祈福祥求永貞."이라고 하여, '대축'은 여섯 가지 축문에 관한 일을 담당하여, 이것으로써 귀신을 섬겨 복을 기원하는 일을 했다고 기록되어 있다.

◎ 대침(大寢) : '대침'은 노침(路寢)을 뜻한다. 천자나 제후가 정무(政務)를 처리하던 곳이다. 『주례』「하관(夏官) · 태복(太僕)」 편에는 "建路鼓于大寢之門外, 而掌其政."이라는 기록이 있고, 이에 대한 정현의 주에서는 "大寢, 路寢也."라고 풀이했다.

◎ 대하(大夏) : '대하'는 주(周)나라 때의 악무(樂舞) 중 하나이다. 하(夏)나라 우(禹)임금 때의 악무를 근간으로 삼아서 만든 악무이다.

◎ 대합악(大合樂) : '대합악'은 일반적으로 음악을 합주한다는 합악(合樂)의 뜻과 같다. 한편 계춘(季春)의 달에 국학(國學)에서 성대하게 시행한 합주를 뜻하기도 한다. 계춘에는 천자가 직접 주요 신하들을 이끌고 국학에 와서 합악을 관람하기 때문에, 성대하다는 의미에서 '대(大)'자가 붙여진 것이다.

◎ 대향(大饗) : '대향'은 대향(大享)이라고도 부른다. '대향'은 본래 선왕(先王)에게 협제(祫祭)를 지낸다는 뜻이다. 『예기』「예기(禮器)」 편에는 "大饗, 其王事與."라는 기록이 있고, 이에 대한 정현의 주에서는 "謂祫祭先王."이라고 풀이하였고, 『순자』「예론(禮論)」 편에는 "大饗尙玄尊, 俎

生魚, 先大羹, 貴食飮之本也."라는 기록이 있는데, 이에 대한 양경(楊倞)의 주에서는 "大饗, 祫祭先王也."라고 풀이하였다. 또한 '대향'의 뜻중에는 선왕뿐만 아니라, 천제(天帝)인 오제(五帝)에게 두루 제사지낸다는 뜻도 있다. 『예기』「월령(月令)」편에는 "是月也, 大饗帝."라는 기록이 있고, 이에 대한 정현의 주에서는 "言大饗者, 遍祭五帝也. 曲禮曰大饗不問卜, 謂此也."라고 풀이하였다.

◎ 대향(大饗) : '대향'은 큰 연회를 뜻한다. 본래는 천자가 조회로 찾아온 제후들에게 베풀었던 성대한 연회를 가리킨다. 『예기』「중니연거(仲尼燕居)」편에는 "大饗有四焉."이라는 기록이 있고, 이에 대한 정현의 주에서는 "大饗, 謂饗諸侯來朝者也."라고 풀이했다.

◎ 대화(大火) : '대화'는 본래 동방에 속하는 7개의 별자리 중 저수(氐宿), 방수(房宿), 심수(心宿)를 가리킨다. 또한 '대화'는 동방에 속하는 7개의 별자리 중 '심수'를 가리키는 용어로도 사용되며, 7개의 별자리를 모두 가리키는 '청룡(靑龍)'이라는 뜻으로도 사용된다.

◎ 도(堵) : '도'는 성곽이나 담장 등을 측량할 때 사용하는 단위이다. 고대에는 판축법을 사용하여 흙을 쌓아 담을 올렸는데, 1개의 판(版) 길이에 5개 판의 높이가 1도(堵)가 된다.

◎ 도비(都鄙) : '도비'는 천자의 수도에 있는 신하 및 자제들의 채지(采地)를 뜻한다. 『주례』「천관(天官)·대재(大宰)」편에는 "以八則治都鄙."라는 기록이 있는데, 이에 대한 정현의 주에서는 "都鄙, 公卿大夫之采邑, 王子弟所食邑."이라고 풀이했고, 손이양(孫詒讓)의 정의(正義)에서는 "凡公卿大夫貴戚有功德, 得世祿者, 皆頒邑以爲其祿, 是謂采邑. 在王子弟無官者, 雖無祿, 而得以恩澤食邑"이라고 풀이했다.

◎ 도종(徒從) : '도종'은 공허하게 남을 따라서 친속 관계가 없는 자에 대해 상복을 착용한다는 뜻이다. '도(徒)'자는 "공허하다[空]."는 뜻이다. 이러한 경우에는 네 가지가 있는데, 첫 번째는 첩이 여군(女君)의 친족[黨]을 위한 경우이고, 두 번째는 자식이 모친을 따라서, 모친의 군모(君母)에 대해 상복을 착용하는 경우이며, 세 번째는 첩의 자식이 군모(君母)의 당(黨)을 위한 경우이고, 네 번째는 신하가 군주를 따라서 군주의 당(黨)을

위해 상복을 착용하는 경우이다. 이러한 네 가지 도종의 경우, 오직 여군 (女君)에 대한 경우만, 여군이 비록 죽더라도, 첩은 여전히 여군의 당(黨) 을 위해서 상복을 착용한다. 나머지 세 가지 도종의 경우, 따르는 자가 이미 죽었다면, 관계를 끝나서 상대방을 위해 상복을 착용하지 않는다.

◎ 도종인(都宗人) : '도종인'은 도(都)에서 시행되는 제사 등을 담당하는 관 리이다. 『주례』의 체제에 따르면 상사(喪事) 2명이 담당을 했고, 그 휘 하에는 중사(中士) 4명이 배속되어 있었으며, 실무를 맡아보는 자로는 부(府) 2명, 사(史) 4명, 서(胥) 4명, 도(徒) 40명이 배속되어 있었다.

◎ 동서(東序) : '동서'는 본래 하후씨(夏后氏) 때의 태학(太學)을 가리킨다. 『예기』「왕제(王制)」편에는 "夏后氏, 養國老於東序, 養庶老於西序." 라는 기록이 있다. 후대에는 일반적인 학교 기관을 가리키는 용어로도 사용되었다.

◎ 동작(東作) : '동작'은 봄에 밭을 가는 행위를 뜻이다. 『서』「우서(虞書)· 요전(堯典)」편에는 "寅賓出日, 平秩東作."이라는 기록이 있고, 이에 대 한 공안국(孔安國)의 전(傳)에서는 "歲起於東, 而始就耕, 謂之東作." 이라고 풀이했다. 즉 한 해는 동쪽에서부터 시작되며, 이러한 시기에 비 로소 밭을 갈게 되기 때문에, '동작'이라는 명칭이 생기게 되었다.

◎ 동학(東學) : '동학'은 주나라 때 왕성의 동쪽에 설치된 대학(大學)을 뜻 한다.

◎ 두(斗) : '두'는 곡식 등의 양을 재는 기구이자 그 수량을 표시하는 단위이 다. 지역 및 각 시대마다 다소 차이를 보이는데, 고대에는 10승(升)이 1 두였다.

◎ 마씨(馬氏) : =마희맹(馬晞孟)

◎ 마희맹(馬晞孟, ?~?) : =마씨(馬氏)·마언순(馬彦醇). 자(字)는 언순(彦醇) 이다. 『예기해(禮記解)』를 찬술했다.

◎ 만무(萬舞) : '만무'는 고대의 악무(樂舞) 명칭이다. 먼저 무용수들은 손에 병장기를 들고 무무(武舞)를 추고, 이후에 깃털과 악기 등을 들고 문무(文舞)를 춘다. '만무'는 또한 악무를 범칭하는 용어로도 사용되었다.

◎ 망제(望祭) : '망제'는 제사지내는 대상에 직접 찾아가서 지내는 제사가 아니라, 산 등에 올라서, 멀리 바라보며 지내는 제사이다. 『서』「우서(虞書) · 순전(舜典)」편에는 "望于山川, 徧于群神."이라는 용례가 있다.

◎ 매씨(媒氏) : '매씨'는 남녀의 혼인을 주관했던 관리이다. 고대에는 남자의 나이가 30세가 되도록 장가를 들지 않았으면, 매씨가 주관하여 혼인을 시켰다. 여자의 경우에는 20세를 기준으로 혼인을 치르게 시켰다. 『주례』「지관(地官) · 매씨(媒氏)」편에는 "媒氏掌萬民之判, 凡男女自成名以上, 皆書年月日名焉. 令男三十而娶, 女二十而嫁."라는 기록이 있다. 이러한 뜻에서 파생하여, 후대에는 중매를 주선했던 자를 부르는 용어로도 사용되었다.

◎ 면복(冕服) : '면복'은 대부(大夫) 이상의 계층이 착용하는 예관(禮冠)과 복식을 뜻한다. 무릇 길례(吉禮)를 시행할 때에는 모두 면류관[冕]을 착용하는데, 복장의 경우에는 시행하는 사안에 따라서 달라진다.

◎ 명규(命圭) : '명규'는 명규(命珪)라고도 부른다. '명규'는 본래 천자가 제후 및 대신(大臣)들에게 지급하였던 규(圭)를 뜻한다. 임명을 한다는 뜻에서 '명(命)'자를 붙여서 부르는 것이다. 신하들의 등급에 따라 지급하던 '명규'는 그 크기와 무늬가 각각 달랐다.

◎ 명기(明器) : '명기'는 명기(冥器)라고도 부른다. 장례(葬禮) 때 시신과 함께 매장하는 순장품을 뜻한다.

◎ 명당(明堂) : '명당'은 일반적으로 고대 제왕이 정교(政敎)를 베풀던 장소를 지칭하는 용어로 사용되었다. 이곳에서는 조회(朝會), 제사(祭祀), 경상(慶賞), 선사(選士), 양로(養老), 교학(敎學) 등의 국가 주요 업무가 시행되었다. 『맹자』「양혜왕하(梁惠王下)」편에는 "夫明堂者, 王者之堂也."라는 용례가 있고, 『옥태신영(玉台新詠)』「목난사(木蘭辭)」편에도 "歸來見天子, 天子坐明堂."이라는 용례가 있다. '명당'의 규모나 제도는 시대마다 다르다. 또한 '명당'이라는 건물군 중에서 남쪽의 실(室)을 가리

키는 용어로도 사용되었다.

◎ 명복(命服) : '명복'은 본래 천자가 신하들에게 제정했던 명(命)의 등급에 따른 복장을 뜻한다. 후대에는 각 계층에 따른 복장규정을 범칭하는 말로도 사용되었다.

◎ 명부(命婦) : '명부'는 고대 봉호(封號)를 부여받은 여자들을 뜻한다. 궁중에 머물며 비(妃)나 빈(嬪)의 신분을 가진 여자들은 내명부(內命婦)라고 부르고, 신하의 처가 된 자들은 외명부(外命婦)라고 부른다.

◎ 명부(命夫) : '명부'는 천자로부터 작명(爵命)을 받은 남자를 일컫는 용어이다. 내명부(內命夫)와 외명부(外命夫)로 나뉘는데, 내명부는 경(卿), 대부(大夫), 사(士)들 중에서 천자의 궁중(宮中)에서 근무하는 자들을 가리키고, 조정(朝廷)에 있는 자들을 외명부라고 부른다. 『주례』「천관(天官)·혼인(閽人)」편에는 "凡外內命夫命婦出入, 則爲之闢."이라는 기록이 있는데, 이에 대한 가공언(賈公彦)의 소(疏)에는 "內命夫, 卿大夫士之在宮中者, 謂若宮正所掌者也. 對在朝卿大夫士爲外命夫."라고 풀이하였다.

◎ 명사(命士) : '명사'는 사(士) 중에서도 작명(爵命)을 받은 자를 뜻한다. 『예기』「내칙(內則)」편에는 "由命士以上, 父子皆異官, 昧爽而朝, 慈以旨甘."이라는 용례가 나온다.

◎ 명수(明水) : '명수'는 제사 때 사용하는 깨끗한 물을 뜻한다. 현주(玄酒)를 뜻하기도 하며, '현주'와 구분해서 별도로 '명수'를 진설하기도 한다.

◎ 명정(銘旌) : '명정'은 명정(明旌)이라고도 부른다. 영구(靈柩) 앞에 세워서 죽은 자의 관직 및 성명(姓名)을 표시하는 깃발이다.

◎ 목관(木官) : '목관'은 목정(木正) 또는 춘관(春官)으로 부르기도 한다. 오행(五行) 중 목덕(木德)을 다스리는 신하들의 수장이다. 참고적으로 하관(夏官)은 화정(火正) 또는 화관(火官)으로 부르며, 추관(秋官)은 금정(金正) 또는 금관(金官)으로 부르고, 동관(冬官)은 수정(水正) 또는 수관(水官)으로 부르며, 중관(中官)은 토정(土正) 또는 토관(土官)으로 부른다. 『한서(漢書)』「백관공경표상(百官公卿表上)」편에는 "自顓頊以來, 爲民師而命以民事."라는 기록이 있는데, 이에 대한 응소(應劭)의 주에서

는 "顓頊氏代少昊者也, 不能紀遠, 始以職事命官也. 春官爲木正, 夏官爲火正, 秋官爲金正, 冬官爲水正, 中官爲土正."이라고 풀이하였다.

◎ 목로(木路) : '목로'는 목로(木輅)라고도 부른다. 천자가 사용하는 다섯 가지 수레 중 하나이다. 단지 옻칠만 하고, 가죽으로 덮지 않았으며, 다른 치장을 하지 않았기 때문에, '목로'라고 부르게 되었다. 대휘(大麾)라는 깃발을 세웠고, 사냥을 하거나, 구주(九州) 지역 이외의 나라를 분봉해줄 때 사용하였다. 『주례』「춘관(春官)·건거(巾車)」편에는 "木路, 前樊鵠纓, 建大麾, 以田, 以封蕃國."이라는 기록이 있고, 이에 대한 정현의 주에서는 "木路, 不鞁以革, 漆之而已."라고 풀이했다.

◎ 묘문(廟門) : '묘문'은 종묘(宗廟)의 정문을 뜻한다. 『서』「주서(周書)·고명(顧命)」편에는 "諸侯出廟門俟."라는 용례가 나온다. 한편 '묘문'은 빈궁(殯宮)의 문을 뜻하는 용어로도 사용된다. 『예기』「상복소기(喪服小記)」편에는 "無事不辟廟門, 哭皆於其次."라는 기록이 있는데, 이에 대한 공영달(孔穎達)의 소(疏)에서는 "廟門, 殯宮門也."라고 풀이했다.

◎ 묘민(苗民) : '묘민'은 고대 삼묘(三苗) 부족의 수장을 뜻하며, 또한 삼묘 부족 전체를 가리키기도 한다.

◎ 무고(武庫) : '무고'는 병장기를 보관해두던 창고를 뜻한다.

◎ 무무(武舞) : '무무'는 문무(文舞)와 상대되는 용어이다. 주(周)나라 때에 생겨났다. 무용수들이 도끼와 방패 등의 병장기를 들고 추는 춤이다. 통치자의 무공(武功)을 기리는 뜻을 춤으로 표현한 것이다.

◎ 무산작(無筭爵) : '무산작'은 술잔의 수를 헤아리지 않는다는 뜻이다. 여수(旅酬)를 한 이후에, 빈객들의 제자들과 형제들의 자제들은 각각 그들의 수장에게 술을 따르고, 잔을 들어 올리는 것도 각각 그들의 수장에게 한다. 그리고 빈객들이 잔을 가져다가, 형제들 집단에 술을 권하고, 장형제(長兄弟)들은 잔을 가져다가 빈객의 무리들에게 술을 권하게 된다. 이처럼 여러 차례 술을 따르고 권하기 때문에, 이러한 절차를 '무산작'이라고 부르는 것이다.

◎ 묵형(墨刑) : '묵형'은 묵벽(墨辟)이라고도 부르며, 오형(五刑) 중의 하나이다. 범죄자의 얼굴 및 이마에 상처를 내고, 먹물로 새겨 넣어서 죄인의

신분임을 표시하는 형벌이다. 『서』「주서(周書)·여형(呂刑)」편에는 "墨辟疑赦."라는 기록이 있고, 이에 대한 공안국(孔安國)의 전(傳)에서는 "刻其顙而涅之, 曰墨刑."이라고 풀이했다.

◎ 문(免) : '문'은 '문(絻)'이라고도 부른다. 문포(免布)나 문복(免服)과 같은 뜻이다.

◎ 문명(問名) : '문명'은 혼례와 관련된 육례(六禮) 중 하나이다. 여자의 이름 및 출생일 등에 대해서 묻는 절차를 뜻한다.

◎ 문무(文舞) : '문무'는 무무(武舞)와 상대되는 용어이다. 무용수들이 피리 및 깃털 등의 도구를 들고 추는 춤이다. 통치자의 치적(治積)을 기리는 뜻을 춤으로 표현한 것이다.

◎ 문복(免服) : '문복'은 상복(喪服)의 한 종류이다. 문(免)과 최질(衰絰)을 하는 것이며, 친상(親喪)을 처음 당했을 때 착용하는 복장이다.

◎ 문포(免布) : '문포'는 상(喪)을 당한 사람이 관(冠)을 벗고 흰 천 등으로 '머리를 묶는 것[括髮]'을 뜻한다.

◎ 미산소씨(眉山蘇氏, A.D.1009~A.D.1066) : =소순(蘇洵). 북송(北宋) 때의 학자이다. 자(字)는 명윤(明允)이고, 호(號)는 노천(老泉)이다. 소식(蘇軾)과 소철(蘇轍)의 부친으로, 두 아들과 함께 '삼소(三蘇)'로 일컬어졌다. 저서로는 『역론(易論)』·『예론(禮論)』·『악론(樂論)』·『시론(詩論)』·『서론(書論)』·『춘추론(春秋論)』 등이 있다.

◎ 미초(靡草) : '미초'는 풀이름으로, 잎과 줄기가 가느다란 풀이다. 『예기』「월령(月令)」편에는 "靡草死, 麥秋至, 斷薄刑, 決小罪."라는 기록이 있는데, 이에 대한 정현의 주에서는 "舊說云靡草, 薺·亭歷之屬."이라고 풀이하였다. 즉 '미초'는 제(薺) 또는 정력(亭歷) 등의 풀을 가리킨다. 또한 이 문장에 대한 공영달(孔穎達)의 소(疏)에서는 "以其枝葉靡細, 故云靡草."라고 설명한다. 즉 '미초'라는 명칭이 붙게 된 이유는 잎과 줄기가 가느다랗기 때문이다.

◎ 반(飯) : '반'은 반함(飯含)이라고도 부른다. 상례를 치를 때 시신의 입에
옥·구슬·쌀·화폐 등을 넣는 것이다.

◎ 반곡(反哭) : '반곡'은 장례(葬禮) 절차 중 하나이다. 장지(葬地)에 시신을
안치한 이후, 상주(喪主)는 신주(神主)를 받들고 되돌아와서 곡(哭)을
하는데, 이것을 '반곡'이라고 부른다.

◎ 발양(軷壤) : '발양'은 도로(道路)의 신(神)에게 제사지낼 목적으로 만든
토단(土壇)이다. 발(軷)자는 도로의 신에게 지내는 제사를 뜻한다. 『시』
「대아(大雅)·생민(生民)」편에는 "取羝以軷. 載燔載烈, 以興嗣歲."라
는 기록이 있는데, 이에 대한 모전(毛傳)에서는 "軷, 道祭也."라고 풀이
했다. 또한 『설문해자(說文解字)』「거부(車部)」편에는 "軷, 出將有事于
道, 必先告其神, 立壇四通, 樹茅以依神, 爲軷."이라는 기록이 있다.
즉 장차 출병하고자 할 때에는 도로에서 제사를 지내서, 반드시 그 신에
게 고(告)하게 되니, 단(壇)을 쌓고 사방(四方)으로 소통이 되게 하며,
모(茅)를 심어서 의신(依神)하는 것이 바로 '발'이다.

◎ 방구(方丘) : '방구'는 방택(方澤)과 같은 말이다. 고대에 제왕이 땅에 제
사를 지냈던 제단이다. 그 모양이 사각형이었기 때문에 '방(方)'자를 붙이
고, 언덕처럼 흙을 쌓아서 만들었기 때문에 '구(丘)'자를 붙여서 부르는
것이다.

◎ 방씨(方氏) : =엄릉방씨(嚴陵方氏)

◎ 방악(方岳) : '방악'은 '방악(方嶽)' 또는 '사악(四嶽)'이라고도 부르며, 사
방의 주요 산들을 뜻한다. 고대인들이 주요 산들로 오악(五嶽)을 두었는
데, 그 중 중앙에 있는 숭산(嵩山)은 천자의 수도 부근에 있었으므로, '숭
산'을 제외한 나머지 4개의 산을 '방악'이라고 부른 것이다. 동쪽 지역의
주요 산인 동악(東嶽)은 태산(泰山)이고, 남악(南嶽)은 형산(衡山: =霍
山), 서악(西嶽)은 화산(華山), 북악(北嶽)은 항산(恒山)이 된다. 『춘추
좌씨전』「소공(昭公) 4년」에 기록된 '사악(四嶽)'에 대해, 두예(杜預)의
주에서는 "東嶽岱, 西嶽華, 南嶽衡, 北嶽恒."이라고 풀이했다.

◎ 방증(房烝) : '방증'은 방중(房脀)이라고도 부른다. 전증(全烝)과 대비되는 말이다. 제사나 연회 때 희생물을 반절로 갈라서 도마 위에 올리는 것을 말한다. 천자의 연회 때 사용된 예법(禮法) 중 하나이다. 『국어(國語)』「주어중(周語中)」편에는 "禘郊之事, 則有全烝. 王公立飫, 則有房烝."이라는 기록이 있고, 이에 대한 위소(韋昭)의 주에서는 "房, 大俎也. 詩云 籩豆大房, 謂半解其體, 升之房也."라고 풀이했다. 즉 '방증'에서의 방(房)자는 큰 도마라는 뜻이며, 증(烝)자는 도마에 올린다는 뜻이다. 『시』「노송(魯頌)・비궁(閟宮)」편에는 "籩豆大房"이라는 기록이 있는데, 이것은 희생물의 몸체를 반절로 갈라서, 큰 도마 위에 올린다는 뜻이다.

◎ 배정(陪鼎) : '배정'은 추가적으로 설치하는 정(鼎)을 뜻한다. 의식 행사 때 본래 차려내야 하는 음식들을 담은 정(鼎)은 정정(正鼎)에 해당하고, 그 이외에 추가적으로 차려내는 음식들을 담은 정(鼎)은 '배정'이 된다. 『춘추좌씨전』「소공(昭公) 5년」에는 "宴有好貨, 飧有陪鼎."이라는 기록이 있는데, 이에 대한 두예(杜預)의 주에서는 "陪, 加也. 加鼎所以厚殷勤."이라고 풀이했으며, 양백준(楊伯峻)의 주에서는 "據儀禮・聘禮, 賓始入客館, 宰夫卽設飧, 有九鼎, 牛鼎一・羊鼎一・豕鼎一・魚鼎一・腊鼎一・腸胃鼎一・膚鼎一・鮮魚鼎一・鮮腊鼎一. 陪鼎一曰羞鼎, 有三, 牛羹鼎・羊羹鼎・豕羹鼎各一."이라고 풀이했다. 즉 『의례』「빙례(聘禮)」편의 기록에 따르면, 빈객(賓客)이 처음으로 숙소에 들어가게 되면, 음식을 담당하는 재부(宰夫)는 식사를 차려내게 되며, 9개의 정(鼎)을 설치한다. 소를 담은 정(鼎)이 1개이고, 양을 담은 정(鼎)이 1개이며, 돼지를 담은 정(鼎)이 1개이고, 물고기를 담은 정(鼎)이 1개이며, 말린 고기를 담은 정(鼎)이 1개이고, 창자와 위를 담은 정(鼎)이 1개이며, 고기를 잘게 저민 정(鼎)이 1개이고, 물고기 회를 담은 정(鼎)이 1개이다. 그리고 '배정'의 경우에는 '수정(羞鼎)'이라고도 부르는데, 3가지가 있으며, 소고기 국을 담은 정(鼎)이 1개이고, 양고기 국을 담은 정(鼎)이 1개이며, 돼지고기 국을 담은 정(鼎)이 1개이다.

◎ 백곡(百穀) : '백곡'은 곡식을 총칭하는 말이다. 『시』「빈풍(豳風)・칠월

(七月)」편에는 "亟其乘屋, 其始播百穀."이라는 용례가 있으며,『서』
「우서(虞書)·순전(舜典)」편에도 "帝曰, 棄黎民阻飢, 汝后稷, 播時百
穀."이라는 용례가 있다.

◎ 백공(百工) : '백공'은 각종 장인(匠人)들을 총칭하는 말이다.『묵자(墨子)』
「절용중(節用中)」편에는 "凡天下群百工, 輪車鞼匏, 陶冶梓匠, 使各
從事其所能."이라는 용례가 있다. 또한 '백공'은 모든 관리들을 뜻하는
백관(百官)의 뜻으로도 사용된다.『서』「우서(虞書)·요전(堯典)」편에
도 "允釐百工, 庶績咸熙."이라는 기록이 나오고,『춘추좌씨전』「소공(昭
公) 22년」편에도 "王子朝因舊官百工之喪職秩者, 與靈景之族以作
亂."이라는 기록이 나온다.

◎ 백관(百官) : '백관'은 공경(公卿) 이하의 관리들을 뜻한다. 또한 각 부서
의 하급 관리들을 총칭하는 용어로도 사용되었다.『예기』「교특생(郊特
牲)」편에는 "獻命庫門之內, 戒百官也."라는 기록이 있고, 이에 대한 정
현의 주에서는 "百官, 公卿以下也."라고 풀이하였다.

◎ 백모(白牡) : '백모'는 고대에 천자 및 제후가 제사 때 사용했던 흰색의 소
를 뜻한다.『시』「노송(魯頌)·비궁(閟宮)」편에는 "白牡騂剛, 犧尊將
將."이라는 기록이 있는데, 이에 대한 모전(毛傳)에서는 "白牡, 周公牲
也."라고 풀이했다. 즉 노(魯)나라에서는 주공(周公)에 대한 제사 때, '백
모'를 사용했다는 뜻이다. 한편『예기』「교특생(郊特牲)」편에는 "諸侯之
宮縣, 而祭以白牡, 擊玉磬, 朱干設錫, 冕而舞大武, 乘大路, 諸侯之
僭禮也."라는 기록이 있는데, 이에 대한 정현의 주에서는 "白牡·大路,
殷天子禮也."라고 풀이했다. 즉 '백모'를 사용하여 제사를 지내는 것은
은(殷)나라 때 천자(天子)만이 사용할 수 있었던 예법이라는 뜻이다.

◎ 백물(百物) : '백물'은 사방의 백신(百神)들을 지칭한다. 백신은 온갖 신들
을 총칭하는 말인데, 주요 신들은 제외되고, 주로 하위 신들을 가리킨다.
또한 고대에는 백신들에게 지내는 제사를 사(蜡)라고 부르기도 했다.

◎ 백벽(百辟) : '백벽'은 모든 제후들을 총칭하는 용어이다. '백벽'의 '백(百)'은
'모든'이라는 뜻이고, '벽(辟)'자는 제후를 뜻한다.『국어(國語)』「노어상
(魯語上)」편에는 "其周公太公及百辟神祇實永饗而賴之."라는 기록이

있는데, 이에 대한 위소(韋昭)의 주에서는 "羣, 君也."라고 풀이하였다.

◎ 백호(白虎) : '백호'는 서쪽 하늘의 별자리들을 총칭하는 용어이다. 하늘의 주요 별자리인 28수(宿) 중 서쪽 방위에 해당하는 규수(奎宿)·루수(婁宿)·위수(胃宿)·묘수(昴宿)·필수(畢宿)·자수(觜宿)·삼수(參宿) 등 7개의 별자리를 총칭한다. 이 일곱 별자리를 서로 연결하면, 호랑이의 형상이 되며, 흰색[白]은 쇠[金]의 색깔에 해당하는데, 방위와 오행(五行)을 연관시키면, 쇠는 서쪽에 해당하기 때문에, '백호'라고 부르는 것이다.

◎ 백호통(白虎通) : 『백호통(白虎通)』은 후한(後漢) 때 편찬된 서적이다. 『백호통의(白虎通義)』라고도 부른다. 후한의 장제(章帝)가 학자들을 불러 모아서, 백호관(白虎觀)에서 토론을 시키고, 각 경전 해석의 차이점을 기록한 서적이다.

◎ 번국(蕃國) : '번국'은 본래 주(周)나라 때의 구주(九州) 밖의 나라들을 지칭하는 말이다. 후대에는 오랑캐 나라들을 범칭하는 용어로도 사용되었다. 주나라 때에는 구복(九服)으로 천하의 땅을 구획하였는데, 구복 중 육복(六服)까지는 중원 지역으로 구분되며, 육복 이외의 세 개의 지역은 오랑캐 땅으로 분류하였다. 이 세 개의 지역은 이복(夷服)·진복(鎭服)·번복(藩服)이며, 이 지역에 세운 나라를 '번국'이라고 부른다. 『주례』「추관(秋官)·대행인(大行人)」편에는 "九州之外, 謂之蕃國."이라는 기록이 있는데, 이에 대한 손이양(孫詒讓)의 『정의(正義)』에서는 "職方氏九服, 蠻服以外, 有夷·鎭·藩三服. …… 是此蕃國卽職方外三服也."라고 풀이했다.

◎ 벽(璧) : '벽'은 옥(玉)으로 된 물건으로, 평평하며 원형으로 되어 있고, 중앙에 구멍이 뚫려 있어서, 끈을 달아서 허리에 찼다.

◎ 벽옹(辟廱) : '벽옹'은 벽옹(辟雍)과 같은 말이다. 천자의 국성(國城)에 있는 태학(太學)을 지칭한다. '벽(辟)'자는 밝다는 뜻이고, '옹(雍)'자는 조화롭다는 뜻이다. '벽옹'은 천자가 이곳을 통해 천하의 모든 사람들을 밝고 조화롭게 만든다는 뜻이다. 참고로 제후국에 있는 태학을 반궁(頖宮: =泮宮)이라고 부른다.

◎ 변질(弁絰) : '변질'은 흰 색으로 된 작변(爵弁)에 환질(環絰)을 두

른 것이다.

◎ **별면(鷩冕)** : '별면'은 별의(鷩衣)와 면류관을 뜻한다. 천자 및 제후가 입던 복장으로, 선공(先公)에 대한 제사 및 향사례(饗射禮)를 시행할 때 착용했다. '별의'에는 꿩의 무늬를 수놓게 되는데, 이 무늬를 화충(華蟲)이라고도 부른다. 상의에는 3종류의 무늬를 수놓고, 하의에는 4종류의 무늬를 수놓게 되어, 총 7가지의 무늬가 들어가게 된다. 『주례(周禮)』「춘관(春官)·사복(司服)」편에는 "享先公, 饗射則鷩冕."이라는 기록이 있고, 이에 대한 정현의 주에서는 "鷩, 畫以雉, 謂華蟲也. 其衣三章, 裳四章, 凡七也."라고 풀이했다.

◎ **보(步)** : '보'는 길이를 재는 단위이다. 5척(尺)을 1보(步)로 삼기도 했고, 주(周)나라 때에는 8척을 1보로 삼기도 했으며, 진(秦)나라 때에는 6척을 1보로 삼기도 하여, 단위가 일정하지 않았다.

◎ **보개(保介)** : '보개'는 수레의 우측에 타는 사람을 가리킨다. 수레의 우측에 타서, 주인의 시중을 들거나, 주인을 보호하는 임무를 맡았다. 『시』「주송(周頌)·신공(臣工)」편에는 "嗟嗟保介, 維莫之春, 亦又何求, 如何新畬."라는 기록이 있는데, 이에 대한 정현의 전(箋)에서는 "保介, 車右也. …… 介, 甲也. 車右勇力之士, 被甲執兵也."라고 풀이했다. 즉 '보개'의 개(介)자는 갑옷을 뜻한다. 수레의 우측에 타는 용사(勇士)는 갑옷을 입고 병장기를 들고서, 수레를 보호하는 임무를 맡았기 때문에, 이러한 명칭이 생기게 되었다.

◎ **보의(黼扆)** : '보의'는 부의(斧依) 또는 부의(斧扆)라고도 부른다. 고대에는 제왕의 자리 뒤에 병풍을 설치했는데, 병풍에는 도끼 무늬를 새겼기 때문에 '보의' 또는 '부의'라고 부른다.

◎ **복혈(復穴)** : '복혈'은 복혈(複穴)이라고도 부른다. 복(復)자와 혈(穴)자는 혈거(穴居)를 뜻한다. 평지에 만든 것을 '복'이라고 부르며, 고지대에 만든 것을 '혈'이라고 부른다. 『예기』「월령(月令)」편에는 "其祀中霤."라는 기록이 있는데, 이에 대한 정현의 주에서는 "古者複穴, 是以名室爲霤云."이라고 풀이했다. 즉 정현은 옛 거주건물인 복혈(複穴)에서 중류(中霤)라는 명칭이 유래되었다고 설명했는데, 이에 대한 공영달(孔穎達)의

소(疏)에서는 "複穴者, 謂窟居也. 古者窟居, 隨地而造, 若平地則不鑿, 但累土爲之, 謂之爲複, 言於地上重複爲之也. 若高地則鑿爲坎, 謂之爲穴. 其形皆如陶竈."라고 부연 설명하고 있다. 즉 '복'은 평지에 만드는 것으로, 구멍을 파지 않고, 단지 흙을 주변에 쌓아서 만든 거주지이다. 지면 위에 흙을 중첩되게 쌓았다는 의미로 '복'이라는 명칭이 생긴 것이다. 그리고 '혈'은 고지대에 구멍을 파서 만든 거주지이다.

◎ 복희(伏羲) : '복희'는 곧 복희씨(宓戲氏)·복희씨(伏羲氏)·포희씨(包犧氏)를 가리킨다. 전설시대에 존재했다고 전해지는 고대 제왕 중 한 명이다. 복(伏)자와 복(宓)자, 그리고 희(羲)자와 희(戲)자는 음이 같아서 통용되었다. 『한서(漢書)』「고금인표(古今人表)」편에는 "太昊帝宓羲氏."라는 기록이 있는데, 이에 대한 안사고(顏師古)의 주에서는 "宓, 音伏, 字本作戲, 其音同."이라고 풀이했다.

◎ 봉(賵) : '봉'은 부의를 보낸다는 뜻이며, 또한 부의로 보내는 특정 물건을 가리키기도 하다. '봉'은 상사(喪事)에 사용될 수레나 말을 부의로 보내는 것이다. 『예기』「문왕세자(文王世子)」편에는 "族之相爲也, 宜弔不弔, 宜免不免, 有司罰之. 至于賵賻承含, 皆有正焉."이라는 기록이 있는데, 이에 대한 진호(陳澔)의 『집설(集說)』에서는 "賵以車馬."라고 풀이했다.

◎ 봉선(封禪) : '봉선'은 고대의 제왕들이 천지(天地)에 대한 제사를 지낼 때 따르게 되었던 규범을 뜻한다. 태산(泰山)에 흙으로 제단을 쌓고, 제사를 지내며 하늘의 공덕(功德)에 보답을 하였는데, 이것을 '봉(封)'이라고 부르는 것이며, 태산 밑에 있는 양보산(梁父山)에서 땅을 정돈하여, 땅에 대한 제사를 지내며, 땅의 공덕에 보답을 하였는데, 이것을 '선(禪)'이라고 부른다.

◎ 부(府) : '부'는 각 관부에 소속된 하급 관리 중 하나이다. 각 관부의 창고에 부관된 재화나 물건 등을 담당했던 관리이다. 『주례』「천관총재(天官冢宰)」편에는 "府, 六人; 史, 十有二人."이라는 기록이 있는데, 이에 대한 정현의 주에서는 "府, 治藏."이라고 풀이했고, 손이양(孫詒讓)의 『정의(正義)』에서는 "凡治藏之吏亦通謂之府也."라고 풀이했다.

◎ 부(膚) : '부'는 부(扶)와 같다. 고대에 길이를 재는 단위이다. 4개의 손가락 나란히 한 길이를 뜻한다.

◎ 부사(府史) : '부사'는 재화와 문서를 관리하는 말단직 관리를 말한다. 부(府)는 본래 창고를 관리하는 자이고, 사(史)는 문서 기록을 담당했던 자이다. 이 둘을 합쳐서 하급 관리들을 범칭하는 용어로도 사용한다. 『주례(周禮)』「천관(天官)·서관(序官)」편에는 "府六人, 史十有二人."라는 기록이 있는데, 이에 대한 정현 주에서는 "府, 治藏, 史, 掌書者. 凡府·史, 皆其官長所自闢除."라고 풀이했다.

◎ 부인(夫人) : '부인'은 제후의 부인을 뜻한다. 『예기』「곡례하(曲禮下)」편에는 "公侯有夫人, 有世婦, 有妻, 有妾."이라는 기록이 있다. 즉 공작과 후작은 정부인인 부인(夫人)을 두고, 그 외에 세부(世婦), 처(妻), 첩(妾)을 둔다. 또한 『논어』「계씨(季氏)」편에는 "邦君之妻, 君稱之曰夫人. 夫人自稱曰小童."이라는 기록이 있다. 즉 군주의 처를 군주가 직접 부를 때에는 부인(夫人)이라고 부르며, 부인(夫人)이 자신을 지칭할 때에는 소동(小童)이라고 부른다. 참고적으로 천자의 부인은 후(后)라고 부르고, 대부(大夫)의 부인은 유인(孺人)이라고 부르며, 사(士)의 부인은 부인(婦人)이라고 부르고, 서인(庶人)의 부인은 처(妻)라고 부른다. 그러나 이러한 구분은 일률적으로 적용되는 것은 아니다.

◎ 부제(祔祭) : '부제'는 '부(祔)'라고도 한다. 새로이 죽은 자가 있으면, 선조(先祖)에게 '부제'를 올리면서, 신주(神主)를 합사(合祀)하는 것을 말한다. 『주례』「춘관(春官)·대축(大祝)」편에는 "付練祥, 掌國事."라는 기록이 있고, 이에 대한 정현의 주에서는 "付當爲祔. 祭於先王以祔後死者."라고 풀이하였다.

◎ 분묘(墳墓) : '분묘'는 위수(危宿)의 남쪽에 위치하는 네 개의 별을 가리킨다. 『송사(宋史)』「천문지삼(天文志三)」편에는 "墳墓四星, 在危南, 主山陵·悲慘·死喪·哭泣."이라는 기록이 있다. 즉 '분묘'에 해당하는 네 개의 별들은 위수의 남쪽에 위치하는데, 무덤이나 애도하는 일, 장례나 상례, 곡(哭)하고 읍(泣)하는 일 등을 주관한다.

◎ 분상(奔喪) : '분상'은 타지에 있다가 상(喪)에 대한 소식을 듣고, 급히 되

돌아오는 예법(禮法)을 말한다. 『예기』「분상(奔喪)」편에 대해, 공영달(孔穎達)은 "案鄭目錄云, 名曰奔喪者, 以其居他國, 聞喪奔歸之禮."라고 풀이했다.

◎ 불제(祓除) : '불제'는 재앙과 사악함을 제거하기 위해 지내는 제사이다. 또한 재앙과 사악을 제거하는 행위 자체를 가리키기도 한다. 『주례』「춘관(春官)·여무(女巫)」편에는 "掌歲時祓除釁浴."이라는 기록이 있는데, 이에 대한 정현의 주에서는 "歲時祓除, 如今三月上巳如水上之類."라고 풀이했다. 즉 '불제'는 3월 상사(上巳: 상순 중에서 사(巳)자가 들어가는 날)에 물가에서 몸을 정갈하게 하는 의식과 비슷하다.

◎ 비률(碑綍) : '비률'에서의 비(碑)자는 하관(下棺)할 때, 매장하는 구덩이 주변에 설치하는 풍비(豊碑)를 뜻한다. 률(綍)자는 풍비에 뚫린 구멍에 끼우는 끈을 말한다. 즉 '비률'은 도르래의 원리와 비슷한 것으로 하관할 때 사용한다. 『예기』「단궁하(檀弓下)」편에는 "公室視豊碑, 三家視桓楹."이라는 기록이 있는데, 이에 대한 정현의 주에서는 "豊碑, 斵大木爲之, 形如石碑. 於槨前後四角樹之, 穿中於間, 爲鹿盧, 下棺以綍繞. 天子六綍四碑, 前後各重鹿盧也."라고 풀이했다.

◎ 비면(裨冕) : '비면'은 비의(裨衣)를 입고 면류관[冕]을 착용하는 것이다. 제후 및 경(卿), 대부(大夫) 등이 조회를 하거나 제사를 지낼 때 착용하는 면복(冕服)을 통칭하는 말이다. 또한 곤면(袞冕)이나 가장 상등의 면복과 상대되는 용어로도 사용되었다. '비의'의 '비(裨)'자는 '비(埤)'자의 뜻으로 낮다는 의미이다. 예를 들어 천자의 육복(六服) 중에서 대구(大裘)가 가장 상등의 복장이 되는데, 나머지 5종류의 복장은 '비의'가 된다. 『의례』「근례(覲禮)」편에는 "侯氏裨冕, 釋幣于禰."라는 기록이 있고, 이에 대한 정현의 주에서는 "裨冕者, 衣裨衣而冠冕也. 裨之爲言埤也. 天子六服, 大裘爲上, 其餘爲裨, 以事尊卑服之, 而諸侯亦服焉."이라고 풀이했다.

◎ 비흥(比興) : '비흥'은 본래 『시』의 육의(六義) 중 하나인 비(比)와 흥(興)을 가리킨다. '비'는 저 사물을 통해 이 사물에 대해 비교를 하는 것이다. '흥'은 먼저 다른 사물을 언급하여, 시로 표현하고자 하는 말들을 이끌어

내는 것이다. 후대에는 시가(詩歌)를 창작하는 용어로도 사용되었다.

◎ 빈례(賓禮) : '빈례'는 오례(五禮) 중 하나로, 천자를 찾아뵙거나 천자가 제후들을 만나보거나 아니면 제후들끼리 회동하는 조빙(朝聘)의 예법(禮法)을 뜻한다. 또한 '빈례'는 손님을 접대하는 예제(禮制)를 뜻하기도 한다. 참고적으로 봄에 천자를 찾아뵙는 것을 조(朝)라고 하였으며, 여름에 찾아뵙는 것을 종(宗)이라고 하였고, 가을에 찾아뵙는 것을 근(覲)이라고 하였으며, 겨울에 찾아뵙는 것을 우(遇)라고 하였다. 또한 제후들이 천자를 찾아뵐 때에는 본래 각각의 제후들마다 정해진 기간이 있었는데, 정해진 기간 외에 찾아뵙는 것을 회(會)라고 하였고, 정해진 기간에 찾아뵙는 것을 동(同)이라고 하였다. 또 천자가 순수(巡守)를 할 때에도 정해진 기간이 있었는데, 정해진 기간이 아닌 때에 제후를 찾아가 보는 것을 문(問)이라고 하였고, 정해진 기간에 찾아가 보는 것을 시(視)라고 하였다.

◎ 빙문(聘問) : '빙문'은 국가 간이나 개인 간에 사람을 보내서 상대방을 찾아가 안부를 묻는 의식 절차를 통칭하는 말이다. 또한 제후가 신하를 시켜서 천자에게 보내, 안부를 묻는 예법을 뜻하기도 한다.

◎ 빙향(聘享) : '빙향'은 빙문(聘問)의 의례를 시행하며 선물로 가지고 간 폐백을 바치는 의식이다. '빙문'을 하게 되면, 폐백을 받은 자는 상대방에게 반드시 연회를 베풀어주게 된다. 따라서 빙문(聘問)에서의 빙(聘)자와 연회를 뜻하는 향(享)자를 합쳐서, 이러한 의식을 '빙향'이라고 부르게 되었다. 『의례』「빙례(聘禮)」편에는 "受夫人之聘璋, 享玄纁."이라는 기록이 있고, 이에 대한 정현의 주에서는 "享, 獻也. 旣聘又享, 所以厚恩惠也."라고 풀이했다.

◎ 사(社) : '사'는 흙을 쌓아서 만든 제단을 뜻한다. 고대에는 분봉을 받게 되면, 흙을 쌓고 그곳에 적합한 나무를 심어서, 토지신이 머무는 장소로 여기고, 이곳에서 제사를 지냈다. 이러한 뜻에서 연유하여, '사'는 토지신

에 대한 제사와 그 제단, 그리고 토지신을 가리키는 용어로도 사용되었고, 국가를 상징하는 용어로도 사용되었다.

◎ 사(蜡) : '사'는 연말에 지내는 큰 제사를 뜻한다. 제사 대상은 천제(天帝) 등의 주요 신들을 제외한 나머지 하위 신들에 해당한다. 하위 신들은 그 수가 많아서, 일일이 제사를 지낼 수 없기 때문에, 연말에 합동으로 제사를 지냈던 것이다. 『예기』「잡기하(雜記下)」편에는 "子貢觀於蜡."라는 기록이 있는데, 이에 대한 정현의 주에서는 "蜡也者, 索也. 歲十二月, 合聚萬物而索饗之祭也."라고 풀이했다. 또 『예기』「교특생(郊特牲)」편에는 "蜡之祭也, 主先嗇而祭司嗇也, 祭百種, 以報嗇也."라는 기록이 있다.

◎ 사(祠) : '사'는 봄에 종묘(宗廟)에서 지내는 제사를 뜻한다. '사'자는 음식[食]을 뜻하는 글자로, 선왕(先王)들에게 음식을 대접한다는 의미에서, 봄의 제사를 '사'라고 부르는 것이다. 『이아』「석천(釋天)」편에는 "春祭曰祠."라는 기록이 있는데, 이에 대한 곽박(郭璞)의 주에서는 "祠之言食."이라고 풀이했다. 한편 『예기』「왕제(王制)」편에는 "天子諸侯宗廟之祭, 春曰礿, 夏曰禘, 秋曰嘗, 冬曰烝."이라는 기록이 있고, 이에 대한 정현의 주에서는 "此蓋夏殷之祭名. 周則春曰祠, 夏曰礿, 以禘爲殷祭."라고 풀이했다. 즉 하(夏)나라와 은(殷)나라에서는 봄에 종묘에서 지내는 제사를 약(礿)이라고 불렀는데, 주(周)나라에 이르러, '약'이라는 명칭을 '사'로 고치게 되었다는 뜻이다.

◎ 사(史) : '사'는 각 관부에 소속된 하급 관리 중 하나이다. 각 관부의 문서기록 및 보관, 그리고 문서기록과 관련된 각종 부수자재 등을 담당했던 관리이다. 『주례』「천관(天官) · 재부(宰夫)」편에는 "六曰史, 掌官書以贊治."라는 기록이 있는데, 이에 대한 정현의 주에서는 "贊治, 若今起文書草也."라고 풀이했다.

◎ 사공(司空) : '사공'은 주(周)나라 때의 관리로, 토목 공사 및 각종 건설과 기물 제작 등을 주관했다. 전설상으로는 소호(少昊) 시대 때부터 설치되었다고 전해진다. 주나라의 육경(六卿) 중 하나였으며, 동관(冬官)의 수장인 대사공(大司空)에 해당한다. 한(漢)나라 때에는 어사대부(御史大

夫)를 '대사공'으로 고쳐 불렀고, 대사마(大司馬), 대사도(大司徒)와 함께 삼공(三公)의 반열에 있었다. 후대에는 대(大)자를 빼고 '사공'으로 불렀다. 청(淸)나라 때에는 공부상서(工部尚書)를 '대사공'으로 부르고, 시랑(侍郎)을 소사공(少司空)으로 불렀다.

◎ 사관(司關) : '사관'은 주대(周代) 때의 관리로, 관문(關門)을 담당하였다. 관문의 출입을 통제하였고, 고대의 시장들은 주로 관문의 주위에 설치되었으므로, 시장에 대한 통제 또한 실시하였다. 『주례』「지관사도(地官司徒)」편에는 "司關上士二人, 中士四人, 府二人, 史四人, 胥八人, 徒八十人. 每關, 下士二人, 府一人, 史二人, 徒四人."이라는 기록이 있다. 즉 '사관'은 사도(司徒)에게 소속된 관리이며, 상사(上士) 2명이 이 직책의 담당관이 되고, 중사(中士) 4명이 보좌를 하였다. 그리고 각 관문에는 하사(下士) 2명과 하급관리 몇 명이 배치되어 있었다. 『주례』「지관(地官)·사관(司關)」편에는 "司關, 掌國貨之節以聯門市. …… 有外內之送令, 則以節傳出內之."라는 기록이 있다.

◎ 사교(四郊) : '사교'는 네 방면의 교(郊)를 뜻한다. '교'는 도성에서부터 일정 정도 떨어진 구역을 뜻하는데, 이 '교'라는 구역이 도성을 사방으로 둘러싸고 있기 때문에, '교' 전체를 지칭할 때 '사교'라고 부른다. 『주례』「추관(秋官)·수사(遂士)」편에는 "掌四郊."라는 기록이 있는데, 이에 대한 정현의 주에서는 "鄭司農云, 謂百里外至三百里也."라고 하였다. 즉 도성(都城)으로부터 사방으로 100리(里) 떨어진 지점부터 300리 떨어진 지점까지가 '사교'가 된다.

◎ 사구(司寇) : '사구'는 주(周)나라 때 설치되었던 관직이다. 하(夏)나라와 은(殷)나라 때에도 이미 존재했었다고 주장하기도 한다. 주나라 때에는 육경(六卿) 중 하나였으며, 대사구(大司寇)라고도 불렀다. 형벌이나 옥사에 관련된 일을 담당하였고, 감찰 임무를 맡기도 하였다. 춘추시대(春秋時代)에는 여러 제후국들에 이 관직이 설치되었으며, 공자(孔子) 또한 노(魯)나라에서 '사구'를 지냈다고 전해지기도 한다. 청(淸)나라 때에는 형부상서(刑部尚書)를 '대사구'로 불렀으며, 시랑(侍郎)을 소사구(少司寇)로 불렀다.

◎ 사궁(射宮) : '사궁'은 천자가 대사례(大射禮)를 시행하던 장소이며, 또한 이곳에서 사(士)들을 시험하기도 했다. 『춘추곡량전』「소공(昭公) 8년」편에는 "以習射於射宮."이라는 기록이 있고, 『예기』「사의(射義)」편에는 "諸侯歲獻貢士於天子, 天子試之於射宮."이라는 기록이 있다.

◎ 사대(四代) : '사대'는 우(虞), 하(夏), 은(殷), 주(周)의 4대(代) 왕조를 뜻한다. 『예기』「학기(學記)」편에는 "三王四代唯其師."라는 기록이 있는데, 이에 대한 정현의 주에서는 "四代, 虞・夏・殷・周."라고 풀이했다.

◎ 사도(司徒) : '사도'는 대사도(大司徒)라고도 부른다. 본래 주(周)나라 때의 관리로, 국가의 토지 및 백성들에 대한 교화(敎化)를 담당했다. 전설상으로는 소호(少昊) 시대 때부터 설치되었다고 전해진다. 주나라의 육경(六卿) 중 하나였으며, 전한(前漢) 애제(哀帝) 원수(元壽) 2년(B.C. 1)에는 승상(丞相)의 관직명을 고쳐서, 대사도(大司徒)라고 불렀고, 대사마(大司馬), 대사공(大司空)과 함께 삼공(三公)의 반열에 있었다. 후한(後漢) 때에는 다시 '사도'로 명칭을 고쳤고, 그 이후로는 이 명칭을 계속 사용하다가 명(明)나라 때 폐지되었다. 명나라 이후로는 호부상서(戶部尙書)를 '대사도'라고 불렀다.

◎ 사독(四瀆) : '사독'은 네 개의 주요 하천을 가리킨다. 장강(長江), 황하(黃河), 회하(淮河), 제수(濟水)가 여기에 해당한다.

◎ 사령(四靈) : '사령'은 네 가지 신령스러운 동물을 뜻한다. 기린[麟], 거북이[龜], 봉황새[鳳], 용(龍)을 가리킨다.

◎ 사례(食禮) : '사례'는 연회의 한 종류이다. '사례'는 그 행사에 밥이 있고 반찬이 있는 것이니, 비록 술도 두었지만 마시지는 않았다. 그 예법에서는 밥을 위주로 한 것이기 때문에, '사례'라고 부른 것이다. 『예기』「왕제(王制)」편에는 "殷人以食禮."라는 기록이 있고, 이에 대한 진호(陳澔)의 주에서는 "食禮者, 有飯有殽, 雖設酒而不飲, 其禮以飯爲主, 故曰食也."라고 풀이했다. 또한 연회를 범칭하는 말로도 사용된다.

◎ 사록(司祿) : '사록'은 사명(司命)의 북쪽에 있는 두 별을 가리킨다. 『송사(宋史)』「천문지삼(天文志三)」편에는 "司祿二星, 在司命北, 主增年延德, 又主掌功賞・食料・官爵."이라는 기록이 있다. 즉 '사록'이라는 두

별은 사명의 북쪽에 위치하는데, 수명에 대한 일을 주관하고, 또한 공적에 따라 상훈(賞勳)을 내리거나, 식록(食祿)을 하사하거나, 관직과 작위를 하사하는 일을 주관한다.

◎ 사마(司馬) : '사마'라는 관직은 전설상으로는 소호(少昊) 시대부터 설치되었다고 전해진다. 주(周)나라 때에는 육경(六卿) 중 하나였으며, 하관(夏官)의 수장이며, 대사마(大司馬)라고도 불렀다. 군대와 관련된 일을 담당했다. 한(漢)나라 무제(武帝) 때에는 태위(太尉)라는 관직명을 고쳐서 대사마(大司馬)라고 불렀고, 후한(後漢) 때에는 다시 태위(太尉)로 고쳐 불렀다. 남북조시대(南北朝時代)에는 대장군(大將軍)과 함께 이대(二大)로 칭해지기도 했으나, 청(淸)나라 때 폐지되었다. 후세에서는 병부상서(兵部尙書)의 별칭으로 사용하기도 했고, 시랑(侍郎)을 소사마(少司馬)로 칭하기도 하였다.

◎ 사망(四望) : '사망'은 천자가 사방(四方)의 산천(山川)에게 망(望)제사를 지내는 것이다. 제사의 대상은 산천 중의 큰 것들로, 오악(五嶽)이나 사독(四瀆)과 같은 것이다. 산천에 대한 제사는 일일이 그곳마다 찾아가서 제사를 지낼 수 없기 때문에, 그곳이 바라보이는 곳에 제단을 쌓고 제사를 지낸다. 그렇기 때문에 그 제사를 '망'제사라고 부르는 것이다. 그리고 천자는 사방(四方)의 산천들에 대해서 모두 제사를 지내게 되므로 '사(四)'자를 붙여서 '사망'이라고 부르는 것이다. 『주례』「춘관(春官)·대종백(大宗伯)」편에는 "國有大故, 則旅上帝及四望."이라는 기록이 있고, 이에 대한 가공언(賈公彦)의 소(疏)에서는 "言四望者, 不可一往就祭, 當四向望而爲壇遙祭之, 故云四望也."라고 풀이했다. 그리고 손이양(孫詒讓)의 『정의(正義)』에서는 "陳壽祺云, 山川之祭, 周禮四望, 魯禮三望. 其餘諸侯祀竟內山川, 蓋無定數, 山川之大者, 莫如五嶽四瀆."이라고 풀이했다.

◎ 사명(司命) : '사명'은 허수(虛宿)의 북쪽에 있는 두 별을 가리킨다. 『송사(宋史)』「천문지삼(天文志三)」에는 "司命二星, 在虛北, 主擧過·行罰·滅不祥, 又主死亡."이라는 기록이 있다. 즉 '사명'이라는 두 별은 허수의 북쪽에 위치하는데, 잘못된 행실을 들춰내고, 벌을 내리며, 상서

롭지 못한 것을 없애는 일을 주관하고, 또한 죽음에 대한 일도 주관한다.

◎ 사명(司命) : ‘사명’은 삼명(三命)을 주관하는 신(神)이다. 천상의 신이 아니며, 궁중(宮中)에 있는 소신(小神)에 해당한다. ‘삼명’은 수명(受命), 조명(遭命), 수명(隨命)을 뜻한다. ‘수명(受命)’은 사람의 수명을 좌우하는 것이고, ‘조명(遭命)’은 선행을 하거나 흉재(凶災)를 만나는 등의 일을 좌우하는 것이며, ‘수명(隨命)’은 사람이 시행한 선악(善惡)에 따라 그에 해당하는 결과를 좌우하는 것이다. 『예기』「제법(祭法)」편에는 “王爲群姓立七祀, 曰司命, 曰中霤, 曰國門, 曰國行, 曰泰厲, 曰戶, 曰竈.”라는 기록이 있는데, 이에 대한 정현의 주에서는 “司命, 主督察三命.”이라고 풀이했고, 공영달(孔穎達)의 소(疏)에서는 “曰司命者, 宮中小神. 熊氏云: ‘非天之司命, 故祭於宮中.’”이라고 풀이했다.

◎ 사문(司門) : ‘사문’은 주대(周代) 때의 관리로, 문(門)을 담당하였다. 국문(國門)을 개폐하거나, 외부의 빈객(賓客)들이 찾아오면, 그 사실을 보고하는 일 등을 하였다. 『주례』「지관사도(地官司徒)」편에는 “司門下大夫二人, 上士四人, 中士八人, 下士十有六人, 府二人, 史四人, 胥四人徒, 四十人. 每門, 下士二人, 府一人, 史二人, 徒四人.”이라는 기록이 있다. 즉 ‘사문’은 사도(司徒)에게 소속된 관리이며, 하대부(下大夫) 2명이 이 직책의 담당관이 되고, 상사(上士)를 비롯하여 여러 명의 보좌관을 거느렸다. 또한 각 문에는 하사(下士) 2명과 하급관리들이 배치되었다. 『주례』「지관(地官)·사문(司門)」편에는 “司門, 掌授管鍵以啓閉國門. …… 凡四方之賓客造焉, 則以告.”라는 기록이 있다.

◎ 사방(四方) : ‘사방’은 사방의 신(神)들을 가리킨다. 경우에 따라서 가리키는 신들이 다르다. 『예기』「곡례하(曲禮下)」편에는 “天子祭天地, 祭四方, 祭山川, 祭五祀, 歲徧.”이라는 기록이 있는데, 이에 대한 정현의 주에서는 “祭四方, 謂祭五官之神於四郊也. 句芒在東, 祝融·后土在南, 蓐收在西, 玄冥在北.”이라고 풀이했다. 즉 ‘사방’에 해당하는 신은 오관(五官)을 주관하는 신들로, 사방의 교외에서 제사를 지냈기 때문에 ‘사방’이라고 표현한 것이다. 동쪽 교외에서는 구망(句芒)에 대한 제사를 지냈고, 남쪽 교외에서는 축융(祝融)과 후토(后土)에 대한 제사를 지냈

으며, 서쪽 교외에서는 욕수(蓐收)에 대한 제사를 지냈고, 북쪽 교외에서는 현명(玄冥)에 대한 제사를 지냈다. 한편『예기』「제법(祭法)」편에는 "四坎壇, 祭四方也."라는 기록이 있는데, 이에 대한 정현의 주에서는 "四方, 卽謂山林·川谷·丘陵之神也. 祭山林·丘陵於壇, 川谷於坎."이라고 풀이했다. 즉 '사방'에 해당하는 신은 산림이나 하천 등에 있는 신들로, 특정 대상이 없다. 산림이나 구릉의 신들에게 제사를 지낼 때에는 제단을 쌓아서 지냈고, 하천이나 계곡의 신들에게 제사를 지낼 때에는 구덩이를 파서 지냈다.

◎ 사변(四弁) : '사변'은 천자가 착용하는 여섯 종류의 변복(弁服)을 가리킨다. 전쟁이나 군대와 관련된 일을 처리할 때에는 위변복(韋弁服)을 착용하는데, 무두질한 가죽으로 변(弁) 및 상의와 하의를 만든 복장이다. 조정에 참관하여 신하들에게 정무를 보고받을 때에는 피변복(皮弁服)을 착용하는데, 가죽으로 만든 변(弁)과 15승(升)의 백색 포(布)로 만든 상의 및 흰색의 옷감에 주름을 잡아 만든 하의를 착용한다. 사냥과 관련된 일을 처리할 때에는 관변복(冠弁服)을 착용하는데, 관변(冠弁)은 위모(委貌)를 뜻하며, 치포(緇布)로 만든 상의와 흰색 옷감에 주름을 잡아 만든 하의를 착용한다. 흉사와 관련된 일에는 복변복(服弁服)을 착용하는데, 복변(服弁)은 상관(喪冠)을 뜻하며, 복장은 참최복(斬衰服)이나 자최복(齊衰服)에 해당한다.『주례』「춘관(春官)·사복(司服)」편에는 "凡兵事, 韋弁服. 眡朝, 則皮弁服. 凡甸, 冠弁服. 凡凶事, 服弁服."이라는 기록이 있고, 이에 대한 정현의 주에서는 "韋弁, 以韎韋爲弁, 又以爲衣裳. …… 視朝, 視內外朝之事. 皮弁之服, 十五升白布衣, 積素以爲裳. …… 甸, 田獵也. 冠弁, 委貌, 其服緇布衣, 亦積素以爲裳. …… 服弁, 喪冠也. 其服, 斬衰·齊衰."라고 풀이했다.

◎ 사보(四輔) : '사보'는 사린(四鄰)이라고도 부른다. 군주를 보좌하는 네 명의 측근 신하들이다. 해당 관직명에 대해서는 이견이 있어서, 의(疑), 승(丞), 보(輔), 필(弼)을 '사보'로 부르기도 하며, 도(道), 필(弼), 보(輔), 승(承)을 '사보'로 부르기도 한다. 이들이 각각 담당하는 일들에 대해서는 정확히 알려진 바가 없다. 다만『예기』「문왕세자(文王世子)」편에 대한

공영달(孔穎達)의 소(疏)에서는 "尙書大傳云: '古者天子必有四鄰: 前曰疑, 後曰丞, 左曰輔, 右曰弼. 天子有問, 無以對, 責之疑; 可志而不志, 責之丞; 可正而不正, 責之輔; 可揚而不揚, 責之弼. 其爵視卿, 其祿視次國之君也.'"라고 기록하였다. 즉 공영달은 『상서대전(尙書大傳)』을 인용하여, 천자의 앞에 있는 자를 '의'라고 부르고, 뒤에 있는 자를 '승'이라고 부르며, 좌측에 있는 자를 '보'라 부르고, 우측에 있는 자를 '필'이라 부른다고 설명한다. 또한 '의'는 천자의 의문에 대하여 대답을 하는 자이고, '보'는 천자가 올바르게 행동할 수 있도록 일러주는 자이며, '승'은 천자가 뜻으로 삼아야 할 것들을 알려주는 자이고, '필'은 천자가 선양해야 할 것들을 알려주는 자라고 설명한다. 이들의 녹봉은 차국(次國)의 제후에 비견되었다.

◎ 사비(四鄙) : '사비'는 사방의 반경(邊境)지역을 뜻하며, 그곳에 거주하는 백성들을 지칭하는 용어로도 사용되었다.

◎ 사사(司士) : '사사'는 주대(周代) 때의 관직명이다. 『주례』의 체제에 따르면, 하대부(下大夫) 2명이 담당을 하였고, 그 휘하에는 중사(中士) 6명과 하사(下士) 12명이 배속되어 있었으며, 잡무를 맡아보던 말단 관리로는 부(府) 2명, 사(史) 4명, 서(胥) 4명, 도(徒) 40명이 있었다. 『주례』「하관사마(夏官司馬)」편에는 "司士, 下大夫二人, 中士六人, 下士十有二人, 府二人, 史四人, 胥四人, 徒四十人."이라는 기록이 있다. 한편 '사사'가 담당했던 일들은 그 종류가 다양한데, 주로 관리들의 호적 장부 및 작록 등을 기록한 문서를 관리하였으며, 그들에 대한 공적과 품성을 판단하여 천자에게 작위와 봉록을 내려주도록 보고를 하였고, 조정에서 서열에 따른 자리 배치 등을 담당하였다. 『주례』「하관(夏官)·사사(司士)」편에는 "以德詔爵, 以功詔祿, 以能詔事, 以久奠食. 惟賜無常. 正朝儀之位, 辨其貴賤之等."이라는 기록이 있다.

◎ 사사(士師) : '사사'는 사사(士史)라고도 부르며, 고대에 금령(禁令)이나 형벌 및 옥사 등을 담당하던 관리이다. 『주례』「추관(秋官)·사사(士師)」편에는 "士師之職, 掌國之五禁之法, 以左右刑罰. 一曰宮禁, 二曰官禁, 三曰國禁, 四曰野禁, 五曰軍禁."이란 기록이 있다.

◎ 사시(司市) : '사시'는 주대(周代) 때의 관리로, 시장에 대한 일을 담당하였다. 시장에 대한 단속 및 도량형의 준수 여부 등을 감시하였고, 금령(禁令)을 시행하고, 시장에서 이루어지는 거래가 공정하도록 단속하였다. 『주례』「지관사도(地官司徒)」편에는 "司市下大夫二人, 上士四人, 中士八人, 下士十有六人, 府四人, 史八人, 胥十有二人, 徒百有二十人."이라는 기록이 있다. 즉 '사시'는 사도(司徒)에게 소속된 관리이며, 하대부(下大夫) 2명이 이 직책의 담당관이 되고, 그 휘하에는 상사(上士) 4명을 비롯하여, 여러 하급 관리들이 배속되어 있었다. 또한 『주례』「지관(地官)·사시(司市)」편에는 "司市, 掌市之治教政刑量度禁令. …… 凡會同師役市司帥賈師而從, 治其市政, 掌其賣價之事."라는 기록이 있다.

◎ 사악(四嶽) : '사악'은 오악(五嶽) 중 중앙의 숭산(嵩山)을 제외한 나머지 산들을 뜻하니, 동쪽의 태산(泰山), 서쪽의 화산(華山), 남쪽의 형산(衡山), 북쪽의 항산(恒山)을 지칭한다. 실질적으로는 천자의 수도를 제외한 나머지 사방의 국가들을 가리킨다.

◎ 사위(司危) : '사위'는 사록(司祿)의 북쪽에 있는 두 별을 가리킨다. 『송사(宋史)』「천문지삼(天文志三)」편에는 "司危二星, 在司祿北, 主矯失正下, 又主樓閣·臺榭·死喪·流亡"이라는 기록이 있다. 즉 '사위'라는 두 별은 사록의 북쪽에 위치하는데, 잘못된 것을 바로잡는 일을 주관하고, 또한 누각(樓閣)이나 대사(臺榭), 장례나 상례, 유배와 관련된 일을 주관했다.

◎ 사위(四衛) : '사위'는 사방의 위복(衛服)에 속한 제후국을 뜻한다. 위복은 채복(采服)과 요복(要服: =蠻服) 사이에 있는 땅을 뜻한다. 천자의 수도 밖으로 사방 2000리(里)와 2500리 사이에 있었던 땅을 가리킨다. '위복'의 '위(衛)'자는 수호한다는 뜻으로, 천자를 위해서 외부의 침입을 막는다는 의미이다. 따라서 이 지역에 속한 제후국들을 '사위'라고 부르는 것이다.

◎ 사정(司正) : '사정'은 향음주례(鄕飮酒禮)나 빈객(賓客)들을 대접하는 연회를 시행할 때, 의례절차 등을 총감독하는 사람이다.

◎ 사조(私朝) : '사조'는 가조(家朝)와 같은 말이다. 대부(大夫)가 자신의 가

(家)에 갖추고 있는 조정으로, 이곳에서 업무를 집행한다. 국가의 공적인 업무를 처리하는 군주의 조정과 대비가 되므로, '사조'라고 부르는 것이다. 대부는 통치 단위가 가(家)이므로, 대부가 가지고 있는 조정을 '가조'라고 부르는 것이다.

◎ 사중(司中) : '사중'은 사비(司非)라고도 부른다. 사위(司危)의 북쪽에 있는 두 별을 가리킨다. 『송사(宋史)』「천문지삼(天文志三)」편에는 "司非二星, 在司危北, 主司候內外, 察愆尤, 主過失."이라는 기록이 있다. 즉 '사중'이라는 두 별은 사위의 북쪽에 위치하는데, 시령(時令)과 관련된 일들을 주관하고, 잘못된 일들을 감찰하며, 과실에 대한 처벌을 주관했다.

◎ 사하(肆夏) : '사하'는 고대의 악곡 이름이다. 구하(九夏) 중 하나이다. '구하'에는 왕하(王夏), 사하(肆夏), 소하(昭夏), 납하(納夏), 장하(章夏), 제하(齊夏), 족하(族夏), 개하(祴夏), 오하(鷔夏)이다. 종묘(宗廟) 제사 때에는 시동이 출입할 때 이 악곡을 연주하기도 하였다. 『시』의 송(頌)과 같은 것으로, 노래 중에서도 비중이 컸던 것이다. 『악(樂)』이 없어지면서, 이에 대한 음악도 함께 사라지게 되었다. 『주례』「춘관(春官) · 대사악(大司樂)」편에는 "王出入則令奏王夏, 尸出入則令奏肆夏, 牲出入則令奏昭夏."라는 기록이 있고, 이에 대한 정현의 주에서는 "三夏, 皆樂章名."이라고 풀이했다. 또 『주례』「춘관(春官) · 종사(鍾師)」편에는 "鍾師掌金奏. 凡樂事以鍾鼓奏九夏, 王夏 · 肆夏 · 昭夏 · 納夏 · 章夏 · 齊夏 · 族夏 · 祴夏 · 鷔夏."라는 기록이 있고, 이에 대한 정현의 주에서는 "九夏皆詩篇名, 頌之族類也. 此歌之大者, 載在樂章, 樂崩亦從而亡."이라고 풀이했다.

◎ 사한(司寒) : '사한'은 겨울을 주관한다는 뜻이며, '사한'을 하는 신(神)은 겨울을 주관하는 동신(冬神)이 된다. 또한 현명(玄冥)을 가리키기도 하며, 방위로 따져서 북방(北方)을 담당하는 신(神)를 뜻하기도 한다. 『춘추좌씨전』「소공(昭公) 4년」편에 대한 두예(杜預)의 주에서는 "司寒, 玄冥, 北方之神."이라고 풀이했다.

◎ 사향(食饗) : '사향'은 술과 음식을 준비하여, 빈객(賓客)들을 대접하거나,

종묘(宗廟)에서 제사를 지내는 등의 일을 뜻한다. 『예기』「악기(樂記)」
편에는 "食饗之禮, 非致味也."라는 기록이 있는데, 이에 대한 공영달
(孔穎達)의 소(疏)에서는 "食饗, 謂宗廟祫祭."라고 풀이했으며, 『공자
가어(孔子家語)』「논례(論禮)」편에는 "食饗之禮, 所以仁賓客也."라는
기록이 있다.

◎ 사형(司刑) : '사형'은 주대(周代) 때의 관리로, 형벌에 대한 임무를 담당
하였다. 형벌은 크게 다섯 가지가 있었는데, 이것을 통해 죄의 경중(輕
重)을 변별하여, 형벌의 수위를 정하였다. 『주례』「추관사구(秋官司寇)」
편에는 "司刑中士二人, 府一人, 史二人, 胥二人, 徒二十人."이라는
기록이 있다. 즉 '사형'은 사구(司寇)에게 소속된 관리이며, 중사(中士)
2명이 직책의 담당관이 되고, 그 휘하에는 여러 잡무를 맡아보던 하급관
리들이 배속되어 있었다. 또한 『주례』「추관(秋官) · 사형(司刑)」편에는
"司刑掌五刑之法, 以麗萬民之罪. 墨罪五百, 劓罪五百, 宮罪五百,
刖罪五百, 殺罪五百. 若司寇斷獄弊訟, 則以五刑之法詔刑罰, 而以
辨罪之輕重."이라는 기록이 있다.

◎ 사회(司會) : '사회'는 주(周)나라 때의 관직이다. 『주례』의 체제에 따르
면, 천관(天官)에 소속되어 있었으며, 중대부(中大夫) 2명이 담당을 하
였고, 그 휘하에는 하대부(下大夫) 4명, 상사(上士) 8명, 중사(中士) 16
명이 포함되어, '중대부'를 보좌를 하였다. 한편 잡무를 맡아보는 부(府)
4명, 사(史) 8명, 서(胥) 5명, 도(徒) 50명이 배속되어 있었다. 『주례』
「천관총재(天官冢宰)」편에는 "司會, 中大夫二人, 下大夫四人, 上士
八人, 中士十有六人, 府四人, 史八人, 胥五人, 徒五十人."이라는 기
록이 있다. '사회'는 주로 국가의 재화에 대한 일을 담당하여, 필요한 수
량에 따라 각 관부에 공급을 하거나, 각 관부의 정치적 업적 등을 평가하
는 임무를 담당하였다.

◎ 삭식(朔食) : '삭식'은 고대의 예법 중 하나이다. 제왕 및 신분이 높은 자들
은 매월 초하루에 평상시보다 음식을 풍성하게 차려내서, 먹게 된다. 천
자의 경우에는 '삭식' 때 태뢰(太牢)를 사용하고, 제후는 소뢰(少牢)를
사용하며, 대부(大夫)는 한 마리의 돼지를 바치고, 사(士)는 한 마리의

새끼 돼지를 바치기도 한다. 『예기』「내칙(內則)」편에는 "男女夙興, 沐浴衣服, 具視朔食."이라는 기록이 있고, 이에 대한 정현의 주에서는 "朔食, 天子大牢, 諸侯少牢, 大夫特豕, 士特豚也."라고 풀이했다.

◎ 산거(山車) : '산거'는 제왕에게 덕이 있을 때 출현한다는 수레를 뜻한다. 고대인들은 상서로운 징조물로 여겼다.

◎ 산우(山虞) : '산우'는 주대(周代) 때의 관리로, 산(山)과 숲[林]을 담당했다. 고대에는 산과 숲 또한 재화가 창출되는 중요한 장소였으므로, 각종 정령(政令)들이 시행되었는데, '산우'는 바로 이러한 정령의 시행을 담당하여, 산과 숲에 있는 재화를 보존하고, 각 시기에 맞게끔 벌목을 시키는 일 등을 시행하였다. 『주례』「지관(地官)·산우(山虞)」편에는 "山虞, 掌山林之政令, 物爲之厲而爲之守禁. 仲冬斬陽木, 仲夏斬陰木."이라는 기록이 있다. 한편 이 문장에 대한 가공언(賈公彦)의 소(疏)에서는 "此山林幷云者, 自是山內之林, 卽山虞兼掌之."라고 풀이하고 있다. 즉 '산우'는 관직명에 산(山)자가 들어가서, '산'만 관리하는 것처럼 보이지만, 실제로는 숲에 대해서도 관리를 하는데, 그 이유는 산 속에 숲이 있기 때문이다.

◎ 산제(散齊) : '산제'는 산재(散齋)라고도 부른다. '산제'는 제사를 지낼 때 제사보다 앞서 7일 동안 수레도 몰지 않고, 음악도 연주하지 않으며, 조문도 하지 않으면서, 재계를 하는 것이다. 『예기』「제의(祭義)」편에는 "致齊於內, 散齊於外."라는 기록이 있고, 이에 대한 정현의 주에서는 "散齊, 七日不御不樂不弔耳."라고 풀이했다. 또한 『예기』「제통(祭統)」편에도 "散齊七日以定之, 致齊三日以齊之."라는 기록이 있다.

◎ 산천(山川) : '산천'은 오악(五嶽)과 사독(四瀆)의 신들을 가리키기도 하며, 산과 하천의 신들을 두루 지칭하기도 한다. 오악은 대표적인 다섯 가지 산으로, 중앙의 숭산(嵩山), 동쪽의 태산(泰山), 남쪽의 형산(衡山), 서쪽의 화산(華山), 북쪽의 항산(恒山)을 가리킨다. 사독은 장강(長江), 황하(黃河), 회하(淮河), 제수(濟水)를 가리킨다.

◎ 삼가(三加) : '삼가'는 세 개의 관(冠)을 준다는 뜻이다. 관례(冠禮)를 시행할 때, 처음에 치포관(緇布冠)을 주고, 그 다음에 피변(皮弁)을 주며,

마지막으로 작변(爵弁)을 주기 때문에, '삼가'라고 부른다.

◎ 삼공(三公) : '삼공'은 중앙정부의 가장 높은 관직자 3명을 합쳐서 부르는
말이다. '삼공'에 속한 관직명에 대해서는 각 시대별로 차이가 있다. 『사
기(史記)』「은본기(殷本紀)」편에는 "以西伯昌, 九侯, 鄂侯, 爲三公."이
라는 기록이 있다. 즉 은나라 때에는 서백(西伯)인 창(昌), 구후(九侯),
악후(鄂侯)들을 '삼공'으로 삼았다. 또한 주(周)나라 때에는 태사(太師),
태부(太傅), 태보(太保)를 '삼공'으로 삼았다. 『서』「주서(周書)·주관(周
官)」편에는 "立太師·太傅·太保, 玆惟三公, 論道經邦, 燮理陰陽."
이라는 기록이 있다. 한편 『한서(漢書)』「백관공경표서(百官公卿表序)」
에 따르면 사마(司馬), 사도(司徒), 사공(司空)을 '삼공'으로 삼았다는 기
록이 있다.

◎ 삼대(三代) : '삼대'는 하(夏), 은(殷), 주(周)의 세 왕조를 말한다. 『논어』
「위령공(衛靈公)」편에는 "斯民也, 三代 之所以直道而行也."라는 기록
이 있고, 이에 대한 형병(邢昺)의 소(疏)에서는 "三代, 夏殷周也."로 풀
이했다.

◎ 삼덕(三德) : '삼덕'은 세 종류의 덕(德)을 가리키는데, 문헌에 따라 해당
하는 덕성(德性)들에는 차이가 나타난다. 『서』「주서(周書)·홍범(洪
範)」편에는 "三德, 一曰正直, 二曰剛克, 三曰柔克."이라는 기록이 있
다. 즉 『서』에서는 '삼덕'을 정직(正直), 강극(剛克), 유극(柔克)으로 풀
이하고 있다. 그리고 이 문장에 대한 공영달(孔穎達)의 소(疏)에서는
"此三德者, 人君之德, 張弛有三也. 一曰正直, 言能正人之曲使直,
二曰剛克, 言剛强而能立事, 三曰柔克, 言和柔而能治."라고 풀이한
다. 즉 '정직'은 사람들의 바르지 못한 점을 바로잡아서, 정직하게 만드는
능력을 뜻한다. '강극'은 강건한 자세로 사업을 수립하고, 그런 일들을 추
진할 수 있는 능력을 뜻한다. '유극'은 화락하고 유순한 태도로 다스릴 수
있는 능력을 뜻한다. 다음으로 『주례』「지관(地官)·사씨(師氏)」편에는
"以三德敎國子, 一曰至德, 以爲道本, 二曰敏德, 以爲行本, 三曰孝
德, 以知逆惡."이라는 기록이 있다. 즉 『주례』에서는 '삼덕'을 지덕(至
德), 민덕(敏德), 효덕(孝德)으로 풀이하고 있다. '지덕'은 도(道)의 근본

이 되는 것이며, '민덕'은 행실의 근본이 되는 것이고, '효덕'은 나쁘고 흉악한 것들을 알아내는 능력을 뜻한다. 다음으로 『국어(國語)』「진어사(晉語四)」편에는 "晉公子善人也, 而衛親也, 君不禮焉, 棄三德矣."라는 기록이 있다. 이에 대한 위소(韋昭)의 주에서는 "三德, 謂禮賓, 親親, 善善也."라고 풀이한다. 즉 위소가 말하는 '삼덕'은 예빈(禮賓), 친친(親親), 선선(善善)이다. '예빈'은 빈객들에게 예법(禮法)에 따라 대접하는 것이며, '친친'은 부모를 친애하는 것이고, '선선'은 착한 사람을 착하게 대하는 것이다.

◎ 삼로오경(三老五更) : '삼로오경'은 삼로(三老)와 오경(五更)을 뜻한다. 이들은 국가의 요직에 있다가 나이가 들어 퇴직한 자들이다. 정현은 '삼로'와 '오경'은 3명과 5명이 아닌 각각 1명씩이라고 풀이했다. 그리고 1명씩인데도 '삼(三)'자와 '오(五)'자를 붙여서 부르는 이유에 대해서, '삼신(三辰)'과 '오성(五星)'에서 명칭을 빌려왔기 때문이라고 해석하였고, 또한 '삼덕(三德)'과 '오사(五事)'를 알고 있는 자들이기 때문에, 이러한 명칭이 붙었다고 풀이하기도 한다. 『예기』「문왕세자」편에는 "適東序, 釋奠於先老, 遂設三老, 五更, 群老之席位焉."이란 기록이 있는데, 이에 대한 정현의 주에서는 "三老五更各一人也, 皆年老更事致仕者也. 天子以父兄養之, 示天下之孝悌也. 名以三五者, 取象三辰五星, 天所因以照明天下者."라고 풀이했고, 또한 『예기』「악기(樂記)」편에는 "食三老五更於大學."이란 기록이 있는데, 이에 대한 정현의 주에서는 "三老五更, 互言之耳, 皆老人更知三德五事者也."라고 풀이했다. 그리고 참고적으로 공영달(孔穎達)의 소(疏)에서는 "三德謂正直, 剛, 柔. 五事謂貌, 言, 視, 聽, 思也."라고 해석하여, '삼덕'은 정직(正直), 강직함[剛], 부드러움[柔]이라고 풀이했고, 오사(五事)는 '올바른 용모[貌]', '올바른 말[言]', '올바르게 봄[視]', '올바르게 들음[聽]', '올바르게 생각함[思]'이라고 풀이했다.

◎ 삼신(三辰) : '삼신'은 해[日], 달[月], 별[星]을 가리킨다. 『춘추좌씨전』「환공(桓公) 2년」편에는 "三辰旂旗, 昭其明也."라는 기록이 있는데, 이에 대한 두예(杜預)의 주에서는 "三辰, 日·月·星也."라고 풀이했다.

◎ 삼왕(三王) : '삼왕'은 하(夏), 은(殷), 주(周) 삼대(三代)의 왕을 뜻한다. 『춘추곡량전』「은공(隱公) 8年」편에는 "盟詛不及三王."이라는 기록이 있고, 이에 대한 범녕(範寧)의 주에서는 '삼왕'을 하나라의 우(禹), 은나라의 탕(湯), 주나라의 무왕(武王)을 지칭한다고 풀이했다. 그리고 『맹자』「고자하(告子下)」편에는 "五霸者, 三王之罪人也."이라는 기록이 있고, 이에 대한 조기(趙岐)의 주에서는 '삼왕'을 범녕의 주장과 달리, 주나라의 무왕 대신 문왕(文王)을 지칭한다고 풀이했다.

◎ 삼재(三材) : '삼재'는 활을 만들 때 사용되는 세 가지의 재료를 뜻한다. 구체적으로는 이어 붙일 때 사용하는 아교, 연결할 때 사용하는 실, 옻칠하는 염료를 가리킨다. 『주례』「동관고공기(冬官考工記)·궁인(弓人)」편에 정현의 주에서 "三材, 膠絲漆者."라고 풀이하였다.

◎ 삼족(三族) : '삼족'은 가족 및 친족을 가리키는 용어이다. 다만 '삼족'이 가리키는 대상은 다양하다. 첫 번째는 부모와 자식 및 손자를 지칭한다. 『주례』「춘관(春官)·소종백(小宗伯)」편에는 "掌三族之別, 以辨親疏."라는 기록이 있는데, 이에 대한 정현의 주에서는 "三族, 謂父·子·孫."이라고 풀이했다. 두 번째는 부계 친척, 모계 친척, 처의 친척을 지칭한다. 『대대례기(大戴禮記)』「보부(保傅)」편에는 "三族輔之."라는 기록이 있는데, 이에 대한 노변(盧辯)의 주에서는 "三族, 父族·母族·妻族."이라고 풀이했다. 세 번째는 부모, 형제, 처자식을 지칭한다. 『사기(史記)』「진본기(秦本紀)」편에는 "法初有三族之罪."라는 기록이 있는데, 이에 대한 배인(裴駰)의 『사기집해(史記集解)』에서는 장안(張晏)의 주장을 인용하여, "父母·兄弟·妻子也."라고 풀이했다.

◎ 삼주(三酒) : '삼주'는 상황에 따라 사용되는 세 가지 술을 뜻한다. 세 가지 술은 사주(事酒), 석주(昔酒), 청주(淸酒)를 가리킨다. 『주례』「천관(天官)·주정(酒正)」편에는 "辨三酒之物, 一曰事酒, 二曰昔酒, 三曰淸酒."라는 기록이 있다. 각 술들에 설명은 주석마다 약간의 차이를 보인다. 위의 기록에 대해서 정현의 주에서는 "鄭司農云, '事酒, 有事而飮也, 昔酒, 無事而飮也, 淸酒, 祭祀之酒.' 玄謂事酒, 酌有事者之酒, 其酒則今之醳酒也. 昔酒, 今之酋久白酒, 所謂舊醳者也. 淸酒, 今中

山冬釀接夏而成.”이라고 풀이했다. 즉 정사농(鄭司農)의 주장에 따르면, ‘사주’는 어떤 사안이 있어서 마시게 되는 술을 뜻하고, ‘석주’는 특별한 일이 없을 때 마시는 술을 뜻하며, ‘청주’는 제사를 지낼 때 쓰는 술을 뜻한다. 한편 정현의 주장에 따르면, ‘사주’는 일을 맡아본 자에게 따라주는 술을 뜻하는데, 그 술은 정현 시대의 역주(醳酒)에 해당하고, ‘석주’는 오래 숙성시킨 술로 백주(白酒)와 같은 것이며, ‘청주’는 중산(中山) 지역에서 겨울에 술을 담가서 여름쯤 다 익은 술을 뜻한다. 그리고 위의 기록에 대해서 손이양(孫詒讓)의 『정의(正義)』에서는 “三酒之中, 事酒較濁, 亦隨時釀之, 酋繹卽孰. 昔酒較淸, 則冬釀春孰. 淸酒尤淸, 則冬釀夏孰.”이라고 풀이했다. 즉 손이양의 주장에 따르면, ‘사주’는 비교적 탁한 술이며, 또한 수시로 빚은 술을 말하는데, 술독을 열어두어서 곧바로 숙성시키는 술을 뜻한다. ‘석주’는 비교적 맑은 술이며, 겨울에 빚어서 봄쯤에 다 익는 술을 뜻한다. ‘청주’는 더욱 맑은 술이며, 겨울에 빚어서 여름쯤에 익는 술을 뜻한다.

◎ 삼황(三皇) : ‘삼황’은 전설시대에 존재했다고 전해지는 세 명의 제왕을 뜻한다. 그러나 세 명이 누구였는지에 대해서는 이설(異說)이 많다. 첫 번째 주장은 복희(伏羲), 신농(神農), 황제(黃帝)를 ‘삼황’으로 보는 견해이다. 『장자(莊子)』「천운(天運)」편에는 “余語汝三皇五帝之治天下.”라는 기록이 있는데, 이에 대한 성현영(成玄英)의 주에서는 “三皇者, 伏羲·神農·黃帝也.”라고 풀이했다. 두 번째 주장은 복희(伏羲), 신농(神農), 여왜(女媧)로 보는 견해이다. 『여씨춘추(呂氏春秋)』「용중(用衆)」편에는 “此三皇五帝之所以大立功名也.”라는 기록이 있는데, 이에 대한 고유(高誘)의 주에서는 “三皇, 伏羲·神農·女媧也.”라고 풀이했다. 세 번째 주장은 복희(伏羲), 신농(神農), 수인(燧人)으로 보는 견해이다. 『백호통(白虎通)』「호(號)」편에는 “三皇者, 何謂也? 謂伏羲·神農·燧人也.”라는 기록이 있다. 네 번째 주장은 복희(伏羲), 신농(神農), 축융(祝融)으로 보는 견해이다. 『백호통』「호」편에는 “禮曰, 伏羲·神農·祝融, 三皇也.”라는 기록이 있다. 다섯 번째 주장은 천황(天皇), 지황(地皇), 태황(泰皇)으로 보는 견해이다. 『사기(史記)』「진시황본기(秦

始皇本紀)」편에는 “古有天皇, 有地皇, 有泰皇. 泰皇最貴.”라는 기록이 있다. 여섯 번째 주장은 천황(天皇), 지황(地皇), 인황(人皇)으로 보는 견해이다. 『예문유취(藝文類聚)』에서는 『춘추위(春秋緯)』를 인용하며, “天皇, 地皇, 人皇, 兄弟九人, 分九州, 長天下也.”라고 기록하였다.

◎ 상(庠) : ‘상’은 본래 향(鄕) 밑의 행정단위인 당(黨)에 건립된 학교를 뜻한다. 『예기』「학기(學記)」편에는 “古之敎者, 家有塾, 黨有庠, 術有序, 國有學.”이란 기록이 있는데, 이에 대한 공영달(孔穎達)의 소(疏)에서는 “庠, 學名也. 於黨中立學, 敎閭中所升者也.”라고 풀이했다. 또 ‘상’은 국학(國學)에 대비되는 향학(鄕學)을 뜻하는 용어로도 사용되었으며, 학교를 범칭하는 용어로도 사용되었다. 『예기』「향음주의(鄕飮酒義)」편에는 “主人拜迎賓於庠門之外”란 기록이 있고, 이에 대한 정현의 주에서는 “庠, 鄕學也.”라고 풀이했다. 또 『맹자』「등문공상(滕文公上)」편에는 “夏曰校, 殷曰序, 周曰庠, 學則三代共之, 皆所以明人倫也.”라는 기록이 있다. 한편 학교를 뜻하는 용어로 ‘상’이라는 명칭이 생긴 이유는 ‘상’자에 봉양한다는 양(養)의 뜻이 포함되어 있기 때문이다.

◎ 상(嘗) : ‘상’은 가을에 종묘(宗廟)에서 지내는 제사를 뜻한다. 『이아』「석천(釋天)」편에는 “春祭曰祠, 夏祭曰礿, 秋祭曰嘗, 冬祭曰烝.”이라는 기록이 있다. 즉 봄에 지내는 제사를 ‘사(祠)’라고 부르며, 여름에 지내는 제사를 ‘약(礿)’이라고 부르고, 가을에 지내는 제사를 ‘상(嘗)’이라고 부르며, 겨울에 지내는 제사를 ‘증(烝)’이라고 부른다. 한편 ‘상’제사는 성대한 규모로 거행하였기 때문에, ‘대상(大嘗)’이라고도 불렸으며, 가을에 지낸다는 뜻에서, ‘추상(秋嘗)’이라고도 불렀다. 또한 『춘추번로(春秋繁露)』「사제(四祭)」편에서는 “四祭者, 因四時之所生孰而祭其先祖父母也. 故春曰祠, 夏曰礿, 秋曰嘗, 冬曰烝. …… 嘗者, 以七月嘗黍稷也.”이라고 하여, 가을 제사인 상(嘗)제사는 7월에 시행하며, 서직(黍稷)을 흠향하도록 지낸다는 뜻에서 맛본다는 뜻의 ‘상’자를 붙였다고 설명한다.

◎ 상개(上介) : ‘상개’는 개(介) 중에서도 가장 직위가 높았던 자를 뜻한다. 빈객(賓客)이 방문했을 때, 빈객의 부관이 되어, 주인(主人)과의 사이에

서 시행해야 할 일들을 도왔던 부관들을 '개'이라고 부른다.

◎ 상거(喪車) : '상거'는 악거(惡車)라고도 부른다. 장례(葬禮)를 치를 때 사용되는 수레이다. 다만 시신의 관을 싣는 용도로 사용되는 것이 아니라, 그의 자식이 타게 되는 수레이다. 『예기』「잡기상(雜記上)」편에는 "端衰・喪車皆無等."이라는 기록이 있는데, 이에 대한 공영달(孔穎達)의 소(疏)에서는 "喪車者, 孝子所乘惡車也."라고 풀이했다.

◎ 상경(上卿) : '상경'은 주(周)나라 제도에서, 경(卿) 중에서 가장 높은 자들을 뜻한다. 주나라 제도에서 천자 및 제후들은 모두 경을 두었으며, 상・중・하 세 등급으로 구분하였다.

◎ 상공(上公) : '상공'은 주(周)나라 제도에 있었던 관직 등급이다. 본래 신하의 관직 등급은 8명(命)까지이다. 주나라 때에는 태사(太師), 태부(太傅), 태보(太保)와 같은 삼공(三公)들이 8명의 등급에 해당했다. 그런데 여기에 1명을 더하게 되면 9명이 되어, 특별직인 '상공'이 된다. 『주례』「춘관(春官)・전명(典命)」편에는 "上公九命爲伯, 其國家宮室車旗衣服禮儀, 皆以九爲節."이라는 기록이 있고, 이에 대한 정현의 주에서는 "上公, 謂王之三公有德者, 加命爲二伯. 二王之後亦爲上公."이라고 풀이하였다. 즉 '상공'은 삼공 중에서도 유덕(有德)한 자에게 1명을 더해 주어, 제후들을 통솔하는 '두 명의 백(伯)[二伯]'으로 삼았다. 또한 제후의 다섯 등급을 나열할 경우, 공작(公爵)을 '상공'이라고 부르기도 한다.

◎ 상공(上公) : '상공'은 오행(五行)을 주관하는 신(神)을 뜻한다. 『춘추좌씨전』「소공(昭公) 29년」편에는 "故有五行之官, 是謂五官, 實列受氏姓, 封爲上公, 祀爲貴神. 社稷五祀, 是尊是奉. 木正曰句芒, 火正曰祝融, 金正曰蓐收, 水正曰玄冥, 土正曰后土."라는 기록이 있다. 이 기록에 따르면, 목(木), 화(火), 토(土), 금(金), 수(水)를 주관하는 신은 구망(句芒), 축융(祝融), 욕수(蓐收), 현명(玄冥), 후토(后土)가 되는데, 이들을 '상공'으로 부르기도 한다. 한편 후대에는 토정(土正)인 '후토'만을 '상공'으로 지칭하기도 했다.

◎ 상관(喪冠) : '상관'은 상복(喪服)을 착용할 때 쓰는 관(冠)이다. 상복은 수위에 따라 일반적으로 오복(五服)으로 나뉘게 되는데, '상관' 또한 각

상복의 종류에 따라 달라진다.

◎ 상로(象路) : '상로'는 상로(象輅)라고도 부른다. 천자가 사용하는 다섯 가지 수레 중 하나이다. 상아로 수레를 치장했기 때문에, '상로'라고 부르게 되었다. 대적(大赤)이라는 깃발을 세웠으며, 조회를 보거나, 이성(異姓)인 자를 분봉할 때 사용하였다. 『주례』「춘관(春官)·건거(巾車)」편에는 "象路, 朱樊纓, 七就, 建大赤, 以朝, 異姓以封."이라는 기록이 있고, 이에 대한 정현의 주에서는 "象路, 以象飾諸末."이라고 풀이했다.

◎ 상빈(上擯) : '상빈'은 빈(擯)들 중에서도 가장 직위가 높았던 자를 뜻한다. 빈객(賓客)이 방문했을 때, 주인(主人)의 부관이 되어, 빈객과의 사이에서 시행해야 할 일들을 도왔던 부관들을 '빈'이라고 부른다.

◎ 상상(上庠) : '상상'은 본래 유우씨(有虞氏) 때의 태학(太學)을 가리킨다. 서교(西郊)에 위치하였다. 참고적으로 유우씨 때의 소학(小學)은 하상(下庠)이다. 『예기』「왕제(王制)」편에는 "有虞氏, 養國老於上庠, 養庶老於下庠."이라는 기록이 있고, 이에 대한 정현의 주에서는 "上庠右學, 大學也, 在西郊, 下庠左學, 小學也, 在國中王宮之東."이라고 풀이했다. 또한 '상상'은 주(周)나라 태학에 건립된 건물들 중 하나를 가리키기도 한다.

◎ 상전(喪奠) : '상전'은 상례(喪禮)를 시행하는 도중 아직 장례(葬禮)를 치르지 않은 상태에서, 음식물들을 진설하며 지내는 전(奠)제사를 뜻한다.

◎ 상제(喪祭) : '상제'는 장례(葬禮)를 치른 이후에 지내는 제사들을 지칭하는 말이다.

◎ 상제(祥祭) : '상제'는 대상(大祥)과 소상(小祥) 때의 제사를 뜻한다. '소상'에서의 제사는 부모가 죽은 지 만 1년 만에 지내는 제사이고, 대상(大祥)에서의 제사는 만 2년 만에 지내는 제사이다. 또한 소상(小祥)은 연제(練祭)라고 부르므로, '상제'를 대상(大祥)을 뜻하는 용어로도 사용한다.

◎ 상제(嘗祭) : '상제'는 가을에 종묘(宗廟)에서 지내는 제사를 뜻한다. 『이아』「석천(釋天)」편에는 "春祭曰祠, 夏祭曰礿, 秋祭曰嘗, 冬祭曰烝."이라는 기록이 있다. 즉 봄에 지내는 제사를 '사(祠)'라고 부르며, 여름에 지내는 제사를 '약(礿)'이라고 부르고, 가을에 지내는 제사를 '상(嘗)'이라

고 부르며, 겨울에 지내는 제사를 '증(烝)'이라고 부른다. 한편 '상'제사는 성대한 규모로 거행하였기 때문에, '대상(大嘗)'이라고도 불렀으며, 가을에 지낸다는 뜻에서, '추상(秋嘗)'이라고도 불렀다. 또한 『춘추번로(春秋繁露)』「사제(四祭)」편에서는 "四祭者, 因四時之所生孰而祭其先祖父母也. 故春曰祠, 夏曰礿, 秋曰嘗, 冬曰烝. …… 嘗者, 以七月嘗黍稷也."이라고 하여, 가을 제사인 상(嘗)제사는 7월에 시행하며, 서직(黍稷)을 흠향하도록 지낸다는 뜻에서 맛본다는 뜻의 '상'자를 붙였다고 설명한다.

◎ 상체(嘗禘) : '상체'는 본래 종묘에서 정규적으로 지내는 가을제사인 상(嘗)과 여름제사인 체(禘)를 합쳐서 부른 말이다. 따라서 '상체'는 종묘제사를 범칭하는 용어로 사용되었으며, 후대에는 제사 자체를 범칭하는 용어로도 사용되었다.

◎ 상축(商祝) : '상축'은 상(商)나라 즉 은(殷)나라 때의 예법을 익혀서, 제사를 돕는 자를 뜻한다. 『예기』「악기(樂記)」편에는 "商祝辨乎喪禮, 故後主人."이라는 기록이 있는데, 이에 대한 공영달(孔穎達)의 소(疏)에서는 "商祝, 謂習商禮而爲祝者."라고 풀이했다.

◎ 생호(牲號) : '생호'는 제사 때 사용되는 희생물들을 아름답게 부르는 호칭을 뜻한다. 마치 소를 '한 마리의 발자국이 큰 소[一元大武]'라고 부르고, 돼지를 '털이 뻣뻣한 돼지[剛鬣]'라고 부르며, 양을 '털이 가늘고 부드러운 양[柔毛]'이라고 부르고, 닭을 '소리가 울려 퍼지는 닭[翰音]'으로 부르는 경우와 같다. 『주례』「춘관(春官)·대축(大祝)」편에는 "辨六號, 一曰神號, 二曰鬼號, 三曰示號, 四曰牲號."라는 기록이 있는데, 이에 대한 정현의 주에서는 "鄭司農云, 牲號, 爲犧牲皆有名號. 曲禮曰, '牛曰一元大武, 豕曰剛鬣, 羊曰柔毛, 雞曰翰音.'"이라고 풀이했다.

◎ 서(序) : '서'는 본래 향(鄕) 밑의 행정단위인 주(州)에 건립된 학교를 뜻한다. 『주례』「지관(地官)·주장(州長)」편에는 "春秋以禮會民而射于州序."라는 기록이 있다. 또한 하후씨(夏后氏) 때 건립한 학교로 설명하며, 동서(東西)와 서서(西序)로 구분하기도 한다. 『예기』「왕제(王制)」편에는 "夏后氏養國老於東序, 養庶老於西序."라는 기록이 있고, 이에 대

한 정현의 주에서는 "皆學名也."라고 풀이했다. 한편 '서'는 은(殷)나라 때의 학교로 설명되기도 하며 주(周)나라 때의 학교로 설명되기도 한다. 『맹자』「등문공상(滕文公上)」편에는 "夏曰校, 殷曰序, 周曰庠, 學則三代共之."라는 기록이 있고, 『한서(漢書)』「유림전서(儒林傳序)」편에는 "三代之道, 鄕里有敎, 夏曰校, 殷曰庠, 周曰序."라는 기록이 있다.

◎ 서로(庶老) : '서로'는 고대에 사(士)의 벼슬을 하다가 노년이 되어 물러난 자를 경칭하는 말이다.

◎ 서모(庶母) : '서모'는 부친의 첩(妾)들을 뜻한다. 『의례』「사혼례(士昏禮)」편에는 "庶母及門內施鞶, 申之以父母之命."이라는 기록이 있는데, 이에 대한 정현의 주에서는 "庶母, 父之妾也."라고 풀이했다. 한편 '서모'는 부친의 첩들 중에서도 아들을 낳은 여자를 뜻하기도 한다. 『주자전서(朱子全書)』「예이(禮二)」편에는 "庶母, 自謂父妾生子者."라는 기록이 있다.

◎ 서백(西伯) : '서백'은 서쪽 지역에 속한 제후들을 통솔하는 제후들의 수장을 뜻한다. '백(伯)'은 제후들의 수장에게 붙이는 칭호 중 하나이다. 주(紂)임금은 문왕(文王)을 '서백'으로 임명하였기 때문에, '서백'은 또한 '문왕'을 지칭하기도 한다. 『맹자』「이루상(離婁上)」편에는 "吾聞西伯善養老者."라는 기록이 있는데, 이에 대한 초순(焦循)의 『정의(正義)』에서는 "西伯, 卽文王也. 紂命爲西方諸侯之長, 得專征伐, 故稱西伯."이라고 풀이했다. 한편 무왕(武王)은 문왕의 지위를 계승하였기 때문에, '무왕'을 또한 '서백'이라고도 부른다. 『여씨춘추(呂氏春秋)』「귀인(貴因)」편에는 "殷使膠鬲候周師. 武王見之. 膠鬲曰, '西伯將何之? 無欺我也.' 武王曰, '不子欺, 將之殷也.'"라는 기록이 있다.

◎ 서신(瑞信) : '서신'은 천자가 제후에게 나눠주는 서옥(瑞玉)을 뜻한다. 그를 제후로 임명하는 징표가 되기 때문에 '서신'이라고 부르는 것이다.

◎ 서자(庶子) : '서자'는 주(周)나라 때 설치되었던 관직으로, 사마(司馬)에게 소속된 관리이다. 제후 및 경(卿)・대부(大夫)의 자제들에 대한 교육 등을 담당하였다. 『주례』의 체제에 따르면 제자(諸子)에 해당한다. 『예기』「연의(燕義)」편에는 "古者, 周天子之官有庶子官."이라는 기록이

있는데, 이에 대한 정현의 주에서는 "庶子, 猶諸子也. 周禮諸子之官, 司馬之屬也."라고 풀이하였다.

◎ 서학(西學) : '서학'은 주나라 때 왕성의 서쪽에 설치된 소학(小學)을 뜻한다.

◎ 석(裼) : '석'은 고대에 의례를 시행할 때 하는 복장 방식 중 하나이다. 좌측 소매를 걷어 올려서, 안에 입고 있는 석의(裼衣)를 드러내는 것이다. 한편 '석'은 비교적 성대하지 않은 의식 때 시행하는 복장 방식으로도 사용되어, 좌측 소매를 걷어 올려서 공경의 뜻을 표하기도 했다.

◎ 석(石) : '석'은 용량을 재는 단위이다. 지역 및 각 시대마다 다소 차이를 보이는데, 고대에는 10두(斗)를 1석(石)으로 여겼다.

◎ 석구(裼裘) : '석구'는 예식(禮式)을 치를 때, 복장을 착용하는 방식 중 하나이다. 겉옷의 소매를 걷어 올려서, 안에 입고 있는 갓옷을 겉으로 드러내되, 다 드러내는 것은 아니다. 성대한 예식을 치를 때가 아니라면, 이러한 복식으로 복장을 착용하는 것이 공손함을 나타내는 방법이 된다.

◎ 석량왕씨(石梁王氏, ?~?) : 자세한 이력이 남아 있지 않다.

◎ 석월(夕月) : '석월'은 고대에 제왕이 달에 대해서 지낸 제사를 뜻한다. 춘분(春分) 때에는 조일(朝日)을 하고, 추분(秋分) 때에는 '석월'을 했고, 서쪽 성문 밖에서 지낸 제사라고 설명하기도 한다. 『국어(國語)』「주어상(周語上)」편에는 "古者, 先王旣有天下, 又崇立於上帝 · 明神而敬事之, 於是乎有朝日 · 夕月以敎民事君."이라는 기록이 있고, 이에 대한 위소(韋昭)의 주에서는 "禮, 天子搢大圭 · 執鎭圭, 繅藉五采五就, 以春分朝日, 秋分夕月, 拜日於東門之外, 然則夕月在西門之外也."라고 풀이했다.

◎ 석의(裼衣) : '석의'는 고대에 의례를 시행할 때 입었던 옷이다. 가죽옷이나 갈옷 위에 걸쳤던 외투 중 하나이다. '석의' 위에는 습의(襲衣)를 걸쳤기 때문에, 중간에 입는 옷이라는 뜻에서 '중의(中衣)'라고도 부른다.

◎ 석전(釋奠) : '석전'은 국학(國學)에서 거행되었던 전례(典禮) 중 하나이다. 성찬과 술을 진설하고, 폐백 등을 바쳐서, 선성(先聖)과 선사(先師)에게 지내는 제사이다.

◎ 석채(釋菜) : '석채'는 본래 국학(國學)에서 거행되었던 전례(典禮) 중 하

나이다. 희생물 없이 소채 등으로 간소하게 차려놓고, 선성(先聖)과 선사(先師)에게 지내는 제사이다. 또한 희생물 없이 간소하게 지내는 제사를 지칭하기도 한다.

◎ 석최(錫衰) : '석최'는 가는 베로 만든 옷으로, 일종의 상복(喪服)에 해당한다. 천자의 경우, 삼공(三公)이나 육경(六卿)의 상(喪)에 착용했던 복장이다.

◎ 선사(選士) : '선사'는 수사(秀士)들 중에서 덕행과 능력이 출중하여, 사도(司徒)에게 천거된 자를 뜻한다. 참고로 수사는 향학(鄉學)의 사(士) 중에서 덕행과 재예(才藝)가 뛰어난 사를 뜻한다.

◎ 선사(先師) : '선사'는 전 세대에 태학(太學)에서 교육을 담당하였던 자들로, 도덕(道德)을 갖춘 자들을 뜻한다. 이들이 죽게 되면 뛰어난 자들을 각 학문의 시조로 삼아 제사를 지내게 되므로, 또한 이전 세대에 태학에서 교육을 담당했던 자들을 가리키기도 한다. 『예기』「문왕세자(文王世子)」편에는 "凡學, 春官釋奠于其先師, 秋冬亦如之."라는 기록이 있고, 이에 대한 정현의 주에서는 "周禮曰: '凡有道者有德者, 使敎焉. 死則以爲樂祖, 祭於瞽宗.' 此之謂先師之類也."라고 풀이했다. 즉 『주례』에는 "무릇 도(道)를 가지고 있고 덕(德)을 가지고 있는 자들로 하여금 교육을 담당하게 한다. 그들이 죽게 되면, 그들을 악(樂)의 시조로 삼아서, 고종(瞽宗)에서 제사를 지낸다."라고 하였는데, 이러한 자들이 바로 '선사'들이다.

◎ 선재(膳宰) : '선재'는 선부(膳夫)와 같은 말이다. 군주가 먹는 음식 등을 담당했던 관리이다. 천자에게 소속된 '선재'를 '선부'라고 불렀으며, 상사(上士)가 담당했다. 『의례』「연례(燕禮)」편에는 "膳宰具官饌于寢東."라는 기록이 있는데, 이에 대한 정현의 주에서는 "膳宰, 天子曰膳夫, 掌君飮食膳羞者也."라고 풀이했다. 그리고 『주례』「천관(天官)·선부(膳夫)」편에는 "膳夫掌王之食飮膳羞."라는 기록이 있다.

◎ 선취(先炊) : '선취'는 처음으로 불을 때서 밥 짓는 방법을 만들어낸 사람이다. 신격화되어 여성 신(神)으로 모셔졌으며, 노부(老婦)라고도 부른다. 『예기』「예기(禮器)」편에는 "奧者, 老婦之祭也."라는 기록이 있고,

이에 대한 정현의 주에서는 "老婦, 先炊者也."라고 풀이했다. 또 『사기 (史記)』「봉선서(封禪書)」편에는 '선취'가 기록되어 있는데, 장수절(張守節)의 『정의(正義)』에서는 "先炊, 古炊母神也."라고 풀이했다.

◎ 섭주(攝主) : '섭주'는 제주(祭主) 및 상주(喪主)의 일을 대신 맡아보는 자이다. 정식 제주 및 상주는 종법제(宗法制)에 따라서, 종주(宗主)가 담당을 하였는데, 그에게 사정이 생겨서, 그 일을 주관하지 못할 때, '섭주'가 대신 그 일을 담당했다. 군주의 경우에는 재상이 담당하기도 하였으며, 나머지의 경우에는 제주 및 상주와 항렬이 같은 자들 중에서 담당을 하기도 했다.

◎ 성동(成童) : '성동'은 아동들 중에서도 나이가 찬 자들을 뜻한다. 8세 이상이 된 아동을 뜻한다고 풀이하기도 하며, 15세 이상이 된 아동을 뜻한다고 풀이하기도 한다. 『춘추곡량전』「소공(召公) 19년」편의 "羈貫成童, 不就師傅, 父之罪也."라는 기록에 대해, 범녕(范甯)의 주에서는 "成童, 八歲以上."이라고 풀이했고, 『예기』「내칙(內則)」편의 "成童, 舞象, 學射御."라는 기록에 대해, 정현의 주에서는 "成童, 十五以上."이라고 풀이했다.

◎ 성문(城門) : '성문'은 도성(都城)과 교(郊) 사이에 있는 문이다. 도성 밖에는 도성을 둘러싼 4개의 '교'가 있다. 이때 도성과 교 사이에 있는 문이 바로 '성문'이 된다.

◎ 성복(成服) : '성복'은 상례(喪禮)에서 대렴(大斂) 이후, 죽은 자와의 관계에 따라, 각각 규정에 맞는 상복(喪服)을 갖춰 입는다는 뜻이다.

◎ 성생(騂牲) : '성생'은 제사에 사용되는 적색의 희생물을 뜻한다.

◎ 세가(世家) : '세가'는 대대로 녹(祿)을 받는 세록(世祿)의 가문을 뜻한다. 후대에는 대대로 존귀하게 대접받고 명망이 있었던 가문을 지칭하는 용어로 사용되었다. 『맹자』「등문공하(滕文公下)」편에는 "仲子, 齊之世家也."라는 용례가 있고, 『한서(漢書)』「식화지하(食貨志下)」편에는 "世家子弟富人或鬪雞走狗馬, 弋獵博戲, 亂齊民."이라는 기록이 있는데, 이에 대한 안사고(顏師古)의 주에서는 여순(如淳)의 말을 인용하여, "世家, 謂世世有祿秩家也."라고 풀이했다.

◎ 세공(歲功) : '세공'은 한 해 동안 이룩한 공적(功績)을 지칭한다. 구체적으로는 한 해의 농사를 수확한다는 뜻이다. 『한서(漢書)』「예악지(禮樂志)」편에는 "陽出布施於上而主歲功, 陰入伏藏於下而時出佐陽. 陽不得陰之助, 亦不能獨成歲功."이라는 기록이 있다.

◎ 세본(世本) : 『세본(世本)』은 『세(世)』·『세계(世系)』 등으로 일컬어지기도 한다. 선진시대(先秦時代) 때의 사관(史官)이 기록한 문헌이라고 전해지지만, 진위여부를 확인할 수 없다. 『세본』은 고대의 제왕(帝王), 제후(諸侯) 및 경대부(卿大夫)들의 세계도(世系圖)를 기록한 서적이다. 일실되어 현존하지 않지만, 후대 학자들이 다른 문헌 속에 남아 있는 기록들을 수집하여, 일집본(佚輯本)을 남겼다. 이러한 일집본에는 여덟 종류의 주요 판본이 있는데, 각 판본마다 내용상의 차이를 보이고 있다. 1959년에는 상무인서관(商務印書館)에서 이러한 여덟 종류의 판본을 모아서 『세본팔종(世本八種)』을 출판하였다.

◎ 세족(世族) : '세족'은 세공(世功)과 관족(官族)을 합쳐 부르는 말이다. '세족'은 선대(先代)에 공적(功績)을 쌓았던 관족(官族)을 뜻한다. 후대에는 대대로 녹봉을 받는 명문 있는 가문을 뜻하는 용어로도 사용하였다. 『춘추좌씨전』「은공(隱公) 8년」편에는 "官有世功, 則有官族."라는 기록이 있다.

◎ 세최(繐衰) : '세최'는 5개월 동안 소공복(小功服)의 상을 치를 때 착용하는 상복을 뜻한다. 가늘고 성근 마(麻)의 포를 사용해서 만들기 때문에, '세최'라고 부른다.

◎ 소공복(小功服) : '소공복'은 상복(喪服) 중 하나로, 오복(五服)에 속한다. 조밀한 삼베를 사용해서 만들며, 대공복(大功服)에 비해서 삼베의 재질이 조밀하기 때문에, '소공복'이라고 부른다. 이 복장을 입게 되는 기간은 상황에 따라 차이가 생기지만, 일반적으로 5개월이 된다. 백숙(伯叔)의 조부모나 당백숙(堂伯叔)의 조부모, 혼인하지 않은 당(堂)의 자매(姊妹), 형제(兄弟)의 처 등을 위해서 입는다.

◎ 소관(素冠) : '소관'은 상사(喪事)나 흉사(凶事)의 일을 접했을 때 쓰게 되는 흰색 관(冠)이다.

◎ 소군(小君) : '소군'은 주대(周代)에 제후의 부인을 지칭하던 용어이다. 『춘추』「희공(僖公) 2년」편에는 "夏五月辛巳, 葬我小君哀姜."이라는 용례가 있다.

◎ 소궤(素几) : '소궤'는 상례(喪禮) 때 사용하는 것으로, 흰 흙을 발라서 만든 작은 안석이다. 『주례』「춘관(春官)·사궤연(司几筵)」편에는 "凡喪事, 設葦席, 右素几."라는 기록이 있다. 즉 무릇 상사(喪事)에는 갈대로 엮은 자리를 설치하고, 오른쪽에는 '소궤'를 둔다.

◎ 소단(素端) : '소단'은 소복(素服)과 같은 말이다. 흰색으로 만든 상의와 하의를 뜻하며, 상(裳)자와 함께 기론될 때에는 흰색의 상의만을 뜻하기도 한다. 고대에 제후·대부·사가 착용했던 일종의 제복(祭服)이다. 기근이나 재앙이 들었을 때 기원을 하기 위해 착용하는 복장이다.

◎ 소대(小戴) : '소대'는 『소대례기(小戴禮記)』를 편찬한 한(漢)나라 때의 대성(戴聖)을 가리킨다.

◎ 소렴(小斂) : '소렴'은 상례(喪禮) 절차 중 하나이다. 죽은 자의 시신을 목욕시키고, 의복을 착용시키며, 그 위에 이불 등으로 감싸는 절차를 뜻한다.

◎ 소뢰(少牢) : '소뢰'는 제사에서 양(羊)과 돼지[豕] 두 가지 희생물을 사용하는 것을 뜻한다. 『춘추좌씨전』「양공(襄公) 22년」편에는 "祭以特羊, 殷以少牢."라는 기록이 있는데, 이에 대한 두예(杜預)의 주에서는 "四時祀以一羊, 三年盛祭以羊豕. 殷, 盛也."라고 풀이하였다.

◎ 소벽(小辟) : '소벽'은 사형(死刑) 이외의 형벌들을 뜻한다. 사형을 뜻하는 대벽(大辟)과 상대되는 말이다. 고대에는 당일 집행하게 될 형벌에 대해서 제왕에게 보고를 했다. 만약 사형에 해당하는 자가 있다면, "아무개의 죄는 '대벽'에 해당합니다."라고 보고를 하고, 사형 이외의 형벌에 해당하는 자에 대해서는 "아무개의 죄는 '소벽'에 해당합니다."라고 보고를 했다. 『주례』「추관(秋官)·장수(掌囚)」편에는 "及刑殺告刑于王."이라는 기록이 있고, 이에 대한 정현의 주에서는 "告王以今日當行刑及所刑姓名也. 其死罪, 則曰, 某之罪在大辟. 其刑罪, 則曰, 某之罪在小辟."이라고 풀이했다.

◎ 소복(素服) : '소복'은 흰색의 옷감으로 상의와 하의를 만든 옷을 뜻한다.

또한 채색하지 않은 옷감으로 만든 상의와 하의를 가리키기도 한다. 상(喪)을 당하거나, 흉사(凶事)를 접했을 때 착용하던 복장이다. 『예기』「교특생(郊特牲)」편에는 "皮弁素服而祭, 素服以送終也."라는 기록이 있고, 이에 대한 정현의 주에서는 "素服, 衣裳皆素."라고 풀이했다. 한편 후대에는 일상복을 뜻하는 용어로도 사용하였다.

◎ 소부(少傅) : '소부'는 주(周)나라 때 설치된 관직이다. 군주를 보필하는 임무를 맡았다. 소사(少師) 및 소보(少保)와 함께 삼고(三孤)가 된다.

◎ 소빙(小聘) : '소빙'은 본래 제후가 대부(大夫)를 시켜서 매해 천자를 찾아뵙는 것을 뜻한다. 제후는 천자에 대해서, 매년 '소빙'을 하고, 3년에 1번 대빙(大聘)을 하며, 5년에 1번 조(朝)를 한다. 대빙을 할 때에는 경(卿)을 시키고, 조를 할 때에는 제후가 직접 찾아간다. 『예기』「왕제(王制)」편에는 "諸侯之於天子也, 比年一小聘, 三年一大聘, 五年一朝."라는 기록이 있고, 이에 대한 정현의 주에서는 "比年, 每歲也. 小聘使大夫, 大聘使卿, 朝則君自行."이라고 했다.

◎ 소사(小祀) : '소사'는 비교적 규모가 작은 제사를 가리킨다. 또한 군사(群祀)라고 부르기도 한다. 사중(司中), 사명(司命), 풍백(風伯: =風師), 우사(雨師), 제성(諸星), 산림(山林), 천택(川澤) 등에 대해 지내는 제사이다. 『주례』「춘관(春官)·사사(肆師)」편에는 "立小祀用牲."이라는 기록이 있는데, 이에 대한 정현의 주에서는 "鄭司農云 小祀司命已下. 玄謂小祀又有司中風師雨師山川百物."이라고 풀이하였고, 『구당서(舊唐書)』「예의지일(禮儀志一)」에도 "司中司命風伯雨師諸星山林川澤之屬爲小祀."라는 기록이 있다.

◎ 소상(小祥) : '소상'은 본래 부모 및 군주의 상(喪)에서, 부모가 죽은 지 만 1년 만에 지내는 제사이다. 이 제사가 끝나면, 자식은 3년상을 지낼 때의 복장과 생활방식을 조금씩 덜어내게 된다. 또한 '소상'은 친족 및 타인의 상에서 1년이 지났을 때를 가리키기도 한다.

◎ 소서(小胥) : '소서'는 악관(樂官)에 소속된 하위관리이다. 학사(學士)들에 대한 음악 교육을 돕고, 태만하게 행동하는 자에 대해서는 회초리를 치기도 하였다. 『주례』「춘관(春官)·소서(小胥)」편에는 "小胥掌學士

之徵令而比之, 觵其不敬者, 巡舞列而撻其怠慢者, 正樂縣之位."라
는 기록이 있다.

◎ 소소(簫韶) : '소소'는 대소(大韶)라고도 부른다. '대소'는 순(舜)임금 때의
악무(樂舞)이다. 주(周)나라에 와서 육무(六舞) 중 하나로 정착하였다.

◎ 소수(小綏) : '소수'는 제후가 사냥할 때 세워두었던 작은 깃발을 뜻한다.

◎ 소악정(小樂正) : '소악정'은 대악정(大樂正)의 부관으로, 『주례(周禮)』의
체제에 따르면 악사(樂師)에 해당한다. 악사는 『주례』에 나온 관직명으
로, 음악을 담당했던 관리 중 하나이다. 총 책임자였던 대사악(大司樂)
의 부관으로, 국학(國學)에 있는 국자(國子)들에게 소무(小舞) 등을 가
르쳤다고 기록되어 있다. 『주례』「춘관(春官)·악사(樂師)」편에는 "樂
師, 掌國學之政, 以教國子小舞."라는 기록이 있다.

◎ 소조(小祖) : '소조'는 시조(始祖) 및 태조(太祖)를 제외한 고조(高祖)로
부터 그 이하의 조상을 가리키며, 또 그 조상들의 신위가 있는 묘(廟)를
뜻한다.

◎ 소조(素俎) : '소조'는 고대의 제사 때 사용된 제기(祭器) 중 하나이다. 희
생물의 고기를 올려놓던 도마인데, 질박함을 숭상하여 백색의 나무로 제
작하고 별다른 장식을 하지 않았기 때문에 '소(素)'자를 붙여서, '소조'라
고 부르는 것이다.

◎ 소종(小宗) : '소종'과 대종(大宗)은 고대 종법제(宗法制)에 따른 구분이
다. 적장자(嫡長子)의 한 계통만이 대종이 되고, 나머지 아들들은 '소종'
이 된다. 예를 들어 천자의 적장자는 대종이 되고, 나머지 아들들은 '소
종'이 된다. 만약 '소종'인 천자의 나머지 아들들이 제후가 되었다면, 본인
의 나라에서는 대종이 되지만, 천자에 대해서는 역시 '소종'이 된다. 제후
가 된 자의 적장자는 본인의 나라에서 대종이 되고, 나머지 아들들은 '소
종'이 된다.

◎ 소종백(小宗伯) : '소종백'은 대종백(大宗伯)을 보좌하는 관리이다. 『주례』
의 체제에 따르면 중대부(中大夫) 2명이 담당을 했다. 수행하는 일은 대
체로 대종백과 동일하며, 대종백을 보좌하여 세부적인 절차들을 수행한다.

◎ 소찬(素餐) : '소찬'은 시록소찬(尸祿素餐)을 뜻한다. '시록소찬'은 또한

시록소손(尸祿素湌)·시위소찬(尸位素餐) 등으로도 쓴다. 맡아서 하는 일도 없이 녹봉만 받는 벼슬아치들을 풍자하는 말이다. 『설원(說苑)』「지공(至公)」편에는 "久踐高位, 妨群賢路, 尸祿素湌, 貪欲無猒."이라는 기록이 있다.

◎ 소최(疏衰) : '소최'는 자최복(齊衰服)이다.

◎ 소침(小寢) : '소침'은 '연침(燕寢)'을 뜻한다. '연침'은 천자 및 제후들이 휴식을 취하던 장소를 가리킨다. 천자에게는 6개의 침(寢)이 있었는데, 앞쪽에 있는 1개의 침은 정전(正寢)으로 노침(路寢)이라고 부르며, 뒤쪽에 있는 다섯 개의 침을 통칭하여 '연침'이라고 부른다.

◎ 소호씨(少皞氏) : '소호씨'는 소호씨(少昊氏)라고도 부르며, 전설상의 인물이다. 소호(少昊)라고도 부른다. 고대 동이족의 제왕으로, 황제(黃帝)의 아들이었다고도 전해진다. 이름은 지(摯)인데, 질(質)이었다고도 한다. 호(號)는 금천씨(金天氏)이다. 소호(少皞)는 새의 이름으로 관직명을 지었다고 전해지며, 사후에는 서방(西方)의 신(神)이 되었다고 전해진다. 『춘추좌씨전』「소공(昭公) 17년」편에는 "郯子曰 我高祖少皞摯之立也, 鳳鳥適至, 故紀於鳥, 爲鳥師而鳥名."이라는 기록이 있는데, 이에 대한 두예(杜預)의 주에서는 "少皞, 金天氏, 黃帝之子, 己姓之祖也."라고 풀이했다.

◎ 속(束) : '속'은 견직물을 헤아리는 단위이다. 1'속'은 10단(端)을 뜻하는데, 1단의 길이는 1장(丈) 8척(尺)이 되며, 2단이 합쳐서 1권(卷)이 되므로, 10단은 총 5필이 된다. 『주례』「춘관(春官)·대종백(大宗伯)」편에는 "孤執皮帛."이라는 기록이 있고, 이에 대한 가공언(賈公彦)의 소(疏)에서는 "束者十端, 每端丈八尺, 皆兩端合卷, 總爲五匹, 故云束帛也."라고 풀이했다.

◎ 속백(束帛) : '속백'은 한 묶음의 비단으로, 그 수량은 다섯 필(匹)이 된다. 빙문(聘問)을 하거나 증여를 할 때 가져가는 예물(禮物) 등으로 사용되었다. '속(束)'은 10단(端)을 뜻하는데, 1단의 길이는 1장(丈) 8척(尺)이 되며, 2단이 합쳐서 1권(卷)이 되므로, 10단은 총 5필이 된다. 『주례』「춘관(春官)·대종백(大宗伯)」편에는 "孤執皮帛."이라는 기록이 있고, 이

에 대한 가공언(賈公彦)의 소(疏)에서는 "束者十端, 每端丈八尺, 皆兩端合卷, 總爲五匹, 故云束帛也."라고 풀이했다.

◎ 속종(屬從) : '속종'은 친속 관계에 따라 상복을 착용한다는 뜻이다. '속(屬)'자는 친속을 뜻한다. 자식은 모친을 따라서 모친의 친족을 위해서 상복을 착용하고, 처는 남편을 따라서 남편의 친족을 위해서 상복을 착용하며, 남편은 처를 따라서 처의 친족을 위해서 상복을 착용하는 경우가 '속종(屬從)'에 해당한다. 이 세 가지 경우에는 따르는 자가 비록 죽었더라도, 여전히 죽은 자를 따라서 그의 친족을 위해 상복을 착용한다.

◎ 수(遂) : '수'는 주(周)나라 때 원교(遠郊) 밖에 설치되었던 행정구역이다. 원교 안에는 6개의 향(鄕)을 설치했고, 원교 밖에는 6개의 '수'를 설치했다. 『서』「주서(周書)·비서(費誓)」편에는 "魯人三郊三遂, 峙乃楨幹."이란 기록이 있는데, 이에 대한 채침(蔡沈)의 『집전(集傳)』에서는 "國外曰郊, 郊外曰遂."라고 풀이했다. 후대의 해석으로는 송대(宋代)의 이여호(李如箎)가 『동원총설(東園叢說)』「삼례설(三禮說)·향수(鄕遂)」편에서 "周家鄕遂之制, 兵寓其中. 近國爲鄕, 爲鄕者六. 郊之外爲遂, 爲遂亦六."이라고 했던 해석이 있고, 또 청대(淸代)의 운경(惲敬)은 『삼대인혁론이(三代因革論二)』에서 "古之爲國有軍有賦, 軍出於郊者也, 賦出於遂者也."라고 했다. 즉 향(鄕)에서는 군대를 동원했고, '수'에서는 부역을 징수했다는 설명이다. 또 『주례』에 따르면, '수'는 5개의 현(縣)이 모인 행정규모이다. '수' 밑에는 현(縣)을 비롯하여 비(鄙), 찬(酇), 리(里), 린(鄰)의 행정단위가 있었다. '수'를 기준으로 봤을 때, 1개의 '수'는 5개의 현(縣), 25개의 비(鄙), 125개의 찬(酇), 500개의 리(里), 2500개의 린(鄰), 12500개의 가(家) 규모가 된다. 즉 향(鄕)의 규모와 같은 크기이다. 『주례』「지관(地官)·수인(遂人)」편에는 "五家爲鄰, 五鄰爲里, 四里爲酇, 五酇爲鄙, 五鄙爲縣, 五縣爲遂."라는 기록이 있다.

◎ 수(襚) : '수'는 부의를 보낸다는 뜻이며, 또한 부의로 보내는 특정 물건을 가리키기도 한다. '수'는 시신과 함께 매장하게 될 의복이나 이불 등을 부의로 보내는 것이다. 『의례』「사상례(士喪禮)」편에는 "君使人襚, 徹帷, 主人如初, 襚者左執領, 右執要, 入升致命."이라는 기록이 있는데, 이

에 대한 정현의 주에서는 "襚之言遺也, 衣被曰襚."라고 풀이했다.

◎ 수구(垂鉤) : '수구'는 나무를 가공하지 않아도, 자연적으로 수레바퀴처럼 원형으로 굽어진 것을 뜻한다. 고대인들은 태평성세 때 나타나는 상서로운 징조로 여겼다.

◎ 수배(手拜) : '수배'는 무릎을 꿇고서 절을 하는 방법 중 하나이다. 양쪽 손을 먼저 땅바닥에 대고, 동시에 머리를 내리되 손등 위에 도달하면 그치게 된다.

◎ 수전(蒐田) : '수전'은 봄에 시행하는 사냥을 뜻하며, 또한 사냥 전체를 범칭하는 용어로도 사용된다.

◎ 수제(綏祭) : '수제'는 수제(隋祭)·타제(墮祭)라고도 부른다. 제사의 절차 중 하나이다. 음식을 흠향시키고자 할 때, 우선적으로 서직(黍稷)과 희생물의 고기를 덜어내어, 두(豆) 사이에 두고 음식에 대한 제사를 지내게 되는데, 이것을 '수제'라고 부른다. 『예기』「증자문(曾子問)」편에는 "攝主不厭祭, 不旅不假, 不綏祭, 不配."라는 기록이 있는데, 이에 대한 정현의 주에서는 "綏, 周禮作墮."라고 풀이했고, 공영달(孔穎達)의 소(疏)에서는 "謂欲食之時, 先減黍稷牢肉而祭之於豆間, 故曰綏祭."라고 풀이했다.

◎ 수초(酬酢) : '수초'는 술을 마실 때 시행되는 의례 절차이다. 주인(主人)과 빈객(賓客)이 상호 공경스러운 태도로 술을 따라줄 때, 주인이 빈객에게 공경스러운 태도로 술을 따라주는 것을 '수(酬)'라고 부르며, 빈객이 재차 공경스러운 태도로 주인에게 술을 따라주는 것을 '초(酢)'라고 부른다.

◎ 숙계(宿戒) : '숙계'는 제사에 참여하기 전 재계를 하는 것을 뜻한다. 고대에는 제사를 시행할 때, 1차적으로 10일 전에 재계를 하고, 2차적으로 3일 전에 재계를 하는데, 2차적으로 실시하는 재계를 '숙계'라고 부른다.

◎ 숙배(肅拜) : '숙배'는 구배(九拜) 중의 하나이다. 절을 하는 방법 중 하나로, 무릎을 가지런히 모으고, 단지 손을 아래로만 내리며, 머리는 숙이지 않는 방법이다.

◎ 순거(簨簴) : '순거'는 종(鍾)이나 경(磬)을 매다는 도구이다. 가로로 받치는 것을 순(簨)이라고 부르며, 비늘을 가진 짐승으로 장식을 한다. 세로

로 받치는 것을 거(虡)라고 부르며, 털이 짧은 짐승이나 깃털을 가진 짐승으로 장식을 한다. 순(簨)은 큰 나무판으로 만들게 되어, '업(業)'이라고도 부른다. 『예기』「명당위(明堂位)」편에는 "夏后氏之龍簨簴, 殷之崇牙, 周之壁翣."이라는 기록이 있고, 이에 대한 정현의 주에서는 "簨簴, 所以縣鍾·磬也. 橫曰簨, 飾之以鱗屬; 植曰簴, 飾之以臝屬·羽屬. 簨以大版爲之, 謂之業."이라고 풀이했다.

◎ 순수(巡守) : '순수'는 '순수(巡狩)'라고도 부른다. 천자가 수도를 벗어나 제후의 나라를 시찰하는 것을 뜻한다. '순수'의 '순(巡)'자는 그곳으로 행차를 한다는 뜻이고, '수(守)'자는 제후가 지키는 영토를 뜻한다. 제후는 천자가 하사해준 영토를 대신 맡아서 수호하는 것이기 때문에, 천자가 그곳에 방문하여, 자신의 영토를 어떻게 관리하고 있는지를 시찰하게 된다. 『서』「우서(虞書)·순전(舜典)」편에는 "歲二月, 東巡守, 至于岱宗, 柴."라는 기록이 있고, 이에 대한 공안국(孔安國)의 전(傳)에서는 "諸侯爲天子守土, 故稱守. 巡, 行之."라고 풀이했으며, 『맹자』「양혜왕하(梁惠王下)」편에서는 "天子適諸侯曰巡狩. 巡狩者, 巡所守也."라고 기록하였다. 한편 『예기』「왕제(王制)」편에는 "天子, 五年, 一巡守."라는 기록이 있고, 『주례』「추관(秋官)·대행인(大行人)」편에는 "十有二歲王巡守殷國."이라는 기록이 있다. 즉 「왕제」편에서는 천자가 5년에 1번 순수를 시행하고, 「대행인」편에서는 12년에 1번 순수를 시행한다고 기록하고 있는데, 이러한 차이점에 대해서 정현은 「왕제」편의 주에서 "五年者, 虞夏之制也. 周則十二歲一巡守."라고 풀이했다. 즉 5년에 1번 순수를 하는 제도는 우(虞)와 하(夏)나라 때의 제도이며, 주(周)나라에서는 12년에 1번 순수를 했다.

◎ 습(襲) : '습'은 고대에 의례를 시행할 때 하는 복장 방식 중 하나이다. 겉옷으로 안에 입고 있던 옷들을 완전히 가리는 방식이다. 한편 '습'은 비교적 성대한 의식 때 시행하는 복장 방식으로도 사용되어, 안에 있고 있는 옷을 드러내지 않음으로써, 공경의 뜻을 표하기도 했다.

◎ 습(襲) : '습'은 시신에 옷을 입히는 의식 절차이다. 한편 시신에 입히는 옷 자체도 '습'이라고 불렀다.

◎ **습구(襲裘)** : ‘습구’는 성대한 예식(禮式)을 치를 때, 복장을 착용하는 방식을 뜻한다. 겉옷으로 안에 입고 있던 갓옷을 완전하게 가리기 때문에, ‘습구’라고 부른다.

◎ **습의(襲衣)** : ‘습의’는 고대에 의례를 시행할 때 입는 옷이다. 석의(裼衣) 위에 걸쳤던 옷이다. 옷 위에 다시 한 겹을 껴입는다는 뜻에서 ‘습(襲)’자를 붙여서 부르는 것이다.

◎ **승(升)** : ‘승’은 옷감과 관련된 단위이다. 고대에는 포(布) 80가닥[縷]을 1 승(升)으로 여겼다. 『의례』「상복(喪服)」편에서는 “冠六升, 外畢.”이라는 기록이 있는데, 이에 대한 정현의 주에서는 “布八十縷爲升.”이라고 풀이했다.

◎ **승(升)** : ‘승’은 용량을 재는 단위이다. 지역 및 각 시대마다 다소 차이를 보이는데, 고대에는 10합(合)을 1승(升)으로 여겼고, 10승(升)을 1두(斗) 로 여겼다. 『한서(漢書)』「율력지상(律曆志上)」편에는 “合龠爲合, 十 合爲升.”이라는 기록이 있다.

◎ **승거(乘車)** : ‘승거’는 고대의 장례(葬禮) 때 사용되었던 수레이다. 혼거(魂 車)라고도 부른다. 죽은 자의 옷과 관(冠)을 실어서 마치 죽은 자가 생전에 수레를 타던 것처럼 형상화하는 것이다. 그래서 ‘혼거’라고 부른다.

◎ **승빈(承擯)** : ‘승빈’은 상빈(上擯)의 부관 역할을 하는 자로써, 상빈을 돕는 빈(擯)을 뜻한다. ‘승(承)’자는 ‘승(丞)’자와 통용되므로, 승빈(丞擯)이라고도 부른다. 또한 부관 역할을 한다는 뜻에서, 좌빈(佐儐)이라고도 부른다.

◎ **시마복(總痲服)** : ‘시마복’은 상복(喪服) 중 하나로, 오복(五服)에 속한다. 가장 조밀한 삼베를 사용해서 만든다. 이 복장을 입게 되는 기간은 상황에 따라서 차이가 있지만, 일반적으로 3개월이 된다. 친족의 백숙부모(伯 叔父母)나 친족의 형제(兄弟)들 및 혼인하지 않은 친족의 자매(姊妹) 등을 위해서 입는다.

◎ **시삭(視朔)** : ‘시삭’은 본래 천자 및 제후가 매월 초하루에, 종묘(宗廟)에 고하여 해당 월의 달력을 받고, 그곳에서 해당 월에 시행해야 할 정무를 처리하였던 것을 뜻한다. 『춘추좌씨전』「희공(僖公) 5년」편에는 “公旣視

朔, 遂登觀臺以望, 而書, 禮也."라는 기록이 있고, 이에 대한 공영달 (孔穎達)의 소(疏)에서는 "視朔者, 公旣告廟受朔, 卽聽視此朔之政, 是其親告朔也."라고 풀이했다.

◎ 시우(時雨) : '시우'는 시기에 맞게 내리는 비를 뜻한다. 『서』「주서(周書)·홍범(洪範)」편에는 "曰肅, 時雨若."이라는 용례가 있다.

◎ 시인(寺人) : '시인'은 궁중에서 군주를 가까이에서 모시는 소신(小臣)이다.

◎ 시제(柴祭) : '시제'는 일종의 하늘에 대한 제사이다. 초목을 태워서 그 연기를 하늘로 올려 보내며 아뢰는 의식이다. 『서』「우서(虞書)·순전(舜典)」편에는 "歲二月, 東巡守, 至于岱宗, 柴."라는 기록이 있고, 이에 대한 공안국(孔安國)의 전(傳)에서는 "燔柴祭天告至."라고 풀이했다.

◎ 시최(緦衰) : '시최'는 석최(錫衰)와 비슷한 재질로 만든 옷으로, 일종의 상복(喪服)에 해당한다. 천자의 경우, 제후의 상(喪)에 착용했던 복장이다.

◎ 시학(視學) : '시학'은 천자가 석전(釋奠) 및 양로(養老) 등의 의례를 위해, 친히 태학(太學)에 왕림하는 것을 말한다. 일반적으로 천자가 '시학'을 하는 시기는 중춘(仲春), 계춘(季春), 중추(仲秋)에 해당한다. 중춘 때에는 태학에서 합무(合舞)를 하고, 계춘 때에는 합악(合樂)을 하며, 중추 때에는 합성(合聲)을 하기 때문이다. 『예기』「문왕세자(文王世子)」편에는 "天子視學."이라는 기록이 있는데, 이에 대한 공영달(孔穎達)의 소(疏)에서는 "天子視學, 必遂養老之法則, 養老旣畢, 乃命諸侯群吏令養老之事. 天子視學者, 謂仲春合舞, 季春合樂, 仲秋合聲. 於此之時, 天子親往視學也."라고 풀이했다.

◎ 신규(信圭) : '신규'는 신규(身圭)이다. '신(信)'자와 '신(身)'자의 소리가 비슷하기 때문에 잘못 전이된 것이다. '신규'는 후작이 들게 되는 규(圭)이다. 사람의 형상을 새겨 넣었기 때문에 '신규'라고 부르는 것이며, 그 무늬는 궁규(躬圭)에 비해 세밀하다. 신중하게 행동하여 자신의 몸을 잘 보호하고자 이러한 형상을 새겨 넣은 것이다. 그리고 '신규'의 길이는 7촌(寸)이 된다. 『주례』「춘관(春官)·대종백(大宗伯)」편에는 "侯執信圭. 伯執躬圭."라는 기록이 있고, 이에 대한 정현의 주에서는 "信當爲身, 聲之誤也. 身圭·躬圭, 蓋皆象以人形爲瑑飾, 文有麤縟耳. 欲其愼

行以保身. 圭皆長七寸."이라고 풀이했다.

◎ 신창(神倉) : '신창'은 제사를 지낼 때 소용되는 것들을 보관하는 창고이다.

◎ 신호(神號) : '신호'는 신(神)을 아름답게 부르는 호칭을 뜻한다. 마치 상제(上帝)를 황천상제(皇天上帝)라고 부르는 경우와 같다. 신(神)의 이름을 존귀하게 여기기 때문에, 다시금 아름다운 칭호를 덧붙이는 것이다. 『주례』「춘관(春官)・대축(大祝)」편에는 "辨六號, 一曰神號."라는 기록이 있는데, 이에 대한 정현의 주에서는 "神號, 若云皇天上帝."라고 풀이했다. 한편 채옹(蔡邕)의 『독단(獨斷)』에는 "神號, 尊其名更爲美稱, 若曰皇天上帝也."라는 기록이 있다.

◎ 실로(室老) : '실로'는 가신(家臣) 중의 우두머리를 뜻한다.

◎ 실시(實柴) : '실시'는 고대에 시행되었던 제사 절차이다. 희생물을 땔감 위에 올려두고 불을 피워서, 하늘로 올라가는 연기로 신들에게 흠향을 시키는 방법이다. 『주례』「춘관(春官)・대종백(大宗伯)」편에는 "以實柴祀日月星辰."이라는 기록이 있고, 이에 대한 정현의 주에서는 "實柴, 實牛柴上也."라고 풀이했다.

◎ 심(尋) : '심'은 자리의 크기가 반상(半常)인 것으로, 8척(尺)이 되는 것을 뜻한다. 『의례』「공사대부례(公食大夫禮)」편에는 "司宮具几與蒲筵常, 緇布純. 加萑席尋, 玄帛純. 皆卷自末."이라는 기록이 있는데, 이에 대한 정현의 주에서는 "半常曰尋."이라고 풀이했다.

◎ 심상(心喪) : '심상'은 죽음에 대해 애도함이 상을 치르는 것과 같지만, 실제적으로 상복을 입지 않는 것을 뜻한다. 주로 스승이 죽었을 때, 제자들이 치르는 상을 가리킨다. 『예기』「단궁상(檀弓上)」편에서는 "事師無犯無隱, 左右就養無方, 服勤至死, 心喪三年."이라는 기록이 있고, 이에 대한 정현의 주에서는 "心喪, 戚容如父而無服也."라고 풀이했다.

◎ 심의(深衣) : '심의'는 일반적으로 상의와 하의가 서로 연결된 옷을 뜻한다. 제후, 대부(大夫), 사(士)들이 평상시 집안에 거처할 때 착용하던 복장이기도 하며, 서인(庶人)에게는 길복(吉服)에 해당하기도 한다. 순색에 채색을 가미하기도 했다.

◎ 십이율(十二律) : '십이율'은 여섯 개의 양률(陽律)과 여섯 개의 음률(陰

律)을 합하여 부르는 말이다. 양성(陽聲: =陽律)은 황종(黃鐘), 대주(大簇), 고선(姑洗), 유빈(蕤賓), 이칙(夷則), 무역(無射)이며, 이것을 육률(六律)이라고도 부른다. 음성(陰聲: =陰律)은 대려(大呂), 응종(應鍾), 남려(南呂), 함종(函鍾), 소려(小呂), 협종(夾鍾)이며, 이것을 육동(六同)이라고도 부른다. '십이율'은 12개의 높낮이가 다른 표준음으로, 서양 음악의 악조(樂調)에 해당한다. 고대에는 12개의 길이가 다른 죽관(竹管)으로 음의 높낮이를 보정했다. 관(管)의 높이에는 각각 일정한 길이가 있었다. 긴 관은 저음의 소리를 냈고, 짧은 관은 고음의 소리를 냈다. 관 중에는 대나무가 아닌 동으로 제작한 것도 있다. 그리고 '육동'은 또한 육려(六呂), 율려(律呂), 육간(六閒), 육종(六鍾)이라고도 부른다.

◎ 악거(惡車) : '악거'는 악거(堊車)를 뜻한다. 상중(喪中)에 있는 자가 타게 되는 백색으로 된 수레이다. '악(堊)'자는 흰색으로 칠한다는 뜻이다.

◎ 악덕(樂德) : '악덕'은 음악을 가르치면서 교육했던 여섯 가지 음악의 덕목이다. 여섯 가지 덕목은 중(中) · 화(和) · 지(祗) · 용(庸) · 효(孝) · 우(友)이다. '중'은 충심을 뜻한다. '화'는 굳셈과 부드러움이 알맞은 것을 뜻한다. '지'는 공경함을 뜻한다. '용'은 항상된 법도를 지닌다는 뜻이다. '효'는 부모를 잘 섬기는 것을 뜻한다. '우'는 형제들과 잘 지내는 것을 뜻한다. 『주례』「춘관(春官) · 대사악(大司樂)」편에는 "以樂德敎國子: 中 · 和 · 祗 · 庸 · 孝 · 友."라는 기록이 있고, 이에 대한 정현의 주에서는 "中, 猶忠也; 和, 剛柔適也; 祗, 敬; 庸, 有常也; 善父母曰孝; 善兄弟曰友."라고 풀이했다.

◎ 악무(樂舞) : '악무'는 음악을 연주할 때 추는 육대(六代)의 춤을 뜻한다. 육대의 춤은 운문(雲門) · 대권(大卷) · 대함(大咸) · 대소(大韶) · 대하(大夏) · 대호(大濩) · 대무(大武)이다. '운문'과 '대권'은 황제(黃帝) 때의 악무이다. '대함'은 요(堯)임금 때의 악무이다. '대소'는 순(舜)임금 때

의 악무이다. '대하'는 우(禹)임금 때의 악무이다. '대호'는 탕(湯)임금 때의 악무이다. '대무'는 무왕(武王)에 대한 악무이다. 『주례』「춘관(春官)·대사악(大司樂)」편에는 "以樂舞敎國子: 舞雲門·大卷·大咸·大韶·大夏·大濩·大武."라는 기록이 있다.

◎ 악사(樂師): '악사'는 『주례』에 나온 관직명으로, 음악을 담당했던 관리 중 하나이다. 총 책임자인 대사악(大司樂)의 부관이었다. 『주례』「춘관(春官)·악사(樂師)」편에는 "樂師, 掌國學之政, 以敎國子小舞."라는 기록이 있다. 즉 '악사'는 국학(國學)에 있는 국자(國子)들에게 소무(小舞) 등을 가르쳤다.

◎ 악실(堊室): '악실'은 상중(喪中)에 임시로 거처하던 가옥으로, 네 벽면에 흰색의 회칠을 하였다.

◎ 악어(樂語): '악어'는 음악의 가사를 익힐 때의 여섯 가지 이론을 뜻한다. 여섯 가지 이론은 흥(興)·도(道)·풍(諷)·송(誦)·언(言)·어(語)이다. '흥'은 선한 사물을 통해서 선한 사안을 비유하는 것이다. '도'는 인도한다는 뜻으로, 고대의 일을 언급하여 현재의 일에 알맞게 하는 것이다. '풍'은 가사를 암송하는 것이다. '송'은 소리에 맞춰서 읽는 것이다. '언'은 직접적으로 언급하는 것이다. '어'는 답변을 조술하는 것이다. 『주례』「춘관(春官)·대사악(大司樂)」편에는 "以樂語敎國子: 興·道·諷·誦·言·語."라는 기록이 있고, 이에 대한 정현의 주에서는 "興者, 以善物喩善事; 道讀曰導, 導者, 言古以剴今也; 倍文曰諷; 以聲節之曰誦; 發端曰言; 答述曰語."라고 풀이했다.

◎ 악정(樂正): '악정'은 음악을 담당했던 관리들의 우두머리를 뜻한다. 정(正)자는 우두머리를 뜻하는 장(長)자와 같다. 한편 『주례』에는 '악정'이라는 직책은 보이지 않으며, 대신 대사악(大司樂)이라는 직책이 있다. 한편 『의례』「향사례(鄕射禮)」편에는 "樂正先升, 北面立于其西."라는 기록이 있는데, 이에 대한 가공언(賈公彦)의 소(疏)에서는 "案周禮有大司樂, 樂師, 天子之官. 此樂正, 諸侯及士大夫之官."이라고 풀이했다. 즉 '악정'은 제후 및 대부(大夫)의 관리였고, 천자에게는 대신 '대사악'과 악사(樂師)라는 관리가 소속되어 있었다. 따라서 간혹 '악정'을 '대사악'

과 같은 의미로 사용하기도 한다.

◎ 악조(樂祖) : '악조'는 예악(禮樂)을 가르쳤던 선사(先師)들이다. 예전에
는 도덕(道德)을 갖춘 인물로 태학(太學)에 들여보내서, 국자(國子)들을
가르치도록 하였다. 그리고 그들이 죽게 되면 '악조'로 삼아서, 고종(瞽
宗)에서 제사를 지냈다. 『주례』「춘관(春官)‧대사악(大司樂)」편에는
"凡有道者有德者, 使敎焉. 死則以爲樂祖, 祭於瞽宗."이라는 기록이
있다.

◎ 안거(安車) : '안거'는 앉아서 탈 수 있었던 작은 수레를 뜻한다. 일반적으
로 수레를 탈 때에는 서서 탔는데, 이 수레는 연로한 고위 관료 및 부인
들이 앉아서 탈 수 있도록 설계가 되어, 편안하다는 뜻에서 '안(安)'자가
붙은 것이다. 『주례』「춘관(春官)‧건거(巾車)」편에는 "安車, 彫面鷖
總, 皆有容蓋."라는 기록이 있고, 이에 대한 정현의 주에서는 "安車, 坐
乘車. 凡婦人車皆坐乘."이라고 풀이했다.

◎ 안사고(顏師古, A.D.581~A.D.645) : 당(唐)나라 때의 학자이다. 자(字)는
주(籒)이다. 안지추(顏之推)의 손자이다. 훈고학(訓詁學)에 뛰어났다.
오경(五經)의 문자를 교정하여, 『오경정본(五經定本)』을 찬술하기도 하
였다.

◎ 안음(晏陰) : '안음'은 미음(微陰)과 같은 용어이다. 유화(柔和)한 음기(陰
氣)를 뜻한다. 안(晏)은 안(安)자와 같은 뜻이다. 『예기』「월령(月令)」편
에는 "百官, 靜事無刑, 以定晏陰之所成."이라는 기록이 있는데, 이에
대한 손희단(孫希旦)의 집해(集解)에서는 "晏, 安也. 陰道靜, 故曰晏
陰. 夏至之日, 微陰初起, 故致其敬愼安靜以養之, 而定此晏陰之所
成就也."라고 풀이했다. 즉 안(晏)자는 안(安)자와 같은 뜻으로, 음도(陰
道)가 고요하기 때문에, '안음'이라고 부른다. 그리고 하지일(夏至日)에
는 미음(微陰)이 처음 일어나기 때문에, 공경되고 삼감을 다하고, 안정
(安靜)됨을 다하여서, 그 미음의 기운을 길러야 하며, 또한 '안음'이 성취
하는 것을 안정시켜야 한다고 설명한다.

◎ 앙제(盎齊) : '앙제'는 오제(五齊) 중 하나이다. '오제'는 술의 맑고 탁한
정도에 따라서 다섯 가지 등급으로 분류한 술로, 주로 제사 때 사용한다.

'앙제'는 오제 중에서도 중간에 해당하는 술로, '앙제'부터 맑은 술이 된다. '앙제'는 술이 익고 나서 새파란 빛깔을 보이는 것으로 찬백(鄭白)과 같은 술이다.

◎ 약(礿) : '약'은 약(禴)이라고도 부른다. 하(夏)나라와 은(殷)나라 때에는 봄에 종묘(宗廟)에서 지내는 제사를 뜻하는 용어로 사용하였지만, 주(周)나라 때에는 명칭을 고쳐서, 여름에 지내는 제사의 명칭으로 삼았다. '약(礿)'이 봄 제사를 뜻하는 용어로 사용될 때에는 적다[薄]라는 뜻으로, 봄에는 만물이 아직 성숙하지 않으므로, 제사 때 차려내는 제수(祭需)들이 적게 된다. 그렇기 때문에 그 제사를 '약(礿)'이라고 부르는 것이다. 『예기』「왕제(王制)」편에는 "天子諸侯宗廟之祭, 春曰礿, 夏曰禘, 秋曰嘗, 冬曰烝."이라는 기록이 있고, 이에 대한 정현의 주에서는 "此蓋夏殷之祭名. 周則春曰祠, 夏曰礿, 以禘爲殷祭."라고 풀이했고, 진호(陳澔)의 『집설(集說)』에서는 "礿, 薄也. 春物未成, 祭品鮮薄也."라고 풀이했다. 한편 '약(礿)'자가 여름 제사를 뜻하는 용어로 사용될 때에는 삶다[汋=礿]의 뜻으로, 여름 4월에는 보리가 익어서, 삶아서 밥을 지을 수가 있다. 여름 제사 때에는 이처럼 보리밥을 헌상하기 때문에, 그 제사를 '약(礿)'이라고 부르는 것이다. 『춘추공양전』「환공(桓公) 8년」편에는 "夏曰礿."이라는 기록이 있는데, 이에 대한 하휴(何休)의 주에서는 "薦尙麥苗, 麥始熟可礿, 故曰礿."이라고 풀이했다. 그리고 『주례』「춘관(春官)·사준이(司尊彝)」편에서는 "春祠夏禴, 祼用雞彝·鳥彝, 皆有舟."라고 하여, 약(礿)을 '약(禴)'자로 기록하고 있다.

◎ 약사(籥師) : '약사'는 악관(樂官)에 소속된 하위관리이다. 우(羽)와 약(籥)을 들고 추는 문무(文舞)의 교육을 담당하였다. 『주례』「춘관(春官)·약사(籥師)」편에는 "籥師, 掌敎國之舞羽龡籥."이라는 기록이 있고, 이에 대한 가공언(賈公彦)의 소(疏)에서는 "此籥師掌文舞, 故敎羽籥."이라고 풀이했다.

◎ 양기(養器) : '양기'는 음식물을 담는 일상적인 식기들을 뜻한다. 『예기』「곡례하(曲禮下)」편의 기록에 대해서, 공영달(孔穎達)의 소(疏)에서는 "養器, 供養人之飮食器也."라고 풀이하였다.

◎ 양목(陽木) : '양목'은 산의 남쪽 부근에서 생장하는 나무를 뜻한다.

◎ 양복(楊復, ?~?) : 남송(南宋) 때의 학자이다. 자는 무재(茂才)·지인(志仁)이고 호는 신재선생(信齋先生)이다. 주희(朱熹)의 제자이다. 『상제도(喪祭圖)』·『의례도(儀禮圖)』 등의 저서를 남겼다.

◎ 양사(陽祀) : '양사'는 남교(南郊)에서 지내는 천(天)에 대한 제사와 종묘(宗廟)에 대한 제사를 가리킨다. 『주례』 「지관(地官)·목인(牧人)」편의 기록에 대해서, 정현의 주에서는 "陽祀, 祭天於南郊及宗廟."라고 풀이했다.

◎ 양시(楊時, A.D.1053~A.D.1135) : =구산양씨(龜山楊氏)·양씨(楊氏)·양중립(楊中立). 북송(北宋) 때의 학자이다. 자(字)는 중립(中立)이고, 호(號)는 구산(龜山)이다. 저서로는 『구산집(龜山集)』·『구산어록(龜山語錄)』·『이정수언(二程粹言)』 등이 있다.

◎ 양염(陽厭) : '양염'은 염제(厭祭)의 절차 중 하나이다. '염제'에는 음염(陰厭)과 '양염'이 있다. '양염'은 시동이 묘실(廟室)을 빠져 나간 이후에, 시동에게 바쳤던 조(俎)와 돈(敦) 등을 거둬들여서, 서북쪽 모퉁이에 다시 진설하는 것이다.

◎ 양웅(楊雄, B.C.53~A.D.18) : =양웅(揚雄)·양자(揚子). 전한(前漢) 때의 학자이다. 자(字)는 자운(子雲)이다. 사부작가(辭賦作家)로도 명성이 높았다. 왕망(王莽)에게 동조했다는 이유로 송(宋)나라 이후부터는 배척을 당하였다. 만년에는 경학(經學)에 전념하여, 자신을 성현(聖賢)이라고 자처하였다. 참위설(讖緯說) 등을 배척하고, 유가(儒家)와 도가(道家)의 사상을 절충하였다. 저서로는 『법언(法言)』, 『태현경(太玄經)』 등이 있다.

◎ 양웅(揚雄) : =양웅(楊雄)

◎ 양자(揚子) : =양웅(楊雄)

◎ 양헌풍씨(亮軒馮氏, ?~?) : =풍씨(馮氏). 자세한 행적이 남아 있지 않다.

◎ 어인(漁人) : '어인'은 어업과 관련된 일을 담당하는 관리이다. 『주례』 「천관총재(天官冢宰)」편에는 "漁人, 中士四人, 下士四人, 府二人, 史四人, 胥三十人, 徒三百人."이라는 기록이 있다. 즉 '어인'이라는 관직은

중사(中士) 4명이 담당하였고, 하사(下士) 4명이 보좌를 했다. 그리고 그 휘하에는 잡무를 담당하는 부(府) 2명, 사(史) 4명, 서(胥) 30명, 도(徒) 300명이 있었다. 그리고 『주례』「천관(天官)·어인(漁人)」편에는 "漁人, 掌以時漁爲梁. 春獻王鮪, 辨魚物爲鱻薧, 以共王膳羞. 凡祭祀賓客喪紀共其魚之鱻薧. 凡漁者, 掌其政令. 凡漁征, 入于玉府."라는 기록이 있다. 즉 '어인'은 철마다 물고기를 잡기 위해 발을 설치하고, 봄에는 천자가 침묘(寢廟)에 바치게 될 다랑어를 잡아서 헌상하고, 싱싱한 물고기와 어포 등을 감별해서 천자가 먹을 반찬거리를 제공하기도 한다. 그리고 제사나 빈객(賓客) 접대, 상례(喪禮) 때에도 해당 행사에 소용되는 물고기 및 어포들을 공급하고, 어업과 관련된 정령(政令) 시행과 조세 거둬들이는 일을 담당한다.

◎ 엄릉방씨(嚴陵方氏. ?~?) : =방각(方慤)·방씨(方氏)·방성부(方性夫). 송대(宋代)의 유학자이다. 이름은 각(慤)이다. 자(字)는 성부(性夫)이다. 『예기집해(禮記集解)』를 지었고, 『예기집설대전(禮記集說大全)』에는 그의 주장이 많이 인용되고 있다.

◎ 여군(女君) : '여군'은 본부인을 뜻하는 용어이다. 주로 첩 등이 정처를 지칭할 때 쓰는 용어이다.

◎ 여귀(厲鬼) : '여귀'는 악귀(惡鬼)라는 뜻이다. 『춘추좌씨전』「소공(昭公) 7년」편에는 "今夢黃熊入于寢門, 其何厲鬼也."라는 용례가 있다.

◎ 여불위(呂不韋. ?~B.C.235) : 전국시대(戰國時代) 말기(末期)의 정치가이다. 진(秦)나라의 상국(相國)을 지낼 때, 여러 학자들을 초빙하여 『여씨춘추(呂氏春秋)』를 작성하였다.

◎ 여사(女師) : '여사'는 고대에 귀족의 여식들을 교육했던 선생을 뜻한다.

◎ 여수(旅酬) : '여수'는 본래 제사가 끝난 후에, 제사에 참가했던 친족 및 빈객(賓客)들이 술잔을 들어 술을 마시고, 서로 공경의 예(禮)를 표하며, 잔을 권하는 의례(儀禮)이다. 연회에서도 서로에게 술을 권하는 절차를 '여수'라고 부른다.

◎ 여씨(呂氏) : =남전여씨(藍田呂氏)

◎ 역제(繹祭) : '역제'는 일종의 제례 의식 중 하나이다. 정규 제사를 지낸 다

음날 지내는 제사이다.

◎ **연관(練冠)** : '연관'은 상(喪) 중에 착용하는 관(冠)이다. 부모의 상 중에서 1주기에 지내는 제사 때 착용을 하였다.

◎ **연궤(燕几)** : '연궤'는 휴식을 취할 때 몸을 기댈 수 있도록 만든 안석이다.

◎ **연기(燕器)** : '연기'에는 두 가지 뜻이 있다. 첫 번째는 일상적으로 사용하는 기물(器物)들을 뜻한다. 두 번째는 잔치 때 사용하는 예기(禮器)들을 뜻한다.

◎ **연례(燕禮)** : '연례'는 본래 빈객(賓客)을 접대하는 연회의 한 종류를 뜻한다. 각종 연회들을 두루 지칭하기도 하며, 연회에서 사용되는 의례절차들을 두루 지칭하기도 한다. 본래의 '연례'는 연회를 시작할 때, 첫잔을 따라 바치는 절차 끝나면, 모두 자리에 앉아서 술을 마시는데, 취할 때까지 마시는 연회의 한 종류를 뜻한다. '연례' 때에는 희생물로 개[狗]를 사용했으며, 유우씨(有虞氏) 때 시행되었던 제도라고 설명되기도 한다. 『예기』「왕제(王制)」편에는 "有虞氏以燕禮."라는 기록이 있고, 이에 대한 진호(陳澔)의 『집설(集說)』에서는 "燕禮者, 一獻之禮旣畢, 皆坐而飮酒, 以至於醉, 其牲用狗."라고 풀이했다.

◎ **연복(燕服)** : '연복'은 평상시 한가하게 거처할 때 착용하는 복장을 뜻한다. 또한 연회를 할 때 착용하는 복장을 뜻하기도 한다.

◎ **연사(燕食)** : '연사'는 군주를 포함한 모든 계층들이 일상적으로 먹는 오찬이나 만찬을 뜻한다. 『주례』「천관(天官)·선부(膳夫)」에는 "王燕食, 則奉膳贊祭."라는 기록이 있고, 이에 대한 정현의 주에서는 "燕食, 謂日中與夕食."라고 풀이했다. 한편 손이양(孫詒讓)의 『주례정의(周禮正義)』에서는 "王日三食, 日中與夕食, 饌具減殺, 別於禮食及朝食盛饌, 故謂之燕食."라고 풀이했다. 즉 군주는 하루에 세 차례 식사를 하는데, 오찬 및 만찬에는 반찬의 가짓수가 적기 때문에, 예사(禮食)나 조찬때 차려내는 성찬(盛饌)과는 구별이 된다. 그렇기 때문에 '연사'라고 부른다. 또한 연회를 시행할 때, 사용하는 음식을 뜻하기도 한다.

◎ **연사례(燕射禮)** : '연사례'는 연회 때 활쏘기를 했던 의례(儀禮)를 가리킨다. 천자는 제후 및 군신(群臣)들에게 연회를 베풀며, 그들의 노고를 치

하했는데, 연회를 하며 활쏘기 또한 시행했다. 이처럼 연회 때 활쏘기를 하는 의식을 '연사례'라고 부른다.

◎ 연상(練祥) : '연상'은 소상(小祥)과 대상(大祥)을 뜻한다. '연상'에서의 '연(練)'자는 연제(練祭)를 뜻하며, '연제'는 곧 '소상'을 가리킨다. '연상'에서의 '상(祥)'자는 '대상'을 뜻한다. 소상은 죽은 지 13개월만에 지내는 제사이며, 대상은 25개월만에 지내는 제사이고, 대상을 지내게 되면 상복과 지팡이를 제거하게 된다. 『주례』「춘관(春官)·대축(大祝)」편에는 "言甸人讀禱, 付練祥, 掌國事."라는 기록이 있고, 이에 대해 가공언(賈公彥)의 소(疏)에서는 "練, 謂十三月小祥, 練祭. 祥, 謂二十五月大祥, 除衰杖."이라고 풀이했다.

◎ 연의(緣衣) : '연의'는 단의(褖衣)를 뜻한다. '단의'는 흑색의 천으로 상의와 하의를 만들고, 붉은색으로 가장자리에 단을 댄 옷이다. 『의례』「사상례(士喪禮)」편에는 '단의'가 기록되어 있는데, 이에 대한 정현의 주에서는 "黑衣裳赤緣謂之褖."이라고 풀이했다.

◎ 연제(練祭) : '연제'는 소상(小祥)을 뜻한다. 삼년상에서 1년째에 지내는 제사이다. 소상 때에는 연관(練冠)과 연의(練衣)를 착용하고 제사를 지내기 때문에 '연제'라고 부른다.

◎ 연조(燕朝) : '연조'는 천자 및 제후에게 있었던 내조(內朝) 중 하나를 뜻한다. 천자 및 제후는 3개의 조(朝)를 두는데, 1개는 외조(外朝)이며, 나머지 2개는 내조가 된다. 내조 중에서도 노문(路門) 안쪽에 있던 것을 '연조'라고 부른다. 『주례』「춘관(秋官)·조사(朝士)」편에 대한 정현의 주에서는 "周天子諸侯皆有三朝. 外朝一, 內朝二. 內朝之在路門內者, 或謂之燕朝."라고 풀이하고 있다.

◎ 연침(燕寢) : '연침'은 본래 천자 및 제후들이 휴식을 취하던 장소를 가리킨다. 천자에게는 6개의 침(寢)이 있었는데, 앞쪽에 있는 1개의 침은 정전(正寢)으로, 이것을 노침(路寢)이라고 부르며, 뒤쪽에 있는 다섯 개의 침을 통칭하여, '연침'이라고 부른다. 『예기』「곡례하(曲禮下)」편에는 "天子有后, 有夫人"이라는 기록이 있는데, 이에 대한 공영달(孔穎達)의 소(疏)에서는 "周禮王有六寢, 一是正寢, 餘五寢在後, 通名燕寢."이라고

풀이하였다.

◎ 염(斂) : '염'은 시신에 옷을 입혀서 관에 안치하는 것을 뜻한다.

◎ 염강(厭降) : '염강'은 상례(喪禮)에 있어서, 돌아가신 모친을 위해 자식은 본래 삼년상(三年喪)을 치러야 하지만, 부친이 생존해 계신 경우라면, 수위를 낮춰서 기년상(期年喪)으로 치르는데, 이처럼 낮춰서 치르는 것을 '염강'이라고 부른다.

◎ 염관(厭冠) : '염관'은 소공복(小功服) 이하의 상에서 착용하는 관을 뜻한다.

◎ 염인(染人) : '염인'은 견직물과 관련된 일을 담당했던 관직이다. 『주례』「천관총재(天官冢宰)」편에는 "染人下士二人, 府二人, 史二人, 徒二十人."이라는 기록이 있다. 즉 '염인'은 하사(下士) 2명이 담당을 했다. 그리고 그 휘하에는 잡무를 담당하는 부(府) 2명, 사(史) 2명, 도(徒) 20명이 배속되어 있었다. 또한 『주례』「천관(天官)·염인(染人)」편에는 "染人, 掌染絲帛, 凡染, 春暴練, 夏纁玄, 秋染夏, 冬獻功. 掌凡染事."라는 기록이 있다. 즉 '염인'은 비단 등에 염색하는 일을 담당하여, 각 계절별로 잿물, 검정색, 오색(五色) 등을 사용하여, 염색하는 방법을 달리하였다.

◎ 염제(炎帝) : '염제'는 신농(神農)이다. 소전(少典)의 아들이고, 오행(五行)으로 구분했을 때 화(火)를 주관하며, 계절로 따지면 여름을 주관하고, 방위로 따지면 남쪽을 주관하는 자이다. 『여씨춘추(呂氏春秋)』「맹하기(孟夏紀)」편에는 "其日丙丁, 其帝炎帝."이라는 기록이 있고, 이에 대한 고유(高誘)의 주에서는 "炎帝, 少典之子, 姓姜氏, 以火德王天下, 是爲炎帝, 號曰神農, 死託祀於南方, 爲火德之帝."라고 풀이했다. 한편 '염제'는 신농의 후손들을 지칭하기도 한다. 『사기(史記)』「봉선서(封禪書)」편에는 "神農封泰山, 禪云云; 炎帝封泰山, 禪云云."라는 기록이 나오는데, 이에 대한 『사기색은(史記索隱)』의 주에서는 "神農後子孫亦稱炎帝而登封者, 律曆志, '黃帝與炎帝戰於阪泉', 豈黃帝與神農身戰乎? 皇甫謐云炎帝傳位八代也."라고 풀이했다. 즉 신농의 자손들 또한 시조의 명칭에 따라서 '염제'라고 부르기도 하는데, 『사기』「율력지(律曆志)」편에는 황제(黃帝)와 '염제'가 판천(阪泉)에서 전쟁을 벌였다

는 기록이 있는데, 어떻게 시대가 다른 두 사람이 직접 전쟁을 할 수 있는가? 황보밀(皇甫謐)은 이 문제에 대해서 여기에서 말하는 '염제'는 신농의 8대손이라고 풀이했다.

◎ 염제(厭祭) : '염제'는 정규 제사를 지내는 절차 중 하나이다. 정규 제사에서 본격적인 의식은 시동을 통해 진행된다. '염제'는 시동을 이용하지 않고, 본식 이전과 이후에 간략히 지내는 제사를 뜻한다. '염(厭)'자는 신을 흠향시킨다는 뜻이다. '염제'에는 음염(陰厭)과 양염(陽厭)이 있다. '음염'은 시동을 맞이하기 이전에 축관이 술을 따라서 바치고, 그 술잔을 올려서 신을 흠향하게 만드는 것이다. '양염'은 시동이 묘실(廟室)을 빠져나간 이후에, 시동에게 바쳤던 조(俎)와 돈(敦) 등을 거둬들여서, 서북쪽 모퉁이에 다시 진설을 하는 것이다. 『예기』「증자문(曾子問)」편에는 "攝主, 不厭祭, 不旅, 不假, 不綏祭, 不配."라는 기록이 있는데, 이에 대한 정현의 주에서는 "厭, 飫神也. 厭有陰有陽, 迎尸之前祝酌奠, 奠之且饗, 是陰厭也. 尸謖之後徹薦俎敦, 設於西北隅, 是陽厭也."라고 했다.

◎ 예사(禮食) : '예사'는 본래 군주가 신하들에게 음식을 베풀며 예(禮)로 대접을 해주는 것으로, 일종의 연회이다. 『의례』「공사대부례(公食大夫禮)」에 기록된 의례 절차들이 '예사'에 해당한다.

◎ 예제(醴齊) : '예제'는 오제(五齊) 중 하나이다. 비교적 탁한 술에 해당한다. 술이 익고 나서 앙금을 한 차례 걸러낸 것으로 염주(恬酒)와 같은 술이다.

◎ 오경(五經) : '오경'은 고대의 다섯 가지 중요 예제(禮制)를 뜻한다. 『예기』「제통(祭統)」편에는 "禮有五經, 莫重於祭."라는 기록이 있고, 이에 대한 정현의 주에서는 "禮有五經, 謂吉禮·凶禮·賓禮·軍禮·嘉禮也."라고 풀이했다. 즉 다섯 가지 '예제'라는 것은 길례(吉禮), 흉례(凶禮), 빈례(賓禮), 군례(軍禮), 가례(嘉禮)를 뜻한다.

◎ 오곡(五穀) : '오곡'은 곡식을 총칭하는 말로 사용되는데, 본래 다섯 가지 곡식을 뜻한다. 그러나 다섯 가지 곡식이 구체적으로 무엇을 가리키는지에 대해서는 이견이 많다. 『주례』「천관(天官)·질의(疾醫)」편에는 "以

五味・五穀・五藥養其病."이라는 기록이 있고, 이에 대한 정현의 주에
서는 "五穀, 麻・黍・稷・麥・豆也."라고 풀이했다. 즉 이 문장에서는
'오곡'을 마(麻)・메기장[黍]・차기장[稷]・보리[麥]・콩[豆]으로 설명하고
있다. 그리고 『맹자』「등문공상(滕文公上)」편에는 "樹藝五穀, 五穀熟
而民人育."이라는 기록이 있고, 이에 대한 조기(趙岐)의 주에서는 "五
穀謂稻・黍・稷・麥・菽也."라고 풀이했다. 즉 이 문장에서는 '오곡'을
쌀[稻]・메기장[黍]・차기장[稷]・보리[麥]・대두[菽]로 설명하고 있다. 그
리고 『초사(楚辭)』「대초(大招)」편에는 "五穀六仞."이라는 기록이 있는
데, 이에 대한 왕일(王逸)의 주에서는 "五穀, 稻・稷・麥・豆・麻也."라
고 풀이했다. 즉 이 문장에서는 '오곡'을 쌀[稻]・차기장[稷]・보리[麥]・콩
[豆]・마(麻)로 설명하고 있다. 이 외에도 각종 주석에 따라 해당 작물이
달라진다.

◎ 오면(五冕) : '오면'은 고대의 제왕이 제사를 지낼 때 착용하는 다섯 종류
의 관(冠)을 뜻하니, 구면(裘冕)・곤면(衮冕)・별면(鷩冕)・취면(毳冕)・
치면(絺冕)을 가리킨다. 본래 면복(冕服)에는 여섯 종류가 있지만, 대구
(大裘)의 경우, 그 때 착용하는 면(冕)에는 류(旒)가 달려 있지 않기 때
문에, '오면'에는 포함시키지 않는다. 『주례』「하관(下官)・변사(弁師)」편
에는 "掌王之五冕, 皆玄冕朱裏延紐."라는 기록이 있고, 이에 대한 정
현의 주에서는 "冕服有六, 而言五冕者, 大裘之冕蓋無旒, 不聯數也."
라고 풀이했다.

◎ 오미(五味) : '오미'는 다섯 가지 맛을 뜻한다. 맛의 종류를 총칭하는 용어
로도 사용된다. '오미'는 구체적으로 산(酸: 신맛), 고(苦: 쓴맛), 신(辛:
매운맛), 함(鹹: 짠맛), 감(甘: 단맛)을 가리킨다. 『예기』「예운(禮運)」편
에는 "五味, 六和, 十二食, 還相爲質也."라는 기록이 있는데, 이에 대
한 정현의 주에서는 "五味, 酸, 苦, 辛, 鹹, 甘也."라고 풀이하였다.

◎ 오복(五服) : '오복'은 죽은 자와 친하고 소원한 관계에 따라 입게 되는 다
섯 가지 상복(喪服)을 뜻한다. 참최복(斬衰服), 자최복(齊衰服), 대공복
(大功服), 소공복(小功服), 시마복(緦麻服)을 가리킨다. 『예기』「학기
(學記)」편에는 "師無當於五服, 五服弗得不親."이라는 기록이 있는데,

이에 대한 공영달(孔穎達)의 소(疏)에서는 "五服, 斬衰也, 齊衰也, 大功也, 小功也, 總麻也."라고 풀이했다. 또한 '오복'에 있어서는 죽은 자와 가까운 관계일수록 중대한 상복을 입고, 복상(服喪) 기간도 늘어난다. 위의 '오복' 중 참최복이 가장 중대한 상복에 속하며, 그 다음은 자최복이고, 대공복, 소공복, 시마복 순으로 내려간다.

◎ 오복(五服) : '오복'은 천자의 수도 밖의 땅을 다섯 종류의 지역으로 구분한 것이다. 천자의 수도로부터 사방 500리(里)씩 떨어진 곳까지 한 종류의 지역으로 구분하였는데, 천자의 수도에서 가까운 순서대로 기록하면 후복(侯服) · 전복(甸服) · 수복(綏服) · 요복(要服) · 황복(荒服) 순이 된다. 『서』「우서(虞書) · 우공(禹貢)」편에는 "五百里甸服. 百里賦納總. 二百里納銍. 三百里納秸服. 四百里粟, 五百里米. 五百里侯服. 百里采. 二百里男邦. 三百里諸侯. 五百里綏服. 三百里揆文敎. 二百里奮武衛. 五百里要服. 三百里夷, 二百里蔡. 五百里荒服. 三百里蠻. 二百里流."라는 기록이 있다. 한편 '오복'의 명칭에 대해서, 수복(綏服), 요복(要服), 황복(荒服) 대신 남복(男服), 채복(采服), 위복(衛服)으로 부르기도 한다.

◎ 오사(五祀) : '오사'는 본래 주택 내외에 있는 대문[門], 방문[戶], 방 가운데[中霤], 부뚜막[竈], 도로[行]를 주관하는 다섯 신(神)들을 가리키기도 하며, 이들에게 지내는 제사를 지칭하기도 한다. 한편 계층별로 봤을 때, 통치자 계급은 통치 범위를 자신의 집으로 생각하여, 각각 다섯 대상에 대해서 대표적인 장소에서 제사를 지내기도 한다. 『예기』「월령(月令)」편에는 "天子乃祈來年于天宗, 大割祠于公社及門閭, 臘先祖五祀. 勞農以休息之."라는 기록이 있고, 이에 대한 정현의 주에서는 "五祀, 門, 戶, 中霤, 竈, 行也."라고 풀이했다. 한편 '오사' 중 행(行) 대신 우물[井]를 포함시키기도 한다. 『회남자(淮南子)』「시칙훈(時則訓)」편에는 "其位北方, 其日壬癸, 盛德在水, 其蟲介, 其音羽, 律中應鐘, 其數六, 其味鹹, 其臭腐. 其祀井, 祭先腎."이라는 기록이 있다. 그리고 이들에 대해 제사를 지내는 이유에 대해서, 『논형(論衡)』「제의(祭意)」편에서는 "五祀報門 · 戶 · 井 · 竈 · 室中霤之功. 門 · 戶, 人所出入, 井 · 竈, 人

所欲食, 中霤, 人所託處, 五者功鈞, 故俱祀之."라고 설명한다. 즉 '오
사'에 대한 제사는 그들에 대한 공덕에 보답을 하는 것으로, 문(門)과 호
(戶)는 사람들이 출입을 하는데 편리함을 제공해주었고, 정(井)과 조(竈)
는 사람들이 음식을 먹을 수 있도록 해주었으며, 중류(中霤)는 사람이 거
처할 수 있도록 해주었기 때문에, 이들에 대해서 제사를 지내는 것이다.

◎ 오사(五射) : '오사'는 사례(射禮)를 시행할 때 사용되는 다섯 가지 활 쏘
는 예법을 뜻한다. 다섯 가지 활 쏘는 예법은 백시(白矢), 삼련(參連),
섬주(剡注), 양척(襄尺), 정의(井儀)이다. '백시'는 화살을 쏘아서 과녁을
꿰뚫는다는 뜻이다. 화살이 과녁을 꿰뚫게 되면, 화살 끝에 달려 있는 흰
깃털만 보인다는 의미에서 '백시'라고 부른다. '삼련'은 앞서 한 발의 화살
을 쏘고, 뒤이어 3발의 화살을 연이어 쏜다는 뜻이다. '섬주'는 화살을 쏠
때 끝부분의 깃털이 위로 올라가고, 화살촉이 밑으로 내려간 형태로 화살
이 날아가는 것을 뜻한다. '양척'은 신하가 군주와 함께 화살을 쏠 때, 군
주가 화살을 쏘는 장소로부터 1척(尺) 정도 물러나서 쏘는 것을 뜻한다.
'정의'는 4발의 화살을 쏘아서 과녁을 명중시킬 때, 정(井)자의 형태가 되
도록 쏘는 것을 뜻한다. 『주례』「지관(地官)·보씨(保氏)」편에는 "養國
子以道, 乃敎之六藝, 一曰五禮, 二曰六樂, 三曰五射, 四曰五馭, 五
曰六書, 六曰九數."라는 기록이 있고, 이에 대한 정현의 주에서는 정사
농(鄭司農)의 주장을 인용하여, "五射, 白矢·參連·剡注·襄尺·井
儀也."라고 풀이했으며, 가공언(賈公彦)의 소(疏)에서는 "云白矢者, 矢
在侯而貫侯過, 見其鏃白; 云參連者, 前放一矢, 後三矢連續而去也;
云剡注者, 謂羽頭高鏃低而去, 剡剡然; 云襄尺者, 臣與君射, 不與君
並立, 襄君一尺而退; 云井儀者, 四矢貫侯, 如井之容儀也."라고 풀이
했다.

◎ 오사(五事) : '오사'는 본래 모(貌), 언(言), 시(視), 청(聽), 사(思)를 뜻한
다. 즉 언행, 보고 듣는 것, 사려함을 가리킨다. 또 단순히 이러한 행위만
을 뜻하는 것이 아니라 수신(修身)이라는 측면에서 각각의 항목에 규범
이 첨가된다. 즉 '오사'가 실질적으로 가리키는 것은 행동을 공손하게 하
고, 말은 순리에 따라 하며, 보는 것은 밝게 하고, 듣는 것은 밝게 하며,

생각은 깊게 하는 것이다. 『서』「주서(周書) · 홍범(洪範)」편에는 "五事, 一曰貌, 二曰言, 三曰視, 四曰聽, 五曰思. 貌曰恭, 言曰從, 視曰明, 聽曰聰, 思曰睿."라는 기록이 있다.

◎ 오색(五色) : '오색'은 청색[靑], 적색[赤], 백색[白], 흑색[黑], 황색[黃]을 뜻한다. 고대에는 이 다섯 가지 색깔을 순일한 색깔로 여겨서, 정색(正色)으로 규정하였고, 그 이외의 색깔들은 간색(間色)으로 분류하였다.

◎ 오성(五星) : '오성'은 목성(木星), 화성(火星), 토성(土星), 금성(金星), 수성(水星)의 다섯 행성(行星)을 가리킨다. 『사기(史記)』「천관서론(天官書論)」편에는 "水火金木塡星, 此五星者, 天之五佐."라는 기록이 있다. 방위와 이명(異名)으로 설명하자면, '오성'은 동쪽의 세성(歲星: =木星), 남쪽의 형혹(熒惑: =火星), 중앙의 진성(鎭星: =塡星 · 土星), 서쪽의 태백(太白: =金星), 북쪽의 진성(辰星: =水星)을 가리킨다.

◎ 오성(五聲) : '오성'은 오음(五音)이라고도 하며, 일반적으로 궁(宮), 상(商), 각(角), 치(徵), 우(羽) 다섯 가지 음을 뜻한다. 당(唐)나라 이후에는 또한 합(合), 사(四), 을(乙), 척(尺), 공(工)으로 부르기도 했다. 『맹자』「이루상(離婁上)」편에는 "不以六律, 不能正五音."이라는 기록이 있는데, 이에 대한 조기(趙岐)의 주에서는 "五音, 宮商角徵羽"라고 풀이하였다.

◎ 오속(五屬) : '오속'은 서로를 위해 상복(喪服)을 입어야 하는 친족을 뜻한다. 상복은 참최복(斬衰服), 자최복(齊衰服), 대공복(大功服), 소공복(小功服), 시마복(緦麻服)이 있는데, 친족들은 각각의 친소(親疎) 관계에 따라 위의 다섯 가지 상복을 착용하게 되므로, '오속'이라고 부른다.

◎ 오악(五岳) : '오악'은 오악(五嶽)이라고도 부르며, 다섯 방위에 따른 대표적인 산들을 뜻한다. 그러나 각 기록에 따라서 해당하는 산의 명칭에는 다소 차이가 있다. 첫 번째 주장은 동쪽의 태산(泰山), 남쪽의 형산(衡山), 서쪽의 화산(華山), 북쪽의 항산(恒山), 중앙의 숭산(嵩山:= 嵩高山)을 '오악'으로 부른다. 『주례』「춘관(春官) · 대종백(大宗伯)」편에는 "以血祭祭社稷 · 五祀 · 五嶽."이라는 기록이 있는데, 이에 대한 정현의 주에서는 "五嶽, 東曰岱宗, 南曰衡山, 西曰華山, 北曰恒山, 中曰嵩

高山."이라고 풀이했다. 두 번째 주장은 동쪽의 태산(泰山), 남쪽의 곽산(霍山), 서쪽의 화산(華山), 북쪽의 항산(恒山), 중앙의 숭산(嵩山)을 '오악'으로 부른다. 『이아』「석산(釋山)」편에는 "泰山爲東嶽, 華山爲西嶽, 翟山爲南嶽, 恒山爲北嶽, 嵩高爲中嶽."이라는 기록이 있다. 세 번째 주장은 동쪽의 대산(岱山), 남쪽의 형산(衡山), 서쪽의 화산(華山), 북쪽의 항산(恒山), 중앙의 악산(嶽山: =吳嶽)을 '오악'으로 부른다. 『주례』「춘관(春官)·대사악(大司樂)」편에는 "凡日月食, 四鎭·五嶽崩."이라는 기록이 있는데, 이에 대한 정현의 주에서는 "五嶽, 岱在袞州, 衡在荆州, 華在豫州, 嶽在雍州, 恒在幷州."라고 풀이했고, 『이아』「석산(釋山)」편에는 "河南, 華; 河西, 嶽; 河東, 岱; 河北, 恒; 江南, 衡."이라고 풀이했다.

◎ 오악(五嶽) : =오악(五岳)

◎ 오어(五馭) : '오어'는 오어(五御)라고도 부르며, 수레를 몰 때 사용되는 다섯 가지 기술을 뜻한다. 다섯 가지 기술은 명화란(鳴和鸞), 축수곡(逐水曲), 과군표(過君表), 무교구(舞交衢), 축금좌(逐禽左)이다. '명화란'은 수레를 몰 때 방울 소리가 조화롭게 울린다는 뜻이다. '화(和)'와 '란(鸞)'은 모두 수레에 다는 일종의 방울인데, 수레를 편안하게 몰기 때문에 소리가 조화롭게 울린다는 뜻이다. '축수곡'은 물길 옆에 있는 도로를 따라 수레를 몬다는 뜻이다. 즉, 물길의 굴곡에 따른 굽이진 곳을 이동하면서도 수레가 물에 빠지지 않도록 운전을 잘 한다는 뜻이다. '과군표'는 군주가 있는 곳은 깃발 등으로 표시를 하는데, 그곳을 지나갈 때에는 수레를 몰지 않는다는 뜻이다. 일종의 군주에게 공경의 뜻을 표하는 방법이다. '무교구'는 교차로에서 수레끼리 교차하게 될 때, 서로에게 피해를 주지 않기 위해 춤추는 절도에 따라 서로 수레를 돌린다는 뜻이다. '축금좌'는 사냥할 때 수레를 모는 방법이다. 사냥을 할 때 존귀한 자는 좌측에 타서 활을 쏘게 되는데, 짐승을 잘 맞출 수 있도록 수레의 좌측 방향으로 짐승을 몬다는 뜻이다. 『주례』「지관(地官)·보씨(保氏)」편에는 "養國子以道, 乃敎之六藝, 一曰五禮, 二曰六樂, 三曰五射, 四曰五馭, 五曰六書, 六曰九數."라는 기록이 있고, 이에 대한 정현의 주에서는 정

사농(鄭司農)의 주장을 인용하여, "五馭, 鳴和鸞‧逐水曲‧過君表‧舞交衢‧逐禽左."라고 풀이했으며, 가공언(賈公彦)의 소(疏)에서는 "云五馭者, 馭車有五種. 云鳴和鸞者, 和在式, 鸞在衡. 按韓詩云, '升車則馬動, 馬動則鸞鳴, 鸞鳴則和應.' 先鄭依此而言. 云逐水曲者, 無正文, 先鄭以意而言, 謂御車隨逐水勢之屈曲而不墜水也. 云過君表者, 謂若毛傳云, '褐纏旆以爲門, 裘纏質以爲樴, 間容握, 驅而入, 鑿則不得入.' 穀梁亦云, '艾蘭以爲防, 置旃以爲轅門, 以葛覆質以爲槷, 流旁握, 御聲者不得入.' 是其過君表卽褐纏旆是也. 云舞交衢者, 衢, 道也, 謂御車在交道, 車旋應於舞節. 云逐禽左者, 謂御驅逆之車, 逆驅禽獸使左, 當人君以射之, 人君自左射. 故毛傳云, '故自左膘而射之, 達于右腢, 爲上殺.' 又禮記云, '佐車止, 則百姓田獵', 是也."라고 풀이했다.

◎ 오음(五音) : '오음'은 오성(五聲)이라고도 하며, 일반적으로 궁(宮), 상(商), 각(角), 치(徵), 우(羽) 다섯 가지 음을 뜻한다. 당(唐)나라 이후에는 또한 합(合), 사(四), 을(乙), 척(尺), 공(工)으로 부르기도 했다. 『맹자』「이루상(離婁上)」편에는 "不以六律, 不能正五音."이라는 기록이 있는데, 이에 대한 조기(趙岐)의 주에서는 "五音, 宮商角徵羽"라고 풀이하였다.

◎ 오재(五材) : '오재'는 다섯 가지 물질을 뜻한다. 오행(五行)에 맞춰서, '오재'를 금(金), 목(木), 수(水), 화(火), 토(土)로 보기도 하며, 금(金), 목(木), 가죽[皮], 옥(玉), 토(土)로 보기도 한다. 또한 인간의 생활에서 필요로 하는 물질들을 총칭하는 의미로도 사용된다. 『춘추좌씨전』「양공(襄公) 27년」편에는 "天生五材, 民竝用之, 廢一不可."라는 기록이 있는데, 이에 대한 두예(杜預)의 주에서는 "五材, 金, 木, 水, 火, 土也."라고 풀이했다. 그리고 『주례』「동관고공기(冬官考工記)」편에는 "或審曲面藝, 以飭五材, 以辨民器."라는 기록이 있는데, 이에 대한 정현의 주에서는 "此五材, 金, 木, 皮, 玉, 土."라고 풀이했다.

◎ 오적(五狄) : '오적'은 고대 중국의 북쪽 지역에 거주하던 다섯 종류의 소수 민족을 뜻한다. 또한 그들이 거주하는 지역 전체를 가리키는 용어로

도 사용되었다. 다섯 종류의 소수 민족을 월지(月支)·예맥(穢貊)·흉노(匈奴)·단우(單于)·백옥(白屋)이라고 정의하기도 한다. 『예기』「왕제(王制)」편에는 "北方曰狄, 衣羽毛穴居, 有不粒食者矣."라는 기록이 있고, 이에 대한 공영달(孔穎達)의 소(疏)에서는 『이아』에 대한 이순(李巡)의 주장을 인용하며, "一曰月支, 二曰穢貊, 三曰匈奴, 四曰單于, 五曰白屋."이라고 풀이했다.

◎ 오제(五帝) : '오제'는 전설시대에 존재했다고 전해지는 다섯 명의 제왕(帝王)을 뜻한다. 그러나 다섯 명이 누구였는지에 대해서는 이설(異說)이 많다. 첫 번째 주장은 황제(黃帝: =軒轅), 전욱(顓頊: =高陽), 제곡(帝嚳: =高辛), 당요(唐堯), 우순(虞舜)으로 보는 견해이다. 『사기정의(史記正義)』「오제본기(五帝本紀)」편에는 "太史公依世本·大戴禮, 以黃帝·顓頊·帝嚳·唐堯·虞舜爲五帝.   譙周·應劭·宋均皆同."이라는 기록이 있고, 『백호통(白虎通)』「호(號)」편에도 "五帝者, 何謂也? 禮曰, 黃帝·顓頊·帝嚳·帝堯·帝舜也."라는 기록이 있다. 두 번째 주장은 태호(太昊: =伏羲), 염제(炎帝: =神農), 황제(黃帝), 소호(少昊: =摯), 전욱(顓頊)으로 보는 견해이다. 이 주장은 『예기』「월령(月令)」편에 나타난 각 계절별 수호신들의 내용을 종합한 것이다. 세 번째 주장은 소호(少昊), 전욱(顓頊), 고신(高辛), 당요(唐堯), 우순(虞舜)으로 보는 견해이다. 『서서(書序)』에는 "少昊·顓頊·高辛·唐·虞之書, 謂之五典, 言常道也."라는 기록이 있다. 또 『제왕세기(帝王世紀)』에는 "伏羲·神農·黃帝爲三皇, 少昊·高陽·高辛·唐·虞爲五帝."라는 기록이 있다. 네 번째 주장은 복희(伏羲), 신농(神農), 황제(黃帝), 당요(唐堯), 우순(虞舜)으로 보는 견해이다. 이 주장은 『역』「계사하(繫辭下)」편의 내용에 근거한 주장이다.

◎ 오제(五帝) : '오제'는 천상(天上)의 다섯 신(神)을 가리킨다. 오행설(五行說)과 참위설(讖緯說)에 영향을 받은 것으로, 중앙의 황제(黃帝)인 함추뉴(含樞紐), 동쪽의 창제(蒼帝)인 영위앙(靈威仰), 남쪽의 적제(赤帝)인 적표노(赤熛怒), 서쪽의 백제(白帝)인 백소구(白昭矩: =白招拒), 북쪽의 흑제(黑帝)인 협광기(叶光紀)를 가리킨다.

◎ 오제(五齊) : '오제'는 술의 맑고 탁한 정도에 따라서 다섯 가지 등급으로
분류한 술을 뜻한다. 또한 술을 범칭하는 용어로도 사용된다. 다섯 가지
술은 범제(泛齊), 례제(醴齊), 앙제(盎齊), 제제(緹齊), 침제(沈齊)를 가
리킨다. 『주례』「천관(天官) · 주정(酒正)」편에는 "辨五齊之名, 一曰泛
齊, 二曰醴齊, 三曰盎齊, 四曰緹齊, 五曰沈齊."라는 기록이 있다. 각
술들에 대해 설명하자면, 위의 기록에 대한 정현의 주에서는 "泛者, 成
而滓浮泛泛然, 如今宜成醪矣. 醴猶體也, 成而汁滓相將, 如今恬酒
矣. 盎猶翁也, 成而翁翁然, 蔥白色, 如今酇白矣. 緹者, 成而紅赤,
如今下酒矣. 沈者, 成而滓沈, 如今造淸矣. 自醴以上尤濁, 縮酌者.
盎以下差淸. 其象類則然, 古之法式未可盡聞. 杜子春讀齊皆爲粢.
又禮器曰, '緹酒之用, 玄酒之尙.' 玄謂齊者, 每有祭祀, 以度量節作
之."라고 풀이했다. 즉 '범제'는 술이 익고 나서 앙금이 둥둥 떠 있는 것
으로 정현 시대의 의성료(宜成醪)와 같은 술이고, '례주'는 술이 익고 나
서 앙금을 한 차례 걸러낸 것으로 염주(恬酒)와 같은 것이며, '앙제'는 술
이 익고 나서 새파란 빛깔을 보이는 것으로 찬백(酇白)과 같은 술이고,
'제제'는 술이 익고 나서 붉은 빛깔을 보이는 것으로 하주(下酒)와 같은
술이며, '침제'는 술이 익고 나서 앙금이 모두 가라앉아 있는 것으로 조청
(造淸)과 같은 술이다. '범주'는 가장 탁한 술이며, '례주'는 그 다음으로
탁한 술이고, '앙제'부터는 뒤로 갈수록 맑은 술에 해당한다.

◎ 오취(五臭) : '오취'는 다섯 가지 냄새를 뜻하는데, 각종 냄새들을 총칭하
는 용어로도 사용된다. '오취'는 일반적으로 전(羶: 노린내), 초(焦: =薰,
탄내), 향(香: 향내), 성(腥: =鯹, 비린내), 후(朽: =腐, 썩은내)를 가리킨
다. 『장자(莊子)』「외편(外篇) · 천지(天地)」편에는 "三曰五臭熏鼻, 困
㥈中顙."이라는 기록이 있는데, 이에 대한 성현영(成玄英)의 소(疏)에서
는 "五臭, 謂羶, 薰, 香, 鯹, 腐."라고 풀이하였다.

◎ 오패(五霸) : '오패'는 오백(五伯)이라고도 부른다. 다섯 명의 패주(霸主)
를 뜻한다. 주로 춘추시대(春秋時代)의 패주들을 뜻하는 용어로도 사용
되지만, 다섯 명이 누구였는지에 대해서는 이견이 있고, 또한 주(周)나라
이전의 패주들까지도 포함시키는 용례들이 있다. 첫 번째 주장은 하(夏)

나라의 곤오(昆吾), 은(殷)나라의 대팽(大彭)과 시위(豕韋), 춘추시대 때의 제환공(齊桓公)과 진문공(晉文公)을 뜻한다고 보는 견해이다. 『장자(莊子)』「대종사(大宗師)」편에는 彭祖得之, 上及有虞, 下及五伯."이라는 기록이 있는데, 이에 대한 성현영(成玄英)의 소(疏)에서는 "五伯者, 昆吾爲夏伯, 大彭·豕韋爲殷伯, 齊桓·晉文爲周伯, 合爲五伯."이라고 풀이했다. 두 번째 주장은 춘추시대의 군주들만을 지칭하는 견해로, 제환공(齊桓公), 진문공(晉文公), 송양공(宋襄公), 초장공(楚莊公), 진무공(秦繆公)을 가리킨다. 『여씨춘추(呂氏春秋)』「당무(當務)」편에는 "備說非六王五伯."이라는 기록이 있는데, 이에 대한 고유(高誘)의 주에서는 "五伯, 齊桓·晉文·宋襄·楚莊·秦繆也."라고 풀이했다. 세 번째 주장 또한 춘추시대의 군주들만을 지칭하는 견해로, 제환공(齊桓公), 진문공(晉文公), 초장왕(楚莊王), 오왕(吳王) 합려(闔閭), 월왕(越王) 구천(句踐)을 가리킨다. 『순자(荀子)』「왕패(王霸)」편에는 "雖在僻陋之國, 威動天下, 五伯是也. …… 故齊桓·晉文·楚莊·吳闔閭·越句踐, 是皆僻陋之國也, 威動天下, 彊殆中國."이라는 기록이 있다. 네 번째 주장 또한 춘추시대의 군주들만을 지칭하는 견해로, 제환공(齊桓公), 송양공(宋襄公), 진문공(晉文公), 진목공(秦穆公), 오왕(吳王) 부차(夫差)를 가리킨다. 『한서(漢書)』「제후왕표(諸侯王表)」편에는 "故盛則周·邵相其治, 致刑錯; 衰則五伯扶其弱, 與其守."라는 기록이 있는데, 이에 대한 안사고(顔師古)의 주에서는 "伯讀曰霸. 此五霸謂齊桓·宋襄·晉文·秦穆·吳夫差也."라고 풀이했다.

◎ 오형(五刑) : '오형'은 다섯 가지 형벌을 뜻한다. '오형'의 구체적 항목에 대해서는 각 시대별 차이가 있지만, 『주례』의 기록에 근거하면, 묵형(墨刑), 의형(劓刑), 궁형(宮刑), 비형(剕刑: =刖刑), 대벽(大辟: =殺刑)이 된다. 『주례』「추관(秋官)·사형(司刑)」편에는 "掌五刑之灋, 以麗萬民之罪, 墨罪五百, 劓罪五百, 宮罪五百, 刖罪五百, 殺罪五百."이라는 기록이 있다.

◎ 옥로(玉路) : '옥로'는 옥로(玉輅)라고도 부른다. 천자가 사용하는 다섯 가지 수레 중 하나이다. 옥(玉)으로 수레를 치장했기 때문에, '옥로'라고 부

르게 되었다. 대상(大常)이라는 깃발을 세웠고, 깃발에는 12개의 치술을 달았으며, 주로 제사 때 사용하였다. 『주례』「춘관(春官)·건거(巾車)」편에는 "王之五路, 一曰玉路, 錫, 樊纓, 十有再就, 建大常, 十有二旒, 以祀."라는 기록이 있고, 이에 대한 정현의 주에서는 "玉路, 以玉飾諸末."이라고 풀이했다.

◎ 옥송(獄訟) : '옥송'은 일종의 재판을 뜻하는 말이다. '옥(獄)'자는 죄를 따지는 것이며, '송(訟)'자는 재화의 손실 등을 따져서 벌금을 결정하는 것이다. 『주례』「지관(地官)·대사도(大司徒)」편에는 "凡萬民之不服敎而有獄訟者, 與有地治者聽而斷之, 其附于刑者歸于士."라는 기록이 있고, 이에 대한 정현의 주에서는 "爭罪曰獄, 爭財曰訟."이라고 풀이했다. 한편 '옥송'은 '옥'자와 '송'자를 구별하지 않고, 재판 및 분쟁을 범칭하는 용어로도 사용된다.

◎ 옹희(饔餼) : '옹희'는 빈객(賓客)과 상견례(相見禮)를 하고 나서 성대하게 음식을 마련해 접대하는 것을 뜻한다. 『주례』「추관(秋官)·사의(司儀)」편에는 "致飧如致積之禮."라는 기록이 있는데, 이에 대한 정현의 주에서는 "小禮曰飧, 大禮曰饔餼."라고 풀이하였다. 즉 '옹희'와 '손'은 모두 빈객 등을 접대하는 예법들인데, '옹희'는 성대한 예법에 해당하여, '손'보다도 융숭하게 대접하는 것이다.

◎ 왕모(王母) : '왕모'는 부친의 어머니, 즉 조모(祖母)를 지칭하는 말이다. 『이아』「석친(釋親)」편에는 "父之妣爲王母."라는 기록이 있다.

◎ 왕부(王父) : '왕부'는 부친의 아버지, 즉 조부(祖父)를 지칭하는 말이다. 『이아』「석친(釋親)」편에는 "父之考爲王父."라는 기록이 있다.

◎ 왕상(王商, ?~B.C.25) : 전한(前漢) 때의 관리이다. 자(字)는 자위(子威)이다. 한성제(漢成帝) 때 중임되어 좌장군(左將軍)이 되었다가, 건시(建始) 4년(B.C.29)에는 승상(丞相)이 되었다. 이후에 대장군(大將軍)이었던 왕봉(王鳳)에게 죽임을 당한다.

◎ 왕후(王后) : '왕후'는 천자의 본부인을 뜻한다. 후대에는 황후(皇后)라고 부르기도 하였다. 고대에는 천자(天子)를 왕(王)이라고 불렀기 때문에, 천자의 부인을 '왕후'라고 부른다. 또한 '왕'자를 생략하여 '후(后)'라고도

부른다.

◎ 외명부(外命婦) : '외명부'는 내명부(內命婦)와 상대되는 말이다. 본래 천자의 신하들인 경(卿)·대부(大夫)들의 부인들을 지칭하는 말이다. 『예기』「상대기(喪大記)」편에는 "外命婦率外宗哭于堂上, 北面."이라는 기록이 있고, 이에 대한 정현의 주에서는 "卿大夫之妻爲外命婦."라고 풀이하였다.

◎ 외병(外屛) : '외병'은 천자가 문 밖에 설치했던 담장이다. 문 안에 있는 작은 담장을 내병(內屛)이라고 부르는데, 이것과 상대되는 말이다. 문 밖에 설치했기 때문에 '외(外)'자를 붙인 것이고, 병풍과도 같은 역할을 했기 때문에 '병(屛)'자를 붙여서 '외병'이라고 부른 것이다. 후대에는 조벽(照壁)으로 부르기도 했다.

◎ 외사(外事) : '외사'는 내사(內事)와 상대되는 말이다. 교외(郊外)에서 제사를 지내거나, 사냥하는 일 등을 총칭하는 말이다. 또는 외국과의 외교관계에서 연합을 하거나, 군대를 출동시키는 일 등도 가리킨다. 『예기』「곡례상(曲禮上)」편에는 "外事以剛日, 內事以柔日."이라는 기록이 있는데, 이에 대한 정현의 주에서는 "出郊爲外事."라고 풀이했고, 공영달(孔穎達)의 소에(疏)서는 "外事, 郊外之事也. …… 崔靈恩云, 外事, 指用兵之事."라고 풀이했다. 또한 손희단(孫希旦)의 집해(集解)에서는 "愚謂外事, 謂祭外神. 田獵出兵, 亦爲外事."라고 풀이했다.

◎ 외상(外喪) : '외상'은 대문(大門) 밖에서 발생한 상(喪)을 뜻한다. 즉 자신과 같은 집에서 살고 있지 않은 친인척에 대한 상(喪)을 뜻한다.

◎ 외신(外神) : '외신'은 내신(內神)과 상대되는 말이다. 교(郊)나 사(社) 등에서 지내는 제사 대상을 '외신'이라고 부른다. 『예기』「곡례하(曲禮下)」편에 대한 손희단(孫希旦)의 『집해(集解)』에서는 오징(吳澄)의 주장을 인용하여, "宗廟所祭者, 一家之神, 內神也, 故曰內事. 郊·社·山川之屬, 天下一國之神, 皆外神也, 故曰外事."라고 설명하였다. 즉 종묘(宗廟)에서 제사를 지내는 대상은 한 집안의 신(神)으로 '내신'이라고 부르며, 그 제사들을 내사(內事)라고 부른다. 또 교, 사 및 산천(山川) 등에 지내는 제사는 그 대상이 천하 및 한 국가의 신들이기 때문에, 그들을

'외신'이라고 부르며, 그 제사를 외사(外事)라고 부른다.

◎ 외제(外祭) : '외제'는 내제(內祭)와 상대되는 말이다. 교사(郊祀)를 가리키기도 하며, 왕이 사냥이나 출정 등으로 밖으로 나갔을 때 지내는 제사인 표맥(表貉)과 순수(巡守)를 시행할 때 산천(山川)에 지내는 제사 등을 가리킨다. 『주례』「지관(地官) · 목인(牧人)」편에 기록된 '외제'에 대해, 정현의 주에서는 "外祭, 謂表貉及王行所過山川用事者."라고 풀이했고, 또 『예기』「제통(祭統)」편에는 "外祭則郊社是也."라는 기록이 있다.

◎ 외제후(外諸侯) : '외제후'는 천자의 직속 신하들인 '내제후(內諸侯)'와 상대되는 말이다. 일반적으로 봉지(封地)를 가지고 있는 제후들을 가리킨다. 천자의 수도 밖에 있는 자신의 영지에 머물기 때문에, '외(外)'자를 붙여서 부르는 것이다.

◎ 외조(外朝) : '외조'는 내조(內朝)와 대비되는 말이며, 천자 및 제후가 정사(政事)를 처리하던 곳이다. 『주례』「춘관(秋官) · 조사(朝士)」편에 대한 정현의 주에서는 "周天子諸侯皆有三朝. 外朝一, 內朝二. 內朝之在路門內者, 或謂之燕朝."라는 기록이 있다. 즉 천자 및 제후는 3개의 조(朝)를 두는데, 1개는 '외조'이며, 나머지 2개는 내조가 된다. 『국어(國語)』「노어하(魯語下)」편에는 "天子及諸侯合民事於外朝, 合神事於內朝. 自卿以下, 合官職於外朝, 合家事於內朝."라는 기록이 있고, 이 문장에 나타난 '외조'에 대해서, 위소(韋昭)는 "言與百官考合民事於外朝也."라고 풀이했다. 즉 '외조'는 모든 관료들과 함께, 백성들과 관련된 정무를 처리하던 장소이다.

◎ 외종(外宗) : '외종'에는 세 가지 뜻이 있다. 첫 번째는 『주례』에 나온 작위를 가진 여자 관리이며, 경이나 대부의 부인까지도 통괄적으로 외종이라고 부른다. 두 번째는 고모 · 자매의 딸자식, 외삼촌의 딸자식, 종모(從母)의 딸자식 등을 뜻한다. 세 번째는 외가 친족의 부인들을 뜻한다.

◎ 요로(饒魯, A.D.1194~A.D.1264) : =쌍봉요씨(雙峰饒氏) · 요쌍봉(饒雙峰) · 요씨(饒氏). 송(宋)나라 때의 학자이다. 호(號)는 쌍봉(雙峰)이고, 자(字)는 백여(伯輿) · 중원(仲元)이다. 저서로는 『오경강의(五經講義)』 · 『논맹기문(論孟紀聞)』 · 『춘추절전(春秋節傳)』 · 『학용찬술(學庸纂述)』 · 『근사

록주(近思錄注)』등이 있다.

◎ 요씨(饒氏) : =요로(饒魯)

◎ 요작(瑤爵) : '요작'은 아름다운 옥돌[瑤]을 조각하여 만든 술잔으로, 그 술잔의 중요성은 대체적으로 옥작(玉爵) 다음이 된다. 『주례』「천관(天官)·내재(內宰)」편에는 大祭祀, 后祼獻則贊, 瑤爵亦如之."라는 기록이 있는데, 이에 대한 정현의 주에서는 "其爵以瑤爲飾."이라고 풀이했고, 『예기』「제통(祭統)」편에는 "尸飮五, 君洗玉爵獻卿; 尸飮七, 以瑤爵獻大夫."라는 기록이 있다.

◎ 욕수(蓐收) : '욕수'는 오행(五行) 중 금(金)의 기운을 주관하는 천상의 신(神)이다. 금(金)의 기운을 담당했기 때문에, 그 관부의 이름을 따서 금관(金官)이라고도 부르고, 관부의 수장이라는 뜻에서 금정(金正)이라고도 부른다. '욕수'는 소호씨(少皞氏)의 아들 또는 후손으로 알려져 있으며, 이름은 해(該)였다고 전해진다. 생전에 금덕(金德)의 제왕이었던 소호(少皞: =金天氏)를 보좌하였고, 죽은 이후에는 금관(金官)의 신이 되었다고도 전해진다. '오행' 중 금(木)의 기운은 각 계절 및 방위와 관련되어, '욕수'는 가을과 서쪽에 해당하는 신이라고도 부른다. 다만 금덕(金德)을 주관했던 상위의 신은 '소호'이고, '욕수'는 소호를 보좌했던 신이다. 『예기』「월령(月令)」편에는 "其日庚辛, 其帝少皞, 其神蓐收."라는 기록이 있는데, 이에 대한 정현의 주에서는 "蓐收, 少皞氏之子曰該, 爲金官."이라고 풀이했다. 『여씨춘추(呂氏春秋)』「맹추기(孟秋紀)」편에는 "其日庚辛, 其帝少皞, 其神蓐收."라는 기록이 있는데, 이에 대한 고유(高誘)의 주에서는 "少皞氏裔子曰該, 皆有金德, 死託祀爲金神."이라고 풀이했다.

◎ 용(踊) : '용'은 상중(喪中)에 취하는 행동으로, 곡(哭)에 맞춰서 발을 구르는 행위이다.

◎ 용곤(龍袞) : '용곤'은 천자의 예복(禮服) 중 하나이다. 상의에 용(龍)을 수놓은 옷이다. 『예기』「예기(禮器)」편에는 "禮有以文爲貴者. 天子龍袞, 諸侯黼, 大夫黻, 士玄衣纁裳."이라는 기록이 있다.

◎ 용기(龍旂) : '용기'는 기(旂)를 뜻한다. '기'에는 교룡(交龍)을 수놓았기

때문에, '기'를 또한 '용기'라고도 부르는 것이다. '기'는 본래 제후가 세우는 깃발을 뜻한다. 제후는 그 깃발에 두 마리의 용(龍)이 한 쌍을 이루고 있는 교룡(交龍)을 수놓는다. 이때 '머리를 하늘로 하고 있는 1마리 용[升龍]'은 승천하여 천자에게 조회를 하는 모습을 형상화한 것이고, '머리를 땅으로 하고 있는 다른 1마리 용[降龍]'은 천자의 명령을 받아서 복종하는 것을 형상화한 것이다. 천자의 깃발에는 해[日]·달[月]·별[星辰] 등을 수놓았는데, 제후는 천자와 동일하게 할 수 없기 때문에, 대신 승용(升龍)과 강용(降龍)을 수놓았던 것이다. 『주례』「춘관(春官)·사상(司常)」편에 기록된 '기'에 대해서, 정현의 주에서는 "諸侯畫交龍, 一象其升朝, 一象其下復也."라고 풀이했고, 가공언(賈公彦)의 소(疏)에서는 "至於天子旌旗有日月星辰, 故諸侯旌旗無日月星, 故龍有升降也. 象升朝天子, 象下復還國也."라고 풀이했다. 한편 깃발 자체를 뜻하는 용어로 사용되기도 했다.

◎ 용현(龍見) : '용현'은 하늘에 창룡칠수(蒼龍七宿)가 출현한다는 뜻으로, 건사(建巳: 음력 4월)을 가리킨다. 『춘추좌씨전』「환공(桓公) 5년」편에는 "龍見而雩."라는 기록이 있는데, 이에 대한 두예(杜預)의 주에서는 "龍見, 建巳之月. 蒼龍宿之體, 昏見東方, 萬物始盛. 待雨而大, 故祭天. 遠爲百穀祈膏雨也."라고 풀이하였다. 즉 창룡칠수가 출현하는 것은 음력 4월로써, 만물(萬物)이 왕성하게 자라날 때이므로, 비를 구원하며 하늘에 제사를 지내고, 백곡(百穀)이 잘 여물도록 기원하는 것이다.

◎ 우상(虞庠) : '우상'은 주(周)나라 때의 소학(小學)으로 서교(西郊)에 위치하였다. 주나라에서는 유우씨(有虞氏) 때의 상(庠)에 대한 제도를 본떠서, 소학을 지은 것이기 때문에, 그 학교를 '우상'이라고 부른 것이다. 『예기』「왕제(王制)」편에는 "周人養國老於東膠, 養庶老於虞庠. 虞庠在國之西郊."라는 기록이 있고, 이에 대한 정현의 주에서는 "虞庠亦小學也. 西序在西郊, 周立小學於西郊 …… 周之小學爲有虞氏之庠制, 是以名庠云."이라고 풀이했다. 한편 '우상'에는 두 가지 뜻이 포함되어 있는데, 하나는 태학(太學)의 건물들 중 북쪽에 있는 학교를 뜻하는 것으로, 이것을 또한 상상(上庠)이라고도 불렀고, 다른 하나는 앞서 설명한

것처럼 교외(郊外)에 설치했던 소학을 뜻한다. 『주례』「춘관(春官) · 대사악(大司樂)」편에는 "掌成均之灋."이라는 기록이 있는데, 이에 대한 손이양(孫詒讓)의 『정의(正義)』에서는 "案虞庠有二, 一爲大學之北學, 亦曰上庠, 一爲四郊之小學, 曰虞庠."이라고 풀이했다.

◎ 우인(虞人) : '우인'은 산림(山林)을 관장하는 관리이다. 『여씨춘추(呂氏春秋)』「계하(季夏)」편에는 "乃命虞人入山行木."이라는 기록이 있고, 이에 대한 고유(高誘)의 주에서는 "虞人, 掌山林之官."이라고 풀이하였다.

◎ 우제(虞祭) : '우제'는 장례(葬禮)를 치르고 난 뒤에 지내는 제사를 뜻한다.

◎ 우주(虞主) : '우주'는 장례(葬禮)를 치른 뒤 우제(虞祭)를 지낼 때 세워두는 신주(神主)를 뜻한다.

◎ 웅씨(熊氏) : =웅안생(熊安生)

◎ 웅안생(熊安生, ?~A.D.578) : =웅씨(熊氏). 북조(北朝) 때의 경학자이다. 자(字)는 식지(植之)이다. 『주례(周禮)』, 『예기(禮記)』, 『효경(孝經)』 등 많은 전적에 의소(義疏)를 남겼지만, 모두 산일되어 남아 있지 않다. 현재 마국한(馬國翰)의 『옥함산방집일서(玉函山房輯佚書)』에 『예기웅씨의소(禮記熊氏義疏)』 4권이 남아 있다.

◎ 원교문(遠郊門) : '원교문'은 원교(遠郊)에 설치된 문이다. 문헌상으로 주대(周代)에는 천자의 수도가 사방(四方) 1000리(里)의 면적을 차지했다고 전해진다. 이때 국성(國城 : =都城)은 중앙에 위치하며, 국성의 끝부분에서 100리 떨어진 곳까지가 교(郊)에 속한다. 그리고 '교' 중에서도 국성에서 50리 떨어진 곳까지를 근교(近郊)라고 부르며, 근교의 경계점에서 다시 50리 떨어진 곳까지를 원교라고 부른다. '원교문'은 바로 이 경계점에 설치된 문을 뜻한다.

◎ 원구(圓丘) : '원구'는 환구(圜丘)라고도 부른다. 고대에 제왕이 동지(冬至)에 제천(祭天) 의식을 집행하던 곳이다. 자연적으로 형성된 언덕의 형상을 본떠서, 흙을 높이 쌓아올려 만들었기 때문에, '구(丘)'자를 붙여서 부른 것이며, 하늘의 둥근 형상을 본떴다는 뜻에서 '환(圜)' 또는 '원(圓)'자를 붙여서 부른 것이다. 『주례』「춘관(春官) · 대사악(大司樂)」편에는 "冬日至, 於地上之圜丘奏之."라는 기록이 있고, 이에 대한 가공언

(賈公彦)의 소(疏)에서는 "土之高者曰丘, 取自然之丘. 圜者, 象天圜也."라고 풀이했다.

◎ 원사(元士) : '원사'는 천자에게 소속된 사(士) 계층 중 하나이다. '사' 계층은 상·중·하로 구분되어, 상사(上士), 중사(中士), 하사(下士)로 나뉜다. 다만 천자에게 소속된 '상사'에게는 제후에게 소속된 '상사'보다 높여서 '원(元)'자를 붙이게 된다. 그래서 '원사'라고 부르는 것이다.

◎ 월절(月節) : '월절'은 새로운 달이 시작되는 삭일(朔日)을 뜻한다.

◎ 위모(委貌) : '위모'는 검은색의 명주로 짠 관(冠)이다. '위(委)'자는 안정시킨다는 뜻으로, 이 관을 착용하여 용모를 안정시키기 때문에 '위모'라고 부른다.

◎ 위문(闡門) : '위문'은 궁실(宮室)이나 종묘(宗廟)의 측면에 있는 작은 문을 뜻한다.

◎ 유거(柳車) : '유거'는 상거(喪車)를 뜻한다. 상(喪)을 치를 때 사용하는 수레를 의미한다.

◎ 유사(有司) : '유사'는 관리를 뜻하는 용어이다. '사(司)'자는 담당한다는 뜻이다. 관리들은 각자 담당하고 있는 업무가 있었으므로, 관리를 '유사'라고 불렀던 것이다. 일반적으로 하위관료들을 지칭하여, 실무자를 뜻하는 용어로 많이 사용된다. 그러나 때로는 고위관료까지도 지칭하는 용어로 사용되기도 한다.

◎ 유생(黝牲) : '유생'은 제사에 사용되는 흑색의 희생물을 뜻한다. '유생'의 '유(黝)'자는 '유(幽)'자로 풀이하는데, '유(幽)'자는 흑색을 뜻한다. 『주례』「지관(地官)·목인(牧人)」편에는 "凡陽祀, 用騂牲毛之; 陰祀, 用黝牲毛."라는 기록이 있는데, 정현의 주에서는 정사농(鄭司農)의 주장을 인용하여, "黝讀爲幽. 幽, 黑也."라고 풀이했다.

◎ 유씨(劉氏) : =장락유씨(長樂劉氏)

◎ 유일(柔日) : '유일'은 십간(十干)을 음양(陰陽)으로 구분했을 때, 음(陰)에 해당하는 날짜를 뜻한다. 십간에 따라 날짜를 구분할 때 을(乙)·정(丁)·기(己)·신(辛)·계(癸)자가 들어가는 날이 '유일'이 된다. '유일'과 반대되는 말은 강일(剛日)이며, 십간 중 갑(甲)·병(丙)·무(戊)·경

(庚)・임(壬)자가 들어가는 날이 '강일'이 된다.

◎ 유흠(劉歆, B.C.53~A.D.23) : 전한(前漢) 때의 경학자이다. 자(字)는 자준(子駿)이다. 후에 이름을 수(秀), 자(字)를 영숙(穎叔)으로 고쳤다. 유향(劉向)의 아들이다. 저서에는 『삼통력보(三統曆譜)』 등이 있다.

◎ 육경(六卿) : '육경'은 여섯 명의 경(卿)을 가리키는데, 주로 여섯 명의 주요 관직자들을 뜻한다. 각 시대마다 해당하는 관직명과 담당하는 영역에는 차이가 있었다. 『서』「하서(夏書)・감서(甘誓)」편에는 "大戰于甘, 乃召六卿."이라는 기록이 있고, 이에 대한 공안국(孔安國)의 전(傳)에서는 "天子六軍, 其將皆命卿."이라고 풀이했다. 즉 천자는 6개의 군(軍)을 소유하고 있는데, 각 군의 장수를 '경(卿)'으로 임명하였기 때문에, 이들 육군(六軍)의 수장을 '육경'이라고 부른다는 뜻이다. 이 기록에 따르면 하(夏)나라 때에는 육군의 장수를 '육경'으로 불렀다는 결론이 도출된다. 한편 『주례(周禮)』의 체제에 따르면, 주(周)나라에서는 여섯 개의 관부를 설치하였고, 이들 관부의 수장을 '경'으로 임명하였다. 따라서 천관(天官)의 총재(冢宰), 지관(地官)의 사도(司徒), 춘관(春官)의 종백(宗伯), 하관(夏官)의 사마(司馬), 추관(秋官)의 사구(司寇), 동관(冬官)의 사공(司空)이 '육경'에 해당한다. 『한서(漢書)・백관공경표상(百官公卿表上)」편에는 "夏殷亡聞焉, 周官則備矣. 天官冢宰, 地官司徒, 春官宗伯, 夏官司馬, 秋官司寇, 冬官司空, 是爲六卿, 各有徒屬職分, 用於百事."라는 기록이 있다.

◎ 육군(六軍) : '육군'은 천자가 소유한 군대를 총칭하는 말이다. 12500명이 1군(軍)이 되는데, 천자는 6개의 군을 소유하므로, '육군'이라고 표현한 것이다. 참고적으로 제후들 중에서 대국(大國)의 제후는 3군을 소유하고, 차국(次國)의 제후는 2군을 소유하며, 소국(小國)의 제후는 1군을 소유한다. 『주례』「하관사마(夏官司馬)」편에는 "凡制軍, 萬有二千五百人爲軍, 王六軍, 大國三軍, 次國二軍, 小國一軍."이라는 기록이 있다.

◎ 육기(六祈) : '육기'는 재앙이나 변고가 발생했을 때, 신에게 기도문을 올리며 그것들이 물러나기를 간청하는 여섯 가지 제사들이다. 여섯 가지 제사는 류(類), 조(造), 회(禬), 영(祭), 공(攻), 설(說)을 뜻한다. 정사농

(鄭司農)은 '류'는 상제(上帝)에게 지내는 제사이며, '조'는 선왕(先王)들에게 지내는 제사이고, '영'은 일월(日月)·성신(星辰)·산천(山川)에게 지내는 제사라고 설명한다. 정현은 '류'와 '조'를 지낼 때에는 정성과 엄숙함을 더욱 가중하여, 뜻한 바를 얻고자 하는 것이고, '회'와 '영'은 당시에 발생한 재앙과 변고에 대해서 아뢰는 것이며, '공'과 '설'은 기도문을 읽어서 그것을 일으킨 요망한 기운을 책망하는 것이라고 설명한다. 또한 정현은 '조'·'류'·'회'·'영'을 지낼 때에는 희생물을 사용하였고, '공'과 '설'을 지낼 때에는 폐물만 바쳤다고 설명한다. 정현은 '회'에 대해서는 자세한 내용을 들어보지 못했다고 설명한다. 『주례』「춘관(春官)·대축(大祝)」편에는 "掌六祈, 以同鬼神示, 一曰類, 二曰造, 三曰禬, 四曰禜, 五曰攻, 六曰說."라는 기록이 있고, 이에 대한 정현의 주에서는 "鄭司農云, '類·造·禬·禜·攻·說, 皆祭名也. 類祭于上帝. …… 司馬法曰, 將用師, 乃告于皇天上帝·日月星辰, 以禱于后土·四海神祇·山川家社, 乃造于先王. …… 禜, 日月星辰山川之祭也.' 玄謂類造, 加誠肅, 求如志. 禬禜, 告之以時有災變也. 攻說, 則以辭責之. …… 禬, 未聞焉. 造類禬禜皆有牲, 攻說用幣而已."라고 풀이했다.

◎ 육덕명(陸德明, A.D.550~A.D.630) : =육원랑(陸元朗). 당대(唐代)의 경학자이다. 이름은 원랑(元朗)이고, 자(字)는 덕명(德明)이다. 훈고학에 뛰어났으며, 『경전석문(經典釋文)』 등을 남겼다.

◎ 육례(六禮) : '육례'는 관례(冠禮), 혼례(昏禮: =婚禮), 상례(喪禮), 제례(祭禮), 향례(鄕禮), 상견례(相見禮)를 뜻한다.

◎ 육률(六律) : '육률'은 12율(律) 중 양률(陽律)에 해당하는 황종(黃鐘), 태주(大簇), 고선(姑洗), 유빈(蕤賓), 이칙(夷則), 무역(無射)을 가리키는 용어이다. 한편 12율과 같은 의미로도 사용되었다.

◎ 육마(六馬) : '육마'는 천자가 사용하는 여섯 종류의 말을 뜻한다. 구체적으로는 종마(種馬), 융마(戎馬), 제마(齊馬), 도마(道馬), 전마(田馬), 노마(駑馬)를 가리킨다. 『주례』「하관(夏官)·교인(校人)」편에는 "校人, 掌王馬之政. 辨六馬之屬, 種馬一物, 戎馬一物, 齊馬一物, 道馬一物, 田馬一物, 駑馬一物."이라는 기록이 있다. 즉 '종마'는 종자가 좋은

말을 선별하여 암컷을 잉태시킬 때 사용하는 말이다. '융마'는 전쟁용 수레에 사용하는 말이다. '제마'는 천자가 타던 금로(金路)에 사용하는 말이다. '도마'는 천자가 타던 상로(象路)에 사용하는 말이다. '전마'는 사냥용 수레에 사용하는 말이다. '노마'는 궁중에서 실시되는 노역에 사용하는 말이다.

◎ 육면(六冕) : '육면'은 천자가 착용하는 여섯 종류의 면복(冕服)을 가리킨다. 호천(昊天) 및 오제(五帝)에게 제사지낼 때에는 대구(大裘)를 입고 면류관[冕]을 쓰며, 선왕(先王)에게 제사지낼 때에는 곤면(袞冕)을 착용하고, 선공(先公)에 대한 제사 및 향사례(饗射禮)를 시행할 때에는 별면(鷩冕)을 착용하며, 산천(山川) 등에 제사지낼 때에는 취면(毳冕)을 착용하고, 사직(社稷) 등에 제사지낼 때에는 희면(希冕: =絺冕)을 착용하며, 기타 여러 제사에는 현면(玄冕)을 착용한다. 『주례』「춘관(春官)·사복(司服)」편에는 "掌王之吉凶衣服, 辨其名物, 辨其用事. 王之吉服, 祀昊天上帝, 則服大裘而冕, 祀五帝亦如之. 享先王則袞冕. 享先公, 饗射則鷩冕. 祀四望山川則毳冕. 祭社稷五祀則希冕. 祭群小祀則玄冕."이라는 기록이 있다.

◎ 육복(六服) : '육복'은 천자나 제후의 여섯 종류 복장을 가리키니, 대구(大裘), 곤의(袞衣), 별의(鷩衣), 취의(毳衣), 희의(希衣), 현의(玄衣)이다. 『주례(周禮)』「춘관(春官)·사복(司服)」편에는 "祀昊天上帝, 則服大裘而冕, 祀五帝亦如之. 享先王則袞冕. 享先公, 饗射則鷩冕. 祀四望山川則毳冕. 祭社稷五祀則希冕. 祭群小祀則玄冕."이라는 기록이 있다. 즉 호천상제(昊天上帝) 및 오제(五帝)에게 제사지낼 때에는 대구를 입고 면(冕)을 쓰며, 선왕(先王)에게 제사지낼 때에는 곤면(袞冕)을 착용하고, 선공(先公)에 대한 제사 및 향사례(饗射禮)를 시행할 때에는 별면(鷩冕)을 착용하며, 산천(山川) 등에 제사지낼 때에는 취면(毳冕)을 착용하고, 사직(社稷) 등에 제사지낼 때에는 희면(希冕)을 착용하며, 기타 여러 제사에는 현면(玄冕)을 착용한다.

◎ 육서(六書) : '육서'는 한자의 구성과 형성에 대한 여섯 가지 이론으로, 상형(象形), 지사(指事: =處事), 회의(會意), 형성(形聲: =諧聲), 전주(轉

注), 가차(假借)를 뜻한다. 『주례』「지관(地官)·보씨(保氏)」편에는 "五
曰六書."라는 기록이 있는데, 이에 대한 정현의 주에서는 정사농(鄭司
農)의 주장을 인용하여, "六書, 象形·會意·轉注·處事·假借·諧聲
也."라고 풀이했다.

◎ 육예(六藝) : '육예'는 기본적으로 갖춰야 하는 여섯 가지 과목을 뜻한다.
여섯 가지 과목은 예(禮), 음악[樂], 활쏘기[射], 수레몰기[御], 글쓰기[書],
셈하기[數]이며, 구체적으로 말하자면 오례(五禮), 육악(六樂), 오사(五
射), 오어(五馭: =五御), 육서(六書), 구수(九數)를 가리킨다.

◎ 육융(六戎) : '육융'은 고대 중국의 서쪽 지역에 거주하던 여섯 종류의 소
수 민족을 뜻한다. 또한 그들이 거주하는 지역 전체를 가리키는 용어로
도 사용되었다. 여섯 종류의 소수 민족을 요이(僥夷)·융앙(戎央)노백
(老白)·기강(耆羌)·비식(鼻息)·천강(天剛)이라고 정의하기도 한다.
『예기』「왕제(王制)」편에는 "西方曰戎, 被髮衣皮, 有不粒食者矣."라
는 기록이 있고, 이에 대한 공영달(孔穎達)의 소(疏)에서는 『이아』에 ﾞ
한 이순(李巡)의 주장을 인용하며, "一曰僥夷, 二曰戎央, 三曰老白,
四曰耆羌, 五曰鼻息, 六曰天剛."이라고 풀이했다.

◎ 육의(六儀) : '육의'는 여섯 가지 의례들을 뜻한다. 즉 '제사 때의 행동 방
법[祭祀之容]', '빈객을 접대할 때의 행동 방법[賓客之容]', '조정에서의
행동 방법[朝廷之容]', '상을 치를 때의 행동 방법[喪紀之容]', '군대와 관
련된 행동 방법[軍旅之容]', '수레를 몰 때의 행동 방법[車馬之容]'을 뜻
한다.

◎ 육전(六典) : '육전'은 치전(治典), 교전(敎典), 예전(禮典), 정전(政典),
형전(刑典), 사전(事典)을 뜻한다. 고대에 국가를 통치하던 여섯 방면의
법령을 가리킨다. 국가의 전반적인 통치, 교화, 예법, 전장제도(典章制
度), 형벌, 임무수행에 대한 법이다. 『주례』「천관(天官)·대재(大宰)」편
에는 "大宰之職, 掌建邦之六典, 以佐王治邦國. 一曰治典, 以經邦國,
以治官府, 以紀萬民. 二曰敎典, 以安邦國, 以敎官府, 以擾萬民. 三
曰禮典, 以和邦國, 以統百官, 以諧萬民. 四曰政典, 以平邦國, 以正
百官, 以均萬民. 五曰刑典, 以詰邦國, 以刑百官, 以糾萬民. 六曰事

典, 以富邦國, 以任百官, 以生萬民."이라는 기록이 있다.

◎ 육종(六宗) : '육종'은 고대에 제사를 지냈던 여섯 신들을 뜻하는데, 구체적인 신들에 대해서는 이견이 많다. 『서』「우서(虞書)·요전(堯典)」편에는 "肆類於上帝, 禋於六宗, 望於山川, 遍於群神."이라는 기록이 있는데, 한(漢)나라 때 복승(伏勝)과 마융(馬融)은 천(天)·지(地)·춘(春)·하(夏)·추(秋)·동(冬)이라고 여겼다. 한나라 때 구양(歐陽) 및 대·소하후(夏侯)와 왕충(王充)은 천지(天地)와 사방(四方) 사이에서 음양(陰陽)의 변화를 돕는 신들이라고 여겼다. 한나라 때 공광(孔光)과 유흠(劉歆)은 건곤(乾坤)의 육자(六子)로 여겼으니, 수(水)·화(火)·뇌(雷)·풍(風)·산(山)·택(澤)을 가리킨다. 한나라 때 가규(賈逵)는 천종(天宗)의 셋인 일(日)·월(月)·성(星)과 지종(地宗)의 셋인 하(河)·해(海)·대(岱)로 여겼다. 한나라 때 정현(鄭玄)은 성(星)·신(辰)·사중(司中)·사명(司命)·풍사(風師)·우사(雨師)라고 여겼다. 한나라 이후에도 여러 학자들이 다양한 의견을 제시했다.

◎ 육축(六畜) : '육축'은 여섯 종류의 가축을 뜻한다. 말[馬], 소[牛], 양(羊), 닭[雞], 개[犬], 돼지[豕]를 가리킨다. 『춘추좌씨전』「소공(昭公) 25년」편에는 "爲六畜·五牲·三犧, 以奉五味."라는 기록이 있고, 이에 대한 두예(杜預)의 주에서는 "馬·牛·羊·雞·犬·豕."라고 풀이했다.

◎ 육향(六鄕) : '육향'은 주(周)나라 때 원교(遠郊)에 설치된 여섯 개의 향(鄕)을 뜻한다. 주나라의 제도에서는 국성(國城)과 가까이 있는 교외(郊外)를 근교(近郊)라고 불렀고, 근교 밖을 원교(遠郊)라고 불렀다. 그리고 원교 안에는 6개의 향(鄕)을 설치했고, 원교 밖에는 6개의 수(遂)를 설치했다.

◎ 육형(肉刑) : '육형'은 죄인의 신체를 자르거나 찌르는 형벌을 총칭하는 말이다. 궁형(宮刑), 묵형(墨刑), 의형(劓刑) 등에 해당하는데, 후대에는 육체상에 가하는 모든 형벌들을 지칭하는 용어로도 사용하였다.

◎ 육호(六號) : '육호'는 여섯 종류의 호칭을 뜻한다. 제사와 관련하여 신들을 부르는 호칭 및 제사에 사용되는 물건들은 수식어를 붙여서 부르게 되는데, 이러한 수식어에 해당하는 여섯 가지 호칭은 신호(神號), 귀호

(鬼號), 시호(示號), 생호(牲號), 자호(齋號), 폐호(幣號)를 가리킨다. 정현의 주장에 따르면 '신호'는 천신(天神)들에 대한 호칭을 아름답게 부르는 것으로, 상제(上帝)를 '황천상제(皇天上帝)'라고 부르는 예와 같고, '귀호'는 조상신들에 대한 호칭을 아름답게 부르는 것으로, '황조백인 아무개[皇祖伯某]'라고 부르는 예와 같으며, '시호'는 땅의 신들에 대한 호칭을 아름답게 부르는 것으로, '후토(后土)'나 '지기(地祇)'라고 부르는 예와 같고, '폐호'는 옥(玉)을 아름답게 부르는 것으로, '가옥(嘉玉)'이라고 부르는 예와 같으며, '폐호'는 폐백을 아름답게 부르는 것으로, '양폐(量幣)'라고 부르는 예와 같다고 설명한다. 정사농(鄭司農)의 주장에 따르면, '생호'의 경우 희생물의 종류에 따라서 각각 부르는 호칭들이 있는데, 소의 경우 '일원대무(一元大武)'라고 부르고, 돼지의 경우 '강렵(剛鬣)'이라고 부르며, 양의 경우 '유모(柔毛)'라고 부르고, 닭의 경우 '한음(翰音)'이라고 부른다. 또 '자호'는 기장과 같이 제사 때 바치는 곡식들을 뜻하는데, 서(黍)의 경우 '향합(香合)'이라고 부르고, 양(粱)의 경우 '향기(香箕)'라고 부르며, 도(稻)의 경우 '가소(嘉疏)'라고 부르는 예와 같다고 설명한다. 『주례』「춘관(春官)·대축(大祝)」편에는 "辨六號, 一曰神號, 二曰鬼號, 三曰示號, 四曰牲號, 五曰齋號, 六曰幣號."라는 기록이 있고, 이에 대한 정현의 주에서는 "號, 謂尊其名, 更爲美稱焉. 神號, 若云皇天上帝. 鬼號, 若云皇祖伯某. 祇號, 若云后土地祇. 幣號, 若玉云嘉玉, 幣云量幣. 鄭司農云, '牲號, 爲犧牲皆有名號. 曲禮曰, 牛曰一元大武, 豕曰剛鬣, 羊曰柔毛, 雞曰翰音. 粢號, 謂黍稷皆有名號也. 曲禮曰, 黍曰香合, 粱曰香箕, 稻曰嘉疏.'"이라고 풀이했다.

◎ 율계(栗階) : '율계'는 계단을 오르는 방법 중 하나이다. 두 발을 모으지 않고, 좌우의 발을 교차하며 한 칸씩 성큼 성큼 올라가는 것이다. 『의례』「연례(燕禮)」편에는 "凡公所辭皆栗階. 凡栗階, 不過二等"이라는 기록이 있는데, 이에 대해 정현의 주에서는 "其始升, 猶聚足連步; 越二等, 左右足各一發而升堂."이라고 풀이했다.

◎ 융로(戎路) : '융로'는 군주가 군중(軍中)에 있을 때 타던 수레이다. 전쟁용 수레를 범칭하는 용어로도 사용된다. 『주례』「춘관(春官)·거복(車

僕)」편에는 "車僕, 掌戎路之萃."라는 기록이 있는데, 이에 대한 정현의 주에서는 "戎路, 王在軍所乘也."라고 풀이했다. 한편 고대의 천자가 사용하던 5종류의 수레 중에는 혁로(革輅)라는 것이 있었다. '혁로'는 전쟁용으로 사용했던 수레인데, 간혹 제후의 나라에 순수(巡守)를 갈 때 사용하기도 하였다. 가죽으로 겉을 단단하게 동여매서 고정시키고, 옻칠만 하고, 다른 장식을 하지 않았기 때문에, '혁로'라고 부르는 것이다. 『주례』 「춘관(春官)・건거(巾車)」편에는 "革路, 龍勒, 條纓五就, 建大白, 以卽戎, 以封四衞."라는 기록이 있고, 이에 대한 정현의 주에서는 "革路, 鞔之以革而漆之, 無他飾."이라고 풀이했다.

◎ 융복(戎僕) : '융복'은 전쟁용 수레를 모는 일을 담당했던 관리이다. 천자가 사용하는 전쟁용 수레와 관련된 일들을 주관했다. 『주례』 「하관(夏官)・융복(戎僕)」편에는 "戎僕, 掌馭戎車. 掌王倅車之政, 正其服."이라는 기록이 있다.

◎ 융복(戎服) : '융복'은 전쟁 및 사냥 때 입는 복장이다.

◎ 은명(恩命) : '은명'은 천자의 명령을 내려서, 관직 등급이 올려주거나, 죄를 사면해주는 등의 칙명을 뜻한다.

◎ 은옹(銀甕) : '은옹'은 은색 바탕으로 된 술단지이다. 고대인들은 태평성세 때 출현하는 상서로운 징조물로 여겼다.

◎ 은전(殷奠) : '은전'은 성대하게 지내는 전제사(奠祭)를 뜻한다. 『의례』 「사상례(士喪禮)」편에는 "月半不殷奠."이라는 기록이 있다. 즉 사(士)의 경우에는 매월 보름에는 은전을 지내지 않는다는 뜻인데, 이 기록에 대한 정현의 주에서는 "殷, 盛也. 士月半不復生如朔盛奠, 下尊者."라고 풀이했다. 즉 '은(殷)'은 성대하다는 뜻이고, 사의 경우에는 보름마다 초하루처럼 융성한 전제사를 지내지 못한다. 그 이유는 자신보다 신분이 높은 대부(大夫)에 대한 禮法보다 낮추기 때문이다.

◎ 은질(隱疾) : '은질'은 겉으로 잘 드러나지 않는 질병들을 뜻한다.

◎ 음목(陰木) : '음목'은 산의 북쪽 부근에서 생장하는 나무를 뜻한다.

◎ 음사(陰祀) : '음사'는 북교(北郊)에서 지내는 지(地)에 대한 제사와 사직(社稷)에 대한 제사를 가리킨다. 『주례』 「지관(地官)・목인(牧人)」편의

기록에 대해서, 정현의 주에서는 "陰祀, 祭地北郊及社稷也."라고 풀이
했다.

◎ 음염(陰厭) : '음염'은 본래 염제(厭祭)의 절차 중 하나이다. '염제'는 정규
제사를 진행하는 절차인데, 정규 제사의 본격적인 의식은 시동을 통해 진
행된다. '염제'는 시동을 이용하지 않고, 본식 이전과 이후에 간략히 지내
는 제사를 뜻한다. '염(厭)'자는 신을 흠향시킨다는 뜻이다. '염제'에는 '음
염'과 양염(陽厭)이 있다. '음염'은 시동을 맞이하기 이전에 축관이 술을
따라서 바치고, 그 술잔을 올려서 신을 흠향하게 만드는 것이다. 또한 적
장자가 아직 성년이 되지 않은 상태에서 죽었을 때, 그에 대한 제사는
종묘(宗廟)의 그윽하고 음(陰)한 장소에서 간략하게 치르게 되는데, 이
것을 '음염'이라고 부른다.

◎ 읍재(邑宰) : '읍재'는 읍(邑)을 다스리는 수장을 뜻하니, 후대의 현령(縣令)
에 해당한다. '재(宰)'자는 총괄하는 자를 가리키므로, '읍재'라고 부른다.

◎ 읍정(邑井) : '읍정'은 정읍(井邑)이라고도 부른다. 향촌 등의 마을을 가리
킨다. 본래 정(井)과 읍(邑)은 모두 주대(周代)의 행정단위에 해당한다.
9부(夫)가 1'정'이 되며, 4'정'이 1'읍'이 된다. 이 둘은 그 규모가 작은 마
을이나 취락지구에 해당한다. 따라서 이러한 뜻에서 파생하여, 후대에는
이것을 통칭하여, 향촌 등을 가리키는 용어로 사용하였다. 『주례』「지관
(地官)·소사도(小司徒)」편에는 "九夫爲井, 四井爲邑"이라는 기록이
있다.

◎ 응문(應門) : '응문'은 궁(宮)의 정문을 가리킨다. 『시』「대아(大雅)·면
(緜)」편에는 "迺立應門, 應門將將."이라는 기록이 있는데, 이에 대한
모전(毛傳)에서는 "王之正門曰應門."이라고 풀이하였다.

◎ 응씨(應氏) : =금화응씨(金華應氏)

◎ 의려(倚盧) : '의려'는 상중(喪中)에 머물게 되는 임시 거처지이다. '의려'
는 또한 '의(倚)', '여(盧)', '악실(堊室)', '사려(舍盧)' 등으로 부르기도 하
지만, '악실'과 대비해서 보다 수위가 높은 임시숙소를 뜻하기도 한다. 중
문(中門) 밖 동쪽 담장 아래에 나무를 기대어 만든다.

◎ 의복(義服) : '의복'은 본래 친속관계가 성립되지 않아서, 상복(喪服)을 착

용해야만 하는 관계가 아닌데도, 도리에 따라 상복을 착용하는 것을 말한다.

◎ 의최(疑衰) : '의최'는 길복(吉服)에 가까운 복장으로, 일종의 상복(喪服)에 해당한다. 천자의 경우, 대부(大夫)나 사(士)의 상(喪)에 착용했던 복장이다.

◎ 이거(貳車) : '이거'는 해당 주인이 타는 수레를 뒤따르는 수레이다. '부거(副車)'라고 부른다. 조회나 제사 등에 사용하는 부거를 '이거'라고 부르며, 전쟁과 사냥 등에 사용하는 부거를 '좌거(佐車)'라고 부른다. 『예기』「소의(少儀)」편에는 "乘貳車則式, 佐車則否."라는 기록이 있고, 이에 대한 정현의 주에서는 "貳車·佐車, 皆副車也. 朝祀之副曰貳, 戎獵之副曰佐."라고 풀이했다.

◎ 이기씨(伊耆氏) : '이기씨'는 신농(神農)을 가리킨다. 일설에는 요(堯)임금을 뜻한다고 주장하기도 한다.

◎ 이백(二伯) : '이백'은 주(周)나라 초기에 천하를 동서(東西)로 양분하여, 각 방위에 있던 제후들을 다스렸던 2명의 주요 신하를 가리키는 말이다. 구체적 인물로는 주공(周公)과 소공(召公)이 '이백'을 맡았다고 전해진다. 『공총자(孔叢子)』「거위(居衛)」편에는 "古之帝王, 中分天下, 使二公治之, 謂之二伯."이라는 기록이 있고, 『예기』「왕제(王制)」편에는 "八伯各以其屬, 屬於天子之老二人, 分天下以爲左右, 曰二伯."이라는 기록이 있는데, 이에 대한 정현의 주에서는 "自陝以東, 周公主之, 自陝以西, 召公主之."라고 풀이했다.

◎ 이색(李穡, A.D.1328~A.D.1396) : 고려 말기의 학자이다. 자는 영숙(穎叔)이고 호는 목은(牧隱)이며 시호는 문정(文靖)이다. 저서로는 『목은문고(牧隱文藁)』 등이 있다.

◎ 이씨(李氏, ?~?) : 자세한 이력이 남아 있지 않다.

◎ 인(仞) : '인'은 '인(刃)'이라고도 기록하며 길이를 재는 단위이다. 7척(尺)이 1인(仞)이 된다. 일설에는 8척(尺)을 1인(仞)이라고도 한다. 『논어』「자장(子張)」편에서는 "夫子之牆數仞, 不得其門而入者, 不見宗廟之美, 百官之富, 得其門者或寡矣."라고 했는데, 이에 대한 하안(何晏)의

『집해(集解)』에서는 "七尺曰仞也"라고 풀이했고, 『의례』「향사(鄕射)」 편에는 "杠長三仞."이라고 했는데, 이에 대한 정현의 주에서는 "七尺曰 仞."이라고 풀이했다. 한편 『한서(漢書)』「식화지상(食貨志上)」편에는 "神農之敎曰: 有石城十仞, 湯池百步, 帶甲百萬而亡粟, 弗能守也." 라고 했는데, 이에 대한 안사고(顔師古)의 주에서는 "應劭曰: '仞, 五尺 六寸也.' 師古曰: '此說非也. 八尺曰仞, 取人申臂之一尋也.'"라고 풀 이했다.

◎ 인사(禋祀) : '인사'는 인제(禋祭)라고도 부른다. 연기를 피워 올려서 하늘 에게 복을 구원했던 제사이다. 『시』「대아(大雅)·생민(生民)」편에는 "厥初生民, 時維姜嫄. 生民如何, 克禋克祀, 以弗無子."라는 기록이 있는데, 이에 대한 정현의 전(箋)에서는 "乃禋祀上帝於郊禖, 以祓除其 無子之疾而得其福也"라고 풀이했다. 즉 '인사'는 교매(郊禖)를 제사지 내는 곳에서 상제(上帝)께 제사를 올리며, 자식이 생기지 않는 병을 치 료하고, 복을 받았다고 내용이다.

◎ 인수(印綬) : '인수'는 관리가 착용하고 있었던 인장(印章) 및 인장을 매달 때 사용하는 끈을 합쳐 부른 말이다.

◎ 일(溢) : '일'은 한 손에 담을 수 있는 양을 뜻한다. 『소이아(小爾雅)』「광 량(廣量)」편에는 "一手之盛謂之溢."이라는 기록이 있다. 24분의 1승 (升)이라고도 한다.

◎ 임형(林衡) : '임형'은 임록(林麓) 지역을 담당했던 관리이다. 이곳에서 시 행되는 금령(禁令) 및 금령 준수에 따른 상벌(賞罰)의 시행 등을 담당했 다. 『주례』「지관(地官)·임형(林衡)」편에는 "掌巡林麓之禁令, 而平其 守, 以時計林麓而賞罰之."라는 기록이 있다.

◎ 잉작(媵爵) : '잉작'은 술을 따라주는 예법 절차 중 하나이다. 연례(燕禮) 를 실시할 때, 술을 따라주는 절차가 끝나면, 재차 명령을 하여, 군주에게 술을 따르도록 시키는데, 이것을 '잉작'이라고 부른다. 또한 '잉작'의 시점 을 서로 술을 따라서 주고받는 절차의 시작으로 삼기도 한다. 『의례』「연 례(燕禮)」편에는 "小臣自阼階下, 請媵爵者, 公命長."이라는 기록이 있 고, 호배휘(胡培翬)의 『정의(正義)』에서는 "李氏如圭云: 媵爵者, 獻酬

禮成, 更擧酒於公, 以爲旅酬之始"라고 풀이했다.

◎ 자모(慈母) : '자모'는 모친을 뜻하기도 하지만, 고대에는 자신을 양육시켜 준 서모(庶母)를 뜻하는 용어로 사용하기도 했다.

◎ 자성(粢盛) : '자성'은 제성(齊盛)이라고도 부른다. 자(粢)자는 곡식의 한 종류인 기장을 뜻하고, 성(盛)자는 그릇에 기장을 풍성하게 채워놓은 모양을 뜻한다. 따라서 '자성'은 제기(祭器)에 곡물을 가득 채워놓은 것을 뜻하며, 제물(祭物)로 사용되었다. 『춘추공양전』「환공(桓公) 14년」편에는 "御廩者何, 粢盛委之所藏也."라는 기록이 있는데, 이에 대한 하휴(何休)의 주에서는 "黍稷曰粢, 在器曰盛."이라고 풀이하였다.

◎ 자최복(齊衰服) : '자최복'은 상복(喪服) 중 하나로, 오복(五服)에 속한다. 거친 삼베를 사용해서 만들며, 자른 부위를 꿰매어 가지런하게 정리하기 때문에, '자최복'이라고 부른다. 이 복장을 입게 되는 기간에도 여러 종류가 있는데, 3년 동안 입는 경우는 죽은 계모(繼母)나 자모(慈母)를 위한 경우이고, 1년 동안 입는 경우는 손자가 죽은 조부모를 위해 입는 경우와 남편이 죽은 아내를 입는 경우 등이다. 그리고 1년 동안 '자최복'을 입는 경우, 그 기간을 자최기(齊衰期)라고도 부른다. 또 5개월 동안 입는 경우는 죽은 증조부나 증조모를 위한 경우이며, 3개월 동안 입는 경우는 죽은 고조부나 고조모를 위한 경우 등이다.

◎ 자호(齍號) : '자호'는 자호(粢號)라고도 부른다. 제사 때 사용되는 곡식들을 아름답게 부르는 호칭을 뜻한다. 마치 기장을 '향기롭고 찰진 기방밥[香合]'이라고 부르고, 수수를 '알갱이를 달고 있는 향기로운 줄기[香萁]'라고 부르며, 쌀을 '아름답고 무성한 쌀[嘉疏]'이라고 부르는 경우와 같다. 『주례』「춘관(春官)·대축(大祝)」편에는 "辨六號, 一曰神號, 二曰鬼號, 三曰示號, 四曰牲號, 五曰齍號."라는 기록이 있는데, 이에 대한 정현의 주에서는 정사농(鄭司農)의 주장을 인용하여, "粢號, 謂黍稷皆

有名號也. 曲禮曰, '黍曰香合, 粱曰香箕, 稻曰嘉疏.'"라고 풀이했다.

◎ 작변(爵弁) : '작변'은 고대의 예관(禮冠) 중 하나로, 면류관[冕] 다음 등급에 해당한다. '작(爵)'자는 관의 모습이 참새의 머리처럼 생겼기 때문에 붙여진 명칭이다. 적색과 은미한 흑색이 나는 30승(升)의 포(布)로 만든다. 또한 '작변'은 작변복(爵弁服)을 지칭하기도 한다. 예복(禮服)의 경우 착용하는 관(冠)에 따라서 그 복장의 명칭을 붙이기도 하기 때문이다. '작변복'은 작변의 관, 분홍색의 하의, 명주로 만든 상의, 검은색의 대(帶), 매겹(韎韐)이라는 슬갑을 착용한다.

◎ 장(璋) : '장'은 옥(玉)으로 만든 기물로, 규(圭)의 절반 크기로 되어 있었다. 조빙(朝聘)이나 제사 때 예물(禮物)로 사용되었다. 『서』「주서(周書)·고명(顧命)」편에는 "秉璋以酢."이란 기록이 있는데, 이에 대한 공안국(孔安國)의 전(傳)에서는 "半圭曰璋."이라고 풀이했다.

◎ 장락유씨(長樂劉氏. A.D.1017~A.D.1086) : =유씨(劉氏)·유이(劉彝)·유집중(劉執中). 북송(北宋) 때의 성리학자이다. 자(字)는 집중(執中)이다. 복주(福州) 출신이며, 어려서 호원(胡瑗)에게서 학문을 배웠다. 『정속방(正俗方)』, 『주역주(周易注)』를 지었으나 현존하지 않는다. 『칠경중의(七經中議)』, 『명선집(明善集)』, 『거이집(居易集)』 등이 남아 있다.

◎ 장삽(牆翣) : '장삽'은 관(棺)을 치장하는 일종의 장식품으로, 병풍처럼 생긴 것이다.

◎ 장상(長殤) : '장상'은 16~19세 사이에 요절한 자를 뜻한다. 『의례』「상복(喪服)」편에 "年十九至十六爲長殤."이라는 기록이 있다.

◎ 장숙(長宿)은 나이가 많고 덕망이 있는 사람들을 가리키는 말이다.

◎ 장의(長衣) : '장의'는 고대의 귀족들이 상중에 착용하는 순백색의 포로 된 옷이다. 『의례』「빙례(聘禮)」편에는 "遭喪將命於大夫, 主人長衣練冠以受."라는 기록이 있는데, 이에 대한 정현의 주에서는 "長衣, 純素布衣也."라고 풀이했다.

◎ 장자(張子) : =장재(張載)

◎ 장재(張載. A.D.1020~A.D.1077) : =장자(張子)·장횡거(張橫渠). 북송(北宋) 때의 유학자이다. 북송오자(北宋五子) 중 한 사람으로 칭해진다. 자(字)

는 자후(子厚)이다. 횡거진(橫渠鎭) 출신으로, 이곳에서 장기간 강학을 했기 때문에 횡거선생(橫渠先生)으로 일컬어지기도 한다.

◎ 재부(宰夫) : '재부'는 주(周)나라 때 천관(天官)에 소속된 관직이다. 조정 내에서의 법도를 담당하였으며, 신하들의 서열을 바로잡았고, 금령 등에 대한 일을 담당하였다. 천관의 수장인 대재(大宰)와 부관인 소재(小宰)를 보좌하였다. 『주례』의 체제에 따르면 하대부(下大夫) 4명이 담당을 하였다. 『주례』「천관총재(天官冢宰)」편에는 "宰夫, 下大夫四人."이라는 기록이 있고, 『주례』「천관(天官)·재부(宰夫)」편에는 "宰夫之職掌治朝之灋, 以正王及三公六卿大夫群吏之位, 掌其禁令."이라는 기록이 있다.

◎ 재부(宰夫) : '재부'는 음식을 담당하거나 제사 때 희생물의 도살을 담당했던 하위 관리이다.

◎ 저장(苴杖) : '저장'은 부친의 상(喪)을 치를 때 사용하는 지팡이로, 대나무로 만든 지팡이를 뜻한다.

◎ 저질(苴絰) : '저질'은 상(喪)을 치를 때 차는 것으로, 암삼[苴麻]으로 만든 수질(首絰)과 요대(要帶)를 뜻한다. 대(帶)와 함께 기록될 때에는 수질만 뜻하기도 한다.

◎ 적(翟) : '적'은 우무(羽舞)의 교육을 담당했던 말단 관리이다. 『예기』「제통(祭統)」편에는 "翟者, 樂吏之賤者也."라는 기록이 있고, 이에 대한 정현의 주에서는 "翟謂敎羽舞者也."라고 풀이했다.

◎ 적사(適士) : '적사'는 상사(上士)를 가리킨다. 사(士)라는 계급은 3단계로 세분되는데, 상사, 중사(中士), 하사(下士)가 그것이다. 『예기』「제법(祭法)」편의 경문에는 "適士二廟, 一壇, 曰考廟, 曰王考廟, 享嘗乃止."라는 기록이 있다. 이에 대한 정현의 주에서는 "適士, 上士也."라고 풀이했다.

◎ 적시(積尸) : '적시'는 대릉(大陵)과 붙어 있는 별이다. 대릉의 별자리는 무덤 모양으로 되어 있는데, '적시'라는 별은 그 무덤 속에 있는 형상을 하고 있다.

◎ 적실(適室) : '적실'은 정침(正寢)에 있는 방[室]을 뜻한다. 정침(正寢)은

천자(天子)의 제후(諸侯)의 경우에는 노침(路寢)이라고 부르고, 경(卿)·대부(大夫)·사(士)의 경우에는 '적실' 또는 적침(適寢)이라고 부른다. 『의례』「사상례(士喪禮)」편에는 "士喪禮, 死于適室, 幠用斂衾."이라는 기록이 있는데, 이데 대한 정현의 주에서는 "適室, 正寢之室也."라고 풀이했고, 가공언(賈公彦)의 소(疏)에서는 "若對天子諸侯謂之路寢, 卿大夫士謂之適室, 亦謂之適寢, 故下記云'士處適寢', 摠而言之, 皆謂之正寢."이라고 풀이했다. 또 『예기』「단궁하(檀弓下)」편에는 "妻之昆弟爲父後者死, 哭之適室."이라는 기록이 있는데, 이에 대한 공영달(孔穎達)의 소(疏)에서는 "適室, 正寢也."라고 풀이했다.

◎ 적전(藉田) : '적전'은 적전(籍田)이라고도 부른다. 천자와 제후가 백성들을 동원해서 경작하는 땅이다. 처음 농사일을 시작할 때, 천자와 제후는 이곳에서 직접 경작에 참여함으로써, 농업을 중시한다는 뜻을 보이게 된다.

◎ 전리(田里) : '전리'는 경(卿), 대부(大夫) 등이 제후로부터 하사받은 토지와 주택을 뜻한다. 『춘추좌씨전』「양공(襄公) 31년」편에는 "豐卷奔晉, 子産請其田里, 三年而復之, 反其田里及其入焉."이라는 기록이 있다. 또 『맹자』「이루하(離婁下)」편에는 "去三年不反, 然後收其田里."라는 기록이 있는데, 이에 대한 조기(趙岐)의 주에서는 "田, 業也, 里, 居也."라고 풀이하여, 전(田)은 경작하는 토지를 받은 것이고, 리(里)는 주택을 받은 것으로 설명한다.

◎ 전부공(典婦功) : '전부공'은 견직물과 관련된 관직 명칭이다. 『주례』「천관총재(天官冢宰)」편에는 "典婦功中士二人, 下士四人, 府二人, 史四人, 工四人, 賈四人, 徒二十人."이라는 기록이 있다. 즉 '전부공'은 중사(中士) 2명이 담당을 했다. 그리고 그 휘하에는 하사(下士) 4명이 배속되어 보좌를 하였고, 잡무를 담당하는 부(府) 2명, 사(史) 4명, 공(工) 4명, 가(賈) 4명, 도(徒) 20명이 배속되어 있었다. 또한 『주례』「춘관(春官)·전부공(典婦功)」편에는 "典婦功, 掌婦式之法, 以授嬪婦及內人女功之事齎. 凡授嬪婦功, 及秋獻功, 辨其苦良比其小大而賈之, 物書而楬之. 以共王及后之用, 頒之于內府."라는 기록이 있다. 즉 '전부공'은 부녀자들이 하는 일들의 법식을 담당하고 있으며, 궁내의 여공들이

제작한 모직물을 거둬들인다. 봄에 일거리를 공급하고, 가을에 그 결과물을 거둬서, 품질의 좋고 나쁨과 수량의 많고 적음을 가려내서 기록한다. 그리고 그렇게 거둬들인 천들을 천자나 그 부인이 필요로 하는 곳에 공급하고, 궁내에 분배하는 일을 담당하였다.

◎ 전사(典祀) : '전사'는 항상 지내게 되는 규정된 제사를 뜻한다. 어떠한 변고가 발생하여 지내게 되는 제사는 포함되지 않는다. 제후국(諸侯國)을 기준으로 했을 때, 체(禘), 교(郊), 조(祖), 종(宗), 보(報) 등의 제사가 '전사'에 속한다. 『국어(國語)』「노어상(魯語上)」편에는 "凡禘・郊・祖・宗・報, 此五者, 國之典祀也."라는 기록이 있다.

◎ 전사(甸師) : '전사'는 전사씨(甸師氏)・전인(甸人)이라고도 부른다. 주(周)나라 때의 관직이다. 『주례』의 체제에 따르면, '전사'는 천관(天官)에 소속된 관직으로, 하사(下士) 2명이 담당을 하였고, 잡무를 맡아보는 부(府) 1명, 사(史) 2명, 서(胥) 30명, 도(徒) 300명이 배속되어 있었다. 『주례』「천관총재(天官冢宰)」편에는 "甸師, 下士二人, 府一人, 史二人, 胥三十人, 徒三百人."이라는 기록이 있다. '전사'는 주로 교외(郊外)에 있는 천자의 경작지를 담당하여, 예하의 인원들을 동원하여 그곳을 경작하였고, 교외에서 생산되는 곡식, 과실, 초목 등을 공급하였다. 또한 천자와 동성(同姓)인 친족들에 대해서 형벌을 집행하기도 했다. 『주례』「천관(天官)・전사(甸師)」편에는 "甸師, 掌帥其屬而耕耨王藉, 以時入之, 以共齍盛. 祭祀共蕭茅, 共野果蓏之薦. 喪事代王受眚災. 王之同姓有罪, 則死刑焉."라는 기록이 있다.

◎ 전사(專使) : '전사'는 어떤 일을 주도적으로 처리할 수 있는 권한을 부여받은 사신(使臣)을 뜻한다.

◎ 전수(奠酬) : '전수'는 술을 마실 때 시행되는 의례 절차이다. 주인(主人)이 공경스러운 태도로 술을 따라주면, 빈객(賓客)은 받은 술잔을 내려놓고 들지 않는데, 이것을 '전수'라고 부른다.

◎ 전시(典枲) : '전시'는 견직물과 관련된 관직 명칭이다. 『주례』「천관총재(天官冢宰)」편에는 "典枲下士二人, 府二人, 史二人, 徒二十人."이라는 기록이 있다. 즉 '전시'는 하사(下士) 2명이 담당을 했고, 그 휘하에는

잡무를 담당하는 부(府) 2명, 사(史) 2명, 도(徒) 20명이 배속되어 있었다. 또한 『주례』「천관(天官)·전시(典枲)」편에는 "典枲, 掌布緦縷紵之麻草之物, 以待時頒功而授齎. 及獻功, 受苦功, 以其賈楬而藏之, 以待時頒. 領衣服, 授之, 賜予亦如之. 歲終, 則各以其物會之."라는 기록이 있다. 즉 '전시'는 베나 모시 등을 담당하며, 이것을 만드는 재료들을 분배하고, 궁내 여공들이 의복류 등을 만들면, 다시 거둬들인다. 이렇게 거둬들인 견직물에 가격을 매겨서 보관해 두었다가, 때에 맞게 분배하는 일 등을 담당하였다.

◎ 전안(奠鴈) : '전안'은 고대에 혼례(昏禮)를 치르며, 신랑이 부인의 집으로 찾아가서 아내를 맞이하여 데려올 때, 기러기를 선물로 가져가는데, 이것을 '전안'이라고 부른다.

◎ 전욱(顓頊) : '전욱'은 고양씨(高陽氏)라고도 부른다. '전욱'은 고대 오제(五帝) 중 하나이다. 『산해경(山海經)』「해내경(海內經)」편에는 "黃帝妻雷祖, 生昌意, 昌意降處若水, 生韓流. 韓流, …… 取淖子曰阿女, 生帝顓頊."이라는 기록이 있다. 즉 황제(黃帝)의 처인 뇌조(雷祖)가 창의(昌意)를 낳았는데, 창의가 약수(若水)에 강림하여 거처하다가, 한류(韓流)를 낳았다. 다시 한류는 아녀(阿女)를 부인으로 맞이하여 '전욱'을 낳았다. 또한 『회남자(淮南子)』「천문훈(天文訓)」편에는 "北方, 水也, 其帝顓頊, 其佐玄冥, 執權而治冬."이라는 기록이 있다. 즉 북방(北方)은 오행(五行)으로 배열하면 수(水)에 속하는데, 이곳의 상제(上帝)는 '전욱'이고, 상제를 보좌하는 신(神)은 현명(玄冥)이다. 이들은 겨울을 다스린다. 또한 '전욱'과 관련하여 『수경주(水經注)』「호자하(瓠子河)」편에는 "河水舊東決, 逕濮陽城東北, 故衞也, 帝顓頊之墟. 昔顓頊自窮桑徙此, 號曰商丘, 或謂之帝丘."라는 기록이 있다. 즉 황하의 물길은 옛날에 동쪽으로 흘러서, 복양성(濮陽城)의 동북쪽을 경유하였는데, 이곳은 옛 위(衞) 지역으로, '전욱'이 거처하던 터이며, 예전에 '전욱'이 궁상(窮桑) 땅으로부터 이곳으로 옮겨왔기 때문에, 이곳을 상구(商丘) 또는 제구(帝丘)라고도 부른다.

◎ 전의(展衣) : '전의'는 '단의(襢衣)'라고도 부른다. 흰색 비단으로 만든 옷

이다. 본래 왕후(王后)가 입던 육복(六服)의 하나를 가리키나 대부(大夫)의 부인에게는 가장 격식을 갖춘 예복(禮服)이 된다. 일설에는 흰색이 아닌 붉은색 비단으로 만든 옷이라고도 한다. 『주례』「천관(天官)·내사복(內司服)」편에는 '전의'가 기록되어 있는데, 이에 대한 정현의 주에서는 "鄭司農云, 展衣, 白衣也."라고 풀이했다.

◎ 전인(甸人) : '전인'은 교외(郊外)에 대한 일과 공족(公族)들에 대한 형벌 집행을 담당하던 관리이다. 『주례』의 체제에 따르면, 전사(甸師)가 된다.

◎ 전제(奠祭) : '전제'는 죽은 자 및 귀신들에게 음식을 헌상하는 제사이다. 상례(喪禮)를 치를 때, 빈소를 차리고 나면, 매일 아침과 저녁에 음식을 바치며 제사를 지내게 되는데, '전제'는 주로 이러한 제사를 뜻한다.

◎ 전조(田祖) : '전조'는 전설 속의 인물로, 처음 농경지를 경작한 자이다. 신 농씨(神農氏)를 가리킨다. 『시』「소아(小雅)·보전(甫田)」편에는 "琴瑟擊鼓, 以御田祖."라는 기록이 있는데, 주자의 『집전(集傳)』에서는 "謂始耕田者, 卽神農也."라고 풀이했다.

◎ 전준(田畯) : '전준'은 지방의 하급관리를 뜻한다. 농사와 관련된 세금 및 요역 징발 등의 일을 담당했다. '전준'은 농사에 대한 일을 담당하였기 때문에, 경작과 파종을 뜻하는 글자들이 가미되어, '전준'을 전색부(田嗇夫), 사색(司嗇) 등으로 부르기도 했다. 그리고 '전준'은 한(漢)나라 때 색부(嗇夫)로 칭해졌다. 『시』「소아(小雅)·보전(甫田)」편에는 "饁彼南畝, 田畯至喜."라는 기록이 있는데, 이에 대한 정현의 전(箋)에서는 "田畯, 司嗇, 今之嗇夫也."라고 풀이했으며, 공영달(孔穎達)의 소(疏)에서는 "田畯, 田家, 在田司主稼穡, 故謂司嗇. 漢世亦有此官, 謂之嗇夫."라고 풀이했다.

◎ 절조(折俎) : '절조'는 제사나 연회를 시행할 때, 희생물을 도축하여, 사지를 해체하고, 그런 뒤에 도마 위에 올리게 되는데, 이 도마를 '절조'라고 부른다.

◎ 정(旌) : '정'은 가느다란 새의 깃털인 석우(析羽)를 오색(五色)으로 채색하여, 깃술처럼 장식한 깃발이다. 『주례』「춘관(春官)·사상(司常)」편에는 "全羽爲旞, 析羽爲旌."이라는 기록이 있다. 한편 '정'은 깃발들을 범

칭하는 용어로도 사용된다.

◎ 정(脡) : '정'은 기다란 육포(肉脯)를 세는 단위이다. 접혀 있는 것을 셀 때에는 구(朐)자를 사용하였다. 『춘추공양전』「소공(昭公) 25년」편에는 "高子執簞食與四脡脯."라는 기록이 있는데, 이에 대한 하휴(何休)의 주에서는 "屈曰朐, 申曰脡."이라고 풀이했다.

◎ 정기(旌旗) : '정기'는 깃발들을 범칭하는 말이다.

◎ 정복(正服) : '정복'은 본래의 상례(喪禮) 규정에 따른 정식 복장을 뜻한다. 친족 관계에서는 각 등급에 따른 상례 절차가 규정되어 있으므로, '정복'이라는 것은 규정에 따른 상복(喪服)을 착용하는 것뿐만 아니라, 상(喪)을 치르는 기간과 각종 부수적 기물(器物)들에 대해서도 규정대로 따르는 것을 뜻한다.

◎ 정색(正色) : '정색'은 간색(間色)과 대비되는 말로, 청색(靑色)·적색(赤色)·황색(黃色)·백색(白色)·흑색(黑色) 등 순일한 다섯 종류의 색깔을 뜻한다.

◎ 정씨(鄭氏) : =정현(鄭玄)

◎ 정침(正寢) : '정침'은 노침(路寢)과 같은 말이다. 또한 정전(正殿)이라고도 불렀다. 군주가 정무를 처리하던 장소이다. 천자에게는 6개의 침(寢)이 있었는데, 가장 앞쪽에 있는 1개의 침이 바로 정침(正寢)이 되고, 나머지는 5개의 침은 연침(燕寢)이 된다. 또한 군주의 부인이 사용하는 정침을 뜻하기도 한다. 또한 군주 이하의 계층에게 있어서는 공적인 업무를 처리하거나 일을 할 때 사용하는 공간을 뜻하기도 한다.

◎ 정현(鄭玄, A.D.127~A.D.200) : =정강성(鄭康成)·정씨(鄭氏). 한대(漢代)의 유학자이다. 자(字)는 강성(康成)이다. 『주역(周易)』, 『상서(尙書)』, 『모시(毛詩)』, 『주례(周禮)』, 『의례(儀禮)』, 『예기(禮記)』, 『논어(論語)』, 『효경(孝經)』 등에 주석을 하였다.

◎ 제거(齊車) : '제거'는 정갈하게 재계한 수레를 뜻한다. 금(金)으로 제작하기도 하였다. 제왕(帝王)은 순수(巡守), 조근(朝覲) 및 회동(會同) 때에 재계를 하게 되는데, 이 수레를 사용함으로써 재계를 했음을 나타낸다. 『주례』「하관(夏官)·제우(齊右)」편에는 "掌祭祀會同賓客前齊車."라는 기

록이 있고, 이에 대한 정현의 주에서는 "齊車, 金路. 王自整齊之車也."라고 풀이했고, 손이양(孫詒讓)의 『정의(正義)』에서는 "敍官齊僕注云, '古者王將朝觀會同必齊.' 是齊車以齊戒爲名."이라고 풀이하였다.

◎ 제복(除服) : '제복'은 소상(小祥)과 대상(大祥)을 지낼 때 입는 상복(喪服)을 뜻한다. 또는 상복을 벗는다는 뜻이다. 소상과 대상을 치르면서 상복의 수위가 낮아지게 되며, 대상까지 지내게 되면 실제적으로 복상(服喪) 기간이 끝나게 된다. 따라서 '제복'은 상복을 벗는다는 뜻이 되며, 소상과 대상을 지내면서 입게 되는 변화된 상복을 지칭하기도 하는 것이다.

◎ 제상(除喪) : '제상'은 상(喪)을 끝낸다는 뜻이다. 상을 치르는 일정한 기간을 끝내게 되면, 상중에 입고 있었던 상복(喪服)을 벗고, 평소에 입던 길복(吉服)으로 복장을 바꾸게 된다. 따라서 상복을 제거한다는 뜻에서, 상을 끝내는 것을 '제상'이라고 부르는 것이다. 또한 '제상'은 상복의 수위가 변화되는 것을 가리키는 용어로도 사용된다. 상복은 일정한 기간마다 그 수위가 낮아지게 되는데, 그 수위를 덜어낸다는 뜻에서 이러한 일련의 변화를 '제상'이라고 부르는 것이다.

◎ 제우(齊牛) : '제우'는 제사의 희생물로 사용되는 소를 뜻한다. 재계(齋戒)를 뜻하는 '재(齋)'자는 '제(齊)'자와 통용이 되는데, 제사에 사용되므로, 재계를 시켰다는 뜻에서 '제(齊)'자를 붙인 것이다.

◎ 제우(帝牛) : '제우'는 교(郊)제사 때 희생물로 사용되는 소를 뜻한다. 교제사는 상제(上帝)에 대한 제사였으므로, 그 희생물에 대해서도 '제(帝)'자를 붙여서 부르는 것이다.

◎ 제적(帝籍) : '제적'은 제자(帝藉)라고도 부른다. 천자가 직접 경작하던 농작지를 뜻한다. 직접 농사를 지었다는 뜻은 아니며, 상징적인 의미를 갖는다. 이곳에서 생산된 곡식들은 천자가 지내는 제사 때 사용되었다. 『예기』 「월령(月令)」편에는 "帥三公九卿諸侯大夫, 躬耕帝籍."이라는 기록이 있는데, 이에 대한 손희단(孫希旦)의 집해(集解)에서는 "天子藉田千畝, 收其穀爲祭祀之粢盛, 故曰帝藉."이라고 풀이했다. 즉 천자가 경작하는 땅은 1000무(畝)의 면적인데, 여기에서 수확되는 곡식들을 가지고 오제(五帝)에 대한 제사에 사용하였으므로, '제적'이라고 부르게 된

것이다.

◎ 제제(緹齊) : '제제'는 제제(醍齊)라고도 부른다. 오제(五齊) 중 하나이다.
비교적 맑은 술에 해당한다. 술이 익고 나서 붉은 빛깔을 보이는 것으로
하주(下酒)와 같은 술이다.

◎ 제폐(制幣) : '제폐'는 고대의 제사 때 바치게 되는 비단을 뜻한다. 제물로
사용되는 비단에는 일정한 규격이 있었기 때문에 '제(制)'자를 붙여서 부
른 것이다. 『의례』「기석례(旣夕禮)」편에는 "贈用制幣玄纁束."이라는
기록이 있는데, 이에 대한 정현의 주에서는 "丈八尺曰制."라고 풀이했
다. 즉 1장(丈) 8척(尺)의 길이로 재단한 비단을 '제(制)'라고 부른다.

◎ 조(旐) : '조'는 거북이와 뱀의 무늬를 그린 깃발이다. 『주례』「춘관(春
官)·사상(司常)」편에는 "鳥隼爲旟, 龜蛇爲旐."라는 기록이 있다.

◎ 조(兆) : '조'는 고대에 사교(四郊)에 설치했던 일종의 제단(祭壇)이다. 또
한 사교(四郊)에서 제사를 지내는 장소를 뜻한다. 『예기』「표기(表記)」
편에는 "詩曰, 后稷兆祀, 庶無罪悔, 以迄于今."이라는 기록이 있고, 이
에 대한 정현의 주에서는 "兆, 四郊之祭處也."라고 풀이했다. 한편 『예
기』「예기(禮器)」편에는 "有以下爲貴者, 至敬不壇, 埽地而祭."라는 기
록이 있다. 즉 지극히 공경을 표해야 하는 제사에서는 제단을 쌓지 않고,
단지 땅만 쓸고서 제사를 지낸다는 뜻이다. 이 문장에 대해 진호(陳澔)
의 『집설(集說)』에서는 "封土爲壇, 郊祀則不壇, 至敬無文也."라고 풀
이한다. 즉 흙을 높게 쌓아서 제단을 만들게 되는데, 교사(郊祀)와 같은
경우는 지극히 공경을 표해야 하는 제사에 해당하므로, 제단을 만들지 않
는다. 그 이유는 이러한 제사에서는 화려한 꾸밈을 하지 않기 때문이다.
한편 『예기』「예기」편의 문장에 대해 공영달(孔穎達)의 소(疏)에서는
"此謂祭五方之天, 初則燔柴於大壇, 燔柴訖, 於壇下掃地而設正祭,
此周法也."라고 설명한다. 즉 지극히 공경을 표해야 하는 제사는 오방
(五方)의 천신(天神)들에게 지내는 제사를 뜻하는데, 제사 초반부에는
태단(太壇)에서 섶을 태워서 신들에게 알리고, 섶 태우는 일이 끝나면,
제단 아래에서 땅을 쓸고, 본격적인 제사를 지내게 되는데, 이것은 주
(周)나라 때의 예법에 해당한다.

◎ 조거(朝車) : '조거'는 고대에 군주와 신하가 조회를 하거나 연회를 할 때, 출입하며 타는 수레를 뜻한다.

◎ 조근(朝覲) : '조근'은 군주가 신하를 만나보는 예법(禮法)을 뜻한다. 군주가 신하를 만나보는 예법에는 조(朝), 근(覲), 종(宗), 우(遇), 회(會), 동(同) 등이 있었는데, 이것을 총칭하여 '조근'으로 부르기도 한다. 한편 '조근'은 신하가 군주를 찾아뵙는 예법을 뜻하기도 한다. 고대에는 제후가 천자를 찾아뵐 때, 각 계절별로 그 명칭을 다르게 불렀다. 봄에 찾아뵙는 것을 조(朝)라고 부르며, 여름에 찾아뵙는 것을 종(宗)이라고 부르고, 가을에 찾아뵙는 것을 근(覲)이라고 부르며, 겨울에 찾아뵙는 것을 우(遇)라고 부른다. '조근'은 이러한 예법들을 총칭하는 말이다.

◎ 조뉵(朓朒) : '조뉵'은 육조(朒朓)라고도 부른다. 천문학의 용어로, 매월 초에 달이 동쪽 하늘에 나타나고, 매월 말에 달이 서쪽 하늘에 나타나는 것을 가리킨다.

◎ 조묘(朝廟) : '조묘'는 종묘(宗廟)에 전제(奠祭)를 지낸다는 뜻이다. 또 『춘추』「문공(文公) 6년」 경문(經文)에는 "閏月不告月, 猶朝于廟."라는 기록이 있고, 이에 대한 두예(杜預)의 주에서는 "諸侯每月必告朔聽政, 因朝宗廟."라고 풀이했다. 즉 제후들은 매월 반드시 고삭(告朔)을 하며 정사(政事)를 돌보게 되는데, 이것에 연유하여 종묘에서 전제사를 지낸다. 또한 '조묘'는 상례(喪禮)를 치르며 영구를 조묘로 이동시켜서, 장차 장지로 떠나게 됨을 아뢰는 의식이기도 하다.

◎ 조묘(祧廟) : '조묘'는 천묘(遷廟)와 같은 뜻이다. '천묘'는 대수(代數)가 다한 신주(神主)를 모시는 묘(廟)를 뜻한다. 예를 들어 天子의 경우, 7개의 묘(廟)를 설치하는데, 가운데의 묘에는 시조(始祖) 혹은 태조(太祖)의 신주(神主)를 모시며, 이곳의 신주는 다른 곳으로 옮기지 않는 불천위(不遷位)에 해당한다. 그리고 좌우에는 각각 3개의 묘(廟)를 설치하여, 소목(昭穆)의 순서에 따라 6대(代)의 신주를 모신다. 현재의 천자가 죽게 되어, 그의 신주를 묘에 모실 때에는 소목의 순서에 따라 가장 끝 부분에 있는 묘로 신주가 들어가게 된다. 만약 소(昭) 계열의 가장 끝 묘에 새로운 신주가 들어서게 되면, 밀려나게 된 신주는 바로 위의 소 계열

묘로 들어가게 되고, 최종적으로 밀려나서 더 이상 갈 곳이 없는 신주는 '천묘'로 들어가게 된다. 또한 '천묘'는 위에서 서술한 것처럼 신구(新舊)의 신주가 옮겨지게 되는 의식 자체를 지칭하기도 하며, '천묘'된 신주 자체를 가리키기도 한다. 주(周)나라 때에는 문왕(文王)과 무왕(武王)의 묘를 '천묘'로 사용하였다.

◎ 조복(朝服) : '조복'은 군주와 신하가 조회를 열 때 착용하는 복장을 뜻한다. 중요한 의식을 치를 때 착용하는 예복(禮服)을 가리키기도 한다.

◎ 조빙(朝聘) : '조빙'은 본래 제후가 주기적으로 천자를 찾아뵙는 것을 뜻한다. 고대에는 제후가 천자에 대해서 매년 1번씩 소빙(小聘)을 했고, 3년에 1번씩 대빙(大聘)을 했으며, 5년에 1번씩 조(朝)를 했다. '소빙'은 제후가 직접 찾아가지 않았고, 대부(大夫)를 대신 파견하였으며, '대빙' 때에는 경(卿)을 파견하였다. '조'에서만 제후가 직접 찾아갔는데, 이것을 합쳐서 '조빙'이라고 부른다. 춘추시대(春秋時代) 때에는 진(晉)나라 문공(文公)과 같은 패주(覇主)에게 '조빙'을 하기도 하였다. 『예기』「왕제(王制)」편에는 "諸侯之於天子也, 比年一小聘, 三年一大聘, 五年一朝."라는 기록이 있고, 이에 대한 정현의 주에서는 "比年, 每歲也. 小聘, 使大夫, 大聘, 使卿, 朝, 則君自行. 然此大聘與朝, 晉文霸時所制也."라고 풀이했다. 후대에는 서로 찾아가서 만나보는 것을 '조빙'이라고 범칭하기도 했다.

◎ 조빙(覜聘) : '조빙'은 신하가 군주를 찾아뵙거나 서로 만나볼 때의 예법에 해당한다. 찾아갈 때 딸려오는 대부(大夫) 무리가 많을 때 그것을 '조(覜)'라고 부르며, 무리가 적을 때에는 '빙(聘)'이라고 부른다. 『주례』「춘관(春官)·전서(典瑞)」편에는 "瑑圭璋璧琮, 繅皆二采一就, 以覜聘."이라는 기록이 있고, 이에 대한 정현의 주에서는 "大夫衆來曰覜, 寡來曰聘."이라고 풀이했다.

◎ 조사(朝事) : '조사'는 종묘(宗廟)의 제사를 지낼 때, 새벽에 지내는 제사 절차들을 가리킨다. 『예기』「제의(祭義)」편에는 "建設朝事, 燔燎羶薌."이라는 기록이 있고, 이에 대한 진호(陳澔)의 『집설(集說)』에서는 "朝事, 謂祭之日, 早朝而行之事也."라고 풀이했다.

◎ 조일(朝日) : '조일'은 고대에 제왕이 해에 대해서 지낸 제사를 뜻한다. 해가 떠오를 무렵에 해에게 절을 하였기 때문에 '조(朝)'자를 붙여서 부른 것이다. 『한서(漢書)』「교사지상(郊祀志上)」편에는 "十一月辛巳朔旦冬至. 昒爽, 天子始郊拜泰一, 朝朝日, 夕夕月, 則揖."이라는 기록에 있고, 이에 대한 안사고(顔師古)의 주에서는 "以朝旦拜日爲朝."라고 풀이하였다. 또한 '조일'은 각 계절의 기운이 도래할 때, 교외(郊外)에서 지낸 제사를 뜻하기도 한다. 『주례』「천관(天官)·장차(掌次)」편에는 "朝日, 祀五帝, 則張大次小次, 設重帟重案."이라는 기록이 있는데, 이에 대한 정현의 주에서는, "朝日, 春分拜日於東門之外."라고 풀이하였다. 한편 제왕이 조정에서 정사를 듣는 행위 또는 그러한 날을 뜻하기도 한다. 『전국책(戰國策)』「제책육(齊策六)」편에는 "王至朝日, 宜召田單而揖之於庭, 口勞之."라는 기록이 있다.

◎ 조전(祖奠) : '조전'은 발인 하루 전에 올리는 전제(奠祭)를 가리킨다.

◎ 조제(祖祭) : '조제'는 도로의 신(神)에게 지내는 제사의 명칭이자, 그 제사를 지낸다는 뜻이기도 하다.

◎ 조종(朝宗) : '조종'은 제후가 봄과 여름에 천자를 조회하는 것을 뜻한다. '조종'의 '조(朝)'자는 제후가 봄에 천자를 찾아가 뵙는 것을 뜻하고, '종(宗)'자는 제후가 여름에 천자를 찾아가 뵙는 것을 뜻한다. 『주례』「춘관(春官)·대종백(大宗伯)」편에는 "春見曰朝, 夏見曰宗, 秋見曰覲, 冬見曰遇."라는 기록이 있다. 후대에는 신하가 군주를 찾아가 뵙는 것을 두루 지칭하는 용어로도 사용되었다.

◎ 조천(朝踐) : '조천'은 제례(祭禮) 의식 중 하나이다. 희생물의 피와 기름 등을 바치고, 단술을 따르게 되면, 비로소 제사를 본격적으로 시행하게 된다. 제주(祭主)의 부인이 되는 주부(主婦)는 이때 제사 때 진설해두는 제기(祭器)인 두변(豆籩) 등을 바치게 된다. '조천'은 바로 이러한 의식 절차를 가리킨다. 『주례』「춘관(春官)·사준이(司尊彝)」에는 "其朝踐用兩獻尊."이라는 기록이 있고, 이 기록에 대한 정현의 주에서는 "朝踐, 謂薦血腥, 酌醴, 始行祭事, 后於是薦朝事之豆籩."이라고 풀이하였다.

◎ 족장(族葬) : '족장'은 선조(先祖)와 그 자손(子孫)들의 무덤이 모여 있는

무덤군을 뜻한다. 『주례』「춘관(春官)·묘대부(墓大夫)」편에는 "令國民
族葬, 而掌其禁令."이라는 기록이 있는데, 이에 대한 정현의 주에서는
"族葬, 各從其親."이라고 풀이했다.

◎ 존조성(存覜省) : '존조성'은 천자가 신하를 시켜서 제후국을 순시하던 예
법이다. 존(存)은 1년에 한 차례 제후국을 두루 순시했던 예법이며, 조
(覜)는 3년에 한 차례 제후국을 두루 순시했던 예법이고, 성(省)은 5년에
한 차례 제후국을 두루 순시했던 예법이다. 이러한 것들을 간문(間問)이
라고도 부른다. 『주례』「추관(秋官)·대행인(大行人)」편에는 "王之所以
撫邦國諸侯者, 歲遍存, 三歲遍覜, 五歲遍省."이라는 기록이 있는데,
이에 대한 정현의 주에서는 "存·覜·省者, 王使臣於諸侯之禮, 所謂
間問也."라고 풀이했으며, 『주례』「추관(秋官)·소행인(小行人)」편에는
"存·覜·省·聘·問, 臣之禮也."라는 기록이 있는데, 이에 대한 가공
언(賈公彦)의 소(疏)에서는 "存·覜·省三者, 天子使臣撫邦國之禮."
라고 풀이했다.

◎ 졸곡(卒哭) : '졸곡'은 우제(虞祭)를 지낸 뒤에 지내는 제사이다. 이 제사
를 지내게 되면, 수시로 곡(哭)하던 것을 멈추고, 아침과 저녁때에만 한
번씩 곡을 하게 된다. 그렇기 때문에 '졸곡'이라고 부르게 된 것이다.

◎ 종(琮) : '종'은 옥(玉)으로 만든 기물로, 평평하며 네모난 기둥 모양으로
되어 있다. 중앙에 원형으로 된 구멍이 뚫려 있었다. 예물(禮物)로 사용
되었으며, 제후가 천자에게 조회를 갈 때 부절(符節)로 사용되기도 했다.

◎ 종경(宗卿) : '종경'은 군주와 같은 종인(宗人) 중 대신(大臣)에 오른 자를
뜻한다. 『춘추좌씨전』「성공(成公) 14년」편에는 "是先君宗卿之嗣也, 大
國又以爲請, 不許, 將亡."이라는 기록이 있는데, 이에 대한 두예(杜預)
의 주에서는 "同姓之卿."이라고 풀이했다. 한편 '종경'은 조정의 신하들
중 의례(儀禮)·제사(祭祀) 및 종묘(宗廟)와 관련된 일들을 전담하는 관
리들의 수장을 범칭하는 용어로도 사용된다.

◎ 종모(從母) : '종모'는 모친의 자매인 이모를 뜻한다.

◎ 종백(宗伯) : '종백'은 대종백(大宗伯)이라고도 부른다. 주(周)나라 때에
는 육경(六卿) 중 하나에 해당하는 고위 관직이었다. 『주례』의 체제 속

에서는 춘관(春官)의 수장이 된다. 종묘(宗廟)에 대한 제사 등 주로 예제(禮制)와 관련된 일을 담당하였다. 후대의 관직체계에서는 예부(禮部)에 해당하기 때문에, 예부상서(禮部尙書)를 또한 '대종백' 혹은 '종백'이라고도 부른다. 『서』「주서(周書)·주관(周官)」편에는 "宗伯掌邦禮, 治神人, 和上下."라는 기록이 있다. 또 『주례』「춘관(春官)·종백(宗伯)」편에는 "乃立春官宗伯, 使帥其屬而掌邦禮, 以佐王和邦國."이라는 기록이 있는데, 이에 대한 정현의 주에서는 "宗伯, 主禮之官."이라고 풀이했다. 한(漢)나라 때에는 태재(太宰)라는 이름으로 관직명을 고치기도 했다. 한편 진(秦)나라 때에는 종실(宗室)의 일들을 담당하는 종정(宗正)이라는 관리가 있었는데, 한나라 때에는 이 관직명을 '종백'으로 고치기도 했다.

◎ 종축(宗祝) : '종축'은 종백(宗伯)과 태축(太祝)을 뜻한다. 둘 모두 제사를 주관하는 관리들인데, '종백'은 예법과 관련된 부서의 수장이며, '태축'은 제사를 시행할 때 일을 주도하는 관리이다. 『국어(國語)』「주어중(周語中)」편에는 "門尹除門, 宗祝執祀, 司里授館."이라는 기록이 있고, 이에 대한 위소(韋昭)의 주에서는 "宗, 宗伯, 祝, 太祝也."라고 풀이하였다.

◎ 좌개(左个) : '좌개'는 실(室)의 좌측에 붙어 있는 편실(偏室)을 뜻한다. 『의례』「향사례(鄕射禮)」편에는 "左个之西北三步東面設薦俎."라는 용례가 있다. 왕인지(王引之)는 『경의술문(經義述聞)』「통설상(通說上)」편에서 "案鄭訓个爲偏, 則其字當與介同."이라고 했다. 즉 정현이 개(个)자의 뜻을 편(偏)으로 하였으니, '좌개'의 '개'자는 개(介: =끼이다, 편실(偏室))와 같은 것이다. 그리고 『여씨춘추(呂氏春秋)』「맹하기(孟夏紀)」편에는 "天子居明堂左个."라는 기록이 있는데, 이에 대한 고유(高誘)의 주에서는 "明堂, 南鄕堂. 左个, 東頭室."이라고 풀이하였다.

◎ 좌거(佐車) : '좌거'는 전쟁이나 사냥을 할 때 뒤따르는 보조 수레를 뜻한다.

◎ 좌식(佐食) : '좌식'은 제사를 지낼 때, 시동의 옆에서 시동이 제사 음식을 흠향할 수 있도록 시중을 드는 사람이다. 『의례』「특생궤식례(特牲饋食禮)」편에는 "佐食北面, 立於中庭."이라는 기록이 있는데, 이에 대한 정

현의 주에서는 "佐食, 賓佐尸食者."라고 풀이했다.

◎ 주돈이(周敦頤, A.D.1017~A.D.1073) : =염계선생(濂溪先生)·주자(周子)·주렴계(周濂溪)·주무숙(周茂叔). 북송(北宋) 때의 학자이다. 북송오자(北宋五子) 및 송조육현(宋朝六賢) 중 한 사람으로 손꼽는다. 초명(初名)은 돈실(惇實)이었지만, 영종(英宗)에 대한 피휘 때문에, 돈이(敦頤)로 개명하였다. 자(字)는 무숙(茂叔)이다. 염계서당(濂溪書堂)에서 강학을 하였기 때문에, '염계선생(濂溪先生)'이라고도 부른다. 저서로는 『태극도설(太極圖說)』·『통서(通書)』 등이 있다.

◎ 주로(朱路) : '주로'는 주로(朱輅)라고도 부른다. 천자가 탔던 수레의 한 종류이다. 수레를 진한 홍색으로 칠했기 때문에. '주로'라는 명칭이 붙게 되었다.

◎ 주자(胄子) : '주자'는 국자(國子)와 같은 뜻이다. 자 및 공(公), 경(卿), 대부(大夫)의 자제들을 말한다. 때론 상황에 따라 천자의 태자(太子) 및 왕자(王子)를 포함시키지 않는 경우도 있다. 『서』「우서(虞書)·순전(舜典)」편에는 "帝曰, 夔, 命汝典樂, 敎胄子."라는 기록이 있는데, 이에 대한 공안국(孔安國)의 전(傳)에서는 "胄, 長也, 謂元子以下至卿大夫子弟."라고 풀이했다.

◎ 주장(州長) : '주장'은 주(周)나라 때의 관직으로, 1개 주(州)의 수장을 뜻한다. 중대부(中大夫) 1명이 담당을 했으며, 그 주에서 시행하는 교화와 정령을 담당했다. 『주례』「지관(地官)·사도(司徒)」편에는 "州長, 每州中大夫一人."이라는 기록이 있고, 『주례』「지관·주장(州長)」편에는 "各掌其州之敎治政令之法."이라는 기록이 있다.

◎ 주조(朱鳥) : '주조'는 남쪽 하늘의 별자리들을 총칭하는 용어이다. 하늘의 주요 별자리인 28수(宿) 중 남쪽 방위에 해당하는 정수(井宿)·귀수(鬼宿)·류수(柳宿)·성수(星宿)·장수(張宿)·익수(翼宿)·진수(軫宿) 등 7개의 별자리를 총칭한다. 이 일곱 별자리를 서로 연결하면, 새의 형상이 되며, 붉은색[朱]은 불[火]의 색깔에 해당하는데, 방위와 오행(五行)을 연관시키면, 불은 남쪽에 해당하기 때문에, '주조'라고 부르는 것이다.

◎ 준(僎) : '준'은 준(遵)이라고도 부르며, 향음주례(鄕飮酒禮) 등을 시행할

때 주인(主人)이 시행하는 의례절차를 보좌하던 사람이다.

◎ 준사(俊士) : '준사'는 선사(選士)들 중에서도 덕행과 재주가 뛰어나서, 국학(國學)에 입학하였던 자들을 뜻한다. 참고로 향학(鄕學)의 사(士)들 중에서 덕행과 재예(才藝)가 뛰어난 사를 수사(秀士)라고 불렀고, 수사들 중에서도 뛰어난 사람은 사도(司徒)에게 천거되는데, 그 사람을 선사(選士)라고 불렀다.

◎ 준선(俊選) : '준선'은 준사(俊士)와 선사(選士)를 합쳐 부르는 말이다. 향학(鄕學)의 사(士)들 중에서 덕행과 재예(才藝)가 뛰어난 사를 수사(秀士)라고 불렀고, 수사들 중에서도 뛰어난 사람은 사도(司徒)에게 천거되는데, 그 사람을 선사(選士)라고 불렀다. 준사(俊士)는 선사(選士)들 중에서도 덕행과 재주가 뛰어나서, 국학(國學)에 입학하였던 자들을 뜻한다.

◎ 중(重) : '중'은 나무에 구멍을 뚫어서 만든 것으로, 신주(神主)를 만들기 전에, 구멍이 뚫린 나무를 세워서 이것을 신주 대신으로 삼아 제사를 지냈다. 『예기』「단궁하(檀弓下)」편에는 "重, 主道也."라는 기록이 있고, 이에 대한 정현의 주에서는 "始死未作主, 以重主其神也."라고 풀이했다.

◎ 중문(中門) : '중문'은 내(內)와 외(外) 사이에 있는 문을 뜻한다. 궁(宮)에 있어서는 혼문(闇門)을 뜻하기도 한다. 또 천자(天子)의 궁성(宮城)에는 다섯 개의 문이 있었다고 전해지는데, 가장 밖에 있는 문부터 순차적으로 나열해보면, 고문(皐門), 치문(雉門), 고문(庫門), 응문(應門), 노문(路門)이다. 이러한 다섯 개의 문들 중 노문(路門)은 가장 안쪽에 있으므로, 내문(內門)로 여기고, 고문(皐門)은 가장 밖에 있으므로, 외문(外門)으로 여긴다. 따라서 나머지 치문(雉門), 고문(庫門), 응문(應門)은 내외(內外)의 사이에 있으므로, 이 세 개의 문을 '중문'으로 여기기도 한다. 『주례』「천관(天官)·혼인(闇人)」편에는 "掌守王宮之中門之禁."이라는 기록이 있는데, 이에 대한 손이양(孫詒讓)의 『정의(正義)』에서는 "此中門實不專屬雉門. 當兼庫·雉·應三門言之. 蓋五門以路門爲內門, 皐門爲外門, 餘三門處內外之間, 故通謂之中門."이라고 풀이했다. 한편 정중앙에 있는 문을 '중문'이라고도 부른다.

◎ 중복(重服) : '중복'은 상복(喪服)의 단계를 뜻하는 용어 중 하나이다. 대공복(大功服) 이상이 되는 상복을 '중복'이라고 부른다.

◎ 중상(中殤) : '중상'은 12~15세 사이에 요절한 자를 뜻한다. 『의례』「상복(喪服)」편에 "十五至十二爲中殤."이라는 기록이 있다.

◎ 중성(中星) : '중성'은 28수(宿) 중 남쪽 하늘의 중앙에 위치하는 별자리를 말한다. 28수는 동서남북 사방(四方)에 각각 7개씩 분포되어 있는데, 이들은 일정한 궤도에 따라서 움직이게 되며, 차례대로 남쪽 하늘의 중앙에 위치하게 된다. 28수 중에서 어떤 것이 '중성'이 되는지를 관찰하면, 해당 계절을 확인할 수 있다. 『서』「우서(虞書) · 요전(堯典)」편에는 "曆象日月星辰."이라는 기록이 있는데, 이에 대한 공안국(孔安國)의 전(傳)에서는 "星, 四方中星."이라고 풀이했고, 공영달(孔穎達)의 소(疏)에서는 "星, 四方中星者, 二十八宿布在四方, 隨天轉運, 更互在南方, 每月各有中者."라고 풀이했다.

◎ 중의(中衣) : '중의'는 조복(朝服)이나 제복(祭服) 등의 예복(禮服) 안에 착용하는 옷이다. '중의' 안에는 속옷 등을 착용하고, '중의' 겉에는 예복 등을 착용하므로, 중간이라는 뜻에서 '중의'라고 부르는 것이다. 또한 모든 복장에 있어서 속옷과 겉옷 중간에 입는 옷을 뜻하기도 한다. 『예기』「교특생(郊特牲)」편에는 "繡黼丹朱中衣."라는 기록이 있고, 이에 대한 공영달(孔穎達)의 소(疏)에서는 "中衣, 謂以素爲冕服之裏衣."라고 풀이하였다.

◎ 증(烝) : '증'은 겨울에 종묘(宗廟)에서 지내는 제사를 뜻한다. '증'자는 중(衆)자의 뜻으로, 겨울에는 만물 중에 성숙한 것이 많다는 의미에서 붙여진 말이다. 『백호통(白虎通)』「종묘(宗廟)」편에는 "冬曰烝者, 烝之爲言衆也, 冬之物成者衆."이라는 기록이 있다.

◎ 지수(摯獸) : '지수'는 사납고 사람을 죽일 수도 있는 동물을 뜻하며, 호랑이 등의 맹수를 가리키는 용어로 사용된다. 『예기』「곡례상(曲禮上)」편에는 "前有摯獸, 則載貔貅."라는 기록이 있는데, 이에 대한 공영달(孔穎達)의 소(疏)에서는 "摯獸, 猛而能擊, 謂虎狼之屬也."라고 풀이하였다.

◎ 지자(支子) : '지자'는 적장자(嫡長子)를 제외한 나머지 아들들을 말한다.

◎ 지충(鷙蟲) : '지충'은 맹조(猛鳥)나 맹수(猛獸)를 뜻한다. '지충' 또한 지수(摯獸)와 동일한 뜻이다. 지(鷙)자는 사나워서 사람을 공격할 수 있다는 뜻이며, 충(蟲)자는 벌레가 아닌 생물을 범칭하는 용어이다. 『예기』「유행(儒行)」편에는 "鷙蟲攫搏不程勇者. 引重鼎不程其力"이라는 용례가 있다.

◎ 진상도(陳祥道, A.D.1159~A.D.1223) : =장락진씨(長樂陳氏)·진씨(陳氏)·진용지(陳用之). 북송대(北宋代)의 유학자이다. 자(字)는 용지(用之)이다. 장락(長樂) 지역 출신으로, 1067년에 과거에 급제하여 태상박사(太常博士) 등을 지냈다. 왕안석(王安石)의 제자로, 그의 학문을 전파하는데 공헌하였다. 저서에는 『예서(禮書)』, 『논어전해(論語全解)』 등이 있다.

◎ 진씨(陳氏) : =진호(陳澔)

◎ 진씨(陳氏) : =진상도(陳祥道)

◎ 진호(陳澔, A.D.1260~A.D.1341) : =진가대(陳可大)·진호(陳澔). 남송(南宋) 말기 원(元)나라 초기 때의 학자이다. 자(字)는 가대(可大)이다. 사람들에게 경귀선생(經歸先生)으로 칭송을 받았다. 저서로는 『예기집설(禮記集說)』 등이 있다.

◎ 징주(澄酒) : '징주'는 청주(清酒)라고도 부른다. 삼주(三酒) 중 하나이다. 정사농(鄭司農)의 주장에 따르면, '청주'는 제사를 지낼 때 쓰는 술을 뜻한다. 정현의 주장에 따르면, '청주'는 중산(中山) 지역에서 겨울에 술을 담가서 여름쯤 다 익은 술을 뜻한다. 손이양(孫詒讓)의 주장에 따르면, '청주'는 더욱 맑은 술이며, 겨울에 빚어서 여름쯤에 익는 술을 뜻한다.

◎ 차개(次介) : '차개'는 빈(擯)들 중 승빈(承擯)과 비슷한 역할을 하는 자로, 상개(上介)를 돕는 부관이다.

◎ 참승(參乘) : '참승'은 '참승(驂乘)'이라고도 부른다. 수레에 탄다는 뜻이다. 또한 수레에 타는 사람을 가리키는 용어로도 사용되었다. 고대 수레

제도에서는 존귀한 자는 수레의 좌측에 타고, 수레를 모는 사람은 중앙에 위치했으며, 시중을 들거나 병기를 들고서 보호하는 임무를 맡은 사람은 수레의 우측에 탔다. 또한 이러한 뜻에서, 음을 달리하여 삼승(參乘)이라고도 부른다.

◎ 참최복(斬衰服) : '참최복'은 상복(喪服) 중 하나로, 오복(五服)에 속한다. 상복 중에서도 가장 수위가 높은 상복이다. 거친 삼베를 사용해서 만들며, 자른 부위를 꿰매지 않기 때문에 참최(斬衰)라고 부른다. 이 복장을 입게 되는 기간은 일반적으로 3년에 해당하며, 죽은 부모를 위해 입거나, 처 또는 첩이 죽은 남편을 위해 입는다.

◎ 창룡(倉龍) : '창룡'은 창룡(蒼龍)이라고도 부른다. 빛깔이 청색을 띠는 준마(駿馬)를 뜻한다. 그런데 마(馬)자 대신 용(龍)자를 쓴 것은 8척(尺) 이상이 되는 말을 '용'으로 불렀기 때문이다. 참고적으로 7척 이상이 되는 말은 래(騋)라고 부르며, 6척 이상 되는 말은 '마'라고 불렀다. 『여씨춘추(呂氏春秋)』「맹춘기(孟春紀)」편에는 "天子居青陽左个. 乘鸞輅, 駕蒼龍, 載青旂, 衣青衣, 服青玉."이라는 기록이 있는데, 이에 대한 고유(高誘)의 주에서는 "周禮, 馬八尺以上爲龍, 七尺以上爲騋, 六尺以上爲馬也."라고 풀이하였다.

◎ 채색(菜色) : '채색'은 얼굴에 풀빛이 난다는 뜻이다. 양식이 없어서 풀죽을 끓여 먹었기 때문에, 이처럼 부른 것인데, 기근 및 기아를 뜻하는 용어이다.

◎ 채옹(蔡邕, A.D.131~A.D.192) : 후한(後漢) 때의 학자이다. 자(字)는 백개(伯喈)이다. A.D.189년 동탁(董卓)에게 발탁되어, 시어사(侍御史)와 좌중랑장(左中郎將) 등을 역임하였으나, 동탁이 죽은 후 투옥되어 옥중에서 죽었다. 박학하였으며 술수(術數), 천문(天文), 사장(辭章) 등에 조예가 깊었다.

◎ 채침(蔡沈, A.D.1167~A.D.1230) : =구봉채씨(九峯蔡氏)·채구봉(蔡九峯). 남송(南宋) 때의 학자이다. 자(字)는 중묵(仲默)이고, 호(號)는 구봉(九峯)이다. 주자의 문인이자 사위이다. 주자가 완성하지 못했던 『서집전(書集傳)』을 완성하였다.

◎ 척(滌) : '척'은 짐승우리를 뜻한다. 본래 군주가 제사 때 사용하게 될 희
생물들을 기르는 우리를 뜻한다. '척'이라고 부르는 이유는 그 장소를 청
결하게 유지하기 때문이다. 『춘추공양전』「선공(宣公) 3년」편에는 "帝牲
在于滌三月."이라는 기록이 있고, 이에 대한 하휴(何休)의 주에서는
"滌, 宮名, 養帝牲三牢之處也. 謂之滌者, 取其蕩滌潔清."이라고 풀
이했다.

◎ 천(薦) : '천'은 제사의 일종이다. 정식 제사에 비해서 각종 형식과 제수들
이 생략되어 간소하게만 지내니, 각 계절별로 생산되는 음식들을 바친다
는 뜻에서 '천'이라고 부르는 것이다.

◎ 천묘(遷廟) : '천묘'는 대수(代數)가 다한 신주(神主)를 모시는 묘(廟)를
뜻한다. 예를 들어 천자의 경우, 7개의 묘(廟)를 설치하는데, 가운데의
묘에는 시조(始祖) 혹은 태조(太祖)의 신주(神主)를 모시며, 이곳의 신
주는 다른 곳으로 옮기지 않는 불천위(不遷位)에 해당한다. 그리고 좌우
에는 각각 3개의 묘(廟)를 설치하여, 소목(昭穆)의 순서에 따라 6대(代)
의 신주를 모신다. 현재의 천자가 죽게 되어, 그의 신주를 묘에 모실 때
에는 소목의 순서에 따라 가장 끝 부분에 있는 묘로 신주가 들어가게 된
다. 만약 소(昭) 계열의 가장 끝 묘에 새로운 신주가 들어서게 되면, 밀
려나게 된 신주는 바로 위의 소 계열 묘로 들어가게 되고, 최종적으로
밀려나서 더 이상 갈 곳이 없는 신주는 '천묘'로 들어가게 된다. 또한 '천
묘'는 위에서 서술한 것처럼 신구(新舊)의 신주가 옮겨지게 되는 의식 자
체를 지칭하기도 하며, '천묘'된 신주 자체를 가리키기도 한다.

◎ 천신(薦新) : '천신'은 각 계절별로 생산된 신선한 음식물들을 바치는 제사
를 가리킨다. 초하루와 보름마다 성대하게 지내는 전제사[奠祭]를 가리
키기도 한다. 『의례』「기석례(旣夕禮)」편에는 "朔月, 若薦新, 則不饋于
下室."이란 기록이 있고, 『예기』「단궁하(檀弓上)」편에는 "有薦新, 如
朔奠."이란 기록이 있다.

◎ 천종(天宗) : '천종'은 일월(日月)과 성신(星辰)을 가리킨다. 『일주서(逸
周書)』「세부(世俘)」편에는 "武王乃翼矢珪矢憲, 告天宗上帝."이라는
기록이 있는데, 이에 대한 주우증(朱右曾)의 교석(校釋)에서는 "天宗,

日月星辰."이라고 풀이했다.

◎ 천형(川衡) : '천형'은 주(周)나라 때의 관직이다. 『주례』의 체제에 따르면, 지관(地官)에 속해 있었다. '천형'의 경우, 큰 하천에는 각각 하사(下士) 12명을 두어 임무를 담당하게 하였고, 그 휘하에는 잡무를 담당하는 사(史) 4명, 서(胥) 12명, 도(徒) 120명이 배속되어 있었다. 중간 정도의 하천에는 각각 하사(下士) 6명을 두어 임무를 담당하게 하였고, 그 휘하에는 잡무를 담당하는 사(史) 2명, 서(胥) 6명, 도(徒) 60명이 배속되어 있었다. 작은 하천에는 각각 하사(下士) 2명을 두어 임무를 담당하게 하였고, 그 휘하에는 잡무를 담당하는 사(史) 1명, 도(徒) 20명이 배속되어 있었다. 『주례』「지관사도(地官司徒)」편에는 "川衡, 每大川, 下士十有二人, 史四人, 胥十有二人, 徒百有二十人, 中川, 下士六人, 史二人, 胥六人, 徒六十人, 小川, 下士二人, 史一人, 徒二十人."이라는 기록이 있다. '천형'은 주로 천택(川澤)에 대한 일을 담당하여, 해당 지역에 적용되는 금령(禁令)의 시행을 감독하였고, 또한 금령의 준수에 따른 상벌(賞罰)도 시행했다. 『주례』「지관(地官)·천형(川衡)」편에는 "川衡, 掌巡川澤之禁令, 而平其守. 犯禁者執而誅罰之."라는 기록이 있다.

◎ 청기(請期) : '청기'는 혼례 절차 중 하나이다. 남자 집안에서 여자 집안에 예물을 보낸 뒤에, 혼인하기에 좋은 길일(吉日)을 점치게 된다. 길(吉)한 날을 잡게 되면, 여자 집안에 통보를 하며 가부(可否)를 묻게 되는데, 이 절차가 바로 '청기'이다.

◎ 청룡(靑龍) : '청룡'은 동쪽 하늘의 별자리들을 총칭하는 용어이다. 하늘의 주요 별자리인 28수(宿) 중 동쪽 방위에 해당하는 각수(角宿)·항수(亢宿)·저수(氐宿)·방수(房宿)·심수(心宿)·미수(尾宿)·기수(箕宿) 등 7개의 별자리를 총칭한다. 이 일곱 별자리를 서로 연결하면, 용의 형상이 되며, 파란색[靑]은 나무[木]의 색깔에 해당하는데, 방위와 오행(五行)을 연관시키면, 나무는 동쪽에 해당하기 때문에, '청룡'이라고 부르는 것이다.

◎ 청삭(聽朔) : '청삭'은 천자나 제후가 매월 초하루에 시행했던 고삭(告朔)의 의례를 뜻한다. 해당 월에 시행해야 할 정사(政事)는 바로 초하루부

터 시행되므로, 정무를 처리하기 이전에, 고삭의 의식을 시행하고, 그 이후에야 정사를 펼쳤다. 현단복(玄端服) 및 피변복(皮弁服)을 착용하고 치렀으며, 남문(南門) 밖이나, 태묘(太廟)에서 시행하였다. 『예기』「옥조(玉藻)」편에는 "玄端而朝日於東門之外, 聽朔於南門之外."라는 기록과 "諸侯玄端以祭, 裨冕以朝, 皮弁以聽朔於大廟."라는 기록이 있다.

◎ 청양(靑陽) : '청양'은 명당(明堂)에 있는 건물이다. '명당'에는 다섯 개의 실(室)이 있었는데, 좌측면의 동쪽에 위치한 '실'을 '청양'이라고 불렀다. 제왕이 제사(祭祀)나 정사(政事)를 처리하던 곳이다. 『자치통감(資治通鑒)』「제무제영명십년(齊武帝永明十年)」편에는 "己未, 魏主宗祀顯祖於明堂以配上帝, 遂登靈臺以觀雲物, 降居靑陽左个, 布政事."라는 기록이 있는데, 이에 대한 호삼생(胡三省)의 주에서는 정현의 주를 인용하여, "靑陽左个, 大寢東堂北偏."이라고 풀이하였다. 또한 '청양'은 '명당' 자체를 지칭하는 용어로도 사용되었다.

◎ 체상(禘嘗) : '체상'은 체(禘)제사와 상(嘗)제사를 뜻한다. 주(周)나라의 예법에 따르면, 여름에 종묘에서 지내는 제사를 '체(禘)'제사라고 불렀고, 가을에 종묘에서 지내는 제사를 '상(嘗)'제사라고 불렀다. 고대에는 '체상'이라는 용어를 이용하여, 군주가 조상에게 지내는 제사를 범칭하였다.

◎ 체제(禘祭) : '체제'는 천신(天神) 및 조상신(祖上神)에게 지내는 '큰 제사[大祭]'를 뜻한다. 『이아』「석천(釋天)」편에는 "禘, 大祭也."라는 기록이 있고, 이에 대한 곽박(郭璞)의 주에서는 "五年一大祭."라고 풀이하여, 대제(大祭)로써의 체제사는 5년마다 1번씩 지낸다고 설명한다. 그러나 『예기』「왕제(王制)」에 수록된 각종 제사들에 대한 기록을 살펴보면, 체제사는 큰 제사임에는 분명하나, 반드시 5년마다 1번씩 지내는 제사는 아니었다.

◎ 체협(禘祫) : '체협'은 고대에 제왕(帝王)이 시조(始祖)에게 지냈던 제사를 뜻하니, 일종의 성대한 제사의례를 가리킨다. 간혹 '체협'을 구분하여 각각에 의미를 부여하기도 하며, 혹은 '체협'을 합쳐서 같은 의미로 사용하기도 한다. 이 문제에 대해서 장병린(章炳麟)은 『국고논형(國故論衡)』「명해고하(明解故下)」에서 "禘祫之言, 詢詢爭論旣二千年. 若以禘祫

同爲殷祭, 祫名大事, 禘名有事, 是爲禘小於祫, 何大祭之云? 故知周之廟祭有大嘗·大烝, 有秋嘗·冬烝. 禘祫者大嘗·大烝之異語."라고 주장한다. 즉 '체협'이라는 말에 대해서 의견들이 분분한데, 만약 '체협'을 모두 은(殷)나라 때의 제사라고 말하며, '협(祫)'은 '중대한 사안[大事]'이 발생했을 때 지내는 제사를 뜻하고, '체(禘)'는 유사시에 지내게 되는 제사를 뜻한다고 한다면, '체'는 '협'보다 규모가 작은 것인데, 어떻게 대제(大祭)라고 말할 수 있겠는가? 그렇기 때문에 '체협'은 주(周)나라 때의 제사이다. 주나라 때 종묘(宗廟)에서 지내는 제사에는 대상(大嘗), 대증(大烝)이라는 용어가 있었고, 또 추상(秋嘗: 가을에 지내는 상(嘗)제사), 동증(冬烝: 겨울에 지내는 증(烝)제사라는 용어가 있었으니, '체협'은 대제(大祭)를 뜻하는 용어로, 대상이나 대증을 다르게 부른 명칭이다. 또한 『후한서(後漢書)』「장제기(章帝紀)」편에는 "其四時禘祫於光武之堂."이라는 기록이 있는데, 이에 대한 이현(李賢)의 주에서는 『속한서(續漢書)』를 인용하여, "五年再殷祭. 三年一祫, 五年一禘."라고 풀이한다. 즉 5년마다 2번의 성대한 제사를 지내게 되는데, 3년에 1번 '협'제사를 지내고, 5년에 1번 '체'제사를 지낸다.

◎ 초우(初虞) : '초우'는 장례(葬禮)를 치른 뒤에 빈소에서 거행하는 첫 번째 우제(虞祭)를 뜻한다.

◎ 초혼(招魂) : '초혼'은 사람이 죽었을 때, 그의 혼백(魂魄)을 불러들이는 의식을 뜻한다. 지붕에 올라가서 죽은 자의 옷 등을 흔들기도 하였고, 마당에서 북쪽을 향해 이름을 부르며 시행하기도 하였다.

◎ 총자(冢子) : '총자'는 적장자를 뜻한다. 『예기』「내칙(內則)」편에는 "父沒母存, 冢子御食."이라는 기록이 있는데, 이에 대한 정현의 주에서는 "御, 侍也, 謂長子侍母食也."라고 풀이했다.

◎ 총장(總章) : '총장'은 명당(明堂)의 서쪽에 위치한 실(室)을 뜻한다. 오행설(五行說)에 따르면, 서쪽은 "만물(萬物)을 완전하게 이루고[總成], 밝게 드러낸다[章明]."는 뜻을 가지고 있다. 그렇기 때문에 서쪽의 '실'을 '총장'이라고 부르는 것이다. 『여씨춘추(呂氏春秋)』「맹추기(孟秋紀)」편에는 "天子居總章左个."라는 기록이 있는데, 이에 대한 고유(高誘)의

주에서는 "總章, 西向堂也. 西方總成萬物, 章明之也, 故曰總章."이라고 풀이하였다.

◎ 총재(冢宰) : '총재'는 대재(大宰)와 같은 말이다. '대재'는 태재(太宰)라고도 부른다. '대재'는 은(殷)나라 때 설치된 관직이라고 전해지며, 주(周)나라에서는 '총재'라고도 불렀다. 『주례(周禮)』의 체제상으로는 천관(天官)의 수장이며, 경(卿) 1명이 담당했다. 『주례』의 체제상으로는 가장 높은 관직이다. 따라서 '대재'가 담당했던 일은 국정 전반에 대한 것이었다.

◎ 최씨(崔氏) : =최영은(崔靈恩)

◎ 최영은(崔靈恩, ?~?) : =최씨(崔氏). 남북조(南北朝) 때의 학자이다. 오경(五經)에 능통하였고, 다른 경전에도 두루 해박하였다고 전해진다. 『모시(毛詩)』, 『주례(周禮)』 등에 주석을 달았고, 『삼례의종(三禮義宗)』, 『좌씨경전의(左氏經傳義)』 등을 지었다.

◎ 추왕(追王) : '추왕'은 천자의 조상 중 천자의 신분이 아니었지만, 죽은 뒤 그에게 천자의 칭호를 부여한다는 뜻이다.

◎ 축사(祝史) : '축사'는 제사 시행을 담당하는 관리이다. 『좌전』 「소공(昭公) 18년」 편에는 "郊人助祝史除於國北."이라는 기록이 있는데, 이에 대한 공영달(孔穎達)의 소(疏)에서는 "祝史, 掌祭祀之官."이라고 풀이했다.

◎ 축융(祝融) : '축융'은 전설시대에 존재했다고 전해지는 고대 제왕 중 한 명이다. 삼황(三皇) 중 한 명이다. '삼황'에 속한 인물들에 대해서 대부분 복희(伏羲)와 신농(神農)이 포함된다고 주장한다. 그러나 나머지 1명에 대해서는 이견(異見)이 많은데, 어떤 자들은 수인(燧人)을 포함시키기도 하고, 또 어떤 자들은 여왜(女媧)를 포함시키기도 하며, 또 어떤 자들은 '축융'을 포함시키기도 한다. 『잠부론(潛夫論)』 「오덕지(五德志)」 편에는 "世傳三皇五帝, 多以爲伏羲·神農爲二皇, 其一者或曰燧人, 或曰祝融, 或曰女媧, 其是與非未可知也."라는 기록이 있다. 한편 '축융'은 신(神)을 뜻하기도 한다. 고대인들은 '축융'을 전욱씨(顓頊氏)의 후손이며, 노동(老童)의 아들인 오회(吳回)로 여겼다. 또한 생전에는 고신씨(高辛氏)의 화정(火正)이 되었으며, 죽어서는 화관(火官)의 신이 되었다고 생각했다. 즉 고대에는 오행설(五行說)이 유행하여, 오행마다 주관하는 신

들이 있었다고 여겨졌다. 그중 신농(神農)은 화(火)를 주관한다고 여겨졌고, '축융'은 신농의 휘하에서 '화'의 운행을 돕는 신으로 여겨졌다. 『예기』「월령(月令)」편에는 "其日丙丁, 其帝炎帝, 其神祝融."이라는 기록이 있고, 『여씨춘추(呂氏春秋)』「맹하기(孟夏紀)」편에는 "其神祝融."이라는 기록이 있는데, 이에 대한 고유(高誘)의 주에서는 "祝融, 顓頊氏後, 老童之子吳回也, 爲高辛氏火正, 死爲火官之神."이라고 풀이했다. 또한 '축융'은 오방(五方) 중 남쪽을 다스리는 신으로 여겨졌다. 이러한 사유 또한 오행설에 근거한 것으로, 고대인들은 '오방'마다 각각의 방위를 주관하는 신들이 있었다고 여겼다. 그러나 해당하는 신들에 대해서는 이견(異見)이 존재한다. 이러한 기록들 중 『관자(管子)』「오행(五行)」편에는 "得奢龍而辯於東方, 得祝融而辯於南方."이라는 기록이 있고, 『한서(漢書)』「양웅전상(揚雄傳上)」편에는 "麗鉤芒與驂蓐收兮, 服玄冥及祝融."이라는 기록이 있는데, 이에 대한 안사고(顏師古)의 주에서는 "祝融, 南方神."이라고 풀이했다.

◎ 축호(祝號) : '축호'는 육축(六祝)과 육호(六號)를 뜻한다. '육축'은 신(神)에게 제사를 지낼 때 사용하게 되는 여섯 종류의 기도문을 뜻하고, '육호'는 신(神)이나 제수(祭需)를 부를 때 아름답게 꾸며서 부르는 여섯 종류의 호칭을 뜻한다.

◎ 춘거(輴車) : '춘거'는 빈소를 설치할 때 영구를 싣는 수레를 뜻한다.

◎ 출모(出母) : '출모'는 부친에게 버림을 받은 자신의 생모(生母)를 뜻한다. 또한 부친이 죽은 이후 다른 집으로 재차 시집을 간 자신의 생모를 뜻하기도 한다.

◎ 취(就) : '취'는 고대의 복식과 장식에 있어서, 다섯 가지 채색의 끈을 이용하여, 한 번 두르는 것을 뜻한다.

◎ 취면(毳冕) : '취면'은 취의(毳衣)와 면류관을 뜻한다. 본래 천자가 사망(四望) 등 산천(山川)에 대한 제사 때 착용했던 복장이다. '취의'에는 호랑이와 원숭이를 수놓게 되는데, 이 무늬를 종이(宗彝)라고도 부른다. 상의에는 3종류의 무늬를 수놓고, 하의에는 2종류의 무늬를 수놓게 되어, 총 5가지 무늬가 들어가게 된다. 『주례(周禮)』「춘관(春官)·사복(司服)」

편에는 "祀四望山川則毳冕."이라는 기록이 있고, 이에 대한 정현의 주에서는 "毳畫虎蜼, 謂宗彝也. 其衣三章, 裳二章, 凡五也."라고 풀이했다.

◎ **치면(絺冕)** : '치면'은 희면(希冕)·치면(黹冕)이라고도 부른다. 치의(絺衣)와 면류관을 뜻한다. 천자 및 제후가 사직(社稷) 및 오사(五祀)에 대한 제사를 지낼 때 착용하던 복장이다. '치의'에는 쌀 모양의 무늬를 수놓았고, 다른 그림을 그려 넣지 않았다. 상의에는 1개의 무늬를 수놓고, 하의에는 2개의 무늬를 수놓게 되어, 총 3개의 무늬가 들어가게 된다. 『주례(周禮)』「춘관(春官)·사복(司服)」편에는 "祭社稷·五祀則希冕."이라는 기록이 있고, 이에 대한 정현의 주에서는 "希刺粉米, 無畫也. 其衣一章, 裳二章, 凡三也."라고 풀이했다.

◎ **치문(雉門)** : '치문'에 대해서는 크게 두 가지 해설이 있다. 첫 번째는 제후의 궁(宮)에 있는 문으로, 천자의 궁에 있는 응문(應門)에 해당한다는 주장이다. 두 번째는 천자의 궁에는 다섯 개의 문이 있는데, 그 중 네 번째 위치한 문으로, 바깥쪽에 위치한 문을 가리킨다는 주장이다. 첫 번째 주장은 『예기』「명당위(明堂位)」편의 "大廟, 天子明堂. 庫門, 天子皐門. 雉門, 天子應門."이라는 기록에 근거한 해설이다. 이 기록에 대한 손희단(孫希旦)의 『집해(集解)』에서는 유창(劉敞)의 말을 인용하여, "此經有五門之名, 而無五門之實. 以詩書禮春秋考之, 天子有皐, 應, 畢, 無皐, 雉, 路. 諸侯有庫, 雉, 路, 無皐, 應, 畢. 天子三門, 諸侯三門, 門同而名不同."이라고 했다. 즉 천자의 궁에는 5개의 문이 있다고 하지만, 실제적으로 천자나 제후는 모두 3개의 문만을 설치해었다. 『시(詩)』, 『서(書)』, 『예(禮)』, 『춘추(春秋)』에 나타난 기록들을 고증해보면, 천자는 고(皐), 응(應), 필(畢)이라는 3개의 문을 설치하고, 고(皐), 치(雉), 노(路)라는 문은 없다. 또한 제후는 고(庫), 치(雉), 노(路)라는 3개의 문을 설치하고, 고(皐), 응(應), 필(畢)이라는 문은 없다. 두 번째 주장은 『주례』「천관(天官)·혼인(閽人)」편의 "閽人掌守王宮之中門之禁."이라는 기록에 근거한 해설이다. 이 기록에 대해 정현은 정사농(鄭司農)의 말을 인용하여, "王有五門, 外曰皐門, 二曰雉門, 三曰庫門, 四曰應

門, 五曰路門."이라고 풀이하였다. 즉 천자는 5개의 문을 설치하는데, 가장 안쪽에 있는 노문(路門)으로부터 응문(應門), 고문(庫門), 치문(雉門), 고문(皐門) 순으로 설치해 두었다.

◎ 치우(蚩尤): '치우'는 전설시대에 존재했다고 전해지는 구려족(九黎族)의 수장을 뜻한다. 청동기로 병장기를 만들었으며, 황제(黃帝)와 탁록(涿鹿) 땅에서 전쟁을 벌였지만, 패전하여 피살되었다고 전해진다. 다만 각 문헌들에서 설명하는 '치우'의 신분에 대해서는 이견이 많다. 염제(炎帝)의 신하였다고도 전해지고, '황제'의 신하라고도 설명한다. 한편 '구려족'의 군주라고도 설명하고, 천하를 통치했던 자라고도 설명한다. 또한 '황제'에게 반기를 들었기 때문에, 악인(惡人)을 대표하는 명칭으로도 사용된다.

◎ 치의(絺衣): '치의'는 천자가 입는 의복 명칭이다. 가는 베로 만든 옷이다. 『사기(史記)』「오제본기(五帝本紀)」편에는 "堯乃賜舜絺衣, 與琴, 爲築倉廩, 予牛羊."이라고 하여, 요(堯)가 순(舜)에게 '치의'를 하사했었다고 기록하고 있다.

◎ 치제(致齊): '치제'는 치재(致齋)라고도 부른다. '치제'는 제사를 지내기 이전 3일 동안 몸과 마음을 정숙하게 재계하는 의식이다. '치제' 이전에는 '산제(散齊)'를 하여 7일 동안 정숙하게 한다. '치제'는 그 이후 3일 동안 몸과 마음을 더욱 정숙하게 재계하여, 신과 소통할 수 있도록 준비하는 것이다. 『예기』「제통(祭統)」편에는 "故散齊七日以定之, 致齊三日以齊之. 定之之謂齊, 齊者精明之至也, 然後可以交于神明也."라는 기록이 있다.

◎ 치조(治朝): '치조'는 천자 및 제후에게 있었던 내조(內朝) 중 하나를 뜻한다. 천자 및 제후는 3개의 조(朝)를 두는데, 1개는 외조(外朝)이며, 나머지 2개는 내조가 된다. 내조 중에서도 노문(路門) 밖에 있던 것을 '치조'라고 부르며, 천자 및 제후가 정사를 처리하던 장소이다.

◎ 친영(親迎): '친영'은 혼례(婚禮)에서 시행하는 여섯 가지 예식(禮式) 중 하나이다. 사위될 자가 여자 집에 가서 혼례를 치르고, 자신의 집으로 데려오는 예식을 뜻한다.

◎ 칠교(七敎) : '칠교'는 부자(父子), 형제(兄弟), 부부(夫婦), 군신(君臣), 장유(長幼), 붕우(朋友), 빈객(賓客) 사이에서 지켜야 할 도리를 뜻한다. 『예기』「왕제(王制)」편에는 "司徒脩六禮以節民性, 明七敎以興民德." 이라는 기록이 있는데, 이에 대한 공영달(孔穎達)의 소(疏)에서는 "七敎, 卽父子一·兄弟二·夫婦三·君臣四·長幼五·朋友六·賓客七也."라고 풀이했다.

◎ 침묘(寢廟) : '침묘'는 '묘(廟)'와 '침(寢)'을 합쳐 부르는 말이다. 종묘(宗廟)에 있어서, 앞에 있는 정전(正殿)을 '묘'라고 부르며, 뒤에 있는 후전(後殿)을 '침'이라고 부른다. 이때 '묘'는 접신(接神)하는 장소이기 때문에 앞쪽에 있는 것이다. '침'은 의관(衣冠) 등을 보관하는 장소이다. '묘'에 비해 상대적으로 낮기 때문에 뒤에 위치하게 된다. 그리고 '묘'에는 동서쪽에 상(廂)이 있고, 서장(序牆)이 있는데, '침'에는 단지 실(室)만이 있게 된다. 『시』「소아(小雅)·교언(巧言)」편에는 "奕奕寢廟, 君子作之."라는 용례가 있다. 또한 『예기』「월령(月令)」편에는 "寢廟畢備."이라는 기록이 있는데, 이에 대한 정현의 주에서는 "凡廟, 前曰廟, 後曰寢."이라고 풀이하였으며, 공영달(孔穎達)의 소(疏)에서는 "廟是接神之處, 其處尊, 故在前, 寢, 衣冠所藏之處, 對廟爲卑, 故在後. 但廟制有東西廂, 有序牆, 寢制唯室而已. 故釋宮云, 室有東西廂曰廟, 無東西廂有室曰寢, 是也."라고 풀이하였다. 또한 '침묘'는 사람이 거주하는 집과 종묘를 지칭하는 용어로 사용되기도 한다. 『시』「대아(大雅)·숭고(崧高)」편에는 "有俶其城, 寢廟旣成."이라는 기록이 있는데, 이에 대한 공영달의 소에서는 "寢, 人所處, 廟神亦有寢, 但此宜, 處人神, 不應獨言廟事, 故以爲人寢也."라고 풀이하였다. 또한 종묘(宗廟) 및 태묘(太廟)를 지칭하는 말로도 사용된다.

◎ 침문(寢門) : '침문'은 침문(寢門)이라고도 부른다. 노문(路門)을 가리킨다. '노문'은 궁실(宮室)의 건축물 중에서도 가장 안쪽에 있었던 정문을 뜻하는데, 여러 문들 중에서도 노침(路寢)과 가장 가까운 위치에 있었기 때문에, '노문'이라는 명칭이 생겼다. '침문'이라는 용어 또한 '노침'에 가까이 있었기 때문에 붙여진 명칭이다. 한편 가장 안쪽에 있었던 정문이

었으므로, '침문'을 내문(內門)이라고도 부른다.

◎ 침제(沈齊) : '침제'는 오제(五齊) 중 하나이다. 술이 익고 나서 앙금이 모두 가라앉아 있는 것으로 조청(造淸)과 같은 술이다.

◎ 칭(稱) : '칭'은 수량을 나타내는 양사(量詞)이다. 즉 짝을 지어 갖추는 일련의 의복 등을 헤아리는 단위이다. 예를 들어 포(袍)라는 옷에는 반드시 겉에 걸치는 옷이 있어야 하며, 홑옷으로 입어서는 안 되고, 상의에는 반드시 그에 맞는 하의가 있어야 하는데, 이처럼 포(袍)에 겉옷을 갖추고, 상의에 맞게 하의까지 갖추는 것을 1칭(稱)이라고 부른다. 『예기』「상대기(喪大記)」편에는 "袍必有表不襌, 衣必有裳, 謂之一稱."이라는 기록이 있다.

◎ 태(稅) : '태'는 시간이 이미 경과를 하였는데, 비로소 그의 죽음에 대한 소식을 접하게 되어, 그 기간을 미루어서 그를 위해 상복(喪服)을 착용하는 것을 뜻한다.

◎ 태뢰(太牢) : '태뢰'는 제사에서 소[牛], 양(羊), 돼지[豕] 3가지 희생물을 갖춘 것을 뜻한다. 『장자』「지악(至樂)」편에는 "具太牢以爲膳."이라는 기록이 있는데, 이에 대한 성현영(成玄英)의 소(疏)에서는 "太牢, 牛羊豕也."라고 풀이하였다.

◎ 태부(太傅) : '태부'는 주(周)나라 때의 관직으로, 삼공(三公) 중 하나이며, 삼공 중 서열은 두 번째에 해당한다. 천자를 보좌하여 국정 전반을 다스렸다. 『서』「주서(周書)·주관(周官)」편에는 "立太師·太傅·太保, 玆惟三公, 論道經邦, 燮理陰陽."이라는 기록이 있다. 이 관직은 진(秦)나라 때 폐지되었다가, 한(漢)나라 때 다시 설치되기도 하였다.

◎ 태상(太上) : '태상'은 태고(太古)·상고(上古)라고도 부른다. 삼황(三皇)과 오제(五帝)가 통치하던 시기를 뜻한다. 『예기』「곡례상(曲禮上)」편에는 "太上貴德."이라는 기록이 있는데, 이에 대한 육덕명(陸德明)의 『경

전석문(經典釋文)』에서는 "太上, 謂三皇五帝之世."라고 풀이했다.

◎ 태실(太室) : '태실'은 대실(大室) 또는 청묘(淸廟)라고 부르기도 한다. '태실'은 태묘(太廟) 또는 명당(明堂)의 중앙에 있는 실(室)을 가리킨다. '태묘'에는 다섯 개의 '실'이 있었다고 전해지는데, 그 중 중앙에 있는 것이 가장 크기 때문에, '태실'이라고 부르고, '청묘'라고 부르게 되었다. 『서』「주서(周書)·낙고(洛誥)」편에는 "王入太室祼."이라는 기록이 있는데, 이에 대한 공안국(孔安國)의 전(傳)에서는 "太室, 淸廟."라고 풀이하였고, 공영달(孔穎達)의 소(疏)에서는 "太室, 室之大者, 故爲淸廟, 廟有五室, 中央曰太室."이라고 풀이하였다.

◎ 태절(泰折) : '태절'은 북쪽 교외에 설치되었던 제단을 뜻한다. 땅에 대한 제사를 지내던 곳이다. 단(壇)자와 절(折)자는 모두 흙을 쌓아올려 제사지내는 장소를 만든다는 뜻이다. 태(泰)자는 천지(天地)와 같은 중요한 신들에게 제사를 지낸다는 뜻에서 붙여진 글자이다. 『예기』「제법(祭法)」편에는 "燔柴於泰壇, 祭天也. 瘞埋於泰折, 祭地也."라는 기록이 있고, 이에 대한 정현의 주에서는 "壇·折, 封土爲祭處也."라고 풀이하였다.

◎ 태호(太皞) : '태호'는 태호(太昊)라고도 부른다. '태호'는 복희(伏犧)를 가리킨다. 오행(五行)으로 구분했을 때 목(木)을 주관하며, 계절로 따지면 봄을 주관하고, 방위로 따지면 동쪽을 주관하는 자이다. 『여씨춘추(呂氏春秋)』「맹춘기(孟春紀)」편에는 "其帝, 太皞, 其神, 句芒."이라는 기록이 있고, 이에 대한 고유(高誘)의 주에서는 "太皞, 伏羲氏, 以木德王天下之號, 死祀於東方, 爲木德之帝."라고 풀이했다.

◎ 택궁(澤宮) : '택궁'은 활쏘기를 하여 사(士)를 선발하던 장소이다. 『주례』「하관(夏官)·사궁시(司弓矢)」편에는 "澤共射椹質之弓矢"이라는 기록이 있는데, 이에 대한 정현의 주에서는 정사농(鄭司農)의 주장을 인용하여, "澤, 澤宮也, 所以習射選士之處也."라고 풀이했다.

◎ 택우(澤虞) : '택우'는 소택(沼澤) 지역을 담당했던 관리이다. 소택 지역에 시행되는 정령(政令)을 감독하고, 금령(禁令)의 준수 여부를 감독하였으며, 소택 지역에서 생산되는 재화를 관리하여, 궁성에 보급하였다. 『주례』「지관(地官)·택우(澤虞)」편에는 "澤虞, 掌國澤之政令, 爲之厲禁, 使

其地之人守其財物, 以時入之于玉府."라는 기록이 있다.

◎ 토공(土功) : '토공'은 치수(治水) 사업을 하거나 성곽을 축조하거나 궁궐 등을 건설하는 일련의 공사를 지칭한다. 『서』「우서(虞書) · 익직(益稷)」 편에는 "啓呱呱而泣, 予弗子, 惟荒度土功."이라는 기록이 있는데, 이에 대한 공안국(孔安國)의 전(傳)에서는 "聞啓泣聲, 不暇子名之, 以大治度水土之功故."라고 풀이하였다.

◎ 토주(土周) : '토주'는 직주(塈周) · 즐주(塈周)라고도 부른다. 흙을 구워 벽돌을 만든 다음, 관을 넣을 네 면을 벽돌로 쌓아서 장례(葬禮)를 치르는 것이다.

◎ 특생(特牲) : '특생'은 한 종류의 가축을 희생물로 사용한다는 뜻이다. '특(特)'자는 동일 종류의 희생물을 한 마리 사용한다는 뜻이며, 특히 소를 사용할 때 사용하는 용어이기도 하다. 『춘추좌씨전』「양공(襄公) 9년」편에는 "祈以幣更, 賓以特牲."이라는 기록이 있고, 이에 대한 양백준(楊伯峻)의 주에서는 "款待貴賓, 只用一種牲畜. 一牲曰特."이라고 풀이했다. 그런데 어떠한 가축을 사용했는가에 대해서는 주석들마다 차이가 있다. 『국어(國語)』「초어하(楚語下)」편에는 "大夫擧以特牲, 祀以少牢."라는 기록이 있고, 이에 대한 위소(韋昭)의 주에서는 "特牲, 豕也."라고 풀이했다. 또한 『예기』「교특생(郊特牲)」편에 대한 육덕명(陸德明)의 제해(題解)에서는 "郊者, 祭天之名, 用一牛, 故曰特牲."이라고 풀이했다. 즉 '특생'으로 사용되는 가축은 '시(豕: 돼지)'도 될 수 있으며, 소도 될 수 있다.

ㅍ

◎ 판현(判縣) : '판현'은 악기를 설치할 때 두 쪽 방면에 설치한다는 뜻이다. 매달아두는 악기인 종(鍾)이나 경(磬) 등을 중심으로 언급하였기 때문에 '현(縣)'자를 붙인 것이다. 경(卿)과 대부(大夫)들이 따랐던 형식이다. 참고적으로 천자가 악기를 설치하는 방식은 궁현(宮縣)이라고 하며, 4면에

악기들을 설치하는 것이고, 제후가 악기를 설치하는 방식은 헌현(軒縣)이라고 하며, 3면에 악기들을 설치하는 것이고, 경이나 대부가 악기를 설치하는 방식은 '판현'이라고 하며, 2면에 악기들을 설치하는 것이고, 대부(大夫) 또는 사(士)가 악기를 설치하는 방식을 '특현(特縣)'이라고 부른다. 대부가 경과 마찬가지로 '판현'을 설치한다는 주장에서는 '사' 계급이 '특현'을 설치한다고 주장하며, 대부가 '특현'을 설치한다는 주장에서는 '사' 계급은 단지 금슬(琴瑟)만 설치한다고 주장한다. 『주례』「춘관(春官)·소서(小胥)」편에는 "正樂縣之位, 王, 宮縣, 諸侯, 軒縣, 卿大夫, 判縣, 士, 特縣."이라는 기록이 있고, 이에 대한 정현의 주에서는 정사농(鄭司農)의 주장을 인용하여, "宮縣, 四面縣, 軒縣, 去其一面, 判縣, 又去其一面, 特縣, 又去其一面."이라고 풀이했다. 한편 가의(賈誼)의 『신서(新書)』「심미(審微)」편에는 "禮, 天子之樂宮縣, 諸侯之樂軒縣, 大夫特縣, 士有琴瑟."이라는 기록이 있다.

◎ 팔만(八蠻) : '팔만'은 고대 중국의 남쪽 지역에 거주하던 여덟 종류의 소수 민족을 뜻한다. 또한 그들이 거주하는 지역 전체를 가리키는 용어로도 사용되었다. 여덟 종류의 소수 민족을 천축(天竺)·해수(咳首)·초요(僬僥)·파종(跂踵)·천흉(穿胸)·담이(儋耳)·구지(狗軹)·방춘(旁春)이라고 정의하기도 한다. 『예기』「왕제(王制)」편에는 "南方曰蠻. 雕題交趾, 有不火食者矣"이라는 기록이 있고, 이에 대한 공영달(孔穎達)의 소(疏)에서는 『이아』에 대한 이순(李巡)의 주장을 인용하며, "一曰天竺, 二曰咳首, 三曰僬僥, 四曰跂踵, 五曰穿胸, 六曰儋耳, 七曰狗軹, 八曰旁春."이라고 풀이했다.

◎ 팔법(八法) : '팔법'은 관속(官屬), 관직(官職), 관련(官聯), 관상(官常), 관성(官成), 관법(官法), 관형(官刑), 관계(官計)를 뜻한다. 국가를 통치하기 위해 마련된 법(法)을 뜻하는 것으로, 앞서 열거했던 여덟 가지 항목들은 국가에 소속된 관리들과 백성들에게 통상적으로 적용되는 여덟 가지 법률 가리킨다. 첫 번째 '관속(官屬)'은 『주례』에 기록된 천관(天官), 지관(地官), 춘관(春官), 하관(夏官), 추관(秋官), 동관(冬官) 등 여섯 개의 관부를 뜻하는 말이며, 각각의 관부에는 60개의 관직이 소속

되어 있다. 그렇기 때문에 '관속'이라고 부르는 것으로, 이러한 '관속'을 통해서 국가의 정치를 시행하게 된다. 두 번째 '관직(官職)'은 여섯 관부에서 각자 맡고 있는 직무를 뜻한다. 직무는 또한 그 분야에 따라 치직(治職), 교직(敎職), 예직(禮職), 정직(政職), 형직(刑職), 사직(事職) 등 여섯 가지로 나뉘는데, '관직'은 이러한 여섯 가지 직무를 통해 국가의 정치를 분야별로 구분하는 것이다. 세 번째 '관련(官聯)'은 국가의 큰 행사가 있을 때, 관련된 임무를 협조하여 함께 시행한다는 뜻으로, 이러한 '관련'을 통해 각 관부의 기능과 치적을 규합하게 된다. 네 번째 '관상(官常)'은 각 관부에게 고유하게 주어진 각자의 임무를 뜻한다. 이러한 임무들은 각 관부에서 일상적으로 시행하는 것들을 뜻한다. 다섯 번째 '관성(官成)'은 일종의 규범으로, 각 관부에서 업무를 처리하며 작성한 문서들이다. 각 사안마다 일을 처리하는 방식을 기록하여, 새로운 업무를 처리할 때 참고하여 따르게 된다. 여섯 번째 '관법(官法)'은 각 관부에서 따르고 있는 규율 및 법칙을 뜻한다. 즉 각 관부에서는 해당 부서의 규율 및 법칙에 따라 임무를 시행하며, 국가의 각 분야를 통치한다는 뜻이다. 일곱 번째 '관형(官刑)'은 각종 형벌 제도를 뜻한다. '관형'에 따라서 국가의 규율을 세우게 된다. 여덟 번째 '관계(官計)'는 각 관부의 치적을 평가하여 상벌을 시행하는 것이다. 『주례』「천관(天官)·대재(大宰)」편에는 "以八法治官府. 一曰官屬, 以擧邦治. 二曰官職, 以辨邦治. 三曰官聯, 以會官治. 四曰官常, 以聽官治. 五曰官成, 以經邦治. 六曰官法, 以正邦治. 七曰官刑, 以糾邦治. 八曰官計, 以弊邦治."라는 기록이 있다.

◎ 팔벽(八辟) : =팔의(八議)

◎ 팔십사조(八十四調) : '팔십사조'에 대해서 설명하자면, 십이율(十二律)의 각 율(律)들은 궁(宮), 상(商), 각(角), 변치(變徵), 치(徵), 우(羽), 변궁(變宮)이라는 7음의 음계로 이루어진다. 이 때 하나의 '율'에 대해서, 각 음계를 주음(主音)으로 삼아 만들어진 것이 조(調)이다. 하나의 '율'마다 7음의 음계로 구성되기 때문에, '조' 또한 궁조(宮調), 상조(商調), 각조(角調), 변치조(變徵調), 치조(徵調), 우조(羽調), 변궁조(變宮調) 등 7가지가 나온다. 이러한 '조'들은 '십이율'에 대해서 각각 만들어지기 때문

에, 총 84개의 '조'가 생긴다. 이것이 바로 '팔십사조'라는 것이다.

◎ 팔음(八音) : '팔음'은 여덟 가지의 악기들을 뜻한다. 여덟 종류의 악기에는 8종류의 서로 다른 재질이 사용되기 때문에, 붙여진 이름이다. 여기에서 여덟 가지 재질이란 통상적으로 쇠[金], 돌[石], 실[絲], 대나무[竹], 박[匏], 흙[土], 가죽[革], 나무[木]를 가리킨다. 『서』「우서(虞書)·순전(舜典)」편에는 "三載, 四海遏密八音."이란 기록이 있는데, 이에 대한 공안국(孔安國)의 전(傳)에서는 "八音, 金石絲竹匏土革木."이라고 풀이하였다. 또한 여덟 가지 재질에 따른 악기에 대해서 설명하자면, 금(金)에는 종(鐘)과 박(鎛)이 있고, 석(石)에는 경(磬)이 있으며, 토(土)에는 훈(塤)이 있고, 혁(革)에는 고(鼓)와 도(鼗)가 있으며, 사(絲)에는 금(琴)과 슬(瑟)이 있고, 목(木)에는 축(柷)과 어(敔)가 있으며, 포(匏)에는 생(笙)이 있고, 죽(竹)에는 관(管)과 소(簫)가 있다. 『주례』「춘관(春官)·대사(大師)」편에는 "皆播之以八音, 金石土革絲木匏竹."이라는 기록이 있는데, 이에 대한 정현의 주에서는 "金, 鐘鎛也. 石, 磬也. 土, 塤也. 革, 鼓鼗也. 絲, 琴瑟也. 木, 柷敔也. 匏, 笙也. 竹, 管簫也."라고 풀이하였다.

◎ 팔의(八議) : '팔의'는 여덟 가지 심의를 뜻한다. 팔벽(八辟)이라고도 부른다. 이러한 심의를 거쳐 죄를 경감하거나 사면하게 된다. 심의 내용은 첫 번째 군주와 친족인지의 여부, 두 번째 군주와 오래전부터 친분이 있었는지의 여부, 세 번째 그 자가 현명한 자인가의 여부, 네 번째 그 자에게 뛰어난 재능이 있는지의 여부, 다섯 번째 그 자가 공적을 세운 적이 있었는지의 여부, 여섯 번째 그 자가 존귀한 신분인지의 여부, 일곱 번째 그 자가 국가의 정무에 대해서 근면하게 일해 왔는지의 여부, 여덟 번째 그 자가 선대 왕조의 후예들이라면, 신하로 대할 수 없으므로, 빈객(賓客)으로 대해야 하는지의 여부이다. 『주례』「추관(秋官)·소사구(小司寇)」편에는 "以八辟麗邦法附刑罰. 一曰議親之辟. 二曰議故之辟. 三曰議賢之辟. 四曰議能之辟. 五曰議功之辟. 六曰議貴之辟. 七曰議勤之辟. 八曰議賓之辟."이라는 기록이 있다.

◎ 팔정(八政) : '팔정'은 국가의 정책 시행에 있어서, 주요 대상이 되는 여덟

가지 방면을 뜻한다. 그러나 여덟 가지가 가리키는 구체적 대상들에 대해서는 이견이 많다. 첫 번째는 '팔정'을 농사[食], 재화[貨], 제사[祀], 사공(司空), 사도(司徒), 사구(司寇), 빈객[賓], 군대[師]로 보는 주장이다. '사공', '사도', '사구'는 관직명이기도 한데, 이들이 구체적으로 가리키는 것에 대해 설명하자면, '사공'은 토목 공사에 힘써서 백성들의 거주지를 마련해주는 것이며, '사도'는 백성들을 예의(禮義)에 따라 교화하는 것이고, '사구'는 도적 등을 근절하여, 백성들이 간사한 무리에 휩쓸리지 않도록 하는 것이다. 『서』「주서(周書)·홍범(洪範)」편에는 "三, 八政. 一曰食, 二曰貨, 三曰祀, 四曰司空, 五曰司徒, 六曰司寇, 七曰賓, 八曰師."라는 기록이 있다. '팔정'을 언급할 때에는 대부분 첫 번째 의미로 사용된다. 두 번째는 음식(飮食), 의복(衣服), '공인들의 재주[事爲]', '각 지역에서 사용되는 기구의 차이[異別]', 길이[度], 수량[量], 숫자[數], '견직물의 치수[制]'로 보는 주장이다. 『예기』「왕제(王制)」편에는 "齊八政以防淫."이라는 기록이 있다. 또한 「왕제」편에는 "八政, 飮食·衣服·事爲·異別·度·量·數·制."라는 기록이 있는데, 이에 대한 정현의 주에서는 "飮食爲上, 衣服次之. 事爲, 謂百工技藝也. 異別, 五方用器不同也. 度, 丈尺也. 量, 斗斛也. 數, 百十也. 制, 布帛幅廣狹也."라고 풀이했다. 세 번째는 부처(夫妻), 부자(父子), 형제(兄弟), 군신(君臣)의 대상들로 보는 주장이다. 『일주서(逸周書)』「상훈(常訓)」편에는 "八政, 夫妻·父子·兄弟·君臣. 八政不逆, 九德純恪."이라는 기록이 있다.

◎ **팔칙(八則)** : '팔칙'은 제사(祭祀), 법칙(法則), 폐치(廢置), 녹위(祿位), 부공(賦貢), 예속(禮俗), 형상(刑賞), 전역(田役)을 뜻한다. 도비(都鄙)를 다스리던 여덟 가지 법령을 의미한다. '제사'는 채지(采地)에 포함된 대상들에 대해서 제사를 지냄으로써 귀신들을 좋은 쪽으로 인도하는 것이다. '법칙'은 관부에서 따르고 있는 제도이니, 제도에서 벗어나지 않게끔 하여 관부를 좋은 쪽으로 인도하는 것이다. '폐치'는 잘못을 저질렀거나 무능한 자라면 물러나게 하고 현명하고 유능한 자라면 등용하는 것으로, 이를 통해 아전들을 좋은 쪽으로 인도하는 것이다. '녹위'는 학사[學

士)들 중에서 뛰어난 행실과 학문적 성취가 높은 자를 가려서 녹봉과 작위를 주는 것으로, 이를 통해 학사들을 좋은 쪽으로 인도하는 것이다. '부공'은 채지(采地)의 백성들에게서 세금을 거두고, 관부에서 재화의 쓰임을 절제함으로써 재화의 쓰임을 좋은 쪽으로 인도하는 것이다. '예속'은 예법에 따라 풍속을 변화하고, 백성들이 그에 따라 행동하도록 만들어서 백성들을 좋은 쪽으로 인도하는 것이다. '형상'은 죄를 지은 자에게는 형벌을 부여하고 공을 이룬 자에게는 상을 하사하여 백성들을 좋은 쪽으로 인도하고 위엄을 외경하게 만드는 것이다. '전역'은 사냥을 하며 백성들을 동원할 때, 그들이 농사를 지어야 할 시기를 놓치지 않게끔 하여 대중들을 좋은 쪽으로 인도하는 것이다. 『주례』「천관(天官)·대재(大宰)」편에는 "以八則治都鄙: 一曰祭祀, 以馭其神; 二曰法則, 以馭其官; 三曰廢置, 以馭其吏; 四曰祿位, 以馭其士; 五曰賦貢, 以馭其用; 六曰禮俗, 以馭其民; 七曰刑賞, 以馭其威; 八曰田役, 以馭其衆."이라는 기록이 있다.

◎ 팔풍(八風) : '팔풍'은 팔방(八方)에서 풀어오는 바람으로, 각 문헌에 따라서 명칭이 조금씩 다르다. 『여씨춘추(呂氏春秋)』에 따르면, 동북풍(東北風)은 염풍(炎風), 동풍(東風)은 도풍(滔風), 동남풍(東南風)은 훈풍(熏風), 남풍(南風)은 거풍(巨風), 서남풍(西南風)은 처풍(淒風), 서풍(西風)은 료풍(飂風), 서북풍(西北風)은 려풍(厲風), 북풍(北風)은 한풍(寒風)이다. 『회남자(淮南子)』에 따르면, 동북풍(東北風)은 염풍(炎風), 동풍(東風)은 조풍(條風), 동남풍(東南風)은 경풍(景風), 남풍(南風)은 거풍(巨風), 서남풍(西南風)은 량풍(涼風), 서풍(西風)은 료풍(飂風), 서북풍(西北風)은 려풍(麗風), 북풍(北風)은 한풍(寒風)이다. 『설문해자(說文解字)』에 따르면, 동풍(東風)은 명서풍(明庶風), 동남풍(東南風)은 청명풍(淸明風), 남풍(南風)은 경풍(景風), 서남풍(西南風)은 량풍(涼風), 서풍(西風)은 창합풍(閶闔風), 서북풍(西北風)은 부주풍(不周風), 북풍(北風)은 광막풍(廣莫風), 동북풍(東北風)은 융풍(融風)이다. 『경전석문(經典釋文)』에 따르면, 동풍(東風)은 곡풍(谷風), 동남풍(東南風)은 청명풍(淸明風), 남풍(南風)은 개풍(凱風), 서남풍(西南風)은

량풍(涼風), 서풍(西風)은 창합풍(閶闔風), 서북풍(西北風)은 부주풍(不周風), 북풍(北風)은 광막풍(廣莫風), 동북풍(東北風)은 융풍(融風)이다. 『여씨춘추(呂氏春秋)』「유시(有始)」편에서는 "何謂八風. 東北曰炎風, 東方曰滔風, 東南曰熏風, 南方曰巨風, 西南曰淒風, 西方曰飂風, 西北曰厲風, 北方曰寒風."이라고 하였고, 『회남자(淮南子)』「추형훈(墜形訓)」편에서는 "東北曰炎風, 東方曰條風, 東南曰景風, 南方曰巨風, 西南曰涼風, 西方曰飂風, 西北曰麗風, 北方曰寒風."이라고 하였으며, 『설문(說文)』「풍부(風部)」편에서는 "風, 八風也. 東方曰明庶風, 東南曰淸明風, 南方曰景風, 西南曰涼風, 西方曰閶闔風, 西北曰不周風, 北方曰廣莫風, 東北曰融風."이라고 하였고, 『춘추좌씨전』「은공(隱公) 5년」편에는 "夫舞所以節八音, 而行八風."이라는 기록이 있는데, 이에 대한 육덕명(陸德明)의 『경전석문(經典釋文)』에서는 "八方之風, 謂東方谷風, 東南淸明風, 南方凱風, 西南涼風, 西方閶闔風, 西北不周風, 北方廣莫風, 東北方融風."이라고 풀이하였다.

◎ 패옥(佩玉) : '패옥'은 의대(衣帶)에 매달아서 장식품으로 삼았던 옥(玉)을 뜻한다. 『예기』「옥조(玉藻)」편에는 "古之君子必佩玉."이라는 기록이 있다.

◎ 편호(編戶) : '편호'는 백성들의 집을 뜻한다. 일반 사람들의 집은 집을 단위로 삼아서, 국가가 관리하는 호적에 편입되는데, '편호'는 바로 호적에 편입된 집들을 뜻하는 말이다. 『한서(漢書)』「매복전(梅福傳)」편에는 "今仲尼之廟不出闕里, 孔氏子孫不免編戶."라는 용례가 있다.

◎ 폐칩(閉蟄) : '폐칩'은 동물 및 곤충들이 동면(冬眠)에 들어가는 시점을 뜻한다. 하(夏)나라 때의 역법에 따르면, '폐칩'은 10월인 맹동(孟冬)의 계절에 해당한다.

◎ 폐호(幣號) : '폐호'는 제사 때 신(神)에게 바치게 되는 옥(玉)이나 비단 등의 폐물을 아름답게 부르는 호칭을 뜻한다. 마치 옥(玉)을 '흠이 없는 아름다운 보옥[嘉玉]'이라고 부르고, 폐물을 '치수에 맞는 폐물[量幣]'이라고 부르는 경우와 같다. 『주례』「춘관(春官)・대축(大祝)」편에는 "辨六號, 一曰神號, 二曰鬼號, 三曰示號, 四曰牲號, 五曰齍號, 六曰幣

號."라는 기록이 있는데, 이에 대한 정현의 주에서는 "幣號, 若玉云嘉玉, 幣云量幣."라고 풀이했다.

◎ 포(胞) : '포'는 제사 때 사용되는 고기를 담당하는 말단 관리이다. 『예기』「제통(祭統)」편에는 "胞者, 肉吏之賤者也."라는 기록이 있다.

◎ 포벽(蒲璧) : '포벽'은 조회 때 천자 및 각 신하들이 잡게 되는 육서(六瑞) 중의 하나이다. 남작이 잡던 벽(璧)이다. '포(蒲)'는 자리를 짜는 왕골을 뜻하는데, 왕골이 만개하여 꽃을 피운 모습을 무늬로 새겨 넣었기 때문에 '포벽'이라고 부르는 것이다. '벽'의 지름은 5촌(寸)이었다.

◎ 포죽(匏竹) : '포죽'은 대나무로 만든 악기로, 생(笙)·우(竽)·소(簫)·적(笛) 등의 악기를 뜻한다. 『국어(國語)』「주어하(周語下)」편에는 "匏竹利制."라는 기록이 있고, 이에 대한 위소(韋昭)의 주에서는 "匏, 笙也; 竹, 簫管也."라고 풀이했다.

◎ 풍씨(馮氏) : =양헌풍씨(亮軒馮氏)

◎ 피변(皮弁) : '피변'은 고대에 사용되었던 관(冠)의 한 종류이다. 백색 사슴의 가죽으로 만든 모자이다. 한편 관(冠)에 따른 의복까지 포함한 의미로 사용되기도 한다. 『주례』「하관(夏官)·변사(弁師)」편에는 "王之皮弁, 會五采玉璂, 象邸, 玉笄."라는 기록이 있다.

◎ 피변복(皮弁服) : '피변복'은 호의(縞衣)라고도 부르며, 주로 군주가 조회를 하거나 고삭(告朔)을 할 때 착용하는 복장이다. 흰색 비단으로 만들었으며, 옷에 착용하는 관(冠) 또한 백색 사슴 가죽으로 만들었다. 『의례』「기석례(旣夕禮)」편에는 "薦乘車, 鹿淺鞞, 干笮革鞾, 載旜載皮弁服, 纓轡貝勒, 縣于衡."이라는 기록이 있고, 이에 대한 정현의 주에서는 "皮弁服者, 視朔之服."이라고 풀이했다.

◎ 피폐(皮幣) : '피폐'는 가죽과 비단을 뜻한다. 빙문(聘問)을 시행할 때, 이것들을 예물(禮物)로 가져갔기 때문에, '피폐'는 예물을 지칭하는 용어로도 사용된다. 『관자(管子)』「오행(五行)」편에는 "出皮幣, 命行人修春秋之禮於天下諸侯."라는 기록이 있고, 『국어(國語)』「오어(吳語)」편에도 "春秋皮幣玉帛子女, 以賓服焉."이라는 기록이 있다.

◎ 하사(下士) : '하사'는 고대의 사(士) 계급은 상(上)·중(中)·하(下)의 세 부류로 구분되기도 하였는데, 하사(下士)는 사 계급 중에서도 가장 낮은 등급의 부류이다.

◎ 하사(嘏辭) : '하사'의 하(嘏)자는 축복을 받는다는 뜻이다. 제사를 지내게 되면, 시동이 입가심 하는 술을 받은 다음, 술잔이 오가게 되는데, 그 일이 끝나게 되면 축관(祝官)에게 명령하여, 제주(祭主)에게 축복을 내려주도록 한다. 이 의식을 '하'라고 부른다. 시동의 명령을 받은 축관은 '하'를 하게 되는데, 그 말에서는 "황시(皇尸)가 나 축관에게 명하여, 효손인 그대에게 많은 복을 영원토록 내리게 하였다. 그대 효손으로 하여금 하늘로부터 녹봉[祿]을 받게 하고, 많은 농토를 경작하게 할 것이며, 장수하여 천년만년 향유하도록 할 것이니, 폐망하는 일 없이 잘 이끌어가야 한다."라고 한다. 이것이 바로 '하사'이다. 『의례』「소뢰궤식례(少牢饋食禮)」편에는 "卒命祝, 祝受以東, 北面于戶西, 以嘏于主人曰, '皇尸命工祝, 承致多福無疆于女孝孫. 來女孝孫, 使女受祿于天, 宜稼于田, 眉壽萬年, 勿替引之.'"라는 기록이 있다.

◎ 하상(下殤) : '하상'은 8~11세 사이에 요절한 자를 뜻한다. 『의례』「상복(喪服)」편에 "十一至八歲爲下殤."이라는 기록이 있다.

◎ 하정(夏正) : '하정'은 하(夏)나라의 정월(正月)을 뜻한다. 이러한 뜻에서 파생되어 하나라의 역법(曆法)을 지칭하기도 한다. 하력(夏曆)을 기준으로 두었을 때, 은(殷)나라는 12월을 정월로 삼았으며, 주(周)나라는 11월을 정월로 삼았다. 『사기(史記)』「역서(曆書)」편에서는 "秦及漢初曾一度以夏曆十月爲正月, 自漢武帝改用夏正后, 曆代沿用."이라고 하여, 진(秦)나라와 전한초기(前漢初期)에는 하력에서의 10월을 정월로 삼았다가, 한무제(漢武帝)부터는 다시 하력을 따랐다고 전해진다. 또한 '하력'은 농력(農曆)이라고도 부르는데, '하력'에 기준을 두었을 때, 농사의 시기와 가장 잘 맞았기 때문이다. 따라서 역대 왕조에서 역법을 개정할 때에는 '하력'에 기준을 두게 되었다.

◎ 한시외전(韓詩外傳) : 『한시외전(韓詩外傳)』은 한(漢)나라 때 한영(韓嬰)이 지은 책이다. 이 책은 본래 내전(內傳) 4권과 외전(外傳) 6권으로 구성되어 있었는데, 내전은 산일되어 없어졌고, 외전만이 남아 있다. 남아 있는 부분을 『한시외전(韓詩外傳)』이라고 부른다.

◎ 할사(割祠) : '할사'는 희생물을 죽여서 부위별로 가른 뒤에, 그것을 바쳐 제사를 지내는 것이다.

◎ 함(含) : '함'은 부의를 보낸다는 뜻이며, 또한 부의로 보내는 특정 물건을 가리키기도 하다. '함'은 시신과 함께 매장하게 될 주옥(珠玉)을 부의로 보내는 것이다. 『예기』 「문왕세자(文王世子)」편에는 "族之相爲也, 宜弔不弔, 宜免不免, 有司罰之. 至于賵賻承含, 皆有正焉."이라는 기록이 있는데, 이에 대한 진호(陳澔)의 『집설(集說)』에서는 "含以珠玉."이라고 풀이했다. 또 '함'은 시신의 입에 곡식이나 화폐 등을 넣는 것을 의미하기도 한다.

◎ 함장(函丈) : '함장'의 '함(函)'자는 수용한다는 뜻이고, '장(丈)'자는 1장(丈)을 뜻하는 거리이다. 따라서 '함장'은 강학하는 자와 강학을 받는 자는 1장(丈)의 거리만큼 떨어져서 앉는다는 뜻이다. 후대에는 이 뜻에서 파생되어, 강학하는 좌석 및 스승을 뜻하는 용어로도 사용되었다. 『예기』 「곡례상(曲禮上)」편에는 "若非飮食之客, 則布席, 席間函丈."이라는 용례가 있다.

◎ 함옥(含玉) : '함옥'은 고대의 상례에서, 죽은 자의 입에 넣는 옥을 뜻한다. 『주례』 「천관(天官) · 대재(大宰)」편에는 "大喪, 贊贈玉 · 含玉."이라는 기록이 있고, 이에 대한 정현의 주에서는 "含玉, 死者口實. 天子以玉."이라고 풀이했다.

◎ 합(合) : '합'은 용량을 재는 단위이다. 10분의 1승(升)이다. 『손자산경(孫子算經)』에서는 "十抄爲一勺, 十勺爲一合, 十合爲一升."이라고 했다. 즉 10초(抄)는 1작(勺)이 되고, 10작(勺)은 1합(合)이 되며, 10합(合)은 1승(升)이 된다는 뜻이다. 또 유향(劉向)의 『설원(說苑)』 「변물(辨物)」편에서는 "千二百黍爲一龠, 十龠爲一合, 十合爲一升."이라고 했다. 즉 서(黍) 1,250개의 알갱이는 1약(龠)이 되고, 10약(龠)은 1합(合)이 되

며, 10합(合)은 1승(升)이 된다는 뜻이다.

◎ 행인(行人) : '행인'은 조근(朝覲) 및 빙문(聘問) 등의 일을 담당하던 관리
이다.

◎ 행주(行主) : '행주'는 군주의 행차에 함께 따라간 신주(神主)를 뜻한다.
공녜(公禰)와 같은 말이다. '공녜'는 수레에서 실려서, 군주를 따라다니게
되는 신주를 뜻한다. 또한 그 수레를 지칭하기도 한다.

◎ 향(鄕) : '향'은 주대(周代)의 행정단위이다. '향' 밑에는 주(州), 당(黨),
족(族), 여(閭), 비(比), 가(家)가 순차적으로 있었다. '향'을 기준으로 봤
을 때, 1향은 5주=25당=125족=500여=2500비=12500가의 규모와 같다. 『주
례』 「지관(地官)・대사도(大司徒)」편에는 "令五家爲比, 使之相保. 五
比爲閭, 使之相受. 四閭爲族, 使之相葬. 五族爲黨, 使之相救. 五黨
爲州, 使之相賙. 五州爲鄕, 使之相賓."이라는 기록이 있고, 이에 대한
정현의 주에서는 "鄕萬二千五百家."라고 풀이했다.

◎ 향대부(鄕大夫) : '향대부'는 주대(周代)의 행정단위였던 향(鄕)을 담당하
는 관리이다.

◎ 향례(享禮) : '향례'는 본래 조빙(朝聘)을 하기 위해 사신을 간 신하가 그
나라의 군주에게 예물(禮物)을 바치는 의식을 뜻한다. 또한 연회를 범칭
하는 용어로도 사용된다. 그리고 연회 중에서도 향례(享禮)는 연례(宴
禮)보다 높은 의식으로, 초대한 손님을 접대하는 잔치를 뜻하기도 한다.
만약 천자가 제후를 초대하게 되면 '향례'를 베풀었고, 제후의 신하인 경
(卿)을 초대하면 '연례'를 베풀었다. 그리고 '향례'에서는 희생물을 통째로
올렸지만, '연례'에서는 잘게 썰어서 올렸다.

◎ 향사례(鄕射禮) : '향사례'는 활쏘기를 하며 음주를 했던 의례(儀禮)이다.
크게 두 가지로 나뉘는데, 하나는 지방의 수령이 지방학교인 서(序)에서
사람들을 모아서 활쏘기를 익히며 음주를 했던 의례이고, 다른 하나는 향
대부(鄕大夫)가 3년마다 치르는 대비(大比)라는 시험을 끝내고 공사(貢
士)를 한 연후에, 향대부가 향로(鄕老) 및 향인(鄕人)들과 향학(鄕學)인
상(庠)에서 활쏘기를 익히고 음주를 했던 의례이다. 『주례』 「지관(地
官)・향대부(鄕大夫)」편에는 "退而以鄕射之禮五物詢衆庶."라는 기록

이 있는데, 이에 대한 손이양(孫詒讓)의 『정의(正義)』에서는 "退, 謂王受賢能之書事畢, 鄕大夫與鄕老, 則退各就其鄕學之庠而與鄕人習射, 是爲鄕射之禮."라고 풀이하였다.

◎ 향상(享嘗) : '향상'은 계절마다 지내는 시제(時祭)를 뜻한다. 『예기』「제법(祭法)」편에는 "遠廟爲祧, 有二祧, 享嘗乃止."라는 기록이 있고, 이에 대한 정현의 주에서는 "享嘗, 謂四時之祭."라고 했다.

◎ 향음례(鄕飮禮) : '향음례'는 '향음주례(鄕飮酒禮)'라고도 부른다. 주(周)나라 때에는 향학(鄕學)에서 3년마다 대비(大比)라는 시험을 치러서, 선발된 자들을 천거하였다. 이러한 행사를 실시할 때 향대부(鄕大夫)는 음주 연회의 자리를 만들어서, 선발된 자들에게 빈례(賓禮)에 따라 대접을 하며, 그들에게 술을 따라주었는데, 이 의식을 '향음례' 또는 '향음주례'라고 불렀다. 『의례』「향음주례(鄕飮酒禮)」편에 대한 가공언(賈公彦)의 소(疏)에서는 정현의 『삼례목록(三禮目錄)』을 인용하여, "諸侯之鄕大夫三年大比, 獻賢者能於其君, 以賓禮待之, 與之飮酒. 於五禮屬嘉禮."라고 풀이했다. 또한 일반적으로 음주를 즐기며 연회를 하는 것을 뜻하기도 한다.

◎ 허신(許愼, A.D.30~A.D.124) : =허숙중(許叔重). 후한(後漢) 때의 학자이다. 자(字)는 숙중(叔重)이다. 『설문해자(說文解字)』의 저자로 널리 알려져 있으며, 다른 저서로는 『오경이의(五經異義)』가 있으나 산일되었다. 『오경이의』는 송대(宋代) 때 다시 편찬되었으나 진위를 따지기 힘들다.

◎ 헌주(獻主) : '헌주'는 연회 자리에서 사람들에게 술을 따라주는 자이다. 일반적으로 연회를 마련한 주인(主人)이 담당하였다. 그러나 군주가 주인인 경우, 그 예법을 낮출 필요가 있을 때, 재부(宰夫)를 시켜서 '헌주'로 삼고, 그를 시켜서 빈객(賓客)들에게 술을 따르게 했다.

◎ 혁로(革路) : '혁로'는 혁로(革輅)라고도 부른다. 천자가 사용하는 다섯 가지 수레 중 하나이다. 전쟁용으로 사용했던 수레인데, 간혹 제후의 나라에 순수(巡守)를 갈 때 사용하기도 하였다. 가죽으로 겉을 단단하게 동여매서 고정시키고, 옻칠만 하고, 다른 장식을 하지 않았기 때문에, '혁로'

라고 부르는 것이다. 『주례』「춘관(春官)·건거(巾車)」편에는 "革路, 龍勒, 條纓五就, 建大白, 以卽戎, 以封四衞."라는 기록이 있고, 이에 대한 정현의 주에서는 "革路, 鞔之以革而漆之, 無他飾."이라고 풀이했다.

◎ 현관(玄冠) : '현관'은 흑색으로 된 관(冠)이다. 고대에는 조복(朝服)을 입을 때 착용을 하였다. 『의례』「사관례(士冠禮)」편에는 "主人玄冠朝服, 緇帶素韠."이라는 기록이 있다.

◎ 현단(玄端) : '현단'은 고대의 예복(禮服) 중 하나이다. 흑색으로 만든 옷이다. 주로 제사 때 사용했으며, 천자 및 제후로부터 대부(大夫)와 사(士) 계급에 이르기까지 모두 이 복장을 착용할 수 있었다. '현단'은 상의와 하의 및 관(冠)까지 포함하는 용어이다. 한편 손이양(孫詒讓)의 주장에 따르면, '현단'은 의복에만 해당하는 용어이며, 관(冠)은 포함하지 않는다고 주장한다. 그리고 천자로부터 사 계급에 이르기까지 이 복장을 제복(齊服)으로 사용했다고 설명한다. 『주례』「춘관(春官)·사복(司服)」편에는 "其齊服有玄端素端."이라는 기록이 있는데, 손이양의 『정의(正義)』에서는 "玄端素端是服名, 非冠名, 蓋自天子下達至於士通用爲齊服, 而冠則尊卑所用互異."라고 풀이하였다. 그리고 '현단'은 천자가 평소 거처할 때 착용했던 복장을 가리키기도 한다. 『예기』「옥조(玉藻)」편에는 "卒食, 玄端而居."라는 기록이 있고, 이에 대한 정현의 주에서는 "天子服玄端燕居也."라고 풀이하였다.

◎ 현당(玄堂) : '현당'은 명당(明堂)의 북쪽에 위치한 실(室) 또는 당(堂)을 뜻한다. 현(玄)은 오방(五方) 중에서 북쪽에 해당하기 때문에, 북쪽에 있는 '당'을 '현당'이라고 부르게 되었다. 또한 '실'과 '당'은 같은 건물 중에서도 특정 부분을 지칭하는 용어이므로, 북쪽에 있는 '실'을 가리킬 때에도 또한 '현당'이라는 용어를 사용하였다. 『여씨춘추』「계동(季冬)」편에는 "天子居玄堂右个."라는 기록이 있는데, 이에 대한 고유(高誘)의 주에서는 "玄堂, 北向堂也."라고 풀이하였다. 또한 두태경(杜台卿)의 『옥촉보전(玉燭寶典)』「십월맹동(十月孟冬)」편에는 "天子居玄堂左个, 北曰玄堂, 玄者黑也, 其堂嚮玄, 故曰玄堂."라는 기록이 있다.

◎ 현면(玄冕) : '현면'은 현의(玄衣)와 면류관을 뜻한다. 본래 천자 및 제후

의 제사복장으로, 비교적 중요성이 덜한 제사 때 입는다. '현의' 중 상의에는 무늬가 들어가지 않고, 하의에만 불(黻)을 수놓는다. 『주례』「춘관(春官)・사복(司服)」편에는 "祭群小祀則玄冕."이라는 기록이 있고, 이에 대한 정현의 주에서는 "玄者, 衣無文, 裳刺黻而已, 是以謂玄焉."이라고 풀이했다.

◎ 현명(玄冥) : '현명'은 오행(五行) 중 수(水)의 기운을 주관하는 천상의 신(神)이다. 수(水)의 기운을 담당했기 때문에, 그 관부의 이름을 따서 수관(水官)이라고도 부르고, 관부의 수장이라는 뜻에서 수정(水正)이라고도 부른다. '오행' 중 수(水)의 기운은 각 계절 및 방위와 관련되어, '현명'은 겨울과 북쪽에 해당하는 신이라고도 부른다. 다만 수덕(水德)을 주관했던 상위의 신은 전욱(顓頊)이었고, '현명'은 '전욱'을 보좌했던 신이다. 한편 다른 오관(五官)의 신들과 달리, '현명'에 해당하는 인물에 대해서는 이견(異見)이 있다. 『예기』「월령(月令)」편에는 "其日壬癸, 其帝顓頊, 其神玄冥."이라는 기록이 있는데, 이에 대한 정현의 주에서는 "玄冥, 少皞氏之子曰脩, 曰熙, 爲水官."이라고 풀이한다. 즉 소호씨(少皞氏)의 아들 중 수(脩)와 희(熙)라는 인물이 있었는데, 이들은 생전에 수관(水官)이 되어 공덕(功德)을 쌓았고, 죽어서는 '현명'에 배향되었다고 설명한다. 『여씨춘추(呂氏春秋)』「맹동기(孟冬紀)」편에는 "其日壬癸, 其帝顓頊, 其神玄冥."이라는 기록이 있는데, 이에 대한 고유(高誘)의 주에서는 "玄冥, 官也. 少皞氏之子曰循, 爲玄冥師, 死祀爲水神."이라고 풀이한다. 즉 '현명'은 관직에 해당하는데, '소호씨'의 아들이었던 순(循)이 생전에 '현명'이라는 관부의 수장을 지냈기 때문에, 그가 죽었을 때에는 수신(水神)으로 배향을 했다는 뜻이다.

◎ 현무(玄武) : '현무'는 북쪽 하늘의 별자리들을 총칭하는 용어이다. 하늘의 주요 별자리인 28수(宿) 중 북쪽 방위에 해당하는 두수(斗宿)・우수(牛宿)・여수(女宿)・허수(虛宿)・위수(危宿)・실수(室宿)・벽수(壁宿) 등 7개의 별자리를 총칭한다. 이 일곱 별자리를 서로 연결하면, 거북이[武]의 형상이 되며, 검은색[玄]은 물[水]의 색깔에 해당하는데, 방위와 오행(五行)을 연관시키면, 물은 북쪽에 해당하기 때문에, '현무'라고 부르는

것이다.

◎ 현비(縣鄙) : '현비'는 현(縣)과 비(鄙)를 합쳐 부르는 말로, 고대에 설치되었던 행정구역들이다. 『주례』「지관(地官) · 수인(遂人)」편에는 "五家爲鄰, 五鄰爲里, 四里爲酇, 五酇爲鄙, 五鄙爲縣, 五縣爲遂."라는 기록이 있다. 즉 5개의 가(家)가 1개의 린(鄰)이 되고, 5개의 '린'이 1개의 리(里)가 되며, 4개의 '리'가 1개의 찬(酇)이 되며, 5개의 '찬'이 1개의 '비'가 되고, 5개의 '비'가 1개의 '현'이 되며, 5개의 '현'이 1개의 수(遂)가 된다. '가'를 기준으로 설명하면, 1'린'은 5가, 1'리'는 25가, 1'찬'은 100가, 1'비'는 500가, 1'현'은 2500가, 1'수'는 12500가의 규모가 된다.

◎ 현주(玄酒) : '현주'는 고대의 제례(祭禮)에서 술 대신 사용한 물[水]을 뜻한다. '현주'의 '현(玄)'자는 물은 흑색을 상징하므로, 붙여진 글자이다. '현주'의 '주(酒)'자의 경우, 태고시대 때에는 아직 술이 없었기 때문에, 물을 술 대신 사용했다. 따라서 후대에는 이 물을 가리키며 '주'자를 붙이게 된 것이다. '현주'를 사용하는 것은 가장 오래된 예법 중 하나이므로, 후대에도 이러한 예법을 존숭하여, 제사 때 '현주' 또한 사용했던 것이며, '현주'를 술 중에서도 가장 귀한 것으로 여겼다. 『예기』「예운(禮運)」편에는 "故玄酒在室, 醴醆在戶."라는 기록이 있는데, 이에 대한 공영달(孔穎達)의 소(疏)에서는 "玄酒, 謂水也. 以其色黑, 謂之玄. 而太古無酒, 此水當酒所用, 故謂之玄酒."라고 풀이했다.

◎ 협제(祫祭) : '협제'는 협(祫)이라고도 부른다. 신주(神主)들을 태조(太祖)의 묘(廟)에 모두 모셔놓고 지내는 제사이다. 『춘추공양전』「문공(文公) 2년」에 "八月, 丁卯, 大事于大廟, 躋僖公, 大事者何. 大祫也. 大祫者何. 合祭也, 其合祭奈何. 毀廟之主, 陳于大祖."라는 기록이 있다.

◎ 호(琥) : '호'는 호랑이를 새겨 넣은 옥(玉)을 뜻한다. 백색의 옥으로 만들었기 때문에 백호(白琥)라고 부르며, 오행(五行)의 관념에 따라서, 서쪽 지역에 대한 제사 때 사용하기도 하였다.

◎ 호관(縞冠) : '호관'은 백색의 명주로 만든 관(冠)이다. 상제(祥祭)나 흉사(凶事) 때 착용했다.

◎ 호천상제(昊天上帝) : '호천상제'는 호천(昊天)과 상제(上帝)로 구분하여

해석하기도 하며, '호천상제'를 하나의 용어로 해석하기도 한다. 후자의 경우 '호천'이라는 말은 '상제'를 수식하는 말이다. 고대에는 축호(祝號)라는 것을 지어서 제사 때의 용어를 수식어로 꾸미게 되는데, '호천상제'의 경우는 '상제'에 대한 축호에 해당하며, 세분하여 설명하자면 신(神)의 명칭에 수식어를 붙이는 신호(神號)에 해당한다. 『예기』「예운(禮運)」편에는 "作其祝號, 玄酒以祭, 薦其血毛, 腥其俎, 孰其殽."라는 기록이 있고, 이에 대한 진호(陳澔)의 주에서는 "作其祝號者, 造爲鬼神及牲玉美號之辭. 神號, 如昊天上帝."라고 풀이했다. '호천'과 '상제'로 풀이할 경우, '상제'는 만물을 주재하는 자이며, '상천(上天)'이라고도 불렀다. 고대인들은 길흉(吉凶)과 화복(禍福)을 내릴 수 있는 능력을 갖추고 있었다고 생각하였다. 한편 '상제'는 오행(五行) 관념에 따라 동·서·남·북·중앙의 구분이 생기면서, 천상을 각각 나누어 다스리는 오제(五帝)로 설명되기도 한다. '호천'의 경우 천신(天神)을 뜻하는데, '상제'와 비슷한 개념이다. '호천'을 '상제'보다 상위의 개념으로 해석하여, 오제 위에서 군림하는 신으로 해석하는 경우도 있다.

◎ 혼거(魂車) : =승거(乘車)

◎ 화관(火官) : '화관'은 화정(火正)이라고도 부른다. 오행(五行) 중 화(火)를 주관하는 천상의 신을 가리키고, 또한 천상에서 그 일들을 담당하는 관부를 뜻하기도 한다.

◎ 화전(火田) : '화전'은 초목을 불태우고 나서 사냥하는 것을 말한다.

◎ 화축(火畜) : '화축'은 동물들을 오행(五行)으로 배분했을 때, 화(火)에 해당하는 가축을 뜻한다. 말[馬]이나 양(羊)이 여기에 해당된다. 그 이유에 대해서 명대(明代)의 왕기(王圻)는 『삼재도회(三才圖會)』「조수삼(鳥獸三)·마(馬)」편에서 "馬, 火畜也, 火性健決躁速, 故易乾爲馬."라고 설명하였다. 즉 말이 '화축'에 해당하는데, 가축들 중에서 '화'의 성질을 가지고 있는 것들은 강건하고, 과감하고, 조급하고, 빠르다.

◎ 화회(貨賄) : '화회'는 일반적으로 재화 및 재물들을 뜻한다. 세부적으로 구분하여 금(金)과 옥(玉) 등의 부류를 화(貨)라고 부르고, 비단 등의 부류를 회(賄)라고 부른다. 『주례』「천관(天官)·대재(大宰)」편에는 "六曰

商賈阜通貨賄."라는 기록이 있는데, 이에 대한 정현의 주에서는 "金玉曰貨, 布帛曰賄."라고 풀이했다.

◎ **환규(桓圭)** : '환규'는 조회 때 천자 및 각 신하들이 잡게 되는 육서(六瑞) 중의 하나이다. 공작이 잡던 규(圭)이다. 한 쌍의 기둥을 '환(桓)'이라고 부르는데, 이 무늬를 '규'에 새겼기 때문에, '환규'라고 부른다. '규'의 길이는 9촌(寸)으로 만들었다.

◎ **황(璜)** : '황'은 반원형의 벽(璧)을 뜻한다. 검은색의 옥으로 만들었기 때문에 현황(玄璜)이라고도 부르며, 오행(五行)의 관념에 따라서, 북쪽 지역에 대한 제사 때 사용하기도 하였다.

◎ **황간(皇侃, A.D.488~A.D.545)** : =황씨(皇氏). 남조(南朝) 때 양(梁)나라의 경학자이다. 『주례(周禮)』, 『의례(儀禮)』, 『예기(禮記)』 등에 해박하여, 『상복문구의소(喪服文句義疏)』, 『예기의소(禮記義疏)』, 『예기강소(禮記講疏)』 등을 지었지만, 현재는 전해지지 않는다. 그 일부가 마국한(馬國翰)의 『옥함산방집일서(玉函山房輯佚書)』에 수록되어 있다.

◎ **황복(荒服)** : '황복'은 오복(五服) 중 하나이다. 천자의 수도로부터 사방 500리(里)씩 떨어진 곳까지 한 종류의 지역으로 구분하였는데, 천자의 수도에서 가까운 순서대로 기록하면 후복(侯服)·전복(甸服)·수복(綏服)·요복(要服)·황복(荒服) 순이 된다. 따라서 '황복'은 천자의 수도로부터 2000리(里) 떨어진 지점부터 2500리(里) 떨어진 지점까지를 뜻한다. 또한 이러한 뜻에서 파생되어 거리가 먼 변경 지방을 가리키는 용어로도 사용되었다. 『서』「우서(虞書)·우공(禹貢)」편에는 "五百里甸服. 百里賦納總. 二百里納銍. 三百里納秸服. 四百里粟, 五百里米. 五百里侯服. 百里采. 二百里男邦. 三百里諸侯. 五百里綏服. 三百里揆文敎. 二百里奮武衛. 五百里要服. 三百里夷, 二百里蔡. 五百里荒服. 三百里蠻. 二百里流."라는 기록이 있다.

◎ **황시(皇尸)** : '황시'는 본래 군주의 시동에게 붙이는 경칭이다. 또한 일반적으로 시동을 높여 부르는 용어로도 사용되었다.

◎ **황이(黃彝)** : '황이'는 황목(黃目) 또는 황목존(黃目尊)이라고도 부른다. 황동으로 만든 술동이며, 사람의 눈을 그려서 장식으로 삼기 때문에,

'황목'이라고 부른다. 『주례』「춘관(春官)·사준이(司尊彝)」편에는 "秋嘗冬烝, 祼用斝彝·黃彝, 皆有舟."라는 기록이 있는데, 이에 대한 정현의 주에서는 "黃彝, 黃目尊也."라고 풀이했다.

◎ 황제(黃帝) : '황제'는 헌원씨(軒轅氏), 유웅씨(有熊氏)이라고도 부른다. 전설시대에 존재했다고 전해지는 고대 제왕(帝王)이다. 소전(少典)의 아들이고, 성(姓)은 공손(公孫)이다. 헌원(軒轅)이라는 땅의 구릉 지역에 거주하였기 때문에, 그를 '헌원씨'라고도 부르는 것이다. 또한 '황제'는 희수(姬水) 지역에도 거주를 하였기 때문에, 이 지역의 이름을 따서 성(姓)을 희(姬)로 고치기도 하였다. 그리고 수도를 유웅(有熊) 땅에 마련하였기 때문에, 그를 '유웅씨'라고도 부르는 것이다. 한편 오행(五行) 관념에 따라서, 그는 토덕(土德)을 바탕으로 제왕이 되었다고 여겼는데, 흙[土]이 상징하는 색깔은 황(黃)이므로, 그를 '황제'라고 부르는 것이다. 『역』「계사하(繫辭下)」편에는 "神農氏沒, 黃帝·堯·舜氏作, 通其變, 使民不倦."이라는 기록이 있는데, 이에 대한 공영달(孔穎達)의 소(疏)에서는 "黃帝, 有熊氏少典之子, 姬姓也."라고 풀이했다. 한편 '황제'는 오제(五帝) 중 하나를 뜻한다. 오행(五行)으로 구분했을 때 토(土)를 주관하며, 계절로 따지면 중앙 계절을 주관하고, 방위로 따지면 중앙을 주관하는 신(神)이다. 『여씨춘추(呂氏春秋)』「계하기(季夏紀)」편에는 "其帝黃帝, 其神后土."라는 기록이 있고, 이에 대한 고유(高誘)의 주에서는 "黃帝, 少典之子, 以土德王天下, 號軒轅氏, 死託祀爲中央之帝."라고 풀이했다.

◎ 황천상제(皇天上帝) : '황천상제'는 상제(上帝) 및 천제(天帝)를 뜻한다. 황천(皇天)은 천(天) 및 천신(天神)들을 총칭하는 말로, 상제(上帝)를 꾸며주는 수식어로 붙은 것이다. 한편 황천(皇天)과 상제(上帝)를 별개의 대상으로 풀이하기도 한다.

◎ 회동(會同) : '회동'은 제후들이 천자를 찾아뵙는 예법을 통칭하는 용어이다. 또한 각 계절마다 정기적으로 찾아뵙는 것을 회(會)라고 부르고, 제후들이 대규모로 찾아뵙는 것을 동(同)이라고 불러서, 구분을 짓기도 한다. 또 '회'는 정해진 시기 없이 특별한 일이 발생했을 때 찾아뵙는 것을

뜻하기도 한다. 각종 회견 등을 가리키는 용어로도 사용된다. 『시』「소아 (小雅)·거공(車攻)」편에는 "赤芾金舄, 會同有繹."이라는 기록이 있는 데, 이에 대한 모전(毛傳)에서는 "時見曰會, 殷見曰同. 繹, 陳也."라고 풀이했다.

◎ 후복(侯服) : '후복'은 천자의 수도와 붙어 있는 지역이다. '후복'의 '후(侯)' 자는 '후(候)'자의 뜻으로, 천자를 위해 척후병의 임무를 수행한다는 의미 이다. '복(服)'자는 천자를 위해 복종한다는 뜻이다. 하(夏)나라 때의 제 도에서는 전복(甸服)과 위치가 바뀌어, 천자의 수도로부터 사방 500리 (里) 떨어진 곳까지를 '전복'이라고 불렀고, 전복 밖의 사방 500리 떨어진 곳까지를 '후복'이라고 불렀다. 『서』「우서(虞書)·우공(禹貢)」편에는 "五 百里甸服 …… 五百里侯服."이라는 기록이 있고, 이에 대한 공안국(孔 安國)의 전(傳)에서는 "甸服外之五百里. 侯, 候也, 斥候而服事."라고 풀이했다. 한편 주(酒)나라 때에는 천자의 수도 밖으로 사방 500리 떨어 진 곳까지를 '후복'이라고 불렀고, '전복'은 '후복' 밖에 위치했다. 『주례』 「하관(夏官)·직방씨(職方氏)」편에는 "乃辨九服之邦國, 方千里曰王畿, 其外方五百里曰侯服, 又其外方五百里曰甸服."이라는 기록이 있다.

◎ 후직(后稷) : '후직'은 전설상의 인물이다. 주(周)나라의 선조(先祖) 중 한 사람이다. 강원(姜嫄)이 천제(天帝)의 발자국을 밟고 회임을 하여 '후직' 을 낳았는데, 불길하다고 생각하여 버렸기 때문에, 이름을 기(棄)로 지어 졌다 한다. 이후 순(舜)이 '기'를 등용하여 농사를 담당하는 신하로 임명 해서, 백성들에게 농사짓는 법을 가르쳤기 때문에, '후직'으로 일컬어지게 되었다. 『시』「대아(大雅)·생민(生民)」편에는 "厥初生民, 時維姜嫄. …… 載生載育, 時維后稷."이라는 기록이 있다. 한편 농사를 주관하는 관리를 '후직'으로 부르기도 한다.

◎ 후토(后土) : '후토'는 토지신을 뜻한다. 『주례』「춘관(春官)·대종백(大宗 伯)」편에는 "王大封, 則先告后土."라는 기록이 있고, 이에 대한 정현의 주에서는 "后土, 土神也."라고 풀이했다.

◎ 휴진(畦畛) : '휴진'은 농경지 사이에 있는 길을 뜻한다. 이 길을 농경지의 경계지점으로 여겼기 때문에, '휴진'은 '경계'라는 뜻으로 사용되었다.

◎ 흉례(凶禮) : '흉례'는 오례(五禮) 중 하나로, '흉례'는 재앙 등의 일에 봉착했을 때, 애도를 표시하거나 구휼하는 예제(禮制)를 뜻한다. 또한 '흉례'는 상례(喪禮)를 지칭하는 용어로도 사용되었다.

◎ 흉복(凶服) : '흉복'은 상복(喪服)과 같은 말이다. 상(喪)을 당한 것은 흉사(凶事)에 해당하므로, 상을 치르며 입는 복장을 '흉복'이라고도 부르는 것이다. 『논어』「향당(鄉黨)」편에는 "凶服者式之."라는 기록이 있고, 이에 대한 하안(何晏)의 『집해(集解)』에서는 공안국(孔安國)의 주장을 인용하여, "凶服, 送死之衣物."이라고 풀이했다.

◎ 흉사(凶事) : '흉사'는 불길한 일을 가리킨다. 재난이나 재해를 뜻하기도 하며, 전쟁을 뜻하기도 한다. 한편 상사(喪事)의 일들을 가리키기도 한다.

| 저자 소개 |

권근(權近, 1352~1409)

· 고려말 조선초기 때의 학자
· 본관은 안동(安東)이고, 초명은 진(晉)이며, 자는 가원(可遠)·사숙(思叔)이고,
  호는 소오자(小烏子)·양촌(陽村)이며, 시호는 문충(文忠)이다.

| 역자 소개 |

정병섭鄭秉燮

· 1979년 출생
· 2002년 성균관대학교 유교철학과 졸업
· 2004년 성균관대학교 대학원 유학과 석사
· 2013년 성균관대학교 대학원 유학과 철학박사
· 『역주 예기집설대전』과 『역주 예기보주』를 완역하였다.
· 『의례』, 『주례』, 『대대례기』 번역과 한국유학자들의 예학 관련 저작들의
  번역을 계획 중이다.

譯註
禮記淺見錄 ⑦

奔喪·問喪·服問·間傳·三年問·深衣·投壺·儒行·大學·
冠義·昏義·鄕飮酒義·射義·燕義·聘義·喪服四制

초판 인쇄   2019년 10월 1일
초판 발행   2019년 10월 15일

저   자ㅣ권 근(權近)
역   자ㅣ정 병 섭(鄭秉燮)
펴 낸 이ㅣ하 운 근
펴 낸 곳ㅣ學古房

주   소ㅣ경기도 고양시 덕양구 통일로 140 삼송테크노밸리 A동 B224
전   화ㅣ(02)353-9908   편집부(02)356-9903
팩   스ㅣ(02)6959-8234
홈페이지ㅣhakgobang.co.kr
전자우편ㅣhakgobang@naver.com, hakgobang@chol.com
등록번호ㅣ제311-1994-000001호

ISBN 978-89-6071-897-5 94150
      978-89-6071-890-6 (세트)

값 : 34,000원

※ 파본은 교환해 드립니다.